wortstark

Wörterbuch

Schroedel

wortstark

Wörterbuch

Erarbeitet von Jürgen Baurmann,
Stephan Merten und Viola Oehme

Nach gültiger Rechtschreibung 2006

Druck A [1] / Jahr 2006

Alle Drucke der Serie A sind im Unterricht parallel verwendbar.

Redaktion: Stefan Bicker
Herstellung: Christian Behrens
Illustrationen: Brigitte Karnath
Umschlaggestaltung und Lay-out: Janssen Kahlert Design & Kommunikation, Hannover
Satz: UMP Utesch Media Processing GmbH, Hamburg
Druck und Bindung: westermann druck GmbH, Braunschweig

ISBN 978-3-507-48500-6
ISBN alt 3-507-48500-1

So ist dein Wörterbuch aufgebaut

Den größten Teil deines Wörterbuchs nimmt das **Wörterverzeichnis** ein (S. 8-396). Dort sind die Wörter nach dem Abc geordnet – zunächst nach dem Anfangsbuchstaben; wenn das nicht ausreicht, wird der 2., 3. oder auch der 4. Buchstabe hinzugenommen. In einigen Fällen ist diese Ordnung nicht so leicht zu erkennen. Das gilt für folgende Fälle:

a) Für einen gesprochenen Laut werden mehrere Buchstaben geschrieben:
ch wird als *c* + *h*, *ck* als *c* + *k* und *sch* als *s* + *c* + *h* eingeordnet. Beispiele:
- ch: *ebnen* vor *Echo,* weil *b* vor *c; Echo* vor *Eckball,* weil *h* vor *k;*
- ck: *Eckball* vor *E-Commerce,* weil *k* vor *o;*
- sch: *Marzipan* vor *Masche,* weil *r* vor *s; Masche* vor *Masern,* weil *c* vor *e.*

b) *ä*, *ö*, *ü* und *äu* werden wie *a*, *o*, *u* und *au* behandelt. Bei Wörtern mit *ä, ö, ü* und *äu* entscheiden die Buchstaben danach über die Reihenfolge:
- a/ä: *ahnden* vor *ähneln*, *ähneln* vor *ahnen*
- o/ö: *Oktober* vor *Ölbaum, Ölbaum* vor *Oldtimer, Oldtimer* vor *ölen*
- u/ü: *Update* vor *üppig, üppig* vor *Urabstimmung*
- au/äu: *außerirdisch* vor *äußerlich, äußerlich* vor *außerordentlich*

c) Wörter mit *ß* werden wie Wörter mit *ss* eingeordnet:
- ß/ss: *aussehen* vor *außen, außen* vor *aussetzen*

So schlägst du schnell und sicher im Wörterbuch nach

Beim Benefizlauf für UNICEF haben Lowis und Carla über 15 Runden …

Wie kann dieser Satz vervollständigt werden? Denkbare Ergänzungen wie *geschaffen, geschafft* oder *geschaft* findest du im Wörterbuch nicht so leicht.
Du musst von der Grundform ausgehen – also *schaffen*. Dieses Verb steht unter dem Buchstaben *S*.
Die **Grifftabelle** am Rand der Seiten macht es dir leicht, in deinem Wörterbuch den Bereich für dieses Wort zu finden, z. B. alle Wörter, die mit S beginnen.
Danach helfen dir die **Kopfwörter** auf jeder Doppelseite weiter – also Hinweise auf das Wort, mit dem die linke Seite beginnt (links oben), und das Wort, mit dem die rechte Seite endet (rechts oben). Das Wort *schaffen* findest du zwischen den Kopfwörtern „sarkastisch" und „Schandfleck".

In der rechten Spalte von Seite 293 findest du folgenden **Eintrag**:

schaffen[1]; du schaffst, er schaffte, sie hat die Strecke in acht Minuten geschafft; schạf-fen; **schaffen**[2] (hervorbringen); er schuf, sie hat ein Meisterwerk geschaffen

Beim Benefizlauf für UNICEF haben Lowis und Carla über 15 Runden geschaffen. – Du erfährst in diesem Eintrag, dass der Satz so nicht lauten kann, denn die Schüler haben die Runden nicht erfunden oder hervorgebracht (= *schaffen*[2]). Sie haben beim Benefizlauf über 15 Runden bewältigt oder *geschafft* (= *schaffen*[1]).
Das **Verb** *schaffen* hat verschiedene **Verbformen**, je nachdem, was *schaffen* bedeutet. Zu beiden Bedeutungen sind Verbformen angegeben:
schaffen[1]*: du schaffst, er schaffte, sie hat geschafft; schaffen*[2]*: er schuf, sie hat geschaffen*. Von diesen Formen aus kannst du weitere Formen des Verbs bilden (vgl. die Übersicht „Formenreihe beim Verb“, S. 399).
Außerdem erfährst du in diesem Wörterbucheintrag
– etwas zur **Wortbedeutung** (*schaffen*[1] *= bewältigen/leisten; schaffen*[2] *= hervorbringen*) und zur **Wortverwendung** im Zusammenhang (*sie hat die Strecke in acht Minuten geschafft; sie hat ein Meisterwerk geschaffen*);
– etwas über die **Betonung** und **Worttrennung am Zeilenende**; nach dem Eintrag im Wörterbuch wird *schaffen* auf der ersten Silbe kurz betont und zwischen *ff* (*schạf-fen*) getrennt.

Wenn du dir weitere Wörter ansiehst, kannst du zusätzlich Wichtiges erfahren:

Das **Adjektiv** *rau* kann man **steigern**: *rauer* lautet der Komparativ, *am rauesten* oder *am rausten* der Superlativ. Bei diesem Wort wird *au* lang **gesprochen**, also *rau*.

rau; rauer, am rauesten/rausten; rau; eine raue Oberfläche

Synthesizer, der [ßịnteßaiser] (elektronisches Musikinstrument); des Synthesizers, die Synthesizer; Syn-the-si-zer

Das **Nomen** *Synthesizer* kommt aus einer fremden Sprache – eine Tatsache, die die Aussprache erschwert. Hier und bei weiteren fremden Wörtern wird dir eine Hilfe zur **Aussprache** und **Betonung** gegeben *[ßịnteßaiser].* Darüber hinaus erfährst du etwas über die **Wortbedeutung** (*elektronisches Musikinstrument*). Du lernst die wichtigsten **Formen** dieses Nomens kennen: Genitiv Singular (*des Synthesizers*) und Nominativ Plural (*die Synthesizer*). Von diesen Formen her kannst du weitere Formen erschließen (vgl. die Übersicht „Formenreihe beim Nomen“, S. 397). Angegeben werden außerdem die Stellen im Wort, an denen du das Wort trennen kannst (*Syn-the-si-zer*).

Manchmal findest du ein Wort im Wörterverzeichnis nicht.
– Bei zusammengesetzten Wörtern wie *Tastenkombination* hilft es dann, das Wort zu zerlegen, also in *Taste* und *Kombination*, und dort nachzuschlagen.
– Des Weiteren hilft es, wenn du von einer möglichen Schreibung ausgehst – wie ~~Aperat~~. Diese Schreibung findest du auch; sie ist – da falsch – durchgestrichen. Der Pfeil verweist auf die richtige Schreibung (*Apparat*).
– Hin und wieder scheiterst du, weil du von einem falschen Wortanfang ausgehst. Suche deshalb z. B.. nicht nur unter *Ab,* sondern auch unter *Ap* (dann *Aprikose*), sowohl unter *J* als auch unter *Y* (dann *Yacht*), unter *Ka/ka* und unter *Ca/ca* (dann *Cartoon* und *catchen*), unter *V/v* und unter *F/f (dann Fete* und *fertig*), unter *W/w* und unter *V/v* (dann *Violine* und *vitaminreich*).

So kannst du das Wörterbuch vielfältig nutzen

Das Wörterbuch besteht nicht nur aus dem Teil, in dem wichtige Wörter mit zusätzlichen Hinweisen alphabetisch geordnet aufgeführt sind. Die ab Seite 397 folgenden Teilkapitel helfen dir, Einzelbeobachtungen auf Zusammenhänge zu beziehen. Im Einzelnen erfährst du Wichtiges zu folgenden Themen:

Wissenswertes rund ums Wort (S. 397–415): Hier erfährst du beispielsweise, wie Wörter gebildet werden und zusammenhängen (Wortfamilien, Wortfelder).
Die Wortfamilien helfen dir bei der Rechtschreibung, die Wortfelder bei der Suche nach dem treffenden Ausdruck im Satz oder Text.

Unregelmäßige Verben (S. 416-422): Das Beispiel *schaffen*[1] *und schaffen*[2] hat dir gezeigt, dass ein Verb mit verschiedenen Verbformen Unterschiedliches bedeuten kann. Weitere Verben, bei denen dies auch so ist, und weitere Abweichungen von den Formen regelmäßiger Verben findest du in der Liste der unregelmäßigen Verben. Beispiele: *schaffen – schuf – geschaffen; beginnen – begann – begonnen*.

Wichtiges zur Rechtschreibung (S. 423–440): In diesem Teilkapitel wirst du nach einer knappen Hinführung darüber informiert, welche Bereiche der Rechtschreibung sich im Deutschen unterscheiden lassen, nämlich: Laute und Buchstaben, Getrennt- und Zusammenschreibung, Schreibung mit Bindestrich, Groß- und Kleinschreibung, Zeichensetzung und Worttrennung am Zeilenende.

Brief und E-Mail (S. 441–443): Beim Verfassen persönlicher Mitteilungen (Notizen, SMS) hast du einige Freiheiten. Du kannst in solchen Texten auf eine Gliederung des Textes verzichten, lediglich Stichwörter oder besondere Zeichen (Icons) verwenden. Bei Schreiben an Ämter, Behörden und öffentliche Einrichtungen ist das anders. Im Teilkapitel *Brief und E-Mail* werden dir Hilfen zum Verfassen solcher Mitteilungen gegeben.

Entdecke und beachte die Zusammenhänge in deinem Wörterbuch

In vielen Fällen reicht es, im Wörterbuch etwas über ein einzelnes Wort zu erfahren. Das geht schnell und sicher, hat aber auch einen Nachteil: Du kannst das Ergebnis nicht auf Zusammenhänge übertragen. Das Wörterbuch „wortstark" bietet einige Möglichkeiten an, Vergleichbares im Zusammenhang zu sehen:

Regelkästen: Wenn du in deinem Wörterbuch das Wort *violett* nachschlägst, wirst du mit einem Pfeil auf den Kasten „blau" verwiesen. Du findest ihn auf dem gleichen Seitenaufschlag wie den Worteintrag *blau* (S. 62/63). Der Regelkasten zeigt dir an vielen Beispielen, wann das Farbadjektiv *blau* groß- oder kleingeschrieben und in Verbindung mit anderen Wörtern getrennt oder zusammengeschrieben wird. Was für *blau* gilt, kann auf andere Farbwörter übertragen werden – also auch auf *violett*.

Wortfamilien: Wortfamilien fassen die Wörter zusammen, die einen gemeinsamen Wortstamm haben. Auf den Seiten 403–405 sind solche Wortfamilien zusammengestellt. Diese Zusammenstellungen helfen dir besonders beim Rechtschreiben, denn: Das, was zu einer Wortfamilie gehört, wird in seinem Kern stets auf gleiche Weise geschrieben (Beispiel: *binden*, *das Band*, *bändigen*).

Wortfelder: Beim Formulieren fällt es dir manchmal schwer, genau das passende Wort zu finden. Die Wortfelder (S. 409–413), die Wörter nach ihrer Bedeutung zusammenfassen, helfen dir weiter. Beispiel: statt *sprechen* ist an bestimmten Stellen eines der folgenden Wörter passender: *flüstern, raunen*, *murmeln*.

Bildtafeln: Manchmal ist es schwierig, die Bedeutung von Wörtern in Sprache wiederzugeben. Eine Skizze oder eine Bildtafel helfen oft weiter. Im Wörterteil kannst du zwei Arten von Bildtafeln finden: Einmal Bildtafeln, die Teile eines Ganzen abbilden und benennen (Beispiel: *Mikroskop*, S. 220), zum anderen Bildtafeln, die viele Gegenstände versammeln, die unter einen Oberbegriff fallen (Beispiel: *Werkzeuge*, S. 377).

Grammatische Fachausdrücke: Auch das Fach Deutsch hat seine Fachwörter – etwa für Wortarten oder Satzglieder. Die wichtigsten davon findest du mit Beispielen am Ende deines Wörterbuchs zum Nachschlagen zusammengestellt (S. 444–464).

A B C D E

A

A = Ampere; **a** = Ar; **à** = je; drei Stück à 2 Euro

Aal, der (schlangenförmiger Fisch); des Aal(e)s, die Aale; Aal; **aalen**, sich aalen; sie hat sich faul in der Sonne geaalt; **aalglatt**

Aas, das (verwesender Tierkörper); des Aases, *Plural selten*: die Äser; Aas; **aasen**; sie hat verschwenderisch mit dem Wasser geaast

ab; ab; ab und zu; Kinder ab sechs Jahre/Jahren; ab sofort

Abbau, der; des Abbau(e)s, *kein Plural*; Ab-bau; **abbauen**; er baute das Gerüst ab, sie hat ihre Vorurteile abgebaut

abbeißen; du beißt ab, er biss ab, sie hat ein Stück Wurst abgebissen; ab-bei-ßen

abbekommen; du bekommst etwas ab, er bekam nur wenig ab, sie hat nur eine Praline abbekommen; ab-be-kom-men

abbestellen; du bestellst ab, er bestellte ab, sie hat die Illustrierte wieder abbestellt; ab-be-stel-len

abbiegen (die Richtung ändern; *auch* krümmen); du biegst ab, er bog ab, sie ist an der Kreuzung abgebogen, er hat das Kupferrohr abgebogen; ab-bie-gen

Abbild, das; des Abbild(e)s, die Abbilder; Ab-bild; sein Haus war das Abbild von unserem; **abbilden**; die **Abbildung**

abblenden; du blendest ab, er blendete ab, sie hat bei Gegenverkehr abgeblendet; ab-blen-den; das **Abblendlicht**

abblitzen (bei einer Person keinen Erfolg haben); du blitzt ab, er blitzte ab, sie ist bei ihm abgeblitzt; ab-blit-zen

abbrechen; du brichst ab, er brach ab, sie hat den Ast abgebrochen; ab-bre-chen

abbrennen; du brennst ein Feuerwerk ab, er brannte ab, sie hat eine Wunderkerze abgebrannt, das Haus ist abgebrannt; ab-bren-nen

abbringen; du bringst ab, er brachte ab, sie hat ihn von seiner Idee abgebracht; ab-brin-gen

Abbruch, der; des Abbruch(e)s, die Abbrüche; Ab-bruch; **abbruchreif**; abbruchreife Häuser

abbuchen; du buchst ab, er buchte ab, sie hat den Betrag vom Konto abgebucht; ab-bu-chen

Abc, das (*auch* Abece); des Abc, → Alphabet

abchecken (überprüfen, taxieren); du checkst ab, er checkte ab, sie hat alles abgecheckt; ab-che-cken

abdanken (auf eine Position verzichten); du dankst ab, er dankte ab, die Königin hat abgedankt; ab-dan-ken; die **Abdankung**

abdecken; du deckst den Tisch ab, sie deckte den Kuchen mit einer Folie ab, der Sturm hat das Dach abgedeckt; ab-de-cken

abdrehen; du drehst ab, der Wind drehte ab, sie hat das Wasser abgedreht; ab-dre-hen

abdriften (vom Kurs abkommen); du driftest ab, er driftete ab, das Boot ist abgedriftet; ab-drif-ten

Abdruck, der; des Abdruck(e)s, die Abdrücke; Ab-druck; **abdrucken**; die Zeitung hat den Bericht abgedruckt; **abdrücken**; das Profil des Stiefels hat sich im Boden abgedrückt

Abend, der; des Abends, die Abende; Abend; → Kasten „Abend/abends"

Abendessen, das; Abend-es-sen; **abendfüllend**; ein abendfüllendes Programm; das **Abendland** (eine Bezeichnung für Europa)

abendlich; *keine Steigerung*; abend-lich;

Abend/abends

Groß- und Kleinschreibung:

Das Nomen „Abend" schreibt man groß:
- der Abend
- jeden Abend
- eines Abends
- am Abend
- gegen Abend
- guten Abend
- gestern Abend, heute Abend, morgen Abend
- Dienstagabend
- der Feierabend

Das Adverb „abends" schreibt man klein:
- er kommt in der Regel abends vorbei
- seit einiger Zeit besucht sie dienstags abends/dienstagabends einen Französisch-Kurs
- das Geschäft schließt um sieben Uhr abends

abendliche Stimmung; das **Abendmahl**; das **Abendrot**; **abends**; abends wurde es schnell kühl; → Kasten „Abend/abends"

Abenteuer, das; des Abenteuers, die Abenteuer; Aben-teu-er; auf ihrer Reise erlebten sie einige Abenteuer; die **Abenteuerin** (*auch* Abenteurerin); **abenteuerlich**; **abenteuerlustig**; der **Abenteurer**

aber; aber; sie singt nicht schön, aber gerne

Aberglaube, der; des Aberglaubens, *kein Plural*; Aber-glau-be; dass schwarze Katzen Unglück bringen, ist ein Aberglaube; **abergläubisch**

aberkennen; du erkennst ab, er erkannte ab, das Sportgericht hat ihm den Sieg aberkannt; ab-er-ken-nen

abermals [Adv.] (erneut, nochmals); aber-mals; abermals bat sie ihn zu kommen

abfahren; du fährst ab, sie fuhr ab, der Zug ist pünktlich abgefahren; ab-fah-ren; die **Abfahrt**; der **Abfahrtslauf** (Skilauf)

Abfall, der (Müll); des Abfall(e)s, die Abfälle; Ab-fall; **abfallen**; das Blatt ist abgefallen; **abfällig** (verächtlich); eine abfällige Bemerkung

abfälschen (in eine andere Richtung lenken); du fälschst ab, er fälschte ab, sie hat den Ball abgefälscht; ab-fäl-schen

abfangen; du fängst ab, er fing ab, sie hat ihn noch rechtzeitig abgefangen; ab-fan-gen

abfärben; es färbt ab, es färbte ab, sein Verhalten hat auf andere abgefärbt; ab-fär-ben

abfertigen; du fertigst ab, er fertigte ab, sie hat die Fluggäste abgefertigt; ab-fer-ti-gen; die **Abfertigung**

abfinden; du findest ab, der Betrieb fand die Mitarbeiter mit einer zusätzlichen Zahlung ab, sie hat sich mit der Entscheidung des Trainers abgefunden; ab-fin-den; die **Abfindung**

abflauen; der Sturm flaut ab, er flaute ab, die Aufregung ist abgeflaut; ab-flau-en

abfliegen; du fliegst ab, er flog ab, sie ist abgeflogen; ab-flie-gen

abfließen; es fließt ab, es floss ab, das Wasser ist abgeflossen; ab-flie-ßen; der **Abfluss**; das **Abflussrohr**

abfragen; du fragst ab, er fragte ab, sie hat die Vokabeln abgefragt; ab-fra-gen

Abfuhr, die; der Abfuhr, die Abfuhren;

A B C D E

Ạbfuhr; die Müllabfuhr; sie hat ihm eine Abfuhr erteilt; **abführen**; er führte die Gefangenen ab, sie hat Steuern abgeführt; ạb-füh-ren; das **Abführmittel**

abfüllen; du füllst ab, er füllte ab, sie hat das Getränk in Flaschen abgefüllt; ạb-fül-len

Abgabe, die; der Abgabe, die Abgaben; Ạb-ga-be; die Abgabe der Aufgaben; der **Abgabetermin**

Abgang, der; des Abgang(e)s, die Abgänge; Ạb-gang; das **Abgangszeugnis**

Abgas, das; des Abgases, die Abgase; Ạb-gas; die Abgase der Autos reduzieren; **abgasarm**; die **Abgasuntersuchung**

abgeben; du gibst ab, er gab den anderen immer etwas ab, sie hat den Aufsatz abgegeben; ạb-ge-ben

abgebrannt (*umgangssprachlich für* kein Geld mehr haben); *keine Steigerung*; ạb-ge-brannt

abgebrüht (gerissen, unempfindlich); abgebrühter, am abgebrühtesten; ạb-ge-brüht; sie war so abgebrüht, dass ihr niemand etwas anhaben konnte

abgedroschen; abgedroschener, am abgedroschensten; ạb-ge-dro-schen; ein abgedroschenes Beispiel

abgefahren (toll, begeisternd); abgefahrener, am abgefahrensten; ạb-ge-fahren; ein abgefahrener Film

abgehackt (stockend, nicht flüssig); abgehackter, am abgehacktesten; ạb-ge-hackt; abgehackt sprechen

abgehen; du gehst ab, er ging von der Schule ab, der Knopf ist abgegangen; ạb-ge-hen

abgehetzt (außer Atem); abgehetzter, am abgehetztesten; ạb-ge-hetzt; nach dem Einkaufen kehrte er abgehetzt zurück; **abgekämpft** (erschöpft)

abgekartet (heimlich abgesprochen); *keine Steigerung*; ạb-ge-kar-tet; ein abgekartetes Spiel

abgelegen; abgelegener, am abgelegensten; ạb-ge-le-gen; ein abgelegenes Dorf

abgemacht; *keine Steigerung*; ạb-ge-macht; eine abgemachte Sache

abgeneigt; abgeneigter, am abgeneigtesten; ạb-ge-neigt; ich bin nicht abgeneigt

abgenutzt; abgenutzter, am abgenutztesten; ạb-ge-nutzt; ein abgenutzter Teppich

Abgeordnete, der/die (Mitglied eines Parlaments); des Abgeordneten, die Abgeordneten; Ạb-ge-ord-ne-te; das **Abgeordnetenhaus**

Abgesandte, der/die (Stellvertreter, Vertrauter); des Abgesandten, die Abgesandten; Ạb-ge-sand-te; der Präsident schickte einen Abgesandten

abgeschieden; abgeschiedener, am abgeschiedensten; ạb-ge-schie-den; ein abgeschiedener Ort im Wald

abgeschlafft (müde, erschöpft); ạb-ge-schlafft; abgeschlafft lag sie auf dem Sofa

abgeschlagen (deutlich besiegt); *keine Steigerung*; ạb-ge-schla-gen; abgeschlagen landete er auf dem letzten Platz

abgesehen; ạb-ge-se-hen; abgesehen davon, dass du zu spät kommst

abgespannt (müde, erschöpft); abgespannter, am abgespanntesten; ạb-ge-spannt; **abgestanden**; abgestandene Cola; **abgestumpft** (unempfindlich); **abgetragen**; eine abgetragene Hose

abgewöhnen; du gewöhnst ab, er gewöhnte uns die Unordnung ab, sie hat sich das Rauchen abgewöhnt; ạb-ge-wöh-nen

abgießen; du gießt ab, er goss ab, sie hat das Wasser abgegossen; ạb-gie-ßen

Abgrund, der; des Abgrund(e)s, die Abgründe; Ạb-grund; **abgründig**; **abgrundtief**

abgucken (*auch* abkucken); du guckst ab, er guckte bei seinem Nachbarn ab, sie hat sich fast alles von ihren Kolleginnen abgeguckt ; ạb-gu-cken

Abguss, der; des Abgusses, die Abgüsse; Ạb-guss; die Statue war ein Abguss des Originals

abhacken; du hackst ab, er hackte ab, sie hat ein Stück Holz abgehackt; ạb-ha-cken

abhaken; du hakst ab, er hakte ab, sie hat seinen Namen in der Liste abgehakt; ạb-ha-ken

abhalten; du hältst ab, er hielt ab, sie hat mich von der Arbeit abgehalten; ạb-hal-ten

abhandenkommen; es kommt abhanden, es kam abhanden, das Buch ist abhandengekommen; ab-hạn-den-kom-men

Abhandlung, die (wissenschaftliche Untersuchung); der Abhandlung, die Abhandlungen; Ạb-hand-lung; eine Abhandlung über den Ursprung der Sprache

Abhang, der; des Abhangs, die Abhänge; Ạb-hang; das Auto rollte den Abhang herunter; **abhängen**; du hängst das Bild ab, es hing vom Wetter ab, sie hat den Verfolger abgehängt; **abhängig**; die **Abhängigkeit**

abhärten; du härtest ab, er härtete seinen Körper ab, sie hat sich durch kaltes Duschen abgehärtet; ạb-här-ten

abhauen[1] (abschlagen); du haust ab, er hieb ab, sie hat den Ast abgehauen; ạb-hau-en; **abhauen**[2] (ausreißen); sie ist frühmorgens abgehauen

abheben; du hebst ab, er hob den Deckel ab, das Flugzeug hat um 16 Uhr abgehoben; ạb-he-ben

abheften; du heftest ab, er heftete ab, sie hat die Unterlagen abgeheftet; ạb-hef-ten

abholen; du holst ab, er holte ab, sie hat ihn vom Bahnhof abgeholt; ạb-ho-len

abholzen (Bäume fällen, roden); du holzt ab, er holzte ab, sie hat abgeholzt; ạb-hol-zen

abhorchen; du horchst ab, er horchte ab, sie hat die Lunge abgehorcht; ạb-hor-chen

abhören; du hörst ab, er hörte Vokabeln ab, sie hat Telefonate von Verdächtigen abgehört; ạb-hö-ren; das **Abhörgerät**

Abitur, das (höchster schulischer Abschluss); des Abiturs, *Plural selten*: die Abiture; Abi-tu̱r; der **Abiturient**; des Abiturienten, die Abiturienten; die **Abiturientin**; die Abiturientinnen

abkapseln, sich abkapseln (sich von etwas absondern); du kapselst dich ab, er kapselte sich ab, sie hat sich abgekapselt; ạb-kap-seln

abkochen (durch Kochen keimfrei machen); du kochst ab, er kochte ab, sie hat abgekocht; ạb-ko-chen

abkommen; du kommst ab, er kam ab, sie ist von der Straße abgekommen; ạb-kom-men; das **Abkommen** (Vertrag)

abkucken → abgucken

abkühlen (die Temperatur erniedrigen); es kühlt ab, der Pudding kühlte ab, das Wetter hat sich abgekühlt; ạb-küh-len

Abkürzung, die; der Abkürzung, die Abkürzungen; Ạb-kür-zung; morgens nimmt sie gerne eine Abkürzung; Kilo ist die Abkürzung für Kilogramm

abladen; du lädst ab, er lud ab, sie hat abgeladen; ạb-la-den

Ablage, die; der Ablage, die Ablagen; Ạb-la-ge; die **Ablagerung**

ablassen; du lässt ab, er ließ ab, sie hat das Motoröl abgelassen; ạb-las-sen

Ablauf, der; des Ablauf(e)s, die Abläufe; Ạb-lauf; der Ablauf war verstopft; **ablaufen**; sie ist beim Rennen als Erste abgelaufen

ablegen; du legst ab, er legte ab, sie hat ihre Jacke abgelegt; das Boot hat abgelegt; ạb-le-gen; der **Ableger** (Teil einer Pflanze, aus der eine neue entsteht)

ablehnen; du lehnst ab, er lehnte ab, sie hat das Angebot abgelehnt; ạb-leh-nen; die **Ablehnung**; überall stieß er auf Ablehnung

ableiten[1]; du leitest das Wasser ab, er leitete ab, sie hat abgeleitet; ạb-lei-ten; **ableiten**[2]; er hat das Wort vom Wortstamm abgeleitet; die **Ableitung**

ablenken, sich ablenken (auf andere Gedanken bringen); du lenkst ihn ab, er lenkte sie ab, sie hat sich mit Gartenarbeit abgelenkt; ạb-len-ken; die **Ablenkung**

ablesen; du liest ab, er las ab, sie hat abgelesen; ạb-le-sen

abliefern; du lieferst ab, er lieferte ab, sie hat abgeliefert; ạb-lie-fern

ablösen; du löst ab, er löste ab, sie hat abgelöst; ạb-lö-sen; die **Ablösesumme**; für den Torwart wurde eine hohe Ablösesumme gezahlt

abluchsen (*umgangssprachlich für* jemanden dazu überreden, dass er etwas abgibt); du luchst ab, er luchste ab, sie hat mir das Buch abgeluchst; ạb-luch-sen

ABM, die = Arbeitsbeschaffungsmaßnahme

abmachen[1] (entfernen); du machst ab, er machte ab, sie hat den Knopf nicht abgemacht; ạb-ma-chen; **abmachen**[2] (vereinbaren); wir hatten abgemacht, dass du mir heute das Buch zurückgibst; die **Abmachung**

abmagern; du magerst ab, er magerte ab, sie ist abgemagert; ạb-ma-gern

abmalen; du malst ab, er malte ab, sie hat das Bild abgemalt; ạb-ma-len

abmelden; du meldest ab, er meldete seine Schwester ab, sie hat sich abgemeldet; ạb-mel-den

abmurksen (*umgangssprachlich für* umbringen, töten); du murkst ihn ab, er murkst sie ab, sie hat alle abgemurkst; ạb-murk-sen

Abnahme, die; der Abnahme, die Abnahmen; Ạb-nah-me; **abnehmen**; sie hat zehn Kilo abgenommen

Abneigung, die; der Abneigung, die Abneigungen; Ạb-nei-gung; sie hatte eine starke Abneigung gegen das Fliegen

abnorm (nicht normal, krankhaft); abnọrm; deine Vorliebe für grüne Socken ist abnorm

abnutzen (*auch* abnützen); du nutzt ab, er nutzte ab, sie hat abgenutzt; ạb-nut-zen

Abo, das (Kurzform für Abonnement); die Abos; Ạbo; das **Abonnement** (Verpflichtung, über einen längeren Zeitraum z.B. Zeitschriften oder Eintrittskarten zu kaufen); des Abonnements, die Abonnements

Abordnung, die (Vertretung, Gesandtschaft); der Abordnung, die Abordnungen; Ạb-ord-nung

Abort, der (Toilette); des Abort(e)s, die Aborte; Ab-ọrt

abpfeifen; du pfeifst ab, er pfiff ab, sie hat das Spiel abgepfiffen; ạb-pfei-fen; der **Abpfiff**

abprallen; du prallst ab, er prallte ab, der Ball ist von der Bande abgeprallt; ạb-pral-len

abrackern, sich abrackern; du rackerst dich ab, er rackerte sich ab, sie hat sich

ein Leben lang abgerackert; ab-ra-ckern
abräumen; du räumst ab, er räumte ab, sie hat abgeräumt; ab-räu-men
abreagieren, sich abreagieren; du reagierst dich ab, er reagierte sich ab, sie hat sich abreagiert; ab-re-a gie-ren
abrechnen; du rechnest ab, er rechnete die Kosten ab, sie hat mit ihren Gegnern abgerechnet; ab-rech-nen; die **Abrechnung**
abreiben; du reibst ab, er rieb ab, sie hat den Schmutz mit einem Tuch abgerieben; ab-rei-ben; die **Abreibung**
Abreise, die; der Abreise, *kein Plural*; Ab-rei-se; **abreisen**; sie ist abgereist
abreißen; du reißt ab, er riss ab, sie hat das Pflaster abgerissen; ab-rei-ßen
abrichten (dressieren); du richtest deinen Falken ab, er richtete seinen Hund ab, sie hat ihren Hamster abgerichtet; ab-rich-ten
Abriss, der; des Abrisses, die Abrisse; Ab-riss
Abruf, der; des Abruf(e)s, *Plural selten*: die Abrufe; Ab-ruf; **abrufen**; er hat die bestellte Ware abgerufen
abrunden; du rundest ab, er rundete ab, sie hat den Geschmack mit etwas Sahne abgerundet; ab-run-den
abrupt (plötzlich); ab-rupt; der Zug stoppte abrupt; ein abruptes Ende
abrüsten (die Armee verkleinern); du rüstest ab, er rüstete ab, sie hat abgerüstet; ab-rüs-ten; die **Abrüstung**
abrutschen; du rutschst ab, er rutschte ab, sie ist abgerutscht; ab-rut-schen
ABS, das = Antiblockiersystem
absacken; du sackst ab, der Boden sackte plötzlich ab, sie ist in der Schule immer mehr abgesackt; ab-sa-cken
Absage, die; der Absage, die Absagen; Ab-sa-ge; deine Absage traf mich unvermittelt; **absagen**; sie hat das Treffen abgesagt
Absatz[1], der; des Absatzes, die Absätze; Ab-satz; sie hat den Absatz ihres Schuhs verloren; du findest die Textstelle im letzten Absatz; der **Absatz**[2] (Verkauf eines Produkts); *kein Plural*
abschaffen; du schaffst ab, er schaffte ab, sie hat das Auto abgeschafft; ab-schaf-fen
abschalten; du schaltest ab, er schaltete das Radio ab, sie hat abgeschaltet (hört nicht mehr zu); ab-schal-ten
abschätzen; du schätzt ab, er schätzte ab, sie hat die Größe des Hauses abgeschätzt; ab-schät-zen
Abscheu, der (Ekel, Widerwillen); des Abscheu(e)s, *kein Plural*; Ab-scheu; **abscheulich**; ein abscheulicher Gestank
Abschiebehaft, die; der Abschiebehaft, *kein Plural*; Ab-schie-be-haft; bis zu ihrer Ausweisung sitzen sie in Abschiebehaft; **abschieben**; sie hat alle Vorwürfe auf die anderen abgeschoben
Abschied, der; des Abschied(e)s, die Abschiede; Ab-schied; die **Abschiedsfeier**
abschießen; du schießt ab, er schoss das kranke Tier ab, sie hat den Vogel abgeschossen (alle anderen übertroffen); ab-schie-ßen
Abschlag, der (Teilzahlung); des Abschlag(e)s, die Abschläge; Ab-schlag; vor dem ersten Gehalt bekam sie einen Abschlag; **abschlagen**; er schlug den Ast ab, sie hat jede Bitte abgeschlagen; **abschlägig** (abweisend, negativ); ein abschlägiger Bescheid
Abschleppdienst, der; des Abschleppdienst(e)s, die Abschleppdienste; Ab-schlepp-dienst; **abschleppen**; sie hat sich mit den Koffern ganz schön abgeschleppt; der **Abschleppwagen**

abschließen; du schließt ab, er schloss die Tür ab, sie hat einen Vertrag abgeschlossen; ạb-schlie-ßen; der **Abschluss**; der Abschluss des Vertrags

abschmecken; du schmeckst ab, er schmeckte ab, sie hat die Suppe abgeschmeckt; ạb-schme-cken

abschneiden; du schneidest ab, er schnitt den Knopf ab, sie hat bei der Prüfung gut abgeschnitten; ạb-schnei-den; der **Abschnitt**; **abschnittsweise**; sie gehen abschnittsweise vor

abschrecken; du schreckst ab, er schreckte die Eier ab, sie hat ihn mit ihrer Kleidung abgeschreckt; ạb-schre-cken; die **Abschreckung**

abschreiben; du schreibst ab, er schrieb bei seiner Nachbarin ab, sie hat den Text sauber abgeschrieben; ạb-schrei-ben; die **Abschrift**

abschrubben; du schrubbst ab, er schrubbte ab, sie hat die Tür abgeschrubbt; ạb-schrub-ben

abschüssig (steil abfallend); abschüssiger, am abschüssigsten; ạb-schüs-sig; ein abschüssiger Waldweg

abschütteln; du schüttelst den Schnee ab, er schüttelte alle Bedenken ab, sie hat die Verfolger abgeschüttelt; ạb-schüt-teln

abschwächen; du schwächst ab, er schwächte ab, sie hat ihre Behauptung abgeschwächt; ạb-schwä-chen

abschweifen; du schweifst ab, er schweifte ab, sie ist vom Thema abgeschweift; ạb-schwei-fen

absehbar (zu erwarten); ạb-seh-bar; die Katastrophe war absehbar

absehen (nicht tun, nicht berücksichtigen); du siehst ab, er sah ab, sie hat von einer Anzeige abgesehen; ạb-se-hen

abseits; ạb-seits; abseits der großen Straßen ist es ruhig; das **Abseits**; *kein Plural*; er steht ständig im Abseits

absenden; du sendest ab, er sandte/sendete ab, sie hat einen Brief abgesandt/abgesendet; ạb-sen-den; der **Absender**

absetzen; du setzt ab, er setzte die schwere Tasche ab, sie hat sich von der Gruppe abgesetzt; ạb-set-zen; die **Absetzung**; die Absetzung des Präsidenten kam überraschend

Absicht, die; der Absicht, die Absichten; Ạb-sicht; **absichtlich**; sie trat ihm absichtlich auf den Fuß

absolut (uneingeschränkt); *keine Steigerung*; ab-so-lu̲t; ich finde deine Jacke absolut schrecklich; der absolute Nullpunkt

Absolutismus, der; des Absolutismus, *kein Plural*; Ab-so-lu-tịs-mus; im Zeitalter des Absolutismus hatte nur der König etwas zu sagen; **absolutistisch**; Ludwig der XIV. war ein absolutistischer Herrscher

Absolvent, der; des Absolventen, die Absolventen; Ab-sol-vẹnt; er war Absolvent des besten Gymnasiums der Stadt; **absolvieren**; sie hat ein anstrengendes Trainingsprogramm absolviert

absondern; du sonderst ab, er sonderte ab, sie hat sich immer mehr abgesondert; ạb-son-dern; die **Absonderung**

absorbieren (aufnehmen, aufsaugen); du absorbierst, er absorbierte, sie hat alles absorbiert; ab-sor-bi̲e̲-ren; die **Absorption**

abspeichern; du speicherst ab, er speicherte ab, sie hat die Daten abgespeichert; ạb-spei-chern

abspenstig; ạb-spens-tig; er hat ihm seine Freundin abspenstig gemacht

absperren; du sperrst ab, er sperrte ab, sie hat die Unfallstelle abgesperrt; ạb-sper-ren; die **Absperrung**

abspielen; du spielst ab, er spielte die CD ab, ein Drama hat sich abgespielt; ab-spie-len

Absprache, die; der Absprache, die Absprachen; Ab-spra-che; **absprechen**; er hat den Plan abgesprochen, sie hat sich mit ihm abgesprochen

abspringen; du springst ab, er sprang vom Brett ab, sie ist kurzfristig abgesprungen; ab-sprin-gen; der **Absprung**

abstammen; du stammst ab, er stammte ab, sie hat vom letzten Kaiser abgestammt; ab-stam-men; die **Abstammung**

Abstand, der; des Abstand(e)s, die Abstände; Ab-stand

abstauben; du staubst ab, er staubte die Möbel ab, bei ihrer Tante hat sie immer die besten Blusen abgestaubt; ab-stauben

Abstecher, der; des Abstechers, die Abstecher; Ab-ste-cher; komm, wir machen einen Abstecher in die Stadt

abstehend; *keine Steigerung*; ab-stehend; er hat abstehende Ohren

absteigen; du steigst ab, er stieg ab, sie ist abgestiegen; ab-stei-gen

abstellen; du stellst ab, er stellte das Radio ab, sie hat die Tasche abgestellt; ab-stel-len; das **Abstellgleis**

absterben; die Pflanze stirbt ab, sie starb ab, sie ist abgestorben; ab-ster-ben

Abstieg, der; des Abstieg(e)s, die Abstiege; Ab-stieg

abstimmen; du stimmst ab, er stimmte die Pläne ab, sie hat sich mit den anderen abgestimmt; ab-stim-men; die **Abstimmung**

abstinent (auf Genüsse verzichtend); *keine Steigerung*; ab-sti-nent/abs-tinent; er ist jetzt seit drei Jahren abstinent; die **Abstinenz**

Abstoß, der; des Abstoßes, die Abstöße; Ab-stoß; **abstoßen**; **abstoßend**; ein abstoßendes Benehmen

abstrahieren (absehen von, verallgemeinern); du abstrahierst, er abstrahierte, sie hat immer gut vom Konkreten abstrahiert; ab-stra-hie-ren/abs-tra-hie-ren; **abstrakt** (nicht konkret, nicht greifbar); die **Abstraktion**; Mathematik beruht in weiten Teilen auf Abstraktion

abstreiten; du streitest ab, er stritt ab, sie hat die Vorwürfe abgestritten; ab-strei-ten

Abstrich, der; des Abstrich(e)s, die Abstriche; Ab-strich; wegen der Arbeitslosigkeit des Vaters musste die Familie viele Abstriche machen; der Arzt machte einen Abstrich von der Nasenschleimhaut

abstumpfen; du stumpfst ab, er stumpfte ab, sie ist durch die großen Verluste abgestumpft; ab-stump-fen

Absturz, der; des Absturzes, die Abstürze; Ab-sturz; **abstürzen**

absurd (unvernünftig, unsinnig); absurder, am absurdesten; ab-surd; er hat absurde Ideen

Abszess, der (eitriges Geschwür); des Abszesses, die Abszesse; Ab-szess/Abszess

Abszisse, die; der Abszisse, die Abszissen; Ab-szis-se/Abs-zis-se; Abszissen begegnen mir im Mathe-Unterricht ständig

Abt, der (Vorsteher eines Klosters); des Abt(e)s, die Äbte; Abt

abtasten; du tastest ab, er tastete ab, sie hat abgetastet; ab-tas-ten

Abtei, die (Kloster); der Abtei, die Abteien; Ab-tei

Abteil, das; des Abteil(e)s, die Abteile; Ab-teil

abtöten; du tötest ab, er tötete ab, sie hat die Krankheitserreger durch Abkochen abgetötet; ab-tö-ten

abtragen; du trägst ab, er trug ab, sie hat die Erdschicht abgetragen; ab-tra-gen; **abträglich** (schädlich); das ist deiner Gesundheit abträglich

abtreiben; du treibst ab, er trieb ab, sie ist mit dem Boot abgetrieben, sie hat das Kind abgetrieben; ab-trei-ben; die **Abtreibung** (Schwangerschaftsabbruch)

abtrennen; du trennst ab, er trennte ab, sie hat abgetrennt; ab-tren-nen

abtreten; du trittst ab, er trat ab, die Vorsitzende ist abgetreten, er hat sich die Schuhe abgetreten; ab-tre-ten

abtrocknen; du trocknest ab, er trocknete das Geschirr ab, sie hat sich abgetrocknet; ab-trock-nen

abtun; du tust ab, er tat ab, sie hat das Problem einfach abgetan; ab-tun

abwägen; du wägst ab, er wägte/wog ab, sie hat das Für und Wider abgewägt/abgewogen; ab-wä-gen

abwählen; du wählst ab, er wählte ab, sie hat das Fach abgewählt; ab-wäh-len

abwärts [Adv.]; ab-wärts; die Straße verläuft abwärts

abwärtsgehen; du gehst abwärts, er ging den Hang abwärts, mit ihrer Leistung ist es abwärtsgegangen; ab-wärts-ge-hen

abwaschbar; *keine Steigerung*; ab-wasch-bar; **abwaschen**; sie hat das Geschirr abgewaschen

Abwasser, das; des Abwassers, die Abwässer; Ab-was-ser

abwechseln; du wechselst ab, er wechselte ab, sie hat sich mit ihrem Bruder abgewechselt; ab-wech-seln; **abwechselnd**; die **Abwechselung** (*auch* Abwechslung); **abwechslungsreich**

abwegig; abwegiger, am abwegigsten; ab-we-gig; deine Ideen sind ziemlich abwegig

Abwehr, die; der Abwehr, *Plural selten*: die Abwehren; Ab-wehr; **abwehren**; sie hat den Angriff abgewehrt

abweichen; du weichst ab, er wich ab, sie ist von ihrem Ziel abgewichen; ab-wei-chen; die **Abweichung**

abweisen; du weist ab, er wies ab, sie hat ihn abgewiesen; ab-wei-sen

abwenden; du wendest ab, er wandte/wendete ab, sie hat das Unglück abgewendet, er hat sich von uns abgewendet; ab-wen-den

abwerben; du wirbst ab, er warb ab, sie hat abgeworben; ab-wer-ben

abwerfen; du wirfst ab, er warf ab, sie hat abgeworfen; ab-wer-fen

abwerten; du wertest ab, er wertete ab, sie hat abgewertet; ab-wer-ten; die **Abwertung**

abwesend; *keine Steigerung*; ab-wesend; ein abwesender Blick; der **Abwesende**; die **Abwesenheit**

abwickeln; du wickelst ab, er wickelte das Kabel ab, sie hat den Vorgang abgewickelt; ab-wi-ckeln

abwiegeln; du wiegelst ab, er wiegelte ab, sie hat im Streit abgewiegelt; ab-wie-geln

abwiegen; du wiegst ab, er wog ab, sie hat die Äpfel abgewogen; ab-wie-gen

abwimmeln; du wimmelst ab, er wimmelte ab, sie hat die Fans abgewimmelt; ab-wim-meln

abwischen; du wischst ab, er wischte ab, sie hat abgewischt; ab-wi-schen

abwracken; du wrackst ab, er wrackte ab, sie hat abgewrackt; ab-wra-cken; viele Schiffe werden in Indien abgewrackt

Abwurf, der; des Abwurf(e)s, die Abwürfe; Ab-wurf

abzahlen; du zahlst ab, er zahlte ab, sie hat abgezahlt; ab-zah-len

abzählen; du zählst ab, er zählte ab, sie hat die Kinder abgezählt; der **Abzählreim**

Abzahlung, die; der Abzahlung, die Abzahlungen; Ab-zah-lung; die Abzahlung der Schulden

Abzeichen, das; des Abzeichens, die Abzeichen; Ab-zei-chen

Abziehbild, das; des Abziehbild(e)s, die Abziehbilder; Ab-zieh-bild

Abzug, der; des Abzug(e)s, die Abzüge; Ab-zug; **abzüglich**; abzüglich der Miete bleiben ihr 150 €

abzweigen; du zweigst ab, er zweigte ab, sie hat einige Euro für Eis abgezweigt; ab-zwei-gen; die **Abzweigung**; die Abzweigung rechts

Accessoire, das [aßeßoa] (modische Ergänzung zur Kleidung); des Accessoires, die Accessoires; Ac-ces-soire; die Brosche war ein hübsches Accessoire zu ihrer Bluse

Acetat, das (*auch* Azetat) (Salz der Essigsäure); des Acetat(e)s, die Acetate; Ace-tat

ach!; ach; ach so?; ach ja!

Achat, der (Mineral); des Achat(e)s, die Achate; Achat; manche Achate sehen aus wie Edelsteine

Achillesferse, die (Schwachpunkt); der Achillesferse, die Achillesfersen; Achil-les-fer-se; die **Achillessehne** (Sehne zwischen Fersenbein und Wadenmuskel)

Achse, die; der Achse, die Achsen; Ach-se

Achsel, die (Schulter); der Achsel, die Achseln; Ach-sel; das **Achselzucken**; **achselzuckend**; achselzuckend sagte er, dass es ihm egal sei

acht; acht; „acht" ist ein Zahlwort; die **Acht**[1]; → Kasten „acht/Acht"

Acht[2], die (Aufmerksamkeit); Acht; auf etwas Acht geben/achtgeben, Acht haben/achthaben; sich in Acht nehmen; etwas außer Acht lassen

acht/Acht

Groß- und Kleinschreibung:

Man schreibt das Wort „acht" klein, wenn es als Zahlwort verwendet wird:
- die Zahlen von eins bis acht
- acht minus drei ist fünf
- wir sind acht; wir sind zu acht
- die ersten acht, die letzten acht
- die Mannschaft hat acht zu eins gewonnen
- ein Kind von acht Jahren
- er wird bald acht
- das kostet acht zwanzig (8,20 Euro)
- es ist acht Uhr, halb acht
- es schlägt eben acht
- ich komme gegen acht

Man schreibt das Zahlwort „Acht" groß, wenn es als Nomen verwendet wird:
- eine Acht schreiben
- eine Acht laufen
- wir sind mit der Acht (der Linie 8) gefahren
- er hat beim Kartenspiel noch eine Acht auf der Hand
- die Zahl Acht, die Ziffer Acht

Achteck, das; des Achteck(e)s, die Achtecke; Acht-eck; **achteckig**

achtel; *keine Steigerung*; ach-tel; ein achtel Liter/ein Achtelliter; das **Achtel**; das **Achtelfinale**; die **Achtelnote**

achten; du achtest, er achtete seine Eltern, sie hat auf die Kinder geachtet; ach-ten

ächten (aus der Gemeinschaft ausstoßen); du ächtest, er ächtete, sie hat den Verräter geächtet; äch-ten

achtens (an achter Stelle); ach-tens; der

Achter (Ruderboot mit acht Personen); die **Achterbahn**

achtern [Adv.] (*Seemannssprache* hinten); ach-tern

achtfach; *keine Steigerung*; acht-fach; das **Achtfache**

achtgeben (*auch* Acht geben); du gibst acht, er gab acht, sie hat auf den Verkehr achtgegeben; acht-ge-ben

achtjährig (*auch* 8-jährig) (acht Jahre alt); *keine Steigerung*; acht-jäh-rig; der **Achtjährige** (*auch* 8-Jährige)

achtlos; achtloser, am achtlosesten; acht-los

achtmal (*auch* 8-mal); acht-mal; **achttausend**; **achtundzwanzig**

Achtung, die; der Achtung, *kein Plural*; Ach-tung

achtzehn; acht-zehn; **achtzig**; die **Achtzig**; **achtziger**; in den achtziger Jahren/ Achtzigerjahren

ächzen; du ächzt, er ächzte, sie hat geächzt; äch-zen; ein ächzender Laut

Acker, der; des Ackers, die Äcker; Acker; der **Ackerbau**; **ackern**; sie hat den ganzen Tag geackert

Acryl, das (ein Kunststoff); des Acryls, *kein Plural*; Ac-ryl

Action, die; der Action, *kein Plural*; Action; der **Actionfilm**

Adagio, das [adadscho] (langsame Passage in einem Musikstück); des Adagios, die Adagios; Ada-gio

Adapter, der (Verbindungsteil); des Adapters, die Adapter; Ad-ap-ter

addieren; du addierst, er addierte, sie hat addiert; ad-die-ren; die **Addition**

ade!; ade; das **Ade**; Tschüs und ade!

Adel, der; des Adels, *kein Plural*; Adel

Ader, die; der Ader, die Adern; Ader

Adhäsion, die (Aneinanderhaften von zwei Stoffen, Molekülen); der Adhäsion, die Adhäsionen; Ad-hä-si-on

Adjektiv, das; des Adjektiv(e)s, die Adjektive; Ad-jek-tiv

Adler, der; des Adlers, die Adler; Ad-ler; die **Adlerfeder**

adlig; *keine Steigerung*; ad-lig; eine adlige Gesellschaft; der **Adlige**

Admiral, der; des Admirals, die Admirale/ Admiräle; Ad-mi-ral

adoptieren; du adoptierst, er adoptierte, sie hat ein Kind adoptiert; ad-op-tie-ren; die **Adoption**; das **Adoptivkind**

Adrenalin, das (Nebennierenhormon); des Adrenalins, die Adrenaline; Ad-re-na-lin

Adressat, der; des Adressaten, die Adressaten; Ad-res-sat; die **Adresse**; **adressieren**; sie hat den Brief an dich adressiert

Advent, der (Vorweihnachtszeit); des Advents, *kein Plural*; Ad-vent; der **Adventskranz**

Adverb, das; des Adverbs, die Adverbien; Ad-verb; „schon" ist ein Adverb; **adverbial**

Aerobic, die/das [ärobick]; der Aerobic/ des Aerobics, *kein Plural*; Ae-ro-bic

Aerodynamik, die (Lehre von der Bewegung gasförmiger Stoffe, besonders der Luft); der Aerodynamik, *kein Plural*; Ae-ro-dy-na-mik

Affäre, die; der Affäre, die Affären; Af-fä-re

Affe, der; des Affen, die Affen; Af-fe

Affekt, der (heftige Gemütsbewegung); des Affekt(e)s, die Affekte; Af-fekt; im Affekt handeln; etwas im Affekt tun

After, der (Darmausgang); des Afters, die After; Af-ter

Aftershave, das [afterschäif] (Rasierwasser); des Aftershaves, die Aftershaves; Af-ter-shave

Agave, die; der Agave, die Agaven; Agave; Agaven sind südländische Pflanzen

A B C D E

Agent, der; des Agenten, die Agenten; Agent; die **Agentin**; die **Agentur**; es gibt zahlreiche Versicherungsagenturen in unserer Stadt

Aggregat, das; des Aggregat(e)s, die Aggregate; Ag-gre-gat; der **Aggregatzustand**

Aggression, die; der Aggression, die Aggressionen; Ag-gres-si-on; **aggressiv**

agieren (handeln); du agierst, er agierte, sie hat agiert; agie-ren

Agitation, die (Aufklärungsarbeit; *auch* politische Werbung); der Agitation, die Agitationen; Agi-ta-ti-on; der **Agitator**; **agitieren**

Agrarpolitik, die (Landwirtschaftspolitik); der Agrarpolitik, *kein Plural*; Ag-rar-po-li-tik

~~Agression~~ → Aggression

~~agressiv~~ → aggressiv

ah!; ah deshalb!; ah; **aha!**; aha/aha; aha, so ist das also!

Ahle, die; der Ahle, die Ahlen; Ah-le; mit einer Ahle Löcher in das Leder stechen

Ahn, der (Vorfahre); des Ahns/Ahnen, die Ahnen; Ahn; seine Ahnen stammten aus Bayern

ahnden (bestrafen); du ahndest, er ahndete, sie hat das Foul geahndet; ahn-den

ähneln; du ähnelst, er ähnelte, sie hat ihrer Mutter geähnelt; äh-neln

ahnen; du ahnst, er ahnte, sie hat etwas von der Überraschung geahnt; ah-nen

ähnlich; ähnlicher, am ähnlichsten; ähn-lich

ahoi!; ahoi; Schiff ahoi!

Ahorn, der (Laubbaum); des Ahorns, die Ahorne; Ahorn

Ähre, die; der Ähre, die Ähren; Äh-re; die reifen Weizenähren ernten

Aids (acquired immune deficiency syndrome: meist tödliche Immunschwächekrankheit); sich vor Aids schützen; **aidskrank**; der **Aidskranke**

Airbag, der [ärbäg]; des Airbags, die Airbags; Air-bag; ein Auto mit Airbags; der **Airport** [ärport] (Flughafen)

Akademie, die (Hochschule, wissenschaftliche Gesellschaft); der Akademie, die Akademien; Aka-de-mie; der **Akademiker**; die **Akademikerin**; **akademisch**; eine akademische Ausbildung

Akazie, die; der Akazie, die Akazien; Aka-zie; Akazien stehen in vielen Parks

Akelei, die (Blühpflanze); der Akelei, die Akeleien; Ake-lei

akklimatisieren, sich akklimatisieren; du akklimatisierst dich, er akklimatisierte sich, sie hat sich in Afrika völlig akklimatisiert; ak-kli-ma-ti-sie-ren

Akkord, der; des Akkord(e)s, die Akkorde; Ak-kord; die **Akkordarbeit**

Akkordeon, das (Musikinstrument); des Akkordeons, die Akkordeons; Ak-kor-de-on

Akku, der = Akkumulator; des Akkus, die Akkus; Ak-ku; der **Akkumulator**; die Akkumulatoren

akkurat (sorgfältig, genau); akkurater, am akkuratesten; ak-ku-rat

Akkusativ, der; des Akkusativs, die Akkusative; Ak-ku-sa-tiv

Akne, die; der Akne, die Aknen; Ak-ne; wer hat schon gerne Akne im Gesicht?

Akrobat, der; des Akrobaten, die Akrobaten; Ak-ro-bat; die **Akrobatin**

Akt, der; des Akt(e)s, die Akte; Akt

Akte, die; der Akte, die Akten; Ak-te; die **Aktentasche**

Aktie, die; der Aktie, die Aktien; Ak-tie; die **Aktiengesellschaft**

Aktion, die; der Aktion, die Aktionen; Ak-ti-on

Aktionär, der; des Aktionärs, die Aktionäre; Ak-ti-o-när; die **Aktionärin**

aktiv; aktiver, am aktivsten; ak-tiv; das **Aktiv**; die **Aktivität**

Aktualität, die; der Aktualität, die Aktualitäten; Ak-tu-a-li-tät; **aktuell**

Akupunktur, die; der Akupunktur, die Akupunkturen; Aku-punk-tur; bei der Akupunktur werden feine Nadeln in die Haut gesteckt

Akustik, die (Lehre vom Schall); der Akustik, *kein Plural*; Akus-tik; **akustisch**

akut; *keine Steigerung*; akut; eine akute Erkrankung

Akzent, der; des Akzent(e)s, die Akzente; Ak-zent

akzeptieren; du akzeptierst, er akzeptierte, sie hat seine Meinung akzeptiert; ak-zep-tie-ren

Alarm, der; des Alarm(e)s, die Alarme; Alarm; das **Alarmsignal**

Albatros, der (großer Meeresvogel); des Albatros/Albatrosses, die Albatrosse; Al-ba-tros/Al-bat-ros

albern; alberner, am albernsten; al-bern; ein albernes Spiel; **albern**; sie hat mit den Kindern gealbert; die **Albernheit**

Albino, der (Lebewesen mit fehlender Farbstoffbildung); des Albinos, die Albinos; Al-bi-no

Albtraum, der (*auch* Alptraum) (schwerer, beängstigender Traum); des Albtraum(e)s, die Albträume; Alb-traum

Album, das; des Albums, die Alben; Al-bum

Alge, die; der Alge, die Algen; Al-ge

Algebra, die (Lehre von den Gleichungen); der Algebra, *kein Plural*; Al-ge-bra/Al-geb-ra; **algebraisch**

Alibi, das; des Alibis, die Alibis; Ali-bi; der Verdächtige hatte kein Alibi

Alkali, das (chemische Verbindung); des Alkalis, die Alkalien; Al-ka-li; **alkalisch**; Seifenlauge ist alkalisch

Alkohol, der; des Alkohols, die Alkohole; Al-ko-hol; **alkoholfrei**; der **Alkoholiker**; **alkoholisch**

All, das (Weltraum, Universum); des All(e)s, *kein Plural*; All

all [Pron.]; all; all die schönen Sachen; **alljährlich** (jedes Jahr)

Allah (Name Gottes im Islam); Allahs, *kein Plural*; Al-lah

alle [Pron.]; al-le; alle sind gekommen

Allee, die; der Allee, die Alleen; Al-lee; eine lange Allee mit alten Kastanien

Allegorie, die (konkrete Darstellung eines abstrakten Begriffs); der Allegorie, die Allegorien; Al-le-go-rie; diese Löwenstatue ist eine Allegorie für Kraft

allegro (schnell, lebhaft); al-le-gro ; das **Allegro** (schnelles Musikstück in der klassischen Musik)

allein [Adv.]; al-lein; **alleinerziehend** (*auch* allein erziehend); eine alleinerziehende Mutter; das **Alleinsein**; sie war des Alleinseins überdrüssig

allemal [Adv.]; al-le-mal; bis Samstag schaffen wir das allemal

allenfalls (höchstens); al-len-falls; du hast allenfalls noch zehn Minuten Zeit

allerbeste; al-ler-bes-te; die allerbeste Freundin; dein Pullover gefällt mir am allerbesten

allerdings [Adv.] (freilich, jedoch); al-ler-dings; deine Antwort ist allerdings richtig

Allergie, die (Überempfindlichkeit); der Allergie, die Allergien; Al-ler-gie; an einer Allergie leiden; **allergisch**

allerhand; *keine Steigerung*; al-ler-hand; wir haben allerhand erledigen können; das ist ja wirklich allerhand!

allerlei; *keine Steigerung*; al-ler-lei; das **Allerlei** (buntes Gemisch); Al-ler-lei

allerletzt; *keine Steigerung*; al-ler-letzt; im allerletzten Moment kam Hilfe

allermeist; al-ler-meist; das allermeiste hatte er sich aufgeschrieben

allerseits [Adv.]; al-ler-seits; guten Tag allerseits

allerwenigst; al-ler-we-nigst; das hat er am allerwenigsten erwartet

alles [Pron.]; al-les; ich mag alles Süße; der **Allesfresser**

allezeit (*auch* allzeit) [Adv.]; al-le-zeit; allzeit bereit

Allgäu, das (Gebiet in den Alpen); des Allgäus, *kein Plural*; All-gäu; der **Allgäuer**

allgemein; allgemeiner, am allgemeinsten; all-ge-mein/all-ge-mein; das **Allgemeinbefinden**; die **Allgemeinbildung**; **allgemeingültig** (*auch* allgemein gültig); die **Allgemeinheit**; **allgemeinverständlich** (*auch* allgemein verständlich); das **Allgemeinwohl**

Allheilmittel, das; des Allheilmittels, die Allheilmittel; All-heil-mit-tel

Allianz, die (Bündnis); der Allianz, die Allianzen; Al-li-anz; eine Allianz eingehen

Alligator, der; des Alligators, die Alligatoren; Al-li-ga-tor; Alligatoren leben in den Sümpfen Floridas

Alliierte, der (der Verbündete); des Alliierten, die Alliierten; Al-li-ier-te

alljährlich (jedes Jahr); all-jähr-lich; das alljährliche Sommerfest

Allmacht, die; der Allmacht, *kein Plural*; All-macht; **allmächtig**; der **Allmächtige** (Gott)

allmählich; *keine Steigerung*; all-mäh-lich; eine allmähliche Abkühlung

Allradantrieb, der; des Allradantrieb(e)s, *Plural selten*: die Allradantriebe; All-rad-an-trieb

allseits (*auch* allerseits) [Adv.]; all-seits; sie ist allseits beliebt

Alltag, der; des Alltags, *Plural selten*: die Alltage; All-tag; **alltäglich**; **alltags**

allumfassend; *keine Steigerung*; all-um-fas-send; ein allumfassendes Angebot

Allüre, die (auffallendes Benehmen); der Allüre, die Allüren; Al-lü-re; sie hatte Allüren wie ein Pop-Star

allwissend; *keine Steigerung*; all-wis-send; die **Allwissenheit**

allzeit; all-zeit → allezeit

allzu [Adv.]; all-zu; allzu viel ist ungesund

Alm, die (Viehweide im Gebirge); der Alm, die Almen; Alm

Almanach, der (Jahrbuch); des Almanachs, die Almanache; Al-ma-nach; im Almanach des letzten Jahres nachschauen

Almosen, das; des Almosens, die Almosen; Al-mo-sen; einem Bettler ein Almosen geben

Aloe, die; der Aloe, die Aloen; Aloe; die Aloe speichert Wasser in ihren Blättern

Alpaka, das (Lama); des Alpakas, die Alpakas; Al-pa-ka; das Alpaka lebt in den Anden

Alpen, die; der Alpen, *nur Plural*; Al-pen; die **Alpenrose**; das **Alpenveilchen**; das **Alpenvorland**

Alphabet, das; des Alphabet(e)s, die Alphabete; Al-pha-bet; **alphabetisch**

Alphorn, das; des Alphorns, die Alphörner; Alp-horn; das Alphorn bläst man in der Schweiz

alpin; *keine Steigerung*; al-pin; alpiner Sport; der **Alpinist**

als; als; wir starteten, als es hell wurde; größer als; **alsbald** (kurz danach); alsbald wurden sie ein Paar; **alsdann** (sodann, darauf); alsdann kam er zum Schluss seiner Rede

also; al-so

alt; älter, am ältesten; alt

Alt, der (tiefe Stimmlage bei Frauen); des Alts, *kein Plural*; Ạlt

Altar, der (Opfertisch); des Altar(e)s, die Altäre; Al-ta̲r

Altbau, der; des Altbau(e)s, die Altbauten; Ạlt-bau

altbekannt; *keine Steigerung*; ạlt-bekannt; das ist eine altbekannte Erfahrung; **altbewährt**

Alter, das; des Alters, die Alter; Ạl-ter; **altern**; sie ist sichtbar gealtert

alternativ; alternativer, am alternativsten; al-ter-na-ti̲v; die alternative Landwirtschaft wird gefördert; die **Alternative**; sie kann zwischen mehreren Alternativen wählen

Altglas, das; des Altglases, *kein Plural*; Ạlt-glas; der **Altglasbehälter**

althergebracht (seit langem üblich); *keine Steigerung*; alt-he̲r-ge-bracht; **altklug**; seine Schwester redet ziemlich altklug

Altlast, die; der Altlast, die Altlasten; Ạlt-last

altmodisch; altmodischer, am altmodischsten; ạlt-mo-disch

Altpapier, das; des Altpapier(e)s, *kein Plural*; Ạlt-pa-pier

Altstadtsanierung, die; der Altstadtsanierung, die Altstadtsanierungen; Ạlt-stadt-sa-nie-rung

Altweibersommer, der (warmer Spätsommer); des Altweibersommers, die Altweibersommer; Alt-we̲i-ber-som-mer

Alu, das = Aluminium; des Alus, *kein Plural*; Ạlu; in Alufolie verpackte Lebensmittel bleiben länger frisch; das **Aluminium**

Alzheimerkrankheit, die (schwere Gehirnerkrankung); der Alzheimerkrankheit, *kein Plural*; Ạlz-hei-mer-krank-heit

am [Präp.]; ạm; ich bin am Ziel (wo? → Dat.)

Amaryllis, die (rot blühende Pflanze); der Amaryllis, die Amaryllen; Ama-ry̲l-lis

Amateur, der; des Amateur(e)s, die Amateure; Ama-te̲u̲r; er spielt Fußball wie ein Amateur; die **Amateurin**

Amazonas, der (Fluss in Südamerika); des Amazonas, *kein Plural*; Ama-zo̲-nas

Ambiente, das (Atmosphäre, Umgebung); des Ambiente, *Plural selten*: die Ambiente; Am-bi-ẹn-te; das alte Kino hat ein besonderes Ambiente

Ambition, die (Streben, Ehrgeiz); der Ambition, die Ambitionen; Am-bi-ti-o̲n; **ambitioniert**; eine sehr ambitionierter Plan

ambivalent (zwiespältig); ambivalenter, am ambivalentesten; am-bi-va-lẹnt; mein Verhältnis zu ihm war ambivalent; die **Ambivalenz**

Amboss, der; des Ambosses, die Ambosse; Ạm-boss

ambulant; *keine Steigerung*; am-bu-lạnt; kleine Verletzungen lassen sich ambulant behandeln; die **Ambulanz**

Ameise, die; der Ameise, die Ameisen; A̲mei-se; der **Ameisenbär**; der **Ameisenhaufen**

amen; a̲men; das **Amen** (christliches Gebetsende)

Amethyst, der (violetter bis purpurroter Schmuckstein); des Amethyst(e)s, die Amethyste; Ame-thy̲st

Aminosäure, die (organische Säure); der Aminosäure, die Aminosäuren; Ami̲-no-säu-re

Amme, die; der Amme, die Ammen; Ạm-me; das Waisenkind wuchs bei einer Amme auf

Ammer, die (Finkenvogel); der Ammer, die Ammern; Ạm-mer

Ammoniak, das (stark riechende Verbindung von Stickstoff und Wasserstoff);

des Ammoniaks, die Ammoniake; Am-mo-ni-ak

Ammonit, der (ausgestorbene Kopffüßerart); des Ammoniten, die Ammoniten; Am-mo-nit; Ammoniten sehen aus wie spiralförmige Schneckenhäuser

Amnesie, die (Gedächtnisverlust); der Amnesie, die Amnesien; Am-ne-sie

Amnestie, die (durch Gesetz erlassener Straferlass oder Strafminderung); der Amnestie, die Amnestien; Am-nes-tie; **amnestieren**; die Präsidentin hat alle politischen Gefangenen amnestiert

Amöbe, die (einzelliges Wechseltierchen); der Amöbe, die Amöben; Amö-be

Amok (Wut, Raserei); des Amoks, *kein Plural*; Amok; der **Amokläufer**; häufig töten sich Amokläufer am Schluss selbst

Amor (Gott der Liebe); des Amors, *kein Plural*; Amor

Amortisation, die (Abschreibung, Kostenausgleich durch Erträge); der Amortisation, die Amortisationen; Amor-ti-sa-ti-on; die Amortisation der Maschine dauert mindestens zehn Jahre; **amortisieren**, sich amortisieren; die Anschaffung hat sich leider nicht amortisiert

Ampel, die; der Ampel, die Ampeln; Am-pel

Ampere, das [ampär] (Stromstärkeeinheit); des Ampere(s), die Ampere; Am-pere

Amphibie, die [amfibije]; der Amphibie, die Amphibien; Am-phi-bie; Lurche sind Amphibien, denn sie können im Wasser und an Land leben; das **Amphibienfahrzeug**

Amphitheater, das (antikes Theater mit stufenweise ansteigenden Sitzreihen); des Amphitheaters, die Amphitheater; Am-phi-the-a-ter

Amplitude, die (größter Ausschlag eines Pendels von der Mitte aus gesehen); der Amplitude, die Amplituden; Am-pli-tu-de

Ampulle, die (Glasröhrchen); der Ampulle, die Ampullen; Am-pul-le

Amputation, die; der Amputation, die Amputationen; Am-pu-ta-ti-on; nach dem Unfall ließ sich die Amputation des Arms nicht vermeiden; **amputieren**

Amsel, die; der Amsel, die Amseln; Am-sel; die schwarzen Amseln vertreiben alle anderen Vögel

Amt, das; des Amt(e)s, die Ämter; Amt; die **Amtfrau**; **amtlich**; der **Amtmann**; die **Amtmännin**; Amtmännin ist als Wort eher ungeschickt

Amtsgericht, das; des Amtsgericht(e)s, die Amtsgerichte; Amts-ge-richt; der **Amtsrichter**

Amulett, das (Glücksbringer, Anhänger); des Amulett(e)s, die Amulette; Amu-lett

amüsant; amüsanter, am amüsantesten; amü-sant; **amüsieren**, sich amüsieren; sie hat sich bei dem Film sehr amüsiert

an [Präp.]; an; an einem schönen See wohnen (wo? → Dat.); an einen schönen See fahren (wohin? → Akk.)

Anabolikum, das (Mittel zum Muskelaufbau); des Anabolikums, die Anabolika; Ana-bo-li-kum; Anabolika sind im Leistungssport verboten

analog (entsprechend, gleichartig); *keine Steigerung*; ana-log; ein analoges Beispiel; die **Analogie**

Analphabet, der; des Analphabeten, die Analphabeten; An-al-pha-bet; Analphabeten können weder lesen noch schreiben

Analyse, die; der Analyse, die Analysen; Ana-ly-se; **analysieren**; sie hat die Aufgabe analysiert

Ananas, die; der Ananas, die Ananas/Ananasse; Ana-nas

Anarchie, die (Gesetzlosigkeit, Chaos); der Anarchie, die Anarchien; An-ar-chie; der **Anarchist**; **anarchistisch**

Anatomie, die (Wissenschaft vom Körperbau); der Anatomie, die Anatomien; Ana-to-mie; **anatomisch**

anbaggern; du baggerst an, er baggerte an, sie hat auf der Party fast alle Jungen angebaggert; ạn-bag-gern

anbändeln; du bändelst an, er bändelte an, sie hat mit ihrem Nachbarn angebändelt; ạn-bän-deln

anbei [Adv.]; an-bei; anbei schicken wir Ihnen die gewünschten Unterlagen

anbeißen; du beißt an, er biss an, sie hat angebissen; ạn-bei-ßen

anbeten; du betest an, er betete an, sie hat angebetet; ạn-be-ten

anbiedern, sich anbiedern; du biederst dich an, er biederte sich an, sie hat sich bei ihrer Lehrerin angebiedert; ạn-bie-dern

anbinden; du bindest an, er band an, sie hat angebunden; ạn-bin-den

Anblick, der; des Anblick(e)s, die Anblicke; Ạn-blick; **anblicken**; sie hat mich fragend angeblickt

anbrechen; du brichst an, er brach an, sie hat eine neue Packung angebrochen; ạn-bre-chen

anbrennen; du brennst an, er brannte an, sie hat ein Feuer angebrannt, die Milch ist angebrannt; ạn-bren-nen

Anbruch, der; des Anbruch(e)s, die Anbrüche; Ạn-bruch; bei Anbruch des Tages

Andacht, die; der Andacht, die Andachten; Ạn-dacht; **andächtig**; **andachtsvoll**

andante (langsame Musikpassage); an-dạn-te; das **Andante** (ruhiges Musikstück)

Anden, die (Gebirge in Südamerika); der Anden, *nur Plural*; Ạn-den

Andenken, das; des Andenkens, die Andenken; Ạn-den-ken

andererseits [Adv.]; ạn-de-rer-seits → andrerseits

ändern; du änderst, er änderte, sie hat geändert; ạ̈n-dern

andernfalls (*auch* anderenfalls) [Adv.]; ạn-dern-falls; wir müssten es allein schaffen, andernfalls holen wir Hilfe

anders [Adv.]; ạn-ders; ein anders denkender/andersdenkender Mensch; **andersartig**

andersgläubig; *keine Steigerung*; ạn-ders-gläu-big; der/die **Andersgläubige**

anderswo [Adv.]; ạn-ders-wo; anderswo ist es auch nicht besser

anderthalb; ạn-dert-halb; anderthalb Kilo Äpfel → eineinhalb

Änderung, die; der Änderung, die Änderungen; Ạ̈n-de-rung

andeuten; du deutest an, er deutete an, sie hat angedeutet; ạn-deu-ten; die **Andeutung**

andocken; du dockst an, er dockte an, das Raumfahrzeug hat angedockt; ạn-do-cken

Andrang, der; des Andrang(e)s, *kein Plural*; Ạn-drang

andrehen; du drehst an, er drehte an, sie hat das Wasser angedreht; ạn-dre-hen

andrerseits; ạn-drer-seits; einerseits schön, andrerseits ziemlich hässlich → andererseits

anecken; du eckst an, er eckte an, sie ist ständig angeeckt; ạn-ecken

aneignen, sich aneignen; du eignest dir an, er eignete sich an, sie hat sich angeeignet; ạn-eig-nen

aneinander [Adv.]; an-ei-nạn-der/an-ein-ạn-der; aneinander denken; aneinander vorbeigehen

aneinandergeraten; du gerätst oft mit

ihr aneinander, er geriet mit ihr aneinander, er ist mit ihr aneinandergeraten; an-ei-nạn-der-ge-ra-ten/an-ein-ạn-der-ge-ra-ten; **aneinanderlegen**; **aneinanderwachsen**

Anekdote, die (kurze witzige Geschichte); der Anekdote, die Anekdoten; An-ek-do̱-te; über Karl Valentin werden viele Anekdoten erzählt

Anemone, die; der Anemone, die Anemonen; Ane-mo̱-ne; Anemonen werden auch Buschwindröschen genannt

anerkennen; du erkennst an, er erkannte an, sie hat anerkannt; ạn-er-ken-nen; die **Anerkennung**

anfahren; du fährst an, er fuhr an, sie ist an der Ampel langsam angefahren, er hat den Fußgänger angefahren; ạn-fah-ren

Anfall, der; des Anfall(e)s, die Anfälle; Ạn-fall; **anfällig**

Anfang, der; des Anfang(e)s, die Anfänge; Ạn-fang; **anfangen**; sie hat ein neues Heft angefangen; der **Anfänger**; die **Anfängerin**

anfänglich; *keine Steigerung*; ạn-fäng-lich; nach anfänglichen Schwierigkeiten ging alles gut; **anfangs**; der **Anfangsbuchstabe**

anfassen; du fasst an, er fasste an, sie hat angefasst; ạn-fas-sen

anfertigen; du fertigst an, er fertigte an, sie hat angefertigt; ạn-fer-ti-gen

anfeuern; du feuerst an, er feuerte an, sie hat die Läufer angefeuert; ạn-feu-ern

Anforderung, die; der Anforderung, die Anforderungen; Ạn-for-de-rung

Anfrage, die; der Anfrage, die Anfragen; Ạn-fra-ge; **anfragen**; sie hat im Bürgerbüro angefragt, wann geöffnet ist

anfreunden, sich anfreunden; du freundest dich an, er freundete sich an, sie hat sich angefreundet; ạn-freun-den

anführen; du führst an, er führte an, sie hat die Wandergruppe angeführt; ạn-füh-ren; der **Anführer**; das **Anführungszeichen**

Angabe, die; der Angabe, die Angaben; Ạn-ga-be; sie hat falsche Angaben gemacht; **angeben**; der **Angeber**; die **Angeberin**

angeblich; *keine Steigerung*; ạn-geb-lich; er war angeblich zu Hause

angeboren; *keine Steigerung*; ạn-ge-bo-ren; eine angeborene Krankheit

Angebot, das; des Angebot(e)s, die Angebote; Ạn-ge-bot

angebracht; angebrachter, am angebrachtesten; ạn-ge-bracht; manchmal ist es angebrachter zu schweigen

angehen; du gehst an, es ging mich nichts an, sie hat/ist das Problem mutig angegangen, das Licht ist angegangen; ạn-ge-hen

Angehörige, der/die; des/der Angehörigen, die Angehörigen; Ạn-ge-hö-ri-ge

Angeklagte, der/die; des/der Angeklagten, die Angeklagten; Ạn-ge-klag-te

Angel, die; der Angel, die Angeln; Ạn-gel

Angelegenheit, die; der Angelegenheit, die Angelegenheiten; Ạn-ge-le-gen-heit

Angelhaken, der; des Angelhakens, die Angelhaken; Ạn-gel-ha-ken; **angeln**; der **Angelpunkt** (Punkt, um den sich alles dreht)

angemessen; angemessener, am angemessensten; ạn-ge-mes-sen; ein angemessener Preis; die **Angemessenheit**

angenehm; angenehmer, am angenehmsten; ạn-ge-nehm

Angesicht, das; des Angesicht(e)s, die Angesichte/Angesichter; Ạn-ge-sicht; **angesichts**; angesichts des Todes

angespannt; angespannter, am angespanntesten; ạn-ge-spannt; eine angespannte Stimmung

A B C D E

Angestellte, der/die; des/der Angestellten, die Angestellten; An-ge-stell-te
angetrunken (leicht betrunken); *keine Steigerung*; an-ge-trun-ken
angewandt; *keine Steigerung*; an-ge-wandt; angewandte Physik
angewiesen; angewiesener, am angewiesensten; an-ge-wie-sen; sie ist auf mich angewiesen
angewöhnen, sich angewöhnen; du gewöhnst dir an, er gewöhnte sich an, sie hat sich angewöhnt; an-ge-wöh-nen; die **Angewohnheit**
angewurzelt; *keine Steigerung*; an-ge-wur-zelt; er blieb wie angewurzelt stehen
Angina, die (Halsentzündung); der Angina, die Anginen; An-gi-na
Angler, der; des Anglers, die Angler; Ang-ler; die **Anglerin**
Angorawolle, die (sehr feine weiche Wolle); der Angorawolle, *nur Plural*; An-go-ra-wol-le
angreifen; du greifst an, er griff an, sie hat angegriffen; an-grei-fen; der **Angreifer**; der **Angriff**; **angriffslustig**
Angst, die; der Angst, die Ängste; Angst; **angsterfüllt**; der **Angsthase**; **ängstigen**, sich ängstigen; sie hat sich im Dunkeln sehr geängstigt; **ängstlich**
anhalten; du hältst an, er hielt an, sie hat angehalten; an-hal-ten; **anhaltend**; anhaltender Schneefall; der **Anhalter**; per Anhalter fahren
anhand [Präp.]; an-hand; er hat den Vortrag anhand seiner Notizen gehalten
Anhang, der; des Anhang(e)s, die Anhänge; An-hang; der **Anhänger**; **anhänglich**
anhauen (*umgangssprachlich für* dreist um etwas bitten); du haust an, er haute an, sie hat ihre Nachbarin um fünf Euro angehauen; an-hau-en
anhäufen; du häufst an, er häufte an, sie hat riesige Mengen Abfall angehäuft; an-häu-fen → Haufen
anheuern (anwerben, in Dienst stellen); du heuerst an, er heuerte auf einem uralten Kahn an, der Verein hat einen neuen Stürmer angeheuert; an-heu-ern
Anhieb; An-hieb; der erste Versuch gelang auf Anhieb (gleich, sofort)
anhimmeln; du himmelst an, er himmelte an, sie hat ihn verliebt angehimmelt; an-him-meln
anhören; du hörst an, er hörte an, sie hat angehört; an-hö-ren
animalisch (tierisch); animalischer, am animalischsten; ani-ma-lisch; er hatte eine animalische Wut im Bauch
Animateur, der [animatõr] (Unterhalter); des Animateurs, die Animateure; Ani-ma-teur; immer mehr Leute brauchen im Urlaub einen Animateur; die **Animateurin**; **animieren**; sie hat mich zum Tanzen animiert
Anion, das (negativ geladenes elektrisches Teilchen); des Anions, die Anionen; An-ion
Anis, der; des Anis/Anises, *Plural selten*: die Anise; Anis; Anisbonbons helfen gegen Halsschmerzen
Anker, der; des Ankers, die Anker; An-ker
Anklage, die; der Anklage, die Anklagen; An-kla-ge; **anklagen**; sie hat den Dieb angeklagt; der **Ankläger**
anklicken; du klickst an, er klickte an, sie hat angeklickt; an-kli-cken
anklopfen; du klopfst an, er klopfte an, sie hat angeklopft; an-klop-fen
anknipsen; du knipst an, er knipste an, sie hat angeknipst; an-knip-sen
ankommen; du kommst an, er kam an, sie ist angekommen; an-kom-men
ankreuzen; du kreuzt an, er kreuzte an, sie hat angekreuzt; an-kreu-zen

ankündigen; du kündigst an, er kündigte an, sie hat ihr Kommen angekündigt; an-kün-di-gen; die **Ankündigung**

Ankunft, die; der Ankunft, *Plural selten*: die Ankünfte; An-kunft

Anlage, die; der Anlage, die Anlagen; An-la-ge

Anlass, der; des Anlasses, die Anlässe; An-lass; der **Anlasser**; der Anlasser des Autos streikte; **anlässlich**; an-läss-lich; anlässlich ihres Geburtstages (Gen.)

Anlauf, der; des Anlauf(e)s, die Anläufe; An-lauf

Anlaut, der; des Anlaut(e)s, die Anlaute; An-laut; Anlaute stehen am Anfang einer Silbe oder eines Wortes

anlegen[1]; du legst ein Beet an, das Boot legte am Ufer an, sie hat ihr Geld in Aktien angelegt; an-le-gen; **anlegen**[2], sich anlegen (Streit suchen); sie hat sich mit allen angelegt

anlehnen; du lehnst die Tür an, er lehnte sich an ihre Schulter an, sie hat die Leiter an die Wand gelehnt; an-leh-nen; **anlehnungsbedürftig**

Anliegen, das; des Anliegens, die Anliegen; An-lie-gen; der **Anlieger**; die **Anliegerin**

anmachen; du machst an, er machte an, sie hat die Heizung angemacht, er hat alle Mädchen angemacht; an-ma-chen

anmalen; du malst an, er malte an, sie hat angemalt; an-ma-len

anmaßen, sich anmaßen; du maßt dir an, er maßte sich an, sie hat sich ein Urteil über alle anderen angemaßt; an-ma-ßen; **anmaßend** (arrogant)

Anmeldung, die; der Anmeldung, die Anmeldungen; An-mel-dung

anmerken; du merkst an, er merkte an, sie hat angemerkt; an-mer-ken; die **Anmerkung**

anmotzen; du motzt an, er motzte an, sie hat heute jeden angemotzt; an-mot-zen

Anmut, die; der Anmut, *kein Plural*; An-mut; **anmutig**; sie war anmutig und schön

annähen; du nähst an, er nähte an, sie hat angenäht; an-nä-hen

Annahme, die; der Annahme, die Annahmen; An-nah-me; **annehmen**

Annehmlichkeit, die (Bequemlichkeit, Vorteil); der Annehmlichkeit, die Annehmlichkeiten; An-nehm-lich-keit

annektieren (gewaltsam in Besitz nehmen); du annektierst, er annektierte, sie hat annektiert; an-nek-tie-ren; die **Annexion**; die Annexion des Landes widersprach dem Völkerrecht

anno (im Jahre); an-no; anno 2004 wurde die EU deutlich erweitert; **Anno Domini** (im Jahre des Herren)

Annonce, die (Inserat, Anzeige); der Annonce, die Annoncen; An-non-ce; **annoncieren**; sie hat ihren Roller im Internet annonciert

annullieren (für ungültig erklären); du annullierst, er annullierte, sie hat das Ergebnis des Spiels annulliert; an-nul-lie-ren

Anode, die (positive Elektrode); der Anode, die Anoden; Ano-de; → Katode

anöden (langweilen); du ödest mich an, er ödete ihn an, die Arbeit hat sie angeödet; an-öden

anonym (unbekannt); *keine Steigerung*; an-o-nym; sie hat schon zwei anonyme Briefe bekommen; die **Anonymität**

Anorak, der; des Anoraks, die Anoraks; Ano-rak

anordnen; du ordnest an, er ordnete an, sie hat angeordnet; an-ord-nen; die **Anordnung**

anorganisch (nicht organisch, unbelebt); *keine Steigerung*; an-or-ga-nisch

anormal (nicht normal); anormaler, am anormalsten; ạnor-mal

anpassen; du passt dich an, er passte die Lautstärke dem Raum an, sie hat sich in jeder Situation gut angepasst; ạn-pas-sen; die **Anpassung**

Anpfiff, der; des Anpfiff(e)s, die Anpfiffe; Ạn-pfiff; das Spiel beginnt mit dem Anpfiff; er bekam einen ziemlichen Anpfiff, weil er erst so spät zu Hause war

anpflaumen; du pflaumst an, er pflaumte an, sie hat mich immer angepflaumt, wenn ich etwas falsch gemacht habe; ạn-pflau-men

Anrede, die; der Anrede, die Anreden; Ạn-re-de; **anreden**; sie hat mich nie mit meinem richtigen Namen angeredet

anregen; du regst an, er regte an, sie hat angeregt; ạn-re-gen; die **Anregung**; das **Anregungsmittel**

Anreiz, der; des Anreizes, die Anreize; Ạn-reiz

anrempeln; du rempelst an, er rempelte an, sie hat ihn angerempelt; ạn-rem-peln

anrichten; du richtest an, er richtete an, sie hat angerichtet; ạn-rich-ten

anrüchig; anrüchiger, am anrüchigsten; ạn-rü-chig; deine Witze sind etwas anrüchig

Anruf, der; des Anruf(e)s, die Anrufe; Ạn-ruf; der **Anrufbeantworter**; **anrufen**

Ansage, die; der Ansage, die Ansagen; Ạn-sa-ge; der **Ansager**; die **Ansagerin**

ansässig; *keine Steigerung*; ạn-säs-sig; seine Familie war schon immer in Köln ansässig

anschauen; du schaust an, er schaute an, sie hat Fotos angeschaut; ạn-schau-en; **anschaulich**; ein anschauliches Beispiel; die **Anschauung**

Anschein, der; des Anschein(e)s, *kein Plural*; Ạn-schein; **anscheinend** (offensichtlich); sie ist anscheinend sehr wohlhabend

anschieben; du schiebst an, er schob an, sie hat angeschoben; ạn-schie-ben

Anschlag, der; des Anschlag(e)s, die Anschläge; Ạn-schlag; **anschlagen**

anschließen; du schließt an, er schloss an, sie hat den Elektroherd angeschlossen; ạn-schlie-ßen; **anschließend**; der **Anschluss**

anschmieren; du schmierst an, er schmierte an, sie hat ihr Gesicht mit Farbe angeschmiert, mit dem teuren PC hat er mich ziemlich angeschmiert; ạn-schmie-ren

anschnallen; du schnallst an, er schnallte das Kind an, sie hat sich nicht richtig angeschnallt; ạn-schnal-len

Anschrift, die; der Anschrift, die Anschriften; Ạn-schrift

anschwellen; er schwillt an, er schwoll an, der Arm ist nach dem Wespenstich angeschwollen; ạn-schwel-len

ansehen; du siehst an, er sah das Bild an, sie hat sich einen Film angesehen; ạn-se-hen; das **Ansehen**; er genoss hohes Ansehen; **ansehnlich**

Ansicht, die; der Ansicht, die Ansichten; Ạn-sicht; die **Ansichtskarte**

anspannen; du spannst an, er spannte an, sie hat angespannt; ạn-span-nen

Anspiel, das; des Anspiel(e)s, die Anspiele; Ạn-spiel; **anspielen**; die **Anspielung**; deine Anspielung auf mein Gewicht habe ich schon verstanden

Ansporn, der (Anreiz, Antrieb); des Ansporn(e)s, *kein Plural*; Ạn-sporn

Ansprache, die; der Ansprache, die Ansprachen; Ạn-spra-che

anspringen; du springst an, er sprang an, die Katze hat mich angesprungen, der Motor ist angesprungen; ạn-sprin-gen

Anspruch, der; des Anspruch(e)s, die Ansprüche; An-spruch; **anspruchslos**; **anspruchsvoll**

anstacheln; du stachelst an, er stachelte an, sie hat uns zu diesem Unsinn angestachelt; an-sta-cheln

Anstalt, die; der Anstalt, die Anstalten; An-stalt

Anstand, der; des Anstand(e)s, *kein Plural*; An-stand; **anständig**; die **Anständigkeit**; **anstandshalber**; **anstandslos**

anstatt[1] [Präp.]; an-statt; anstatt eines Fahrrads kaufte er sich einen Roller (Gen.); **anstatt**[2] [Konj.]; er schlief, anstatt zu arbeiten

anstecken; du steckst an, er steckte seinen Bruder an, sie hat sich angesteckt; an-ste-cken; **ansteckend**; eine ansteckende Krankheit; die **Ansteckung**; die **Ansteckungsgefahr**

anstehen; du stehst an, er stand an, sie hat am Fahrkartenschalter angestanden; an-ste-hen

anstelle (*auch* an Stelle) [Präp.]; an-stel-le; er kam anstelle seines Bruders (Gen.)

anstellen; du stellst an, er stellte einen Gärtner an, sie hat sich ziemlich dumm angestellt; an-stel-len; **anstellig** (geschickt)

anstiften; du stiftest an, er stiftete an, sie hat ihn zu Unfug angestiftet; an-stif-ten; der **Anstifter**

Anstoß, der; des Anstoßes, die Anstöße; An-stoß; **anstoßen**; **anstößig**; er erzählt anstößige Witze

Anstreicher, der; des Anstreichers, die Anstreicher; An-strei-cher

anstrengen, sich anstrengen; du strengst dich an, er strengte sich an, sie hat sich angestrengt; an-stren-gen; **anstrengend**; die **Anstrengung**

Antarktis, die; der Antarktis, *kein Plural*; Ant-ark-tis; die Antarktis ist das Gebiet am Südpol; **antarktisch**

Anteil, der; des Anteil(e)s, die Anteile; An-teil

Anteilnahme, die; der Anteilnahme, *kein Plural*; An-teil-nah-me

Antenne, die; der Antenne, die Antennen; An-ten-ne

Anthrazit, der; des Anthrazits, *Plural selten*: die Anthrazite; An-thra-zit/Anth-ra-zit; **anthrazitfarben** (schwarzgrau)

anti... (*Wortteil mit der Bedeutung* gegen); an-ti; der **Antialkoholiker**; **antiautoritär**; die **Antibabypille**

Antibiotikum, das; des Antibiotikums, die Antibiotika; An-ti-bi-o-ti-kum; bakterielle Infektionen bekämpft man mit Antibiotika

Antiblockiersystem, das; des Antiblockiersystems, die Antiblockiersysteme; An-ti-blo-ckier-sys-tem

Antifaschismus, der (Bewegung gegen eine demokratiefeindliche Herrschaft, insbesondere gegen den Nationalsozialismus); des Antifaschismus, *kein Plural*; An-ti-fa-schis-mus

antik; *keine Steigerung*; an-tik; die **Antike**; der Antike, *kein Plural*

Antilope, die; der Antilope, die Antilopen; An-ti-lo-pe

Antipathie, die (Gegenteil von Sympathie); der Antipathie, die Antipathien; An-ti-pa-thie

Antipode, die; des Antipoden, die Antipoden; An-ti-po-de; Antipoden leben genau auf der anderen Seite der Erde

Antiquar, der (Händler mit alten Büchern); des Antiquars, die Antiquare; An-ti-quar; das **Antiquariat**; **antiquarisch**

Antiquität, die (altertümlicher Gegenstand); der Antiquität, die Antiquitäten; An-ti-qui-tät; der **Antiquitätenhändler**

Antisemitismus, der (Feindschaft den Juden gegenüber); des Antisemitismus, *kein Plural*; An-ti-se-mi-tịs-mus

Antlitz, das (Angesicht, Gesicht); des Antlitzes, die Antlitze; Ạnt-litz

antörnen; du törnst an, er törnte an, die Musik hat mich ganz schön angetörnt; ạn-tör-nen

Antrag, der; des Antrag(e)s, die Anträge; Ạn-trag

antreiben; du treibst an, er trieb an, sie hat angetrieben; ạn-trei-ben; der **Antrieb**

Antritt, der; des Antritt(e)s, die Antritte; Ạn-tritt

Antwort, die; der Antwort, die Antworten; Ạnt-wort; **antworten**

~~**anulieren**~~ → annullieren

Anwalt, der; des Anwalt(e)s, die Anwälte; Ạn-walt; die **Anwältin**

Anwärter, der; des Anwärters, die Anwärter; Ạn-wär-ter; die **Anwärterin**; die **Anwartschaft** (begründeter Anspruch, z. B. auf ein Amt)

anweisen; du weist an, er wies an, sie hat angewiesen; ạn-wei-sen; die **Anweisung**

anwenden; du wendest an, er wendete an, sie hat angewendet; ạn-wen-den; die **Anwendung**

Anwesen, das; des Anwesens, die Anwesen; Ạn-we-sen; sie haben ein großes Anwesen; **anwesend**; er war anwesend; der **Anwesende**; die **Anwesenheit**

anwinkeln; du winkelst an, er winkelte an, sie hat die Beine angewinkelt; ạn-win-keln

Anzahl, die; der Anzahl, die Anzahlen; Ạn-zahl; die **Anzahlung**

Anzeichen, das; des Anzeichens, die Anzeichen; Ạn-zei-chen

Anzeige, die; der Anzeige, die Anzeigen; Ạn-zei-ge; **anzeigen**

anziehen; du ziehst an, er zog an, sie hat angezogen; ạn-zie-hen; **anziehend**; die **Anziehungskraft**

Anzug, der; des Anzug(e)s, die Anzüge; Ạn-zug

anzüglich (zweideutig); anzüglicher, am anzüglichsten; ạn-züg-lich; er macht immer anzügliche Bemerkungen

anzünden; du zündest an, er zündete an, sie hat angezündet; ạn-zün-den

AOK, die = Allgemeine Ortskrankenkasse

Aorta, die (Hauptschlagader); der Aorta, die Aorten; Aọr-ta

Apache, der [apạtsche]; des Apachen, die Apachen; Apa-che

~~**Aparat**~~ → Apparat

apart (schön, reizvoll); aparter, am apartesten; apạrt; sie trug eine aparte Bluse

Apartheid, die (Trennung der Menschen nach deren Hautfarbe); der Apartheid, *kein Plural*; Apạrt-heid; Südafrika war früher ein Apartheidsstaat

apathisch (teilnahmslos); apathischer, am apathischsten; apa-thisch

~~**apelieren**~~ → appellieren

~~**Apell**~~ → Appell

~~**Aperat**~~ → Apparat

Aperitif, der (appetitanregendes Getränk vor dem Essen); des Aperitifs, die Aperitifs; Ape-ri-tif

Apfel, der; des Apfels, die Äpfel; Ạp-fel; der **Apfelbaum**; die **Apfelsine**

Apokalypse, die (Untergang, Unheil); der Apokalypse, die Apokalypsen; Apo-ka-lyp-se

Apostel, der (einer der zwölf Jünger/Freunde von Jesus Christus); des Apostels, die Apostel; Apọs-tel; die **Apostelgeschichte**; **apostolisch**

Apostroph, das (Auslassungszeichen); des Apostrophs, die Apostrophe; Apos-trọph/Apo-strọph

Apotheke, die; der Apotheke, die Apotheken; Apo-the-ke; der **Apotheker**; die **Apothekerin**

Apparat, der; des Apparat(e)s, die Apparate; Ap-pa-rat

Appartement, das; des Appartements, die Appartements; Ap-par-te-ment

Appell, der; des Appells, die Appelle; Ap-pell; **appellieren**; sie hat an unsere Solidarität appelliert

Appetit, der; des Appetits, *Plural selten*: die Appetite; Ap-pe-tit; **appetitanregend**; **appetitlich**; die **Appetitlosigkeit**

applaudieren; du applaudierst, er applaudierte, sie hat applaudiert; ap-plau-die-ren; der **Applaus**

Apposition, die; der Apposition, die Appositionen; Ap-po-si-ti-on

Aprikose, die; der Aprikose, die Aprikosen; Ap-ri-ko-se; die **Aprikosenmarmelade**

April, der; des April(s), *Plural selten*: die Aprile; Ap-ril; der **Aprilscherz**

Apsis, die (Teil eines Kirchengebäudes); der Apsis, die Apsiden; Ap-sis

Aquädukt, der/das (antike Wasserleitung); des Aquädukt(e)s, die Aquädukte; Aquä-dukt

Aquarell, das (mit Aquarellfarben/Wasserfarben gemaltes Bild); des Aquarells, die Aquarelle; Aqua-rell

Aquarium, das; des Aquariums, die Aquarien; Aqua-ri-um

Äquator, der; des Äquators, *kein Plural*; Äqua-tor

Ar, der/das (100 Quadratmeter); des Ars, die Are; Ar

Ära, die (historisch bedeutsamer Zeitraum); der Ära, *Plural selten*: die Ären; Ära

Araber, der; des Arabers, die Araber; Araber; die **Araberin**; **arabisch**

Arbeit, die; der Arbeit, die Arbeiten; Arbeit; **arbeiten**; der **Arbeiter**; die **Arbeiterin**; der **Arbeitgeber**; der **Arbeitnehmer**

Arbeitsamt, das; des Arbeitsamt(e)s, die Arbeitsämter; Ar-beits-amt; die **Arbeitsbeschaffungsmaßnahme** (ABM); **arbeitsfähig**; der **Arbeitslohn**

arbeitslos; *keine Steigerung*; ar-beits-los; das **Arbeitslosengeld**; die **Arbeitslosenversicherung**; die **Arbeitslosigkeit**; der **Arbeitsmarkt**

arbeitssuchend; *keine Steigerung*; ar-beits-su-chend; ein arbeitssuchender Maurer; die **Arbeitszeit**

Archäologe, der (Altertumsforscher); des Archäologen, die Archäologen; Ar-chäo-lo-ge; die **Archäologie** (Altertumsforschung)

Arche, die (schwimmfähiger Kasten, der aussieht wie ein Schiff); der Arche, die Archen; Ar-che; Noah brachte vor der Sintflut die Tiere in die Arche

Architekt, der; des Architekten, die Architekten; Ar-chi-tekt; die **Architektur**

Archiv, das; des Archiv(e)s, die Archive; Ar-chiv; historische Dokumente werden im Stadtarchiv verwahrt; der **Archivar**

ARD, die = Arbeitsgemeinschaft der öffentlich-rechtlichen Rundfunkanstalten der Bundesrepublik Deutschland

Areal, das (Fläche, Gebiet); des Areals, die Areale; Are-al

Arena, die; der Arena, die Arenen; Are-na

arg; ärger, am ärgsten; arg; es war arg kalt

Ärger, der; des Ärgers, *kein Plural*; Är-ger; **ärgerlich**; **ärgern**; sie hat sich über uns geärgert; das **Ärgernis**

arglos (harmlos); argloser, am arglosesten; arg-los

Argument, das; des Argument(e)s, die Argumente; Ar-gu-ment; sie hat immer die besseren Argumente; **argumentieren**

Argwohn, der (Misstrauen, Verdacht); des Argwohn(e)s, *kein Plural*; Ạrg-wohn; **argwöhnisch** (misstrauisch)

Arie, die; der Arie, die Arien; A̲rie; eine Arie singen

Arithmetik, die (Zahlenlehre); der Arithmetik, *Plural selten*: die Arithmetiken; Arith-me̲-tik; **arithmetisch**

Arkade, die (Bogen, der auf Säulen oder Pfeilern ruht; *meist Plural* Bogenreihe); der Arkade, die Arkaden; Ar-ka̲-de

Arktis, die (Gebiet am Nordpol); der Arktis, *kein Plural*; Ạrk-tis; **arktisch**; → Antarktis

arm; ärmer, am ärmsten; ạrm

Arm, der; des Arm(e)s, die Arme; Ạrm

Armatur, die; der Armatur, die Armaturen; Ar-ma-tu̲r; das **Armaturenbrett**

Armband, das; des Armband(e)s, die Armbänder; Ạrm-band; die **Armbanduhr**

Armee, die; der Armee, die Armeen; Armee̲

Ärmel, der; des Ärmels, die Ärmel; Ạ̈r-mel

armlang; *keine Steigerung*; ạrm-lang; ein armlanger Abstand zum Nebenmann

ärmlich; ärmlicher, am ärmlichsten; ạ̈rmlich; **armselig**; die **Armut**; *kein Plural*; das **Armutszeugnis**

Arnika, die (Heilpflanze); der Arnika, die Arnikas; Ạr-ni-ka

Aroma, das; des Aromas, die Aromas/Aromata/Aromen; Aro̲-ma; **aromatisch**; ein aromatisches Getränk

Arrangement, das [arangschmọng]; des Arrangements, die Arrangements; Arran-ge-ment; **arrangieren**; er arrangierte ein Treffen, sie hat die Blumen hübsch arrangiert

Arrest, der; des Arrest(e)s, die Arreste; Ar-rẹst

arrogant (anmaßend, überheblich); arroganter, am arrogantesten; ar-ro-gạnt; die **Arroganz**

der Arm

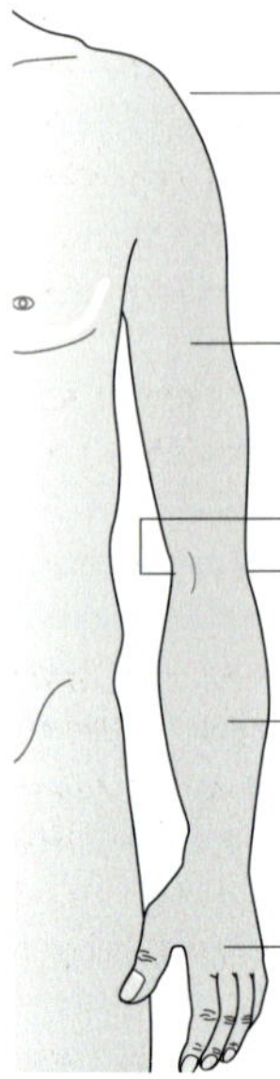

Arsch, der; des Arsch(e)s, die Ärsche; Ạrsch

Arsen, das (giftiges chemisches Element); des Arsens, *kein Plural*; Ar-se̲n

Art, die; der Art, die Arten; A̲rt

Arterie, die (Schlagader); der Arterie, die Arterien; Ar-te̲-rie

Arthrose, die (chronische Gelenkabnutzung); der Arthrose, die Arthrosen; Arthro̲-se

artig; artiger, am artigsten; a̲r-tig; ein artiges Kind

Artikel, der; des Artikels, die Artikel; Arti̲-kel

Artikulation, die (Lautbildung, Aussprache); der Artikulation, die Artikulationen; Ar-ti-ku-la-ti-o̲n; **artikulieren**; sie hat ihre Meinung klar und deutlich artikuliert

A B C D E

Artillerie, die (mit schweren Waffen ausgerüstete Kampftruppe); der Artillerie, *Plural selten*: die Artillerien; Ar-til-le-rie

Artischocke, die; der Artischocke, die Artischocken; Ar-ti-scho-cke; das **Artischockengemüse**

Artist, der; des Artisten, die Artisten; Artist; die **Artistin**; **artistisch**

Arznei, die; der Arznei, die Arzneien; Arznei; der **Arzt**; die **Ärztin**; **ärztlich**

~~**as**~~ → aß, essen

Asbest, der; des Asbest(e)s, die Asbeste; As-best

~~**Asch**~~ → Arsch

Asche, die; der Asche, die Aschen; Asche; der **Aschenbecher**; das **Aschenbrödel**; das **Aschenputtel**; der **Aschermittwoch**; **aschgrau**

äsen; es äst, es äste, das Reh hat auf der Lichtung geäst; äsen

Asiat, der; des Asiaten, die Asiaten; Asi-at; die **Asiatin**; **asiatisch**; **Asien**

Askese, die (enthaltsame Lebensweise); der Askese, *kein Plural*; As-ke-se; der **Asket**; **asketisch**

asozial (nicht sozial); asozialer, am asozialsten; aso-zi-al; ein asoziales Verhalten

Aspekt, der; des Aspekt(e)s, die Aspekte; As-pekt

Asphalt, der; des Asphalt(e)s, die Asphalte; As-phalt; **asphaltieren**; sie haben die Straße asphaltiert

Ass, das; des Asses, die Asse; Ass

Assel, die (Krebstier); der Assel, die Asseln; As-sel

Assessor, der (Beamtenanwärter); des Assessors, die Assessoren; As-ses-sor; die **Assessorin**

Assimilation, die (Anpassung, Angleichung); der Assimilation, die Assimilationen; As-si-mi-la-ti-on

Assistent, der (Gehilfe); des Assistenten, die Assistenten; As-sis-tent; die **Assistentin**; der **Assistenzarzt**

Assoziation, die (Verknüpfung von Vorstellungen); der Assoziation, die Assoziationen; As-so-zi-a-ti-on; **assoziativ**

Ast, der; des Ast(e)s, die Äste; Ast

Aster, die (Herbstblume); der Aster, die Astern; As-ter

Ästhetik, die (Wissenschaft vom Schönen, Schönheit); der Ästhetik, *kein Plural*; Äs-the-tik; **ästhetisch**

Asthma, das (anfallsweise auftretende Atemnot); des Asthmas, *kein Plural*; Asth-ma; der **Asthmatiker**; **asthmatisch**

astrein; *keine Steigerung*; ast-rein

Astrologe, der (Sternendeuter); des Astrologen, die Astrologen; As-tro-lo-ge; die **Astrologin**

Astronaut, der; des Astronauten, die Astronauten; As-tro-naut; die **Astronautin**

Astronom, der; des Astronoms, die Astronomen; As-tro-nom; die **Astronomie** (Wissenschaft von der Sternen); **astronomisch**

Asyl, das; des Asyls, die Asyle; Asyl; der **Asylant**; die **Asylantin**

Asymptote, die (Begriff aus der Mathematik); der Asymptote, die Asymptoten; Asym-pto-te/Asymp-to-te

Atelier, das [atelje] (Arbeitsraum eines Künstlers); des Ateliers, die Ateliers; Atelier

Atem, der; des Atems, die Atem; Atem; **atemberaubend**; das **Atemholen**; **atemlos**; die **Atemnot**

Atheist, der; des Atheisten, die Atheisten; Athe-ist; ein Atheist glaubt nicht an Gott; **atheistisch**

Äther, der (Himmelsluft); des Äthers, *kein Plural*; Äther

Äther[2], der (Betäubungsmittel); des Äthers, die Äther; Äther; → Ether

A
B
C
D
E

Äthiopier, der; des Äthiopiers, die Äthiopier; Äthi-o-pi-er; die **Äthiopierin**; **äthiopisch**

Athlet, der; des Athleten, die Athleten; Ath-let; die **Athletin**; **athletisch**

Atlantik, der; des Atlantiks, *kein Plural*; At-lan-tik; **atlantisch**

Atlas, der; des Atlas/Atlasses, die Atlanten/Atlasse; At-las

atmen; du atmest, er atmete, sie hat geatmet; at-men

Atmosphäre, die; der Atmosphäre, die Atmosphären; At-mos-phä-re/At-mo-sphä-re; **atmosphärisch**

Atmung, die; der Atmung, *kein Plural*; At-mung

Atoll, das (ringförmige Koralleninsel); des Atolls, die Atolle; Atoll

Atom, das; des Atoms, die Atome; Atom; **atomar**; die **Atombombe**; die **Atomenergie**; der **Atomkern**; das **Atomkraftwerk**; der **Atommüll**

Atrium, das (Innenhof); des Atriums, die Atrien; Atri-um

Attacke, die (Angriff); der Attacke, die Attacken; At-ta-cke; **attackieren**

Attentat, das; des Attentat(e)s, die Attentate; At-ten-tat; der **Attentäter**

Attest, das; des Attest(e)s, die Atteste; At-test

Attraktion, die; der Attraktion, die Attraktionen; At-trak-ti-on; **attraktiv**

Attrappe, die; der Attrappe, die Attrappen; At-trap-pe

Attribut, das; des Attribut(e)s, die Attribute; At-tri-but; **attributiv**

ätzen; du ätzt, er ätzte, sie hat geätzt; ät-zen; **ätzend**; eine ätzende Flüssigkeit

au!; au; au, das tut weh!

Au, die (*auch* Aue); der Au, die Auen; Au; durch die grüne Au wandern

AU, die = Abgasuntersuchung

Aubergine, die [oberschine]; der Aubergine, die Auberginen; Au-ber-gi-ne

auch [Konj.]; auch; nicht nur Regen, sondern auch Schnee

audiovisuell; *keine Steigerung*; au-dio-vi-su-ell; hören und sehen mit audiovisuellen Medien

auf [Präp.]; auf; das Buch liegt auf dem Tisch (wo? → Dat.); sie legt das Buch auf den Tisch (wohin? → Akk.); → Kasten „auf“

aufbauen; du baust auf, er baute auf, sie hat das Modell aufgebaut; auf-bau-en

aufbekommen; du bekommst auf, er bekam Hausaufgaben auf, sie hat die Flasche nicht aufbekommen; auf-be-kom-men

aufbewahren; du bewahrst auf, er bewahrte auf, sie hat aufbewahrt; auf-be-wah-ren

aufbinden; du bindest auf, er band auf, sie hat aufgebunden; auf-bin-den

aufbleiben; du bleibst auf, er blieb auf, sie ist aufgeblieben; auf-blei-ben

aufbrechen; du brichst auf, er brach auf, sie ist zu einer längeren Reise aufgebrochen, er hat die Tür aufgebrochen; auf-bre-chen

aufbrummen; du brummst auf, er brummte auf, sie hat mir eine Strafe aufgebrummt; auf-brum-men

aufdrängen; du drängst auf, er drängte uns seine Hilfe auf, sie hat sich aufgedrängt; auf-drän-gen

aufdrehen; du drehst auf, er drehte auf, sie hat den Wasserhahn aufgedreht, sie ist vor Freude ganz aufgedreht; auf-dre-hen

aufdringlich; aufdringlicher, am aufdringlichsten; auf-dring-lich

aufeinander [Adv.]; auf-ei-nan-der/auf-ein-an-der; sie achten aufeinander; **aufeinander hören**

auf

Getrennt- und Zusammenschreibung:

Das Wort „auf“ wird vom nächsten Wort getrennt geschrieben:
- auf einmal
- auf und nieder
- morgens um 10 Uhr müsste sie eigentlich auf sein
- er konnte sie nicht überraschen, weil sie schon auf gewesen ist

Ist „auf“ der erste Teil eines Verbs, dann werden diese Verben in der Grundform (Infinitiv), beim Partizip und bei Endstellung des Verbs in Nebensätzen zusammengeschrieben:
- du musst jetzt aufstehen
- sie hat aber mächtig aufgetrumpft
- es ist gefährlich, wenn die LKW-Ladung unsachgemäß aufliegt

In folgendem Fall ist Zusammen- oder Getrenntschreibung möglich:
- aufgrund/auf Grund des schlechten Wetters fiel die Fahrt aus

aufeinanderlegen; du legst aufeinander, er legte aufeinander, sie hat die Karten aufeinandergelegt; auf-ei-nan-der-le-gen/auf-ein-an-der-le-gen; **aufeinanderprallen**; **aufeinanderpressen**; **aufeinanderstapeln**

Aufenthalt, der; des Aufenthalt(e)s, die Aufenthalte; Auf-ent-halt

Auferstehung, die; der Auferstehung, die Auferstehungen; Auf-er-ste-hung

aufessen; du isst auf, er aß auf, sie hat aufgegessen; auf-es-sen

Auffahrunfall, der; des Auffahrunfall(e)s, die Auffahrunfälle; Auf-fahr-un-fall

auffallen; du fällst auf, er fiel auf, sie ist aufgefallen; auf-fal-len; **auffallend**; **auffällig**; die **Auffälligkeit**

Auffassung, die; der Auffassung, die Auffassungen; Auf-fas-sung; die **Auffassungsgabe**

auffordern; du forderst auf, er forderte auf, sie hat aufgefordert; auf-for-dern; die **Aufforderung**

auffressen; du frisst auf, er fraß auf, sie hat aufgefressen; auf-fres-sen

Aufführung, die; der Aufführung, die Aufführungen; Auf-füh-rung

Aufgabe, die; der Aufgabe, die Aufgaben; Auf-ga-be; **aufgeben**; er gab kurz vor dem Ziel auf, sie hat uns Hausaufgaben aufgegeben

aufgehen; du gehst auf, er ging voll in seiner Arbeit auf, die Sonne ist aufgegangen; auf-ge-hen

aufgekratzt; aufgekratzter, am aufgekratztesten; auf-ge-kratzt; abends ist sie völlig aufgekratzt

aufgepasst!; auf-ge-passt

aufgeräumt; aufgeräumter, am aufgeräumtesten; auf-ge-räumt

aufgeraut; aufgerauter, am aufgerautesten; auf-ge-raut

aufgeregt; aufgeregter, am aufgeregtesten; auf-ge-regt

aufgetakelt; aufgetakelter, am aufgetakeltsten; auf-ge-ta-kelt

aufgeweckt; aufgeweckter, am aufgewecktesten; auf-ge-weckt

aufgrund (*auch* auf Grund) [Präp.]; auf-grund; aufgrund einer Anzeige wurde er festgenommen (Gen.)

aufhaben; du hast auf, er hatte Hausaufgaben auf, sie hat eine Mütze aufgehabt; auf-ha-ben

aufhalten; du hältst auf, er hielt die Hand auf, sie hat sich zwei Wochen in Berlin aufgehalten; auf-hal-ten

aufhängen; du hängst auf, er hängte auf, sie hat aufgehängt; auf-hän-gen; der **Aufhänger**

aufheben; du hebst auf, er hob alles Mögliche auf, sie hat das Papier aufgehoben; auf-he-ben

aufhetzen; du hetzt auf, er hetzte auf, sie hat aufgehetzt; auf-het-zen

aufhören; du hörst auf, er hörte auf, sie hat aufgehört; auf-hö-ren

aufklären; du klärst auf, er klärte auf, sie hat aufgeklärt; auf-klä-ren; die **Aufklärung**

Aufkleber, der; des Aufklebers, die Aufkleber; Auf-kle-ber

aufladen; du lädst auf, er lud auf, sie hat aufgeladen; auf-la-den

auflegen; du legst auf, er legte auf, sie hat aufgelegt; auf-le-gen

auflehnen, sich auflehnen; du lehnst dich auf, er lehnte sich auf, sie hat sich aufgelehnt; auf-leh-nen; das Volk hat sich gegen den Diktator aufgelehnt

auflösen; du löst auf, er löste auf, sie hat aufgelöst; auf-lö-sen

aufmachen; du machst auf, er machte auf, sie hat aufgemacht; auf-ma-chen

Aufmarsch, der; des Aufmarsch(e)s, die Aufmärsche; Auf-marsch

aufmerksam; aufmerksamer, am aufmerksamsten; auf-merk-sam; die **Aufmerksamkeit**

aufmöbeln; du möbelst auf, er möbelte auf, sie hat das alte Sofa aufgemöbelt; auf-mö-beln

aufmuntern; du munterst auf, er munterte auf, sie hat aufgemuntert; auf-mun-tern

Aufnahme, die; der Aufnahme, die Aufnahmen; Auf-nah-me; die **Aufnahmeprüfung**; **aufnehmen**

aufpassen; du passt auf, er passte auf, sie hat aufgepasst; auf-pas-sen

aufrauen; du raust auf, er raute auf, sie hat die glatte Fläche etwas aufgeraut; auf-rau-en

aufräumen; du räumst auf, er räumte auf, sie hat aufgeräumt; auf-räu-men

aufrecht; aufrechter, am aufrechtesten; auf-recht; **aufrechterhalten**; sie hat den Kontakt zu uns aufrechterhalten

aufregen; du regst auf, er regte alle Teilnehmer auf, sie hat sich mächtig aufgeregt; auf-re-gen; **aufregend**; die **Aufregung**

aufreißen; du reißt auf, er riss die Tüte auf, sie hat das Fenster aufgerissen; auf-rei-ßen

aufreizen; du reizt auf, er reizte auf, sie hat aufgereizt; auf-rei-zen; **aufreizend**; ein aufreizendes Top; die **Aufreizung**

aufrichten; du richtest auf, er richtete den Mast auf, sie hat sich aufgerichtet; auf-rich-ten; **aufrichtig** (ehrlich)

Aufriss, der; des Aufrisses, die Aufrisse; Auf-riss

aufrücken; du rückst auf, er rückte auf, sie ist aufgerückt; auf-rü-cken

Aufruf, der; des Aufruf(e)s, die Aufrufe; Auf-ruf; **aufrufen**

Aufruhr, der; des Aufruhr(e)s, die Aufruhre; Auf-ruhr; **aufrührerisch**

aufsässig; aufsässiger, am aufsässigsten; auf-säs-sig; ein aufsässiges Kind

Aufsatz, der; des Aufsatzes, die Aufsätze; Auf-satz

aufschieben; du schiebst auf, er schob auf, sie hat aufgeschoben; auf-schie-ben

Aufschlag, der; des Aufschlag(e)s, die Aufschläge; Auf-schlag; **aufschlagen**; sie hat das Heft aufgeschlagen, der Ball ist aufgeschlagen

Aufschluss, der; des Aufschlusses, die Aufschlüsse; Auf-schluss; **aufschlussreich**

aufschneiden; du schneidest auf, er schnitt auf, sie hat aufgeschnitten; auf-schnei-den; der **Aufschneider** (Angeber); der **Aufschnitt**

aufschreiben; du schreibst auf, er schrieb auf, sie hat aufgeschrieben; auf-schrei-ben

Aufschub, der; des Aufschub(e)s, die Aufschübe; Auf-schub

Aufschwung, der; des Aufschwung(e)s, die Aufschwünge; Auf-schwung

aufsehen; du siehst auf, er sah auf, sie hat zu ihm voller Bewunderung aufgesehen; auf-se-hen; das **Aufsehen**; **aufsehenerregend** (*auch* Aufsehen erregend); ein aufsehenerregendes Kleid

aufseiten (*auch* auf Seiten) [Präp.]; auf-sei-ten; aufseiten der Angreifer gab es große Verluste (Gen.)

aufsetzen; du setzt auf, er setzte auf, sie hat aufgesetzt; auf-set-zen; der **Aufsetzer**; nach einem Aufsetzer flog der Ball ins Tor

Aufsicht, die; der Aufsicht, die Aufsichten; Auf-sicht; die **Aufsichtspflicht**; der **Aufsichtsrat**; der Aufsichtsrat überwacht die Geschäftsführung

aufspielen; du spielst auf, er spielte auf, sie hat aufgespielt; auf-spie-len

Aufstand, der; des Aufstand(e)s, die Aufstände; Auf-stand; **aufständisch**

aufstehen; du stehst auf, er stand auf, sie ist aufgestanden; auf-ste-hen

aufsteigen; du steigst auf, er stieg auf, sie ist aufgestiegen; auf-stei-gen; der **Aufsteiger**; die **Aufsteigerin**

aufstellen; du stellst auf, er stellte auf, sie hat aufgestellt; auf-stel-len

Aufstieg, der; des Aufstieg(e)s, die Aufstiege; Auf-stieg

aufstöbern; du stöberst auf, er stöberte auf, sie hat aufgestöbert; auf-stö-bern

Auftakt, der; des Auftakt(e)s, die Auftakte; Auf-takt

auftanken; du tankst auf, er tankte auf, sie hat das Auto aufgetankt; auf-tan-ken

Auftrag, der; des Auftrag(e)s, die Aufträge; Auf-trag

Auftrieb, der; des Auftrieb(e)s, *kein Plural*; Auf-trieb

Auftritt, der; des Auftritt(e)s, die Auftritte; Auf-tritt; das **Auftrittsverbot**

auftrumpfen; du trumpfst auf, er trumpfte auf, sie hat aufgetrumpft; auf-trump-fen

aufwachen; du wachst auf, er wachte auf, sie ist aufgewacht; auf-wa-chen

Aufwand, der; des Aufwand(e)s, die Aufwände; Auf-wand; **aufwändig** (*auch* aufwendig)

aufwärmen; du wärmst auf, er wärmte auf, sie hat aufgewärmt; auf-wär-men

aufwärts [Adv.]; auf-wärts; aufwärts ist er gefahren, abwärts ist er gegangen

aufwärtsfahren; du fährst aufwärts, er fuhr aufwärts, sie ist mit dem Fahrstuhl aufwärtsgefahren; auf-wärts-fah-ren; **aufwärtsstreben**

aufwenden; du wendest auf, er wendete auf/wandte auf, sie hat aufgewendet/aufgewandt; auf-wen-den

aufwerten; du wertest auf, er wertete auf, sie hat aufgewertet; auf-wer-ten; die **Aufwertung**

aufwiegeln (aufhetzen); du wiegelst auf, er wiegelte auf, sie hat aufgewiegelt; auf-wie-geln

Aufwind, der; des Aufwind(e)s, die Aufwinde; Auf-wind

Aufzählung, die; der Aufzählung, die Aufzählungen; Auf-zäh-lung

aufzeichnen; du zeichnest auf, er zeichnete auf, sie hat aufgezeichnet; auf-zeich-nen

Aufzug, der; des Aufzug(e)s, die Aufzüge; Auf-zug

Augapfel, der; des Augapfels, die Augäpfel; Aug-ap-fel; das **Auge**; der **Augenarzt**; die **Augenärztin**

Augenblick, der; des Augenblick(e)s, die Augenblicke; Au-gen-blick; **augenblicklich**; die **Augenbraue**; das **Augenlid**

Augenschein, der; des Augenschein(e)s, *kein Plural*; Au-gen-schein; etwas in Augenschein nehmen; **augenscheinlich**; der **Augenzeuge**; **augenzwinkernd**

August, der; des August(e)s, *Plural selten*: die Auguste; Au-gust

Auktion, die (Versteigerung); der Auktion, die Auktionen; Auk-ti-on

Aula, die; der Aula, die Aulas/Aulen; Au-la

Au-pair-Mädchen, das [opärmädchen]; des Au-pair-Mädchens, die Au-pair-Mädchen; Au-pair-Mäd-chen

aus [Präp.]; aus; er kommt aus dem Haus (Dat.); das **Aus**; der Ball war im Aus

ausarbeiten; du arbeitest aus, er arbeitete aus, sie hat einen Vortrag ausgearbeitet; aus-ar-bei-ten

ausbessern; du besserst aus, er besserte aus, sie hat ausgebessert; aus-bes-sern

ausbeuten; du beutest aus, er beutete aus, sie hat ihre Hilfskraft ziemlich ausgebeutet; aus-beu-ten; der **Ausbeuter**

ausbilden; du bildest aus, er bildete aus, sie hat ausgebildet; aus-bil-den; der **Ausbilder**; die **Ausbildung**; der **Ausbildungsplatz**; der **Ausbildungsvertrag**

Ausblick, der; des Ausblick(e)s, die Ausblicke; Aus-blick; von meinem Balkon habe ich einen tollen Ausblick

ausbrechen; du brichst aus, er brach aus, sie ist ausgebrochen; aus-bre-chen

ausbreiten; du breitest aus, er breitete aus, sie hat ausgebreitet; aus-brei-ten

Ausbruch, der; des Ausbruch(e)s, die Ausbrüche; Aus-bruch

Ausdauer, die; der Ausdauer, *kein Plural*; Aus-dau-er; **ausdauernd**

Ausdruck[1], der; des Ausdruck(e)s, die Ausdrucke; Aus-druck; die Ausdrucke aus deinem Drucker sind schwer zu lesen; der **Ausdruck**[2]; die Ausdrücke; sie verwendet oft umgangssprachliche Ausdrücke; **ausdrücklich**

auseinander [Adv.]; aus-ei-nan-der/aus-ein-an-der; sie wohnen weit auseinander

auseinandergehen (sich trennen); sie gehen auseinander, sie gingen auseinander, sie sind auseinandergegangen; aus-ei-nan-der-ge-hen/aus-ein-an-der-ge-hen; **auseinanderleben**; **auseinandersetzen**; sie hat ihm das Problem

das Auge

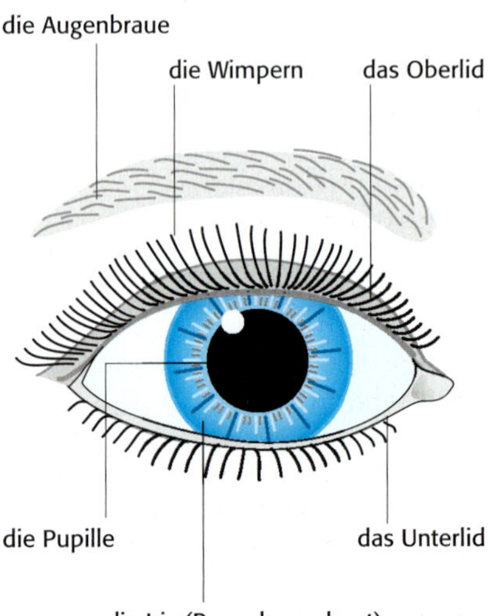

auseinandergesetzt; die **Auseinandersetzung**

Ausfahrt, die; der Ausfahrt, die Ausfahrten; Aus-fahrt

ausfallen; du fällst aus, der Strom fiel aus, das Training ist eine Woche ausgefallen; aus-fal-len; **ausflippen**; sie flippt wegen jeder Kleinigkeit gleich aus

Ausflucht, die (Vorwand, Ausrede); der Ausflucht, die Ausflüchte; Aus-flucht

Ausflug, der; des Ausflug(e)s, die Ausflüge; Aus-flug

Ausfuhr, die; der Ausfuhr, die Ausfuhren; Aus-fuhr

ausführlich; ausführlicher, am ausführlichsten; aus-führ-lich; die **Ausführlichkeit**

ausfüllen; du füllst aus, er füllte aus, sie hat ausgefüllt; aus-fül-len

Ausgabe, die; der Ausgabe, die Ausgaben; Aus-ga-be

Ausgang, der; des Ausgang(e)s, die Ausgänge; Aus-gang

ausgefallen; ausgefallener, am ausgefallensten; aus-ge-fal-len

ausgehen; du gehst aus, er ging aus, sie ist ausgegangen; aus-ge-hen

ausgelassen; ausgelassener, am ausgelassensten; aus-ge-las-sen; die **Ausgelassenheit**

ausgenommen; aus-ge-nom-men; alle waren da, ausgenommen meine Tante; Anwesende ausgenommen

ausgerechnet; aus-ge-rech-net; ausgerechnet dir muss das passieren

ausgeschlossen; *keine Steigerung*; aus-ge-schlos-sen; ich halte das für eine völlig ausgeschlossene Lösung

ausgesprochen; *keine Steigerung*; aus-ge-spro-chen; sie ist ausgesprochen freundlich

ausgezeichnet; *keine Steigerung*; aus-ge-zeich-net; ein ausgezeichnetes Ergebnis

ausgiebig; ausgiebiger, am ausgiebigsten; aus-gie-big; ein ausgiebiges Frühstück

Ausgleich, der; des Ausgleich(e)s, die Ausgleiche; Aus-gleich; der **Ausgleichssport**

ausgraben; du gräbst aus, er grub aus, sie hat ausgegraben; aus-gra-ben; die **Ausgrabung**

ausgrenzen; du grenzt aus, er grenzte aus, sie hat ausgegrenzt; aus-gren-zen

Ausguss, der; des Ausgusses, die Ausgüsse; Aus-guss

aushalten; du hältst aus, er hielt aus, sie hat die Schmerzen ausgehalten; aus-hal-ten

ausharren; du harrst aus, er harrte aus, sie hat ausgeharrt, bis das Wetter besser wurde; aus-har-ren → harren; → verharren

aushelfen; du hilfst aus, er half aus, sie hat ausgeholfen; aus-hel-fen; die **Aushilfe**

auskennen, sich auskennen; du kennst dich aus, er kannte sich aus, sie hat sich ausgekannt; aus-ken-nen

auskommen; du kommst aus, er kam aus, sie ist mit wenig Geld ausgekommen; aus-kom-men; das **Auskommen**

Auskunft, die; der Auskunft, die Auskünfte; Aus-kunft

auslachen; du lachst aus, er lachte aus, sie hat ausgelacht; aus-la-chen

Ausland, das; des Ausland(e)s, *kein Plural*; Aus-land; der **Ausländer**; die **Ausländerin**; **ausländisch**

auslassen; du lässt aus, er ließ aus, sie hat ausgelassen; aus-las-sen

Auslauf, der; des Auslauf(e)s, die Ausläufe; Aus-lauf

Ausleihe, die; der Ausleihe, die Ausleihen; Aus-lei-he; **ausleihen**

A
B
C
D
E

ausloggen, sich ausloggen; du loggst dich aus, er loggte sich aus, sie hat sich aus dem Netz ausgeloggt; aus-log-gen

auslosen; du lost aus, er loste aus, sie hat ausgelost; aus-lo-sen

auslösen; er löst aus, sie löste aus, es hat ausgelöst; aus-lö-sen

Auslöser, der; des Auslösers, die Auslöser; Aus-lö-ser

Auslosung, die; der Auslosung, die Auslosungen; Aus-lo-sung

ausmachen; du machst aus, er machte aus, sie hat ausgemacht; aus-ma-chen

ausmalen; du malst aus, er malte ein Bild aus, sie hat sich den Urlaub in den schönsten Farben ausgemalt; aus-ma-len

ausmerzen (ausrotten, beseitigen); du merzt aus, er merzte aus, sie hat die Fehler ausgemerzt; aus-mer-zen

Ausnahme, die; der Ausnahme, die Ausnahmen; Aus-nah-me; der **Ausnahmezustand**; **ausnahmslos**; **ausnahmsweise**

ausnutzen/ausnützen; du nutzt/nützt aus, er nutzte/nützte aus, sie hat ihn immer ausgenutzt/ausgenützt; aus-nut-zen

auspacken; du packst aus, er packte aus, sie hat ausgepackt; aus-pa-cken

auspfeifen; du pfeifst aus, er pfiff aus, sie hat ausgepfiffen; aus-pfei-fen

ausplündern; du plünderst aus, er plünderte aus, sie hat ausgeplündert; aus-plün-dern

Auspuff, der; des Auspuff(e)s, die Auspuffe; Aus-puff

ausrasten; du rastest aus, er rastete aus, sie ist vor Wut ausgerastet; aus-ras-ten

ausrechnen; du rechnest aus, er rechnete aus, sie hat ausgerechnet; aus-rech-nen

Ausrede, die; der Ausrede, die Ausreden; Aus-re-de; für jeden Fehler hat sie eine Ausrede; **ausreden**; sie hat mir den Plan ausgeredet, er hat mich nicht ausreden lassen

ausreichend; *keine Steigerung*; aus-rei-chend; er hat ausreichend Geld zur Verfügung

ausreißen; du reißt aus, er riss aus, sie hat ihm ein Haar ausgerissen, er ist aus dem Heim ausgerissen; aus-rei-ßen; der **Ausreißer**

ausrenken; du renkst aus, er renkte aus, sie hat sich den Arm ausgerenkt; aus-ren-ken

ausrotten; du rottest aus, er rottete aus, sie hat ausgerottet; aus-rot-ten; viele Tierarten sind inzwischen ausgerottet

ausrücken; du rückst aus, er rückte aus, die Feuerwehr ist ausgerückt, der Hund ist seinem Besitzer ausgerückt; aus-rü-cken

Ausruf, der; des Ausruf(e)s, die Ausrufe; Aus-ruf; das **Ausrufezeichen**

ausruhen, sich ausruhen; du ruhst dich aus, er ruhte sich aus, sie hat sich ausgeruht; aus-ru-hen

ausrutschen; du rutschst aus, er rutschte aus, sie ist ausgerutscht; aus-rut-schen

Aussaat, die; der Aussaat, die Aussaaten; Aus-saat; **aussäen**; sie hat Gras ausgesät

Aussage, die; der Aussage, die Aussagen; Aus-sa-ge; **aussagen**

Aussatz, der (Infektionskrankheit); des Aussatzes, *kein Plural*; Aus-satz → Lepra; **aussätzig**

ausschalten; du schaltest aus, er schaltete aus, sie hat ausgeschaltet; aus-schal-ten

ausschauen; du schaust aus, er schaute aus, sie hat ausgeschaut; aus-schau-en

ausscheiden; du scheidest aus, er schied

aus, sie ist aus dem Spiel ausgeschieden, der Körper hat das überflüssige Wasser ausgeschieden; aus-schei-den; die **Ausscheidung**; der **Ausscheidungskampf**

ausschimpfen; du schimpfst aus, er schimpfte aus, sie hat ausgeschimpft; aus-schimp-fen

ausschlaggebend; ausschlaggebender, am ausschlaggebendsten; aus-schlag-ge-bend

ausschließen; du schließt aus, er schloss aus, sie hat ihn aus der Mannschaft ausgeschlossen, er ist von der Teilnahme ausgeschlossen; aus-schlie-ßen; **ausschließlich**; der **Ausschluss**

Ausschuss, der; des Ausschusses, die Ausschüsse; Aus-schuss

ausschweifend; ausschweifender, am ausschweifendsten; aus-schwei-fend

aussehen; du siehst aus, er sah aus, sie hat ausgesehen; aus-se-hen

außen [Adv.]; au-ßen; die Frucht ist außen fest und innen weich

Außenminister, der; des Außenministers, die Außenminister; Au-ßen-mi-nis-ter; die **Außenpolitik**; der **Außenseiter**

außer; au-ßer; außer Atem, außer Betrieb, alle außer mir; ich komme zum Training, außer wenn es regnet

außerdem [Adv.]; au-ßer-dem

Äußere, das; *kein Plural*; Äu-ße-re; sie achtet immer auf ihr Äußeres

außergewöhnlich; außergewöhnlicher, am außergewöhnlichsten; au-ßer-ge-wöhn-lich

außerhalb [Präp.]; au-ßer-halb; außerhalb des Gartens (Gen.)

außerirdisch; außerirdischer, am außerirdischsten; au-ßer-ir-disch

äußerlich; äußerlicher, am äußerlichsten; äu-ßer-lich; die **Äußerlichkeit**

äußern; du äußerst, er äußerte, sie hat ihre Meinung geäußert; äu-ßern

außerordentlich; außerordentlicher, am außerordentlichsten; au-ßer-or-dent-lich

äußerst; äu-ßerst; am äußersten Ende; sie ist äußerst gefährlich

außerstande (*auch* außer Stande); au-ßer-stande; er ist außerstande, zu helfen

Äußerung, die; der Äußerung, die Äußerungen; Äu-ße-rung

aussetzen; du setzt aus, er setzte aus, sie hat ausgesetzt; aus-set-zen

Aussicht, die; der Aussicht, die Aussichten; Aus-sicht; **aussichtslos**; die **Aussichtslosigkeit**

Aussiedler, der; des Aussiedlers, die Aussiedler; Aus-sied-ler

aussöhnen, sich aussöhnen; du söhnst dich aus, er söhnte sich aus, sie hat sich nach dem Streit mit ihrem Nachbarn wieder ausgesöhnt; aus-söh-nen; die **Aussöhnung**

aussondern; du sonderst aus, er sonderte aus, sie hat die minderwertige Ware ausgesondert; aus-son-dern; die **Aussonderung**

ausspannen; du spannst aus, er spannte aus, sie hat die Netze ausgespannt, er hat mir die Freundin ausgespannt; aus-span-nen

aussperren; du sperrst aus, er sperrte aus, sie hat sich ausgesperrt; aus-sper-ren; die **Aussperrung**

Aussprache, die; der Aussprache, die Aussprachen; Aus-spra-che

aussprechen; du sprichst aus, er sprach das Wort undeutlich aus, sie hat sich mit ihrer Freundin ausgesprochen; aus-spre-chen

Ausspruch, der; des Ausspruchs, die Aussprüche; Aus-spruch; ein bekannter Ausspruch von Goethe

A
B
C
D
E

Ausstand, der (Streik); des Ausstand(e)s, *Plural selten*: die Ausstände; Aus-stand; die Arbeiter treten in den Ausstand

ausstatten; du stattest aus, er stattete aus, sie hat ihre Wohnung mit allerlei Möbeln ausgestattet, sie ist mit dem Nötigsten ausgestattet; aus-stat-ten; die **Ausstattung**

aussteigen; du steigst aus, er stieg aus, sie ist ausgestiegen; aus-stei-gen

ausstellen; du stellst aus, er stellte aus, sie hat ausgestellt; aus-stel-len; die **Ausstellung**

aussterben; du stirbst aus, er starb aus, sie ist ausgestorben; aus-ster-ben

Aussteuer, die; der Aussteuer, *Plural selten*: die Aussteuern; Aus-steu-er; brauchen Mädchen noch eine Aussteuer?

Ausstieg, der; des Ausstieg(e)s, die Ausstiege; Aus-stieg; der Ausstieg aus der Atomenergie ist umstritten

aussuchen; du suchst aus, er suchte aus, sie hat ausgesucht; aus-su-chen

Austausch, der; des Austausch(e)s, *kein Plural*; Aus-tausch; **austauschen**; der **Austauschschüler**

Auster, die; der Auster, die Austern; Aus-ter

austrinken; du trinkst aus, er trank aus, sie hat ausgetrunken; aus-trin-ken

Ausverkauf, der; des Ausverkauf(e)s, die Ausverkäufe; Aus-ver-kauf; **ausverkaufen**; sie hat alles ausverkauft, alles ist ausverkauft

Auswanderer, der; des Auswanderers, die Auswanderer; Aus-wan-de-rer; **auswandern**

auswärtig; *keine Steigerung*; aus-wär-tig; die Unterbringung auswärtiger Gäste war nicht leicht

auswärts [Adv.]; aus-wärts; die Mannschaft spielt auswärts; das **Auswärtsspiel**

auswaschen; du wäschst aus, er wusch aus, sie hat ausgewaschen; aus-waschen

auswechseln; du wechselst aus, er wechselte aus, sie hat ausgewechselt; aus-wech-seln; die **Auswechselung** (*auch* Auswechslung)

ausweichen; du weichst aus, er wich aus, sie ist ausgewichen; aus-wei-chen

Ausweis, der; des Ausweises, die Ausweise; Aus-weis; **ausweisen**; sie hat sich mit ihrem Führerschein ausgewiesen, man hat ihn aus dem Land ausgewiesen

ausweiten; du weitest aus, er weitete aus, die Gewerkschaft hat die Streiks ausgeweitet; aus-wei-ten

auswendig; *keine Steigerung*; aus-wendig; sie kann viele Gedichte auswendig

auswerten; du wertest aus, er wertete aus, sie hat ausgewertet; aus-wer-ten; die **Auswertung**

auswischen; du wischst aus, er wischte aus, sie hat ausgewischt; aus-wi-schen

auszeichnen; du zeichnest aus, er zeichnete aus, sie hat ausgezeichnet; aus-zeich-nen; die **Auszeichnung**

Auszeit, die (Pause); der Auszeit, die Auszeiten; Aus-zeit

ausziehen; du ziehst aus, er zog aus, sie hat die Jacke ausgezogen, er ist aus der Wohnung ausgezogen; aus-zie-hen

Auszubildende, der; des Auszubildenden, die Auszubildenden; Aus-zu-bil-den-de

autark (unabhängig); autarker, am autarksten; au-tark/aut-ark; ein autarker Staat; die **Autarkie**

Auto, das; des Autos, die Autos; Au-to; die **Autobahn**

Autobiografie, die (*auch* Autobiographie) (literarische Darstellung des eigenen Lebens); der Autobiografie, die Autobiografien; Au-to-bio-gra-fie

Autobus, der; des Autobusses, die Autobusse; Au-to-bus; der **Autofahrer**

Autogramm, das; des Autogramm(e)s, die Autogramme; Au-to-gramm

Automat, der; des Automaten, die Automaten; Au-to-mat; die **Automatik**; **automatisch**

Automobil, das = Auto; des Automobil(e)s, die Automobile; Au-to-mo-bil

autonom (unabhängig); autonomer, am autonomsten; au-to-nom; die **Autonomie**

Autor, der; des Autors, die Autoren; Au-tor

Autoradio, das; des Autoradios, die Autoradios; Au-to-ra-dio

autoritär; autoritärer, am autoritärsten; au-to-ri-tär; sein Vater war sehr autoritär; die **Autorität**

autsch!; autsch; **auweh!**; au-weh

Avocado, die; der Avocado, die Avocados; Avo-ca-do; ich mag Avocado-Salat

Axt, die (großes Beil mit langem Stiel); der Axt, die Äxte; Axt

Azalee, die; der Azalee, die Azaleen; Aza-lee; im Park stehen viele Azaleen

Azetat, das (*auch* Acetat) (Salz der Essigsäure); des Azetat(e)s, die Azetate; Aze-tat

Azteke, der (Indianerstamm in Mexiko); des Azteken, die Azteken; Az-te-ke

Azubi, der = der Auszubildende; des Azubis, die Azubis; Azu-bi

B

Baby, das [bebi]; des Babys, die Babys; Ba-by; die **Babypuppe**; der **Babysitter**

Bach, der; des Baches/Bachs, die Bäche; Bach; die **Bachstelze** (Singvogel)

Backbord, das (linke Seite eines Schiffes oder Flugzeugs in Fahrtrichtung gesehen); des Backbord(e)s, *Plural selten*: die Backborde; Back-bord; → Steuerbord

Backe, die; der Backe, die Backen; Ba-cke

backen; du backst/bäckst, er backte, sie hat einen Kuchen gebacken, der Schnee hat an den Schuhen gebackt; ba-cken

Backenzahn, der; des Backenzahn(e)s, die Backenzähne; Ba-cken-zahn

Bäcker, der; des Bäckers, die Bäcker; Bä-cker; die **Bäckerei**

Backfisch, der; des Backfisch(e)s, die Backfische; Back-fisch

Background, der [bäkgraunt] (Hintergrund; geistige Herkunft); des Backgrounds, die Backgrounds; Back-ground; bei deinem Background kann dir nichts passieren

Backobst, das; des Backobst(e)s, *kein Plural*; Back-obst; der **Backofen**; das **Backpulver**

Backstein, der (Ziegel); des Backstein(e)s, die Backsteine; Back-stein

Bad, das; des Bad(e)s, die Bäder; Bad; die **Badeanstalt**; der **Badeanzug**; die **Badehose**; der **Bademeister**

baden; du badest, er badete, sie hat gebadet; ba-den; die **Badewanne**; das **Badezimmer**

Badminton, das [bädminten] (Federballspiel); des Badminton, *kein Plural*; Bad-min-ton

BAFöG, das = Bundesausbildungsförderungsgesetz (auch: Abkürzung für das Geld, das manche Studierende zur finanziellen Unterstützung bekommen); des BAFöGs, *kein Plural*

Bagatelle, die (Kleinigkeit); der Bagatelle, die Bagatellen; Ba-ga-tel-le

Bagger, der; des Baggers, die Bagger; Bạg-ger

baggern; du baggerst, er baggerte, sie hat gebaggert; bạg-gern; der **Baggersee**

Baguette, das [bagẹt] (französisches Stangenweißbrot); des Baguettes, die Baguettes; Ba-guette

Bahn, die; der Bahn, die Bahnen; Ba̲hn; **bahnbrechend**; eine bahnbrechende Erfindung; **bahnen**; sie hat sich einen Weg durch die Menge gebahnt; ba̲h-nen; der **Bahnhof**; der **Bahnsteig**; der **Bahnübergang**

Bahre, die; der Bahre, die Bahren; Ba̲h-re; die Sanitäter legten ihn auf eine Bahre

Bake, die (Signalmarkierungen im Schienen-, Luft- und Seeverkehr); der Bake, die Baken; Ba̲-ke

Bakterie, die (einzellige Kleinstlebewesen); der Bakterie, die Bakterien; Bak-te̲-rie; die **Bakterienkultur**; die Biologen legen eine Bakterienkultur an

Balalaika, die (russisches Saiteninstrument); der Balalaika, die Balalaikas/Balalaiken; Ba-la-la̲i-ka

Balance, die (Gleichgewicht); der Balance, die Balancen; Ba-la̲n-ce; **balancieren**; sie hat den Ball auf dem Kopf balanciert, sie ist über den Balken balanciert

bald [Adv.]; bạld; sie kommt bald

Baldrian, der; des Baldrians, die Baldriane; Bạl-dri-an/Bạld-ri-an; der **Baldriantee**

Balg[1], der (Tierhaut); des Balg(e)s, die Bälge; Bạlg

Balg[2], der/das (unerzogenes Kind); des Balg(e)s, die Bälger; Bạlg; **balgen**, sich balgen (streiten); sie hat sich mit ihrem Bruder gebalgt; die **Balgerei**

Balkan, der (Gebirge in Südosteuropa); des Balkans, *kein Plural*; Bạl-kan; die **Balkanhalbinsel**

Balken, der; des Balkens, die Balken; Bạl-ken

Balkon, der [balkọng]; des Balkons, die Balkone/Balkons; Bal-kon

Ball, der; des Ball(e)s, die Bälle; Bạll; mit dem Ball spielen; auf einem Ball tanzen

Ballade, die; der Ballade, die Balladen; Bal-la̲-de; eine Ballade von Friedrich Schiller

Ballast, der; des Ballast(e)s, die Ballaste; Bạl-last; wer zu schwer ist, sollte Ballast abwerfen; die **Ballaststoffe**

ballen; du ballst, er ballte, sie hat die Hand zur Faust geballt; bạl-len; der **Ballen**; einige Ballen Heu

Ballett, das; des Ballett(e)s, die Ballette; Bal-lẹtt; die **Balletttruppe**

Ballistik, die (Bewegungslehre von den geworfenen oder geschossenen Körpern); der Ballistik, *kein Plural*; Bal-lịs-tik; **ballistisch**

Ballon, der; des Ballons, die Ballone/Ballons; Bal-lọn

Ballungsgebiet, das; des Ballungsgebiet(e)s, die Ballungsgebiete; Bạllungs-ge-biet; das Ruhrgebiet ist ein Ballungsgebiet; der **Ballungsraum**

Balsaholz, das (sehr leichtes Holz); des Balsaholzes, die Balsahölzer; Bạl-sa-holz

Balsam, der (ölige, gut riechende Flüssigkeit); des Balsams, *Plural selten*: die Balsame; Bạl-sam

Balz, die (Liebesspiel einiger Vogelarten); der Balz, die Balzen; Bạlz; **balzen**

Bambus, der; des Bambus/Bambusses, die Bambusse; Bạm-bus; eine Hütte aus Bambus

Bammel, der; des Bammels, *kein Plural*; Bạm-mel; sie hat großen Bammel vor der Prüfung

banal (unbedeutend); banaler, am banalsten; ba-na̲l; eine banale Frage; die

Banalität; er regt sich über jede Banalität auf

Banane, die; der Banane, die Bananen; Ba-na-ne

Banause, der; des Banausen, die Banausen; Ba-nau-se

Band[1], das; des Band(e)s, die Bänder; Band; ein Band um das Paket binden; der **Band**[2]; des Band(e)s, die Bände; der dritte Band der Buchreihe

Band[3], die [bänd]; der Band, die Bands; sie spielt in einer Rock-Band

Bandage, die [bandasche] (fester Verband); der Bandage, die Bandagen; Ban-da-ge; **bandagieren**; sie hat ihr Knie bandagiert

Bande, die; der Bande, die Banden; Ban-de

Bändel, der/das (dünne Schnur); des Bändels, die Bändel; Bän-del

Banderole, die; der Banderole, die Banderolen; Ban-de-ro-le; auf der Banderole der Zigarettenschachtel ist ein Steuerzeichen; bei der Demonstration trugen sie verschiedene Banderolen

Bänderriss, der; des Bänderrisses, die Bänderrisse; Bän-der-riss

bändigen; du bändigst, er bändigte, sie hat den Hund gebändigt; bän-di-gen

Bandit, der; des Banditen, die Banditen; Ban-dit

Bandleader, der [bändlider] (Leiter einer Musikgruppe); des Bandleaders, die Bandleader; Band-lea-der

Bandmaß, das; des Bandmaßes, die Bandmaße; Band-maß

Bandscheibe, die; der Bandscheibe, die Bandscheiben; Band-schei-be

Bandwurm, der; des Bandwurm(e)s, die Bandwürmer; Band-wurm

bang/bange; banger/bänger, am bangsten/bängsten; bang; ihr ist angst und bange vor der Mathearbeit

Bank[1], die; der Bank, die Bänke; Bank; sich auf eine Bank setzen; die **Bank**[2]; der Bank, die Banken; das Geld zur Bank bringen

Bänkelsänger, der; des Bänkelsängers, die Bänkelsänger; Bän-kel-sän-ger; Bänkelsänger trugen früher auf Jahrmärkten ihre Lieder vor

Bankett, das (Festmahl); des Bankett(e)s, die Bankette; Ban-kett

Bankgeheimnis, das; des Bankgeheimnisses, die Bankgeheimnisse; Bank-ge-heim-nis; der **Bankier** [bankje]; das **Bankkonto**; die **Bankleitzahl**; die **Banknote**

bankrott (zahlungsunfähig); *keine Steigerung*; ban-krott/bank-rott; der **Bankrott**; die Firma hat Bankrott gemacht; **bankrottgehen**; auf diese Weise gehst du bald bankrott

Bannmeile, die (nähere Umgebung von Regierungsgebäuden); der Bannmeile, die Bannmeilen; Bann-mei-le; in der Bannmeile herrscht Versammlungsverbot

bar; *keine Steigerung*; bar; bar bezahlen; bares Geld

Bar, die; der Bar, die Bars; Bar

Bär, der; des Bären, die Bären; Bär

Baracke, die; der Baracke, die Baracken; Ba-ra-cke

Barbar, der; des Barbaren, die Barbaren; Bar-bar; die **Barbarei**; **barbarisch**

Barbe, die (Fisch); der Barbe, die Barben; Bar-be

Barbecue, das [barbekju]; des Barbecue(s), die Barbecues; Bar-be-cue

bärbeißig; bärbeißiger, am bärbeißigsten; bär-bei-ßig; sie macht ein ziemlich bärbeißiges Gesicht

barfuß [Adv.]; bar-fuß; **barfüßig**

Bargeld, das; des Bargeldes/Bargelds, *kein Plural*; Bar-geld; **bargeldlos**

Bariton, der; des Baritons, die Baritone; Ba-ri-ton; er hat eine schöne Bariton-Stimme

Barium, das (chemisches Element); des Bariums, *kein Plural*; Ba-ri-um

Barkasse, die (größeres Boot); der Barkasse, die Barkassen; Bar-kas-se; die **Barke** (kleines Boot ohne Mast)

Barkeeper, der [barkiper]; des Barkeepers, die Barkeeper; Bar-kee-per

barmherzig; barmherziger, am barmherzigsten; barm-her-zig; die **Barmherzigkeit**

Barock, der/das; des Barocks, *kein Plural*; Ba-rock; das Barockzeitalter (etwa 1600–1750)

Barometer, das (Luftdruckmesser); des Barometers, die Barometer; Ba-ro-me-ter

Baron, der; des Baron(e)s, die Barone; Ba-ron

Barren, der; des Barrens, die Barren; Barren

Barriere, die; der Barriere, die Barrieren; Bar-ri-e-re; die **Barrikade**

Barsch, der (Fisch); des Barsch(e)s, die Barsche; Barsch

barsch; barscher, am barschesten; barsch; du hast ihn in barschem Ton abgewiesen

Barschaft, die; der Barschaft, die Barschaften; Bar-schaft; der **Barscheck**

Bart, der; des Bart(e)s, die Bärte; Bart; **bärtig**; **bartlos**

Barzahlung, die; der Barzahlung, die Barzahlungen; Bar-zah-lung

Basalt, der; des Basalt(e)s, die Basalte; Ba-salt

Basar, der (*auch* Bazar); des Basar(e)s, die Basare; Ba-sar

Base[1], die (Kusine); der Base, die Basen; Ba-se; die **Base**[2] (chemische Verbindung)

Baseball, der [bäißbol]; des Baseballs, *kein Plural*; Base-ball

basieren; es basiert, es basierte, das Ergebnis hat auf falschen Grundlagen basiert; ba-sie-ren

Basilika, die (Kirchenbau); der Basilika, die Basiliken; Ba-si-li-ka

Basilikum, das (Gewürzpflanze); des Basilikums, die Basiliken/Basilikums; Ba-si-li-kum

Basis, die; der Basis, die Basen; Ba-sis; die **Basisgruppe**

Basketball, der; des Basketballs, *kein Plural*; Bas-ket-ball

Bass, der; des Basses, die Bässe; Bass

Bassin, das [baßeng] (Becken); des Bassins, die Bassins; Bas-sin

Basssänger, der (*auch* Bass-Sänger); des Basssängers, die Basssänger; Bass-sänger

Bast, der; des Bast(e)s, die Baste; Bast

basta!; bas-ta

Bastard, der; des Bastard(e)s, die Bastarde; Bas-tard

basteln; du bastelst, er bastelte, sie hat gebastelt; bas-teln

Bastille, die [bastije] (früheres Staatsgefängnis in Paris); der Bastille, *kein Plural*; Bas-til-le; der Sturm auf die Bastille

Bastion, die (Bollwerk); der Bastion, die Bastionen; Bas-ti-on

Bastler, der; des Bastlers, die Bastler; Bast-ler

Batik, der/die; des Batiks/der Batik, die Batiken; Ba-tik; **batiken**; sie hat ein schönes Halstuch gebatikt

Batist, der; des Batist(e)s, die Batiste; Batist; eine Bluse aus feinem Batist

Batterie, die; der Batterie, die Batterien; Bat-te-rie; **batteriebetrieben**

Bau, der; des Bau(e)s, die Bauten; Bau; der **Bauarbeiter**

Bauch, der; des Bauches, die Bäuche; Bauch; **bauchig**; eine bauchige Flasche; der **Bauchnabel**; **bauchreden**; er kann hervorragend bauchreden; die **Bauchspeicheldrüse**; die **Bauchtänzerin**

bauen; du baust, er baute, sie hat gebaut; bau-en

Bauer[1], der/das; des Bauers, die Bauer; Bau-er; der Papagei sitzt in einem Vogelbauer

Bauer[2], der; des Bauern/Bauers, die Bauern; Bau-er; die **Bäuerin**; der **Bauernhof**; der **Bauernkrieg**

baufällig; baufälliger, am baufälligsten; bau-fäl-lig

Baukasten, der; des Baukastens, die Baukästen; Bau-kas-ten; das **Baukastensystem**; die **Baukunst**

Baum, der; des Baum(e)s, die Bäume; Baum

Baumeister, der; des Baumeisters, die Baumeister; Bau-meis-ter

baumeln; du baumelst, er baumelte, sie hat in der Luft gebaumelt; bau-meln

Bauplan, der; des Bauplanes/Bauplans, die Baupläne; Bau-plan; der **Bauplatz**

bausparen; bau-spa-ren; ab Januar werde ich bausparen; der **Bausparer**; die **Bausparkasse**; der **Bausparvertrag**

Baustelle, die; der Baustelle, die Baustellen; Bau-stel-le; **Baustoffe**; das **Bauwerk**

Bauxit, der (Rohstoff für die Aluminiumherstellung); des Bauxits, die Bauxite; Bau-xit

Bayer, der; des Bayern, die Bayern; Bayer; **bayerisch/bayrisch**; **Bayern**

Bazar, der; → Basar

Bazillenträger, der; des Bazillenträgers, die Bazillenträger; Ba-zil-len-trä-ger; der **Bazillus** (Bakterie); des Bazillus, die Bazillen; Ba-zil-lus

beachten; du beachtest, er beachtete, sie hat beachtet; be-ach-ten; **beachtenswert**; **beachtlich**; die **Beachtung**

Beachvolleyball, der/das [bitschwolejbal]; des Beachvolleyballs, *kein Plural*; Beach-vol-ley-ball

Beamte, der; des Beamten, die Beamten; Be-am-te

beängstigend; beängstigender, am beängstigendsten; be-ängs-ti-gend; eine beängstigende Trockenheit

beanspruchen; du beanspruchst, er beanspruchte viele Freiheiten, sie hat ihre Familie sehr beansprucht; be-an-spruchen; die **Beanspruchung**

beanstanden; du beanstandest, er beanstandete, sie hat die fehlerhafte Reparatur beanstandet; be-an-stan-den; die **Beanstandung**

beantragen; du beantragst, er beantragte, sie hat einen neuen Pass beantragt; be-an-tra-gen

der Baum

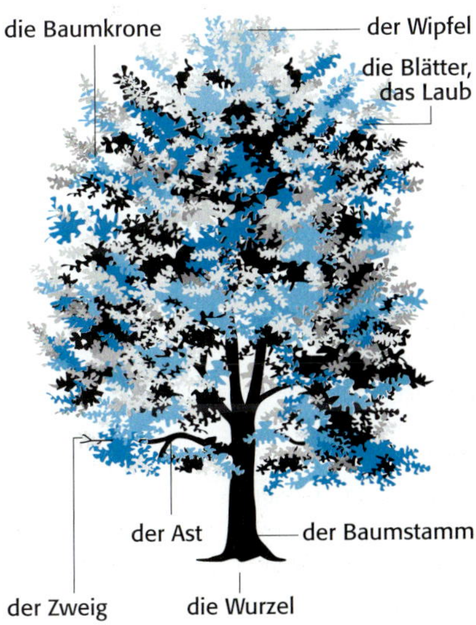

A B C D E F

bearbeiten; du bearbeitest, er bearbeitete, sie hat das Thema gründlich bearbeitet; be-ar-bei-ten; die **Bearbeitung**

Beat, der [bit]; des Beat/Beats, *kein Plural*; sein Vater spielte in einer Beat-Band

beatmen; du beatmest, er beatmete, sie hat einen Patienten beatmet; be-at-men; die **Beatmung**

Beatmusik, die; → Beat

beauftragen; du beauftragst, er beauftragte, sie hat beauftragt; be-auf-tra-gen

bebauen; du bebaust, er bebaute, sie hat bebaut; be-bau-en; die **Bebauung**

beben; du bebst, er bebte am ganzen Körper, die Erde hat gebebt; be-ben; das **Beben**

Becher, der; des Bechers, die Becher; Be-cher

Becken, das; des Beckens, die Becken; Be-cken

Becquerel, der [bekerel]; des Becquerel(s), die Becquerel; Bec-que-rel; Radioaktivität misst man in Becquerel

bedacht; *keine Steigerung*; be-dacht; er ist immer darauf bedacht, alles richtig zu machen; der **Bedacht**; **bedächtig**

bedanken, sich bedanken; du bedankst dich, er bedankte sich, sie hat sich bedankt; be-dan-ken

Bedarf, der; des Bedarf(e)s, *kein Plural*; Be-darf; mein Bedarf ist gedeckt

bedauerlich; bedauerlicher, am bedauerlichsten; be-dau-er-lich; **bedauern**; sie hat den Verlust bedauert; das **Bedauern**

bedecken; du bedeckst, er bedeckte, sie hat bedeckt; be-de-cken; **bedeckt**; der Himmel war bedeckt

bedenken; du bedenkst, er bedachte, sie hat bedacht; be-den-ken; **bedenklich**; die **Bedenkzeit**

bedeuten; du bedeutest, er bedeutete, sie hat bedeutet; be-deu-ten; **bedeutend**; die bedeutendste Entdeckung; **bedeutsam**; die **Bedeutung**; **bedeutungslos**

bedienen; du bedienst, er bediente, sie hat bedient; be-die-nen; die **Bedienung**; die **Bedienungsanleitung**

bedingen; du bedingst, er bedingte, das Ergebnis hat eine Überprüfung bedingt; be-din-gen; **bedingt**; sie hat nur bedingt recht; die **Bedingung**

bedrohen; du bedrohst, er bedrohte, sie hat bedroht; be-dro-hen; **bedrohlich**; die **Bedrohung**

Beduine, der; des Beduinen, die Beduinen; Be-du-i-ne; Beduinen leben in der Wüste

bedürfen; du bedarfst, er bedurfte, sie hat seiner Hilfe bedurft; be-dür-fen; das **Bedürfnis**; die Bedürfnisse; **bedürftig**; die **Bedürftigkeit**

Beefsteak, das [bifßtek]; des Beefsteaks, die Beefsteaks; Beef-steak

beeilen, sich beeilen; du beeilst dich, er beeilte sich, sie hat sich beeilt; be-ei-len

beeindrucken; du beeindruckst, er beeindruckte, sie hat uns sehr beeindruckt; be-ein-dru-cken

beeinflussen; du beeinflusst, er beeinflusste, sie hat beeinflusst; be-ein-flussen; die **Beeinflussung**

beeinträchtigen; du beeinträchtigst, er beeinträchtigte, sie hat beeinträchtigt; be-ein-träch-ti-gen; die **Beeinträchtigung**

beerdigen; du beerdigst, er beerdigte, sie hat beerdigt; be-er-di-gen; die **Beerdigung**

Beere, die; der Beere, die Beeren; Bee-re; das **Beerenobst**

Beet, das; des Beet(e)s, die Beete; Beet

befangen; befangener, am befangensten; be-fan-gen; weil der Richter den Angeklagten gut kannte, war er befangen; die **Befangenheit**

Befehl, der; des Befehl(e)s, die Befehle; Be-fe̱hl; **befehlen**; du befiehlst schon wieder

befestigen; du befestigst, er befestigte, sie hat befestigt; be-fẹs-ti-gen; die **Befestigung**

befinden, sich befinden; du befindest dich in Urlaub, er befand sich an einem anderen Ort, sie hat sich in einer üblen Lage befunden; be-fịn-den; das **Befinden**; die **Befindlichkeit**

befolgen; du befolgst, er befolgte, sie hat alle Regeln befolgt; be-fọl-gen

befördern; du beförderst, er beförderte, sie hat befördert; be-fọ̈r-dern; die **Beförderung**

befragen; du befragst, er befragte, sie hat befragt; be-fra̱-gen; die **Befragung**

befreien; du befreist, er befreite, sie hat befreit; be-fre̱i̱-en; die **Befreiung**; die **Befreiungsbewegung**; der **Befreiungsschlag**

befremden; du befremdest, er befremdete, sie hat ihn mit ihren Antworten befremdet; be-frẹm-den; das **Befremden**; **befremdlich**

befreunden, sich befreunden; du befreundest dich, er befreundete sich, sie hat sich schnell mit ihm befreundet; be-fre̱u̱n-den

befriedigen; du befriedigst, er befriedigte, sie hat mit ihrer Arbeit alle befriedigt; be-fri̱e̱-di-gen; **befriedigend**

befruchten; du befruchtest, er befruchtete, sie hat befruchtet; be-frụch-ten; die **Befruchtung**

Befugnis, die (Berechtigung, Vollmacht); der Befugnis, die Befugnisse; Be-fu̱g-nis; **befugt**

Befund, der; des Befund(e)s, die Befunde; Be-fụnd

befürworten; du befürwortest, er befürwortete, sie hat den Plan befürwortet; be-fü̱r-wor-ten; der **Befürworter**

begabt; begabter, am begabtesten; begabt; die **Begabung**

begeben, sich begeben; du begibst dich in die Küche, er begab sich in ärztliche Behandlung, die Geschichte hat sich so begeben; be-ge̱-ben; die **Begebenheit**

begegnen; du begegnest, er begegnete, sie ist begegnet; be-ge̱g-nen; die **Begegnung**

begehren; du begehrst, er begehrte, sie hat begehrt; be-ge̱h-ren

begeistern, sich begeistern; du begeisterst dich für den Vorschlag, er begeisterte die Zuschauer, sie hat sich für das Bild begeistert; be-ge̱i̱s-tern; die **Begeisterung**; **begeisterungsfähig**

Begier, die; der Begier, *kein Plural*; Be-gi̱e̱r; die **Begierde**; **begierig**

begießen; du begießt, er begoss, sie hat begossen; be-gi̱e̱-ßen

Beginn, der; des Beginn(e)s, *kein Plural*; Be-gịnn; **beginnen**; du beginnst, er begann, sie hat begonnen

beglaubigen; du beglaubigst, er beglaubigte, sie hat beglaubigt; be-gla̱u̱-bi-gen; die **Beglaubigung**

begleichen; du begleichst, er beglich, sie hat die Rechnung beglichen; be-gle̱i̱-chen

begleiten; du begleitest, er begleitete, sie hat begleitet; be-gle̱i̱-ten; der **Begleiter**; die **Begleiterscheinung**; die **Begleitung**

beglückwünschen; du beglückwünschst, er beglückwünschte, sie hat beglückwünscht; be-glụ̈ck-wün-schen

begnügen, sich begnügen; du begnügst dich, er begnügte sich, sie hat sich mit wenig begnügt; be-gnü̱-gen

Begonie, die [bego̱nije] (Sommerblume); der Begonie, die Begonien; Be-go-nie

begraben; du begräbst, er begrub den Vogel, sie hat alle Hoffnungen begraben; be-gra̲-ben; das **Begräbnis**; die Begräbnisse

begreifen; du begreifst, er begriff, sie hat begriffen; be-gre̲i̲-fen; **begreiflich**; **begreiflicherweise**

begrenzen; du begrenzt, er begrenzte, sie hat begrenzt; be-grẹn-zen; die **Begrenzung**

Begriff, der; des Begriff(e)s, die Begriffe; Be-grịff

begründen; du begründest, er begründete, sie hat begründet; be-grụ̈n-den; die **Begründung**

begrüßen; du begrüßt, er begrüßte, sie hat die Gäste begrüßt; be-grü̲-ßen; die **Begrüßung**

begünstigen; du begünstigst, er begünstigte, der Rückenwind hat den Radfahrer begünstigt; be-gụ̈ns-ti-gen; die **Begünstigung**

behäbig (langsam, schwerfällig); behäbiger, am behäbigsten; be-hä̲-big

behalten; du behältst, er behielt, sie hat behalten; be-hạl-ten; der **Behälter**; das **Behältnis**

behände; behänder, am behändesten; be-hạ̈n-de

behandeln; du behandelst, er behandelte, sie hat behandelt; be-hạn-deln; die **Behandlung**

beharren; du beharrst, er beharrte, sie hat auf ihrem Standpunkt beharrt; be-hạr-ren; **beharrlich**; beharrlich arbeitete sie an ihrem Erfolg; die **Beharrlichkeit**

behaupten; du behauptest, er behauptete, sie hat behauptet; be-ha̲u̲p-ten; die **Behauptung**

beheben; du behebst, er behob, sie hat den Schaden behoben; be-he̲-ben

Behelf, der (Notlösung, Provisorium); des Behelf(e)s, die Behelfe; Be-hẹlf; **behelfen**, sich behelfen; sie hat sich mit einer Sicherheitsnadel beholfen; **behelfsmäßig**

behelligen; du behelligst, er behelligte, sie hat ihn mit ihren Fragen behelligt; be-hẹl-li-gen

beherbergen; du beherbergst, er beherbergte, sie hat uns in ihrem Haus beherbergt; be-hẹr-ber-gen

beherrschen; du beherrschst, er beherrschte, sie hat beherrscht; be-hẹrr-schen; die **Beherrschung**; sie verlor die Beherrschung

beherzigen; du beherzigst, er beherzigte, sie hat meinen Rat beherzigt; be-hẹr-zi-gen

behilflich; behilflicher, am behilflichsten; be-hịlf-lich

behindern; du behinderst, er behinderte, sie hat den Fußgänger behindert; be-hịn-dern; **behindert**; er ist behindert; der **Behinderte**

Behörde, die; der Behörde, die Behörden; Be-hö̲r-de

behüten; du behütest, er behütete, sie hat behütet; be-hü̲-ten; **behutsam**; die Tür behutsam öffnen; die **Behutsamkeit**

bei [Präp.]; be̲i̲; bei seinem Freund (Dat.)

beibringen; du bringst bei, er brachte bei, sie hat beigebracht; be̲i̲-brin-gen

Beichte, die; der Beichte, die Beichten; Be̲i̲ch-te; **beichten**; sie hat ihre Schuld gebeichtet

beide; be̲i̲-de; beide Kinder; keiner von beiden; sie wollte beides; **beiderlei**; beiderlei Geschlechts; **beiderseits**; beiderseits der Straße (Gen.)

beieinander [Adv.]; bei-ei-nạn-der/bei-ein-ạn-der; wir wollen oft beieinander sein

beieinanderbleiben; wir bleiben beieinander, wir blieben beieinander, wir sind beieinandergeblieben; bei-ei-nạn-der-blei-ben/bei-ein-ạn-der-blei-ben; **bei-einandersitzen**; **beieinanderstehen**

Beifahrer, der; des Beifahrers, die Beifahrer; Bei-fah-rer; der **Beifahrersitz**

Beifall, der; des Beifalles/Beifalls, die Beifälle; Bei-fall; **beifällig** (zustimmend); beifälliges Gemurmel

beifügen; du fügst bei, er fügte bei, sie hat beigefügt; bei-fü-gen; die **Beifügung**

beige [bẹsch] (sandfarben); eine beige Hose; → blau

Beil, das; des Beil(e)s, die Beile; Beil; mit dem Beil kann man Holz zerhacken; → Axt

Beilage, die; der Beilage, die Beilagen; Bei-la-ge

beiläufig; beiläufiger, am beiläufigsten; bei-läu-fig; eine beiläufige Antwort

beilegen; du legst bei, er legte bei, sie hat ein Foto beigelegt, der Streit ist beigelegt; bei-le-gen

beileibe [Adv.]; bei-lei-be; er war beileibe kein Held

Beileid, das; des Beileid(e)s, *kein Plural*; Bei-leid; sie hat den Trauernden ihr Beileid ausgesprochen

Bein, das; des Bein(e)s, die Beine; Bein

beinah, beinahe [Adv.]; bei-nah; beinah wären sie verunglückt

Beinarbeit, die; der Beinarbeit, *kein Plural*; Bein-ar-beit; der **Beinbruch**

Beipackzettel, der; des Beipackzettels, die Beipackzettel; Bei-pack-zet-tel

Beirat, der; des Beirat(e)s, die Beiräte; Bei-rat

beisammen [Adv.]; bei-sạm-men; wir möchten immer beisammen sein

beisammenbleiben; wir bleiben beisammen, wir blieben beisammen, wir sind in der Gefahr beisammengeblieben; bei-sạm-men-blei-ben; **beisammenhaben**; für eine Bewerbung sollte man alle Unterlagen beisammenhaben; **beisammensitzen**; **beisammenstehen**

Beischlaf, der (Geschlechtsverkehr); des Beischlaf(e)s, *kein Plural*; Bei-schlaf

beiseitelegen; du legst beiseite, er legte beiseite, sie hat etwas Geld beiseitegelegt; bei-sei-te-le-gen; **beiseitenehmen**; **beiseitetreten**

beisetzen; du setzt bei, er setzte bei, sie hat beigesetzt; bei-set-zen; die **Beisetzung**

Beispiel, das; des Beispieles/Beispiels, die Beispiele; Bei-spiel; **beispielhaft**; **beispiellos**; **beispielsweise**

beißen; du beißt, er biss, sie hat gebissen; bei-ßen; die **Beißzange**

Beistand, der; des Beistand(e)s, die Beistände; Bei-stand; **beistehen**; sie hat mir in der Not beigestanden

das Bein

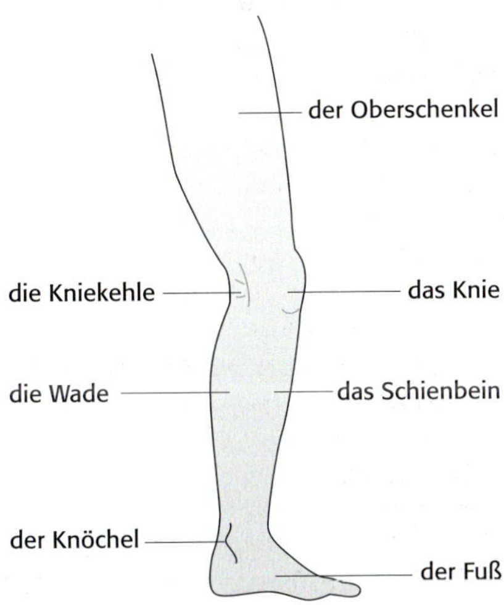

beisteuern; du steuerst bei, er steuerte bei, sie hat eine große Summe beigesteuert; bei-steu-ern

Beistrich, der (Komma); des Beistrich(e)s, die Beistriche; Bei-strich

Beitrag, der; des Beitrag(e)s, die Beiträge; Bei-trag; **beitragen**; sie hat zum Erfolg beigetragen

beitreten; du trittst bei, er trat bei, sie ist beigetreten; bei-tre-ten; der **Beitritt**; die **Beitrittserklärung**

beizeiten [Adv.] (rechtzeitig); bei-zei-ten

beizen; du beizt, er beitze, sie hat das Holz gebeizt; bei-zen

bejahen; du bejahst, er bejahte, sie hat meine Frage bejaht; be-ja-hen

bejammern; du bejammerst, er bejammerte, sie hat bejammert; be-jạm-mern

bejubeln; du bejubelst, er bejubelte, sie hat bejubelt; be-ju-beln

bekämpfen; du bekämpfst, er bekämpfte, sie hat bekämpft; be-kạ̈mp-fen

bekannt; bekannter, am bekanntesten; be-kạnnt; sie hat die Termine bekannt gegeben/bekanntgegeben; der **Bekannte**; die Bekannten; **bekanntlich**; die **Bekanntmachung**; die **Bekanntschaft**

bekehren, sich bekehren (eine Wandlung durchmachen, einen anderen Glauben annehmen); du bekehrst dich, er bekehrte sich, sie hat ihre Begleiter bekehrt; be-keh-ren; die **Bekehrung**

bekennen; du bekennst, er bekannte sich zu seinen Taten, sie hat ihren Irrtum bekannt; be-kẹn-nen; das **Bekenntnis**; die Bekenntnisse

beklagen, sich beklagen; du beklagst den Verlust, er beklagte sich bei mir, sie hat sich nie beklagt; be-kla-gen; der **Beklagte**

bekleiden; du bekleidest, er bekleidete, sie hat bekleidet; be-klei-den; die **Bekleidung**

beklemmend; beklemmender, am beklemmendsten; be-klẹm-mend; ein beklemmendes Gefühl; die **Beklemmung**

beklommen; beklommener, am beklommensten; be-klọm-men; beklommenes Schweigen; die **Beklommenheit**

bekommen; du bekommst das Geld, er bekam Besuch, sie hat den Bus bekommen; be-kọm-men

bekömmlich; bekömmlicher, am bekömmlichsten; be-kọ̈mm-lich; ein bekömmliches Essen

bekreuzigen, sich bekreuzigen; du bekreuzigst dich, er bekreuzigte sich, sie hat sich bekreuzigt; be-kreu-zi-gen

bekümmert; bekümmerter, am bekümmertsten; be-kụ̈m-mert; ein bekümmertes Gesicht

beladen; du belädst, er belud, sie hat den Wagen beladen; be-la-den

Belag, der; des Belag(e)s, die Beläge; Be-lag

belagern; du belagerst, er belagerte, sie hat belagert; be-la-gern; die **Belagerung**

belämmert; belämmerter, am belämmertsten; be-lạ̈m-mert; sie machte ein ganz belämmertes Gesicht

belangen; du belangst, er belangte, sie hat ihn wegen Diebstahls belangt; be-lạn-gen; **belanglos**; belangloses Gerede

belasten; du belastest dein linkes Knie, er belastete den Angeklagten sehr, sie hat ihr Haus mit einer Hypothek belastet; be-lạs-ten

belästigen; du belästigst, er belästigte, sie hat belästigt; be-lạ̈s-ti-gen; die **Belästigung**

Belastung, die; der Belastung, die Belastungen; Be-lạs-tung

belauschen; du belauschst, er belauschte, sie hat belauscht; be-lau-schen

Beleg, der; des Beleg(e)s, die Belege; Be-leg; **belegen**; die **Belegschaft**; die Belegschaft der Fabrik

belehren; du belehrst, er belehrte, sie hat belehrt; be-leh-ren; die **Belehrung**

beleidigen; du beleidigst, er beleidigte, sie hat mich sehr beleidigt; be-lei-di-gen; **beleidigt**; er ist beleidigt; die **Beleidigung**

beleuchten; du beleuchtest, er beleuchtete, sie hat beleuchtet; be-leuch-ten; die **Beleuchtung**

belieben (gern tun); du beliebst zu scherzen, er beliebte lange zu schlafen, es hat ihr beliebt, nicht zu kommen; be-lie-ben; das **Belieben**; **beliebig**; **beliebt**; ein beliebter Schauspieler; die **Beliebtheit**

bellen; du bellst, er bellte, sie hat gebellt; bel-len

belobigen; du belobigst, er belobigte, sie hat ihn für seine gute Leistung belobigt; be-lo-bi-gen; die **Belobigung**

belohnen; du belohnst, er belohnte, sie hat belohnt; be-loh-nen; die **Belohnung**

belügen; du belügst, er belog, sie hat belogen; be-lü-gen

bemächtigen, sich bemächtigen; du bemächtigst dich, er bemächtigte sich, sie hat sich seines Geldes bemächtigt; be-mäch-ti-gen

bemalen; du bemalst, er bemalte, sie hat bemalt; be-ma-len; die **Bemalung**

bemängeln; du bemängelst, er bemängelte, sie hat die vielen Fehler bemängelt; be-män-geln

bemerkbar; *keine Steigerung*; be-merk-bar

bemerken; du bemerkst, er bemerkte, sie hat bemerkt; be-mer-ken; die **Bemerkung**

bemühen, sich bemühen; du bemühst dich, er bemühte sich, sie hat sich bemüht; be-mü-hen; die **Bemühung**

benachrichtigen; du benachrichtigst, er benachrichtigte, sie hat benachrichtigt; be-nach-rich-ti-gen; die **Benachrichtigung**

benachteiligen; du benachteiligst, er benachteiligte, sie hat benachteiligt; be-nach-tei-li-gen; die **Benachteiligung**

Benefizkonzert, das; des Benefizkonzert(e)s, die Benefizkonzerte; Be-ne-fiz-kon-zert; die Einnahmen des Benefizkonzerts kommen wohltätigen Zwecken zugute

benehmen, sich benehmen; du benimmst dich, er benahm sich, sie hat sich schlecht benommen; be-neh-men; das **Benehmen**

beneiden; du beneidest, er beneidete, sie hat beneidet; be-nei-den; **beneidenswert**

benetzen; du benetzt, er benetzte, sie hat ihre Lippen benetzt; be-net-zen

Bengel, der; des Bengels, die Bengel; Ben-gel; dein Bruder ist ein frecher Bengel

benoten; du benotest, er benotete, sie hat benotet; be-no-ten; die **Benotung**

benutzbar; benutzbarer, am benutzbarsten; be-nutz-bar; **benutzen**; sie hat ein frisches Taschentuch benutzt/benützt; der **Benutzer**; die **Benutzeroberfläche**

Benzin, das; des Benzins, die Benzine; Ben-zin; das **Benzol**

beobachten; du beobachtest, er beobachtete, sie hat beobachtet; be-o-bach-ten/be-ob-ach-ten; der **Beobachter**; die **Beobachtung**; die **Beobachtungsgabe**

bequem; bequemer, am bequemsten; be-quem; ein bequemer Sessel; **bequemen**, sich bequemen (bereit finden); sie hat sich bequemt zu kommen; die **Bequemlichkeit**

beraten; du berätst, er beriet, sie hat

beraten; be-ra-ten; der **Berater**; die **Beratung**

berechnen; du berechnest, er berechnete, sie hat berechnet; be-rech-nen; die **Berechnung**

berechtigen; du berechtigst, er berechtigte, sie hat uns berechtigt teilzunehmen; be-rech-ti-gen; die **Berechtigung**

beredsam; beredsamer, am beredsamsten; be-red-sam; die **Beredsamkeit**; **beredt** (redegewandt, vielsagend)

beregnen; du beregnest, er beregnete, der Bauer hat das Feld beregnet; be-reg-nen; die **Beregnung**

Bereich, der; des Bereich(e)s, die Bereiche; Be-reich

bereichern; du bereicherst, er bereicherte das Gespräch, sie hat sich bereichert; be-rei-chern; die **Bereicherung**

bereifen; du bereifst, er bereifte, sie hat das Fahrrad neu bereift; be-rei-fen

bereift (mit Reif überzogen); be-reift; die Äste sind bereift; → Reif

Bereifung, die; der Bereifung, die Bereifungen; Be-rei-fung

bereit; be-reit; er ist immer bereit zu helfen; → Kasten „bereit"

bereiten; du bereitest, er bereitete, sie hat uns einen tollen Empfang bereitet; be-rei-ten

bereiterklären, sich bereiterklären (*auch* bereit erklären); du erklärst dich bereit, er erklärte sich bereit, sie hat sich bereiterklärt, das Protokoll zu schreiben; be-reit-er-klä-ren; **bereithalten**; **bereitlegen**; **bereitliegen**

bereits [Adv.]; be-reits; sie sind bereits fertig

Bereitschaft, die; der Bereitschaft, *kein Plural*; Be-reit-schaft; der **Bereitschaftsdienst**; **bereitstehen**; **bereitstellen**; **bereitwillig**

bereuen; du bereust, er bereute, sie hat bereut; be-reu-en

Berg, der; des Berg(e)s, die Berge; Berg; **bergab**; **bergan**; **bergauf**; der **Bergbau**

bergen; du birgst, er barg, sie hat den Verletzten geborgen; ber-gen

Bergfahrt, die; der Bergfahrt, die Bergfahrten; Berg-fahrt; der **Bergfried** (Hauptturm einer Burg); der **Bergführer**; **bergig**; der **Bergkristall**; der **Bergmann**; die **Bergpredigt**; der **Bergsteiger**

Bergung, die; der Bergung, die Bergungen; Ber-gung; die **Bergungsmannschaft**

Bergwacht, die; der Bergwacht, die Bergwachten; Berg-wacht

Bergwerk, das; des Bergwerk(e)s, die Bergwerke; Berg-werk

Bericht, der; des Bericht(e)s, die Berichte; Be-richt; **berichten**; die **Berichterstattung**

berichtigen; du berichtigst, er berichtigte, sie hat berichtigt; be-rich-ti-gen; die **Berichtigung**

berieseln; du berieselst, er berieselte, sie hat berieselt; be-rie-seln; die **Berieselung** (*auch* Berieslung)

Bernstein, der; des Bernstein(e)s, *kein Plural*; Bern-stein; das Bernsteinzimmer, eine Bernsteinkette

bersten; das Eis birst, die Mauer barst, der Reifen ist geborsten; bers-ten

berüchtigt; berüchtigter, am berüchtigsten; be-rüch-tigt

berücksichtigen; du berücksichtigst, er berücksichtigte, sie hat berücksichtigt; be-rück-sich-ti-gen

Beruf, der; des Beruf(e)s, die Berufe; Be-ruf; **beruflich**; die **Berufsausbildung**; die **Berufsberatung**; das **Berufspraktikum**; **berufstätig**; die **Berufswahl**; → Kasten „Berufsbezeichnungen auf *-in/-innen*"

beruhigen; du beruhigst, er beruhigte

bereit

Getrennt- und Zusammenschreibung:

Getrennt vom folgenden Wort schreibt man „bereit", wenn es als selbstständiges Wort in einer Wortgruppe oder in Verbindung mit „sein" verwendet wird:
- wir werden rechtzeitig bereit sein
- er ist immer bereit zu helfen
- seid ihr jetzt bereit?

Zusammensetzungen mit „bereit" schreibt man im Infinitiv, beim Partizip und bei Endstellung des Verbs im Nebensatz zusammen. Solche Zusammensetzungen erkennst du daran, dass beim Sprechen die Betonung auf „bereit" liegt:
- wir werden warme Getränke bereithalten
- er hat alles bereitgelegt
- das bereitgestellte Geld wurde dringend gebraucht

In manchen Fällen ist Getrennt- oder Zusammenschreibung möglich:
- sie haben sich bereit erklärt / bereiterklärt zu helfen
- alle haben sich zum Abmarsch bereit gemacht / bereitgemacht

das Kind, sie hat sich schnell beruhigt; be-ru-hi-gen

berühmt; berühmter, am berühmtesten; be-rühmt; die **Berühmtheit**

berühren; du berührst, er berührte, sie hat berührt; be-rüh-ren; die **Berührung**

bes. = besonders

beschädigen; du beschädigst, er beschädigte, sie hat beschädigt; be-schä-di-gen; die **Beschädigung**

beschäftigen; du beschäftigst dich, er beschäftigte sich, sie hat die Kinder beschäftigt; be-schäf-ti-gen; die **Beschäftigung**

beschämen; du beschämst, er beschämte, sie hat beschämt; be-schä-men

Bescheid, der; des Bescheid(e)s, die Bescheide; Be-scheid

bescheiden; bescheidener, am bescheidensten; be-schei-den; die **Bescheidenheit**

Bescheinigung, die; der Bescheinigung, die Bescheinigungen; Be-schei-ni-gung

bescheißen; du bescheißt, er beschiss, sie hat beschissen; be-schei-ßen

bescheren; du bescherst, er bescherte, sie hat beschert; be-sche-ren; die **Bescherung**

bescheuert; bescheuerter, am bescheuertsten; be-scheu-ert

beschimpfen; du beschimpfst, er beschimpfte, sie hat beschimpft; be-schimp-fen

Beschlag, der; des Beschlag(e)s, die Beschläge; Be-schlag; **beschlagen**[1]; du beschlägst das Pferd, er beschlug, sie hat beschlagen; **beschlagen**[2] (angelaufen); die beschlagene Scheibe; **beschlagen**[3] (klug); sie ist in Mathematik sehr beschlagen; die **Beschlagnahme**

beschleunigen; du beschleunigst, er beschleunigte, sie hat beschleunigt; be-schleu-ni-gen; die **Beschleunigung**

beschließen; du beschließt, er beschloss, sie hat beschlossen; be-schlie-ßen; der **Beschluss**

beschmieren; du beschmierst, er beschmierte, sie hat die Wände beschmiert; be-schmie-ren

A
B
C
D
E
F

Berufsbezeichnungen auf -in/-innen

Bei vielen Bezeichnungen für Berufe oder Tätigkeiten können durch Anhängen eines Wortbausteins „-in" (Mehrzahl „-innen") diejenigen gesondert genannt werden, die die jeweilige Aufgabe als Frau wahrnehmen:

- Arzt – Ärztin, Ärztinnen
- Koch – Köchin, Köchinnen
- Lehrer – Lehrerin, Lehrerinnen
- Leichtathlet – Leichtathletin, Leichtathletinnen
- Camper – Camperin, Camperinnen
- Tourist – Touristin, Touristinnen

Wie schon diese Beispiele zeigen, sind der Bildung solcher Nomen mit dem Suffix „-in/-innen" kaum Grenzen gesetzt. Wir nutzen sie auch dort, wo die Zugehörigkeit oder Herkunft von Frauen ausgedrückt werden soll:

- Schülerin, Besucherin, Bewerberin
- Türkin, Dänin, Schweizerin, Niederländerin, Amerikanerin

Grenzen gibt es dennoch: So hat sich im Sprachgebrauch zum Beispiel nicht die Bezeichnung „Torwärterin" in Mädchen- und Frauenfußballmannschaften durchgesetzt, sondern die Bezeichnung „Torfrau". Dem entsprechen auch Bildungen wie „Industriekauffrau", „Amtsfrau" und „Obfrau" (zu „Obmann").

beschmutzen; du beschmutzt, er beschmutzte, sie hat beschmutzt; be-schmut-zen

Beschneidung, die; der Beschneidung, die Beschneidungen; Be-schnei-dung

beschränkt; beschränkter, am beschränktesten; be-schränkt

beschreiben; du beschreibst, er beschrieb, sie hat beschrieben; be-schrei-ben; die **Beschreibung**

beschuldigen; du beschuldigst, er beschuldigte, sie hat beschuldigt; be-schul-di-gen; die **Beschuldigung**

beschummeln; du beschummelst, er beschummelte, sie hat beschummelt; be-schum-meln

beschützen; du beschützt, er beschützte, sie hat beschützt; be-schüt-zen

Beschwerde, die; der Beschwerde, die Beschwerden; Be-schwer-de; **beschweren**, sich beschweren; sie hat sich über das Essen beschwert; **beschwerlich**

beschwichtigen; du beschwichtigst, er beschwichtigte, sie hat die Streitenden beschwichtigt; be-schwich-ti-gen

beschwingt; beschwingter, am beschwingtesten; be-schwingt

beschwipst; beschwipster, am beschwipstesten; be-schwipst

beschwören; du beschwörst, er beschwor, sie hat beschworen; be-schwö-ren; die **Beschwörung**

beseitigen; du beseitigst, er beseitigte, sie hat beseitigt; be-sei-ti-gen

Besen, der; des Besens, die Besen; Be-sen; der **Besenstiel**

besessen; besessener, am besessensten; be-ses-sen

besetzen; du besetzt, er besetzte, sie hat besetzt; be-set-zen; das **Besetztzeichen**; die **Besetzung**

besichtigen; du besichtigst, er besichtigte, sie hat besichtigt; be-sich-ti-gen; die **Besichtigung**

besiedeln; du besiedelst, er besiedelte, sie hat besiedelt; be-sie-deln; die **Besiedelung** (*auch* Besiedlung)

besiegen; du besiegst, er besiegte, sie hat besiegt; be-sie-gen

besinnen, sich besinnen; du besinnst dich, er besann sich, sie hat sich besonnen; be-sin-nen; **besinnlich**; die **Besinnung**; **besinnungslos**

Besitz, der; des Besitzes, die Besitze; Besitz; **besitzen**; du besitzt, er besaß, sie hat besessen

besoffen; besoffener, am besoffensten; be-sof-fen

besondere, besonderer, besonderes; *keine Steigerung*; be-son-de-re; besondere Maßnahmen; **besonders**; er läuft besonders schnell

besorgen; du besorgst, er besorgte, sie hat besorgt; be-sor-gen

besprechen; du besprichst, er besprach, sie hat besprochen; be-spre-chen; die **Besprechung**

besser; → gut

bessergehen (*auch* besser gehen); es geht dir besser, es ging ihm besser, der Kranken ist es schon wieder bessergegangen/besser gegangen; bes-ser-gehen; **besserstellen**; durch die Gehaltserhöhung ist sie finanziell bessergestellt

Besserung, die; der Besserung, die Besserungen; Bes-se-rung; gute Besserung!

best...; in Zusammensetzungen: die bestgekleidete Frau, das bestgehütete Geheimnis

Bestand, der; des Bestand(e)s, die Bestände; Be-stand; **beständig**; der **Bestandteil**

bestätigen; du bestätigst, er bestätigte, sie hat seine Angaben bestätigt; be-stä-ti-gen; die **Bestätigung**

bestatten (beerdigen); du bestattest, er bestattete, sie hat bestattet; be-stat-ten; die **Bestattung**

bestäuben; du bestäubst, er bestäubte, sie hat bestäubt; be-stäu-ben; die **Bestäubung**

beste → gut, Kasten „beste/am besten/das Beste“

bestechen; du bestichst, er bestach, sie hat bestochen; be-ste-chen; **bestechlich**; die **Bestechlichkeit**; die **Bestechung**

Besteck, das; des Besteck(e)s, die Bestecke; Be-steck

bestehen; du bestehst, er bestand, sie hat bestanden; be-ste-hen

bestellen; du bestellst, er bestellte, sie hat bestellt; be-stel-len; die **Bestellnummer**; die **Bestellung**

bestenfalls [Adv.]; bes-ten-falls

bestialisch; bestialischer, am bestialischsten; bes-ti-a-lisch; die **Bestie**

bestimmen; du bestimmst, er bestimmte, sie hat bestimmt; be-stim-men; **bestimmt**; die **Bestimmtheit**; die **Bestimmung**

Bestleistung, die; der Bestleistung, die Bestleistungen; Best-leis-tung

bestrafen; du bestrafst, er bestrafte, sie hat bestraft; be-stra-fen; die **Bestrafung**

Bestseller, der; des Bestsellers, die Bestseller; Best-sel-ler; Harry Potter ist ein Bestseller; die **Bestsellerliste**

bestürzt; *keine Steigerung*; be-stürzt; die **Bestürztheit**

Besuch, der; des Besuch(e)s, die Besuche; Be-such; **besuchen**; der **Besucher**

betäuben; du betäubst, er betäubte, sie hat betäubt; be-täu-ben; die **Betäubung**; das **Betäubungsmittel**

beteiligen, sich beteiligen; du beteiligst dich, er beteiligte sich, sie hat sich beteiligt; be-tei-li-gen; die **Beteiligung**

beste/am besten/das Beste

Groß- und Kleinschreibung:

Das Wort „beste/am besten" ist eine Steigerungsform des Adjektivs „gut", nämlich: gut – besser – am besten. Das Wort wird kleingeschrieben, wenn es als Adjektiv gebraucht wird:
- der beste Song
- das beste Fleisch
- Nudeln schmecken mit Ketschup am besten
- dieses Auto ist das beste (Auto)

Der Superlativ bei zusammengesetzten Adjektiven mit dem Wortteil „best" hat beim zweiten Teil des Adjektivs keine weitere Steigerungsform:
- das bestgehütete Geheimnis (*nicht:* bestgehütetste)
- der bestbezahlte Spieler (*nicht:* bestbezahlteste)

Das Wort „Beste" wird großgeschrieben, wenn es als Nomen verwendet wird:
- sie ist die Beste in der Klasse
- er hält es für das Beste, Volleyball zu spielen
- er hat sein Bestes getan

In einigen Fällen hilft bei der Entscheidung für die Großschreibung die Frage „worauf?" (worauf sind wir vorbereitet?):
- wir sind auf das Beste vorbereitet

beten; du betest, er betete, sie hat gebetet; be-ten

beteuern; du beteuerst, er beteuerte, sie hat ihre Unschuld beteuert; be-teu-ern; die **Beteuerung**

Beton, der [betong]; des Betons, die Betone/Betons; Be-ton

betonen; du betonst, er betonte, sie hat betont; be-to-nen

betonieren; du betonierst, er betonierte, sie hat betoniert; be-to-nie-ren; die **Betonmischmaschine**

Betonung, die; der Betonung, die Betonungen; Be-to-nung

betrachten; du betrachtest, er betrachtete, sie hat die Schaufensterauslagen betrachtet; be-trach-ten

beträchtlich; beträchtlicher, am beträchtlichsten; be-trächt-lich

Betrachtung, die; der Betrachtung, die Betrachtungen; Be-trach-tung

Betrag, der; des Betrag(e)s, die Beträge; Be-trag

betreffen; das betrifft dich, es betraf ihn, das hat sie kaum betroffen; be-tref-fen

betreten; du betrittst, er betrat, sie hat betreten; be-tre-ten

betreuen; du betreust, er betreute, sie hat betreut; be-treu-en; der **Betreuer**; die **Betreuung**

Betrieb, der; des Betrieb(e)s, die Betriebe; Be-trieb; **betriebsam**; die **Betriebsanleitung**; das **Betriebssystem**

betroffen; betroffener, am betroffensten; be-trof-fen; die **Betroffenheit**

betrübt; betrübter, am betrübtesten; be-trübt

Betrug, der; des Betrug(e)s, *kein Plural*; Be-trug; **betrügen**; du betrügst, er betrog, sie hat betrogen; der **Betrüger**

betrunken; betrunkener, am betrunkensten; be-trun-ken

Bett, das; des Bett(e)s, die Betten; Bẹtt; die **Bettdecke**
betteln; du bettelst, er bettelte, sie hat gebettelt; bẹt-teln
bettlägerig; *keine Steigerung*; bẹtt-lä-ge-rig
Bettler, der; des Bettlers, die Bettler; Bẹtt-ler
Betttuch, das (*auch* Bett-Tuch); des Betttuch(e)s, die Betttücher; Bẹtt-tuch; der **Bettvorleger**; die **Bettwäsche**
beugen; du beugst, er beugte, sie hat gebeugt; beu-gen; die **Beugung**
Beule, die; der Beule, die Beulen; Beu-le
beunruhigend; beunruhigender, am beunruhigendsten; be-ụn-ru-hi-gend
beurlauben; du beurlaubst, er beurlaubte, sie hat beurlaubt; be-ụr-lau-ben
beurteilen; du beurteilst, er beurteilte, sie hat beurteilt; be-ụr-tei-len
Beute, die; der Beute, die Beuten; Beu-te
Beutel, der; des Beutels, die Beutel; Beu-tel; das **Beuteltier**
bevölkern; du bevölkerst, er bevölkerte, sie hat bevölkert; be-vọ̈l-kern; die **Bevölkerung**; die **Bevölkerungspyramide**
bevor [Konj.]; be-vọr; er verabschiedete sich, bevor er ging
bevorzugen; du bevorzugst, er bevorzugte, sie hat bevorzugt; be-vọr-zu-gen
bewachen; du bewachst, er bewachte, sie hat bewacht; be-wạ-chen
bewahren; du bewahrst, er bewahrte, sie hat bewahrt; be-wah-ren
bewähren, sich bewähren; du bewährst dich, er bewährte sich, es hat sich bewährt; be-wäh-ren; die **Bewährung**; die **Bewährungsfrist**; der **Bewährungshelfer**; die **Bewährungsprobe**
bewältigen; du bewältigst, er bewältigte, sie hat bewältigt; be-wạ̈l-ti-gen
Bewandtnis, die; der Bewandtnis, die Bewandtnisse; Be-wạndt-nis; mit diesem Buch hat es seine besondere Bewandtnis
bewässern; du bewässerst, er bewässerte, sie hat bewässert; be-wạ̈s-sern; die **Bewässerung**
bewegen; du bewegst, er bewegte, sie hat bewegt; be-wẹ-gen; **beweglich**; die **Bewegung**; der **Bewegungsapparat**
Beweis, der; des Beweises, die Beweise; Be-weis; **beweisen**; du beweist, er bewies, sie hat bewiesen; **beweiskräftig**
bewerben, sich bewerben; du bewirbst dich, er bewarb sich, sie hat sich beworben; be-wẹr-ben; der **Bewerber**; die **Bewerbung**; das **Bewerbungsgespräch**; die **Bewerbungsunterlagen**
bewerten; du bewertest, er bewertete, sie hat den Test bewertet; be-wẹr-ten; die **Bewertung**
bewilligen; du bewilligst, er bewilligte, sie hat die Kosten bewilligt; be-wịl-li-gen; die **Bewilligung**
bewohnen; du bewohnst, er bewohnte, sie hat bewohnt; be-wọh-nen; der **Bewohner**
bewölkt; bewölkter, am bewölktesten; be-wọ̈lkt; die **Bewölkung**
bewundern; du bewunderst, er bewunderte, sie hat bewundert; be-wụn-dern; **bewundernswert**; die **Bewunderung**
bewusst; bewusster, am bewusstesten; be-wụsst; das hast du bewusst (absichtlich) gemacht; **bewusstlos**; bewusstlos schlagen, bewusstlos sein; die **Bewusstlosigkeit**
bewusstmachen, sich bewusstmachen (*auch* bewusst machen); du machst es dir bewusst, er machte es sich bewusst, sie hat es sich bewusstgemacht/bewusst gemacht; be-wụsst-ma-chen; das **Bewusstsein**; **bewusstwerden** (*auch* bewusst werden)

A B C D E F

bezahlen; du bezahlst, er bezahlte, sie hat bezahlt; be-zah-len; die **Bezahlung**

bezeichnen; du bezeichnest, er bezeichnete, sie hat bezeichnet; be-zeich-nen; **bezeichnend**; die **Bezeichnung**

beziehen; du beziehst, er bezog, sie hat bezogen; be-zie-hen; die **Beziehung**; **beziehungsweise** (*Abkürzung:* bzw.)

Bezirk, der; des Bezirk(e)s, die Bezirke; Be-zirk

Bezug, der; des Bezuges, die Bezüge; Be-zug; **bezüglich**; die **Bezugsperson**

bezweifeln; du bezweifelst, er bezweifelte, sie hat bezweifelt; be-zwei-feln

Bibel, die; der Bibel, die Bibeln; Bi-bel

Biber, der; des Bibers, die Biber; Bi-ber

Bibliothek, die; der Bibliothek, die Bibliotheken; Bi-blio-thek/Bib-lio-thek; der **Bibliothekar**

biblisch; *keine Steigerung*; bi-blisch/bib-lisch; biblische Geschichte; biblisches Alter

bieder (brav, treuherzig); biederer, am biedersten; bie-der; die **Biederkeit**; der **Biedermann**

biegen; du biegst, er bog, sie hat gebogen; bie-gen; **biegsam**; die **Biegung**

Biene, die; der Biene, die Bienen; Bie-ne; die **Bienenkönigin**; der **Bienenkorb**; das **Bienenwachs**

Bier, das; des Bier(e)s, die Biere; Bier; der **Bierdeckel**

Biest, das; des Biest(e)s, die Biester; Biest

bieten; du bietest, er bot, sie hat geboten; bie-ten

Bigband, die (*auch* Big Band); der Bigband, die Bigbands; Big-band

Bikini, der; des Bikinis, die Bikinis; Bi-ki-ni

Bilanz, die; der Bilanz, die Bilanzen; Bi-lanz

bilateral (zwei Seiten betreffend); *keine Steigerung*; bi-la-te-ral; bilaterale Gespräche

Bild, das; des Bild(e)s, die Bilder; Bild; **bilden**; sie hat einen Satz gebildet; er hat sich durch Lesen gebildet; das **Bilderbuch**; das **Bildnis**; die Bildnisse

Bildung, die; der Bildung, *kein Plural*; Bil-dung; die **Bildungslücke**; der **Bildungsminister**; die **Bildungsministerin**

Billard, das [biljard] (Kugelspiel); des Billards, *kein Plural*; Bil-lard

Billiarde, die (1000 Billionen); der Billiarde, die Billiarden; Bil-li-ar-de

billig; billiger, am billigsten; bil-lig

billigen; du billigst, er billigte, sie hat seine Entscheidung gebilligt; bil-li-gen; die **Billigung**

Billion, die (1000 Milliarden); der Billion, die Billionen; Bil-li-on

bimsen; du bimst, er bimste, sie hat die Vokabeln gebimst; bim-sen

Bimsstein, der; des Bimsstein(e)s, die Bimssteine; Bims-stein; Bimsstein kann man zum Reinigen und Polieren verwenden

binär (aus zwei Einheiten bestehend); *keine Steigerung*; bi-när; ein binärer Code

Binde, die; der Binde, die Binden; Bin-de; das **Bindegewebe**; die **Bindehaut**

binden; du bindest, er band, sie hat gebunden; bin-den; der **Bindestrich**; der **Bindfaden**; die **Bindung**

binnen [Präp.]; bin-nen; binnen drei Tagen (Gen.) kam das Paket

Binnenhafen, der; des Binnenhafens, die Binnenhäfen; Bin-nen-ha-fen; das **Binnenland**; der **Binnenschiffer**

Biochemie, die; der Biochemie, *kein Plural*; Bio-che-mie; der **Biochemiker**; **biochemisch**

Biogas, das; des Biogases, die Biogase; Bi̲o-gas

Biograf, der (*auch* Biograph); des Biografen, die Biografen; Bio-gra̲f; die **Biografie** (*auch* Biographie) (Lebensgeschichte); **biografisch** (*auch* biographisch)

Biokost, die; der Biokost, *kein Plural*; Bi̲o-kost; der **Bioladen**

Biologe, der; des Biologen, die Biologen; Bio-lo̲-ge; **biologisch**; der **Biomüll**

Biotop, der/das (Lebensraum einzelner Arten); des Biotops, die Biotope; Bio-to̲p

Birke, die; der Birke, die Birken; Bịr-ke

Birnbaum, der; des Birnbaum(e)s, die Birnbäume; Bịrn-baum; die **Birne**

bis; bịs; bis jetzt, bis hier, zähl bis drei; wir warten, bis alle da sind

Bisamratte, die; der Bisamratte, die Bisamratten; Bi̲-sam-rat-te

~~**bischen**~~ → bisschen, Biss

Bischof, der; des Bischof(e)s, die Bischöfe; Bị-schof; **bischöflich**

bisher [Adv.]; bis-he̲r; **bisherig**; unsere bisherigen Erfahrungen sind gut

Biskuit, der/das [bißkwi̲t/bißkwịt]; des Biskuit(e)s, die Biskuite/Biskuits; Biskuit; der **Biskuitteig**

Bison, der; des Bisons, die Bisons; Bi̲-son

Biss, der; des Bisses, die Bisse; Bịss; **bisschen**; sie kam ein bisschen zu früh; der **Bissen**; **bissig**

Bistro, das [bịstro/bistro̲] (kleines Lokal); des Bistros, die Bistros; Bis-tro/Bist-ro

Bistum, das (Amtsbereich eines Bischofs); des Bistum(e)s, die Bistümer; Bịs-tum

bisweilen [Adv.]; bis-we̲i̲-len; bisweilen kommt sie uns besuchen

Bit, das (EDV: Informationseinheit); des Bit/Bits, die Bit/Bits; Bịt; → Byte

Bitte, die; der Bitte, die Bitten; Bịt-te; **bitten**; du bittest, er bat, sie hat gebeten

bitter; bitterer, am bittersten; bịt-ter; **bitterböse**; **bitterkalt**; die **Bitterkeit**; **bitterlich**; sie weinte bitterlich

bizarr; bizarrer, am bizarrsten; bi-zạrr; eine bizarre Landschaft

Bizeps, der (Beugemuskel des Oberarms); des Bizeps(es), die Bizepse; Bi̲-zeps

Blackbox, die (*auch* Black Box) (schwarzer Kasten, Flugschreiber); der Blackbox, die Blackboxes; Blạck-box

Black-out, der/das (*auch* Blackout) (Erinnerungslücke); des Black-out(s), die Black-outs; Black-out

blähen; du blähst, er blähte, der Wind hat die Segel gebläht; blä̲-hen; die **Blähung**; der alte Mann litt unter Blähungen

blamabel; blamabler, am blamabelsten; bla-ma̲-bel; die **Blamage** [blama̲sche]; **blamieren**, sich blamieren; sie hat sich blamiert

blank; blanker, am blanksten; blạnk; ein blankpolierter/blank polierter Spiegel; **blankliegen** (*auch* blank liegen); die Nerven liegen blank; **blankpolieren** (*auch* blank polieren); **blankputzen** (*auch* blank putzen)

Blase, die; der Blase, die Blasen; Bla̲-se; der **Blasebalg**; **blasen**

blass; blasser/blässer, am blassesten/blässesten; blạss; die **Blässe**

Blatt, das; des Blatt(e)s, die Blätter; Blạtt; **blätterig** (*auch* blättrig); **blättern**; sie hat in einem Buch geblättert; die **Blattlaus**

blau; blauer, am blauesten/blausten; bla̲u̲; die **Blaubeere**; **bläuen**; sie hat das Hemd gebläut; **blaufärben** (*auch* blau färben); ein blaugefärbtes/blau gefärbtes T-Shirt; **blaugestreift** (*auch* blau gestreift); → Kasten „blau"

bläulich; *keine Steigerung*; blä̱u̱-lich; ein bläulicher Schimmer; das **Blaulicht**

blaumachen; du machst blau, er machte blau, sie hat am Montag blaugemacht; bla̱u̱-ma-chen

Blaumeise, die; der Blaumeise, die Blaumeisen; Bla̱u̱-mei-se; die **Blausäure**; die **Blautanne**; der **Blauwal**

Blazer, der [blä̱i̱ser] (Jackett); des Blazers, die Blazer; Bla-zer

Blech, das; des Blech(e)s, die Bleche; Blẹch; **blechen**; sie hat für den Schaden ganz schön geblecht; **blechern**; ein blecherner Klang; der **Blechschaden**

Blei, das; des Blei(e)s, *kein Plural*; Ble̱i̱

Bleibe, die; der Bleibe, *Plural selten*: die Bleiben; Ble̱i̱-be; **bleiben**; du bleibst, er blieb, sie ist geblieben; du könntest uns etwas länger bleiben lassen; **bleibenlassen** (*auch* bleiben lassen); diesen Unsinn solltest du lieber bleibenlassen/bleiben lassen

bleich; bleicher, am bleichsten; ble̱i̱ch; **bleichen**; sie hat die Wäsche gebleicht; das **Bleichgesicht**

Bleistift, der; des Bleistift(e)s, die Bleistifte; Ble̱i̱-stift

Blende, die; der Blende, die Blenden; Blẹn-de; **blenden**; **blendend**

Blesse, die (weißer Stirnfleck); der Blesse, die Blessen; Blẹs-se; das Pferd hat eine Blesse auf der Stirn

Blick, der; des Blick(e)s, die Blicke; Blịck; **blicken**

blind; *keine Steigerung*; blịnd; blind verstehen; blind vertrauen; der **Blinddarm**; die **Blindenschrift**; **blindfliegen**; **blindlings**; die **Blindschleiche**; **blindschreiben**

blinken; du blinkst, er blinkte, sie hat geblinkt; blịn-ken; der **Blinker**

blinzeln; du blinzelst, er blinzelte, sie hat geblinzelt; blịn-zeln

Blitz, der; des Blitzes, die Blitze; Blịtz; der **Blitzableiter**; **blitzen**; es hat geblitzt; das **Blitzlicht**; **blitzschnell**

Block, der; des Block(e)s, die Blöcke/Blocks; die **Blockade**; die **Blockflöte**; das **Blockhaus**

blockieren; du blockierst, er blockierte, sie hat blockiert; blo-cki̱e̱-ren

blöd (*auch* blöde); blöder, am blödesten; blö̱d; **blödeln**; der **Blödsinn**; **blödsinnig**

blöken; du blökst, er blökte, das Schaf hat geblökt; blö̱-ken

blond; blonder, am blondesten; blọnd; die **Blondine**

bloß[1] [Adv.] (nur); blo̱ß; das war bloß Spaß; **bloß**[2] (nackt); mit bloßen Beinen; die **Blöße**; **bloßstellen**

Bluejeans, die; der Bluejeans, die Bluejeans; Blu̱e̱-jeans

Blues, der [blụs] (Musikrichtung); des Blues, die Blues

Bluff, der [blạf/blọ̈f]; des Bluffs, die Bluffs; **bluffen** (täuschen); sie hat nur geblufft

blühen; du blühst, er blühte, sie hat geblüht; blü̱-hen

Blume, die; der Blume, die Blumen; Blu̱-me; der **Blumenkohl**; der **Blumenstrauß**; der **Blumentopf**; die **Blumenvase**

Bluse, die; der Bluse, die Blusen; Blu̱-se

Blut, das; des Blut(e)s, *kein Plural*; Blu̱t; **blutarm**; die **Blutbank**; der **Blutdruck**

Blüte, die; der Blüte, die Blüten; Blü̱-te; der Blütenstand; der Blütenstaub

bluten; du blutest, er blutete, sie hat geblutet; blu̱-ten; **blutig**; **blutrot**; **blutstillend**; **blutsverwandt**

BMX-Rad, das; des BMX-Rad(e)s, die BMX-Räder

A
B
C
D
E
F

blau

Groß- und Kleinschreibung:

Klein schreibt man „blau", wenn es als Adjektiv gebraucht wird:
- der blaue Stoff
- eine blaue Jacke
- blaue Augen
- der blaue Fleck
- er ist völlig blau *(umgangssprachlich für* betrunken*)*

Groß schreibt man „Blau", wenn es als Nomen gebraucht wird:
- das Blau des Himmels
- die Farbe Blau
- ein tiefes Blau
- die Mannschaft spielt heute in Blau

Groß schreibt man „Blau" auch als Teil eines Eigennamens oder Titels:
- der Blaue Planet (die Erde)
- der Blaue Engel (Symbol für umweltschonende Produkte)
- die Blaue Grotte von Capri

Getrennt- und Zusammenschreibung:

Zusammen schreibt man bei zusammengesetzten Adjektiven mit „blau":
- blaugraue Augen
- eine blaugrüne Bluse
- blauweiße Verzierungen

In manchen Fällen ist Getrennt- oder Zusammenschreibung möglich:
- ein Kleid blau färben/blaufärben, ein blau gefärbtes/blaugefärbtes Kleid
- eine Bank blau streichen/blaustreichen, eine blau gestrichene/blaugestrichene Bank

Viele Farbbezeichnungen kann man auch steigern:
- Der Himmel ist blauer als gestern.
- Nermin hat das schwärzeste Haar von allen.

Diese Regeln gelten auch für andere Farbbezeichnungen.

Bö, die (*auch* Böe) (Windstoß); der Bö, die Böen; Bö; eine starke Windbö

Bob, der; des Bobs, die Bobs; Bob; die **Bobbahn**

Bock, der; des Bock(e)s, die Böcke; Bock; der Ziegenbock; sie hat null Bock auf Kino; wir wollen Bock springen; **bockbeinig** (trotzig, widerspenstig); die **Bockwurst**

Boden, der; des Bodens, die Böden; Bo-den; **Bodenschätze**

Böe → Bö

Bogen, der; des Bogens, die Bögen; Bo-gen; das **Bogenschießen**

Bohle, die (dickes Holzbrett); der Bohle, die Bohlen; Boh-le; ein Bohlenweg zum Strand

Bohne, die; der Bohne, die Bohnen; Boh-ne; der **Bohnenkaffee**; das **Bohnenkraut**; die **Bohnenstange**

bohren; du bohrst, er bohrte, sie hat gebohrt; boh-ren; der **Bohrer**; die **Bohrinsel**

Boiler, der; des Boilers, die Boiler; Boi-ler; mit dem Boiler Wasser erwärmen

Boje, die; der Boje, die Bojen; Bo-je

Böller, der; des Böllers, die Böller; Böl-ler

Bollwerk, das (Befestigung, Schutzwehr); des Bollwerks, die Bollwerke; Boll-werk

bolzen; du bolzt, er bolzte, sie hat den Ball über das Tor gebolzt; bọl-zen; der **Bolzen**

Bombe, die; der Bombe, die Bomben; Bọm-be

Bon, der [bọng]; des Bons, die Bons; der Kassenbon

Bonbon, der/das [bongbọng]; des Bonbons, die Bonbons; Bon-bon

Bonus, der (Vergütung, Rabatt); des Bonus/Bonusses, die Bonus/Bonusse; Bo̲-nus

Boom, der [bu̲m] (Aufschwung); des Booms, die Booms

Boot, das; des Boot(e)s, die Boote; Bo̲o̲t

Bord[1], das; des Bord(e)s, die Borde; Bọrd; Bücherbord; der **Bord**[2]; an Bord eines Schiffs/Flugzeugs gehen; Mann über Bord!

Bordell, das (Haus, in dem Sex gegen Bezahlung angeboten wird); des Bordells, die Bordelle; Bor-dẹll

Bordstein, der; des Bordstein(e)s, die Bordsteine; Bọrd-stein

borgen; du borgst, er borgte, sie hat sich ein Buch geborgt; bọr-gen

Borke, die; der Borke, die Borken; Bọr-ke; der **Borkenkäfer**

Börse, die; der Börse, die Börsen; Bö̲r-se

Borste, die; der Borste, die Borsten; Bọrs-te; **borstig**

Borte, die; der Borte, die Borten; Bọr-te; eine Gardine mit Borte

bös (*auch* böse); böser, am bösesten; bö̲s/bö̲-se; **bösartig**

Böschung, die; der Böschung, die Böschungen; Bö̲-schung

Bösewicht, der; des Bösewicht(e)s, die Bösewichte; Bö̲-se-wicht; **boshaft**; die **Bosheit**

Boss, der; des Bosses, die Bosse; Bọss

böswillig; böswilliger, am böswilligsten; bö̲s-wil-lig

Botanik, die (Lehre von den Pflanzen); der Botanik, *Plural selten*: die Botaniken; Bo-ta̲-nik; **botanisch**

Bote, der; des Boten, die Boten; Bo̲-te; die **Botschaft**; der **Botschafter**

Boutique, die (*auch* Butike) [buti̲k]; der Boutique, die Boutiquen; Bou-tique

Bowle, die [bo̲le]; der Bowle, die Bowlen; Bow-le

Bowling, das; des Bowlings, die Bowlings; Bow-ling

Box, die; der Box, die Boxen; Bọx

boxen; du boxt, er boxte, sie hat geboxt; bọ-xen; der **Boxer**; der **Boxhandschuh**; der **Boxkampf**

Boy, der; des Boys, die Boys; Bo̲y̲; die **Boygroup**

Boykott, der; des Boykott(e)s, die Boykotte; Boy-kọtt; **boykottieren**; sie hat dieses Geschäft boykottiert

Branche, die; der Branche, die Branchen; Brạn-che; das **Branchenverzeichnis**

Brand, der; des Brand(e)s, die Brände; Brạnd; die **Brandblase**; **brandeilig**; **brandneu**

Brandstelle, die; der Brandstelle, die Brandstellen; Brạnd-stel-le; der **Brandstifter**; die **Brandung**; die **Brandwunde**

Branntwein, der; des Branntwein(e)s, die Branntweine; Brạnnt-wein

braten; du brätst, er briet, sie hat gebraten; bra̲-ten; der **Braten**; der **Bratling**

Bratsche, die; der Bratsche, die Bratschen; Bra̲t-sche; mein Onkel spielt Bratsche, meine Tante Geige; der **Bratschist** (*auch* Bratscher)

Bratwurst, die; der Bratwurst, die Bratwürste; Bra̲t-wurst

Brauch, der; des Brauches/Brauchs, die Bräuche; Bra̲u̲ch; **brauchbar**; **brauchen**; das **Brauchtum**; die Brauchtümer; das **Brauchwasser** (Betriebswasser)

brauen; du braust, er braute, sie hat Bier gebraut; brau-en; die **Brauerei**
braun; brauner, am braunsten; braun; das **Braun**; dieses Braun gefällt mir gut; der **Braunbär**; **bräunen**; die **Braunkohle**; **bräunlich**; → Kasten „blau"
Brause, die; der Brause, die Brausen; Brau-se; **brausen**; sie hat sich gebraust, das Auto ist wie der Wind über die Landstraße gebraust
Braut, die; der Braut, die Bräute; Braut; der **Bräutigam**; das **Brautkleid**; **bräutlich**
brav; braver, am bravsten; brav
bravo; bra-vo; bravo, das hast du gut gemacht!
Break, der/das; des Breaks, die Breaks; der **Breakdance**; der **Breakdancer**
brechen; du brichst, er brach, sie hat das Brot gebrochen, der Ast ist gebrochen; bre-chen; der **Brecher**; die **Brechstange**
Brei, der; des Brei(e)s, die Breie/Breis; Brei; **breiig**
breit; breiter, am breitesten; breit; einen Weg breit machen; einen Nagel breit schlagen; ein breit gefächertes/breitgefächertes Angebot; die **Breite**; der **Breitengrad**; der **Breitenkreis**; **breitmachen**, sich breitmachen; das Unkraut hat sich im Garten breitgemacht; **breitschlagen** (überreden); ich habe mich breitschlagen lassen; ich habe ihn breitgeschlagen
Bremse, die; der Bremse, die Bremsen; Brem-se; **bremsen**; die **Bremsspur**
brennen; du brennst, er brannte, sie hat gebrannt; bren-nen; der **Brenner**; das **Brennglas**; die **Brennnessel**; der **Brennpunkt**; der **Brennstoff**
brenzlig; brenzliger, am brenzligsten; brenz-lig; eine brenzlige Situation
Brett, das; des Brett(e)s, die Bretter; Brett
Brezel, die; der Brezel, die Brezeln; Bre-zel
Brief, der; des Brief(e)s, die Briefe; Brief; der **Briefkasten**; die **Briefmarke**; der **Briefträger**; der **Briefumschlag**
brillant [briljant] (glänzend, hervorragend); brillanter, am brillantesten; brillant; der **Brillant** (kostbarer Schmuckstein); die **Brillanz**
Brille, die; der Brille, die Brillen; Bril-le; die **Brillenschlange**
bringen; du bringst, er brachte, sie hat gebracht ; brin-gen
Brise, die; der Brise, die Brisen; Bri-se; am Strand wehte eine leichte Brise
bröckeln; du bröckelst, er bröckelte, sie hat gebröckelt; brö-ckeln; der **Brocken**
brodeln; du brodelst, er brodelte, sie hat gebrodelt; bro-deln
Brombeere, die; der Brombeere, die Brombeeren; Brom-bee-re
Bronchie, die; der Bronchie, die Bronchien; Bron-chie; die **Bronchitis**
Bronze, die; der Bronze, die Bronzen; Bron-ze; die **Bronzemedaille**; die **Bronzezeit**
Brosche, die; der Brosche, die Broschen; Bro-sche
Broschüre, die; der Broschüre, die Broschüren; Bro-schü-re
Brot, das; des Brot(e)s, die Brote; Brot; das **Brötchen**; die **Brotkruste**; die **Brotzeit**
Browser, der [brauser]; des Browsers, die Browser; Brow-ser; mit dem Browser eine Website finden und lesen
Bruch, der; des Bruch(e)s, die Brüche; Bruch; **brüchig**; die **Bruchlandung**; das **Bruchrechnen**
Brücke, die; der Brücke, die Brücken; Brü-cke
Bruder, der; des Bruders, die Brüder; Bruder; **brüderlich**; die **Brüderlichkeit**

Brühe, die; der Brühe, die Brühen; Brü̱-he; **brühen**; **brühwarm**

brüllen; du brüllst, er brüllte, sie hat laut gebrüllt; brụ̈l-len

brummen; du brummst, er brummte, sie hat gebrummt; brụm-men; **brummig**

Brunch, der [brạnsch] (Frühstück und Mittagessen in einem); des Brunch(e)s, die Brunche/Brunches

Brunnen, der; des Brunnens, die Brunnen; Brụn-nen

Brust, die; der Brust, die Brüste; Brụst; das **Brustbein**; **brüsten**; der **Brustkorb**; **brustschwimmen** (*auch* Brust schwimmen)

Brut, die; der Brut, die Bruten; Bru̱t

brutal; brutaler, am brutalsten; bru-ta̱l; die **Brutalität**

brüten; du brütest, er brütete, sie hat gebrütet; brü̱-ten

brutto [Adv.] (ohne Abzug); brụt-to; er verdient 1200 Euro brutto; das **Bruttogehalt**; das **Bruttogewicht**; Gewicht mit Verpackung; das **Bruttosozialprodukt**; → netto

Bub, der (*auch* Bube) (Junge); des Buben, die Buben; Bu̱b/Bu̱-be

Buch, das; des Buch(e)s, die Bücher; Bu̱ch

Buche, die; der Buche, die Buchen; Bu̱-che; die **Buchecker**

Bücherei, die; der Bücherei, die Büchereien; Bü-che-re̱i̱; die **Buchführung**; die **Buchhaltung**; der **Buchhändler**; die **Buchhandlung**

Buchse, die [bụkße]; der Buchse, die Buchsen; Bụch-se; die **Büchse**

Buchstabe, der; des Buchstaben(s), die Buchstaben; Bu̱ch-sta-be; **buchstabieren**; **buchstäblich**

Bucht, die; der Bucht, die Buchten; Bụcht

Buckel, der; des Buckels, die Buckel; Bụ-ckel; **buckelig** (*auch* bucklig); **buckeln**

bücken, sich bücken; du bückst dich, er bückte sich, sie hat sich gebückt; bụ̈-cken

buddeln; du buddelst, er buddelte, sie hat gebuddelt; bụd-deln

Buddha, der (indischer Religionsstifter); des Buddhas, die Buddhas; Bụd-dha; der **Buddhismus**; der **Buddhist**

Bude, die; der Bude, die Buden; Bu̱-de

Budget, das [büdsche̱] (Haushaltsplan, zur Verfügung stehende Geldsumme); des Budgets, die Budgets; Bud-get

Büfett, das (*auch* Buffet) [büfe̱]; des Büfett(e)s, die Büfette/Büfetts; Bü-fett; kaltes Büfett/Buffet

Büffel, der; des Büffels, die Büffel; Bụ̈f-fel; das **Büffelleder**; **büffeln**; sie hat für die Deutscharbeit gebüffelt

Bug, der; des Bug(e)s, die Buge/Büge; Bu̱g

Bügel, der; des Bügels, die Bügel; Bü̱-gel; das **Bügeleisen**; **bügeln**

Buhne, die (Damm zum Uferschutz); der Buhne, die Buhnen; Bu̱h-ne

Bühne, die; der Bühne, die Bühnen; Bü̱h-ne

Bulette, die; der Bulette, die Buletten; Bu-lẹt-te

Bullauge, das (rundes Schiffsfenster); des Bullauges, die Bullaugen; Bụll-au-ge

Bulldogge, die; der Bulldogge, die Bulldoggen; Bụll-dog-ge

Bulldozer, der; des Bulldozers, die Bulldozer; Bụll-do-zer

Bulle, der; des Bullen, die Bullen; Bụl-le; **bullig**

Bumerang, der; des Bumerangs, die Bumerange/Bumerangs; Bụ-me-rang

Bummel, der; des Bummels, die Bummel; Bụm-mel; **bummeln**; der **Bummler**

Bund[1], der; des Bund(e)s, die Bünde; Bund; der Staatenbund; das **Bund**[2]; des Bund(e)s, *Plural selten*: die Bunde; der Rest eines Bundes Blumen; einige Bunde in der Auslage; das **Bündel**; **bündeln**

Bundeskanzler, der; des Bundeskanzlers, die Bundeskanzler; Bun-des-kanzler; die **Bundeskanzlerin**; das **Bundesland**; der **Bundespräsident**

Bundesregierung, die; der Bundesregierung, die Bundesregierungen; Bun-desre-gie-rung; die **Bundesrepublik**; der **Bundestag**; die **Bundeswehr**; **bundesweit**

bündig; bündiger, am bündigsten; bündig; kurz und bündig antworten; das **Bündnis**

Bungalow, der [bungalou]; des Bungalows, die Bungalows; Bun-ga-low

Bungeejumping, das (*auch* Bungee-Jumping) [bandschidschamping]; des Bungeejumpings, *kein Plural*; Bun-gee-jum-ping

Bunker, der; des Bunkers, die Bunker; Bun-ker

Bunsenbrenner, der; des Bunsenbrenners, die Bunsenbrenner; Bun-sen-brenner

bunt; bunter, am buntesten; bunt; **buntfärben** (*auch* bunt färben); **buntgestreift** (*auch* bunt gestreift); das **Buntpapier**; der **Buntsandstein**; der **Buntstift**

Bürde, die (Last); der Bürde, die Bürden; Bür-de; eine schwere Bürde tragen

Burg, die; der Burg, die Burgen; Burg

Bürge, der; des Bürgen, die Bürgen; Bür-ge; **bürgen**; sie hat für mich gebürgt

Bürger, der; des Bürgers, die Bürger; Bür-ger; die **Bürgerinitiative**; der **Bürgerkrieg**

bürgerlich; bürgerlicher, am bürgerlichsten; bür-ger-lich; der **Bürgermeister**; die **Bürgerrechtsbewegung**; der **Bürgersteig**

Bürgschaft, die; der Bürgschaft, die Bürgschaften; Bürg-schaft

Büro, das; des Büros, die Büros; Bü-ro; die **Bürokratie**; **bürokratisch**

Bürste, die; der Bürste, die Bürsten; Bürs-te; **bürsten**

Bus, der; des Busses, die Busse; Bus

Busch, der; des Busch(e)s, die Büsche; Busch

Busen, der; des Busens, die Busen; Bu-sen

Busfahrer, der; des Busfahrers, die Busfahrer; Bus-fah-rer; die **Bushaltestelle**

Business, das [bisness]; des Business, *kein Plural*; Busi-ness

Bussard, der; des Bussards, die Bussarde; Bus-sard

Buße, die; der Buße, die Bußen; Bu-ße; **büßen**; das **Bußgeld**; der **Bußtag**

Büste, die; der Büste, die Büsten; Büs-te; der **Büstenhalter**

Butike → Boutique

Butt, der (Fisch); des Butt(e)s, die Butte; Butt

Bütt, die (Vortragspult für Karnevalsredner); der Bütt, die Bütten; Bütt; die **Bütte** (wannenartiges Gefäß); die **Büttenrede**

Butter, die; der Butter, *kein Plural*; But-ter; das **Butterbrot**; die **Buttermilch**; **butterweich**

Button, der [baten]; des Buttons, die Buttons; But-ton

bye-bye [baibai] (*umgangssprachlich für* auf Wiedersehen)

Byte, das [bait]; des Byte(s), die Bytes/Byte; acht Bit sind ein Byte; → Bit

C

Cabrio, das (*auch* Cabriolet) [ka̲brio/kabriole̲/kabriolẹt] → Kabrio

Café, das; des Cafés, die Cafés; Ca-fé; die **Cafeteria**; die Cafeterias/Cafeterien

Calcium, das; Cạl-ci-um → Kalzium

campen; du campst, er campte, sie hat gecampt; cạm-pen; das **Camping**; die **Campingausrüstung**; der **Campingplatz**

Cappuccino, der; des Cappuccino(s), die Cappuccino(s); Cap-puc-ci̲-no

Caravan, der; des Caravans, die Caravans; Cạ-ra-van; mit einem Caravan verreisen

Carbid, das (*auch* Karbid); des Carbid(e)s, die Carbide; Car-bi̲d; eine Carbid-Lampe

Carbonat, das (*auch* Karbonat) (Salz der Kohlensäure); des Carbonat(e)s, die Carbonate; Car-bo-na̲t

Cartoon, der/das [kartu̲n] (Karikatur, Witzzeichnung); des Cartoon(s), die Cartoons; Car-toon

cash [Adv.] [kạ̈sch] (bar); cash bezahlen; das **Cash** (Bargeld, Barzahlung)

catchen [kạ̈tschen] (ringen); du catchst, er catchte, sie hat gecatcht; cat-chen; der **Catcher**

CD, die = Compactdisc; der CD, die CDs; das **CD-Laufwerk**; der **CD-Player**; die **CD-ROM**; der **CD-Spieler**

CDU, die = Christlich-Demokratische Union (Deutschlands)

Cellist, der [tschelịßt]; des Cellisten, die Cellisten; Cel-list; das **Cello** (Saiteninstrument); die Cellos/Celli

Celsius; Cẹl-si-us; es ist 25°C (Grad Celsius) warm; die **Celsiusskala**

Cembalo, das [tschẹmbalo] (Tasteninstrument); des Cembalos, die Cembalos/Cembali; Cem-ba-lo

Cent, der [ßẹnt] (Untereinheit verschiedener Währungen); des Cents, die Cents

Center, das; des Centers, die Center; Cẹn-ter

Cevapcici, die [tschewạptschitschi] (gegrillte Hackfleischröllchen); der Cevapcici, *nur Plural*; Ce-vap-ci-ci

Chamäleon, das [kamä̲leon]; des Chamäleons, die Chamäleons; Cha-mä-le-on

Champagner, der [schampạnjer]; des Champagners, die Champagner; Cham-pag-ner

Champignon, der; des Champignons, die Champignons; Chạm-pi-gnon/Chạm-pig-non

Champion, der [tschạ̈mpjen]; des Champions, die Champions; Cham-pi-on; die **Champions League**

Chance, die; der Chance, die Chancen; Chạn-ce; die **Chancengleichheit**

Chaos, das [ka̲oß]; des Chaos, *Plural selten*: die Chaosse; Cha-os; der **Chaot**; **chaotisch**

Charakter, der; des Charakters, die Charaktere; Cha-rạk-ter; die **Charakteristik**; **charakteristisch**; **charakterlich**; **charakterlos**

charmant (*auch* scharmant); charmanter, am charmantesten; char-mạnt; der **Charme** (*auch* Scharm)

Charta, die [kạrta] (Verfassungsurkunde); der Charta, die Chartas; Char-ta

Charterflug, der; des Charterflug(e)s, die Charterflüge; Chạr-ter-flug; die **Chartergesellschaft**; die **Chartermaschine**; **chartern**

Charts, die; der Charts, *nur Plural*; Cha̲rts; der Song ist in den Charts

Chat, der (Gespräch im Internet); des Chats, die Chats; die **Chatgroup** (*auch* Chat-Group); der **Chatroom** (*auch* Chat-Room); **chatten**

Chauffeur, der [schoför]; des Chauffeur(e)s, die Chauffeure; Chauf-feur

Chaussee, die; der Chaussee, die Chausseen; Chaus-see

Chauvi, der [schowi]; des Chauvis, die Chauvis; Chau-vi; er benimmt sich wie ein Chauvi; der **Chauvinismus** (übertriebenes männliches Selbstwertgefühl, auch übersteigerter Nationalismus)

Check[1], der (Prüfung, Kontrolle); des Checks, die Checks; Gesundheits-Check; der **Check**[2] (*auch* Scheck) (Zahlungsanweisung); ein ungedeckter Check; **checken**; er checkte das Gerät, endlich hat sie das Problem gecheckt; che-cken; die **Checkliste**

Cheeseburger, der [tschißbörger]; des Cheeseburgers, die Cheeseburger; Cheese-bur-ger

Chef, der; des Chefs, die Chefs; Chef; der **Chefarzt**; die **Chefin**

Chemie, die; der Chemie, *kein Plural*; Che-mie; die **Chemikalie**; der **Chemiker**; **chemisch**

chic → schick; der **Chic** → Schick

Chicorée, der/die (*auch* Schikoree) (Gemüse, Salat); des Chicorées/der Chicorée, *kein Plural*; Chi-co-rée

Chiffre, die; der Chiffre, die Chiffren; Chiffre/Chiff-re; **chiffrieren** (verschlüsseln); sie hat den Brief chiffriert

Chip, der; des Chips, die Chips; Chip; die **Chipkarte**

Chirurg, der; des Chirurgen, die Chirurgen; Chi-rurg/Chir-urg; die **Chirurgie**; **chirurgisch**

Chitinpanzer, der; des Chitinpanzers, die Chitinpanzer; Chi-tin-pan-zer; manche Insekten, Krebse und Spinnen haben einen Chitinpanzer

Chlor, das; des Chlors, *Plural selten*: die Chlore; Chlor; das **Chloroform**; **chloroformieren**; das **Chlorophyll**

Cholera, die [kolera] (schwere Infektions-

C/c

Viele Wörter, die aus verschiedenen Sprachen ins Deutsche kommen, werden mit C oder c geschrieben und dabei unterschiedlich ausgesprochen:

- Comic, Camping/campen, Caravan, Video-Clip
- City, Cent, Center
- Cevapcici, Cello

Wenn Wörter aus anderen Sprachen im Deutschen häufig gebraucht und dadurch vertraut werden, werden C und c zunehmend durch K bzw. k ersetzt, gelegentlich auch durch Z bzw. z oder ck:

- Cousine – Kusine, contra – kontra, codieren – kodieren
- circa – zirka, Cirkus – Zirkus
- chic – schick

Die Schreibung mit C oder K kann bei ein und derselben Wortform auch genutzt werden, um Bedeutungsunterschiede zu kennzeichnen:

- Café (Gasthaus) – Kaffee (Getränk)

Die Langformen zu Kurzwörtern mit C bzw. c („Tbc", „WC", „CD") werden mit /k/ gesprochen und teilweise auch mit K bzw. k geschrieben:

- Tuberkulose, Wasserklosett

A
B
C
D
E
F
G

krankheit); der Cholera, *Plural selten*: die Choleras; Cho-le-ra

Chor, der; des Chor(e)s, die Chöre; Cho̲r

Choral, der; des Chorals, die Choräle; Cho-ra̲l; die Mönche singen einen Choral

Choreografie, die (*auch* Choreographie); der Choreografie, die Choreografien; Cho-reo-gra-fi̲e̲; die Choreografie des Balletts

Chose, die (*auch* Schose); der Chose, die Chosen; Cho̲-se; sie stolperte und die ganze Chose fiel auf den Boden

Christ, der; des Christen, die Christen; Chrịst; der **Christbaum**; die **Christenheit**; das **Christentum**; **Christus**

Chrom, das [kro̲m]; des Chroms, *kein Plural*

Chromosom, das (Träger des Erbguts); des Chromosoms, die Chromosomen; Chro-mo-so̲m; die **Chromosomenzahl**

Chronik, die; der Chronik, die Chroniken; Chro̲-nik; **chronisch**; die **Chronologie**; **chronologisch**

ciao! (*auch* tschau!)

Circus, der → Zirkus

City, die; der City, die Citys; Cị-ty

clean [kli̲n]; cleaner, am cleansten; nach der Therapie war sie clean

clever; cleverer, am cleversten; clẹ-ver; die **Cleverness**

Clinch, der; des Clinch(e)s, die Clinche; Clịnch; mit allen lag er im Clinch

Clip, der (*auch* Klipp); des Clips, die Clips; Clịp

Clique, die [klịke]; der Clique, die Cliquen; Cli-que; in der Freizeit ist sie am liebsten in ihrer Clique

Clog, der; des Clogs, die Clogs; Clọg; die Holzclogs

Clou, der [klu̲]; des Clous, die Clous; der Clou des Tages

Clown, der [kla̲u̲n]; des Clowns, die Clowns

Club → Klub

Cluster, der [klạster] (Häufung, ungeordnete Menge); des Clusters, die Cluster; Clus-ter

Coach, der; des Coach(e)s, die Coachs; **coachen**; er hat die Mannschaft gecoacht

Coca, die/das; der Coca/des Coca(s), die Cocas; Cọ-ca; die/das **Coca-Cola**

Cockpit, das; des Cockpits, die Cockpits; Cọck-pit; der Pilot sitzt im Cockpit

Cocktail, der; des Cocktails, die Cocktails; Cọck-tail

Code → Kode; **codieren** → kodieren; **Codierung** → Kodierung

Coffein → Koffein

Coitus → Koitus

Cola, die/das; der Cola/des Cola(s), die Colas; Co̲-la

Collage, die [kola̲sche]; der Collage, die Collagen; Col-la-ge

Come-back, das (*auch* Comeback); des Come-back(s), die Come-backs; Come-bạck

Comic, der; des Comics, die Comics; Cọ-mic; der **Comicstrip**

Compact Disc, die (*auch* Compact Disk) = CD; der Compact Disc, die Compact Discs; Com-pạct Disc

Computer, der; des Computers, die Computer; Com-pu̲-ter; die **Computeranimation**; **computergestützt**; das **Computerspiel**

Container, der; des Containers, die Container; Con-ta̲i̲-ner

contra → kontra

cool [ku̲l]; cooler, am coolsten; ein cooler Typ

Copyright, das [kọpirait] (Urheberrecht); des Copyrights, die Copyrights; Co-py-right

Cord → Kord

Cornflakes, die; der Cornflakes, *nur Plural*; Corn-flakes

Couch, die [kautsch]; der Couch, die Couchen/Chouches; wir saßen auf der Couch

Count-down, der/das (*auch* Countdown) [kauntdaun]; des Count-down(s), die Count-downs

Countrymusik, die [kantrimusik]; der Countrymusik, *kein Plural*; Coun-try-mu-sik

Coup, der [ku]; des Coups, die Coups; der Einbruch war sein größter Coup

Cousin, der (Sohn des Onkels oder der Tante); des Cousins, die Cousins; Cou-sin; die **Cousine** → Kusine

Cover, das; des Covers, die Cover/Covers; Co-ver

Cowboy, der; des Cowboys, die Cowboys; Cow-boy

der Computer

(Personalcomputer, PC)

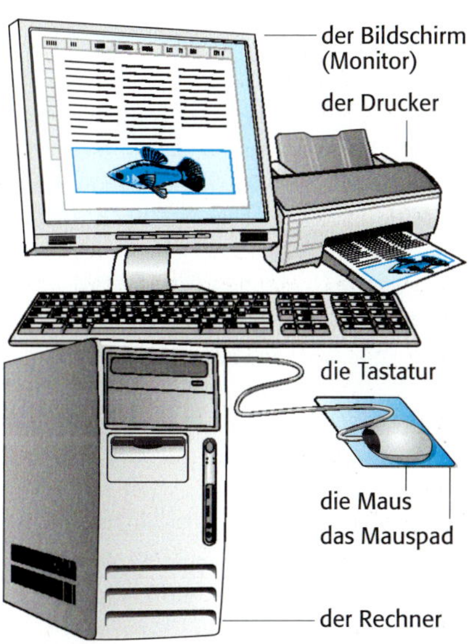

Crack[1], der (Spitzensportler); des Cracks, die Cracks; Crack; im Fußball war er ein Crack; das **Crack**[2] (Droge, Backpulver-Kokain-Gemisch)

Cracker, der (Gebäck); des Crackers, die Cracker/Crackers; Cra-cker

Crash, der (Zusammenstoß, Unfall); des Crashs, die Crashs; der **Crashkurs**; der **Crashtest**

Credo, das (*auch* Kredo) (Glaubensbekenntnis); des Credos, die Credos; Cre-do; Erfolg war ihr Credo

Creme, die (*auch* Krem/Kreme) [krem]; der Creme, die Cremes; → Krem/Kreme; **cremefarben** (*auch* cremefarbig); **cremen**; **cremig** (*auch* kremig)

Crew, die [kru]; der Crew, die Crews; die Crew ging an Bord

Croissant, das [kroaßong]; des Croissant/Croissants, die Croissants; Crois-sant

CSU, die = Christlich-Soziale Union

Cup, der [kap]; des Cups, die Cups; sie haben den Cup gewonnen

Curry, der/das [köri]; des Currys, die Currys; Cur-ry; die **Currywurst**

Cursor, der [kõrser] (Symbol auf dem Bildschirm, das die Stelle der nächsten Eingabe anzeigt); des Cursors, die Cursors; Cur-sor

Cutter, der [kater] (Schnittmeister bei Funk und Fernsehen); des Cutters, die Cutter; Cut-ter; die **Cutterin**

Cyberspace, der [ßaiberßpäiß] (durch Computer simulierter virtueller Raum); des Cyberspace, die Cyberspaces; Cyber-space

D

da; da; da oben; er ist schon da; sie ist nicht da gewesen/dagewesen

A B C D E F G H

dabei [Adv.]; da-be̲i̲; dabei sein; alle waren dabei; → Kasten „dabei"

dabeibleiben; du bleibst dabei, er blieb dabei, sie ist geduldig dabeigeblieben; da-be̲i̲-blei-ben; **dabeisitzen**; du kannst dabeisitzen und zusehen; **dabeistehen**; er hat untätig dabeigestanden; → Kasten „dabei"

dableiben; du bleibst da, er blieb da, sie ist eine Woche dageblieben; da̲-blei-ben

Dach, das; des Daches, die Dächer; Dạch; der **Dachboden**; der **Dachdecker**; das **Dachgeschoss**

Dachs, der (Säugetier); des Dachses, die Dachse; Dạchs

Dachziegel, der; des Dachziegels, die Dachziegel; Dạch-zie-gel

Dackel, der; des Dackels, die Dackel; Dạ-ckel

Daddy, der; des Daddys, die Daddys; Dạd-dy

dadurch [Adv.]; da-dụrch; dadurch haben wir uns verspätet

dafür [Adv.]; da-fü̲r; ich bin dafür; er kann nichts dafür

dagegen [Adv.]; da-ge̲-gen; er wird dagegen sein; du sollst die Leiter nicht dagegen stellen

dagegenhalten; du hältst dagegen, er hielt dagegen, sie hat in der Diskussion mutig dagegengehalten; da-ge̲-gen-hal-ten

daheim [Adv.]; da-he̲i̲m; wann sind wir endlich daheim?; ich will mich daheim ausruhen; **daheimbleiben**; sie ist daheimgeblieben; **daheimsitzen**; willst du denn immer nur daheimsitzen?

daher [Adv.]; da̲-her/da-he̲r; daher kommt also deine Müdigkeit!; **daherkommen**; sie ist fröhlich dahergekommen; **daherreden**

dahin [Adv.]; da-hịn/da̲-hin; bis dahin ist noch genug Zeit; gehst du auch dahin?; **dahinauf**; **dahinein**; **dahingehen**; sie ist für immer dahingegangen

dahinten [Adv.]; da-hịn-ten; dahinten kommt der Zug

dahinter [Adv.]; da-hịn-ter; er versteckt sich dahinter

Dahlie, die; der Dahlie, die Dahlien; Da̲h-lie; Dahlien blühen im Herbst

dalassen; du lässt da, er ließ da, sie hat das Buch dagelassen; da̲-las-sen

Dame, die; der Dame, die Damen; Da̲-me

damit; da̲-mit/da-mịt; du hast damit angefangen; sie beeilte sich, damit sie pünktlich war

dämlich; dämlicher, am dämlichsten; dä̲m-lich

Damm, der; des Damm(e)s, die Dämme; Dạmm

dämmern; du dämmerst müde vor dich hin, es dämmerte, es hat früh gedämmert; dạ̈m-mern; die **Dämmerung**

Dämon, der; des Dämons, die Dämonen; Dä̲-mon; **dämonisch**; er grinste dämonisch

Dampf, der; des Dampfes, die Dämpfe; Dạmpf; **dampfen**; das Essen dampft; **dämpfen**; die Hoffnung dämpfen; der **Dampfer**; der **Dämpfer**; die **Dampfmaschine**

danach [Adv.]; da-na̲ch; danach machen wir Pause

daneben [Adv.]; da-ne̲-ben; er steht direkt daneben; **danebenbenehmen**, sich (sich unpassend benehmen); **danebengehen** (misslingen); **danebenliegen** (sich irren); da hast du aber mächtig danebengelegen

dank [Präp.]; dạnk; dank ihrer Hilfe (Gen.); der **Dank**; vielen Dank; **dankbar**; die **Dankbarkeit**; **danken**; **danksagen** (*auch* Dank sagen)

dabei

Getrennt- und Zusammenschreibung:

Wortgruppen mit „dabei" werden getrennt geschrieben:
- er will das nächste Mal dabei sein
- es ist doch nichts dabei
- dabei hatten wir uns so gefreut

Tipp: Solche Wortgruppen erkennst du oft daran, dass ein oder mehrere Wörter zwischen „dabei" und Verb eingeschoben werden können:
- er wollte dabei (auf einem Stuhl) sitzen
- du kannst dabei (entspannt) stehen

Es gibt einige Verben mit jeweils eigener Bedeutung wie „dabeibleiben", „dabeihaben", „dabeisitzen" oder „dabeistehen".

Sie werden im Infinitiv, beim Partizip und bei Endstellung des Verbs im Nebensatz zusammengeschrieben:
- hoffentlich kann ich länger dabeibleiben
- sie werden schon einen Schirm dabeihaben
- er hat still und gelangweilt dabeigesessen
- trotz der Hilferufe hat er nichts getan, sondern nur dabeigestanden
- ich möchte nichts dazu sagen, solange sie dabeisitzt
- ich weiß nicht, warum er immer als Gaffer dabeisteht

Tipp: Solche Zusammensetzungen erkennst du oft daran, dass beim Sprechen die Betonung auf „dabei" liegt.

dann [Adv.]; dann; ich werde dann gehen

daran [Adv.]; da-ran/dar-an; hast du daran gedacht; **darangehen**; sie ist sofort darangegangen, die Aufgabe zu lösen; **daransetzen**; sie hat alles darangesetzt, das Spiel zu gewinnen

darauf [Adv.]; da-rauf/dar-auf; du kannst dich darauf verlassen; **daraufhauen** (*auch* draufhauen); er will in seinem Zorn draufhauen; **daraufsetzen** (*auch* draufsetzen)

daraus [Adv.]; da-raus/dar-aus; daraus wird nichts

Darbietung, die; der Darbietung, die Darbietungen; Dar-bie-tung

darin [Adv.]; da-rin/dar-in; darin befindet sich ein Kern; **darinsitzen** (*auch* drinsitzen); **darinstecken** (*auch* drinstecken)

Darlehen, das; des Darlehens, die Darlehen; Dar-le-hen; das Darlehen zurückzahlen

Darm, der; des Darm(e)s, die Därme; Darm; der **Darmkatarrh** (*auch* Darmkatarr)

darstellen; du stellst dar, er stellte dar, sie hat dargestellt; dar-stel-len; die **Darstellung**

Darts, das; des Darts, die Darts; Darts; Dartspiel, eine Partie Darts

darüber [Adv.]; da-rü-ber/dar-über; darüber freue ich mich; **darüberfahren** (*auch* drüberfahren); **darüberschreiben** (*auch* drüberschreiben); **darüberstehen** (*auch* drüberstehen) (überlegen sein)

darum [Adv.]; da-rum/dar-um; wer kümmert sich darum?; **darumbinden** (*auch* drumbinden); **darumlegen** (*auch* drumlegen); sie wird einen Verband drumlegen

darunter [Adv.]; da-rụn-ter/dar-ụn-ter; er leidet sehr darunter; **darunterlegen** (*auch* drunterlegen); **darunterliegen** (*auch* drunterliegen); **daruntersetzen** (*auch* druntersetzen)

das; dạs; das Kind; das ist ein Haus; das Kino, das du dort siehst, hat geschlossen

Dasein, das; des Daseins, *kein Plural*; Dasein

dasjenige [Pron.] → derjenige

dass [Konj.]; dạss; ich hoffe, dass du das verstehst

dasselbe [Pron.]; das-sẹl-be; ich habe dasselbe gedacht

Datei, die; der Datei, die Dateien; Da-tei; **Daten**; die **Datenbank**; der **Datenschutz**; die **Datenverarbeitung**

Dativ, der; des Dativs, die Dative; Da-tiv; das **Dativobjekt**

Datscha, die (*auch* Datsche) (Wochenendhaus); der Datscha, die Datschas/Datschen; Dạt-scha

Dattel, die; der Dattel, die Datteln; Dạt-tel

Datum, das; des Datums, die Daten; Datum; die **Datumsangabe**

Dauer, die; der Dauer, *kein Plural*; Dauer; **dauerhaft**; der **Dauerlauf**; **dauern**; **dauernd**; die **Dauerwelle**

Daumen, der; des Daumens, die Daumen; Dau-men; der **Däumling**

Daune, die; der Daune, die Daunen; Daune; die **Daunendecke**

davon [Adv.]; da-vọn; ich habe davon geträumt; **davongehen**; er ist davongegangen; **davonkommen**; sie ist mit einem blauen Auge davongekommen; **davonlaufen**

davor [Adv.]; da-vọr; er hat sich davor gedrückt

DAX, der = Deutscher Aktienindex; des DAX, *kein Plural*; DẠX

dazu [Adv.]; da-zu/da-zu; dazu habe ich eine Frage; dazu gehören immer zwei; **dazugeben**; 100 Gramm Zucker dazugeben; **dazugehören**; er wollte auch dazugehören; **dazukommen**; in die Klasse sind zwei neue Schüler dazugekommen; **dazutun**

dazwischen [Adv.]; da-zwị-schen; der Fluss liegt dazwischen; **dazwischenkommen**; es ist etwas dazwischengekommen; **dazwischenrufen**; **dazwischentreten**

DB = Deutsche Bahn

DDR, die = Deutsche Demokratische Republik (1949–1990)

dealen [dilen] (handeln, insbesondere mit Rauschgift); du dealst, er dealte, sie hat gedealt; dea-len; der **Dealer**

Debatte, die; der Debatte, die Debatten; De-bạt-te; **debattieren**

dechiffrieren (entschlüsseln); du dechiffrierst, er dechiffrierte, sie hat dechiffriert; de-chif-frie-ren/de-chiff-rie-ren

Deck, das; des Decks, die Decks; Dẹck; das **Deckblatt**; die **Decke**; der **Deckel**; **decken**; die **Deckung**

Decoder, der; des Decoders, die Decoder; De-co-der; zum Sehen verschlüsselter Fernsehprogramme braucht man einen Decoder

defekt; defekter, am defektesten; de-fẹkt; der **Defekt**; die Defekte

defensiv; defensiver, am defensivsten; de-fen-siv; defensiv fahren; die **Defensive**; → offensiv

definieren; du definierst, er definierte, sie hat definiert; de-fi-nie-ren; die **Definition**; **definitiv**

Defizit, das (Verlust, Mangel, Fehlbetrag); des Defizits, die Defizite; De-fi-zit

deformieren; du deformierst, er deformierte, sie hat deformiert; de-for-mie-ren

deftig; deftiger, am deftigsten; def-tig; ein deftiges Essen

Degen, der; des Degens, die Degen; De-gen; das **Degenfechten**

degradieren; du degradierst, er degradierte, sie hat degradiert; de-gra-die-ren

dehnbar; dehnbarer, am dehnbarsten; dehn-bar; **dehnen**; die **Dehnung**; das **Dehnungs-h**

Deich, der; des Deich(e)s, die Deiche; Deich

dein [Pron.]; dein; deine Eltern; **deinesgleichen**; dei-nes-glei-chen; **deinetwegen**; dei-net-we-gen; ich bin nur deinetwegen gekommen; **deinige**; du musst das deinige/Deinige tun

dekadent (entartet, krank); dekadenter, am dekadentesten; de-ka-dent; eine dekadente Gesellschaft steht vor dem Zerfall; die **Dekadenz**

deklamieren; du deklamierst, er deklamierte, sie hat deklamiert; de-kla-mie-ren; ein Gedicht kunstvoll deklamieren

deklassieren; du deklassierst, er deklassierte, sie hat ihre Gegenspielerin deklassiert; de-klas-sie-ren

Deklination, die; der Deklination, die Deklinationen; De-kli-na-ti-on; **deklinieren**; → Konjugation

Dekolletee, das (*auch* Dekolleté); des Dekolletees, die Dekolletees; De-kolle-tee; eine Bluse mit gewagtem Dekolletee

Dekorateur, der; des Dekorateurs, die Dekorateure; De-ko-ra-teur; **dekorieren**

Dekret, das (Verordnung, Verfügung); des Dekret(e)s, die Dekrete; De-kret; ein Dekret erlassen

Delegation, die; der Delegation, die Delegationen; De-le-ga-ti-on; der **Delegierte**

Delfin, der (*auch* Delphin); des Delfins, die Delfine; Del-fin; **delfinschwimmen** (*auch* Delfin schwimmen); er schwimmt Delfin, ich bin delfingeschwommen/Delfin geschwommen

delikat; delikater, am delikatesten; de-li-kat; die **Delikatesse**

Delikt, das (Straftat); des Delikt(e)s, die Delikte; De-likt

Delle, die; der Delle, die Dellen; Del-le

Delphin, der → Delfin

Delta, das; des Deltas, die Deltas/Delten; Del-ta

dem; dem; dem Vater helfen

Demagoge, der (Hetzer, Volksverführer); des Demagogen, die Demagogen; De-ma-go-ge/Dem-ago-ge; **demagogisch**

demaskieren; du demaskierst, er demaskierte, sie hat seine Lügen demaskiert; de-mas-kie-ren

dementieren; du dementierst, er dementierte, sie hat die Meldung dementiert; de-men-tie-ren

dementsprechend; *keine Steigerung*; dem-ent-spre-chend; es war kalt, dementsprechend froren wir

Demo, die = Demonstration; der Demo, die Demos; De-mo

Demokrat, der; des Demokraten, die Demokraten; De-mo-krat; die **Demokratie**; **demokratisch**; die **Demokratisierung**

demolieren; du demolierst, er demolierte, sie hat demoliert; de-mo-lie-ren

Demonstrant, der; des Demonstranten, die Demonstranten; De-mon-strant/Demons-trant; **demonstrativ**; **demonstrieren**

demoralisieren; du demoralisierst, er demoralisierte, sie hat ihre Gegnerin demoralisiert; de-mo-ra-li-sie-ren

Demoskopie, die (Meinungsforschung); der Demoskopie, die Demoskopien; De-mo-sko-pie/De-mos-ko-pie

Demut, die; der Demut, *kein Plural*; De-mut; **demütig**; **demütigen**; die **Demütigung**

demzufolge [Adv.]; dem-zu-fol-ge; demzufolge sind wir uns einig

den; den; den Anfang machen

denkbar; denkbarer, am denkbarsten; denk-bar

denken; du denkst, er dachte, sie hat gedacht; den-ken; das **Denkmal**; die Denkmäler; der **Denkmalschutz** (*auch* Denkmalsschutz); der **Denkzettel**

denn [Konj.]; denn; sie musste umkehren, denn sie hatte etwas vergessen

dennoch [Konj.]; den-noch; es ist schön, dennoch müssen wir jetzt gehen

Denunziant, der; des Denunzianten, die Denunzianten; De-nun-zi-ant; er hat sie beim Direktor angeschwärzt wie ein Denunziant; **denunzieren**

Deo, das = Deodorant; des Deos, die Deos; Deo; das **Deodorant**; die Deodorants; **deodorieren**

deplatziert; deplatzierter, am deplatziertesten; de-plat-ziert; eine völlig deplatzierte Antwort

Deponie, die; der Deponie, die Deponien; De-po-nie; die Mülldeponie; **deponieren**

Deportation, die; der Deportation, die Deportationen; De-por-ta-ti-on; die Deportation von Gefangenen in ein anderes Land; **deportieren**

Depot, das [depo]; des Depots, die Depots; De-pot

Depp, der; des Deppen/Depps, die Deppe/Deppen; Depp

Depression, die; der Depression, die Depressionen; De-pres-si-on; **deprimiert**

der; der; der Mann; der gehört dazu; der Ball, der dort liegt, gehört mir

derart [Adv.]; der-art; man hat ihn derart schlecht behandelt, dass er starb

derartig; *keine Steigerung*; der-ar-tig; etwas derartig Lustiges; sie schrie derartig, dass es alle hörten

derb; derber, am derbsten; derb

dereinst [Adv.] (später, zukünftig); der-einst

deren [Pron.]; de-ren; alle Kinder und deren Eltern; **derentwillen**; **derer**; **dergestalt**; **dergleichen**

derjenige [Pron.] (dasjenige, diejenige); der-je-ni-ge; derjenige soll sich melden, der den Schlüssel verloren hat

dermaßen [Adv.] (so); der-ma-ßen; sie war dermaßen erschöpft, dass sie sofort einschlief

derselbe [Pron.] (dieselbe, dasselbe); der-sel-be; sie trägt immer denselben Mantel

des; des; das Fenster des Hauses

Deserteur, der [desertõr] (fahnenflüchtiger Soldat); des Deserteurs, die Deserteure; De-ser-teur; **desertieren**

desgleichen [Adv.] (ebenso, ebenfalls); des-glei-chen

deshalb [Adv.]; des-halb; sie ist krank, deshalb kann sie nicht kommen

Design, das [disain]; des Designs, die Designs; De-sign; der **Designer**

designiert (vorgesehen); *keine Steigerung*; de-sig-niert/de-si-gniert; der designierte Präsident starb, bevor er sein Amt antreten konnte

Desinfektion, die; der Desinfektion, die Desinfektionen; Des-in-fek-ti-on; **desinfizieren**

Desinteresse, das; des Desinteresses, *Plural selten*: die Desinteressen; Des-in-te-res-se/Des-in-ter-es-se; **desinteressiert**

Desktop-Publishing, das (*auch* Desktoppublishing); des Desktop-Publishings, *kein Plural*; Desk-top-Pub-li-shing; mit Hilfe des Desktop-Publishings kann man ein ganzes Buch am PC herstellen

dessen [Pron.]; des-sen; mein Freund und dessen Vater; dessen ungeachtet

Dessert, das [deßer]; des Desserts, die Desserts; Des-sert

destillieren; du destillierst, er destillierte, sie hat destilliert; des-til-lie-ren; **destilliert**; destilliertes Wasser

desto [Konj.]; des-to; je mehr sie arbeitete, desto nervöser wurde sie; → je

destruktiv (zerstörend); destruktiver, am destruktivsten; de-struk-tiv/des-truk-tiv; eine destruktive Haltung; → konstruktiv

deswegen [Adv.]; des-we-gen; es schneite heftig, deswegen hatte der Zug Verspätung

Detail, das [detai]; des Details, die Details; De-tail; **detailgetreu**; **detailliert**

Detektei, die (Detektivbüro); der Detektei, die Detekteien; De-tek-tei; der **Detektiv**; die Detektive

Detonation, die; der Detonation, die Detonationen; De-to-na-ti-on; **detonieren**

deuten; du deutest, er deutete, sie hat gedeutet; deu-ten; **deutlich**

deutsch; *keine Steigerung*; deutsch; die deutsche Sprache; das **Deutsch**; sie sprechen deutsch/Deutsch; → Kasten „deutsch/Deutsch“

Deutsche, das; Deut-sche; das Deutsche ist eine europäische Sprache; der/die **Deutsche**; ein typischer Deutscher; **Deutschland**; **deutschsprachig**; der **Deutschunterricht**

Devisen, die; der Devisen, *nur Plural*; De-vi-sen; das Urlaubsgeld in Reisedevisen mitnehmen

Dezember, der; des Dezembers, *Plural selten*: die Dezember; De-zem-ber

dezent (unauffällig); dezenter, am dezentesten; de-zent; ein dezentes Parfüm

Dezernat, das (Abteilung); des Dezernat(e)s, die Dezernate; De-zer-nat; das Personaldezernat

Dezibel, das (*auch* dB) (Maßeinheit für die Lautstärke); des Dezibels, die Dezibel; De-zi-bel

dezimal; *keine Steigerung*; de-zi-mal; der **Dezimalbruch**; die **Dezimale**; das **Dezimalsystem**; die **Dezimalzahl**

dezimieren (geringer machen); du dezimierst, er dezimierte, sie hat den Viehbestand dezimiert; de-zi-mie-ren

d. i. = das ist

Dia, das; des Dias, die Dias; Dia

Diabetes, der (Zuckerkrankheit); des Diabetes, *kein Plural*; Di-a-be-tes; der **Diabetiker**

diabolisch (teuflisch-boshaft); diabolischer, am diabolischsten; di-a-bo-lisch; ein diabolisches Lächeln

Diagnose, die; der Diagnose, die Diagnosen; Di-ag-no-se/Dia-gno-se; die Diagnose des Arztes; **diagnostizieren**; sie hat einen Computerfehler diagnostiziert

diagonal; *keine Steigerung*; di-a-go-nal; die **Diagonale**

Diagramm, das; des Diagramms, die Diagramme; Di-a-gramm

Dialekt, der; des Dialekt(e)s, die Dialekte; Di-a-lekt

Dialog, der; des Dialog(e)s, die Dialoge; Di-a-log

Dialyse, die (Blutwäsche); der Dialyse, die Dialysen; Di-a-ly-se; schwer Nierenkranke müssen zur Dialyse

Diamant, der; des Diamanten, die Diamanten; Di-a-mant

Diät, die; der Diät, die Diäten; Di-ät

Diäten, die (Bezüge von Politikern); der Diäten, *nur Plural*; Di-ä-ten

dich [Pron.]; dịch; ich rufe dich an; du musst dich beeilen

dicht; dichter, am dichtesten; dịcht; das Rohr ist dicht; die **Dichte**

dichten; du dichtest, er dichtete, sie hat gedichtet; dịch-ten; der **Dichter**

dichthalten; du hältst dicht, er hielt dicht, sie hat dichtgehalten; dịcht-hal-ten; **dichtmachen**; die **Dichtung**

dick; dicker, am dicksten; dịck; durch dick und dünn; das **Dickicht**; der **Dickkopf**; **dickköpfig**; **dicktun** (*auch* dicketun) (angeben, prahlen)

die; di̲e; die Frau; die kannst du vergessen; die Tasche, die dort steht, gehört meiner Mutter

Dieb, der; des Dieb(e)s, die Diebe; Di̲eb; **diebisch**; der **Diebstahl**; die Diebstähle

diejenige [Pron.]; → derjenige

Diele, die; der Diele, die Dielen; Di̲e-le

dienen; du dienst, er diente, sie hat gedient; di̲e-nen; der **Diener**; der **Dienst**

Dienstag, der; des Dienstag(e)s, die Dienstage; Di̲ens-tag; **dienstags**; dienstags; sie kommt immer dienstags; → Kasten „Dienstag/dienstags“

deutsch/Deutsch

Groß- und Kleinschreibung:

Klein schreibt man das Wort „deutsch“, wenn es als Adjektiv verwendet wird:
- die deutsche Sprache
- die deutschen Städte
- deutsche Sportler

Klein schreibt man das Wort außerdem in Sätzen wie:
- das Tagebuch war deutsch geschrieben
- sie sprechen meist deutsch

Tipp:
Bei Unsicherheiten hilft die Frage „Wie?“ weiter: Wie haben die Schüler beim Austausch gesprochen?
- sie haben deutsch gesprochen

Groß schreibt man das Wort „Deutsch“, wenn das Adjektiv als Nomen verwendet wird:
- sein Deutsch war bescheiden
- das ist gutes Deutsch
- sie kann etwas Deutsch
- sie lernt Deutsch, er unterrichtet Deutsch, das Fach Deutsch
- beide haben eine Eins in Deutsch

Tipps:
Oft hilft die Frage „Was?“ weiter: Was versteht er am besten?
- am besten versteht er Deutsch

Steht vor dem Wort eine Präposition, wird großgeschrieben:
- er hört viele Lieder auf Deutsch

Als Bestandteil von Eigennamen, Titeln und Berufsbezeichnungen wird das Wort großgeschrieben:
- Deutsche Bahn AG
- Zweites Deutsches Fernsehen
- Deutsches Turnfest
- Verein Deutscher Ingenieure

Diese Regeln gelten auch für „englisch“ – „das Englische“, „französisch“ – „das Französische“, „spanisch“ – „das Spanische“, „türkisch“ – „das Türkische“ usw.

Dienstgrad, der; des Dienstgrad(e)s, die Dienstgrade; Dienst-grad; die **Dienstleistung**; **dienstlich**; die **Dienstreise**

dies [Pron.] = dieses; dies; dieser, diese; ist dies deine Tasche?

Diesel, der; des Diesels, *kein Plural*; Die-sel

dieselbe [Pron.]; → derselbe

dieser [Pron.]; die-ser; dieser Plan ist gut

diesig; diesiger, am diesigsten; die-sig; diesiges Herbstwetter

diesjährig; *keine Steigerung*; dies-jäh-rig; die diesjährige Ernte

diesmal [Adv.] = dieses Mal; dies-mal

diesseits [Präp.]; dies-seits; diesseits des Flusses; das **Diesseits**; das Diesseits und das Jenseits

Dietrich, der; des Dietrichs, die Dietriche; Diet-rich; einfache Schlösser lassen sich mit einem Dietrich öffnen

diffamieren; du diffamierst, er diffamierte, sie hat diffamiert; dif-fa-mie-ren; ihre diffamierende Behauptung hat ihn gekränkt

Differenz, die (Unterschied, Unstimmigkeit); der Differenz, die Differenzen; Dif-fe-renz; das **Differenzial** (*auch* Differential)

digital; *keine Steigerung*; di-gi-tal; die **Digitaluhr**

Diktat, das; des Diktat(e)s, die Diktate; Dik-tat

Diktator, der (Gewaltherrscher); des Diktators, die Diktatoren; Dik-ta-tor; die **Diktatur**; **diktieren**

Dilemma, das; des Dilemmas, die Dilemmas/Dilemmata; Di-lem-ma; einen Ausweg aus diesem Dilemma suchen

Dilettant, der (kein Fachmann, Stümper); des Dilettanten, die Dilettanten; Di-let-tant; **dilettantisch**

Dill, der; des Dills, *kein Plural*; Dill; Hering mit Dill garniert

Dienstag/dienstags

Groß- und Kleinschreibung:

Das Nomen „Dienstag" schreibt man groß:
- dies war ein stürmischer Dienstag
- die Dienstage sind alle belegt
- sie kam am Dienstag
- er will sich Dienstag, den 12. März, melden
- sie treffen sich am Dienstagabend

Das Adverb „dienstags" schreibt man klein:
- sie geht dienstags immer in die Musikschule
- er hat dienstags keine Zeit

Dimension, die; der Dimension, die Dimensionen; Di-men-si-on

dimmen; du dimmst das Licht, er dimmte, sie hat gedimmt; dim-men; der **Dimmer**

DIN = Deutsche Industrie Norm(en); das **DIN-A4-Blatt**

Ding, das; des Ding(e)s, die Dinge; Ding; **dingfest**; der Täter wurde dingfest gemacht (festgenommen)

Dingo, der (australischer Wildhund); des Dingos, die Dingos; Din-go

Dino, der = Dinosaurier; des Dinos, die Dinos; Di-no; der **Dinosaurier**; des Dinosauriers, die Dinosaurier; der **Dinosaurus**; des Dinosaurus, die Dinosaurier

Dioptrie, die (optische Maßeinheit); der Dioptrie, die Dioptrien; Di-op-trie

Dioxin, das (schweres Gift); des Dioxins, die Dioxine; Di-o-xin

Diphthong, der; des Diphthongs, die Diphthonge; Diph-thong

Diplom, das; des Diplom(e)s, die Diplome; Dip-lom/Di-plom; der **Diplomingenieur** (*auch* Diplom-Ingenieur)

dir [Pron.]; dir; wie geht es dir?

direkt; direkter, am direktesten; di-rekt; die **Direktion**; das **Direktmandat**; der **Direktor**

Dirigent, der; des Dirigenten, die Dirigenten; Di-ri-gent; **dirigieren**

Discjockey → Diskjockei; die **Disco** (*auch* Disko); → Diskothek

Discountgeschäft, das; des Discountgeschäft(e)s, die Discountgeschäfte; Dis-count-ge-schäft

Diskette, die; der Diskette, die Disketten; Dis-ket-te

Diskjockei, der (*auch* Discjockey); des Diskjockeis, die Diskjockeis; Disk-jo-ckei; die **Disko** (*auch* Disco); → Diskothek

Diskont, der (Vorzinsen); des Diskonts, die Diskonte; Dis-kont

Diskothek, die; der Diskothek, die Diskotheken; Dis-ko-thek

Diskrepanz, die (Widerspruch, Missverhältnis); der Diskrepanz, die Diskrepanzen; Dis-kre-panz

diskret (unauffällig); diskreter, am diskretesten; dis-kret; sie hielt sich diskret im Hintergrund; die **Diskretion**

diskriminieren (herabwürdigen, benachteiligen); du diskriminierst, er diskriminierte, sie hat diskriminiert; dis-kri-mi-nie-ren; **diskriminierend**; die **Diskriminierung**

Diskussion, die; der Diskussion, die Diskussionen; Dis-kus-si-on; **diskutabel**; **diskutieren**

Dispersion, die (feinste Verteilung schwebender Teilchen); der Dispersion, die Dispersionen; Dis-per-si-on; die **Dispersionsfarbe**

Display, das; des Displays, die Displays; Dis-play

disponieren (planen, kalkulieren); du disponierst, er disponierte, sie hat disponiert; dis-po-nie-ren; die **Disposition**

Disput, der (Streitgespräch); des Disput(e)s, die Dispute; Dis-put

Disqualifikation, die; der Disqualifikation, die Disqualifikationen; Dis-qua-li-fi-ka-ti-on; **disqualifizieren**

Dissonanz, die (Differenz, Unstimmigkeit); der Dissonanz, die Dissonanzen; Dis-so-nanz

Distanz, die; der Distanz, die Distanzen; Dis-tanz

Distel, die; der Distel, die Disteln; Dis-tel; der **Distelfink**

Disziplin, die; der Disziplin, die Disziplinen; Dis-zi-plin

divers (unterschiedlich, verschieden); *keine Steigerung*; di-vers; diverse Dinge mitnehmen

Dividend, der; des Dividenden, die Dividenden; Di-vi-dend; die **Dividende**; **dividieren**; die **Division**; der **Divisor**

DJ, der [didschäi] = Discjockei; des DJ/DJs, die DJs

DJH = Deutsche Jugendherberge

Dobermann, der (Hunderasse); des Dobermanns, die Dobermänner; Do-ber-mann

doch [Konj.]; doch; komm doch mit!

Docht, der; des Docht(e)s, die Dochte; Docht; der Kerzendocht

Dock, das; des Docks, die Docks; Dock; das Schiff liegt zur Reparatur im Dock

Dogge, die (Hunderasse); der Dogge, die Doggen; Dog-ge

Dogma, das (Glaubenssatz, Lehrsatz); des Dogmas, die Dogmen; Dog-ma; **dogmatisch**; der **Dogmatismus**

Dohle, die; der Dohle, die Dohlen; Doh-le

Doktor, der; des Doktors, die Doktoren; Dok-tor

Doktrin, die (Lehrmeinung, politischer Grundsatz); der Doktrin, die Doktrinen; Dok-trin

Dokument, das; des Dokument(e)s, die Dokumente; Do-ku-ment; der **Dokumentarfilm**; **dokumentarisch**; die **Dokumentation**; **dokumentieren**

Dolby-System, das (Verfahren zur Unterdrückung von Störgeräuschen in Musikaufnahmen); des Dolby-Systems, die Dolby-Systeme; Dol-by-Sys-tem

Dolch, der; des Dolch(e)s, die Dolche; Dolch

Dolde, die (ein bestimmter Blütenstand); der Dolde, die Dolden; Dol-de

Dollar, der = $; des Dollars, die Dollars; Dol-lar

dolmetschen (mündlich übersetzen); du dolmetschst, er dolmetschte, sie hat gedolmetscht; dol-met-schen; der **Dolmetscher**

Dom, der; des Dom(e)s, die Dome; Dom; der Kölner Dom

Domäne, die (Staatsgut, Spezialgebiet); der Domäne, die Domänen; Do-mä-ne

Dominante, die; der Dominante, die Dominanten; Do-mi-nan-te; **dominieren**; sie hat den Wettbewerb dominiert

Domino, das; des Dominos, die Dominos; Do-mi-no; der **Dominostein**

Dompfaff, der (Singvogel); des Dompfaffen/Dompfaffs, die Dompfaffen; Dom-pfaff

Dompteur, der; des Dompteurs, die Dompteure; Domp-teur; die **Dompteurin**

Döner, der; des Döners, die Döner; Döner; der **Dönerkebab**

Donner, der; des Donners, die Donner; Don-ner; **donnern**; es donnert

Donnerstag, der; Don-ners-tag; **donnerstags** → Kasten „Dienstag/dienstags"

doof; doofer, am doofsten; doof

dopen; du dopst, er dopte, sie hat gedopt; do-pen; das **Doping**; die **Dopingkontrolle**

Doppel, das; des Doppels, die Doppel; Dop-pel; **doppeldeutig**; der **Doppelgänger**; der **Doppelpunkt**; **doppelt**

Dorf, das; des Dorf(e)s, die Dörfer; Dorf; **dörflich**

Dorn, der; des Dorn(e)s, die Dornen; Dorn; die **Dornenkrone**; **dornig**; **Dornröschen**

dörren; du dörrst, er dörrte, sie hat gedörrt; dör-ren; das **Dörrobst**

Dorsch, der (Speisefisch); des Dorsch(e)s, die Dorsche; Dorsch

dort [Adv.]; dort; dort drüben; **dortbleiben**; **dorther**; **dorthin**

Dose, die; der Dose, die Dosen; Do-se

dösen; du döst, er döste, sie hat gedöst; dö-sen

dosieren; du dosierst, er dosierte, sie hat die Mengen dosiert; do-sie-ren; die **Dosis**; die Dosen

Dotter, der/das (Eigelb); des Dotters, die Dotter; Dot-ter

Double, das [dubel] (Doppelgänger); des Doubles, die Doubles; Dou-ble/Doub-le

Download, der (Herunterladen von Daten); des Downloads, die Downloads; Down-load; **downloaden**

Dozent, der; des Dozenten, die Dozenten; Do-zent; die **Dozentin**

dpa, die = Deutsche Presse-Agentur

Drache, der (Fabeltier); des Drachen, die Drachen; Dra-che; der Kampf mit dem Drachen

Drachen, der; des Drachens, die Drachen; Dra-chen; einen Drachen steigen lassen; das **Drachenfliegen**

Dracula; Dra-cu-la; Graf Dracula

Dragee, das (*auch* Dragée) [drasche]; des Dragees, die Dragees; Dra-gee

Draht, der; des Draht(e)s, die Drähte; Draht; **drahtig**; **drahtlos**

Drama, das; des Dramas, die Dramen; Dra-ma; der **Dramatiker**; **dramatisch**

dran [Adv.] = daran; drạn; wir sind jetzt dran; **dranbleiben**

Drang, der; des Drang(e)s, *Plural selten*: die Dränge; Drạng

drangehen = darangehen; du gehst dran, er ging dran, sie ist drangegangen; drạn-ge-hen

drängeln; du drängelst, er drängelte, sie hat gedrängelt; drạ̈n-geln; **drängen**

drankommen; du kommst dran, er kam dran, sie ist drangekommen; drạn-kom-men

drastisch; drastischer, am drastischsten; drạs-tisch; eine drastische Preiserhöhung

drauf [Adv.] = darauf; drauf; **draufgehen**; **drauflosreden**

draus [Adv.] = daraus; draus

draußen [Adv.]; drau-ßen; draußen spielen

Dreamteam, das (*auch* Dream-Team); des Dreamteams, die Dreamteams; Dream-team

drechseln; du drechselst, er drechselte, sie hat gedrechselt; drẹch-seln; der **Drechsler**

Dreck, der; des Dreck(e)s, *kein Plural*; Drẹck; **dreckig**

Drehbank, die; der Drehbank, die Drehbänke; Dreh-bank; **drehen**; der **Dreher**; das **Drehmoment**; die **Drehung**; die **Drehzahl**

drei; drei; ein drei viertel volles Glas; die **Drei** → Kasten „acht/Acht“

Dreieck, das; des Dreieck(e)s, die Dreiecke; Drei-eck; **dreieckig**

dreifach; *keine Steigerung*; drei-fach; eine dreifache Drehung; **dreijährig**; **dreimal**; das **Dreimeterbrett**

Dreisatz, der; des Dreisatzes, die Dreisätze; Drei-satz

dreißig; *keine Steigerung*; drei-ßig; **dreißigjährig** → Kasten „acht/Acht“

dreist; dreister, am dreistesten; dreist; ein dreister Betrüger

dreistellig; *keine Steigerung*; drei-stel-lig; eine dreistellige Zahl

Dreistigkeit, die; der Dreistigkeit, die Dreistigkeiten; Dreis-tig-keit; eine unglaubliche Dreistigkeit ist das!

Dreivierteltakt, der; des Dreivierteltakt(e)s, die Dreivierteltakte; Drei-vier-tel-takt; ein Walzer im Dreivierteltakt

dreizehn; drei-zehn; die **Dreizehn**; → Kasten „acht/Acht“

Dresche, die (Prügel); der Dresche, die Dreschen; Drẹ-sche; **dreschen**; du drischst, er drosch, sie hat gedroschen; die **Dreschmaschine**

Dress, der; des Dress(es), die Dresse; Drẹss; das Sportdress

dressieren; du dressierst, er dressierte, sie hat Löwen dressiert; dres-sie-ren; die **Dressur**; das **Dressurreiten**

dribbeln; du dribbelst, er dribbelte, die Fußballerin hat den Ball bis vor das Tor gedribbelt; drịb-beln

Drill, der; des Drill(e)s, *Plural selten*: die Drille; Drịll; militärischer Drill; **drillen**

drin = darin; drịn; was ist da drin?

dringen; du dringst, er drang, sie ist gedrungen; drịn-gen; **dringend**

Drink, der; des Drinks, die Drinks; Drịnk

drinnen [Adv.]; drịn-nen; drinnen ist es schön warm

dritte (dritter, drittes); drịt-te; das dritte Kind der Familie; der/die **Dritte**; du bist der Dritte; das **Drittel**; **drittens**; der **Dritte-Welt-Laden**; **drittletzte**

droben [Adv.] = dort oben; dro-ben; droben in den Bergen

Droge, die; der Droge, die Drogen; Dro-ge; **drogenabhängig**; **drogensüchtig**; die **Drogerie**

drohen; du drohst, er drohte, sie hat gedroht; dro-hen

Drohne, die (männliche Biene); der Drohne, die Drohnen; Droh-ne

dröhnen; du dröhnst, er dröhnte, sie hat gedröhnt; dröh-nen

Drohung, die; der Drohung, die Drohungen; Dro-hung

drollig; drolliger, am drolligsten; drol-lig; ein drolliges Kätzchen

Dromedar, das (einhöckriges Kamel); des Dromedar(e)s, die Dromedare; Dro-me-dar

Drops, der/das; des Dropses, die Dropse; Drops

Drossel, die; der Drossel, die Drosseln; Dros-sel

drosseln; du drosselst, er drosselte, sie hat den Motor gedrosselt; dros-seln

drüben [Adv.]; drü-ben; drüben auf der anderen Seite; **drüber** = darüber; drü-ber

Druck, der; des Druck(e)s, die Drucke; Druck; **drucken**; **drücken**; der **Drucker**; die **Druckerei**

drucksen; du druckst herum, er druckste, sie hat gedruckst; druck-sen

drum [Adv.] = darum; drum

drunten [Adv.] = da unten; drun-ten; drunten im Tal; **drunter** = darunter; **drunterstellen**

Drüse, die; der Drüse, die Drüsen; Drü-se

Dschungel, der; des Dschungels, die Dschungel; Dschun-gel

du [Pron.]; du; du hast dich verbessert; → Kasten „Sie (Anrede)"

Dualsystem, das; des Dualsystem(e)s, die Dualsysteme; Du-al-sys-tem

Dübel, der; des Dübels, die Dübel; Dü-bel; **dübeln**

ducken, sich ducken; du duckst dich, er duckte sich, sie hat sich geduckt; du-cken; der **Duckmäuser**; der Duckmäuser sagt seine eigene Meinung nicht

Dudelsack, der; des Dudelsack(e)s, die Dudelsäcke; Du-del-sack

Duell, das; des Duells, die Duelle; Du-ell

Duett, das (Musikstück für zwei Stimmen); des Duett(e)s, die Duette; Du-ett

Duft, der; des Duft(e)s, die Düfte; Duft; **dufte** (*umgangssprachlich für* schön, gut); **duften**; **duftig**

dulden; du duldest, er duldete, sie hat meine Anwesenheit geduldet; dul-den; **duldsam**; die **Duldung**; → Geduld

dumm; dümmer, am dümmsten; dumm; die **Dummheit**; der **Dummkopf**

dumpf; dumpfer, am dumpfsten; dumpf; ein dumpfes Geräusch

Dumpingpreis, der [damping] (Preis deutlich unter Wert); des Dumpingpreises, die Dumpingpreise; Dum-ping-preis

Düne, die; der Düne, die Dünen; Dü-ne

Dung, der; des Dung(e)s, *kein Plural*; Dung; **düngen**; der **Dünger**

dunkel; dunkler, am dunkelsten; dun-kel; **dunkelblau**; **dunkelfärben** (*auch* dunkel färben); ein dunkelgefärbtes/dunkel gefärbtes Hemd; **dunkelhaarig**; die **Dunkelheit**; die **Dunkelziffer**

dünn; dünner, am dünnsten; dünn; der **Dünndarm**; **dünnflüssig**

Dunst, der; des Dunst(e)s, die Dünste; Dunst; **dünsten**; die **Dunstglocke**; **dunstig**

Duo, das; des Duos, die Duos; Duo

Duplikat, das (Zweitschrift, Kopie); des Duplikat(e)s, die Duplikate; Du-pli-kat

Dur, das; des Dur, *kein Plural*; Dur; ein Musikstück in A-Dur; → Moll

durch [Präp.]; durch; durch einen Blitzschlag (Akk.)

durcharbeiten; du arbeitest durch, er arbeitete durch, sie hat die Aufgaben durchgearbeitet; dụrch-ar-bei-ten

durchaus [Adv.]; dụrch-aus/durch-aus; das ist durchaus richtig

durchblättern; du blätterst durch, er blätterte durch, sie hat durchgeblättert/durchblättert; dụrch-blät-tern

Durchblick, der; des Durchblick(e)s, die Durchblicke; Dụrch-blick; **durchblicken**

Durchblutung, die; der Durchblutung, die Durchblutungen; Durch-blụ-tung

durchbrechen[1]; du brichst durch, er brach durch, sie hat das Brot durchgebrochen, die Stange ist durchgebrochen; dụrch-bre-chen; **durchbrechen**[2]; du durchbrichst, er durchbrach, sie hat die Absperrung durchbrochen; durch-brẹ-chen; der **Durchbruch**; die Durchbrüche

durcheinander [Adv.]; durch-ei-nạn-der/durch-ein-ạn-der; durcheinander sein; das **Durcheinander**; **durcheinanderbringen**; **durcheinanderlaufen**; **durcheinanderreden**

Durchfahrt, die; der Durchfahrt, die Durchfahrten; Dụrch-fahrt

Durchfall, der; des Durchfall(e)s, die Durchfälle; Dụrch-fall

Durchführung, die; der Durchführung, die Durchführungen; Dụrch-füh-rung

Durchgang, der; des Durchgang(e)s, die Durchgänge; Dụrch-gang; die **Durchgangsstraße**; der **Durchgangsverkehr**

durchgehend [Adv.]; dụrch-ge-hend; durchgehend geöffnet

durchgreifen; du greifst durch, er griff durch, sie hat durchgegriffen; dụrch-grei-fen

durchhalten; du hältst durch, er hielt durch, sie hat durchgehalten; dụrch-hal-ten

durchlassen; du lässt durch, er ließ durch, sie hat durchgelassen; dụrch-las-sen; **durchlässig**

Durchlauferhitzer, der; des Durchlauferhitzers, die Durchlauferhitzer; Dụrch-lauf-er-hit-zer

durchleuchten; du durchleuchtest, er durchleuchtete, sie hat durchleuchtet; durch-leuch-ten

Durchmesser, der; des Durchmessers, die Durchmesser; Dụrch-mes-ser

durchnummerieren; du nummerierst durch, er nummerierte durch, sie hat die Seiten durchnummeriert; dụrch-num-me-rie-ren

Durchsage, die; der Durchsage, die Durchsagen; Dụrch-sa-ge

Durchschlagskraft, die; der Durchschlagskraft, die Durchschlagskräfte; Dụrch-schlags-kraft; der **Durchschnitt**; die **Durchschrift**

durchsetzen; du setzt durch, er setzte seine Meinung durch, die Beste hat sich durchgesetzt; dụrch-set-zen

durchsichtig; durchsichtiger, am durchsichtigsten; dụrch-sich-tig

durchsuchen[1]; du suchst durch, er suchte durch, sie hat alle Fotoalben durchgesucht; dụrch-su-chen

durchsuchen[2]; du durchsuchst, er durchsuchte, die Polizei hat die Wohnung durchsucht; durch-sụ-chen; die **Durchsuchung**; der **Durchsuchungsbefehl**

Durchwahl, die; der Durchwahl, die Durchwahlen; Dụrch-wahl; **durchwählen**

durchweg [Adv.]; dụrch-weg; eine durchweg freundliche Frau

Durchzug, der; des Durchzug(e)s, *kein Plural*; Dụrch-zug

dürfen; du darfst, er durfte, sie hat gedurft; dụ̈r-fen

dürftig; dürftiger, am dürftigsten; dụ̈rf-tig

dürr; dürrer, am dürrsten; dụ̈rr; die **Dürre**

Durst, der; des Durst(e)s, *Plural selten*: die Dürste; Dụrst; **dürsten**; ihn dürstete, es hat sie gedürstet; **durstig**

Dusche, die; der Dusche, die Duschen; Dụ-sche; **duschen**

Düse, die; der Düse, die Düsen; Dü̲-se; das **Düsenflugzeug**

düster (*auch* duster); düsterer/dusterer, am düstersten/am dustersten; dü̲s-ter/dụs-ter; das wirkt ziemlich düster/duster

Duty-free-Shop, der [djutifri̲schop] (Laden für zollfreien Einkauf); des Duty-free-Shops, die Duty-free-Shops; Du-ty-free-Shop

Dutzend, das (zwölf Stück); des Dutzends, die Dutzende; Dụt-zend; **dutzendfach**; **dutzendmal**; **dutzendweise**

duzen; du duzt, er duzte, sie hat geduzt; dụ-zen; hier duzen sich alle

Dynamik, die (Kräftelehre, auch: Schwung, Elan); der Dynamik, die Dynamiken; Dy-nạ-mik; **dynamisch**

Dynamit, das (Sprengstoff); des Dynamits, *kein Plural*; Dy-na-mi̲t

Dynamo, der (Stromerzeuger meist am Fahrrad); des Dynamos, die Dynamos; Dy-nạ-mo

E

easy (*umgangssprachlich für* leicht); *keine Steigerung*; e̲a̲-sy; das geht doch easy

Ebbe, die (eine der Gezeiten); der Ebbe, die Ebben; Ẹb-be; → Flut

eben; ebener, am ebensten; e̲ben; auf ebener Strecke

Ebenbild, das; des Ebenbildes, die Ebenbilder; E̲ben-bild; **ebenbürtig**; **ebenda**; ebenda in der Korngasse wohnt er; die

das Düsenflugzeug

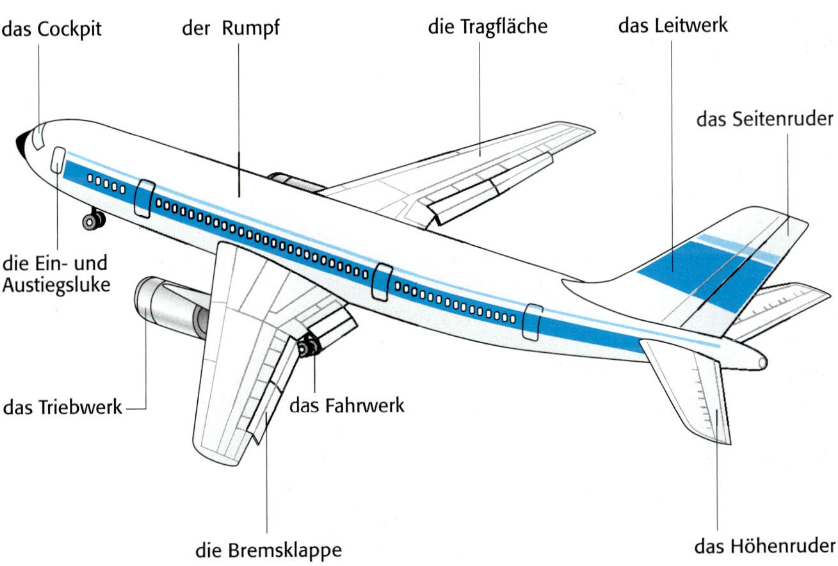

Ebene; **ebenfalls**; er kam ebenfalls verspätet

Ebenmaß, das (Gleichmaß, Regelmäßigkeit); des Ebenmaßes, die Ebenmaße; Eben-maß; **ebenmäßig**

ebenso [Adv.]; eben-so; er macht es ebenso gut wie sein Bruder

Eber, der (männliches Schwein); des Ebers, die Eber; Eber

Eberesche, die (Laubbaum); der Eberesche, die Ebereschen; Eber-esche

ebnen; du ebnest, er ebnete, sie hat ihm den Weg geebnet; eb-nen

Echo, das; des Echos, die Echos; Ẹcho; das **Echolot**

Echse, die [ẹkße]; der Echse, die Echsen; Ẹch-se

echt; *keine Steigerung*; ẹcht; eine echte Überraschung; sie ist echt gut drauf

Eckball, der; des Eckball(e)s, die Eckbälle; Ẹck-ball; die **Ecke**; **eckig**; der **Eckzahn**

E-Commerce, der [ikomörß] (Verkauf über das Internet); des E-Commerce, *kein Plural*; E-Com-merce

Ecstasy, das [ẹkßtesi] (Droge); des Ecstasy(s), *Plural selten*: die Ecstasys; Ecs-ta-sy/Ec-sta-sy

edel; edler, am edelsten; edel; das **Edelgas**; das **Edelmetall**; der **Edelstein**

EDV die, = elektronische Datenverarbeitung; das **EDV-Programm**

Efeu, der; des Efeus, die Efeus; Efeu

Effekt, der; des Effekt(e)s, die Effekte; Effẹkt; **effektiv**; die **Effektivität**

egal; *keine Steigerung*; egal

Egoismus, der; des Egoismus, die Egoismen; Ego-ịs-mus; der **Egoist**; des Egoisten, die Egoisten; **egoistisch**

ehe [Konj.]; ehe; es verging eine Stunde, ehe er kam

Ehe, die; der Ehe, die Ehen; Ehe; der **Ehebruch**; die **Ehefrau**; **Eheleute**; **ehelich**

das Ei

(Hühnerei)

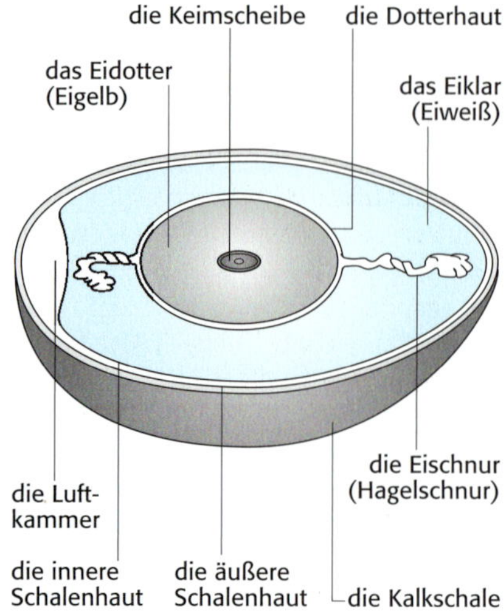

ehemalig; *keine Steigerung*; ehe-ma-lig; **ehemals**

Ehemann, der; des Ehemann(e)s, die Ehemänner; Ehe-mann; Ehemänner und Ehefrauen; das **Ehepaar**

eher [Adv.]; eher; je eher du das einsiehst, umso besser

ehern (unumstößlich); *keine Steigerung*; ehern; eine eherner Grundsatz

ehrbar; ehrbarer, am ehrbarsten; ehr-bar; die **Ehre**; **ehren**; das **Ehrenamt**; **ehrenvoll**; das **Ehrenwort**

Ehrfurcht, die; der Ehrfurcht, *kein Plural*; Ehr-furcht; der **Ehrgeiz**; **ehrgeizig**; die **Ehrung**

Ei, das; des Ei(e)s, die Eier; Ei

Eibe, die (immergrüner Nadelbaum); der Eibe, die Eiben; Ei-be

Eiche, die; der Eiche, die Eichen; Ei-che; die **Eichel**; die Eicheln; der **Eichelhäher** (Vogel)

eichen; du eichst, er eichte, sie hat die Waage geeicht; ei-chen

Eichhörnchen, das; des Eichhörnchens, die Eichhörnchen; Eich-hörn-chen

Eid, der; des Eides, die Eide; Eid; einen Eid schwören

Eidechse, die; der Eidechse, die Eidechsen; Ei-dech-se

eidesstattlich; *keine Steigerung*; ei-des-statt-lich; eine eidesstattliche Erklärung

Eidotter, der/das (Eigelb); des Eidotters, die Eidotter; Ei-dot-ter

Eierstock, der; des Eierstock(e)s, die Eierstöcke; Ei-er-stock

Eifer, der; des Eifers, *kein Plural*; Ei-fer; **eifersüchtig**; **eifrig**

Eigelb, das; des Eigelbs, *Plural selten*: die Eigelbe; Ei-gelb; → Eidotter

eigen; *keine Steigerung*; ei-gen; das eigene Zimmer; er hat sich meine Meinung zu eigen gemacht; bei seiner Kleidung ist er eigen

Eigenart, die; der Eigenart, die Eigenarten; Ei-gen-art; **eigenartig**; der **Eigenbrötler** (ein Mensch, der sich absondert)

Eigenname, der; des Eigennamens, die Eigennamen; Ei-gen-na-me; → Kasten „Eigennamen"

eigens [Adv.]; ei-gens; das Geschenk ist eigens für dich bestimmt

Eigenschaft, die; der Eigenschaft, die Eigenschaften; Ei-gen-schaft; **eigentlich**; das **Eigentor**

Eigentum, das; des Eigentums, *Plural selten*: die Eigentume; Ei-gen-tum; der **Eigentümer**; **eigentümlich**; **eigenwillig**

Eigennamen

Eigennamen bezeichnen bestimmte einzelne Personen, Orte und Länder. Sie werden großgeschrieben:
- Marco, Kleinert, Berlin, Deutschland

Bezeichnungen für bestimmte Einrichtungen wie etwa Vereine, Organisationen oder Medien zählen auch zu den Eigennamen. Sie werden ebenfalls großgeschrieben:
- Borussia Dortmund, Deutsches Rotes Kreuz, Deutschlandfunk

Oft bestehen Eigennamen aus mehr als einem Wort und nicht nur aus Nomen. Dann werden außer Artikel, Präposition und Konjunktion alle Wörter großgeschrieben.
Das betrifft …

Titel und Namen wichtiger Persönlichkeiten:
- Erster Vorsitzender, Technischer Direktor, Holbein der Jüngere

Orden und Auszeichnungen:
- Blaues Band, Großer Literaturpreis

Besondere Kalendertage:
- Erster Mai, Heiliger Abend (für den 24. Dezember), Weißer Sonntag (als besonderer kirchlicher Feiertag)

Staatliche und öffentliche Einrichtungen:
- Deutscher Bundestag, Zum Grünen Baum (als Gasthaus), Zweites Deutsches Fernsehen

Geografische Namen:
- Schwarzes Meer, Vereinigte Staaten von Amerika

Feste fachsprachlich geprägte Benennungen verschiedener Bereiche:
- Gelbe Karte, Erste Hilfe

eignen, sich eignen; du eignest dich als Sänger, er eignete sich, sie hat sich geeignet; eig-nen; die **Eignung**

Eile, die; der Eile, *kein Plural*; Ei-le; **eilen**; **eilends**; er bricht eilends auf; **eilig**

Eimer, der; des Eimers, die Eimer; Ei-mer; **eimerweise**

ein (eine, einer); ein; ein Haus; → Kasten „ein"

einander [Pron.]; ei-nan-der/ein-an-der; sie vertrauten einander

einäschern (niederbrennen); du äscherst ein, er äscherte ein, sie hat Stall und Scheune eingeäschert; ein-äschern; nach seinem Tod ist er eingeäschert worden

Einbahnstraße, die; der Einbahnstraße, die Einbahnstraßen; Ein-bahn-stra-ße

Einband, der; des Einband(e)s, die Einbände; Ein-band; **einbändig**; ein einbändiges Lexikon

Einbaum, der (Boot); des Einbaum(e)s, die Einbäume; Ein-baum

einberufen; du berufst ein, er berief ein, sie hat die Sitzung einberufen; ein-be-ru-fen; die **Einberufung**

einbeziehen; du beziehst ein, er bezog ein, sie hat die Fragen in ihre Antwort einbezogen; ein-be-zie-hen

einbiegen; du biegst ein, er bog ein, sie ist eingebogen; ein-bie-gen

einbilden, sich einbilden; du bildest dir ein, er bildete sich ein, sie hat sich auf ihr Geschick viel eingebildet; ein-bil-den; die **Einbildung**

einblenden; du blendest ein, er blendete ein, sie hat eingeblendet; ein-blen-den

einbrechen; du brichst ein, er brach in ein Ferienhaus ein, sie ist in das Eis eingebrochen; ein-bre-chen; der **Einbrecher**; der **Einbruch**; die Einbrüche; **einbruchsicher** (*auch* einbruchssicher)

ein

Das Wort „ein" mit seinen Formen hat in Äußerungen und Redewendungen verschiedene Aufgaben:

„ein" als unbestimmter Artikel:
- ein Ball
- eine gute Frage
- ein sehr neugieriges Kind

„ein" als Pronomen:
- eines muss ich noch erledigen: die Schlüssel abgeben
- das Bild wanderte von einem zum anderen
- die einen fieberten mit dem FC, die anderen mit dem SV Werder

„ein" als Zahlwort:
- einer von uns
- ein bis zwei Tage
- die Hälfte einer Tafel Schokolade
- eines unserer Mitglieder
- in einem halben Jahr
- die Steckdose befindet sich in einem Meter Höhe
- ein und dieselbe Note
- zum einen verlor der Radfahrer die Ruhe, zum anderen versagte die Bremse

„ein" in Redewendungen (als Adverb):
- sie log in einem fort
- hier gehen täglich viele Besucher ein und aus

eindeutig; eindeutiger, am eindeutigsten; ein-deu-tig

eindringen; du dringst ein, er drang ein, sie ist eingedrungen; ein-drin-gen; **eindringlich**

Eindruck, der; des Eindruck(e)s, die Eindrücke; Ein-druck; **eindrucksvoll**

eineinhalb (*auch* einundeinhalb); *keine Steigerung*; ein-ein-halb; es sind noch eineinhalb Kilometer bis zum Ziel

einerlei; *keine Steigerung*; ei-ner-lei; das ist mir einerlei; **einerseits**; **einesteils**

einfach; einfacher, am einfachsten; ein-fach; die **Einfachheit**; **einfachheitshalber**

einfädeln; du fädelst ein, er fädelte ein, sie hat den Plan eingefädelt; ein-fä-deln

Einfahrt, die; der Einfahrt, die Einfahrten; Ein-fahrt

Einfall, der; des Einfall(e)s, die Einfälle; Ein-fall; **einfallen**; **einfallsreich**; der **Einfallswinkel**

Einfalt, die; der Einfalt, *kein Plural*; Ein-falt; **einfältig**

Einfamilienhaus, das; des Einfamilienhauses, die Einfamilienhäuser; Ein-fa-mi-li-en-haus

einfangen; du fängst ein, er fing ein, sie hat eingefangen; ein-fan-gen

einflößen; du flößt ein, er flößte ein, sie hat ihm Hustensaft eingeflößt; ein-flö-ßen

Einflugschneise, die; der Einflugschneise, die Einflugschneisen; Ein-flug-schnei-se

Einfluss, der; des Einflusses, die Einflüsse; Ein-fluss; **einflussreich**

einfrieren; du frierst ein, er fror ein, sie hat Gemüse eingefroren; die Leitung ist eingefroren; ein-frie-ren

Einfuhr, die; der Einfuhr, die Einfuhren; Ein-fuhr; **einführen**; die **Einführung**

Eingabe, die; der Eingabe, die Eingaben; Ein-ga-be

Eingang, der; des Eingang(e)s, die Eingänge; Ein-gang; **eingangs**; eingangs erwähnte der Redner, dass er diesen Vortrag zum ersten Mal halte

eingeben; du gibst ein, er gab ein, sie hat eingegeben; ein-ge-ben

eingebildet; eingebildeter, am eingebildetsten; ein-ge-bil-det; eine eingebildete Frau

Eingeborene, der (Ureinwohner eines Landes); des Eingeborenen, die Eingeborenen; Ein-ge-bo-re-ne

Eingebung, die; der Eingebung, die Eingebungen; Ein-ge-bung

eingehend (genau); eingehender, am eingehendsten; ein-ge-hend; die eingehende Prüfung

Eingeständnis, das; des Eingeständnisses, die Eingeständnisse; Ein-ge-ständ-nis; **eingestehen**

Eingeweide, das (Innereien); des Eingeweides, die Eingeweide; Ein-ge-wei-de; das Eingeweide eines Tieres

eingreifen; du greifst ein, er griff ein, sie hat in den Streit eingegriffen; ein-grei-fen; der **Eingriff**

einhalten; du hältst ein, er hielt ein, sie hat den Vertrag eingehalten; ein-hal-ten; die **Einhaltung**

einheimisch; *keine Steigerung*; ein-hei-misch; der **Einheimische**

Einheit, die; der Einheit, die Einheiten; Ein-heit; **einheitlich**

einhellig (übereinstimmend); *keine Steigerung*; ein-hel-lig; eine einhellige Meinung

Einhorn, das; des Einhorn(e)s, die Einhörner; Ein-horn

einig; *keine Steigerung*; ei-nig; wir sind uns darin einig

einige [Pron.]; ei-ni-ge; einige Pflanzen fehlen noch

A B C D E F G H I

einigen; du einigst dich, er einigte das Land, sie hat sich mit ihrem Bruder geeinigt; ei-ni-gen; **einigermaßen**; einigermaßen hat er ja aufgepasst; die **Einigkeit**; die **Einigung**

einjährig; *keine Steigerung*; ein-jäh-rig; ein einjähriges Kind

Einkauf, der; des Einkauf(e)s, die Einkäufe; Ein-kauf; **einkaufen**; der **Einkaufsbummel**

einkehren; du kehrst ein, er kehrte ein, sie ist in einem Gasthaus eingekehrt; ein-keh-ren

Einkommen, das; des Einkommens, die Einkommen; Ein-kom-men; **einkommensschwach**; der einkommensschwächere Teil der Bevölkerung; die **Einkommensteuer** (*auch* Einkommenssteuer)

einkreisen; du kreist ein, er kreiste ein, sie hat die Buchstaben rot eingekreist, sie haben uns eingekreist; ein-krei-sen

Einkünfte, die; der Einkünfte, *nur Plural*; Ein-künf-te

einladen; du lädst ein, er lud ein, sie hat eingeladen; ein-la-den; die **Einladung**

Einlage, die; der Einlage, die Einlagen; Ein-la-ge

Einlass, der; des Einlasses, die Einlässe; Ein-lass; **einlassen**; er ließ den Hund ein; sie hat sich auf die Abmachung eingelassen

Einlauf, der; des Einlauf(e)s, die Einläufe; Ein-lauf; **einlaufen**

einleiten; du leitest ein, er leitete Wasser ein, sie hat das Gespräch mit einer Frage eingeleitet; ein-lei-ten

einlenken; du lenkst ein, er lenkte ein, sie hat im Streit eingelenkt; ein-len-ken

einleuchten (verstehen); dir leuchtet ein, ihm leuchtete ein, ihr hat eingeleuchtet; ein-leuch-ten

einloggen, sich einloggen (sich in einem Computernetzwerk/bei einem Internetanbieter anmelden); du loggst dich ein, er loggte sich ein, sie hat sich eingeloggt; ein-log-gen

einmal [Adv.]; ein-mal; er kam nur einmal pünktlich; das **Einmaleins**; **einmalig**

einmütig; einmütiger, am einmütigsten; ein-mü-tig

Einnahme, die; der Einnahme, die Einnahmen; Ein-nah-me; die **Einnahmequelle**; **einnehmen**

Einöde, die (verlassene Gegend); der Einöde, die Einöden; Ein-öde

einprägen, sich einprägen; du prägst dir ein, er prägte sich ein, sie hat sich die Zahlen eingeprägt; ein-prä-gen; **einprägsam**

einrahmen; du rahmst ein, er rahmte ein, sie hat eingerahmt; ein-rah-men

Einreise, die; der Einreise, die Einreisen; Ein-rei-se; die **Einreiseerlaubnis**; **einreisen**

einreißen; du reißt ein, er riss ein, sie hat das Papier eingerissen; ein-rei-ßen

einrichten; du richtest ein, er richtete ein, sie hat eingerichet; ein-rich-ten; die **Einrichtung**

eins; eins; die **Eins**; sie hat in Deutsch eine Eins geschrieben; → Kasten „acht/Acht"

einsam; einsamer, am einsamsten; ein-sam; die **Einsamkeit**

Einsatz, der; des Einsatzes, die Einsätze; Ein-satz; **einsatzbereit**

einschalten; du schaltest ein, er schaltete ein, sie hat eingeschaltet; ein-schal-ten; die **Einschaltquote**

einschenken; du schenkst ein, er schenkte ein, sie hat eingeschenkt; ein-schen-ken

einschlafen; du schläfst ein, er schlief ein, sie ist eingeschlafen; ein-schla-fen

Einschlag, der; des Einschlag(e)s, die Einschläge; Ein-schlag; **einschlagen**; du schlägst ein, er schlug ein, sie hat eingeschlagen

einschließlich [Präp.]; ein-schließ-lich; einschließlich aller Unkosten (Gen.)

einschränken; du schränkst dich ein, er schränkte seine Ausgaben ein, sie hat sich eingeschränkt; ein-schrän-ken; die **Einschränkung**

Einschreiben, das; des Einschreibens, die Einschreiben; Ein-schrei-ben; sie schickte den Brief als Einschreiben; **einschreiben**, sich einschreiben; er schreibt sich in die Liste ein

einschüchtern; du schüchterst ein, er schüchterte ein, sie hat ihn eingeschüchtert; ein-schüch-tern; er hat sich einschüchtern lassen; die **Einschüchterung**

einschweißen; du schweißt ein, er schweißte ein, sie hat eingeschweißt; ein-schwei-ßen

einsehen; du siehst ein, er sah ein, sie hat eingesehen; ein-se-hen

einseitig; einseitiger, am einseitigsten; ein-sei-tig; das Spiel war eine einseitige Angelegenheit

einsenden; du sendest ein, er sandte/sendete ein, sie hat eingesandt/eingesendet; ein-sen-den; die **Einsendung**

einsetzen; du setzt neue Lampen ein, er setzte ein, sie hat sich für ihre Freundin eingesetzt; ein-set-zen

Einsicht, die; der Einsicht, die Einsichten; Ein-sicht; **einsichtig**

einsperren; du sperrst ein, er sperrte ein, sie hat den Hund eingesperrt; ein-sperren

Einspruch, der; des Einspruch(e)s, die Einsprüche; Ein-spruch; Einspruch erheben

einspurig; *keine Steigerung*; ein-spu-rig; eine einspurige Straße

einst [Adv.] (vor langer Zeit); einst; einst stand hier eine Burg

Einstand, der; des Einstand(e)s, die Einstände; Ein-stand

einsteigen; du steigst ein, er stieg ein, sie ist eingestiegen; ein-stei-gen

einstellen; du stellst ein, er stellte ein, sie hat eingestellt; ein-stel-len; **einstellig**; einstellige Zahlen

Einstieg, der; des Einstieg(e)s, die Einstiege; Ein-stieg; die **Einstiegsdroge**

einstimmig; *keine Steigerung*; ein-stimmig

einstmals [Adv.]; einst-mals; → einst

Einsturz, der; des Einsturzes, die Einstürze; Ein-sturz; **einstürzen**; die **Einsturzgefahr**

einstweilen [Adv.] (zunächst einmal); einst-wei-len; einstweilen übernimmt er die Leitung

eintausend; ein-tau-send; → Kasten „acht/Acht“

eintönig; eintöniger, am eintönigsten; ein-tö-nig; eine eintönige Landschaft; die **Eintönigkeit**

Eintopf, der; des Eintopf(e)s, die Eintöpfe; Ein-topf; das **Eintopfgericht**

Eintracht, die; der Eintracht, *kein Plural*; Ein-tracht; **einträchtig**

Eintrag, der; des Eintrag(e)s, die Einträge; Ein-trag; **eintragen**; **einträglich**

eintreten; du trittst ein, er trat ein, sie ist eingetreten; ein-tre-ten; der **Eintritt**; das **Eintrittsgeld**

einverstanden; *keine Steigerung*; einver-stan-den; ich bin einverstanden; das **Einverständnis**

Einwand, der; des Einwand(e)s, die Einwände; Ein-wand; sie hatte keine Einwände

Einwanderer, der; des Einwanderers, die Einwanderer; Ein-wan-de-rer; **einwandern**

einwandfrei; *keine Steigerung*; ein-wand-frei; das Gerät ist in einwandfreiem Zustand

Einwegflasche, die; der Einwegflasche, die Einwegflaschen; Ein-weg-fla-sche; die **Einwegverpackung**

einwenden; du wendest ein, er wandte/wendete ein, sie hat eingewandt/eingewendet; ein-wen-den

Einwohner, der; des Einwohners, die Einwohner; Ein-woh-ner; das **Einwohnermeldeamt**; die **Einwohnerzahl**

Einwurf, der; des Einwurf(e)s, die Einwürfe; Ein-wurf

Einzahl, die; der Einzahl, *kein Plural*; Ein-zahl; Einzahl und Mehrzahl heißen auch Singular und Plural

einzahlen; du zahlst ein, er zahlte ein, sie hat eingezahlt; ein-zah-len; die **Einzahlung**

einzeilig; *keine Steigerung*; ein-zei-lig; in einzeiligem Abstand schreiben

Einzel, das; des Einzels, die Einzel; Ein-zel; er siegte im Einzel und verlor im Doppel; der **Einzelhandel**; die **Einzelheit**

Einzeller, der; des Einzellers, die Einzeller; Ein-zel-ler; **einzellig**

einzeln; *keine Steigerung*; ein-zeln; das **Einzelzimmer**

einziehen; du ziehst ein, er zog ein, sie ist bei uns eingezogen/ er hat den Führerschein eingezogen; ein-zie-hen

einzig; *keine Steigerung*; ein-zig; **einzigartig**

Eis, das; des Eises, *kein Plural*; Eis; die **Eisbahn**; der **Eisbär**; das **Eisbein**; der **Eisberg**

Eisen, das; des Eisens, die Eisen; Ei-sen; die **Eisenbahn**; die **Eisenzeit**; **eisern**

Eishockey, das; des Eishockeys, *kein Plural*; Eis-ho-ckey; **eisig**; **eiskalt**; der **Eiskunstlauf**

eislaufen; du läufst eis, er lief eis, sie ist eisgelaufen; eis-lau-fen

Eisprung, der; des Eisprung(e)s, *Plural selten*: die Eisprünge; Ei-sprung

Eisschnelllauf, der; des Eisschnelllauf(e)s, *kein Plural*; Eis-schnell-lauf; der **Eiszapfen**; die **Eiszeit**

eitel; eitler, am eitelsten; ei-tel; die **Eitelkeit**

Eiter, der; des Eiters, die Eiter; Ei-ter; **eitrig** (*auch* eiterig)

Eiweiß, das; des Eiweißes, die Eiweiße; Ei-weiß; **eiweißarm**

Eizelle, die; der Eizelle, die Eizellen; Ei-zelle

Ekel, der; des Ekels, die Ekel; Ekel; **ekelhaft**; **ekelig** (*auch* eklig); **ekeln**, sich ekeln; sie hat sich geekelt

Ekstase, die (rauschhafte Begeisterung); der Ekstase, die Ekstasen; Eks-ta-se/Ek-sta-se; in Ekstase geraten; **ekstatisch**

Ekzem, das (Entzündung der Haut); des Ekzems, die Ekzeme; Ek-zem

Elan, der (Schwung, Begeisterung); des Elans, *kein Plural*; Elan

elastisch; elastischer, am elastischsten; elas-tisch; die **Elastizität**

Elch, der; des Elch(e)s, die Elche; Elch

Elefant, der; des Elefanten, die Elefanten; Ele-fant

elegant; eleganter, am elegantesten; ele-gant; die **Eleganz**

elektrifizieren; du elektrifizierst, er elektrifizierte, die Bahn hat das Schienennetz elektrifiziert; elek-tri-fi-zie-ren; der **Elektriker**; **elektrisch**; **elektrisieren**; die **Elektrizität**

Elektrode, die; der Elektrode, die Elektroden; Elek-tro-de

Elektron, das (negativ geladenes Elementarteilchen); des Elektrons, die Elektronen; Elẹk-tron; das **Elektronenmikroskop**; die **Elektronik**; **elektronisch**; die **Elektrotechnik**

Element, das; des Element(e)s, die Elemente; Ele-mẹnt; **elementar**

elend; elender, am elend(e)sten; e̲lend; das **Elend**; **elendig**; das **Elendsviertel**

elf; ẹlf; die **Elf**; **elfjährig**; **elfmal** → Kasten „acht/Acht"

Elfmeter, der; des Elfmeters, die Elfmeter; Elf-me̲-ter; der **Elfmeterpunkt**; das **Elfmeterschießen**

Elftel, das; des Elftels, die Elftel; Ẹlf-tel; **elftens**

eliminieren (auslöschen); du eliminierst, er eliminierte, sie hat eliminiert; eli-mi-ni̲e̲-ren

elitär; elitärer, am elitärsten; eli-tä̲r; die **Elite** (Auslese, die Besten); die **Eliteschule**

Ellbogen, der (*auch* Ellenbogen); des Ellbogens, die Ellbogen; Ẹll-bo-gen; **ellenlang**

Ellipse, die; der Ellipse, die Ellipsen; El-lịp-se; **elliptisch**

Elster, die; der Elster, die Elstern; Ẹls-ter

Eltern, die; der Eltern, *nur Plural*; Ẹl-tern; das **Elternrecht**; die **Elternschaft**; die **Elternvertretung**

E-Mail, die [i̲-mäil]; der E-Mail, die E-Mails; die E-Mail-Adresse; **e-mailen**

Email, das (*auch* Emaille) [ema̲i̲/emạlje]; des Emails, *Plural selten*: die Emails; Email; das **Emailglas**; **emaillieren**; der **Emaillierofen**

Emanzipation, die (Gleichberechtigung, Gleichstellung); der Emanzipation, die Emanzipationen; Eman-zi-pa-ti-o̲n; **emanzipieren**, sich emanzipieren; in vielen Gesellschaften haben sich die Frauen emanzipiert

Emblem, das (Kennzeichen, Sinnbild); des Emblems, die Embleme; Ẹm-blem

Embolie, die (Verstopfung eines Blutgefäßes); der Embolie, die Embolien; Em-bo-li̲e̲

Embryo, der (Lebewesen, das noch nicht geboren ist); des Embryos, die Embryos/Embryonen; Ẹm-bryo/Ẹmb-ryo

Emigrant, der (Auswanderer); des Emigranten, die Emigranten; Emi-grạnt/Emig-rạnt; **emigrieren**

Emission, die (Abgabe von Schadstoffen oder Strahlen); der Emission, die Emissionen; Emis-si-o̲n; der **Emissionsgrenzwert**; der **Emissionshandel**

Emotion, die; der Emotion, die Emotionen; Emo-ti-o̲n; **emotional**

Empfang, der; des Empfanges, die Empfänge; Emp-fạng; **empfangen**; der **Empfänger**; **empfänglich**

Empfängnis, die (schwanger werden); der Empfängnis, *Plural selten*: die Empfängnisse; Emp-fạ̈ng-nis; **empfängnisverhütend**; die **Empfängnisverhütung**

empfehlen; du empfiehlst, er empfahl, sie hat empfohlen; emp-fe̲h-len; **empfehlenswert**; die **Empfehlung**

empfinden; du empfindest, er empfand, sie hat empfunden; emp-fịn-den; **empfindlich**; die **Empfindung**

empor [Adv.]; em-po̲r; die **Empore**; der Empore, die Emporen; die Orgelempore in der Kirche

empören, sich empören; du empörst dich, er empörte sich, sie ist empört/sie hat sich empört; em-pö̲-ren; **empörend**

emporklettern; du kletterst empor, er kletterte empor, sie ist die Fassade emporgeklettert; em-po̲r-klet-tern; **emporragen**; **emporranken**; **emporsteigen**

Empörung, die; der Empörung, die Empörungen; Em-pö̲-rung

Emulsion, die; der Emulsion, die Emulsionen; Emul-si-o̱n

E-Musik, die = ernste Musik; der E-Musik, *kein Plural*; E̱-Mu-si̱k

Ende, das; des Endes, die Enden; Ẹn-de; **enden**; der Weg endet im Nichts

endgültig; *keine Steigerung*; ẹnd-gül-tig; die endgültige Lösung

Endkampf, der; des Endkampf(e)s, die Endkämpfe; Ẹnd-kampf; die **Endlagerung**

endlich[1]; ẹnd-lich; endlich ist sie gekommen; **endlich**[2]; eine endliche Menge; **endlos**

Endspurt, der; des Endspurt(e)s, die Endspurte/Endspurts; Ẹnd-spurt; die **Endstation**; die **Endung**

Energie, die; der Energie, die Energien; Ener-gi̱e; der **Energiebedarf**; die **Energiepolitik**; die **Energiequelle**

energisch; energischer, am energischsten; enẹr-gisch; ein energischer Griff

eng; enger, am engsten; ẹng

Engagement, das [angaschemọng]; des Engagements, die Engagements; En-ga-ge-ment; **engagieren**, sich engagieren; sie hat sich im Verein engagiert

Enge, die; der Enge, die Engen; Ẹn-ge

Engel, der; des Engels, die Engel; Ẹn-gel

englisch; *keine Steigerung*; ẹng-lisch; die englische Sprache; → Kasten „deutsch/Deutsch"

Engpass, der; des Engpasses, die Engpässe; Ẹng-pass; **engstirnig**

Enkel, der; des Enkels, die Enkel; Ẹn-kel; das **Enkelkind**

enorm (außergewöhnlich); enormer, am enormsten; enọrm; ein enormer Schaden

Ensemble, das [ongßọmbl] (alle, die gemeinsam ein Stück aufführen); des Ensembles, die Ensembles; En-sem-ble/En-semb-le

entbehren; du entbehrst, er entbehrte, sie hat entbehrt; ent-be̱h-ren; **entbehrlich**; die **Entbehrung**

entbinden; du entbindest mich von der Pflicht, er entband ihn von seinen Aufgaben, sie hat im Krankenhaus entbunden; ent-bịn-den; die **Entbindung**

entblößen, sich entblößen; du entblößt dich, er entblößte sich, sie hat sich entblößt; ent-blö̱-ßen

entdecken; du entdeckst, er entdeckte, sie hat entdeckt; ent-dẹ-cken; der **Entdecker**; die **Entdeckung**

Ente, die; der Ente, die Enten; Ẹn-te

enteignen; du enteignest, er enteignete, sie hat enteignet; ent-e̱i̱g-nen; die **Enteignung**

enteisen; du enteist, er enteiste, sie hat die Scheiben enteist; ent-e̱i̱-sen

enterben; du enterbst, er enterbte, sie hat ihren Neffen enterbt; ent-ẹr-ben

entern (erstürmen, erklettern); du enterst, er enterte, sie hat geentert; ẹn-tern; Piraten entern das Schiff

entfallen; es entfällt ihm, das Buch entfiel seiner Hand, die Antwort ist ihr entfallen; ent-fạl-len

entfernen; du entfernst, er entfernte den Schmutz, sie hat sich weit entfernt; ent-fẹr-nen; die **Entfernung**

entführen; du entführst, er entführte, sie hat entführt; ent-fü̱h-ren; der **Entführer**; die **Entführung**

entgegen [Präp.]; ent-gẹ-gen; sie handeln entgegen meinem Bedenken (Dat.); **entgegengesetzt**; auf der entgegengesetzten Seite

entgegenkommen; du kommst entgegen, er kam entgegen, sie ist entgegengekommen; ent-ge̱-gen-kom-men

entgegnen; du entgegnest, er entgegnete, sie hat entgegnet; ent-ge̱g-nen; die **Entgegnung**

entgehen; du entgehst, er entging, sie ist entgangen; ent-ge-hen

Entgelt, das; des Entgelt(e)s, *kein Plural*; Ent-gelt; für Ehrenämter gibt es kein Entgelt, höchstens Lob und Anerkennung; **entgelten** (bezahlen, belohnen); entgelte ihm die tüchtige Arbeit!

entgleisen; der Zug entgleist, er entgleiste, die Lokomotive ist entgleist; ent-glei-sen; die **Entgleisung**

enthalten; du enthältst dich der Stimme?, er enthielt sich des Alkohols, der Brief hat eine wichtige Nachricht enthalten; ent-hal-ten; **enthaltsam**; die **Enthaltsamkeit**; die **Enthaltung**

enthüllen; du enthüllst, er enthüllte, sie hat enthüllt; ent-hül-len; die **Enthüllung**

entkalken; du entkalkst, er entkalkte, sie hat die Waschmaschine entkalkt; ent-kal-ken; **entkommen**; **entkorken**

entlang [Präp.]; ent-lang; entlang des Weges (Gen.); **entlanglaufen**; er ist am Fluss entlanggelaufen

entlarven; du entlarvst, er entlarvte, sie hat den Betrüger entlarvt; ent-lar-ven

entlassen; du entlässt, er entließ, sie hat ihn entlassen; ent-las-sen; die **Entlassung**

entlaufen; du entläufst, er entlief, sie ist entlaufen; ent-lau-fen

entledigen, sich entledigen; du entledigst dich, er entledigte sich, sie hat sich des Mitwissers entledigt; ent-le-di-gen

entlegen; entlegener, am entlegensten; ent-le-gen; ein entlegener Ort

entleihen; du entleihst, er entlieh, sie hat entliehen; ent-lei-hen; **entmutigen**; **entnehmen**; **entrichten**

entrümpeln; du entrümpelst, er entrümpelte, sie hat entrümpelt; ent-rüm-peln; **entrüsten**; die **Entrüstung**; **entschädigen**

entschärfen; du entschärfst, er entschärfte, sie hat die Bombe entschärft; ent-schär-fen

entscheiden; du entscheidest, er entschied, sie hat das Spiel entschieden; ent-schei-den; die **Entscheidung**; **entschieden**; *keine Steigerung*; das geht entschieden zu weit

entschließen, sich entschließen; du entschließt dich, er entschloss sich, sie hat sich entschlossen; ent-schlie-ßen; die **Entschlossenheit**; der **Entschluss**

entschlüsseln; du entschlüsselst, er entschlüsselte, sie hat entschlüsselt; ent-schlüs-seln; das Erbgut entschlüsseln

entschuldigen, sich entschuldigen; du entschuldigst dich, er entschuldigte sich, sie hat sich entschuldigt; ent-schul-di-gen; die **Entschuldigung**

Entschuldung, die; der Entschuldung, *kein Plural*; Ent-schul-dung; reiche Länder gewähren armen Ländern eine Entschuldung

entsetzen, sich entsetzen; du entsetzt dich, er entsetzte sich, sie hat sich entsetzt; ent-set-zen; das **Entsetzen**; **entsetzlich**

entsorgen; du entsorgst, er entsorgte, sie hat entsorgt; ent-sor-gen; die **Entsorgung**

entspannen; du entspannst, er entspannte sich, sie hat die Situation entspannt; ent-span-nen; die **Entspannung**; die **Entspannungspolitik**

entsprechen; du entsprichst, er entsprach, sie entsprach den Anforderungen; ent-spre-chen; **entsprechend**; ein entsprechender Hinweis

entstehen; du entstehst, er entstand, sie ist entstanden; ent-ste-hen

entstellen; du entstellst, er entstellte, sie hat das Foto durch Übermalen entstellt/

das Gesicht ist nach dem Unfall entstellt; ent-stẹl-len

entstören; du entstörst, er entstörte, sie hat das Gerät entstört; ent-stö-ren; die **Entstörung**

enttäuschen; du enttäuschst, er enttäuschte, sie hat den Trainer enttäuscht/ sie ist von uns enttäuscht; ent-täu-schen; die **Enttäuschung**

Entwarnung, die; der Entwarnung, die Entwarnungen; Ent-wạr-nung

entwässern; du entwässerst, er entwässerte, sie hat entwässert; ent-wạ̈s-sern; die **Entwässerung**; der **Entwässerungsgraben**

entweder [Konj.]; ẹnt-we-der; entweder werde ich Gärtner oder Zahntechniker

entweichen; du entweichst, er entwich, das Gas ist entwichen; ent-wei-chen; **entwenden**; er hat im Laden ein Buch entwendet; **entwerfen**; **entwerten**; Fahrausweise vor Fahrtantritt entwerten!

entwickeln; du entwickelst, er entwickelte, sie hat entwickelt; ent-wị-ckeln; die **Entwicklung** (*auch* Entwickelung); die **Entwicklungshilfe**; das **Entwicklungsland**

entwinden; du entwindest, er entwand, sie hat ihm die Waffe entwunden; ent-wịn-den

entwischen; du entwischst, er entwischte, sie ist ihm entwischt; ent-wị-schen

Entwurf, der; des Entwurf(e)s, die Entwürfe; Ent-wụrf

entziehen; du entziehst, er entzog, sie hat entzogen; ent-zie-hen; die **Entziehungskur**

entziffern; du entzifferst, er entzifferte, sie hat die Buchstaben entziffert; ent-zịf-fern

entzünden; du entzündest, er entzündete, sie hat entzündet; ent-zụ̈n-den; die **Entzündung**; **entzündungshemmend**

entzwei [Adv.]; ent-zwei; die Tasse brach entzwei; **entzweibrechen** (durchbrechen); er hat das Holz entzweigebrochen

Enzyklopädie, die (Nachschlagewerk zu verschiedenen Wissensgebieten); der Enzyklopädie, die Enzyklopädien; En-zy-klo-pä-die

Enzym, das; des Enzyms, die Enzyme; En-zym

Epidemie, die (ansteckende Krankheit, die viele Menschen befällt); der Epidemie, die Epidemien; Epi-de-mie; **epidemisch**

Epik, die (literarische Gattung); der Epik, *kein Plural*; Epik; Erzählungen und Romane gehören zur Epik

Epilepsie, die (Krankheit mit plötzlich auftretenden Krämpfen); der Epilepsie, die Epilepsien; Epi-lep-sie; der **Epileptiker**; **epileptisch**

episch; *keine Steigerung*; ẹpisch; ein epischer Text

Episode, die (ein Ereignis, das rasch vergeht); der Episode, die Episoden; Epi-so-de

epochal (wichtig); *keine Steigerung*; epo-chal; ein epochales Ereignis; die **Epoche** (größerer Zeitabschnitt)

Epos, das (erzählende Versdichtung); des Epos, die Epen; Epos

er [Pron.]; er; er ist gekommen

Erbanlage, die; der Erbanlage, die Erbanlagen; Ẹrb-an-la-ge

erbarmen, sich erbarmen; du erbarmst dich, er erbarmte sich, sie hat sich erbarmt; er-bạr-men; das **Erbarmen**; **erbärmlich**; **erbarmungslos**

erbauen; du erbaust, er erbaute, sie hat das Haus erbaut/ die Kirche ist im 18. Jahrhundert erbaut; er-bau-en

Erbe, das; des Erbes, die Erben; Ẹr-be; der **Erbe**; **erben**

erbeuten; du erbeutest, er erbeutete, sie hat erbeutet; er-beu-ten

erbitten; du erbittest, er erbat, sie hat erbeten; er-bịt-ten

erbittert; erbitterter, am erbittertsten; erbịt-tert; die **Erbitterung**

erbleichen; du erbleichst, er erbleichte, sie ist erbleicht; er-blei-chen

erblich; *keine Steigerung*; ẹrb-lich; diese Krankheit ist erblich

erblicken; du erblickst, er erblickte, sie hat erblickt; er-blị-cken

erblinden; du erblindest, er erblindete, sie ist erblindet; er-blịn-den; die **Erblindung**

erbrechen; du erbrichst, er erbrach, sie hat erbrochen; er-brẹ-chen; das **Erbrechen**

Erbschaft, die; der Erbschaft, die Erbschaften; Ẹrb-schaft; die **Erbschaftssteuer**

Erbse, die; der Erbse, die Erbsen; Ẹrb-se; die **Erbsensuppe**

Erdanziehung, die; der Erdanziehung, *kein Plural*; Erd-an-zie-hung; das **Erdbeben**; die **Erdbeere**; der **Erdboden**; die **Erddrehung**

Erde, die; der Erde, *kein Plural*; Er-de; das **Erdgas**; das **Erdgeschoss**; die **Erdkunde**; das **Erdöl**

erdrückend; erdrückender, am erdrückendsten; er-drụ̈-ckend; erdrückende Beweise

Erdrutsch, der; des Erdrutsch(e)s, die Erdrutsche; Erd-rutsch; der **Erdteil**

erdulden; du erduldest, er erduldete, sie hat große Schmerzen erduldet; er-dụl-den

ereignen, sich ereignen; es ereignet sich, es ereignete sich, es hat sich ereignet; er-eig-nen; das **Ereignis**

Erektion, die (Anschwellung von Organen bei geschlechtlicher Erregung); der Erektion, die Erektionen; Erek-ti-on

erfahren; du erfährst, er erfuhr, sie hat viel Neues erfahren; er-fah-ren; die **Erfahrung**; **erfahrungsgemäß**

erfassen; du erfasst, er erfasste, sie hat erfasst; er-fạs-sen; die **Erfassung**

erfinden; du erfindest, er erfand, sie hat erfunden; er-fịn-den; der **Erfinder**; **erfinderisch**; die **Erfindung**

Erfolg, der; des Erfolg(e)s, die Erfolge; Er-fọlg; **erfolglos**; **erfolgreich**; **Erfolgsaussichten**

erforderlich; er-fọr-der-lich; **erfordern**; die Übung erfordert große Konzentration; das **Erfordernis**

erforschen; du erforschst, er erforschte, sie hat erforscht; er-fọr-schen

erfreuen; du erfreust, er erfreute, sie hat erfreut; er-freu-en; **erfreulich**; **erfreulicherweise**

erfrieren; du erfrierst, er erfror, sie ist erfroren; er-frie-ren

erfrischen; du erfrischst dich, der Wind erfrischte uns, sie hat sich erfrischt; er-frị-schen; **erfrischend**; die **Erfrischung**

erfüllen; du erfüllst, er erfüllte, sie hat erfüllt; er-fụ̈l-len; die **Erfüllung**

ergänzen; du ergänzt, er ergänzte, sie hat ergänzt; er-gạ̈n-zen; die **Ergänzung**

ergeben; es ergibt keinen Sinn, es ergab sich, es hat sich so ergeben; er-gẹ-ben; das **Ergebnis**; des Ergebnisses, die Ergebnisse; **ergebnislos**

ergehen; es ergeht, es erging, es ist ein Befehl ergangen; er-gẹ-hen

ergiebig; ergiebiger, am ergiebigsten; ergie-big; die **Ergiebigkeit**

ergreifen; du ergreifst, er ergriff, sie hat ergriffen; er-grei-fen; **ergreifend**; die **Ergriffenheit**

Erguss, der; des Ergusses, die Ergüsse; Er-guss; der Bluterguss

erhalten; du erhältst, er erhielt, sie hat erhalten; er-hal-ten; **erhältlich**; Fahrscheine sind am Automaten erhältlich

erhaschen (schnell fangen, einfangen); du erhaschst, er erhaschte die Beute, sie hat einen Blick erhascht; er-ha-schen

erheblich; erheblicher, er-heb-lich; das ist erheblich teurer; eine erhebliche Menge

erhitzen; du erhitzt, er erhitzte, sie hat erhitzt; er-hit-zen

erhöhen; du erhöhst, er erhöhte, sie hat ihren Einsatz erhöht; er-hö-hen

erholen, sich erholen; du erholst dich, er erholte sich, sie hat sich erholt; er-holen; die **Erholung**

erinnern, sich erinnern; du erinnerst, er erinnerte, sie hat erinnert; er-in-nern; die **Erinnerung**

erkälten, sich erkälten; du erkältest dich, er erkältete sich, sie hat sich erkältet; er-käl-ten; die **Erkältung**

erkennen; du erkennst, er erkannte, sie hat erkannt; er-ken-nen; die **Erkenntnis**

erklären; du erklärst, er erklärte, sie hat erklärt; er-klä-ren; die **Erklärung**

erkranken; du erkrankst, er erkrankte, sie ist an Grippe erkrankt; er-kran-ken; die **Erkrankung**

erkundigen, sich erkundigen; du erkundigst dich, er erkundigte sich, sie hat sich erkundigt; er-kun-di-gen; die **Erkundigung** (Nachfrage); die **Erkundung**; die Erkundung der Insel

Erlass, der; des Erlasses, die Erlasse; Er-lass; **erlassen**; sie erließ ihm die Strafe; die Behörde hat eine Anordnung erlassen

erlauben; du erlaubst, er erlaubte, sie hat erlaubt; er-lau-ben; die **Erlaubnis**

erläutern; du erläuterst, er erläuterte, sie hat den Plan erläutert; er-läu-tern; die **Erläuterung**

erleben; du erlebst, er erlebte, sie hat erlebt; er-le-ben; das **Erlebnis**

erledigen; du erledigst, er erledigte, sie hat erledigt; er-le-di-gen

erleichtern; du erleichterst, er erleichterte, sie hat sich erleichtert/sie ist nach der Prüfung erleichtert; er-leich-tern; die **Erleichterung**

erleiden; du erleidest, er erlitt, sie hat erlitten; er-lei-den

erlernen; du erlernst, er erlernte, sie hat ein Handwerk erlernt; er-ler-nen

erliegen; du erliegst, er erlag, sie ist erlegen; er-lie-gen

Erlös, der; des Erlöses, die Erlöse; Er-lös; **erlösen**; die **Erlösung**

ermahnen; du ermahnst, er ermahnte, sie hat ermahnt; er-mah-nen; die **Ermahnung**

ermäßigen; du ermäßigst, er ermäßigte, sie hat den Preis ermäßigt; er-mä-ßigen; die **Ermäßigung**

Ermessen, das; des Ermessens, die Ermessen; Er-mes-sen

ermitteln; du ermittelst, er ermittelte, sie hat ermittelt; er-mit-teln; die **Ermittlung**

ermöglichen; du ermöglichst, er ermöglichte, sie hat ermöglicht; er-mög-li-chen

ermorden; du ermordest, er ermordete, sie hat ermordet; er-mor-den

ermüden; du ermüdest, er ermüdete, sie ist ermüdet; er-mü-den; die **Ermüdung**; die **Ermüdungserscheinung**

ermuntern; du ermunterst, er ermunterte, sie hat ermuntert, er-mun-tern

ermutigen; du ermutigst, er ermutigte, sie hat ermutigt; er-mu-ti-gen; die **Ermutigung**

ernähren; du ernährst, er ernährte, sie hat ernährt; er-näh-ren; die **Ernährung**

ernennen; du ernennst, er ernannte, sie hat ihn zum Meister ernannt; er-nen-nen; die **Ernennung**

erneuern; du erneuerst, er erneuerte, sie hat erneuert; er-neu-ern; die **Erneuerung**; **erneut**; mit erneutem Mut

ernst; ernster, am ernstesten; ernst; ein ernst gemeinter/ernstgemeinter Rat; der **Ernst**; der **Ernstfall**; **ernsthaft**; **ernstlich**; es ist ein ernstlicher Schaden zu beklagen

Ernte, die; der Ernte, die Ernten; Ern-te; das **Erntedankfest**; **ernten**

erobern; du eroberst, er eroberte, sie hat erobert; er-o-bern; die **Eroberung**

eröffnen; du eröffnest, er eröffnete, sie hat eröffnet; er-öff-nen; die **Eröffnung**

erörtern; du erörterst, er erörterte, sie hat erörtert; er-ör-tern; die **Erörterung**

Erosion, die (Erdabtragung durch Wind oder Wasser); der Erosion, die Erosionen; Ero-si-on

Erotik, die (Sinnenlust, Liebeskunst); der Erotik, *kein Plural*; Ero-tik; **erotisch**

erpressen; du erpresst, er erpresste, sie hat erpresst; er-pres-sen; der **Erpresser**; der **Erpresserbrief**; die **Erpressung**

erproben; du erprobst, er erprobte, sie hat erprobt; er-pro-ben; die **Erprobung**

erraten; du errätst, er erriet, sie hat erraten; er-ra-ten

erregen; du erregst, er erregte, sie hat erregt; er-re-gen; der **Erreger**; die **Erregung**

erreichen; du erreichst, er erreichte, sie hat erreicht; er-rei-chen

errichten; du errichtest, er errichtete, sie hat ein Haus errichtet; er-rich-ten

erröten; du errötest, er errötete, sie ist errötet; er-rö-ten

Ersatz, der; des Ersatzes, *kein Plural*; Ersatz; die **Ersatzbank**; der **Ersatzdienst**; der **Ersatzspieler**; das **Ersatzteil**

erscheinen; du erscheinst, er erschien, sie ist erschienen; er-schei-nen; die **Erscheinung**

erschießen; du erschießt, er erschoss, sie hat erschossen; er-schie-ßen

erschließen; du erschließt, er erschloss, sie hat erschlossen; er-schlie-ßen

erschöpft; erschöpfter, am erschöpftesten; er-schöpft; die **Erschöpfung**

erschrecken[1] (in Schrecken versetzen); du erschreckst, er erschreckte, sie hat erschreckt; er-schre-cken; erschrecke ihn nicht!; **erschrecken**[2] (einen Schreck bekommen); du erschrickst, er erschrak, sie ist erschrocken; erschrick nicht!

erschüttern; du erschütterst, er erschütterte, sie hat ihn erschüttert, sie ist über das Unglück erschüttert; er-schüt-tern; **erschütternd**; die **Erschütterung**

erschweren; du erschwerst, er erschwerte, sie hat erschwert; er-schwe-ren; die **Erschwernis**; der Erschwernis, die Erschwernisse

ersetzen; du ersetzt, er ersetzte, sie hat den Schaden ersetzt; er-set-zen

ersichtlich; ersichtlicher, am ersichtlichsten; er-sicht-lich; ohne ersichtlichen Grund schlug er zu

Ersparnis, die; der Ersparnis, die Ersparnisse; Er-spar-nis

erst [Adv.]; erst; du kommst erst danach an die Reihe

erstarren; du erstarrst, er erstarrte, sie ist erstarrt; er-star-ren

erstatten; du erstattest, er erstattete, sie hat erstattet; er-stat-ten; die **Erstattung**

erstaunen; du erstaunst, er erstaunte, sie hat uns alle erstaunt, sie ist über ihre Leistung erstaunt; er-stau-nen; **erstaunlich**

erstbeste, erstbester, erstbestes; *keine Steigerung*; erst-bes-te; die erstbeste Gelegenheit

erste; *keine Steigerung*; ers-te; der erste Schnee; → Kasten „erste/Erste"

Erste-Hilfe-Kurs, der; des Erste-Hilfe-Kurses, die Erste-Hilfe-Kurse; Ers-te-Hil-fe-Kurs

ersteigern; du ersteigerst, er ersteigerte, sie hat bei einer Auktion ein Bild ersteigert; er-stei-gern

ersticken; du erstickst, er erstickte, sie ist beinahe erstickt/sie hat das Feuer erstickt; er-sti-cken; die **Erstickungsgefahr**

Erstklässer, der (*auch* Erstklässler); des Erstklässers, die Erstklässer; Erst-kläs-ser

erstklassig; *keine Steigerung*; erst-klas-sig; ein erstklassiger Wagen

erstmalig; *keine Steigerung*; erst-ma-lig; ein erstmaliger Gewinn; **erstmals**; erst-mals; sie gewann erstmals

ertappen; du ertappst, er ertappte, sie hat ihn beim Pfuschen ertappt; er-tap-pen

erteilen; du erteilst, er erteilte, sie hat ihm die Genehmigung erteilt; er-tei-len

Ertrag, der; des Ertrag(e)s, die Erträge; Er-trag

ertragen; du erträgst, er ertrug, sie hat große Schmerzen ertragen; er-tra-gen; **erträglich**

ertrinken; du ertrinkst, er ertrank, sie ist ertrunken; er-trin-ken

erwachen; du erwachst, er erwachte, sie ist erwacht; er-wa-chen

erwachsen; erwachsener, am erwachsensten; er-wach-sen; der/die **Erwachsene**

erwägen; du erwägst, er erwog, sie hat erwogen; er-wä-gen; **erwägenswert**; die **Erwägung**; in Erwägung ziehen

erwähnen; du erwähnst, er erwähnte, sie hat erwähnt; er-wäh-nen; **erwähnenswert**; die **Erwähnung**

erwärmen; du erwärmst, er erwärmte, sie hat erwärmt; er-wär-men; die **Erwärmung**

erwarten; du erwartest, er erwartete, sie hat erwartet; er-war-ten; die **Erwartung**; **erwartungsvoll**

erweitern; du erweiterst, er erweiterte, sie hat erweitert; er-wei-tern; die **Erweiterung**

erwerben; du erwirbst, er erwarb, sie hat erworben; er-wer-ben; **erwerbslos**; **erwerbstätig**; **erwerbsunfähig**

erste/Erste

Groß- und Kleinschreibung:

Klein schreibt man das Zahlwort „erste":
- der erste Zahn
- die erste Blüte
- das erste Mal, zum ersten Mal
- Großvater fährt mit der Bahn bequem erster Klasse

Groß schreibt man, wenn das Wort als Nomen verwendet wird oder in Titeln, Namen oder fachsprachlichen Wendungen vorkommt:
- sie gab als (die) Erste ihre Bewerbung ab
- das war das Erste, was ich versucht habe
- der Erste des Monats
- fürs Erste reicht's
- Friedrich der Erste
- 1914 begann der Erste Weltkrieg
- Lailas Mutter wurde zur Ersten Vorsitzenden gewählt
- eine Sendung des Ersten Deutschen Fernsehens
- Sanitäter leisteten Erste Hilfe

erwidern (antworten, entgegnen); du erwiderst, er erwiderte, sie hat seinen Angriff erwidert; er-wi-dern; die **Erwiderung**
erwischen; du erwischst, er erwischte, sie hat erwischt; er-wi-schen
erwünscht; *keine Steigerung*; er-wünscht; Kinder erwünscht
Erz, das; des Erzes, die Erze; Erz; Erzabbau
erzählen; du erzählst, er erzählte, sie hat erzählt; er-zäh-len; der **Erzähler**; die **Erzählerin**; die **Erzählung**
erzeugen; du erzeugst, er erzeugte, sie hat erzeugt; er-zeu-gen; der **Erzeuger**; das **Erzeugnis**
erziehen; du erziehst, er erzog, sie hat erzogen; er-zie-hen; die **Erzieherin**; die **Erziehung**; der **Erziehungsberechtigte**
erzielen; du erzielst, er erzielte, sie hat einen guten Preis erzielt; er-zie-len
es [Pron.]; es; ich weiß es; es war einmal
Esel, der; des Esels, die Esel; Esel; die **Eselei**; die **Eselsbrücke**; das **Eselsohr**
Eskimo, der; des Eskimo(s), die Eskimo(s); Es-ki-mo; die Eskimos nennen sich selbst „Inuit"
Esoterik, die (philosophisch-religiöse Geheimlehre); der Esoterik, *kein Plural*; Eso-te-rik; **esoterisch**
Espresso, der; des Espressos, die Espressos/Espressi; Es-pres-so
essbar; *keine Steigerung*; ess-bar; das **Essbesteck**
essen; du isst, er aß, sie hat gegessen; es-sen; das **Essen**; die **Essenausgabe** (*auch* Essensausgabe)
Essig, der; des Essigs, die Essige; Es-sig; die **Essigessenz** (chem. Flüssigkeit mit hohem Essigsäuregehalt)
Esslöffel, der (*auch* Suppenlöffel); des Esslöffels, die Esslöffel; Ess-löf-fel; der **Esstisch**; das **Esszimmer**
Estrich, der (Unterboden, meist aus Zement); des Estrichs, die Estriche; Es-trich
Eszett, das (der Buchstabe „ß"); des Eszett, die Eszett; Es-zett; „Fuß" schreibt man mit Eszett; → Kasten „Der Buchstabe ‚Eszett' (ß)"
Etage, die [etasche]; der Etage, die Etagen; Eta-ge; das **Etagenbett**; die **Etagenwohnung**
Etappe, die; der Etappe, die Etappen; Etap-pe; der **Etappensieg**
Etat, der; des Etats, die Etats; Etat
Ether, der; des Ethers, die Ether; Ether; → Äther
Ethik, die (Sittenlehre); der Ethik, *Plural selten*: die Ethiken; Ethik; **ethisch**; ethisches Handeln
Etikett, das; des Etikett(e)s, die Etikette/Etiketten; Eti-kett
etliche [Pron.]; et-lich; er brauchte etliche Versuche
Etui, das; des Etuis, die Etuis; Etui
etwa [Adv.]; et-wa; glaubst du das etwa?
etwas [Pron.]; et-was; etwas Gutes; das **Etwas**; seiner Kür fehlt das gewisse Etwas
EU, die = Europäische Union
euch [Pron.]; euch; geht es euch gut?
Eukalyptus, der; des Eukalyptus, die Eukalyptus/Eukalypten; Eu-ka-lyp-tus
Eule, die; der Eule, die Eulen; Eu-le
Euphorie, die (großes Wohlbefinden; Begeisterung); der Euphorie, *Plural selten*: die Euphorien; Eu-pho-rie; **euphorisch**
Euro, der (*auch* €); des Euro(s), die Euros; Eu-ro; **Europa**; die Grenzen Europas; der **Europäer**; **europäisch**; das **Europaparlament**
Euter, das; des Euters, die Euter; Eu-ter
e.V. = eingetragener Verein
evangelisch; *keine Steigerung*; evan-gelisch; evangelischer Glaube; das **Evangelium**

A B C D E F G H I

Der Buchstabe „Eszett“ (ß)

Den Buchstaben „Eszett“ (ß) gibt es nur als Kleinbuchstaben. Wenn man ein Wort mit ß in Großbuchstaben schreiben möchte, wird SS geschrieben:
- groß – GROSS
- fließen – FLIESSEN
- Straße – STRASSE

ß wird immer stimmlos gesprochen. Man schreibt den Buchstaben „Eszett“ (ß) nach langem Vokal oder Diphthong. Er steht niemals am Wortanfang:
- stoßen, grüßt, beißt, Fuß, Floß, fleißig, spaßig

Wenn du nicht sicher bist, ob der s-Laut in einem Wort stimmhaft oder stimmlos und der Vokal davor lang oder kurz gesprochen wird, nutze die Verlängerungsprobe:
- der Spaß – die Späße → stimmlos, langer Vokal → ß
- der Fleiß – fleißig → stimmlos, Diphthong → ß

Aber:
- der Preis – die Preise → stimmhaft, Diphthong → s
- er las – lesen → stimmhaft, langer Vokal → s

Achtung! Manchmal wechselt die Schreibung von ß und ss innerhalb einer Wortfamilie:
- der Fluss – fließen – er fließt – er floss
- wissen – ich weiß – du weißt – er wusste

Was man außerdem wissen sollte: In der Schweiz wird der Buchstabe „Eszett“ (ß) nicht verwendet. Wo im Deutschen ß steht, schreibt man in der Schweiz immer ss.

Event, der/das [iwẹnt] (besonderes Ereignis); des Events, die Events; Event

eventuell (vielleicht); *keine Steigerung*; even-tu-ẹll; sie kommt eventuell

Evolution, die; der Evolution, die Evolutionen; Evo-lu-ti-o̲n; Darwin und die Evolutionsgeschichte

ewig; *keine Steigerung*; e̲wig; die **Ewigkeit**

exakt; exakter, am exaktesten; exạkt; exakt drei Tage

Examen, das; des Examens, die Examen/Examina; Exa̲-men

Exekution, die (Hinrichtung); der Exekution, die Exekutionen; Exe-ku-ti-o̲n

Exekutive, die (die vollziehende Gewalt im Staat); der Exekutive, die Exekutiven; Exe-ku-ti̲-ve; → Legislative

Exempel, das (Beispiel); des Exempels, die Exempel; Exẹm-pel; die Probe aufs Exempel

Exemplar, das; des Exemplar(e)s, die Exemplare; Exem-pla̲r; **exemplarisch**

exerzieren; du exerzierst, er exerzierte, sie hat exerziert; exer-zi̲e̲-ren; die Soldaten exerzieren

Exil, das; des Exils, die Exile; Exi̲l; manche Schriftsteller mussten ins Exil

existent; *keine Steigerung*; exis-tẹnt; die **Existenz**; **existieren**

exklusiv (für ausgewählte Personen); exklusiver, am exklusivsten; ex-klu-si̲v

Exorzist, der (Geisterbeschwörer); des Exorzisten, die Exorzisten; Exor-zịst

exotisch (fremdländisch); *keine Steigerung*; exo-tisch; exotische Früchte

Expander, der (Gerät zum Training der Muskeln); des Expanders, die Expander; Ex-pạn-der; **expandieren**; das Geschäft hat expandiert; das Gas ist expandiert; die **Expansion** (Ausdehnung; Ausbreitung)

Expedition, die; der Expedition, die Expeditionen; Ex-pe-di-ti-on

Experiment, das (Versuch); des Experiment(e)s, die Experimente; Ex-pe-ri-mẹnt; **experimentieren**

Experte, der (Fachmann); des Experten, die Experten; Ex-pẹr-te; die **Expertin**

Expl. = Exemplar

explodieren; du explodierst, er explodierte, sie ist explodiert; ex-plo-die-ren; die **Explosion**; **explosiv**

Exponent, der (Hochzahl einer Potenz; herausgehobener Vertreter); des Exponenten, die Exponenten; Ex-po-nẹnt; **exponiert**

Export, der (Ausfuhr); des Export(e)s, die Exporte; Ex-pọrt; **exportieren**

exquisit; exquisiter, am exquisitesten; exqui-sit; exquisite Speisen

extern; *keine Steigerung*; ex-tẹrn; eine externe Prüfung

extra [Adv.]; ẹx-tra/ẹxt-ra; das **Extra**; ein Gerät mit vielen Extras; **extrafein**; **extrahart**

Extrakt, der; des Extrakt(e)s, die Extrakte; Ex-trạkt; Wurzelextrakt

extraterrestrisch (außerirdisch); *keine Steigerung*; ex-tra-ter-rẹs-trisch/ext-ra-ter-rẹst-risch

Extrawurst, die (besondere Behandlung); der Extrawurst, die Extrawürste; Ẹx-tra-wurst/Ẹxt-ra-wurst; du bekommst immer deine Extrawurst

extrem; extremer, am extremsten; extrem/ext-rem; der **Extremismus**; der **Extremist**; **Extremitäten**

exzellent; exzellenter, am exzellentesten; ex-zel-lẹnt; eine exzellente Leistung

exzentrisch (außerhalb des Mittelpunktes liegend; überspannt); exzentrischer, am exzentrischsten; ex-zẹn-trisch/ex-zẹnt-risch; ein exzentrischer Künstler

Exzess, der (Ausschreitung, maßlose Handlung); des Exzesses, die Exzesse; Ex-zẹss; **exzessiv**; eine exzessive Party

Eyeliner, der [ailainer] (Kosmetikartikel für den Lidstrich); des Eyeliners, die Eyeliner; Eye-li-ner

F

Fabel, die; der Fabel, die Fabeln; Fa-bel; **fabelhaft**; das **Fabeltier**

Fabrik, die; der Fabrik, die Fabriken; Fabrik/Fab-rik; der **Fabrikant**; der **Fabrikarbeiter**; das **Fabrikat** (Produkt, das in einer Fabrik hergestellt worden ist); **fabrizieren**

fabulieren (fantasievoll erzählen); du fabulierst, er fabulierte, sie hat fabuliert; fa-bu-lie-ren

Facette, die (*auch* Fassette); der Facette, die Facetten; Fa-cẹt-te

Fach, das; des Fach(e)s, die Fächer; Fạch; der **Facharbeiter**; die **Facharbeiterin**; der **Facharzt**

fächeln; du fächelst ihm Luft zu, er fächelte, sie hat gefächelt; fạ̈-cheln; der **Fächer**

Fachfrau, die; der Fachfrau, die Fachfrauen; Fạch-frau

Fachgebiet, das; des Fachgebiet(e)s, die Fachgebiete; Fạch-ge-biet; **fachgerecht**; der **Fachlehrer**; **fachlich**

B C D E F G H I J

Fachmann, der; des Fachmann(e)s, die Fachmänner/die Fachleute; Fạch-mann; **fachmännisch**; fachmännischer Rat; die **Fachschule**; **fachsimpeln**; die **Fachsprache**

Fachwerk, das; des Fachwerk(e)s, *kein Plural*; Fạch-werk; der **Fachwerkbau**; das **Fachwerkhaus**

Fackel, die; der Fackel, die Fackeln; Fạ-ckel; **fackeln**; der **Fackelzug**

fad (*auch* fade); fader, am fadesten; fa̲d; ein fades Essen

Faden, der; des Fadens, die Fäden; Fa̲-den; das **Fadenkreuz**; **fadenscheinig**

Fagott, das (Musikinstrument); des Fagott(e)s, die Fagotte; Fa-gọtt

fähig; fähiger, am fähigsten; fä̲-hig; die **Fähigkeit**

fahl (blass); fahler, am fahlsten; fa̲hl; ein fahles Gesicht; **fahlgelb**; ein fahlgelber Schimmer

fahnden; du fahndest, er fahndete, sie hat gefahndet; fa̲hn-den; die **Fahndung**

Fahne, die; der Fahne, die Fahnen; Fa̲h-ne; die **Fahnenstange**

Fahrausweis, der; des Fahrausweises, die Fahrausweise; Fa̲hr-aus-weis; die **Fahrbahn**

Fähre, die; der Fähre, die Fähren; Fä̲h-re

fahren; du fährst, er fuhr, sie ist Rad gefahren; fa̲h-ren; **fahrenlassen** (aufgeben); die Flüchtlinge haben alle Hoffnung fahrenlassen; der **Fahrer**; die **Fahrerflucht**; die **Fahrerin**

fahrig (unkonzentriert); fahriger, am fahrigsten; fa̲h-rig

Fahrkarte, die; der Fahrkarte, die Fahrkarten; Fa̲hr-kar-te; der **Fahrkartenautomat**

fahrlässig (unaufmerksam, leichtfertig); fahrlässiger, am fahrlässigsten; fa̲hr-läs-sig

das Fahrrad

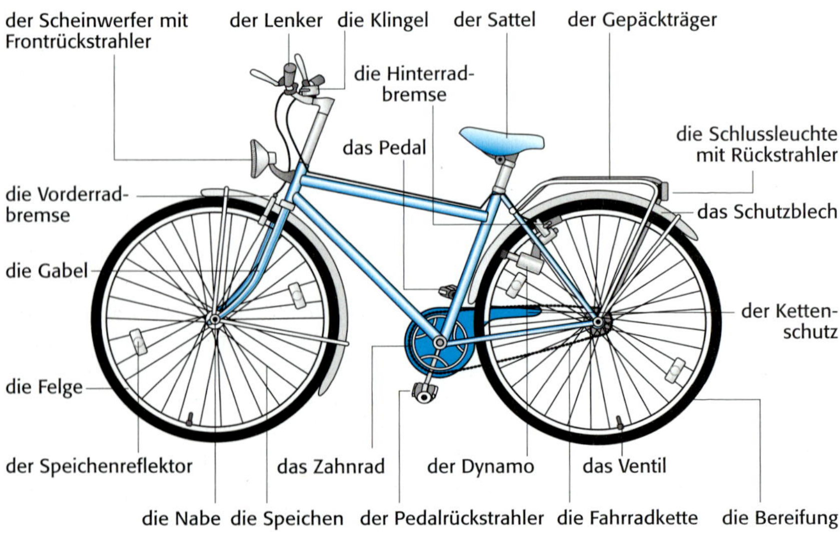

Fahrlehrer, der; des Fahrlehrers, die Fahrlehrer; Fahr-leh-rer; der **Fährmann**; der **Fahrplan**; der **Fahrpreis**; die **Fahrprüfung**

Fahrrad, das; des Fahrrad(e)s, die Fahrräder; Fahr-rad; der **Fahrradweg**

Fahrt, die; der Fahrt, die Fahrten; Fahrt; die **Fährte** (Spur eines Wildes; Spur im Zusammenhang mit einem Verbrechen)

Fahrtkosten, die; der Fahrtkosten, *nur Plural*; Fahrt-kos-ten; die **Fahrtrichtung**; die **Fahrtüchtigkeit**; das **Fahrwasser**; das **Fahrwerk**

Fahrzeug, das; des Fahrzeug(e)s, die Fahrzeuge; Fahr-zeug

fair; fairer, am fairsten; die **Fairness**; das **Fairplay** (*auch* Fair Play)

Fäkalien, die (Kot); der Fäkalien, *nur Plural*; Fä-ka-li-en

Fakir, der (indischer Asket, Gaukler, Zauberer); des Fakirs, die Fakire; Fa-kir

Fakt, der/das (Tatsache); des Fakt(e)s, die Fakten; Fakt; **faktisch**

Faktor, der (Vervielfältigungszahl, Umstand/Grund); des Faktors, die Faktoren; Fak-tor

Faktum, das (Tatsache); des Faktums, die Fakten; Fak-tum

Falke, der; des Falken, die Falken; Fal-ke

Fall, der; des Fall(e)s, die Fälle; Fall

Falle, die; der Falle, die Fallen; Fal-le

fallen; du fällst, er fiel, sie ist gefallen; fal-len

fällen; du fällst, er fällte, sie hat gefällt; fäl-len

fällig; *keine Steigerung*; fäl-lig; die Zahlung wird am Ersten des Monats fällig

Fallobst, das; des Fallobstes, *kein Plural*; Fall-obst

falls [Konj.]; falls; falls du kommst

Fallschirm, der; des Fallschirms, die Fallschirme; Fall-schirm; der **Fallschirmspringer**

falsch; falscher, am falschesten; falsch; etwas falsch machen; falsch geschrieben

fälschen; du fälschst, er fälschte, sie hat gefälscht; fäl-schen; der **Fälscher**; das **Falschgeld**; **fälschlich**; **falschliegen** (sich irren); er hat mit seiner Meinung falschgelegen; die **Falschmeldung**

falschspielen (betrügen); du spielst falsch, er spielte falsch, sie hat die ganze Zeit falschgespielt; falsch-spie-len

Fälschung, die; der Fälschung, die Fälschungen; Fäl-schung; **fälschungssicher**

falten; du faltest, er faltete, sie hat gefaltet; fal-ten; der **Falter**; **faltig**

Falz, der; des Falzes, die Falze; Falz; **falzen**; sie haben Kartons gefalzt

familiär; familiärer, am familiärsten; fa-mi-li-är; die **Familie**; der **Familienname**

Fan, der [fän]; des Fans, die Fans

Fanatiker, der; des Fanatikers, die Fanatiker; Fa-na-ti-ker; **fanatisch**

Fang, der; des Fang(e)s, die Fänge; Fang; der **Fangarm**; **fangen**; er fing einen Aal; die **Fangfrage**

Fantasie, die (*auch* Phantasie); der Fantasie, die Fantasien; Fan-ta-sie; **fantasieren** (*auch* phantasieren); **fantasievoll** (*auch* phantasievoll); **fantastisch** (*auch* phantastisch)

Fantasy, die [fäntesi] (Darstellung von Märchen und Sagen in Film, Comic oder Roman); Fan-ta-sy; ein Fantasy-Film

Farbe, die; der Farbe, die Farben; Farbe; **farbecht**; **färben**; **farbenblind**; das **Farbfernsehen**; der **Farbfilm**; **farbig**; auf farbigem Papier schreiben; **farblich**; ihre Kleidung war farblich abgestimmt; **farblos**; ein farbloser Vortrag

Farbstoff, der; des Farbstoff(e)s, die Farbstoffe; Farb-stoff; die **Färbung**

Farm, die; der Farm, die Farmen; Farm; der **Farmer**

Farn, der; des Farn(e)s, die Farne; Farn; das **Farnkraut**

Fasching, der; des Faschings, *Plural selten*: die Faschinge/Faschings; Fa-sching; das **Faschingskostüm**; → Fastnacht

Faschismus, der (antidemokratische Herrschaft, die auf einen Führer ausgerichtet ist); des Faschismus, *kein Plural*; Fa-schis-mus; der **Faschist**; **faschistisch**

Faser, die; der Faser, die Fasern; Fa-ser; **faserig** (*auch* fasrig)

Fass, das; des Fasses, die Fässer; Fass

Fassade, die; der Fassade, die Fassaden; Fas-sa-de

fassen; du fasst, er fasste, sie hat den Täter gefasst/sie ist trotz des Unglücks sehr gefasst; fas-sen

Fassung[1], die; der Fassung, die Fassungen; Fas-sung; die Lampenfassungen; die **Fassung**[2] (Beherrschung, Haltung); **fassungslos**; das **Fassungsvermögen**

fast [Adv.]; fast; fast ist er gescheitert

fasten; du fastest, er fastete, sie hat gefastet; fas-ten; die **Fastenzeit**

Fastfood, das (*auch* Fast Food) [fastfud] (Schnellgericht); des Fastfood(s), *kein Plural*; Fast-food

Fastnacht, die (*auch* Fasnacht); der Fastnacht, *kein Plural*; Fast-nacht; der **Fastnachtsdienstag**; → Fasching, Karneval

Faszination, die; der Faszination, die Faszinationen; Fas-zi-na-ti-on; **faszinieren** (fesseln, bezaubern); **faszinierend**

fatal (folgenschwer); fataler, am fatalsten; fa-tal; ein fataler Irrtum

Fata Morgana, die (durch Luftspiegelung verursachte Sinnestäuschung); der Fata Morgana, die Fata Morganen/Fata Morganas; Fa-ta Mor-ga-na

fauchen; du fauchst, er fauchte, die Katze hat gefaucht; fau-chen

faul; fauler, am faulsten; faul; **faulen**; **faulenzen**; der **Faulenzer**; die **Faulheit**; die **Fäulnis**

Faust, die; der Faust, die Fäuste; Faust; **faustdick**; **fausten**; der **Fäustling**; das **Faustpfand**; das **Faustrecht**; der **Faustschlag**

Favorit, der (voraussichtlicher Gewinner); des Favoriten, die Favoriten; Fa-vo-rit

Fax, das = Telefax; des Fax, die Faxe; Fax; **faxen**; sie hat mir den Brief gefaxt

Fazit, das (Schlussfolgerung, Ergebnis); des Fazits, die Fazite/Fazits; Fa-zit; ein Fazit ziehen

FCKW, das = Fluorkohlenwasserstoff (umweltbelastende Emission)

FDP, die (*auch* F.D.P.) = Freie Demokratische Partei

Februar, der; des Februars, *Plural selten*: die Februare; Fe-bru-ar/Feb-ru-ar

fechten; du fechtest, er focht, sie hat gefochten; fech-ten; der **Fechter**; die **Fechterin**

Feder, die; der Feder, die Federn; Fe-der; der **Federball**; das **Federbett**; der **Federhalter**; **federn**; die **Federung**

Fee, die; der Fee, die Feen; Fee; die Märchenfee

Feedback, das (*auch* Feed-back) [fidbäk] (Rückmeldung); des Feedbacks, die Feedbacks; Feed-back

Feeling, das [filing]; des Feelings, die Feelings; Fee-ling; er hat ein gutes Feeling für seine Rolle

fegen; du fegst, er fegte, sie hat gefegt; fe-gen

Fehde, die (Kampf); der Fehde, die Fehden; Feh-de; eine Fehde austragen

fehl [Adv.]; fehl; fehl am Platze sein; der **Fehlbetrag**

fehlen; du fehlst, er fehlte, sie hat gefehlt; feh-len; der **Fehler**; **fehlerfrei**; **fehlerhaft**; **fehlerlos**; die **Fehlerquelle**

Fehlgeburt, die; der Fehlgeburt, die Fehlgeburten; Fehl-ge-burt; der **Fehlschlag**; **fehlschlagen**; der **Fehltritt**; die **Fehlzündung**

Feier, die; der Feier, die Feiern; Fei-er; der **Feierabend**; **feierlich**; **feiern**; der **Feiertag**; **feiertags**

feig (*auch* feige); feiger, am feigsten; feig; eine feige Tat

Feige, die; der Feige, die Feigen; Fei-ge; eine reife Feige schmeckt süß

Feigheit, die; der Feigheit, die Feigheiten; Feig-heit; der **Feigling**

Feile, die; der Feile, die Feilen; Fei-le; **feilen**

feilschen; du feilschst, er feilschte, sie hat hartnäckig um den Preis gefeilscht; feil-schen

fein; feiner, am feinsten; fein; das hast du fein gemacht!

Feind, der; des Feind(e)s, die Feinde; Feind; **feindlich**; die **Feindschaft**; **feindselig**

feinfühlig; feinfühliger, am feinfühligsten; fein-füh-lig; das **Feingefühl**; die **Feinheit**; **feinmachen**, sich feinmachen (*auch* fein machen); für das Fest hat sie sich feingemacht; der **Feinmechaniker**; der **Feinschmecker**

feist (unangenehm fett); feister, am feistesten; feist; ein Mann mit einem feisten Nacken

feixen (hämisch lachen, grinsen); du feixt, er feixte, sie hat gefeixt; fei-xen

Feld, das; des Feld(e)s, die Felder; Feld; die **Feldmaus**; der **Feldweg**

Felge, die; der Felge, die Felgen; Fel-ge; die **Felgenbremse**

Fell, das; des Fell(e)s, die Felle; Fell

Fels, der (*auch* Felsen); des Felsen/Felsens, die Felsen; Fels; der **Felsblock**; die Felsblöcke; **felsenfest**; **felsig**; die **Felswand**

feminin (weiblich, fraulich); femininer, am femininsten; fe-mi-nin; ein feminines Parfüm; die **Feministin** (eine Frau, die sich für die Gleichberechtigung ihres Geschlechts einsetzt); **feministisch**

Fenchel, der; des Fenchels, *Plural selten*: die Fenchel; Fen-chel; der **Fencheltee**

Fenster, das; des Fensters, die Fenster; Fens-ter; die **Fensterbank**; der **Fensterladen**; der **Fensterrahmen**; die **Fensterscheibe**

Ferien, die; der Ferien, *nur Plural*; Fe-ri-en; das **Ferienlager**

Ferkel, das (junges Schwein); des Ferkels, die Ferkel; Fer-kel; sich wie ein Ferkel benehmen

fern; ferner, am fernsten; fern; die **Fernbedienung**; **fernbleiben**; sie ist der Feier ferngeblieben; die **Ferne**; das **Ferngespräch**; das **Fernglas**; **fernhalten**, sich fernhalten; sie hat sich von den Randalierern ferngehalten; die **Fernheizung**; **fernliegen**; solch eine Einstellung liegt ihm völlig fern

Fernrohr, das; des Fernrohr(e)s, die Fernrohre; Fern-rohr; das **Fernschreiben**

Fernsehapparat, der; des Fernsehapparat(e)s, die Fernsehapparate; Fern-seh-ap-pa-rat

fernsehen; du siehst fern, er sah fern, sie hat ferngesehen; fern-se-hen; das **Fernsehen**; der **Fernseher**; das **Fernsehgerät**

Fernsehsender, der; des Fernsehsenders, die Fernsehsender; Fern-seh-sen-der; die **Fernsehsendung**; der **Fernsehzuschauer**

Fernsprecher, der; des Fernsprechers, die Fernsprecher; Fern-spre-cher; die **Fernstraße**; die **Fernwärme**

Ferse, die; der Ferse, die Fersen; Fer-se

fertig; *keine Steigerung*; fer-tig; nach dem Lauf war er völlig fertig; ein fertiger

Kuchen; sie hat ihre Arbeit fertig gemacht/fertiggemacht; **fertigbringen**; ich habe es nicht fertiggebracht, ihr die Wahrheit zu sagen; das **Fertiggericht**; das **Fertighaus**; die **Fertigkeit**; **fertigmachen**; die schlechten Nachrichten haben ihn fertiggemacht

Fessel, die; der Fessel, die Fesseln; Fes-sel; **fesseln**

fest; fester, am festesten; fest; jemanden fest anstellen, ein fest angestellter/festangestellter Mitarbeiter

Fest, das; des Fest(e)s, die Feste; Fest; der **Festakt**

festbinden; du bindest fest, er band fest, sie hat festgebunden; fest-bin-den; **festbleiben**; **festhalten**; **festigen**

Festival, das; des Festivals, die Festivals; Fes-ti-val

Festland, das; des Festland(e)s, *Plural selten*: die Festländer; Fest-land

festlegen; du legst fest, er legte fest, sie hat die Regeln festgelegt; fest-le-gen

festlich; festlicher, am festlichsten; fest-lich; festliche Kleidung ist erwünscht

festmachen; du machst fest, er machte fest, sie hat festgemacht; fest-ma-chen

Festnahme, die; der Festnahme, die Festnahmen; Fest-nah-me; **festnehmen**

Festnetz, das; des Festnetzes, die Festnetze; Fest-net-ze; die **Festplatte**; die Festplatte im PC ist beschädigt

festsetzen; du setzt fest, er setzte fest, sie hat den Termin festgesetzt; fest-set-zen

Festspiel, das; des Festspiel(e)s, die Festspiele; Fest-spiel; das Festspielhaus

feststehen; der Beschluss steht fest, er stand fest, der Termin hat festgestanden; fest-ste-hen

feststellen; du stellst fest, er stellte fest, sie hat die Personalien festgestellt; fest-stel-len; die **Feststellung**

Festtag, der; des Festtag(e)s, die Festtage; Fest-tag

Festung, die; der Festung, die Festungen; Fes-tung

Fete, die; der Fete, die Feten; Fe-te; eine tolle Fete

Fetisch, der (Zaubermittel, Zaubergegenstand); des Fetisch(e)s, die Fetische; Fe-tisch

fett; fetter, am fettesten; fett; das **Fett**; die Fette; **fettig**; das **Fettnäpfchen**; ins Fettnäpfchen treten; die **Fettsucht**; **fetttriefend**

Fetzen, der; des Fetzens, die Fetzen; Fet-zen; die Fetzen fliegen; **fetzig**; fetzige Musik

feucht; feuchter, am feuchtesten; feucht; das **Feuchtbiotop**; **feuchtfröhlich**; die **Feuchtigkeit**; der **feuchtwarm**

feudal (vornehm, prächtig); feudaler, am feudalsten; feu-dal; ein feudaler Saal; ein feudales Restaurant

Feuer, das; des Feuers, die Feuer; Feu-er; die **Feuerbestattung**; **feuerfest**; **feuergefährlich**; der **Feuerlöscher**; der **Feuermelder**

feuern (heizen; kündigen, gekündigt werden); du feuerst, er feuerte mit Koks, sie hat den Mitarbeiter gefeuert/sie ist zum 1.7. gefeuert; feu-ern; die **Feuerqualle**; die **Feuerwache**; die **Feuerwehr**; das **Feuerzeug**

Feuilleton, das [föjetong] (Teil der Zeitung zu Literatur, Theater, Film); des Feuilletons, die Feuilletons; Feuil-le-ton

feurig; feuriger, am feurigsten; feu-rig

FH, die = Fachhochschule

Fiasko, das (Misserfolg); des Fiaskos, die Fiaskos; Fi-as-ko; die Reise war ein einziges Fiasko

Fibel, die; der Fibel, die Fibeln; Fi-bel

Fiber, die (Faser); der Fiber, die Fibern; Fi-ber; Glasfiberkabel

Fichte, die (Nadelbaum); der Fichte, die Fichten; Fich-te

Fieber, das; des Fiebers, die Fieber; Fieber; **fieberhaft**; **fiebern**; das **Fieberthermometer**; **fiebrig** (*auch* fieberig)

fiedeln (nicht besonders gut auf der Geige spielen); du fiedelst, er fiedelte, sie hat gefiedelt; fie-deln

fies; fieser, am fiesesten; fies; ein fieser Kerl

FIFA, die (*auch* Fifa) = Fédération Internationale de Football Association (Internationaler Fußballverband)

fifty-fifty (unentschieden); fif-ty-fif-ty; die Aussichten sind fifty-fifty

Figur, die; der Figur, die Figuren; Fi-gur; **figürlich**

Fiktion, die; der Fiktion, die Fiktionen; Fik-ti-on; **fiktiv** (nicht wirklich, nur angenommen); *keine Steigerung*

Filet, das [file]; des Filets, die Filets; Fi-let; ein zartes Filet vom Rind

Filiale, die; der Filiale, die Filialen; Fi-li-a-le; der **Filialleiter**; die **Filialleiterin**

Film, der; des Film(e)s, die Filme; Film; **filmen**; die **Filmkamera**; der **Filmstar**

Filter, der/das; des Filters, die Filter; Filter; **filtern**; das **Filterpapier**

Filz, der; des Filzes, die Filze; Filz; der Filzhut, der Filz in der Politik; **filzen**; **filzig**; der **Filzstift**

Finale, das (Schlussteil, Endspiel); des Finales, die Finale; Fi-na-le

Finanzamt, das; des Finanzamt(e)s, die Finanzämter; Fi-nanz-amt; **Finanzen**; **finanziell**; **finanzieren**

finden; du findest, er fand, sie hat gefunden; fin-den; der **Finderlohn**; **findig**; der **Findling**

Finesse, die (Feinheit, Kniff, Trick); der Finesse, die Finessen; Fi-nes-se; ein Gerät mit allen Finessen

Finger, der; des Fingers, die Finger; Finger; der **Fingerabdruck**; **fingerbreit**; ein fingerbreiter Spalt; der **Fingerhut**; die **Fingerkuppe**; der **Fingernagel**; die **Fingerspitze**

fingieren (vortäuschen); du fingierst, er fingierte, sie hat fingiert; fin-gie-ren; ein fingierter Diebstahl

Finish, das (Endspurt, Endkampf); des Finishs, die Finishs; Fi-nish

Fink, der; des Finken, die Finken; Fink

finster; finsterer, am finstersten; fins-ter; die **Finsternis**

Finte, die (Vorwand, Täuschung); der Finte, die Finten; Fin-te; **fintenreich**

Firlefanz, der (überflüssiges Zeug); des Firlefanzes, die Firlefanze; Fir-le-fanz

Firma, die; der Firma, die Firmen; Fir-ma

Firmament, das (Himmel); des Firmament(e)s, die Firmamente; Fir-mament; Sterne stehen am Firmament

First, der; des First(e)s, die Firste; First; auf dem Dachfirst sitzen Vögel

Fisch, der; des Fisch(e)s, die Fische; Fisch; **fischen**; der **Fischer**; der **Fischotter**

fit; fitter, am fittesten; fit; die **Fitness**; das **Fitnesscenter**

fix; fixer, am fixesten; fix

fixen; du fixt, er fixte, sie hat sich um ihren Verstand gefixt; fi-xen; der **Fixer**; die **Fixerin**

fixieren (festmachen, festhalten, anstarren); du fixierst, er fixierte, sie hat fixiert; fi-xie-ren; er fixierte sie mit seinen Blicken; der **Fixstern**

flach; flacher, am flachsten; flach

Fläche, die; der Fläche, die Flächen; Fläche; der **Flächeninhalt**

flachfallen (nicht stattfinden); der Ausflug fällt flach, fiel flach, ist flachgefallen; flach-fal-len; **flachklopfen** (*auch* flach klopfen)

der Fisch
(Karpfen)

Flachland, das; des Flachland(e)s, die Flachländer; Flạch-land

flachsen [flạkßen] (scherzend Unsinn reden); du flachst, er flachste, sie hat bestimmt nur geflachst; flach-sen

Flachzange, die; der Flachzange, die Flachzangen; Flạch-zan-ge

flackern; es flackert, es flackerte, die Kerze hat geflackert; flạ-ckern

Fladen, der; des Fladens, die Fladen; Fla-den; das **Fladenbrot**

Flagge, die; der Flagge, die Flaggen; Flạg-ge; **flaggen**; zum Heimatfest hat die Stadt geflaggt

flambieren; du flambierst, er flambierte, sie hat die Früchte flambiert; flam-bie-ren

Flamme, die; der Flamme, die Flammen; Flạm-me; **flammend**; eine flammende Rede; der **Flammenwerfer**

Flanell, der; des Flanells, die Flanelle; Fla-nẹll; ein warmes Flanellhemd

Flanke, die; der Flanke, die Flanken; Flạn-ke; **flanken**; **flankieren**

Flansch, der (Anschlussstück); des Flansch(e)s, die Flansche; Flạnsch; Rohrflansch

flapsig; flapsiger, am flapsigsten; flạp-sig; eine flapsige Bemerkung

Flasche, die; der Flasche, die Flaschen; Flạ-sche; der **Flaschenöffner**; der **Flaschenzug**; die Flaschenzüge

flattern; du flatterst, er flatterte, die Fahne hat im Wind geflattert; der Zettel ist auf den Boden geflattert; flạt-tern

flau; flauer, am flauesten; flau; ihm war vor Hunger ganz flau

Flaum, der (weiche Federn, erster Bartwuchs); des Flaum(e)s, *kein Plural*; Flaum

Flausch, der; des Flausch(e)s, die Flausche; Flausch; **flauschig**

Flause, die; der Flause, die Flausen; Flau-se; du hast nur Flausen im Kopf

Flaute, die (Windstille); der Flaute, die Flauten; Flau-te; eine Flaute im Geschäft

Flechte, die; der Flechte, die Flechten; Flẹch-te; **flechten**; sie flicht Kränze, er hat dem Kind die Haare geflochten

Fleck, der; des Fleck(e)s, die Flecke/Flecken; Flẹck; **fleckig**

Fledermaus, die; der Fledermaus, die Fledermäuse; Fle-der-maus

Flegel, der; des Flegels, die Flegel; Fle-gel; **flegelhaft**; die **Flegeljahre**

flehen; du flehst, er flehte, sie hat um Hilfe gefleht; fle-hen; **flehentlich**

Fleisch, das; des Fleisch(e)s, *kein Plural*; Fleisch; der **Fleischer**; **fleischig**

Fleiß, der; des Fleißes, *kein Plural*; Fleiß; **fleißig**

flektieren (konjugieren und deklinieren);

du flektierst, er flektierte, sie hat flektiert; flek-tie-ren

flennen (weinen); du flennst, er flennte, sie hat geflennt; flen-nen

fletschen; du fletschst, er fletschte, die Löwin hat die Zähne gefletscht; flet-schen

flexibel (biegsam, anpassungsfähig); flexibler, am flexibelsten; fle-xi-bel; die **Flexibilität**; die **Flexion** (Deklination und Konjugation)

flicken; du flickst, er flickte, sie hat geflickt; fli-cken; der **Flicken**

Flickflack, der (mehrfacher Überschlag beim Turnen); des Flickflack(e)s, die Flickflacks; Flick-flack

Flieder, der; des Flieders, die Flieder; Flieder; der **Fliederstrauch**

Fliege, die; der Fliege, die Fliegen; Flie-ge; **fliegen**; er flog durch die Luft

fliehen; du fliehst, er floh, sie ist geflohen; flie-hen; die **Fliehkraft**

Fliese, die; der Fliese, die Fliesen; Flie-se; der **Fliesenleger**

Fließband, das; des Fließband(e)s, die Fließbänder; Fließ-band; **fließen**; Wasser ist in den Keller geflossen; das **Fließheck**

flimmern; es flimmert, es flimmerte, es hat mir vor den Augen geflimmert; flimmern

flink; flinker, am flinkesten; flink; flink wie ein Wiesel

Flipper, der (Spielautomat); des Flippers, die Flipper; Flip-per; **flippern**

Flirt, der [flört/flirt] (Liebelei); des Flirt(e)s, die Flirts; **flirten**

Flitter, der; des Flitters, *kein Plural*; Flit-ter; eine Jacke mit Flitter auf dem Rücken; **Flitterwochen** (erste Wochen nach der Eheschließung)

flitzen; du flitzt, er flitzte, sie ist geflitzt; flit-zen

Flocke, die; der Flocke, die Flocken; Flocke; **flockig**

Floh, der; des Floh(e)s, die Flöhe; Floh; unser Hund hat Flöhe

Flop, der; des Flops, die Flops; Flop; der Film war ein Riesen-Flop

Floppy Disc, die (*auch* Floppy Disk) (Diskette); der Floppy Disc, die Floppy Discs; Flop-py Disc

Flor, der; des Flor(e)s, die Flore; Flor; Trauerflor, Teppichflor

Florett, das; des Florett(e)s, die Florette; Flo-rett; das **Florettfechten**

florieren (gedeihen, blühen); das Geschäft floriert, es florierte , es hat floriert; flo-rie-ren

Floskel, die (nichts sagende Äußerung); der Floskel, die Floskeln; Flos-kel; **floskelhaft**

Floß, das; des Floßes, die Flöße; Floß

Flosse, die; der Flosse, die Flossen; Flosse

Flöte, die; der Flöte, die Flöten; Flö-te; **flöten**; der **Flötist**; die **Flötistin**

flott; flotter, am flottesten; flott; die **Flotte**; **flottmachen**; er hat das Boot flottgemacht

Fluch, der; des Fluch(e)s, die Flüche; Fluch; **fluchen**

Flucht, die; der Flucht, die Fluchten; Flucht; **flüchten**

flüchtig; *keine Steigerung*; flüch-tig; der **Flüchtigkeitsfehler**; der **Flüchtling**

Flug, der; des Flug(e)s, die Flüge; Flug; der **Flügel**; **flügge** (flugfähig)

Flughafen, der; des Flughafens, die Flughäfen; Flug-ha-fen; der **Fluglotse**; der **Flugplatz**; **flugs** (schnell, sofort); das **Flugzeug**

flunkern; du flunkerst, er flunkerte, sie hat geflunkert; flun-kern

fluoreszieren; das Licht fluoresziert, es

B
C
D
E
F
G
H
I
J

fluoreszierte, es hat fluoresziert; flu-o-res-zie-ren

Flur, der; des Flur(e)s, die Flure; Flur; der **Flurschaden**

Fluss, der; des Flusses, die Flüsse; Fluss; **flussab**; **flussauf**; **flüssig**; eine flüssige Handschrift; Zucker flüssig machen/flüssigmachen (verflüssigen); die **Flüssigkeit**; **flüssigmachen** (bereitstellen); Geld flüssigmachen

flüstern; du flüsterst, er flüsterte, sie hat geflüstert; flüs-tern

Flut, die; der Flut, die Fluten; Flut; **fluten**; das **Flutlicht**

Föderalismus, der (Streben nach Selbstständigkeit bei Einzelstaaten oder Bundesländern innerhalb eines Bundesstaats); des Föderalismus, *kein Plural*; Fö-de-ra-lis-mus; **föderalistisch**; die **Föderation**

Fohlen, das (*auch* Füllen) (junges Pferd); des Fohlens, die Fohlen; Foh-len

Föhn, der (warmer Wind in Gebirgsnähe; Haartrockner); des Föhns, die Föhne; Föhn; **föhnen**; er föhnte seine Haare

Föhre, die (anderer Baumname für Kiefer); der Föhre, die Föhren; Föh-re

Fokus, der (Brennpunkt einer Linse); des Fokus, die Fokusse; Fo-kus; **fokussieren**

Folge, die; der Folge, die Folgen; Fol-ge; **folgen**; **folgendermaßen**; **folgenschwer**; **folgerichtig**

folgern; du folgerst, er folgerte, sie hat gefolgert; fol-gern; die **Folgerung**

folgsam; folgsamer, am folgsamsten; folg-sam; ein folgsames Kind

Folie, die; der Folie, die Folien; Fo-lie

Folter, die; der Folter, die Foltern; Fol-ter; **foltern**; die **Folterung**

Fon, das; Fon; → Phon

Fond, der [fong] (Hintergrund); des Fonds, die Fonds

Fonds, der [fong] (eine Form der Geldanlage); des Fonds, die Fonds

Fondue, das [fondü]; des Fondues, die Fondues; Fon-due; Käsefondue

Fontäne, die; der Fontäne, die Fontänen; Fon-tä-ne

forcieren (steigern); du forcierst, er forcierte, sie hat das Tempo forciert; for-cie-ren

Förde, die; der Förde, die Förden; För-de; Kieler Förde

Förderkurs, der; des Förderkurses, die Förderkurse; För-der-kurs; **förderlich**

fordern; du forderst, er forderte, sie hat vollen Einsatz gefordert

fördern; du förderst, er förderte, sie hat gefördert; för-dern

Forderung, die; der Forderung, die Forderungen; For-de-rung

Förderung, die; der Förderung, die Förderungen; För-de-rung

Forelle, die; der Forelle, die Forellen; Fo-rel-le

Form, die; der Form, die Formen; Form; **formal**

Format, das; des Format(e)s, die Formate; For-mat; die **Formation**

Formblatt, das; des Formblatt(e)s, die Formblätter; Form-blatt

Formel, die; der Formel, die Formeln; For-mel

formell (förmlich, äußerlich); formeller, am formellsten; for-mell

formen; du formst, er formte, sie hat geformt; for-men; **förmlich**; **formlos**

Formular, das; des Formulars, die Formulare; For-mu-lar

formulieren; du formulierst, er formulierte, sie hat die Beschwerde formuliert; for-mu-lie-ren; die **Formulierung**

forsch (energisch); forscher, am forschesten; forsch

forschen; du forschst, er forschte, sie hat geforscht; for-schen; der **Forscher**; die **Forscherin**; die **Forschung**

Forst, der; des Forst(e)s, die Forste/Forsten; Forst; der **Förster**; die **Försterei**; die **Forstwirtschaft**

Forsythie, die; der Forsythie, die Forsythien; For-sy-thie; Forsythien blühen im Frühling

fort [Adv.]; fort; die Gäste sind schon fort; er klagte in einem fort

Fort, das [for] (Befestigungsanlage); des Forts, die Forts

fortan [Adv.]; fort-an; fortan blieb sie im Haus

fortbewegen, sich fortbewegen; du bewegst dich fort, er bewegte sich fort, sie hat sich fortbewegt; fort-be-we-gen; die **Fortbewegung**

fortbilden; du bildest fort, er bildete fort, sie hat sich fortgebildet; fort-bil-den; die **Fortbildung**

fortfahren; du fährst fort, er fuhr fort, sie ist mit dem Fahrrad fortgefahren; fort-fah-ren; **fortfliegen**; die Vögel sind fortgeflogen; **fortgehen**; er ist fortgegangen

fortgeschritten; fortgeschrittener, am fortgeschrittensten; fort-ge-schrit-ten; **fortgesetzt**; fortgesetzte Kränkungen

fortjagen; du jagst fort, er jagte fort, sie hat die Katze fortgejagt; fort-ja-gen

fortlaufen; du läufst fort, er lief fort, sie ist fortgelaufen; fort-lau-fen

fortpflanzen, sich fortpflanzen; du pflanzt dich fort, er pflanzte sich fort, sie hat sich fortgepflanzt; fort-pflan-zen; die **Fortpflanzung**

Fortschritt, der; des Fortschritt(e)s, die Fortschritte; Fort-schritt; **fortschrittlich**

fortsetzen; du setzt fort, er setzte fort, sie hat fortgesetzt; fort-set-zen; die **Fortsetzung**

fortwährend; *keine Steigerung*; fort-wäh-rend; das fortwährende Reden stört sehr

Forum, das; des Forums, die Foren; Fo-rum

fossil; *keine Steigerung*; fos-sil; das **Fossil**; die Fossilien

Foto, das; des Fotos, die Fotos; Fo-to; der **Fotograf**; die **Fotografie** (*auch* Photographie); **fotografieren**

Fotokopie, die; der Fotokopie, die Fotokopien; Fo-to-ko-pie; **fotokopieren**; die **Fotomontage**; die **Fotozelle**

Fötus, der (*auch* Fetus) (Leibesfrucht nach dem Ende des 3. Schwangerschaftsmonats); des Fötus/Fötusses, die Fötusse/Föten; Fö-tus

Foul, das [faul] (Regelverstoß); des Fouls, die Fouls; **foulen**; sie hat die gegnerische Spielerin gefoult

Foyer, das [foaje]; des Foyers, die Foyers; Fo-yer; wir treffen uns im Theaterfoyer

Fracht, die; der Fracht, die Frachten; Fracht; der **Frachtbrief**; der **Frachter**

Frage, die; der Frage, die Fragen; Fra-ge; der **Fragebogen**; **fragen**; sie hat gefragt; das **Fragezeichen**; **fraglich**; in der fraglichen Nacht war sie zu Hause

Fragment, das (unvollendetes Kunstwerk); des Fragment(e)s, die Fragmente; Frag-ment; **fragmentarisch**

Fraktion, die; der Fraktion, die Fraktionen; Frak-ti-on

Fraktur, die (Knochenbruch); der Fraktur, die Frakturen; Frak-tur

frankieren; du frankierst, er frankierte, sie hat frankiert; fran-kie-ren; einen Brief frankieren

Franse, die; der Franse, die Fransen; Fran-se; eine Hose mit Fransen; **fransig**

fräsen (Holz, Metall mit einer Fräse bearbeiten und formen); du fräst, er fräste,

B C D E F G H I J

sie hat gefräst; fra-sen; der **Fräser**; die **Fräserin**

Fraß, der; des Fraßes, die Fraße; Fraß; den Löwen zum Fraß vorwerfen

Fratze, die; der Fratze, die Fratzen; Frat-ze; Fratzen schneiden

Frau, die; der Frau, die Frauen; Frau; die **Frauenbeauftragte**; die **Frauenrechtlerin**; das **Fräulein**

Freak, der [frik]; des Freaks, die Freaks; ein Motorradfreak tut alles für sein Hobby

frech; frecher, am frechsten; frech; der **Frechdachs**; die **Frechheit**

Freeclimbing, der (*auch* Free Climbing) [friklaiming] (Bergsteigen ohne Hilfsmittel wie Seile und Haken); des Freeclimbings, *kein Plural*; Free-clim-bing

frei; freier, am frei(e)sten; frei; das **Freibad**; das **Freibier**; der **Freier**; → Kasten „frei"

freigebig; freigebiger, am freigebigsten; frei-ge-big; die **Freigebigkeit**

freihalten; du hältst frei, er hielt frei, sie hat ihm den Platz freigehalten; frei-halten; **freihändig**

Freiheit, die; der Freiheit, die Freiheiten; Frei-heit; **freiheitlich**; die **Freiheitsstrafe**

Freiherr, der; des Freiherrn, die Freiherren; Frei-herr

frei

Getrennt- und Zusammenschreibung:

Wortgruppen mit dem Adjektiv „frei" und einem Verb werden getrennt geschrieben.
Tipp: Solche Wortgruppen erkennst du oft daran, dass ein oder mehrere Wörter zwischen „frei" und Verb eingeschoben werden können:

- sie will frei (ihren Text) sprechen
- das Kleinkind hat frei (im Zimmer) gestanden
- in der Savanne können Löwen und Tiger frei (und ungestört) leben

Es gibt einige Verben mit jeweils einer eigenen Bedeutung wie „freihalten", „freilassen", „freimachen" oder „freisprechen". Sie werden im Infinitiv, beim Partizip und bei Endstellung des Verbs im Nebensatz zusammengeschrieben:

- du wirst mir doch einen Platz freihalten (= reservieren)
- der Gefangene wird freigelassen (= entlassen)
- die Angeklagten müssen wohl freigesprochen werden (= unschuldig sein)
- ich weiß nicht, ob er den Brief freimacht (= frankiert)

Tipp: Solche Zusammensetzungen erkennst du oft daran, dass beim Sprechen die Betonung auf „frei" liegt.

Im manchen Fällen ist Getrennt- oder Zusammenschreibung möglich:

- Geiseln frei bekommen/freibekommen
- Wurzeln frei legen/freilegen
- den Weg frei machen/freimachen
- morgen will ich frei nehmen/freinehmen
- frei lebende/freilebende Löwen
- frei stehende/freistehende Häuser

freilassen; du lässt frei, er ließ frei, sie hat freigelassen; frei-las-sen; die **Freilassung**

Freilauf, der; des Freilauf(e)s, die Freiläufe; Frei-lauf; ein Rad mit Freilauf

freilich [Adv.] (bestimmt); frei-lich; freilich hat er das gewusst

Freilichtbühne, die; der Freilichtbühne, die Freilichtbühnen; Frei-licht-büh-ne

freimachen[1] (*auch* frei machen); du machst frei, er machte frei, sie hat ein paar Tage freigemacht/frei gemacht; frei-ma-chen; **freimachen**[2] (frankieren); einen Brief freimachen; **freinehmen** (*auch* frei nehmen); eine Woche freinehmen/frei nehmen

freisprechen; du sprichst ihn frei, er sprach ihn frei, sie hat die Jugendlichen freigesprochen; frei-spre-chen; der **Freispruch**

Freistoß, der; des Freistoßes, die Freistöße; Frei-stoß

Freitag, der; des Freitag(e)s, die Freitage; Frei-tag; **freitags** → Kasten „Dienstag/dienstags"

Freitod, der (Selbstmord); des Freitod(e)s, die Freitode; Frei-tod

Freiübung, die; der Freiübung, die Freiübungen; Frei-übung

freiwillig; freiwilliger, am freiwilligsten; frei-wil-lig; das **Freizeichen**

Freizeit, die; der Freizeit, die Freizeiten; Frei-zeit; das **Freizeitangebot**; der **Freizeitpark**

freizügig; freizügiger, am freizügigsten; frei-zü-gig; die **Freizügigkeit**

fremd; *keine Steigerung*; fremd; der **Fremdenverkehr**; der **Fremdkörper**; die **Fremdsprache**; das **Fremdwort**

Frequenz, die; der Frequenz, die Frequenzen; Fre-quenz

fressen; du frisst, er fraß, sie hat gefressen; fres-sen; das **Fressen**; der **Fresser**; die **Fresserei**

Frettchen, das (kleines Raubtier); des Frettchens, die Frettchen; Frett-chen; → Iltis

Freude, die; der Freude, die Freuden; Freu-de; **freudestrahlend**; **freudig**; **freudlos**; **freuen**, sich freuen

Freund, der; des Freundes, die Freunde; Freund; der **Freundeskreis**; die **Freundin**

freundlich; freundlicher, am freundlichsten; freund-lich; die **Freundlichkeit**

Freundschaft, die; der Freundschaft, die Freundschaften; Freund-schaft; **freundschaftlich**

Frevel, der (schwerer Verstoß gegen die Ordnung); des Frevels, die Frevel; Fre-vel; **frevelhaft**; der **Frevler**

Friede/Frieden, der; des Friedens, die Frieden; Frie-den; der **Friedensvertrag**; **friedfertig**; der **Friedhof**; **friedlich**

frieren; du frierst, er fror, sie hat/ist gefroren; frie-ren

Frikadelle, die (gebratener Kloß aus Hackfleisch); der Frikadelle, die Frikadellen; Fri-ka-del-le

Frikassee, das; des Frikassees, die Frikassees; Fri-kas-see; Hühnerfrikassee

Frisbee, das [frißbi]; des Frisbee, die Frisbees; Fris-bee; sie spielen Frisbee

frisch; frischer, am frischesten; frisch; frisch gebackenes/frischgebackenes Brot; **frischauf**; die **Frische**; **frischgebacken**; ein frischgebackenes Ehepaar; der **Frischhaltebeutel**; der **Frischling**

Friseur, der (*auch* Frisör); des Friseurs, die Friseure; Fri-seur; die **Friseurin** (*auch* Frisörin); die **Friseuse**; **frisieren**

Frist, die; der Frist, die Fristen; Frist; **fristgerecht**; **fristlos**

Frisur, die; der Frisur, die Frisuren; Fri-sur;

der **Friseur** (*auch* Frisör); die **Friseurin** (*auch* Frisörin)

frittieren; du frittierst, er frittierte, sie hat frittiert; frit-tie-ren

froh; froher, am froh(e)sten; frọh; **fröhlich**; die **Fröhlichkeit**; der **Frohsinn**

fromm; frommer/frömmer, am frommsten/frömmsten; frọmm; die **Frömmigkeit**

Front, die; der Front, die Fronten; Frọnt; **frontal**; der **Frontantrieb**

Frosch, der; des Frosch(e)s, die Frösche; Frọsch; der **Froschlaich**; der **Froschmann**

Frost, der; des Frost(e)s, die Fröste; Frọst; **frösteln**; **frostfrei**; **frostig**

Frottee, der/das (*auch* Frotté); des Frottees, die Frottees; Frot-tee; das **Frotteehandtuch** (*auch* Frottéhandtuch); **frottieren**; das **Frottiertuch**

frotzeln; du frotzelst, er frotzelte, sie hat gefrotzelt; frọt-zeln

Frucht, die; der Frucht, die Früchte; Frụcht; **fruchtbar**; die **Fruchtbarkeit**; **fruchtig**; der **Fruchtsaft**; der **Fruchtzucker**

früh; früher, am früh(e)sten; früh; der **Frühaufsteher**; die **Frühe**; **frühestens**

Frühjahr, das; des Frühjahr(e)s, *kein Plural*; Früh-jahr; der **Frühling**; **frühmorgens**; frühmorgens schneite es; **frühreif**; der **Frühsport**

Frühstück, das; des Frühstück(e)s, die Frühstücke; Früh-stück; **frühstücken**; ich habe schon gefrühstückt; das **Frühstücksbüfett**

Frust, der; des Frust(e)s, *Plural selten*: die Fruste; Frụst; **frustrieren**

Fuchs, der; des Fuches, die Füchse; Fụchs; **fuchsen** (ärgern); die Niederlage fuchst mich sehr

Fuchsie, die [fụkßie]; der Fuchsie, die Fuchsien; Fuch-sie

Fuchsschwanz, der; des Fuchsschwanzes, die Fuchsschwänze; Fụchs-schwanz; eine bestimmte Säge heißt auch Fuchsschwanz; **fuchsteufelswild**

fuchteln; du fuchtelst mit den Armen, er fuchtelte, sie hat gefuchtelt; fụch-teln

Fuge, die; der Fuge, die Fugen; Fu-ge

fügen; du fügst, er fügte, sie hat gefügt; fü-gen; **fügsam**; die **Fügung**

fühlen; du fühlst, er fühlte, sie hat gefühlt; füh-len; der **Fühler**; die **Fühlungnahme**

Fuhre, die; der Fuhre, die Fuhren; Fuh-re; **führen**; der **Führer**; der **Führerschein**; der **Fuhrpark**

Führung, die; der Führung, die Führungen; Füh-rung; das **Führungszeugnis**; das **Fuhrunternehmen**; das **Fuhrwerk**

Fülle, die; der Fülle, *kein Plural*; Fụ̈l-le

Füllen (junges Pferd); Fụ̈l-len → Fohlen

füllen; du füllst, er füllte, sie hat gefüllt; der **Füller**; der **Füllfederhalter**; **füllig**; die **Füllmasse**

Fulltimejob, der (*auch* Fulltime-Job) [fụll-taimdschob] (Ganztagsarbeit); des Fulltimejobs, die Fulltimejobs; Full-time-job

Füllung, die; der Füllung, die Füllungen; Fụ̈l-lung; das **Füllwort**

Fummelei, die; der Fummelei, die Fummeleien; Fum-me-lei; hör auf mit der Fummelei; **fummeln**; irgendwie fummelte er das hin

Fund, der; des Fund(e)s, die Funde; Fụnd

Fundament, das; des Fundament(e)s, die Fundamente; Fun-da-mẹnt; **fundamental**; der **Fundamentalist**

Fundbüro, das; des Fundbüros, die Fundbüros; Fụnd-bü-ro; die **Fundgrube**

fundiert; fundierter, am fundiertesten; fun-diert; eine fundierte Antwort

fündig [Adv.]; fụ̈n-dig; bei Bohrungen wurden sie fündig; der **Fundort**; die **Fundstelle**

Fundus, der; des Fundus, die Fundus; Fun-dus; Theaterfundus

fünf; fünf; die **Fünf**; er hat eine Fünf geschrieben; **fünffach**; der **Fünfkampf**; **fünfzig**; → Kasten „acht/Acht"

fungieren; du fungierst, er fungierte, sie hat als Schiedsrichterin fungiert; fun-gie-ren

Funk, der; des Funks, *kein Plural*; Funk; der **Funkamateur**; die **Funkamateurin**

Funke, der (*auch* Funken); des Funken(s), die Funken; Fun-ke; **funkeln**; **funkelnagelneu**

funken; du funkst, er funkte, sie hat gefunkt; fun-ken; das **Funksprechgerät**; der **Funkspruch**; das **Funktaxi**

Funktion, die; der Funktion, die Funktionen; Funk-ti-on; der **Funktionär**; **funktionieren**; **funktionsfähig**; die **Funktionsstörung**

Funkturm, der; des Funkturm(e)s, die Funktürme; Funk-turm

für [Präp.]; für; für die Schule (Akk.); das Für und Wider

Furche, die; der Furche, die Furchen; Furche

Furcht, die; der Furcht, *kein Plural*; Furcht; **furchtbar**; **fürchten**; **fürchterlich**; **furchtlos**; **furchtsam**

füreinander [Adv.]; für-ei-nan-der/für-ein-an-der; sie sorgten füreinander

Furnier, das; des Furniers, die Furniere; Fur-nier; ein Schrank mit hellem Furnier

Fürsorge, die; der Fürsorge, die Fürsorgen; Für-sor-ge

Fürsprache, die; der Fürsprachen, die Fürsprachen; Für-spra-che; der **Fürsprecher**

Fürst, der; des Fürsten, die Fürsten; Fürst; das **Fürstentum**; **fürstlich**

Furt, die; der Furt, die Furten; Furt; den Fluss an der Furt überqueren

Furunkel, der/das; des Furunkels, die Furunkel; Fu-run-kel

Fürwort, das (Pronomen); des Fürwort(e)s, die Fürwörter; Für-wort; „mein" ist ein Fürwort

Fusion, die (Zusammenschluss); der Fusion, die Fusionen; Fu-si-on; Firmenfusion; **fusionieren**

Fuß, der; des Fußes, die Füße; Fuß; der **Fußball**; sie kann gut Fußball spielen; der **Fußballplatz**; das **Fußballspiel**; die **Fußballweltmeisterschaft**

Fußboden, der; des Fußbodens, die Fußböden; Fuß-bo-den; **fußbreit**; ein fußbreiter Spalt; der **Fußgänger**; die **Fußgängerzone**; **fußhoch**; fußhohes Gras; der **Fußpilz**

Fußweg, der; des Fußweg(e)s, die Fußwege; Fuß-weg

Futter[1], das; des Futters, *kein Plural*; Fut-ter; Pferdefutter; das **Futter**[2]; das Futter im Mantel ist zerrissen; **futtern**; sie haben Popcorn gefuttert; **füttern**; füttere/füttre den Kleinen!

Futur, das (Zukunft); des Futurs, *Plural selten*: die Future; Fu-tur; Beispiel: Ich werde lesen.

G

g = Gramm; 250 g

Gabe, die; der Gabe, die Gaben; Ga-be

Gabel, die; der Gabel, die Gabeln; Ga-bel; **gabeln**, sich gabeln; dort gabeln sich die Straßen; der **Gabelstapler**

gaffen; du gaffst, er gaffte, sie hat gegafft; gaf-fen; der **Gaffer**

Gag, der [gäk]; des Gags, die Gags; ein gelungener Gag

Gage, die [gasche] (Bezahlung, Honorar); der Gage, die Gagen; Ga-ge

gähnen; du gähnst, er gähnte, sie hat gegähnt; gäh-nen

Gala, die = Galavorstellung (*auch* festliche Kleidung); der Gala, *kein Plural*; Ga̲-la

galant; galanter, am galantesten; ga-lạnt; der alte Herr war sehr galant

Galavorstellung, die; der Galavorstellung, die Galavorstellungen; Ga̲-la-vor-stel-lung

Galerie, die; der Galerie, die Galerien; Ga-le-ri̲e̲

Galgen, der; des Galgens, die Galgen; Gạl-gen; die **Galgenfrist**; der **Galgenhumor** (Humor, der sich in unangenehmen Situationen zeigt)

Galle, die; der Galle, die Gallen; Gạl-le; die **Gallenblase**

Galopp, der; des Galopps, die Galopps/Galoppe; Ga-lọpp; **galoppieren**

galvanisieren; du galvanisierst, er galvanisierte, sie hat galvanisiert; gal-va-ni-sie̲-ren; in der metallverarbeitenden Industrie wird galvanisiert

Gameboy, der; des Gameboy(s), die Gameboys; Game-boy

gammelig (*auch* gammlig); gammeliger, am gammeligsten; gạm-me-lig; **gammeln**; nur gegammelt, kaum etwas getan

Gämse, die; der Gämse, die Gämsen; Gạ̈m-se

Gang[1], die [gạ̈ng] (Bande); der Gang, die Gangs

Gang[2], der; des Gangs, die Gänge; Gạng; die **Gangart**; Schritt, Trab und Galopp sind verschiedene Gangarten; **gangbar**

Gängelband, das; des Gängelbandes, die Gängelbänder; Gạ̈n-gel-band; **gängeln**; sie versucht, Schüler zu gängeln

gängig; gängiger, am gängigsten; gạ̈n-gig; die **Gangschaltung**

Gangster, der [gạ̈nßter]; des Gangsters, die Gangster; Gangs-ter; der **Gangsterboss**

gang und gäbe (üblich sein); gạng und gä̲-be; das ist bei uns gang und gäbe

Gangway, die [gạ̈ngwäi] (Laufgang zum Besteigen eines Flugzeugs oder Schiffs); der Gangway, die Gangways; Gang-way

Gans, die; der Gans, die Gänse; Gạns; das **Gänseblümchen**; die **Gänsehaut**; der **Gänsemarsch**

Ganter, der (*auch* Gänserich) (männliche Gans); des Ganters, die Ganter; Gạn-ter

ganz; *keine Steigerung*; gạnz; ganz schnell; die **Ganzheit**; **ganzheitlich**; die **Ganzheitsmedizin**; **gänzlich**; sein gänzlicher Mangel an Humor

gar[1]; ga̲r; das Fleisch ist gar; **gar**[2] = sogar; er schläft gar am helllichten Tag

Garage, die; der Garage, die Garagen; Ga-ra̲-ge

Garantie, die; der Garantie, die Garantien; Ga-ran-ti̲e̲; **garantieren**

Garaus, der; *nur in* jemandem den Garaus machen, ; Ga̲-raus/Ga̲r-aus

Garbe, die (Bündel); der Garbe, die Garben; Gạr-be

Garde, die (Elitetruppe); der Garde, die Garden; Gạr-de

Garderobe, die; der Garderobe, die Garderoben; Gar-de-ro̲-be

Gardine, die; der Gardine, die Gardinen; Gar-di̲-ne

gären; es gärt, der Saft gärte/gor, im Verein hat es gegärt; der Wein hat/ist gegoren; gä̲-ren

garen; du garst, er garte, sie hat das Essen gegart; ga̲-ren

Garn, das; des Garn(e)s, die Garne; Gạrn

Garnele, die (Krebstier); der Garnele, die Garnelen; Gar-ne̲-le

garnieren; du garnierst, er garnierte, sie hat garniert; gar-ni̲e̲-ren; die **Garnierung**

Garnknäuel, der/das; des Garnknäuels, die Garnknäuel; Gạrn-knäu-el

garstig; garstiger, am garstigsten; gạrs-tig; garstiges Wetter

Garten, der; des Gartens, die Gärten; Gar-ten; das **Gartenbeet**; das **Gartenfest**

Gärtner, der; des Gärtners, die Gärtner; Gärt-ner; die **Gärtnerei**; die **Gärtnerin**

Gärung, die; der Gärung, die Gärungen; Gä-rung

Gas, das; des Gases, die Gase; Gas; die **Gasmaske**; der **Gasometer**; das **Gaspedal**

Gasse, die; der Gasse, die Gassen; Gas-se; das **Gässlein** (*auch* Gässchen)

Gast, der; des Gast(e)s, die Gäste; Gast; die **Gästezimmer**; **gastfreundlich**; das **Gasthaus**; **gastlich**; das **Gastmahl**

Gastronomie, die (Gaststättengewerbe; auch: feine Kochkunst); der Gastronomie, die Gastronomien; Gas-tro-no-mie/Gast-ro-no-mie; **gastronomisch**; im gastronomischen Bereich

Gastspiel, das; des Gastspiel(e)s, die Gastspiele; Gast-spiel; die **Gaststätte**; der **Gastwirt**

Gatte, der (vornehmer Ausdruck für: Ehemann); des Gatten, die Gatten; Gat-te; die **Gattin**; die **Gattung**

gaukeln (vortäuschen); du gaukelst das nur vor, er gaukelte, sie hat gegaukelt; gau-keln; der **Gaukler**

Gaul, der; des Gaul(e)s, die Gäule; Gaul

Gaumen, der; des Gaumens, die Gaumen; Gau-men

Gauner, der; des Gauners, die Gauner; Gau-ner; die **Gaunerei**

Gaze, die [gase]; der Gaze, die Gazen; Ga-ze; mit Gaze bespannen

Gazelle, die; der Gazelle, die Gazellen; Ga-zel-le

Gebäck, das; des Gebäck(e)s, die Gebäcke; Ge-bäck

Gebälk, das; des Gebälks, *Plural selten*: die Gebälke; Ge-bälk

Gebärde, die; der Gebärde, die Gebärden; Ge-bär-de; **gebärden**, sich gebärden; er gebärdete sich wie toll

gebären; du gebärst/gebierst, sie gebar, sie hat ein Kind geboren; ge-bä-ren

Gebaren, das (Benehmen, Verhalten); des Gebarens, *kein Plural*; Ge-ba-ren

Gebäude, das; des Gebäudes, die Gebäude; Ge-bäu-de; der **Gebäudekomplex**; die **Gebäudereinigung**

Gebein, das (Knochen); des Gebein(e)s, die Gebeine; Ge-bein

geben; du gibst, er gab, sie hat gegeben; ge-ben

Gebet, das; des Gebet(e)s, die Gebete; Ge-bet; der **Gebetsteppich**

Gebiet, das; des Gebiet(e)s, die Gebiete; Ge-biet; **gebieten**; er gebot Ruhe; der **Gebieter**

Gebirge, das; des Gebirges, die Gebirge; Ge-bir-ge; **gebirgig**

Gebiss, das; des Gebisses, die Gebisse; Ge-biss

Gebläse, das; des Gebläses, die Gebläse; Ge-blä-se

geblümt; geblümter, am geblümtesten; ge-blümt; eine geblümte Tapete

geboren; ge-bo-ren; → gebären

geborgen; geborgener, am geborgensten; ge-bor-gen; die **Geborgenheit**

Gebot, das; des Gebot(e)s, die Gebote; Ge-bot

Gebrauch, der; des Gebrauch(e)s, die Gebräuche; Ge-brauch; **gebrauchen**; **gebräuchlich**; die **Gebrauchsanweisung**; der **Gebrauchtwagen**

Gebrechen, das; des Gebrechens, die Gebrechen; Ge-bre-chen; **gebrechlich**

Gebrüder, die; der Gebrüder, *nur Plural*; Ge-brü-der; Eisenwarenhandlung Gebr. Krause

Gebrüll, das; des Gebrüll(e)s, *kein Plural*; Ge-brüll

C D E F G H I J K

C D E F G H I J K

Gebühr, die; der Gebühr, die Gebühren; Ge-bu̲hr; der **Gebührenerlass**; **gebührenfrei**; **gebührenpflichtig**

Geburt, die; der Geburt, die Geburten; Ge-bu̲rt; die **Geburtenkontrolle**; die **Geburtenregelung**

Geburtstag, der; des Geburtstag(e)s, die Geburtstage; Ge-bu̲rts-tag; das **Geburtstagsgeschenk**; die **Geburtstagsparty**; die **Geburtsurkunde**

Gebüsch, das; des Gebüsch(e)s, die Gebüsche; Ge-bụsch

Gedächtnis, das; des Gedächtnisses, die Gedächtnisse; Ge-dạcht-nis

Gedanke, der; des Gedanken, die Gedanken; Ge-dạn-ke; **gedankenlos**; die **Gedankenlosigkeit**; der **Gedankenstrich**; **gedanklich**

gedeihen; du gedeihst, er gedieh, das Gemüse ist gut gediehen; ge-de̲i̲-hen

gedenken; du gedenkst, er gedachte, sie hat ihres verstorbenen Vaters gedacht; ge-dẹn-ken; der **Gedenktag**

Gedicht, das; des Gedicht(e)s, die Gedichte; Ge-dịcht

gediegen; gediegener, am gediegensten; ge-di̲e̲-gen; eine gediegen eingerichtete Wohnung

Gedränge, das; des Gedränges, *kein Plural*; Ge-drạ̈n-ge

gedrungen; gedrungener, am gedrungensten; ge-drụn-gen; gedrungener Körperbau

Geduld, die; der Geduld, *kein Plural*; Ge-dụld; **gedulden**, sich gedulden; **geduldig**; das **Geduldsspiel**

geeignet; geeigneter, am geeignetesten/geeignetsten; ge-e̲i̲g-net

Gefahr, die; der Gefahr, die Gefahren; Ge-fa̲hr; **gefährden**; **gefährlich**; **gefahrlos**

Gefährte, der; des Gefährten, die Gefährten; Ge-fä̲hr-te; die **Gefährtin**

gefahrvoll; gefahrvoller, am gefahrvollsten; ge-fa̲hr-voll

Gefälle, das; des Gefälles, die Gefälle; Ge-fạ̈l-le

gefallen; du gefällst mir, er gefiel ihr, sie hat ihm gefallen; ge-fạl-len; der **Gefallen**; **gefällig**; ein gefälliges Spiel

gefangen; *keine Steigerung*; ge-fạn-gen; ein gefangenes Tier; gefangen nehmen; ein gefangen genommener/gefangengenommener Soldat; der/die **Gefangene**; das **Gefängnis**

Gefäß, das; des Gefäßes, die Gefäße; Ge-fä̲ß

Gefecht, das; des Gefecht(e)s, die Gefechte; Ge-fẹcht

Gefieder, das; des Gefieders, die Gefieder; Ge-fi̲e̲-der; **gefiedert**

Geflecht, das; des Geflecht(e)s, die Geflechte; Ge-flẹcht

geflissentlich; geflissentlicher, am geflissentlichsten; ge-flịs-sent-lich

Geflügel, das; des Geflügels, *kein Plural*; Ge-flü̲-gel; **geflügelt**; ein geflügeltes Wort, das sie oft verwendete

Gefolge, das; des Gefolges, die Gefolge; Ge-fọl-ge; die **Gefolgschaft**; **Gefolgsleute**

gefräßig; gefräßiger, am gefräßigsten; ge-frä̲-ßig; die **Gefräßigkeit**

Gefreite, der; des Gefreiten, die Gefreiten; Ge-fre̲i̲-te

gefrieren; es gefriert, es gefror, es ist gefroren; ge-fri̲e̲-ren; das **Gefrierfleisch**; die **Gefriertruhe**

Gefüge, das; des Gefüges, die Gefüge; Ge-fü̲-ge; ein Gefüge von Stäben; das wirtschaftliche Gefüge eines Landes

Gefühl, das; des Gefühl(e)s, die Gefühle; Ge-fü̲hl; **gefühllos**; die **Gefühlssache**; **gefühlvoll**

gegen [Präp.]; ge̲-gen; gegen den Strom schwimmen, gegen Abend (Akk.)

Gegend, die; der Gegend, die Gegenden; Ge-gend

gegeneinander [Adv.]; ge-gen-ei-nan-der/ge-gen-ein-an-der; sie wollten nicht gegeneinander kämpfen; **gegeneinanderprallen**; die Kugeln waren gegeneinandergeprallt; **gegeneinanderstellen**; **gegeneinanderstoßen**

Gegenfahrbahn, die; der Gegenfahrbahn, die Gegenfahrbahnen; Ge-gen-fahr-bahn; **gegenlesen**; zur Kontrolle hat er den Text gegengelesen; der **Gegensatz**; **gegenseitig**; gegenseitige Sympathie

Gegenstand, der; des Gegenstand(e)s, die Gegenstände; Ge-gen-stand; das **Gegenteil**

gegenüber; ge-gen-über; gegenüber seiner Schwester war er sehr großzügig; gegenüber dem Laden steht ein Haus; **gegenüberstellen**; er wurde dem Zeugen gegenübergestellt; **gegenübertreten**

Gegenverkehr, der; des Gegenverkehrs, die Gegenverkehre; Ge-gen-ver-kehr

Gegenwart, die; der Gegenwart, *kein Plural*; Ge-gen-wart; **gegenwärtig**

Gegner, der; des Gegners, die Gegner; Geg-ner; **gegnerisch**

Gehackte, das; des Gehackten, *kein Plural*; Ge-hack-te; 250 g Gehacktes

Gehalt[1], das; des Gehalt(e)s, die Gehälter; Ge-halt; als Angestellter bezog er ein bescheidenes Gehalt; der **Gehalt**[2] (Wert; Bestandteil); des Gehalt(e)s, die Gehalte; der Gehalt des Glaubens; der Gehalt an Vitaminen; **gehaltvoll**; gehaltvolle Speisen

gehandikapt (*auch* gehandicapt) (behindert, benachteiligt); ge-han-di-kapt

gehässig; gehässiger, am gehässigsten; ge-häs-sig; die **Gehässigkeit**

Gehäuse, das; des Gehäuses, die Gehäuse; Ge-häu-se

gehbehindert; *keine Steigerung*; geh-be-hin-dert; ein stark gehbehinderter Mann

Gehege, das; des Geheges, die Gehege; Ge-he-ge; das neue Gehege im Zoo

geheim; geheimer, am geheimsten; ge-heim; der **Geheimdienst**; das **Geheimnis**; **geheimnisvoll**

gehen; du gehst, er ging, sie ist gegangen; ge-hen; **gehenlassen**, sich gehenlassen (*auch* gehen lassen); du darfst dich nicht so gehenlassen

Gehirn, das; des Gehirn(e)s, die Gehirne; Ge-hirn; die **Gehirnerschütterung**; die **Gehirnwäsche**

Gehölz, das; des Gehölzes, die Gehölze; Ge-hölz

Gehör, das; des Gehör(e)s, *kein Plural*; Ge-hör

gehorchen; du gehorchst, er gehorchte, sie hat gehorcht; ge-hor-chen

gehören; es gehört ihm, es gehörte ihr, es hat ihm gehört; ge-hö-ren

Gehörgang, der; des Gehörgang(e)s, die Gehörgänge; Ge-hör-gang

gehörig; *keine Steigerung*; ge-hö-rig; er hat gehörigen Respekt vor seiner Mutter

gehörlos; *keine Steigerung*; ge-hör-los; die **Gehörlosigkeit**

gehorsam; gehorsamer, am gehorsamsten; ge-hor-sam; der **Gehorsam**

Gehweg, der; des Gehweg(e)s, die Gehwege; Geh-weg

Geier, der; des Geiers, die Geier; Gei-er

Geige, die; der Geige, die Geigen; Gei-ge; der **Geiger**; die **Geigerin**

Geigerzähler, der (Gerät zur Messung radioaktiver Strahlung); des Geigerzählers, die Geigerzähler; Gei-ger-zäh-ler

geil (kräftig; auch lüstern); geiler, am geilsten; geil; manche sagen statt „toll" ständig „geil"

Geisel, die; der Geisel, die Geiseln; Gei-sel; die **Geiselnahme**; der **Geiselnehmer**

Geiß, die (Ziege); der Geiß, die Geißen; Geiß; der **Geißbock**

Geißel, die (Peitsche, Plage); der Geißel, die Geißeln; Gei-ßel; eine Geißel der Menschheit; **geißeln**

Geist, der; des Geist(e)s, die Geister; Geist; der **Geisterfahrer**

geistesgegenwärtig; geistesgegenwärtiger, am geistesgegenwärtigsten; geis-tes-ge-gen-wär-tig; eine geistesgegenwärtige Reaktion; **geistesgestört**; **geisteskrank**; die **Geisteskrankheit**; **geistig**; das Gespräch war geistig anregend; **geistlich**; geistliche Lieder; der **Geistliche**

Geiz, der; des Geizes, *kein Plural*; Geiz; **geizen**; die Zuschauer geizten nicht mit Beifall; der **Geizhals**; **geizig**

Gel, das = Gelatine; des Gels, die Gele; Gel; Haargel

Gelächter, das; des Gelächters, die Gelächter; Ge-läch-ter

Gelände, das; des Geländes, die Gelände; Ge-län-de; die **Geländefahrt**; **geländegängig**

Geländer, das; des Geländers, die Geländer; Ge-län-der

gelangen; du gelangst, er gelangte, sie ist ans Ziel gelangt; ge-lan-gen

gelassen; gelassener, am gelassensten; ge-las-sen; die **Gelassenheit**

Gelatine, die; der Gelatine, die Gelatinen; Ge-la-ti-ne; → Gel

geläufig; geläufiger, am geläufigsten; ge-läu-fig; die **Geläufigkeit**

gelb; gelber, am gelbsten; gelb; ein gelbes Trikot; der Schiedsrichter hat die Gelbe Karte gezeigt; das **Gelb**; ein leuchtendes Gelb; **gelbgrün**; **gelblich**; die **Gelbsucht**; → Kasten „blau"

Geld, das; des Geldes, die Gelder; Geld; der **Geldautomat**; der **Geldschein**; die **Geldstrafe**; das **Geldstück**

Gelee, der/das; des Gelees, die Gelees; Ge-lee; Fruchtgelee

gelegen; gelegener, am gelegensten; ge-le-gen; das kommt mir sehr gelegen; die **Gelegenheit**; **gelegentlich**

gelehrig; gelehriger, am gelehrigsten; ge-leh-rig; **gelehrt**; der/die **Gelehrte**

Gelenk, das; des Gelenk(e)s, die Gelenke; Ge-lenk; **gelenkig**; die **Gelenkigkeit**

Geliebte, der/die; des/der Geliebten, die Geliebten; Ge-lieb-te

gelind (*auch* gelinde) (schwach, gering); gelinder, am gelindesten; ge-lind; eine gelinde Strafe

gelingen; es gelingt alles, es gelang ihr, die Torte ist gelungen; ge-lin-gen

gellen (laut rufen, schreien, pfeifen); es gellt, es gellte, es hat gegellt; gel-len; Pfiffe gellen über den Platz

geloben; du gelobst, er gelobte, sie hat Besserung gelobt; ge-lo-ben; das **Gelöbnis** (feierliches Versprechen)

gelten; du giltst als höflich, er galt als gefährlich, sie hat als Einheimische gegolten; gel-ten; die **Geltung**; das **Geltungsbedürfnis**

Gelübde, das (feierliches Versprechen gegenüber Gott); des Gelübdes, die Gelübde; Ge-lüb-de

gemächlich; gemächlicher, am gemächlichsten; ge-mäch-lich; in gemächlicher Fahrt; die **Gemächlichkeit**

Gemälde, das; des Gemäldes, die Gemälde; Ge-mäl-de; die **Gemäldeausstellung**

gemäß [Präp.]; ge-mäß; ihrem Wunsch gemäß (Dat.)

gemäßigt; gemäßigter, am gemäßigsten; ge-mä-ßigt; gemäßigtes Klima

gemein; gemeiner, am gemeinsten; ge-mein

Gemeinde, die; der Gemeinde, die Gemeinden; Ge-mein-de; der **Gemeinderat**

Gemeinheit, die; der Gemeinheit, die Gemeinheiten; Ge-mein-heit

gemeinnützig; *keine Steigerung*; ge-mein-nüt-zig; der Verein verfolgt einen gemeinnützigen Zweck; die **Gemeinnützigkeit**

gemeinsam; *keine Steigerung*; ge-mein-sam; die **Gemeinsamkeit**

Gemeinschaft, die; der Gemeinschaft, die Gemeinschaften; Ge-mein-schaft; **gemeinschaftlich**; das **Gemeinschaftsgefühl**; das **Gemeinwohl**

Gemenge, das; des Gemenges, die Gemenge; Ge-men-ge

Gemetzel, das; des Gemetzels, die Gemetzel; Ge-met-zel

Gemisch, das; des Gemisch(e)s, die Gemische; Ge-misch

Gemüse, das; des Gemüses, die Gemüse; Ge-mü-se; das **Gemüsebeet**; die **Gemüsesorte**; die **Gemüsesuppe**

Gemüt, das; des Gemüt(e)s, die Gemüter; Ge-müt; **gemütlich**; die **Gemütlichkeit**; **gemütskrank**; der **Gemütszustand**

Gen, das (Erbeinheit); des Gens, die Gene; Gen

genau; genauer, am genauesten/genausten; ge-nau; eine Sache genau nehmen; genau genommen/genaugenommen ist das eine Frechheit; die **Genauigkeit**

genauso [Adv.]; ge-nau-so; das Hausmittel wirkt fast genauso wie die Tabletten

Gendarm, der [schandarm]; des Gendarmen, die Gendarmen; Gen-darm; die **Gendarmerie**

genehmigen; du genehmigst, er genehmigte, sie hat den Urlaub genehmigt; ge-neh-mi-gen; die **Genehmigung**; die **Genehmigungspflicht**; **genehmigungspflichtig**

General, der; des Generals, die Generale/Generäle; Ge-ne-ral; der **Generaldirektor**; die **Generalprobe**; der **Generalsekretär**

Generation, die; der Generation, die Generationen; Ge-ne-ra-ti-on; der **Generationskonflikt**

Generator, der; des Generators, die Generatoren; Ge-ne-ra-tor

generell (allgemein verbindlich); ge-nerell; die generelle Lösung

genesen (gesund werden); du genest, er genas, sie ist genesen; ge-ne-sen; die **Genesung**

Genetik, die (Vererbungslehre); der Genetik, *kein Plural*; Ge-ne-tik; **genetisch**; die **Genforschung**

genial; genialer, am genialsten; ge-ni-al; die **Genialität**

Genick, das; des Genick(e)s, die Genicke; Ge-nick

Genie, das; des Genies, die Genies; Ge-nie

genieren, sich genieren; du genierst dich, er genierte sich, sie hat sich geniert; ge-nie-ren

genießbar; genießbarer, am genießbarsten; ge-nieß-bar; **genießen**; der **Genießer**; **genießerisch**

Genitalien, die (Geschlechtsorgane); der Genitalien, *nur Plural*; Ge-ni-ta-li-en

Genitiv, der; des Genitivs, die Genitive; Ge-ni-tiv

Genmais, der (gentechnisch veränderter Mais); des Genmaises, die Genmaise; Gen-mais; die **Genmanipulation**

Genosse, der; des Genossen, die Genossen; Ge-nos-se; die **Genossenschaft**; **genossenschaftlich**

C D E F G H I J K

Gentechnik, die; der Gentechnik, *kein Plural*; Gen-tech-nik; **gentechnisch**; die **Gentechnologie**

genug [Adv.]; ge-nug; er hat genug gegessen; **genügen**; **genügend**; **genügsam**; die **Genügsamkeit**; die **Genugtuung**

Genus, der; des Genus, die Genera; Genus; männlich, weiblich und sächlich sind die grammatischen Genera

Genuss, der; des Genusses, die Genüsse; Ge-nuss; das **Genussmittel**; die **Genusssucht**; **genusssüchtig**

Geodreieck, das; des Geodreiecks, die Geodreiecke; Geo-drei-eck

Geografie, die (*auch* Geographie); der Geografie, die Geografien; Geo-gra-fie; **geografisch** (*auch* geographisch)

Geologe, der (Wissenschaftler der Geologie); des Geologen, die Geologen; Geo-lo-ge; die **Geologie** (Lehre von dem Aufbau und der Entwicklung der Erde); **geologisch**

Geometrie, die; der Geometrie, *kein Plural*; Geo-me-trie; **geometrisch**

Gepäck, das; des Gepäck(e)s, *Plural selten*: die Gepäcke; Ge-päck; der **Gepäckträger**

Gepard, der; des Geparden/Gepards, die Geparde; Ge-pard

Gepflogenheit, die; der Gepflogenheit, die Gepflogenheiten; Ge-pflo-gen-heit

gerade (*auch* grade); gerader, am geradesten; ge-ra-de; ein gerader Weg; gerade auf einem Stuhl sitzen; einen Nagel gerade biegen/geradebiegen

Gerade, die; der Geraden, die Geraden; Ge-ra-de; die Gerade verbindet A und B; der Boxer schlägt eine harte linke Gerade

geradeaus [Adv.]; ge-ra-de-aus; fahren Sie geradeaus!; **geradestehen** (für etwas die Verantwortung übernehmen); der Trainer musste für die Niederlage geradestehen; **geradezu**; **geradlinig** (*auch* gradlinig)

Gerangel, das; des Gerangels, die Gerangel; Ge-ran-gel

Geranie, die (Sommerblume); der Geranie, die Geranien; Ge-ra-nie

Gerät, das; des Gerät(e)s, die Geräte; Gerät

geraten; du gerätst, der Kuchen geriet ihm gut, sie ist in Gefahr geraten; ge-ra-ten

geräumig; geräumiger, am geräumigsten; ge-räu-mig

Geräusch, das; des Geräusch(e)s, die Geräusche; Ge-räusch; **geräuscharm**; die **Geräuschkulisse**; **geräuschlos**

gerben; du gerbst, er gerbte, sie hat das Leder gegerbt; ger-ben; der **Gerber**; die **Gerberei**; der **Gerbstoff**

gerecht; gerechter, am gerechtesten; gerecht; die **Gerechtigkeit**; der **Gerechtigkeitssinn**

Gerede, das; des Geredes, *kein Plural*; Ge-re-de

Gericht, das; des Gericht(e)s, die Gerichte; Ge-richt; **gerichtlich**; die **Gerichtsverhandlung**; der **Gerichtsvollzieher**

gering; geringer, am geringsten; ge-ring; **geringfügig**; die **Geringfügigkeit**; **geringschätzen** (*auch* gering schätzen); **geringschätzig**

gerinnen; das Blut gerinnt, die Milch gerann, sie ist geronnen; ge-rin-nen; das **Gerinnsel**; die **Gerinnung**

Gerippe, das; des Gerippes, die Gerippe; Ge-rip-pe

gerissen; gerissener, am gerissensten; ge-ris-sen; die **Gerissenheit**

Germane, der; des Germanen, die Germanen; Ger-ma-ne; **germanisch**; die **Germanistik**

gern (*auch* gerne) [Adv.]; gern; ich komme gern; ein gern gesehener/gerngesehener Gast; **gernhaben**; du kannst mich mal gernhaben!

Geröll, das; des Geröll(e)s, die Gerölle; Ge-rọ̈ll; die **Geröllhalde**

Gerste, die (Getreideart); der Gerste, *kein Plural*; Gẹrs-te; das **Gerstenkorn**

Gerte, die (dünner, biegsamer Stock); der Gerte, die Gerten; Gẹr-te

Geruch, der; des Geruch(e)s, die Gerüche; Ge-rụch; **geruchlos**; der **Geruchssinn**

Gerücht, das; des Gerücht(e)s, die Gerüchte; Ge-rụ̈cht

geruhsam; geruhsamer, am geruhsamsten; ge-ruh-sam; die **Geruhsamkeit**

Gerümpel, das; des Gerümpels, *kein Plural*; Ge-rụ̈m-pel

Gerüst, das; des Gerüst(e)s, die Gerüste; Ge-rụ̈st

gesamt; *keine Steigerung*; ge-sạmt; das gesamte Land; die **Gesamtheit**; die **Gesamtschule**

Gesandte, der/die; des/der Gesandten, die Gesandten; Ge-sạnd-te

Gesang, der; des Gesang(e)s, die Gesänge; Ge-sạng; das **Gesangbuch**; der **Gesangsverein**

Gesäß, das; des Gesäßes, die Gesäße; Ge-säß; die **Gesäßtasche**

Geschäft, das; des Geschäft(e)s, die Geschäfte; Ge-schạ̈ft; **geschäftig**; ständiges geschäftiges Treiben; **geschäftlich**; keine private, sondern eine geschäftliche Angelegenheit

Geschäftsfrau, die; der Geschäftsfrau, die Geschäftsfrauen; die **Geschäftsleute**; der **Geschäftsmann**; **geschäftstüchtig**

geschehen; es geschieht, es geschah, es ist geschehen; ge-sche-hen; das **Geschehen**; das **Geschehnis**

gescheit (klug); gescheiter, am gescheitesten; ge-scheit

Geschenk, das; des Geschenk(e)s, die Geschenke; Ge-schẹnk; der **Geschenkartikel**; das **Geschenkpapier**

Geschichte, die; der Geschichte, die Geschichten; Ge-schịch-te; das **Geschichtenbuch**; **geschichtlich**; das **Geschichtsbuch**; der **Geschichtsunterricht**

Geschick, das; des Geschick(e)s, die Geschicke; Ge-schịck; die **Geschicklichkeit**; **geschickt**; sie ist eine geschickte Reiterin

geschieden; *keine Steigerung*; ge-schie-den; das geschiedene Paar

Geschirr, das; des Geschirr(e)s, die Geschirre; Ge-schịrr; die **Geschirrspülmaschine**

Geschlecht, das; des Geschlecht(e)s, die Geschlechter; Ge-schlẹcht; **geschlechtlich**; die **Geschlechtsreife**; der **Geschlechtstrieb**

Geschmack, der; des Geschmack(e)s, die Geschmäcke; Ge-schmạck; **geschmacklos**; die **Geschmacklosigkeit**; die **Geschmacksache** (*auch* Geschmackssache); **geschmackvoll**

Geschmeide, das (Schmuck); des Geschmeides, die Geschmeide; Ge-schmei-de; **geschmeidig**

geschniegelt; geschniegelter, am geschniegeltsten; ge-schnie-gelt

Geschöpf, das; des Geschöpf(e)s, die Geschöpfe; Ge-schọ̈pf

Geschoss[1], das (das, was aus einer Waffe abgefeuert wird); des Geschosses, die Geschosse; Ge-schọss; das **Geschoss**[2] (Stockwerk)

Geschrei, das; des Geschrei(e)s, *kein Plural*; Ge-schrei

Geschütz, das; des Geschützes, die Geschütze; Ge-schụ̈tz

Geschwätz, das; des Geschwätzes, *kein Plural*; Ge-schwạ̈tz; **geschwätzig**; die **Geschwätzigkeit**

C D E F G H I J K

Geschwindigkeit, die; der Geschwindigkeit, die Geschwindigkeiten; Ge-schwịn-dig-keit; die **Geschwindigkeitsbeschränkung**

Geschwister, die; der Geschwister, *nur Plural*; Ge-schwịs-ter; **geschwisterlich**; das **Geschwisterpaar**

Geschworene, der/die (Laienrichter); des/der Geschworenen, die Geschworenen; Ge-schwo̱-re-ne; → schwören

Geschwulst, die; der Geschwulst, die Geschwulste/Geschwülste; Ge-schwụlst

Geschwür, das; des Geschwür(e)s, die Geschwüre; Ge-schwü̱r

Geselle, der; des Gesellen, die Gesellen; Ge-sẹl-le; **gesellig**; die **Gesellschaft**; **gesellschaftlich**

Gesetz, das; des Gesetzes, die Gesetze; Ge-sẹtz; der **Gesetzgeber**; **gesetzlich**; **gesetzmäßig**; **gesetzwidrig**

Gesicht, das; des Gesicht(e)s, die Gesichter; Ge-sịcht; der **Gesichtsausdruck**; der **Gesichtspunkt**; der **Gesichtszug**

Gesims, das (Mauer- oder Felsvorsprung); des Gesimses, die Gesimse; Ge-sịms

gesinnt; *keine Steigerung*; ge-sịnnt; ein freundlich gesinnter Mensch; die **Gesinnung**; **gesinnungslos**

Gespann, das; des Gespann(e)s, die Gespanne; Ge-spạnn; **gespannt**; die **Gespanntheit**

Gespenst, das; des Gespenst(e)s, die Gespenster; Ge-spẹnst; **gespenstisch**

Gespräch, das; des Gespräch(e)s, die Gespräche; Ge-sprä̱ch; **gesprächig**; der **Gesprächspartner**; der **Gesprächsstoff**

gesprenkelt; gesprenkelter, am gesprenkeltsten; ge-sprẹn-kelt

Gespür, das; des Gespürs, *kein Plural*; Ge-spü̱r

Gestade, das (*poetisch für* Küste); des Gestades, die Gestade; Ge-sta̱-de

Gestalt, die; der Gestalt, die Gestalten; Ge-stạlt; **gestalten**; **gestalterisch**; die **Gestaltung**

geständig; *keine Steigerung*; ge-stạ̈n-dig; das **Geständnis**

Gestank, der; des Gestank(e)s, *kein Plural*; Ge-stạnk

gestatten; du gestattest, er gestattete, sie hat den Nachbarn den Durchgang gestattet; ge-stạt-ten

Geste, die; der Geste, die Gesten; Gẹs-te

gestehen; du gestehst, er gestand, sie hat den Diebstahl gestanden; ge-ste̱-hen

Gestein, das; des Gestein(e)s, die Gesteine; Ge-ste̱in; die **Gesteinsschicht**

Gestell, das; des Gestell(e)s, die Gestelle; Ge-stẹll

gestern [Adv.]; gẹs-tern; gestern lag das Buch noch auf dem Tisch

Gestirn, das; des Gestirn(e)s, die Gestirne; Ge-stịrn

gestreift; *keine Steigerung*; ge-stre̱ift; eine schwarz gestreifte/schwarzgestreifte Bluse; → Kasten „blau"

gestrig; *keine Steigerung*; gẹst-rig; der gestrige Tag

Gestrüpp, das; des Gestrüpp(e)s, *kein Plural*; Ge-strụ̈pp

Gestüt, das (Betrieb, der Pferde züchtet); des Gestüt(e)s, die Gestüte; Ge-stü̱t

Gesuch, das; des Gesuch(e)s, die Gesuche; Ge-su̱ch; ein Gnadengesuch

gesund; gesünder, am gesündesten; ge-sụnd; sie hat das Kind gesund gepflegt/gesundgepflegt; die **Gesundheit**; das **Gesundheitsamt**; der **Gesundheitszustand**; **gesundschreiben**; die Ärztin hat ihn gesundgeschrieben

Getränk, das; des Getränk(e)s, die Getränke; Ge-trạ̈nk; der **Getränkeautomat**; der **Getränkemarkt**

Getreide, das; des Getreides, *kein Plural*;

Ge-trei-de; die **Getreideernte**; der/das **Getreidesilo**

getrennt; *keine Steigerung*; ge-trennt; getrennte Zimmer; Wörter werden getrennt geschrieben; getrennt geschriebene/getrenntgeschriebene Wörter; die **Getrenntschreibung**

Getriebe, das; des Getriebes, die Getriebe; Ge-trie-be; der **Getriebeschaden**

Getto, das (*auch* Ghetto) (abgetrennte Wohnviertel für Minderheiten, die von der Mehrheit nicht akzeptiert werden); des Gettos, die Gettos; Get-to

Getümmel, das; des Getümmels, *kein Plural*; Ge-tüm-mel

Geviert, das (Viereck, Quadrat); des Geviert(e)s, die Gevierte; Ge-viert

Gewächs, das; des Gewächses, die Gewächse; Ge-wächs; das **Gewächshaus**

Gewähr, die (Garantie); der Gewähr, *kein Plural*; Ge-währ; diese Angaben sind ohne Gewähr; **gewähren**

Gewährleistung, die (Garantie); der Gewährleistung, die Gewährleistungen; Ge-währ-leis-tung

Gewahrsam, der (*alter Ausdruck für* Haft); des Gewahrsams, *Plural selten*: die Gewahrsame; Ge-wahr-sam

Gewalt, die; der Gewalt, die Gewalten; Ge-walt; **gewaltig**; **gewaltlos**; **gewaltsam**; **gewalttätig**

Gewand, das; des Gewand(e)s, die Gewänder; Ge-wand

gewandt (geschickt); gewandter, am gewandtesten; ge-wandt; eine gewandte Rednerin; die **Gewandtheit**

Gewässer, das; des Gewässers, die Gewässer; Ge-wäs-ser

Gewebe, das; des Gewebes, die Gewebe; Ge-we-be

Gewehr, das; des Gewehr(e)s, die Gewehre; Ge-wehr

Geweih, das; des Geweih(e)s, die Geweihe; Ge-weih

Gewerbe, das; des Gewerbes, die Gewerbe; Ge-wer-be; **gewerblich**; **gewerbsmäßig**

Gewerkschaft, die; der Gewerkschaft, die Gewerkschaften; Ge-werk-schaft; der **Gewerkschafter** (*auch* Gewerkschaftler); **gewerkschaftlich**

Gewicht, das; des Gewicht(e)s, die Gewichte; Ge-wicht; der **Gewichtheber**; **gewichtig**; die **Gewichtsklasse**

gewieft (erfahren, schlau); gewiefter, am gewieftesten; ge-wieft; ein gewiefter Spieler

Gewimmel, das; des Gewimmels, *Plural selten*: die Gewimmel; Ge-wim-mel

Gewinde, das; des Gewindes, die Gewinde; Ge-win-de

Gewinn, der; des Gewinn(e)s, die Gewinne; Ge-winn; die **Gewinnchance**; **gewinnen**; er gewann den Wettbewerb; der **Gewinner**

Gewirr, das; des Gewirr(e)s, die Gewirre; Ge-wirr

gewiss; gewisser, am gewissesten; gewiss; das **Gewissen**; **gewissenhaft**; **gewissenlos**; **gewissermaßen**; er war gewissermaßen der Chef

Gewitter, das; des Gewitters, die Gewitter; Ge-wit-ter; **gewitterig** (*auch* gewittrig)

gewitzt (geschickt und schlau); gewitzter, am gewitztesten; ge-witzt

gewogen (freundlich zugeneigt); gewogener, am gewogensten; ge-wo-gen

gewöhnen, sich gewöhnen; du gewöhnst dich daran, er gewöhnte sich daran, sie hat sich an die Kälte gewöhnt; ge-wöh-nen; die **Gewohnheit**; **gewöhnlich**; **gewohnt**; die **Gewöhnung**

Gewölbe, das; des Gewölbes, die Gewölbe; Ge-wöl-be

Gewölk, das; des Gewölk(e)s, *kein Plural*; Ge-wọlk

Gewühl, das; des Gewühl(e)s, *kein Plural*; Ge-wühl

Gewürz, das; des Gewürzes, die Gewürze; Ge-wụrz; die **Gewürzgurke**; die **Gewürzmischung**

Geysir, der (*auch* Geiser) (heiße Quelle, die Wasserfontänen herausschießt); des Geysirs, die Geysire; Gey-sir

Gezänk, das; des Gezänk(e)s, *kein Plural*; Ge-zạnk

Gezeiten, die (Ebbe und Flut); der Gezeiten, *nur Plural*; Ge-zei-ten

geziemen, sich geziemen (sich gehören); es geziemt sich, es geziemte sich, es hat sich geziemt; ge-zie-men

Gezwitscher, das; des Gezwitschers, *Plural selten*: die Gezwitscher; Ge-zwịt-scher

Ghetto; Ghẹt-to → Getto

Gicht, die; der Gicht, *kein Plural*; Gịcht; **gichtkrank**

Giebel, der; des Giebels, die Giebel; Gie-bel; die **Giebelseite**

Gier, die; der Gier, *kein Plural*; Gier; **gieren** (gierig sein); er giert nach Anerkennung; **gierig**

gießen; du gießt, er goss, sie hat gegossen; gie-ßen; die **Gießerei**; die **Gießkanne**

Gift, das; des Gift(e)s, die Gifte; Gịft; das **Giftgas**; **giftig**; der **Giftmüll**; die **Giftschlange**

Gigabyte, das [gigabait] (ca. 1 Milliarde Byte); des Gigabyte(s), die Gigabyte(s); Gi-ga-byte; → Byte

Gigant, der; des Giganten, die Giganten; Gi-gạnt; **gigantisch**

Ginster, der (strauchartige Pflanze); des Ginsters, die Ginster; Gịns-ter

Gipfel, der; des Gipfels, die Gipfel; Gịp-fel; das **Gipfeltreffen**

Gips, der; des Gipses, die Gipse; Gịps; **gipsen**; der **Gipser**; der **Gipsverband**

Giraffe, die; der Giraffe, die Giraffen; Gi-rạf-fe; der **Giraffenhals**

Girl, das [gọ̈rl]; des Girls, die Girls

Girlande, die; der Girlande, die Girlanden; Gir-lạn-de

Girlie, das [gọ̈rli] (mädchenhafte, unangepasste Frau); des Girlies, die Girlies; Gir-lie

Giro, das [dschiro]; des Giros, die Giros; Gi-ro; das **Girokonto**

Gischt, der/die (Schaum der Wellen); des Gischt(e)s/der Gischt, die Gischte/Gischten; Gịscht

Gitarre, die; der Gitarre, die Gitarren; Gi-tạr-re; der **Gitarrist**

Gitter, das; des Gitters, die Gitter; Gịt-ter

Glanz, der; des Glanzes, *kein Plural*; Glạnz; **glänzen**; **glänzend**; das **Glanzstück**; **glanzvoll**

Glas, das; des Glases, die Gläser; Glas;

die Gitarre

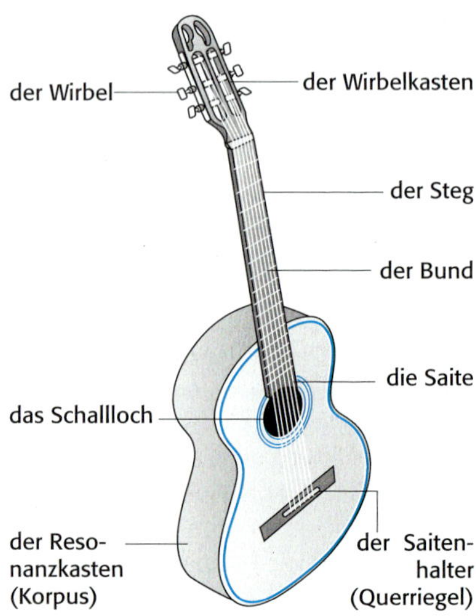

glasklar; der **Glaskörper**; die **Glasscheibe**; die **Glasur**

glatt; glatter/glätter, am glattesten/glättesten; glatt; ein glatt gehobeltes/glattgehobeltes Brett; die **Glätte**; das **Glatteis**; **glätten**; **glattgehen**; kein Problem, alles ist glattgegangen

Glatze, die; der Glatze, die Glatzen; Glatze; der **Glatzkopf**; **glatzköpfig**

Glaube, der (*auch* Glauben); des Glaubens, *Plural selten*: die Glauben; Glaube; **glauben**; das **Glaubensbekenntnis**; **glaubhaft**; **gläubig**; der/die **Gläubige**

Gläubiger, der (jemand, der die Bezahlung einer Schuld fordern kann); des Gläubigers, die Gläubiger; Gläu-bi-ger

Gläubigkeit, die; der Gläubigkeit, *kein Plural*; Gläu-big-keit; **glaubwürdig**; die **Glaubwürdigkeit**

gleich; gleich; das gleiche Ziel; er kommt gleich; gleich lautende/gleichlautende Mitteilungen; → Kasten „gleich"

gleichalterig (*auch* gleichaltrig); *keine Steigerung*; glei-ch-al-te-rig; **gleichartig**; **gleichberechtigt**; **gleichen**; die Zwillinge gleichen sich wie ein Ei dem anderen; **gleichförmig**; **gleichgültig**

gleichmachen (glätten, beseitigen); du machst gleich, er machte gleich, sie hat alle Unterschiede gleichgemacht; gleich-ma-chen; die Ruinen wurden dem Erdboden gleichgemacht

gleichmäßig; gleichmäßiger, am gleichmäßigsten; gleich-mä-ßig; der **Gleichmut**; **gleichmütig**; **gleichnamig**; das **Gleichnis**; **gleichsetzen**; die Leistung der beiden Spieler kann man gleichsetzen; **gleichtun**; der Spieler hat es seinem Vorbild gleichgetan

gleichzeitig; gleich-zei-tig; gleichzeitiger Aufbruch; er liest und hört gleichzeitig Radio

gleichziehen; du ziehst gleich, er zog gleich, sie hat beim Tischtennis gleichgezogen/sie ist mit ihrer Gegnerin gleichgezogen; gleich-zie-hen

Gleis, das; des Gleises, die Gleise; Gleis; die **Gleisanlage**

gleiten; du gleitest, er glitt, sie ist übers Eis geglitten; glei-ten; der **Gleitflug**

Gletscher, der; des Gletschers, die Gletscher; Glet-scher; die **Gletscherspalte**

Glied, das; des Glied(e)s, die Glieder; Glied

gliedern; du gliederst, er gliederte, sie hat ihren Text gegliedert; glie-dern; die **Gliederung**; die **Gliedmaßen**

glimmen; der Docht glimmt, er glimmte/glomm, das Feuer hat geglimmt/geglommen; glim-men

glimpflich; glimpflicher, am glimpflichsten; glimpf-lich; sie ist glimpflich davongekommen

glitschig; glitschiger, am glitschigsten; glitschig; eine glitschige Stelle

glitzern; es glitzert, es glitzerte, es hat geglitzert; glit-zern

global; globaler, am globalsten; glo-bal; die **Globalisierung**; der **Globus**; der Plural von Globus heißt Globusse oder Globen

Glocke, die; der Glocke, die Glocken; Glocke; die **Glockenform**; **glockenhell**; das **Glockenspiel**

Glossar, das (Wörterverzeichnis); des Glossars, die Glossare; Glos-sar; die **Glosse** (spöttischer Artikel); sie schreibt Glossen für die Zeitung

glotzen; du glotzt, er glotzte, sie hat geglotzt; glot-zen

Glück, das; des Glück(e)s, *Plural selten*: die Glücke; Glück; **glücken**; ihr glückt alles; **glücklich**; der **Glücksbringer**

glucksen; du gluckst, er gluckste, sie hat vor Vergnügen gegluckst; gluck-sen

gleich

Groß- und Kleinschreibung:

Das Adjektiv und das Adverb „gleich" werden kleingeschrieben:
- die gleiche Hose
- der gleiche Ball
- das gleiche Ziel
- er kommt gleich
- wir sind gleich fertig

Das nominalisierte Adjektiv „der/die/das Gleiche" wird großgeschrieben:
- sie bleibt immer die Gleiche
- das läuft auf das Gleiche hinaus
- Gleich und Gleich gesellt sich gern

Getrennt- und Zusammenschreibung:

Man schreibt „gleich" getrennt vom folgenden Wort, wenn es als selbstständiges Wort in einer Wortgruppe, in Verbindung mit „sein" oder in den Bedeutungen „sofort", „in gleicher Weise" verwendet wird:
- die Wörter musst du (genau) gleich schreiben
- das kannst du gleich (in wenigen Sekunden) sehen
- das werde ich am besten gleich (sofort) machen
- die Bänder sind (fast) gleich lang
- die Schablonen müssen (vollkommen) gleich sein

Man schreibt „gleich" mit dem folgenden Wort zusammen, wenn es die Bedeutung „entsprechend" oder „ebenso wie" hat.
Tipp: Solche Zusammensetzungen erkennst du oft daran, dass beim Sprechen die Betonung auf „gleich" liegt.
- man wird das Dorf dem Erdboden gleichmachen
- er will mit seinem Bruder gleichziehen
- die Mitarbeiterinnen und Mitarbeiter sind völlig gleichberechtigt
- sie trifft sich mit gleichaltrigen Freunden

In manchen Fällen ist Getrennt- oder Zusammenschreibung möglich:
- sie sind sich immer gleich geblieben/gleichgeblieben
- wir fanden gleich gesinnte/gleichgesinnte Freunde
- gleich lautende/gleichlautende Meldungen

Glücksfall, der; des Glücksfall(e)s, die Glücksfälle; Glücks-fall; der **Glückspilz**; das **Glücksspiel**; der **Glückwunsch**

Glühbirne, die; der Glühbirne, die Glühbirnen; Glüh-bir-ne; **glühen**; **glühend**; die **Glühlampe**

Glut, die; der Glut, die Gluten; Glut; **glutrot**

Gnade, die; der Gnade, die Gnaden; Gnade; von Gottes Gnaden; **gnädig**

Gnu, das (Antilopenart); des Gnus, die Gnus; Gnu

Gockel, der; des Gockels, die Gockel; Gockel; → Hahn

Gokart, das; des Gokart(e)s, die Gokarts; Go-kart; das **Gokartrennen**

Gold, das; des Gold(e)s, *kein Plural*; Gold; der **Goldgräber**; **goldig**; die **Goldmedaille**; der **Goldschmied**

Golf, das; des Golfs, *kein Plural*; Gọlf; der **Golfplatz**; der **Golfschläger**

Gondel, die; der Gondel, die Gondeln; Gọn-del; die **Gondelbahn**

Gong, der/das; des Gongs, die Gongs; Gọng; der **Gongschlag**

gönnen, sich gönnen; du gönnst dir ein Eis, er gönnte sich einen Kurzurlaub, sie hat sich ein neues Kleid gegönnt; gọ̈n-nen; der **Gönner**; **gönnerhaft**

Gorilla, der; des Gorillas, die Gorillas; Go-rịl-la

Gospelsänger, der; des Gospelsängers, die Gospelsänger; Gọs-pel-sän-ger; die **Gospelsängerin**; der **Gospelsong**

Gosse, die (Abflussrinne am Straßenrand); der Gosse, die Gossen; Gọs-se

Gott, der; des Gottes, die Götter; Gọtt; der **Gottesdienst**; **gottesfürchtig**; die **Gottheit**; **göttlich**

Götze, der; des Götzen, die Götzen; Gọ̈t-ze; das **Götzenbild**; der **Götzendienst**

Gouverneur, der [guwernõr]; des Gouverneurs, die Gouverneure; Gou-ver-neur

Grab, das; des Grab(e)s, die Gräber; Gra̱b; **graben**; das **Grabmal**; die Grabmäler/Grabmale; der **Grabstein**

Gracht, die (Kanal in niederländischen Städten); der Gracht, die Grachten; Grạcht; die Grachten von Amsterdam

Grad, der; des Grad(e)s, die Grade; Gra̱d; die **Gradlinigkeit** (*auch* Geradlinigkeit); **graduell** (stufenweise, eher gering); nur ein gradueller Unterschied

Graf, der; des Grafen, die Grafen; Gra̱f; die **Gräfin**

Graffito, der/das; des Graffitos, die Graffiti; Graf-fi̱-to

Grafik, die (*auch* Graphik); der Grafik, die Grafiken; Gra̱-fik; der **Grafiker** (*auch* Graphiker); die **Grafikkarte** (*auch* Graphikkarte); **grafisch** (*auch* graphisch)

Grafit, der (*auch* Graphit); des Grafits, *Plural selten*: die Grafite; Gra-fịt

Grafologie, die (*auch* Graphologie) (Deutung von Handschriften); der Grafologie, *kein Plural*; Gra-fo̱-lo-gi̱e ; **grafologisch** (*auch* graphologisch); ein grafologisches Gutachten

gram (böse); *keine Steigerung*; gra̱m; sie war ihm gram; er blieb ihr sehr lange gram; der **Gram**; **grämen**, sich grämen (böse/bekümmert sein); sie grämte sich über die Zurücksetzung; **grämlich**

Gramm, das; des Gramms, die Gramme; Grạmm

Grammatik, die; der Grammatik, die Grammatiken; Gram-mạ-tik; **grammatisch**; dieser Satz ist grammatisch falsch

Grammofon, das (*auch* Grammophon); des Grammofons, die Grammofone; Gram-mo-fo̱n

Grand Prix, der [grongpri̱]; des Grand Prix, *kein Plural*; er gewann den Grand Prix von Monaco

Granit, der; des Granits, die Granite; Gra-ni̱t

grantig (ärgerlich, schlecht gelaunt); grantiger, am grantigsten; grạn-tig

Granulat, das; des Granulat(e)s, die Granulate; Gra-nu-la̱t

Grapefruit, die [gra̱i̱pfrut]; der Grapefruit, die Grapefruits; Grape-fruit

Graphit → Grafit

Graphologie → Grafologie

Gras, das; des Grases, die Gräser; Gra̱s; **grasen**

Grat, der (Bergkamm, Felsspitze); des Grat(e)s, die Grate; Gra̱t; ein schmaler Grat

Gräte, die; der Gräte, die Gräten; Grä̱-te; Fischgräten; **grätenlos**

gratis [Adv.] (kostenlos); gra̱-tis; den Sticker gab es gratis

C D E F G H I J K

Grätsche, die; der Grätsche, die Grätschen; Grät-sche; **grätschen**

Gratulant, der; des Gratulanten, die Gratulanten; Gra-tu-lant; morgens um acht kam der erste Gratulant; die **Gratulation**; **gratulieren**

grau; grauer, am grau(e)sten; grau; das **Grau**; bei Hosen bevorzugt er Grau; → Kasten „blau"

Gräuel, der; des Gräuels, die Gräuel; Gräu-el; die Gräuel des Krieges; die **Gräueltat**

Grauen, das; des Grauens, die Grauen; Grau-en

grauen[1]; der Morgen graut, der Tag graute, es hat gegraut; grau-en; **grauen**[2]; es graut dir wohl vor der Fahrt?, es graute ihm davor, es hat ihr davor gegraut; **grauenhaft**; **grauenvoll**; **gräulich**

Graupel, die; der Graupel, die Graupeln; Grau-pel; ein Graupelschauer im April; **graupeln**

grausam; grausamer, am grausamsten; grau-sam; die **Grausamkeit**; **grausen**; mich/mir graust vor Spinnen; das **Grausen**; **grausig**

gravieren; du gravierst, er gravierte, sie hat das Datum in den Ring graviert; gravie-ren; **gravierend** (belastend, schwerwiegend); die **Gravur**; ein Messer mit Gravur

Grazie, die; der Grazie, die Grazien; Grazie; **graziös**

Greencard, die (*auch* Green Card); der Greencard, die Greencards; Green-card; mit einer Greencard nach Amerika auswandern

greifen; du greifst, er griff, sie hat gegriffen; grei-fen; der **Greifvogel** (*auch* Greif)

Greis, der; des Greises, die Greise; Greis; **greisenhaft**; die **Greisin**

grell; greller, am grellsten; grell; grelle Farben

Gremium, das; des Gremiums, die Gremien; Gre-mi-um; ein Expertengremium

Grenze, die; der Grenze, die Grenzen; Gren-ze; **grenzenlos**; der **Grenzübergang**; **grenzüberschreitend**; der **Grenzwert**

griesgrämig; griesgrämiger, am griesgrämigsten; gries-grä-mig; ein griesgrämiger, unfreundlicher Mensch

Grieß, der; des Grießes, die Grieße; Grieß; der **Grießbrei**

Griff, der; des Griff(e)s, die Griffe; Griff; **griffbereit**; der **Griffel**

grifffest (*auch* griff-fest); grifffester, am grifffestesten; griff-fest; **griffig**; eine griffige Fahrbahn

Grill, der; des Grills, die Grills; Grill

Grille, die; der Grille, die Grillen; Gril-le; Grillen zirpen im Gras

grillen; du grillst, er grillte, sie hat Würstchen gegrillt; gril-len

Grimasse, die; der Grimasse, die Grimassen; Gri-mas-se; schneid nicht solche Grimassen

grinsen; du grinst, er grinste, sie hat gegrinst; grin-sen

Grippe, die; der Grippe, die Grippen; Grippe; **grippekrank**; der/das **Grippevirus**

Grips, der; des Gripses, *Plural selten*: die Gripse; Grips; streng mal deinen Grips an

grob; gröber, am gröbsten; grob; grob gemahlener/grobgemahlener Kaffee; die **Grobheit**

Grog, der (heißes Getränk aus Wasser, Rum und Zucker); des Grogs, die Grogs; Grog

grölen; du grölst, er grölte, sie hat gegrölt; grö-len; die Fans grölen

Groll, der; des Grolls, *kein Plural*; Groll;

grollen; der Donner grollt; sie hat ihm lange gegrollt

groß; größer, am größten; groß; er hat an der Tafel sehr groß geschrieben (mit großer Schrift); **großartig**; der **Großbuchstabe**; die **Größe**; die **Großeltern**

Großhandel, der; des Großhandels, die Großhandel; Groß-han-del; der **Großhändler**

Grossist, der (Großhändler); des Grossisten, die Grossisten; Gros-sist

Großmacht, die; der Großmacht, die Großmächte; Groß-macht

Großmut, die; der Großmut, *kein Plural*; Groß-mut; **großmütig**

Großmutter, die; der Großmutter, die Großmütter; Groß-mut-ter

großschreiben (mit großem Anfangsbuchstaben schreiben; *auch* schätzen); du schreibst groß, er schrieb groß, sie hat alle Nomen großgeschrieben; groß-schrei-ben; Fußball wird bei ihm großgeschrieben

großspurig (angeberisch); großspuriger, am großspurigsten; groß-spu-rig; ein großspuriger Typ

Großstadt, die; der Großstadt, die Großstädte; Groß-stadt; **großstädtisch**; der **Großstadtverkehr**

größtenteils [Adv.]; größ-ten-teils; seine Briefmarken hat er größtenteils selbst gesammelt

großtun (angeben); du tust groß, er tat groß, sie hat großgetan; groß-tun

Großvater, der; des Großvaters, die Großväter; Groß-va-ter

großzügig; großzügiger, am großzügigsten; groß-zü-gig; die **Großzügigkeit**

Grotte, die; der Grotte, die Grotten; Grotte

Grube, die; der Grube, die Gruben; Grube

Grübelei, die; der Grübelei, die Grübeleien; Grü-be-lei; **grübeln**; der **Grübler**

Gruft, die; der Gruft, die Grüfte; Gruft

grün; grüner, am grünsten; grün; grüne Bäume, grüne Welle; das **Grün**; das Grün der Bäume; → Kasten „blau"

Grund, der; des Grund(e)s, die Gründe; Grund; **gründen**; die **Grundform**; das **Grundgesetz**; **gründlich**; die **Gründlichkeit**; **grundlos**

grünen; es grünt, es grünte, es hat gegrünt; grü-nen; **grünlich**; der **Grünspan**; Kupfer setzt Grünspan an

grunzen; du grunzt, er grunzte, sie hat gegrunzt; grun-zen; wie ein Schwein grunzen

Gruppe, die; der Gruppe, die Gruppen; Grup-pe; die **Gruppenarbeit**; **gruppenweise**; **gruppieren**

gruselig (*auch* gruslig); gruseliger, am gruseligsten; gru-se-lig; **gruseln**, sich gruseln; es gruselt mich/mir; sie gruselt sich

Gruß, der; des Grußes, die Grüße; Gruß; **grüßen**; er hat nicht gegrüßt; grüß Gott!

Grütze, die; der Grütze, *Plural selten*: die Grützen; Grüt-ze; Milchreis mit roter Grütze

gucken (*auch* kucken); du guckst, er guckte, sie hat geguckt; gu-cken; der **Guckkasten**; das **Guckloch**

Gulasch, der/das (Fleischgericht); des Gulaschs, *Plural selten*: die Gulasche/Gulaschs; Gu-lasch

Gülle, die (flüssiger Naturdünger); der Gülle, *Plural selten*: die Güllen; Gül-le; das **Güllenfass** (*auch* Güllefass)

Gully, der/das (Wasserabfluss); des Gullys, die Gullys; Gul-ly; der Gully ist verstopft; die **Gullyplatte**

gültig; *keine Steigerung*; gül-tig; die **Gültigkeit**

gut

Groß- und Kleinschreibung:

Das Adjektiv „gut“ wird kleingeschrieben:
- ein gutes Buch lesen
- einen guten Tag wünschen
- auf gut Glück hingehen
- sich gut erholen
- es sich gut gehen lassen

Das nominalisierte Adjektiv „der/die/das Gute“ wird großgeschrieben:
- etwas Gutes tun
- etwas im Guten sagen
- Gut und Böse unterscheiden können
- mein Guter

Achtung! In Verbindung mit dem Wort „sagen“ kann „gut“ groß- oder kleingeschrieben werden:
- sie sagte Guten/guten Morgen
- wir sagen Gute/gute Nacht

Getrennt- und Zusammenschreibung:

Wortgruppen mit dem Adjektiv „gut“ werden getrennt geschrieben.
Tipp: Solche Wortgruppen erkennst du oft daran, dass ein oder mehrere Wörter zwischen „gut“ und Verb eingeschoben werden können:
- nach der Operation konnte er bald wieder gut (und ohne Hilfe) gehen
- sie kann gut (mit dem Füller) schreiben
- du wirst es sehr gut (bei ihnen) haben
- bald wird alles wieder gut (und vergessen) sein

Es gibt einige Verben mit jeweils eigener Bedeutung wie „gutmachen“, „gutschreiben“ oder „guthaben“. Sie werden im Infinitiv, beim Partizip und bei Endstellung des Verbs im Nebensatz zusammengeschrieben.
Tipp: Solche Zusammensetzungen erkennst du oft daran, dass beim Sprechen die Betonung auf „gut“ liegt:
- wie kann ich das bloß wieder gu̲tmachen?
- ich hoffe, der Betrag wird mir gu̲tgeschrieben
- er hat einen Gefallen bei mir gu̲tgehabt

In manchen Fällen ist Getrennt- oder Zusammenschreibung möglich:
- das Bad wird dir gut tun/guttun
- lass es dir gut gehen/gutgehen
- eine gut bezahlte/gutbezahlte Arbeit
- ein gut gemeinter/gutgemeinter Rat
- ein gut gelaunter/gutgelaunter Lehrer

Gummi, der/das; des Gummis, die Gummi/Gummis; Gụm-mi; das **Gummiband**

Gunst, die; der Gunst, *Plural selten*: die Günste; Gụnst; **günstig**; der **Günstling**

Gurgel, die; der Gurgel, die Gurgeln; Gụr-gel; dem Huhn die Gurgel durchschneiden; **gurgeln**

Gurke, die; der Gurke, die Gurken; Gụr-ke; der **Gurkensalat**

gurren; du gurrst, er gurrte, sie hat wie eine Taube gegurrt; gụr-ren

Gurt, der; des Gurt(e)s, die Gurte; Gurt; der Sicherheitsgurt; der **Gürtel**

Guru, der (Lehrer im Hinduismus; *auch* Bezeichnung für Menschen, die als Führer auftreten); des Gurus, die Gurus; Gu-ru; einem Guru nachlaufen

Guss, der; des Gusses, die Güsse; Guss; das **Gusseisen**; der **Gussstahl**

gut; besser, am besten; gut; ein gutes Ergebnis; er ist gut drauf; es wird ihm gut gehen; → Kasten „gut"

Gut, das; des Gut(e)s, die Güter; Gut; mein Hab und Gut; auf einem Gut wohnen; → Gutshof

Gutachten, das; des Gutachtens, die Gutachten; Gut-ach-ten; von einem Fachmann ein Gutachten einholen; der **Gutachter**

gutartig; gutartiger, am gutartigsten; gut-ar-tig; die **Güte**

guthaben; du hast noch etwas bei mir gut, er hatte noch zehn Euro gut, sie hat viel gutgehabt; gut-ha-ben; das **Guthaben**

gutmachen (ausgleichen); du machst gut, er machte gut, sie hat den Schaden wieder gutgemacht; gut-ma-chen; der **Gutschein**; **gutschreiben** (anrechnen); die Bank hat den Betrag meinem Konto gutgeschrieben

Gutshof, der; des Gutshof(e)s, die Gutshöfe; Guts-hof

Gymnasiast, der; des Gymnasiasten, die Gymnasiasten; Gym-na-si-ast; das **Gymnasium**

Gymnastik, die; der Gymnastik, *kein Plural*; Gym-nas-tik; **gymnastisch**

Gynäkologe, der (Frauenarzt); des Gynäkologen, die Gynäkologen; Gy-nä-ko-loge; die **Gynäkologin**

Gyros, das (gegrillte Fleischstreifen); des Gyros, *kein Plural*; Gy-ros; Gyros mit Zaziki

H

ha = Hektar; → Hektar

Haar, das; des Haar(e)s, die Haare; Haar; **haaren**; der Hund haart; **haarfein**; ein haarfeiner Riss; **haargenau**

haarig; haariger, am haarigsten; haa-rig; ein haariges Fell; ein haariger Fall für die Kommissarin; **haarscharf**; das **Haarspray**; **haarsträubend**

Habe, die (Besitz); der Habe, die Haben; Ha-be; seine ganze Habe war ein alter Mantel

haben; du hast, er hatte, sie hat gehabt; ha-ben; die **Habgier**; **habgierig**

Habicht, der (Greifvogel); des Habicht(e)s, die Habichte; Ha-bicht

Habseligkeit, die (das Wenige, was jemand besitzt); der Habseligkeit, die Habseligkeiten; Hab-se-lig-keit

Hachse, die (*auch* Haxe) [hakße] (Teil des Beins bei Schwein oder Kalb; *umgangssprachlich auch Bezeichnung für* Bein); der Hachse, die Hachsen; Hach-se

Hackbraten, der; des Hackbratens, die Hackbraten; Hack-bra-ten

Hacke[1], die (*auch* der Hacken) (Ferse); der Hacke, die Hacken; Ha-cke; den Ball mit der Hacke spielen; der Hackentrick

Hacke[2], die; der Hacke, die Hacken; Hacke; mit der Spitzhacke arbeiten; **hacken**; er hat Holz gehackt

Hacker, der [häker]; des Hackers, die Hacker; Ha-cker; Computerhacker stören den Netzbetrieb

hadern; du haderst, er haderte, sie hat mit dem Schicksal gehadert; ha-dern

Hafen, der; des Hafens, die Häfen; Hafen; die **Hafenstadt**

Hafer, der (Getreideart); des Hafers, *kein Plural*; Ha-fer; die **Haferflocken**

Haff, das (Strandsee); des Haff(e)s, die Haffs/Haffe; Hạff; das Kurische Haff

Haft, die; der Haft, *kein Plural*; Hạft; der **Haftbefehl**

haften[1] (einstehen, bürgen); du haftest, er haftete, sie hat für den Schaden gehaftet; Eltern haften für ihre Kinder; **haften**[2]; der Aufkleber ist haften geblieben; **haftenbleiben** (*auch* haften bleiben); das Ereignis ist ihm im Gedächtnis haftengeblieben/haften geblieben

Häftling, der; des Häftlings, die Häftlinge; Hặft-ling; die **Haftpflicht**; die **Haftung**

Hagebutte, die; der Hagebutte, die Hagebutten; Ha̲-ge-but-te; der **Hagebuttentee**

Hagel, der; des Hagels, die Hagel; Ha̲-gel; das **Hagelkorn**; **hageln**

hager; hagerer, am hagersten; ha̲-ger; eine hagere Gestalt

Häher, der (Vogelart); des Hähers, die Häher; Hä̲-her; der Eichelhäher

Hahn, der (männliches Huhn); des Hahn(e)s, die Hähne; Hạhn; das **Hähnchen**; ein halbes Hähnchen mit Pommes frites

Hai, der; des Hai(e)s, die Haie; Ha̲i̲; der **Haifisch**

häkeln; du häkelst, er häkelte, sie hat gehäkelt; hä̲-keln

Haken, der; des Hakens, die Haken; Ha̲-ken; **hakenförmig**

halb; *keine Steigerung*; hạlb; ein halber Kuchen; halb acht; ein halb volles/halbvolles Glas

halbdunkel; *keine Steigerung*; hạlb-dunkel; **halbherzig**; **halbieren**; **halbjährig**; ein Aufenhalt von halbjähriger Dauer; **halbjährlich**; sie trafen sich regelmäßig alle sechs Monate, also halbjährlich

Halbkreis, der; des Halbkreises, die Halbkreise; Hạlb-kreis; die **Halbkugel**; der **Halbleiter**

halbmast; *keine Steigerung*; hạlb-mast; die Fahnen wehen auf halbmast; der **Halbmond**; **halbseitig**; **halbstündig**; **halbtags**; der **Halbton**; die **Halbzeit**

Halde, die (Abhang; aufgeschüttetes Geröll); der Halde, die Halden; Hạl-de; die Kohlenhalde

Hälfte, die; der Hälfte, die Hälften; Hặlf-te

Halle, die; der Halle, die Hallen; Hạl-le

hallen; es hallt, es hallte, es hat in der Schlucht gehallt; hạl-len

Hallenbad, das; des Hallenbad(e)s, die Hallenbäder; Hạl-len-bad; der **Hallenfußball**

Halluzination, die (Sinnestäuschung); der Halluzination, die Halluzinationen; Hal-lu-zi-na-ti-o̲n

Halm, der; des Halm(e)s, die Halme; Hạlm; ein Grashalm

Halogen, das (chemisches Element); des Halogens, die Halogene; Ha-lo-ge̲n; der **Halogenscheinwerfer**

Hals, der; des Halses, die Hälse; Hạls; der **Hals-Nasen-Ohren-Arzt**; **halsstarrig**

halt!; hạlt

Halt, der; des Halt(e)s, die Halte/Halts; Hạlt; die **Haltbarkeit**

halten; du hältst, er hielt, sie hat gehalten; hạl-ten; die **Halterung**; die **Haltestelle**; das **Halteverbot**; **haltlos**; **haltmachen** (*auch* Halt machen); die **Haltung**

Halunke, der; des Halunken, die Halunken; Ha-lụn-ke; sein Bruder ist ein Halunke

Hamburger, der [hặmbörger] (Brötchen mit Gebratenem); des Hamburgers, die Hamburger; Ham-bur-ger

hämisch (hinterhältig böse); hämischer, am hämischsten; hä̲-misch; hämische Freude über das Unglück

Hammel, der; des Hammels, die Hammel/Hämmel; Hạm-mel

Hammer, der; des Hammers, die Hämmer; Hạm-mer; **hämmern**; sie hat in der Werkstatt gehämmert

Hamster, der; des Hamsters, die Hamster; Hạms-ter; **hamstern**; sie hat Süßigkeiten gehamstert

Hand, die; der Hand, die Hände; Hạnd; Hand in Hand → anhand; die **Handarbeit**; der **Handball**; **handbreit**; ein handbreiter Streifen

Handel, der; des Handels, *kein Plural*; Hạn-del; **handeln**; er handelte mit Spielwaren; sie hat überlegt gehandelt; die **Handelskette**

händeringend; *keine Steigerung*; hạ̈n-de-rin-gend; sie bat mich händeringend um Hilfe; **handfest**; ein handfester Streit; **handgeschrieben**; ein handgeschriebener Brief; **handgreiflich**; er wird schnell handgreiflich

die Hand

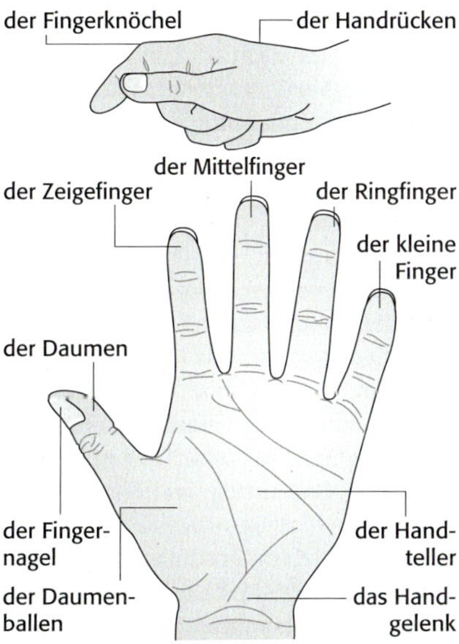

Handgriff, der; des Handgriff(e)s, die Handgriffe; Hạnd-griff

handhaben; du handhabst, er handhabte, sie hat das wie immer gehandhabt; hạnd-ha-ben; die **Handhabung**

Handikap, das (*auch* Handicap) [hạndi-käp] (Behinderung, Nachteil); des Handikaps, die Handikaps; Hạn-di-kap; sie gewann trotz ihres Handikaps

Handlanger, der (Helfer); des Handlangers, die Handlanger; Hạnd-lan-ger; der **Handlangerdienst**

Händler, der; des Händlers, die Händler; Hạ̈nd-ler

handlich; handlicher, am handlichsten; hạnd-lich; ein handlicher Fotoapparat

Handlung, die; der Handlung, die Handlungen; Hạnd-lung; **handlungsfähig**; die **Handlungsfähigkeit**

Handschrift, die; der Handschrift, die Handschriften; Hạnd-schrift; eine gut lesbare Handschrift; der **Handschuh**; der **Handstand**; **Handumdrehen**; sie war im Handumdrehen verschwunden

Handwerk, das; des Handwerk(e)s, *Plural selten*: die Handwerke; Hạnd-werk; der **Handwerker**; der **Handwerksbetrieb**; die **Handwerkskammer**

Handy, das [hạndi]; des Handys, die Handys; Han-dy; die **Handynummer**

Hanf, der (Faserpflanze); des Hanf(e)s, *kein Plural*, Hạnf

Hang[1], der; des Hang(e)s, die Hänge; Hạng; wir klettern den steilen Hang hinauf; der **Hang**[2]; *kein Plural*; er hat einen Hang zur Übertreibung

hangeln; du hangelst, er hangelte, sie hat sich von Sprosse zu Sprosse gehangelt; hạn-geln

Hängematte, die; der Hängematte, die Hängematten; Hän-ge-mat-te; er liegt faul in der Hängematte

hängen[1]; du hängst, er hängte, sie hat die Tasche über den Stuhl gehängt; hän-gen; er hat seine Jacke hängen lassen; **hängen**[2]; du hängst, er hing, sie hat an der Kletterstange gehangen; er ist an der Hürde hängen geblieben; **hängenblei-ben** (*auch* hängen bleiben); der Name ist mir im Gedächtnis hängengeblieben/hängen geblieben; **hängenlassen** (*auch* hängen lassen); sie hat ihre Freunde hängenlassen/hängen lassen

Hanse, die (früherer Kaufmanns- und Städtebund); der Hanse, *kein Plural*; die Hansestadt

hänseln; du hänselst, er hänselte, sie hat ihn wegen seiner kleinen Nase gehänselt; hän-seln

Hantel, die; der Hanteln, die Hanteln; Han-tel; das **Hanteltraining**

hantieren; du hantierst , er hantierte, sie hat mit dem Messer hantiert; han-tie-ren

Häppchen, das; des Häppchens, die Häppchen; Häpp-chen; der **Happen**; schnell einen Happen essen

Happening, das [häpening] (besonderes Ereignis, Kunstveranstaltung mit Aktionen); des Happenings, die Happenings; Hap-pe-ning

happig; happiger, am happigsten; hap-pig; ein happiger Preis

happy (glücklich, zufrieden); *keine Steigerung*; hap-py; das **Happyend** (*auch* Happy End); ein Film mit Happyend

Hardcover, das [hadkawer] (feste Hülle, Buch mit festem Einband); des Hardcovers, die Hardcover; Hard-co-ver

Hardliner, der [hadlainer] (Vertreter eines harten Kurses); des Hardliners, die Hardliner; Hard-li-ner; er ist als Hardliner bekannt

Hardrock, der (*auch* Hard Rock) [hadrok] (Musikrichtung); des Hardrocks, *kein Plural*; Hard-rock; die **Hardrockband** (*auch* Hard-Rock-Band)

Hardware, die [hadwär] (technische Ausstattung von Rechnern); der Hardware, *kein Plural*; Hard-ware; der Computer hat ein Hardwareproblem

Harem, der (von Frauen bewohnte Räume in orientalischen Häusern; auch Bezeichnung für die darin wohnenden Frauen); des Harems, die Harems; Ha-rem

Harlekin, der (Spaßmacher, Narrengestalt); des Harlekins, die Harlekins/Harlekine; Har-le-kin

harmlos; harmloser, am harmlosesten; harm-los; die **Harmlosigkeit**

Harmonie, die (Zusammenklang, Eintracht); der Harmonie, die Harmonien; Har-mo-nie; **harmonieren**; sie hat mit ihrem Tanzpartner gut harmoniert; **harmonisch**; harmonische Farben

Harn, der; des Harn(e)s, *kein Plural*; Harn; die **Harnblase**; **harntreibend**; harntreibender Tee

Harpune, die (Speer, pfeilartiges Geschoss); der Harpune, die Harpunen; Har-pu-ne

harren; du harrst, er harrte, sie hat auf das Eintreffen der Gäste geharrt; har-ren → ausharren, verharren

hart; härter, am härtesten; hart; die **Härte**; **härten**; sie hat Stahl gehärtet; das **Hartgeld**; **hartherzig**; **hartkochen** (*auch* hart kochen); hartgekochte/hart gekochte Eier; **hartnäckig**; ein hartnäckiges Gerücht

Harz, das (klebrige Absonderung aus dem Holz von Bäumen); des Harzes, die Harze; Harz; **harzig**; ein harziger Geruch

Hasch, das (*kurz für* Haschisch); des Hasch(e)s, *kein Plural*; Hạsch; **haschen**; er hat getrunken und gehascht; sie hat eine Mücke gehascht; das **Haschisch** (Droge)

Hase, der; des Hasen, die Hasen; Ha-sen; Hase und Häsin

Haselmaus, die; der Haselmaus, die Haselmäuse; Ha-sel-maus; die **Haselnuss**; der **Haselnussstrauch** (*auch* Haselnuss-Strauch)

Hass, der; des Hasses, *kein Plural*; Hạss; **hassen**; **hasserfüllt**; ein hasserfüllter Blick

hässlich; hässlicher, am hässlichsten; hạ̈ss-lich; eine hässliche Gestalt; ein hässlicher Vorfall

Hast, die; der Hast, *kein Plural*; Hạst; **hasten**; sie ist von Termin zu Termin gehastet; **hastig**; er läuft hastig hin und her

hätscheln; du hätschelst, er hätschelte, sie hat den Kleinsten immer gehätschelt; hạ̈t-scheln

Haube, die; der Haube, die Hauben; Haube; sie trägt eine Haube auf dem Kopf

Hauch, der; des Hauch(e)s, *kein Plural*; Hauch; ein Hauch von frischer Luft; **hauchdünn**; **hauchen**; sie hat ans Glas gehaucht; hau-chen

Haue, die (Hiebe, Schläge); der Haue, *kein Plural*; Haue; **hauen**; du haust dir auf den Daumen, sie haben sich gehauen

Haufen, der; des Haufens, die Haufen; Hau-fen; **häufen**; die Fehler häufen sich; **haufenweise**; sie werfen haufenweise Abfall auf den Weg

häufig; häufiger, am häufigsten; häu-fig; die **Häufigkeit**; die **Häufung**

Haupt, das; des Haupt(e)s, die Häupter; Haupt; der **Hauptbahnhof**; das **Hauptfach**

Häuptling, der; des Häuptlings, die Häuptlinge; Häupt-ling

Hauptmann, der; des Hauptmann(e)s, die Hauptmänner; Haupt-mann; die **Hauptsache**; **hauptsächlich**; die **Hauptschule**; die **Hauptstadt**

Haus, das; des Hauses, die Häuser; Haus; zu Haus(e)/zuhause sein; nach Haus(e)/nachhause kommen; die **Hausaufgabe**; der **Hausbesitzer**

hausen; du haust, er hauste, sie hat in einer Ruine gehaust; hau-sen

Hausfrau, die; der Hausfrau, die Hausfrauen; Haus-frau; der **Haushalt**; **haushalten** (*auch* Haus halten); du hältst Haus, er hielt Haus, sie hat mit ihrem Taschengeld hausgehalten/Haus gehalten

haushoch; *keine Steigerung*; haus-hoch; wir haben das Spiel haushoch verloren

hausieren (Waren von Haus zu Haus anbieten); du hausierst, er hausierte, sie hat hausiert; hau-sie-ren; der **Hausierer**

häuslich; häuslicher, am häuslichsten; häus-lich; sie hat sich häuslich eingerichtet; die **Hausordnung**; der **Hausschlüssel**; das **Haustier**

Haut, die; der Haut, die Häute; Haut; **häuten**; er häutete den Fisch, die Schlange hat sich gehäutet; **hauteng**; die **Hautfarbe**; die **Häutung**

Haxe, die (*auch* Hachse) (Teil des Beins bei Schwein oder Kalb; *umgangssprachlich auch Bezeichnung für* Bein); der Haxe, die Haxen; Hạ-xe; Schweinshaxe essen; zieh die Haxen ein! → Hachse

Hbf, der (*auch* Hbf.) = Hauptbahnhof

Hearing, das [hiring] (öffentliche Anhörung); des Hearings, die Hearings; Hearing

Hebamme, die (Geburtshelferin); der Hebamme, die Hebammen; Hẹb-amme

Hebel, der; des Hebels, die Hebel; Hẹbel; **hebeln**

heben; du hebst, er hob, sie hat schwere Gewichte gehoben; he-ben

hecheln; du hechelst, der Hund hechelte, sie hat nach Luft gehechelt; he-cheln

Hecht, der (Fisch); des Hecht(e)s, die Hechte; Hecht; die **Hechtrolle**; der **Hechtsprung**

Heck, das (Hinterteil eines Schiffs, Autos oder Flugzeugs); des Hecks, die Hecke/Hecks; Heck; der **Heckantrieb**

Hecke, die; der Hecke, die Hecken; He-cke; die **Heckenrose**; die **Heckensche-re**

Heer, das; des Heer(e)s, die Heere; Heer; die **Heerstraße**

Hefe, die; der Hefe, die Hefen; He-fe; der **Hefekuchen**; der **Hefeteig**

Heft, das; des Heft(e)s, die Hefte; Heft; **heften**; sie hat einen Zettel an die Pinnwand geheftet; hef-ten; der **Hefter** (Mappe)

heftig; heftiger, am heftigsten; hef-tig; es stürmt heftig; die **Heftigkeit**

Heftpflaster, das; des Heftpflasters, die Heftpflaster; Heft-pflas-ter; sie klebt ein Heftpflaster auf die Wunde

hegen; du hegst, er hegte, sie hat ihre Pflanzen gehegt und gepflegt; he-gen

Hehler, der (jemand, der Gestohlenes verkauft); des Hehlers, die Hehler; Heh-ler; die **Hehlerei**

Heide[1], die (niedrig bewachsene Landschaft); der Heide, die Heiden; Hei-de; der **Heide**[2] (Religionsloser); die **Heidin**; **heidnisch**; heidnische Bräuche

heikel; heikler, am heikelsten; hei-kel; eine heikle Angelegenheit

heil; *keine Steigerung*; heil; das Bein ist wieder heil geworden; das **Heil**; eine Heil bringende Botschaft; **heilen**; sie hat den Patienten geheilt

heilig; heiliger, am heiligsten; hei-lig; heilige Stätten; die Heilige Nacht; der Heilige Vater (der Papst); der Heilige Abend; der **Heiligabend**; das **Heiligtum**

heillos; *keine Steigerung*; heil-los; ein heilloses Durcheinander

Heilmittel, das; des Heilmittels, die Heilmittel; Heil-mit-tel; die **Heilpflanze**; der **Heilpraktiker**; die **Heilquelle**; **heilsam**

Heilung, die; der Heilung, die Heilungen; Hei-lung; die Heilung geht gut voran

Heim, das; des Heim(e)s, die Heime; Heim; sie wohnt im Heim; die **Heimarbeit**

Heimat, die; der Heimat, *kein Plural*; Heimat; **heimatlos**; der **Heimatort**

heimbringen; du bringst heim, er brachte heim, sie hat ihre Freundin heimgebracht; heim-brin-gen; **heimfahren**; **heimgehen**; **heimisch**; heimische Vögel

Heimkehr, die; der Heimkehr, *kein Plural*; Heim-kehr; **heimkehren**

heimlich; heimlicher, am heimlichsten; heim-lich; er hat sich heimlich davongeschlichen; die **Heimlichkeit**; der **Heimlichtuer**; die **Heimlichtuerei**

Heimreise, die; der Heimreise, die Heimreisen; Heim-rei-se; **heimreisen**; **heimsuchen**; eine Katastrophe hat den Ort heimgesucht

Heimtücke, die; der Heimtücke, *kein Plural*; Heim-tü-cke; **heimtückisch**; ein heimtückischer Plan; das **Heimweh**

Heimwerker, der; des Heimwerkers, die Heimwerker; Heim-wer-ker; die **Heimwerkerin**

heimzahlen; du zahlst heim, er zahlte heim, sie hat ihm die Niederlage heimgezahlt; heim-zah-len

Heinzelmännchen, das (fleißiger Zwerg); des Heinzelmännchens, die Heinzelmännchen; Hein-zel-männ-chen

Heirat, die; der Heirat, *Plural selten*: die Heiraten; Hei-rat; **heiraten**

heiser; heiserer, am heisersten; hei-ser; die **Heiserkeit**

heiß; heißer, am heißesten; heiß; sie trinkt heißen Tee; **heißblütig**

heißen; du heißt, er hieß Moritz, sie hat ihn herzlich willkommen geheißen; hei-ßen

heiter; heiterer, am heitersten; hei-ter; die **Heiterkeit**

heizen; du heizt, er heizte, sie hat den Ofen geheizt; hei-zen; der **Heizer**; die **Heizung**

Hektar, der/das = ha (Flächenmaß, 10 000 Quadratmeter); des Hektars, *Plural selten*: die Hektare; Hek-tar/Hekt-ar; eine Fläche von 13 Hektar

Hektik, die; der Hektik, *kein Plural*; Hek-tik; **hektisch**

Hektoliter, der/das (entspricht 100 Liter); des Hektoliters, die Hektoliter; Hek-to-li-ter

Held, der; des Helden, die Helden; **heldenhaft**; die **Heldentat**

helfen; du hilfst, er half, sie hat mir beim Schreiben geholfen; hel-fen; der **Helfer**

Helikopter, der (Hubschrauber); des Helikopters, die Helikopter; He-li-kop-ter/He-li-ko-pter

hell; heller, am hellsten; hell; hell leuchtende Farben; **hellauf**; wir waren hellauf begeistert; **hellblau**; **hellblond**; **hellhörig**; bei dieser Neuigkeit wurde er hellhörig

Helligkeit, die; der Helligkeit, *kein Plural*; Hel-lig-keit; **helllicht**; hell-licht; am helllichten Tag

hellsehen; hell-se-hen; kannst du hellsehen?; ich kann doch nicht hellsehen; der **Hellseher**; die **Hellseherin**

Helm, der; des Helm(e)s, die Helme; Helm

Hemd, das; des Hemd(e)s, die Hemden; der **Hemdsärmel**; **hemdsärmelig** (*auch* hemdsärmlig, hemdärmlig); er kam hemdsärmelig daher

Hemisphäre, die (Hälfte der Erd- oder einer Himmelskugel; *auch* Hälfte des Gehirns); der Hemisphäre, die Hemisphären; He-mis-phä-re/He-mi-sphä-re

hemmen; du hemmst, er hemmte, die Trockenheit hat das Wachstum gehemmt; hem-men; das **Hemmnis**; die **Hemmung**; **hemmungslos**

Hengst, der; des Hengst(e)s, die Hengste; Hengst

Henkel, der; des Henkels, die Henkel; Hen-kel

Henker, der; des Henkers, die Henker; Hen-ker; die **Henkersmahlzeit**

Henne, die; der Henne, die Hennen; Hen-ne

her [Adv.]; her; komm her!; sie läuft hin und her; das macht was her

herab [Adv.] (herunter); he-rab/her-ab; er behandelte ihn von oben herab; **herablassen**; er ließ das Seil herab, sie hat sich herabgelassen, mit uns zu reden; **herablassend**; ein herablassender Blick

heran; he-ran/her-an; **herankommen**

herauf; he-rauf/her-auf; herauf geht es langsamer als hinunter; **heraufholen**; **heraufkommen**; **heraufsetzen**

heraus; he-raus/her-aus; heraus mit dem Geld!; **herausfinden**; sie hat die Adresse herausgefunden; **herausfordern**; **herausgeben**; sie hat das Wechselgeld herausgegeben; **herausstellen**

herb; herber, am herbsten; herb; ein herber Verlust

herbei [Adv.]; her-bei; alle Mann herbei!; **herbeieilen**; **herbeischaffen**

Herberge, die; der Herberge, die Herbergen; Her-ber-ge; wir übernachten in einer Herberge

Herbst, der; des Herbst(e)s, *Plural selten*:

die Herbste; Herbst; die **Herbstferien**; **herbstlich**

Herd, der; des Herd(e)s, die Herde; Herd

Herde, die; der Herde, die Herden; Herde; eine Herde Kühe

herein; he-rein/her-ein; **hereinbrechen**; ein Unglück ist hereingebrochen; **hereinfallen**; **hereinlassen**; **hereinlegen**

Hergang, der; des Hergang(e)s, *kein Plural*; Her-gang; er beschreibt den Hergang des Unfalls genau

Hering, der (Fisch; Zeltpflock; *auch* Mensch von schmaler Gestalt); des Herings, die Heringe; He-ring

Herkules[1], der (Held der griechischen Sage); des Herkules, *kein Plural*; Her-ku-les; der **Herkules**[2] (großer starker Mensch); des Herkules, die Herkulesse; was für ein Herkules!; Arbeit für einen Herkules

Herkunft, die; der Herkunft, *kein Plural*; Her-kunft; seine Herkunft ist unbekannt

Hermelin, der (großes Wiesel); des Hermelins, die Hermeline; Her-me-lin

hermetisch (luft- und wasserdicht); hermetischer, am hermetischsten; her-me-tisch

Heroin, das (Rauschgift); des Heroins, *kein Plural*; He-ro-in

heroisch (heldenhaft); heroischer, am heroischsten; he-ro-isch

Herr, der; des Herr(e)n, die Herren; Herr; ich traf einen vornehmen Herrn; er ist stets Herr der Lage; Sehr geehrter Herr Müller ...; **herrisch**; ein herrisches Auftreten

herrlich; herrlicher, am herrlichsten; herrlich; ein herrlicher Sommertag; die **Herrlichkeit**

Herrschaft, die; der Herrschaft, *Plural selten*: die Herrschaften; Herr-schaft; die Herrschaften betraten den Festsaal; **herrschen**; der **Herrscher**; die **Herrschsucht**; **herrschsüchtig**

herstellen; du stellst her, er stellte Spielzeug her, sie hat eine Verbindung hergestellt; her-stel-len

herüberkommen; du kommst herüber, er kam herüber , sie ist herübergekommen; he-rü-ber-kom-men/her-über-kom-men

herum; he-rum/her-um; **herumliegen**; die Kleider lagen herum; **herumlungern**; was lungerst du hier herum, hilf mir lieber!; **herumtreiben**

herunter; he-run-ter/her-un-ter; **herunterladen**; sie hat Musik aus dem Internet heruntergeladen; **herunterreißen**

hervor; her-vor; **hervorheben**; sie hat die Überschrift hervorgehoben; **hervorragend**; ein hervorragendes Ergebnis; **hervorrufen**

Herz, das; des Herzens, die Herzen; Herz; **herzhaft**; der **Herzinfarkt**; das **Herzklopfen**; **herzlich**; herzliche Grüße

Herzog, der; des Herzog(e)s, die Herzöge; Her-zog; die **Herzogin**; das **Herzogtum**

hetzen; du hetzt, er hetzte, sie ist nach Hause gehetzt; sie hat über seinen Freund gehetzt; het-zen

Heu, das (getrocknetes Gras); des Heu(e)s, *kein Plural*; Heu

Heuchelei, die; der Heuchelei, die Heucheleien; Heu-che-lei; **heucheln**; du heuchelst, er heuchelte, sie hat Mitleid geheuchelt; heu-cheln; der **Heuchler**; **heuchlerisch**

heulen; du heulst, er heulte, sie hat immer gleich geheult; heu-len; der **Heuler** (junger Seehund, der von den anderen getrennt ist)

Heuschrecke, die (Insekt); der Heuschrecke, die Heuschrecken; Heu-schre-cke

heute [Adv.]; heu-te; heute stürmt es; **heutig**; die heutige Zeitung; **heutzutage**; heutzutage hat fast jedes Kind ein Handy

Hexe, die; der Hexe, die Hexen; He-xe; **hexen**; sie hat gehext; die **Hexerei**

hg. (*auch* hrsg.) = herausgegeben; **Hg.** (*auch* Hrsg.) = Herausgeber, Herausgeberin; Herausgeberinnen

Hieb, der; des Hieb(e)s, die Hiebe; Hieb

hier [Adv.]; hier; hier sein; hier wohnen; hier und da; **hieran**; hieran schloss sich eine Diskussion an

Hierarchie, die (Rangordnung); der Hierarchie, die Hierarchien; Hie-rar-chie/Hier-ar-chie; **hierarchisch**; die Begriffe sind hierarchisch geordnet

hierauf [Adv.]; hier-auf/hie-rauf; hierauf bin ich wirklich stolz; **hieraus**

hierbleiben; du bleibst hier, er blieb hier, sie ist hiergeblieben; hier-blei-ben

hierdurch [Adv.]; hier-durch; hierdurch kam es zu großen Überschwemmungen; **hierher**; **hierlassen**; kannst du das Fahrrad hierlassen?; **hiermit**; **hiervon**; **hierzu**

hierzulande (*auch* hier zu Lande) [Adv.]; hier-zu-lan-de; solches Wetter sind wir hierzulande nicht gewöhnt

hiesig; hie-sig; hiesige Gewohnheiten

hieven; du hievst, er hievte den Anker, sie hat den schweren Sack über den Zaun gehievt; hie-ven

Hi-Fi [haifai/haifi] = High Fidelity (wirklichkeitsgetreue Wiedergabe); die **Hi-Fi-Anlage** (Musikanlage)

High Fidelity, die [haifideliti]; der High Fidelity, *kein Plural*; High Fi-de-li-ty → Hi-Fi

Highlife, das (*auch* High Life) [hailaif] (glanzvolles Leben, Ausgelassenheit); des Highlifes, *kein Plural*; High-life; das **Highlight** [hailait] (Höhepunkt); das Konzert war ein echtes Highlight

Hightech, die [haitek] (Spitzentechnologie); der Hightech, *kein Plural*; High-tech; die **Hightechindustrie** (*auch* Hightech-Industrie)

Hilfe, die; der Hilfe, die Hilfen; Hil-fe; mit der Hilfe seiner Freunde → mithilfe; die **Hilfeleistung**; der **Hilferuf**

hilflos; hilfloser, am hilflosesten; hilf-los; ein hilfloses Kind; **hilfreich**; **hilfsbereit**

Himbeere, die; der Himbeere, die Himbeeren; Him-bee-re; der **Himbeersaft**

Himmel, der; des Himmels, die Himmel; Him-mel; **himmelblau**; die **Himmelsrichtung**; **himmlisch**

hin [Adv.]; hin; zur Straße hin; es ist noch lange hin; wo willst du hin?

hinab [Adv.]; hi-nab/hin-ab; ins Tal hinab; **hinabgehen**

hinauf [Adv.]; hi-nauf/hin-auf; den Berg hinauf; **hinaufgehen**; er ist die Treppe hinaufgegangen

hinaus [Adv.]; hi-naus/hin-aus; übers Ziel hinaus; **hinausfliegen**; **hinausjagen**; **hinauswerfen**; der Klub hat viel Geld zum Fenster hinausgeworfen

hinderlich; hinderlicher, am hinderlichsten; hin-der-lich; eine hinderliche Verletzung; **hindern**; sie hat uns am Schlafen gehindert; das **Hindernis**; der **Hindernislauf**

Hindu, der (Anhänger des Hinduismus); des Hindu(s), die Hindu/Hindus; Hin-du; der **Hinduismus** (indische Religion); **hinduistisch**

hinein [Adv.]; hin-ein/ hi-nein; hinein ins Vergnügen!; **hineingehen**; **hineinplatzen**; **hineinschlittern**; er ist in die Sache hineingeschlittert

hinken; du hinkst, er hinkte, sie hat nach dem Unfall lange gehinkt, sie ist vorsichtig zum Arzt gehinkt; hin-ken

hinreichend; *keine Steigerung*; hin-reichend; eine hinreichende Erklärung

hinrichten; du richtest hin, er richtete hin, sie hat hingerichtet; hin-rich-ten; die **Hinrichtung**

hinsetzen; du setzt hin, er setzte hin, sie hat den Stuhl hingesetzt; sie hat sich hingesetzt; hin-set-zen

hinten [Adv.]; hin-ten; **hintenherum**; wir nähern uns hintenherum

hinter [Präp.]; hin-ter; er versteckt sich hinter dem Schrank (wo? → Dat.); sie geht hinter den Tisch (wohin? → Akk.)

Hinterbliebene, der/die; des/der Hinterbliebenen, die Hinterbliebenen; Hin-ter-blie-be-ne; ein Hinterbliebener des Krieges

hinterbringen; du hinterbringst, er hinterbrachte, sie hat eine Nachricht hinterbracht; hin-ter-brin-gen

hintere; hinterere, hinterste; hin-te-re; die hintere Tür; **hintereinander**; hin-ter-ein-an-der/hin-ter-ei-nan-der; sie stellen sich hintereinander auf; **hintereinanderlegen**; **hintereinanderstellen**

hintergehen (verraten, täuschen); du hintergehst, er hinterging, sie hat ihre Freunde hintergangen; hin-ter-ge-hen

Hintergrund, der; des Hintergrund(e)s, die Hintergründe; Hin-ter-grund; wir bleiben unauffällig im Hintergrund; **hintergründig**; ein hintergründiges Lächeln; der **Hinterhalt**; **hinterhältig**; ein hinterhältiger Plan

hinterher [Adv.]; hin-ter-her; hinterher ist man meistens klüger; **hinterherlaufen**

hinterlassen; du hinterlässt, er hinterließ, sie hat eine Nachricht hinterlassen; hin-ter-las-sen; **hinterlegen**; sie hat den Schlüssel hinterlegt

Hinterlist, die; der Hinterlist, *kein Plural*; Hin-ter-list; **hinterlistig**

hinterrücks [Adv.]; hin-ter-rücks; sie hat sich hinterrücks über uns lustig gemacht

hinüber [Adv.]; hi-nü-ber/hin-über; zur Insel hinüber; **hinübergehen**; sie ist zu den Nachbarn hinübergegangen

hinunter; hin-un-ter/hi-nun-ter; zum Fluss hinunter; **hinunterblicken**; sie hat in die Schlucht hinuntergeblickt; **hinuntergehen**; **hinunterschlucken**; er schluckte seinen Ärger hinunter

hinweg [Adv.]; hin-weg; über Wochen hinweg; **hinwegfegen**; der Sturm hat alles hinweggefegt; **hinweggehen**; er ist über die Frage hinweggegangen; **hinwegsetzen**; du kannst dich darüber nicht hinwegsetzen

Hinweis, der; des Hinweises, die Hinweise; Hin-weis; **hinweisen**; sie hat mich auf einen Fehler hingewiesen

hinzufügen; du fügst hinzu, er fügte hinzu, sie hat ein Wort hinzugefügt; hin-zu-fü-gen; **hinzukommen**; er ist hinzugekommen

Hiphop, der (*auch* Hip-Hop) (Musikrichtung); des Hiphops, *kein Plural*; Hip-hop; die **Hiphop-Band** (*auch* Hip-Hop-Band)

Hippie, der (Anhänger einer freien, naturnahen Lebensform); des Hippies, die Hippies; Hip-pie

Hirn, das; des Hirn(e)s, die Hirne; Hirn; das **Hirngespinst**; **hirnlos** (ohne nachzudenken); **hirnverbrannt** (unsinnig)

Hirsch, der; des Hirsch(e)s, die Hirsche; Hirsch; die **Hirschkuh**

Hirse, die (Getreideart); der Hirse, *kein Plural*; Hir-se; der **Hirsebrei**

Hirt, der (*auch* Hirte); des Hirten, die Hirten; Hirt/Hir-te; der Hirt hütet die Schafe

hissen (hochziehen); du hisst, er hisste, sie hat die Fahne gehisst; his-sen

Historiker, der (Geschichtswissenschaftler); des Historikers, die Historiker; Histo-ri-ker; **historisch**; ein historisches Ereignis

Hit, der (erfolgreiches Musikstück, erfolgreiche Sache); des Hits, die Hits; Hịt; die **Hitparade**; **hitverdächtig**

Hitze, die; der Hitze, *kein Plural*; Hịt-ze; **hitzebeständig**; **hitzeempfindlich**; **hitzefrei**; **hitzig**; eine hitzige Diskussion

HIV, das = human immunodeficiency virus (menschliches Immunschwächevirus, ein Aidserreger); des HIV/HIVs, die HIV/HIVs; **HIV-infiziert**; **HIV-negativ**; **HIV-positiv**

hl = Hektoliter (100 Liter)

Hobby, das; des Hobbys, die Hobbys; Họb-by; Schwimmen ist mein Hobby

Hobel, der (Werkzeug); des Hobels, die Hobel; Ho̱-bel; **hobeln**; sie hat das Brett gehobelt

hoch; höher, am höchsten; ho̱ch; die Mauer ist hoch; hoch in der Luft; → Kasten „hoch"

Hoch, das (*kurz für:* Hochruf *oder* Hochdruckgebiet); des Hochs, die Hochs; Ho̱ch; ein Hoch auf den Sieger ausbringen, ein Hoch von Norden sorgt für schönes Wetter

hochachten (*auch* hoch achten); du achtest hoch, er achtete hoch, sie hat ihre Mutter immer hochgeachtet/hoch geachtet; ho̱ch-ach-ten/ho̱ch ạch-ten; die **Hochachtung**; **hochachtungsvoll**; **hochaktuell**; **hochanständig**; **hochbeglückt** (*auch* hoch beglückt)

hochdeutsch; *keine Steigerung*; ho̱chdeutsch; er spricht hochdeutsch; das

hoch

Getrennt- und Zusammenschreibung:

Wortgruppen mit dem Adjektiv „hoch" werden getrennt geschrieben.
Tipp: Solche Wortgruppen erkennst du oft daran, dass ein oder mehrere Wörter zwischen „hoch" und Verb eingeschoben werden können:

- das Flugzeug ist hoch (am Himmel) geflogen
- sie ist hoch (in die Luft) gesprungen
- wenn die Schwalben hoch (oben) fliegen, bleibt das Wetter schön
- das Wasser ist hoch (über den Damm) gestiegen

Es gibt einige Verben mit jeweils eigener Bedeutung wie „hochfliegen", „hochheben", „hocharbeiten" oder „hochstapeln". Sie werden im Infinitiv, beim Partizip und bei Endstellung des Verbs im Nebensatz zusammengeschrieben.
Tipp: Solche Zusammensetzungen erkennst du oft daran, dass beim Sprechen die Betonung auf „hoch" liegt:

- die Ballons sind ho̱chgeflogen (= aufgestiegen)
- ich möchte, dass du das Kind ho̱chhebst (= in die Höhe hebst)
- sie möchte sich zur Abteilungsleiterin ho̱charbeiten (= aufsteigen)
- ich glaube, der will nur ho̱chstapeln (= angeben, täuschen)

In manchen Fällen ist Getrennt- oder Zusammenschreibung möglich:

- eine hoch geachtete/hochgeachtete Persönlichkeit
- eine hoch gebildete/hochgebildete Familie
- hoch gesteckte/hochgesteckte Ziele

Hochdeutsch → Kasten „deutsch/ Deutsch"

hochgebildet (*auch* hoch gebildet); hoch-ge-bil-det; ein hochgebildeter/ hoch gebildeter Mensch; eine besonders hochgebildete/hoch gebildete Wissenschaftlerin

Hochgebirge, das; des Hochgebirgs, die Hochgebirge; Hoch-ge-bir-ge; das **Hochgefühl**; der **Hochgenuss**

hochgesteckt (*auch* hoch gesteckt); hoch-ge-steckt; hochgesteckte/hoch gesteckte Haare; **hochgestellt** (*auch* hoch gestellt); eine hochgestellte/hoch gestellte Zahl

hochhalten; du hältst hoch, er hielt hoch, sie hat sein Andenken hochgehalten; hoch-hal-ten; **hochheben**

hochkant [Adv.]; hoch-kant; ein Brett hochkant stellen; **hochkarätig**; ein hochkarätiger Edelstein; eine hochkarätige Chance

hochkrempeln; du krempelst hoch, er krempelte hoch, sie hat die Ärmel hochgekrempelt; hoch-krem-peln

Hochleistungssport, der; des Hochleistungssport(e)s, *kein Plural*; Hoch-leis-tungs-sport; der **Hochleistungssportler**; die **Hochleistungssportlerin**

Hochmut, der; des Hochmut(e)s, *kein Plural*; Hoch-mut; **hochmütig**; eine hochmütige Antwort

hochrechnen; du rechnest hoch, er rechnete hoch, sie hat die erwarteten Einnahmen hochgerechnet; hoch-rech-nen; die **Hochrechnung**; die **Hochschule**; an einer Hochschule studieren; die **Hochschulreife**

höchst [Adv.]; höchst; wir sehen uns höchst selten

Hochstapler, der (Betrüger); des Hochstaplers, die Hochstapler; Hoch-stap-ler

höchstens [Adv.]; höchs-tens; ich will höchstens drei Euro ausgeben; die **Höchstgeschwindigkeit**; das **Höchstmaß**; **höchstpersönlich**; sie erschien höchstpersönlich; **höchstwahrscheinlich**; es wird höchstwahrscheinlich regnen

Hochwasser, das; des Hochwassers, die Hochwasser; Hoch-was-ser

Hochzeit[1], die (Blütezeit, Höhepunkt); der Hochzeit, die Hochzeiten; Hoch-zeit; um 1800 begann die Hochzeit der Romantik; die **Hochzeit**[2] (Heirat, Eheschließung); Hoch-zeit; die **Hochzeitsfeier**; das **Hochzeitskleid**

Höcker, der (Auswuchs, Wölbung); des Höckers, die Höcker; Hö-cker; die Höcker des Kamels

Hockey, das; des Hockeys, *kein Plural*; Ho-ckey; sie spielen Hockey; der **Hockeyschläger**

Hoden, der (männliche Keimdrüse); des Hodens, die Hoden; Ho-den

Hof, der; des Hof(e)s, die Höfe; Hof

hoffen; du hoffst, er hoffte, sie hat auf schönes Wetter gehofft; hof-fen; **hoffentlich**; hoffentlich erreichen wir den Bus; die **Hoffnung**; **hoffnungslos**; **hoffnungsvoll**

höflich; höflicher, am höflichsten; höflich; die **Höflichkeit**

hohe; höhere, höchste; ho-he; eine hohe Mauer; ein hoher Berg; hohes Ansehen; die **Höhe**; das ist doch die Höhe!

Hoheit, die; der Hoheit, die Hoheiten; Ho-heit; mit Klugheit errangen sie die Hoheit über die Insel; das **Hoheitsgebiet**; das Hoheitsgebiet eines Staates

höhergestellt (*auch* höher gestellt); hö-her-ge-stellt; eine höhergestellte/höher gestellte Persönlichkeit; **höhergruppieren**; einen Angestellten höhergruppieren; **höherschrauben**; Erwartungen höherschrauben; **höherstufen**; im Gehalt höherstufen

hohl; hohler, am hohlsten; họhl; die **Höhle**; eine Höhle bauen; das **Hohlmaß**; der **Hohlweg**

Hohn, der; des Hohns, *kein Plural*; Họhn; **höhnisch**; wir wurden höhnisch ausgelacht

Hokuspokus, der (Zauberformel, Zauberei, Täuschung); des Hokuspokus, *kein Plural*; Ho̲-kus-po̲-kus

hold (anmutig, wohlgesinnt); holder, am holdesten; họld; ein holdes Mädchen

holen; du holst, er holte, sie hat frische Milch geholt; ho̲-len

Hölle, die; der Hölle, die Höllen; Hö̤l-le; der **Höllenlärm**; die **Höllenqual**; **höllisch**; eine höllische Hitze

Holocaust, der (Völkermord, Massenvernichtung, besonders der Juden in der Zeit des Nationalsozialismus); des Holocaust(s), die Holocausts; Ho̲-lo-caust

holpern; du holperst, sie holperte, der Wagen ist über den steinigen Weg geholpert, im Wagen hat es ziemlich geholpert; họl-pern; **holprig** (*auch* holperig); eine holprige Straße

Holunder, der; des Holunders, die Holunder; Họ-lun-der; die **Holunderbeere**

Holz, das; des Holzes, die Hölzer; Họlz; **hölzern**; eine hölzerne Bank; **holzig**; ein holziger Geruch; die **Holzkohle**; die **Holzwolle**

Homepage, die (Seite im Internet); der Homepage, die Homepages; Ho̲me-page

Homöopathie, die (Heilverfahren, das natürliche Stoffe in kleinen Mengen bevorzugt); der Homöopathie, *kein Plural*; Ho-möo-pa-thi̲e̲; **homöopathisch**; eine hömöopathische Dosis

Homosexualität, die (gleichgeschlechtliche Liebe); der Homosexualität, *kein Plural*; Ho-mo-se-xu-a-li-tä̲t; **homosexuell**; eine homosexuelle Beziehung

Honig, der; des Honigs, die Honige; Ho̲-nig; **honigsüß**; die **Honigwabe**

Honorar, das (Bezahlung für eine Leistung); des Honorars, die Honorare; Ho-no-ra̲r; **honorieren** (bezahlen, anerkennen); sie hat seinen Einsatz honoriert

Hooligan, der [hu̲ligän] (gewaltbereiter Besucher, vor allem beim Massensport); des Hooligans, die Hooligans; Ho̲o̲-li-gan

Hopfen, der (Kletterpflanze, Bierzusatz); des Hopfens, die Hopfen; Họp-fen

horchen; du horchst, er horchte, sie hat heimlich an der Tür gehorcht; họr-chen

Horde, die; der Horde, die Horden; Họr-de; eine Horde wilder Tiere

hören; du hörst, er hörte, sie hat Musik gehört; hö̲-ren; der **Hörer**; eine beliebte Sendung für Hörer und Hörerinnen

Horizont, der; des Horizont(e)s, die Horizonte; Ho-ri-zọnt; Sonne am Horizont; **horizontal** (waagerecht); die **Horizontale**

Hormon, das (körpereigener Wirkstoff); des Hormons, die Hormone; Hor-mo̲n; **hormonal** (*auch* hormonell)

Horn, das; des Horn(e)s, die Hörner; die **Hornhaut**

Hornisse, die (eine Wespenart); der Hornisse, die Hornissen; Hor-nịs-se

Horoskop, das (Vorraussage nach der Stellung der Sterne); des Horoskops, die Horoskope; Ho-ros-ko̲p/Ho-ro-sko̲p

horrend (extrem, ungeheuer); horrender, am horrendesten; hor-rẹnd; eine horrende Preissteigerung

Horror, der; des Horrors, *kein Plural*; Họr-ror; der **Horrorfilm**; die **Horrorgeschichte**

Hörspiel, das; des Hörspiel(e)s, die Hörspiele; Hö̱r-spiel; der **Hörspielautor**

Hort, der (Ort, Kindertagesstätte, *auch* Schatz); des Hort(e)s, die Horte; Họrt; viele Schüler besuchen nachmittags den Hort; **horten** (sammeln, anhäufen); sie hat Vorräte gehortet

Hose, die; der Hose, die Hosen; Ho̱-se; das **Hosenbein**; der **Hosenknopf**

Hospital, das (Krankenhaus, Pflegeheim); des Hospitals, die Hospitäler; Hos-pi-ta̱l

Hospiz, das (Gästehaus, Herberge; *auch* Sterbehaus); des Hospizes, die Hospize; Hos-pi̱z

Hostess, die (Fremdenbegleiterin); der Hostess, die Hostessen; Hos-tẹss

Hotdog, der (*auch* Hot Dog) (heißes Würstchen in einem Brötchen); des Hotdogs, die Hotdogs; Họt-dog/Họt Dọg

Hotel, das; des Hotels, die Hotels; Ho-tẹl; das **Hotelbett**; das **Hotelzimmer**

Hotline, die [họtlain] (Telefonanschluss für schnelle Dienstleitungen); der Hotline, die Hotlines; Hot-line; eine Hotline für Kinder in Not

Hub, der (Hebebewegung); des Hub(e)s, *Plural selten*: die Hübe; Hu̱b; die **Hubkraft**; der **Hubraum**

hübsch; hübscher, am hübschesten; ein hübsches Kind

Hubschrauber, der; des Hubschraubers, die Hubschrauber; Hu̱b-schrau-ber

huckepack [Adv.] (auf dem Rücken); hụ-cke-pack; den Verletzten huckepack nehmen

Huf, der; des Huf(e)s, die Hufe; das **Hufeisen**; **hufeisenförmig**

Hüfte, die; der Hüfte, die Hüften; Hụ̈f-te; das **Hüftgelenk**

Hügel, der; des Hügels, die Hügel; Hü̱-gel; **hügelig** (*auch* hüglig); eine hügelige Landschaft

der Hubschrauber

Huhn, das; des Huhn(e)s, die Hühner; Hu̱hn; das **Hühnerauge**; das **Hühnerei**

huldigen (Anerkennung, Verehrung ausdrücken); du huldigst, er huldigte, sie hat den Göttern gehuldigt; hụl-di-gen; die **Huldigung**

Hülle, die; der Hülle, die Hüllen; Hụ̈l-le; sie steckt ihren Ausweis in eine Hülle

Hülse, die; der Hülse, die Hülsen; Hụ̈l-se; die **Hülsenfrucht**; Erbsen und Bohnen sind Hülsenfrüchte

human (menschlich, menschenwürdig); humaner, am humansten; hu-ma̱n; der **Humanismus** (Achtung vor der Menschenwürde)

humanitär (wohltätig); humanitärer, am humanitärsten; hu-ma-ni-tä̱r; eine humanitäre Hilfsorganisation; die **Humanität** (Menschlichkeit)

Humbug, der (Unsinn, Täuschung); des Humbugs, *kein Plural*; Hụm-bug

Hummel, die; der Hummel, die Hummeln; Hum-mel

Hummer, der (Krebs); des Hummers, die Hummer; Hum-mer

Humor, der; des Humors, *kein Plural*; Humor; **humoristisch**; eine humoristische Darbietung; **humorlos**; **humorvoll**

humpeln; du humpelst, er humpelte, sie hat nach ihrem Unfall gehumpelt; sie ist zum Arzt gehumpelt; hum-peln

Humus, der (fruchtbarer Erdboden); des Humus, *kein Plural*; Hu-mus; die **Humuserde**

Hund, der; des Hund(e)s, die Hunde; Hund; der **Hundehalter**; die **Hundehütte**; **hundekalt**; **hundemüde**

hundert; hun-dert; hundert Teilnehmer; das **Hundert** (eine Menge von 100); das erste Hundert ist erreicht; der **Hunderter**; misstrauisch prüft er den Hunderter; **hundertfach**; hundertfache Vergrößerung; **hundertste**; der hundertste Besucher → Kasten „acht/Acht"

Hündin, die; der Hündin, die Hündinnen; Hün-din; **hündisch**; ein typisch hündisches Verhalten

Hüne, der (großer, starker Mensch; zunächst Angehöriger eines Riesengeschlechts, von dem in alten Erzählungen die Rede ist); des Hünen, die Hünen; Hü-ne; das **Hünengrab**; **hünenhaft**; ein hünenhafter Kerl

Hunger, der; des Hungers, *kein Plural*; Hun-ger; **hungern**; die **Hungersnot**; **hungrig**; ein hungriges Kind

Hunne, der (Angehöriger eines ostasiatischen Nomadenvolks); des Hunnen, die Hunnen; Hun-ne; der **Hunnenkönig**

Hupe, die; der Hupe, die Hupen; Hu-pe; **hupen**; er hat gehupt

hüpfen; du hüpfst, er hüpfte, sie ist von Ast zu Ast gehüpft; hüp-fen

Hürde, die (Hindernis); der Hürde, die Hürden; Hür-de; der **Hürdenlauf**

Hure, die (Frau, die sexuelle Handlungen gegen Bezahlung anbietet); der Hure, die Huren; Hu-re

Hurrikan, der [hariken] (Wirbelsturm); des Hurrikans, die Hurrikans/Hurrikane; Hur-ri-kan

hurtig (flink, gewandt); hurtiger, am hurtigsten; hur-tig; sie hat hurtig ihre Sachen gepackt

huschen; du huschst, er huschte, sie ist flink durch den Zaun gehuscht; huschen

hüsteln; du hüstelst, er hüstelte, sie hat leise in ihr Taschentuch gehüstelt; hüsteln

husten; du hustest, sie hustete, er hat gehustet; hus-ten; der **Husten**; der/das **Hustenbonbon**

Hut[1], der; des Hut(e)s, die Hüte; Hut; er trägt keinen Hut; die **Hut**[2] (Aufsicht, Schutz); der Hut, *kein Plural*; sei auf der Hut!

hüten; du hütest, er hütete die Schafe, sie hat sich vor Anschuldigungen gehütet; hü-ten

Hütte[1], die (kleines einfaches Haus); der Hütte, die Hütten; Hüt-te; die **Hütte**[2] (Industrieanlage zur Metallgewinnung); das **Hüttenwerk**; der **Hüttenwirt**

Hyäne, die (Raubtier); der Hyäne, die Hyänen; Hy-ä-ne

Hydrant, der (Wasserzapfstelle); des Hydranten, die Hydranten; Hy-drant/Hyd-rant

Hydraulik, die (Lehre, die sich mit Bewegungen von Flüssigkeiten oder mit der Wasserkraft befasst); der Hydraulik, *kein Plural*; Hy-drau-lik/Hyd-rau-lik; **hydraulisch**; eine hydraulische Bremse

Hygiene, die (Gesundheitslehre, Gesundheitsfürsorge; auch Sauberkeit); der

Hygiene, *kein Plural*; Hy-gi-e-ne; **hygienisch** (sauber, rein)

Hymne, die (Lobgesang); der Hymne, die Hymnen; Hym-ne; vor dem Spiel erklang die Nationalhymne

Hyperlink, der [haiperlink] (per Mausklick herstellbare elektronische Verbindung); des Hyperlinks, die Hyperlinks; Hy-per-link

hypermodern (übertrieben modern); *keine Steigerung*; hy-per-mo-dern

Hypnose, die (schlafähnlicher Zustand, der durch Suggestion bewirkt wird); der Hypnose, die Hypnosen; Hyp-no-se; **hypnotisieren**; er hat den Patienten hypnotisiert

Hypothek, die (Belastung, vor allem auf einem Grundstück); der Hypothek, die Hypotheken; Hy-po-thek; eine Hypothek auf das Haus aufnehmen

Hypothese, die (begründete, doch unbewiesene Annahme); der Hypothese, die Hypothesen; Hy-po-the-se; **hypothetisch**; eine hypothetische Annahme

Hysterie, die (übermäßig nervöses Aufgeregtsein); der Hysterie, die Hysterien; Hys-te-rie; **hysterisch**; eine hysterische Stimmung

I

IC, der = Intercityzug; der **ICE** = Intercityexpresszug

ich [Pron.]; ich; die **Ichform** (*auch* Ich-Form); eine Erzählung in der Ichform; die **Ichsucht** (*auch* Ich-Sucht); in ihrer Ichsucht dachte sie nicht an die anderen

ideal (vollkommen, perfekt); idealer, am idealsten; ide-al; ideale Bedingungen zum Skilaufen; das **Ideal** (vorschwebendes Muster, Ziele); das **Idealbild**; der **Idealfall**

Idealismus, der; des Idealismus, *kein Plural*; Ide-a-lis-mus; er ging voller Idealismus an die Arbeit; der **Idealist**; **idealistisch**; sie hat idealistische Vorstellungen vom Leben

Idee, die; der Idee, die Ideen; Idee; er hat immer gute Ideen

Identifikation, die (Feststellen der Identität); der Identifikation, die Identifikationen; Iden-ti-fi-ka-ti-on

identifizieren; du identifizierst, er identifizierte sich mit dieser Idee, sie hat den Täter identifiziert; iden-ti-fi-zie-ren; die **Identifizierung**

identisch (übereinstimmend, völlig gleich); *keine Steigerung*; iden-tisch; identische Muster; die **Identität** (Echtheit, Übereinstimmung)

Ideologie, die (Weltanschauung, Grundeinstellung); der Ideologie, die Ideologien; Ideo-lo-gie; **ideologisch**; eine ideologische Frage

Idiot, der; des Idioten, die Idioten; Idi-ot; **idiotisch**; ein idiotischer Einfall

Idol, das (verehrter Mensch, Wunschbild); des Idols, die Idole; Idol; er war das Idol einer ganzen Generation

Idyll, das (Bild oder Zustand eines friedlichen, beschaulichen Lebens); des Idylls, die Idylle; Idyll; **idyllisch**; sie wohnen in idyllischer Umgebung

Igel, der (Stacheltier); des Igels, die Igel; Igel

Iglu, der/das (Schneehütte der Eskimos); des Iglus, die Iglus; Ig-lu

Ignorant, der (Unwissender); des Ignoranten, die Ignoranten; Ig-no-rant; die **Ignoranz** (Unwissenheit, Dummheit)

ignorieren (nicht zur Kenntnis nehmen); du ignorierst, er ignorierte, sie hat meine Anwesenheit einfach ignoriert; ig-no-rie-ren

ihm [Pron.]; i̲hm; sie hat ihm ein Buch geschenkt; **ihn**; wir werden ihn einladen; **ihnen**; wir müssen ihnen helfen; liebe Frau Müller, ich gratuliere Ihnen zum Geburtstag

ihr [Pron.]; i̲hr; ihr werdet euch sicher freuen; **ihrerseits**; i̲h-rer-seits; sie hat ihrerseits alles getan; **ihresgleichen**; **ihretwegen**; **ihretwillen**

illegal (ungesetzlich); *keine Steigerung*; ịl-le-gal; die **Illegalität**; sie lebten jahrelang in der Illegalität

Illusion, die (Wunschvorstellung, Sinnestäuschung); der Illusion, die Illusionen; Il-lu-si-o̲n; **illusionslos**; sie blickt illusionslos in die Zukunft; **illusorisch**; er hat illusorische Vorstellungen

Illustration, die (Abbildung, Erläuterung); der Illustration, die Illustrationen; Il-lus-tra-ti-o̲n/Il-lust-ra-ti-o̲n; **illustrieren**; ein namhafter Künstler hat das Buch illustriert

Iltis, der (kleines Raubtier); des Iltisses, die Iltisse; Ịl-tis; → Frettchen

im [Präp.] (in dem); ịm; im Haus (wo? → Dat.); im Garten; im Allgemeinen, im Besonderen, im Einzelnen, im Großen und Ganzen

Image, das [ịmidsch] (Ansehen in der Öffentlichkeit); des Images, die Images; Ịmage; das Image der Firma; **imaginär** (nur vorgestellt)

Imbiss, der; des Imbisses, die Imbisse; Ịm-biss; der **Imbissstand** (*auch* Imbiss-Stand)

Imitation, die (Nachahmung); der Imitation, die Imitationen; Imi-ta-ti-o̲n; **imitieren**; sie hat die Lehrerin gut imitiert

Imker, der (Bienenzüchter); des Imkers, die Imker; Ịm-ker; die **Imkerei**; die **Imkerin**

Immatrikulation, die (Einschreibung an einer Hochschule); der Immatrikulation, die Immatrikulationen; Im-ma-tri-ku-la-ti-o̲n/Im-mat-ri-ku-la-ti-o̲n; **immatrikulieren**; sie hat sich an der Universität immatrikuliert

Imme, die (Biene); der Imme, die Immen; Ịm-me; sie ist fleißig wie eine Imme

immer [Adv.]; ịm-mer; wir werden immer daran denken; er hat die Vokabeln immer wieder vergessen; **immerfort** (ständig); man muss ihn immerfort ermahnen; **immergrün**; immergrüne Pflanzen; **immerhin** (wenigstens); er hat mir immerhin beim Tragen geholfen; **immerzu**; sie ist immerzu müde

Immission, die (Einwirkung); der Immission, die Immissionen; Im-mis-si-o̲n; der Boden ist durch Immission von Umweltgiften belastet

Immobilie, die (Grundstück, Grundbesitz); der Immobilie, die Immobilien; Im-mo-bi̲-lie; regelmäßig werden in der Zeitung Immobilien angeboten

immun (geschützt gegen bestimmte Krankheitserreger; auch rechtlich geschützt); *keine Steigerung*; im-mu̲n; die **Immunität**; die Immunität des Abgeordneten wird aufgehoben

Immunschwäche, die; der Immunschwäche, *Plural selten*: die Immunschwächen; Im-mu̲n-schwä-che; das **Immunsystem** (Abwehrsystem des Körpers)

Imperativ, der (Befehlsform); des Imperativ(e)s, die Imperative; Ịm-pe-ra-tiv

Imperfekt, das (Vergangenheitsform, Präteritum); des Imperfekt(e)s, *Plural selten*: die Imperfekte; Ịm-per-fekt

Imperialismus, der (Streben von Staaten nach Vergößerung von Besitz und Macht); des Imperialismus, *kein Plural*; Im-pe-ri-a-lịs-mus; **imperialistisch**; ein imperialistischer Staat

Imperium, das (Weltreich, Weltmacht); des Imperiums, die Imperien; Im-pe-ri-um; das römische Imperium

impfen; du impfst, er impfte, sie hat die Kinder geimpft, sie hat sich gegen Grippe impfen lassen; imp-fen; der **Impfpass**; der **Impfstoff**; die **Impfung**

Implantat, das (fremdes oder künstliches Organ bzw. Teil, das in den Körper eingepflanzt wird); Im-plan-tat; die **Implantation**; **implantieren**

imponieren (beeindrucken); du imponierst, er imponierte durch sein Auftreten, sie hat mir sehr imponiert; im-po-nie-ren

Import, der (Einfuhr von Waren aus dem Ausland); des Import(e)s, die Importe; Im-port; **importieren**; der Handel hat Kleidung aus Fernost importiert; im-por-tie-ren

imprägnieren (mit einem Schutzmittel versehen); du imprägnierst, sie imprägnierte, er hat die Winterschuhe imprägniert; im-präg-nie-ren/im-prä-gnie-ren; die **Imprägnierung**; die Imprägnierung schützt vor Nässe

Impression, die (Eindruck, Sinneswahrnehmung); der Impression, die Impressionen; Im-pres-si-on; Impressionen einer Stadtrundfahrt; der **Impressionismus** (Kunstrichtung)

improvisieren (unvorbereitetet oder abweichend handeln und sprechen); du improvisierst, sie improvisierte, die Schauspielerin hat gut improvisiert; im-pro-vi-sie-ren

Impuls, der (Anregung, Anstoß); des Impulses, die Impulse; Im-puls; das Gespräch gab mir neue Impulse; **impulsiv** (vorschnell, lebhaft); er reagiert oft sehr impulsiv

imstande (*auch* im Stande) [Adv.]; im-stan-de; sie ist imstande, alles stehen und liegen zu lassen

in[1] [Präp.]; in; in den Garten gehen (wohin? → Akk.); in unserem Garten spielen (wo? → Dat.); in Bezug auf seine Frage antworten; **in**[2] (in Mode); *keine Steigerung*; Jeans sind immer in

indem [Konj.]; in-dem; sie verbesserte ihre Leistungen, indem sie gezielt übte; **indes** (*auch* indessen); die Kinder beschäftigten sich indes mit Spielen

Index, der (Verzeichnis, Liste; auch Unterscheidungsziffer); des Index/Indexes, die Indexe/Indizes; In-dex; im Index nachschlagen

Indianer, der; des Indianers, die Indianer; In-di-a-ner; der **Indianerstamm**

Indikativ, der (Wirklichkeitsform); des Indikativs, die Indikative; In-di-ka-tiv

indirekt (nicht direkt); *keine Steigerung*; in-di-rekt; indirekte Rede

indiskret (taktlos; auch neugierig); indiskreter, am indiskretesten; in-dis-kret; indiskrete Blicke

individuell (den Einzelnen betreffend); individueller, am individuellsten; in-di-vi-du-ell; einen individuellen Schreibstil entwickeln; das **Individuum**

Indiz, das (Anzeichen; auch Verdacht erregende Tatsache); des Indizes, die Indizien; In-diz; die Indizien sprechen für seine Schuld

Industrialisierung, die; der Industrialisierung, die Industrialisierungen; In-dus-tri-a-li-sie-rung/In-dust-ri-a-li-sie-rung; die Industrialisierung der Region

Industrie, die; der Industrie, die Industrien; In-dus-trie/In-dust-rie; das **Industriegebiet**; die **Industriekauffrau**; der **Industriekaufmann**; **industriell**

ineinander [Adv.]; in-ei-nan-der/in-ein-an-der; sie haben sich ineinander verliebt; **ineinandergreifen**; die Maschinenteile greifen ineinander; sie haben ineinandergegriffen

Infarkt, der (Absterben eines Organs oder Organteils); des Infarkt(e)s, die Infarkte; In-farkt; der Herzinfarkt

Infektion, die (Ansteckung durch Krankheitserreger); der Infektion, die Infektionen; In-fek-ti-on; die **Infektionsgefahr**; die **Infektionskrankheit**

Infinitiv, der (Grundform des Verbs); des Infinitiv(e)s, die Infinitive; In-fi-ni-tiv

infizieren; du infizierst, er infizierte sich mit Grippeviren, sie hat ihren Bruder infiziert, die Wunde ist infiziert; in-fi-zie-ren

Inflation, die (Geldentwertung); der Inflation, die Inflationen; In-fla-ti-on; **inflationär**; eine inflationäre Entwicklung

infolge [Präp.]; in-fol-ge; infolge des Unwetters waren die Wege gesperrt (Gen.); **infolgedessen**; der Zug hatte Verspätung, infolgedessen verpasste ich den Bus

Informatik, die (Wissenschaft von der Informationsverarbeitung besonders mithilfe von Computern); der Informatik, *kein Plural*; In-for-ma-tik; der **Informatiker**

Information, die; der Information, die Informationen; In-for-ma-ti-on; Informationen über eine seltene Tierart; **informieren**; er hat alle über die neuen Bestimmungen informiert; sie hat sich über ihr Reiseziel informiert

infrage (*auch* in Frage) [Adv.]; in-fra-ge; sie stellt seine Behauptung infrage; der See kommt als Ausflugsziel infrage

infrarot; *keine Steigerung*; in-fra-rot; die **Infrarotkamera**; die **Infrarotlampe**

Infrastruktur, die (Gesamtheit aller Einrichtungen, die Versorgung und Nutzung einer Region sichern); der Infrastruktur, die Infrastrukturen; In-fra-struk-tur

Ingenieur, der; des Ingenieurs, die Ingenieure; In-ge-ni-eur; die **Ingenieurin**

Inhaber, der; des Inhabers, die Inhaber; In-ha-ber; die Inhaberin des Geschäfts

inhalieren (tief einatmen); du inhalierst, er inhalierte, sie hat Kräuterdämpfe inhaliert; in-ha-lie-ren

Inhalt, der; des Inhalt(e)s, die Inhalte; In-halt; der Inhalt des Koffers; Inhalt des letzten Briefes; **inhaltlich**; einen Text inhaltlich überarbeiten; die **Inhaltsangabe**; das **Inhaltsverzeichnis**

inhuman (unmenschlich); *keine Steigerung*; in-hu-man; sie leben unter inhumanen Bedingungen

Initiative, die (erste Anregung zu einer Handlung; auch Zusammenschluss von Personen); der Initiative, die Initiativen; In-i-ti-a-ti-ve; die Initiative ergreifen; eine Elterninitiative unterstützen; der **Initiator**

Injektion, die (das Einspritzen einer Flüssigkeit); der Injektion, die Injektionen; In-jek-ti-on; **injizieren**; die Ärztin injizierte ein Beruhigungsmittel

inklusive [Präp.] (einschließlich); in-klu-si-ve; der Preis ist inklusive Mehrwertsteuer

inkognito [Adv.] (unerkannt, unter anderem Namen); in-kog-ni-to/in-ko-gni-to; er reist inkognito

inkompatibel (unvereinbar); *keine Steigerung*; in-kom-pa-ti-bel; die Computerprogramme sind inkompatibel

inkonsequent (nicht folgerichtig, widersprüchlich); inkonsequenter, am inkonsequentesten; in-kon-se-quent; ein inkonsequentes Verhalten; die **Inkonsequenz**

Inkubationszeit, die (Zeitraum von der Ansteckung bis zum Krankheitsausbruch); der Inkubationszeit, die Inkubationszeiten; In-ku-ba-ti-ons-zeit

Inland, das; des Inlands, *kein Plural*; In-land; der **Inlandsmarkt**

Inliner, der = Inlineskates/Inlineskater; des Inliners, die Inliner; In-li-ner; **inline-skaten** [inlainßkäiten]; sie hat/ist inlinegeskatet; **Inlineskater**; **Inlineskates**

inmitten [Präp.]; in-mit-ten; inmitten des Platzes (Gen.)

innehaben; du hast inne, er hatte inne, sie hat eine wichtige Position innegehabt; in-ne-ha-ben; **innehalten** (aufhören, stoppen); sie hat für einen Moment innegehalten

innen [Adv.]; in-nen; das Gefäß ist innen versilbert; der **Innenminister**; das **Innenministerium**; die **Innenpolitik**; die **Innenstadt**

innere; innerste; in-ne-re; er hat innere Verletzungen; sie zeigt ihre innersten Gefühle; das **Innere**; das Innere der Erde; **innerhalb**; innerhalb eines Monats (Gen.); **innerlich**; innerliche Verbundenheit

innig; inniger, am innigsten; in-nig; eine innige Liebe; die **Innigkeit**

Innovation, die (Neuerung); der Innovation, die Innovationen; In-no-va-ti-on; **innovativ**; ein innovativer Vorschlag

inoffiziell (nicht öffentlich; nicht amtlich); *keine Steigerung*; in-of-fi-zi-ell; ein inoffizieller Hinweis

Input, der (eingegebene Daten); des Inputs, die Inputs; In-put

ins [Präp.] = in das; ins; ins Schwimmbad gehen (wohin? → Akk.)

Insasse, der; des Insassen, die Insassen; In-sas-se; die Insassen und Insassinnen des Fahrzeugs

insbesondere [Adv.]; ins-be-son-de-re; sie spielen gern im Freien, insbesondere bei schönem Wetter

Inschrift, die; der Inschrift, die Inschriften; In-schrift; die Inschrift am Denkmal erinnert an die Gründung der Stadt

Insekt, das; des Insekt(e)s, die Insekten; In-sekt; Insekten fressende Pflanzen; der **Insektenfresser**; der **Insektenstich**

Insel, die; der Insel, die Inseln; In-sel

Inserat, das (Anzeige); des Inserat(e)s, die Inserate; In-se-rat; die Inserate in der Zeitung lesen; **inserieren**; er hat wegen einer Wohnung inseriert

insgeheim [Adv.]; ins-ge-heim; er freut sich insgeheim über ihr Missgeschick; **insgesamt**; insgesamt haben sie 200 Unterschriften gesammelt

Insider, der [inßaider] (Eingeweihter); des Insiders, die Insider; In-si-der; ein Computerspiel für Insider

insofern [Konj.]; in-so-fern; insofern hat sie recht

insolvent (zahlungsunfähig); *keine Steigerung*; in-sol-vent; die **Insolvenz**

das Insekt

(Biene)

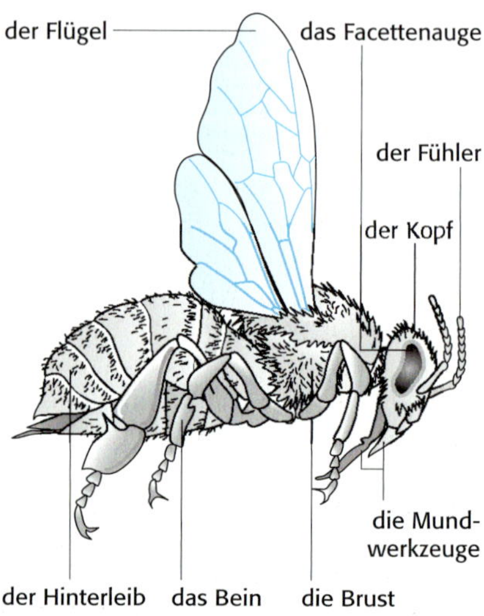

insoweit [Konj.]; in-so-weit; wir halfen ihm, insoweit es möglich war

Inspektion, die (Prüfung; Kontrolle); der Inspektion, die Inspektionen; In-spek-ti-on; der **Inspektor**; die **Inspektorin**

Inspiration, die (Eingebung, Anregung); der Inspiration, die Inspirationen; In-spi-ra-ti-on; **inspirieren**; er hat den Chor zu dieser Leistung inspiriert

inspizieren (prüfen, genau betrachten); du inspizierst, er inspizierte, er hat an der Grenze die Wagenladung inspiziert; in-spi-zie-ren/ins-pi-zie-ren

Installateur, der; des Installateurs, die Installateure; In-stal-la-teur; der Installateur hat eine neue Heizung eingebaut; die **Installation** (Einbau, Einrichtung); **installieren**; sie hat ein neues Computerprogramm installiert

instand (*auch* in Stand); in-stand; er möchte das alte Haus instand setzen/in Stand setzen; die **Instandhaltung**; **inständig** (eindringlich); er bat mich inständig um Hilfe; die **Instandsetzung**

Instanz, die (zuständige Stelle bei Behörden oder Gerichten); der Instanz, die Instanzen; In-stanz/Ins-tanz; er hat in letzter Instanz Recht bekommen

Instinkt, der (angeborener Trieb; *auch* Gespür); des Instinkt(e)s, die Instinkte; In-stinkt/Ins-tinkt; **instinktiv**; sie wusste instinktiv, dass es ein Fehler war

Institut, das (Forschungs- und Bildungsanstalt; *auch* Unternehmen); des Institut(e)s, die Institute; In-sti-tut/Ins-ti-tut; er arbeitet an einem physikalischen Institut; die **Institution** (Einrichtung); staatliche Institutionen

instruieren (unterweisen, anleiten); du instruierst, er instruierte, sie hat die Lehrlinge genau instruiert; in-stru-ie-ren/ins-tru-ie-ren; die **Instruktion**; **instruktiv** (lehrreich, hilfreich); ein instruktiver Beitrag

Instrument, das; des Instrument(e)s, die Instrumente; In-stru-ment/Ins-tru-ment; ein Musikinstrument spielen; medizinische Instrumente reinigen; **instrumental**; instrumentale Begleitung; die **Instrumentalmusik**

inszenieren (eine Aufführung vorbereiten); du inszenierst, er inszenierte, sie hat ein Theaterstück inszeniert; er hat Chaos inszeniert; in-sze-nie-ren/ins-ze-nie-ren; die **Inszenierung**

intakt (funktionsfähig); *keine Steigerung*; in-takt; die Brotmaschine ist intakt

Integration, die (Eingliederung); der Integration, die Integrationen; In-te-gra-ti-on/In-teg-ra-ti-on; **integrieren**; er kann Mitarbeiter gut in seine Gruppe integrieren; sie hat sich gut in die Klasse integriert

Integrität, die (Unbestechlichkeit, Unbescholtenheit; auch Unverletzlichkeit); der Integrität, *kein Plural*; In-te-gri-tät/In-teg-ri-tät; er wird wegen seiner Integrität geachtet

Intellekt, der (Verstand, Denkvermögen); des Intellekt(e)s, *Plural selten*: die Intellekte; In-tel-lekt; **intellektuell**; sie besitzt hohe intellektuelle Fähigkeiten

intelligent (klug, begabt); intelligenter, am intelligentesten; in-tel-li-gent; ein intelligentes Kind; die **Intelligenz**

Intendant, der (Leiter eines Theaters oder einer Rundfunk-/Fernsehanstalt); des Intendanten, die Intendanten; In-ten-dant; die **Intendantin**

Intensität, die (Stärke, Kraft; *auch* Wirksamkeit); der Intensität, *Plural selten*: die Intensitäten; In-ten-si-tät; **intensiv** (eindringlich, gründlich); der **Intensivkurs**; die **Intensivpflege**; die **Intensivstation**

Intention, die (Absicht, Vorhaben); der Intention, die Intentionen; In-ten-ti-on

Interaktion, die (Wechselbeziehung); der Interaktion, die Interaktionen; In-ter-ak-ti-on; **interaktiv**; ein interaktives Computerprogramm; die **Interaktivität**

Intercity, der = IC (*kurz für* Intercityzug); des Intercitys, die Intercitys; In-ter-ci-ty; der **Intercityexpress** = ICE (*kurz* für Intercityexpresszug)

interessant; interessanter, am interessantesten; in-te-res-sant/in-ter-es-sant; ein interessantes Buch; das **Interesse**; sie hat ausgefallene Interessen; der **Interessent**; es kamen viele Interessenten

interessieren, sich interessieren; du interessierst andere für deinen Plan, er interessierte sich dafür, sie hat sich nicht für Puppen interessiert; in-te-res-sie-ren/in-ter-es-sie-ren

Interjektion, die (Empfindungswort, Ausruf); der Interjektion, die Interjektionen; In-ter-jek-ti-on; „au", „ach", „wehe" sind Interjektionen

Intermezzo, das (kurzes, heiteres Musikstück; auch heiterer Zwischenfall); des Intermezzos, die Intermezzos/Intermezzi; In-ter-mez-zo

intern (innerlich, vertraulich); in-tern; eine interne Angelegenheit

Internat, das; des Internat(e)s, die Internate; In-ter-nat; viele auswärtige Schüler wohnen im Internat

international; in-ter-na-ti-o-nal; internationaler Schüleraustausch

Internet, das (weltweites Computernetzwerk); des Internets, *kein Plural*; In-ter-net; die **Internetadresse**; der **Internetnutzer**

Internist, der (Facharzt für innere Krankheiten); des Internisten, die Internisten; In-ter-nist; die **Internistin**

Interpretation, die; der Interpretation, die Interpretationen; In-ter-pre-ta-ti-on; eine Interpretation des Gedichts; **interpretieren**; der Schauspieler interpretierte seine Rolle auf ungewohnte Weise

Interpunktion, die (Zeichensetzung); der Interpunktion, die Interpunktionen; In-ter-punk-ti-on

Interrogativpronomen, das (Fragewort); des Interrogativpronomens, die Interrogativpronomen; In-ter-ro-ga-tiv-pro-no-men; der **Interrogativsatz** (Fragesatz)

Intervall, das (Zwischenzeit, Abstand); des Intervalls, die Intervalle; In-ter-vall; das Klingeln ertönt in Intervallen

intervenieren (sich einmischen, Protest anmelden); du intervenierst, sie intervenierte, er hat gegen das geplante Vorgehen interveniert; in-ter-ve-nie-ren; die **Intervention**

Interview, das [interwju]; des Interviews, die Interviews; In-ter-view; die Moderatorin führt ein Interview; **interviewen**; er hat den Schulleiter interviewt

intim (vertraut; *auch* verborgen; *auch* sexuell); intimer, am intimsten; in-tim; ein intimes Thema besprechen; die **Intimität**; die **Intimsphäre**; dieser Beitrag verletzt die Intimsphäre

intolerant (unduldsam); intoleranter, am intolerantesten; in-to-le-rant; sie verhält sich anderen gegenüber intolerant; die **Intoleranz**

Intonation, die (Tongebung, Betonung); der Intonation, die Intonationen; In-to-na-ti-on; die Intonation des Satzes

intonieren; du intonierst, er intonierte, sie hat ein Lied intoniert; in-to-nie-ren

intransitiv (nicht zielend); *keine Steigerung*; in-tran-si-tiv; „sitzen" ist ein intransitives Verb

intrigant (hinterhältig); intriganter, am intrigantesten; in-tri-gant/int-ri-gant; ein intrigantes Vorhaben; der **Intrigant**; die **Intrige**; wir durchschauen ihre Intrigen

intrigieren; du intrigierst, er intrigierte, sie hat gegen ihre Freundin intrigiert; in-tri-gie-ren/int-ri-gie-ren

Intuition, die (Eingebung, Gefühl); der Intuition, die Intuitionen; In-tu-i-ti-on; **intuitiv**; eine intuitive Entscheidung

Inuk, der (Selbstbezeichnung der Eskimos, = „Menschen"); des Inuks, die Inuit; Inuk

Invalide, der/die (Arbeitsunfähiger/Arbeitsunfähige); des Invaliden/der Invaliden, die Invaliden; In-va-li-de; die **Invalidität**; die Arbeit im Bergwerk führte zu früher Invalidität

Invasion, die (feindliches Eindringen); der Invasion, die Invasionen; In-va-si-on; die Invasion feindlicher Truppen

Inventar, das (Einrichtung, Bestand); des Inventar(e)s, die Inventare; In-ven-tar; das gesamte Inventar der Villa; die **Inventur** (Bestandsaufnahme)

investieren (anlegen, einsetzen); du investierst, sie investierte, er hat viel Geld investiert; in-ves-tie-ren; die **Investition**; der **Investor**

inwendig [Adv.]; in-wen-dig; ich kann das Gedicht in- und auswendig

inwiefern [Konj.]; in-wie-fern; ich kann nicht erklären, inwiefern ich schuld sein soll

Inzest, der (Geschlechtsverkehr zwischen Blutsverwandten); des Inzest(e)s, die Inzeste; In-zest

inzwischen [Adv.]; in-zwi-schen; inzwischen hatte er aufgeräumt

IOC, das = Internationales Olympisches Komitee

Ion, das (elektrisch geladenes Teilchen); des Ion(e)s, die Ionen; Ion

IQ, der = Intelligenzquotient

i.R. = im Ruhestand

irdisch (die Erde betreffend; *auch* diesseits); irdischer, am irdischsten; ir-disch; unser irdisches Dasein

irgend[1] [Pron.]; ir-gend; irgend so ein Witzbold; irgend so etwas Schönes → irgendetwas; **irgend**[2] [Adv.]; wenn irgend möglich, hole ich dich ab

irgendein [Pron.]; ir-gend-ein; irgendeine Lösung werde ich schon finden; **irgendetwas**; sich irgendetwas Lustiges ausdenken; **irgendjemand**; irgendjemand hat nach dir gefragt

irgendwann [Adv.]; ir-gend-wann; irgendwann wird das Haus schon fertig sein

irgendwelch [Pron.]; ir-gend-welch; hast du irgendwelche Einwände; **irgendwer**; irgendwer wird schon kommen

irgendwo [Adv.]; ir-gend-wo; wir sollten uns irgendwo treffen; **irgendwoher**; **irgendwohin**

Iris[1], die (Regenbogenhaut des Auges); der Iris, die Iris; Iris; die **Iris**[2] (Schwertlilie); ein Strauß mit Iris und Tulpen

IRK, das = Internationales Rotes Kreuz

Ironie, die (versteckter Spott); der Ironie, die Ironien; Iro-nie; **ironisch**

irrational (nicht logisch erklärbar); *keine Steigerung*; ir-ra-ti-o-nal; eine irrationale Vorstellung; eine irrationale Zahl

irre (*auch* irr) (durcheinander, verrückt); irrer, am irrsten; ir-re; das ist ja eine irre Geschichte; der/die **Irre**[1]; ein Irrer, zwei Irre; die **Irre**[2]; *kein Plural*; der Urlauber ging bei seiner Bergtour in die Irre

irreal (nicht wirklich); *keine Steigerung*; ir-re-al; irreale Vorstellungen

irreführen; du führst mich irre, er führte alle irre, sie hat ihn durch eine Täuschung irregeführt; ir-re-füh-ren

irregulär (nicht den Regeln entsprechend); *keine Steigerung*; ir-re-gu-lär; Handspiel ist beim Fußball irregulär; ein irregulärer Treffer

irreleiten; du leitest uns irre, er leitete uns irre, sie hat die Polizei irregeleitet; ir-re-lei-ten

irrelevant (unwichtig, unerheblich); irrelevanter, am irrelevantesten; ir-re-le-vant; eine irrelevante Frage

irrewerden (zweifeln); du wirst irre, er wurde irre, sie ist an ihrer Überzeugung irregeworden; ir-re-wer-den

irrig; *keine Steigerung*; ir-rig; er blieb bei seiner irrigen Annahme

irritieren; du irritierst, er irritierte, sie hat den Redner durch Lachen irritiert; ir-ri-tie-ren

Irrsinn, der (Wahnsinn, geistige Verwirrung); des Irrsinn(e)s, *kein Plural*; Irr-sinn; **irrsinnig**; ein irrsinniger Preis

Irrtum, der; des Irrtums, die Irrtümer; Irr-tum; **irrtümlich**; irrtümliche Angaben; der **Irrweg**

ISBN, die = Internationale Standardbuchnummer (eine Nummer, die jedes veröffentlichte Buch erhält)

ISDN = integrated services digital network (digitales Kommunikationsnetz); der **ISDN-Anschluss**

Isegrim, der (Wolf; *auch* mürrischer Mensch); des Isegrims, die Isegrims; Ise-grim

Islam, der (Religion, die auf den Koran zurückgeht); des Islam(s), *kein Plural*; Is-lam/Is-lam; **islamisch**; der islamische Glaube

Isolation, die (Abdichtung; *auch* Abkapselung, Vereinsamung); der Isolation, die Isolationen; Iso-la-ti-on; **isolieren**; der Handwerker isolierte die Rohre; durch ihre Humorlosigkeit isolierte sie sich; die **Isolierung**

isst → essen

J

ja; ja; er hat das ja kommen sehen; sie hat die Frage mit einem deutlichen Ja beantwortet; er hat zu allem ja/Ja gesagt

Jacht, die (*auch* Yacht); der Jacht, die Jachten; Jacht

Jacke, die; der Jacke, die Jacken; Ja-cke; das **Jackett** (Anzugsjacke aus Stoff)

Jackpot, der (angesammelter Gewinn bei einem Glücksspiel); des Jackpots, die Jackpots; Jack-pot

Jagd, die; der Jagd, die Jagden; Jagd; auf die Jagd gehen; der **Jagdhund**; **jagen**; sie hat das Karnickel aus dem Garten gejagt; der **Jäger**

Jaguar, der (Raubtier); des Jaguars, die Jaguare; Ja-gu-ar

jäh [Adv.] (plötzlich, heftig; auch steil); jäh; er wurde jäh zurückgestoßen; **jählings**; der Fluss stürzt jählings in die Tiefe

Jahr, das; des Jahr(e)s, die Jahre; Jahr; nächstes Jahr; die Ernte des vorigen Jahres; im Jahr/Jahre 1980; Kinder unter 10 Jahren; Kinder über 10 Jahre; Kinder ab 6 Jahre/Jahren; Kinder bis zu 10 Jahren

jahraus [Adv.]; jahr-aus; **jahrein**; sie lebten jahraus und jahrein glücklich

jahrelang; *keine Steigerung*; jah-re-lang; jahrelange Bemühungen haben sich gelohnt; der **Jahrestag**; die **Jahreszeit**

Jahrgang, der; des Jahrgang(e)s, die Jahrgänge; Jahr-gang; die Schüler unseres Jahrgangs treffen sich

Jahrhundert, das = Jh.; des Jahrhunderts, die Jahrhunderte; Jahr-hun-dert; das 21. Jahrhundert; **jahrhundertelang**; **...jährig**; ein dreijähriges Kind

jährlich (etwas, was sich jedes Jahr wiederholt); *keine Steigerung*; jähr-lich; das jährliche Sommerfest; vierteljährlich

Jahrmarkt, der; des Jahrmarkt(e)s, die Jahrmärkte; Jahr-markt

Jahrtausend, das; des Jahrtausends, die Jahrtausende; Jahr-tau-send; ein mehrere Jahrtausende altes Werkzeug; **jahrtausendealt**; ein jahrtausendealter Stein; **jahrtausendelang**; eine jahrtausendelange Entwicklung; das **Jahrzehnt**

Jähzorn, der (plötzlicher Wutanfall); des Jähzorn(e)s, die Jähzorne; Jäh-zorn; **jähzornig**; er ist oft jähzornig

Jalousie, die [schalusi] (Rollo, Rollladen); der Jalousie, die Jalousien; Ja-lou-sie

Jammer, der; des Jammers, *kein Plural*; Jam-mer; **jämmerlich**; er machte eine jämmerliche Figur; **jammern**; jammere/jammre nicht!; **jammerschade**; *keine Steigerung*; das ist jammerschade

Januar, der; des Januars, *Plural selten*: die Januare; Ja-nu-ar

japsen; du japst, er japste, sie hat nach Luft gejapst; jap-sen

Jargon, der [schargong] (besondere Gruppensprache); des Jargons, die Jargons; Jar-gon; sie unterhielten sich im Mediziner-Jargon

jäten; du jätest, er jätete, sie hat Unkraut gejätet; jä-ten

Jauche, die; der Jauche, die Jauchen; Jauche; das **Jauchefass** (*auch* Jauchenfass); die **Jauchegrube** (*auch* Jauchengrube); **jauchen**; der Bauer hat das Feld gejaucht

jauchzen; du jauchzt, er jauchzte, sie hat vor Freude gejauchzt; jauch-zen; der **Jauchzer**

jaulen; du jaulst, er jaulte, die Hündin hat vor Schmerz gejault; jau-len

jawohl; ja-wohl; jawohl, so machen wir das!

Jazz, der [dschäß] (Musikrichtung); des Jazz, *kein Plural*; die **Jazzband**; der **Jazzfan**

je; je; hast du je so etwas gehört?; seit eh und je; zwei Äpfel je Kind; je nachdem; je eher, desto besser

Jeans, die [dschinß]; der Jeans, die Jeans

jede/jeder/jedes [Pron.]; je-de; jedes Mal; ein jeder von uns; jeder Beliebige; zu Beginn jedes Monats/jeden Monats; **jedenfalls**; wir wollen jedenfalls heute fertig werden; **jedermann**; **jederzeit**; wir können jederzeit mit dem Spiel aufhören

jedoch [Konj.]; je-doch; wir können euch helfen, jedoch erst später

Jeep, der [dschip] (Geländewagen); des Jeeps, die Jeeps

jemals [Adv.]; je-mals; ob ich das jemals schaffen werde?

jemand [Pron.]; je-mand; jemand hat mir den Zettel zugesteckt; ich habe jemand/jemanden kennen gelernt; er hat jemand/jemandem geholfen → irgendjemand

jene/jener/jenes [Pron.]; je-ne; in jener fernen Zeit; jenes unbekannte Land

jenseits [Präp.]; jen-seits; jenseits der Mauer (Gen.); das **Jenseits** (außerirdisches Reich; *auch* Reich der Toten)

Jet, der [dschet] (Düsenflugzeug); des Jets, die Jets; der **Jetlag** [dschetläg] (gestörtes Zeitgefühl nach langen Flugreisen)

jetzig; *keine Steigerung*; jet-zig; in ihrem jetzigen Zustand kann sie nicht mitkommen; **jetzt**; das geht jetzt nicht

jeweilig; *keine Steigerung*; je-wei-lig; die jeweilige Antwort ankreuzen; **jeweils**; das jeweils passende Teil zuordnen; er hat jeweils den Umweg einkalkuliert

Jh. = Jahrhundert

Job, der; des Jobs, die Jobs; Job; er hat einen guten Job; **jobben** (arbeiten); sie hat neben der Schule als Vorleserin gejobbt; das **Jobsharing** [dschob schäring] (Arbeitsplatzteilung)

Jockei, der (*auch* Jockey) (Rennreiter); des Jockeis, die Jockeis; Jọ-ckei

Jod, das (chemisches Element); des Jods, *kein Plural*; Jo̲d; **jodhaltig**; ein jodhaltiges Mittel; die **Jodtinktur** (Desinfektionsmittel)

Joga, der/das (*auch* Yoga) (körperliche und geistige Übungen nach indischer Philosophie); des Joga(s), *kein Plural*; Jo̲-ga

joggen; du joggst, sie joggte, er ist/hat mehrmals wöchentlich gejoggt; jọg-gen; das **Jogging**; der **Jogginganzug**

Jogurt, der/das (*auch* Joghurt); des Jogurts, die Jogurts; Jo̲-gurt

Johannisbeere, die; der Johannisbeere, die Johannisbeeren; Jo-hạn-nis-bee-re; der **Johannisbeerstrauch**

johlen; du johlst, er johlte, sie hat laut gejohlt; jo̲h-len

Joint, der (Zigarette mit Haschisch gemischt); des Joints, die Joints

Joker, der (Spielkarte, die für jede andere Karte gelten kann; auch Zusatzspiel); des Jokers, die Joker; Jo̲-ker

Jongleur, der (Artist, der Gegenstände in die Luft wirbelt und auffängt); des Jongleurs, die Jongleure; Jon-gle̲u̲r/Jong-le̲u̲r; **jonglieren**

Joppe, die (Jacke); der Joppe, die Joppen; Jọp-pe

Journal, das (Zeitschrift); des Journals, die Journale; Jour-na̲l; der **Journalismus** (Pressewesen); der **Journalist**; die **Journalistin**; **journalistisch**; ein journalistisch vorbildlicher Beitrag

Joystick, der (Steuerhebel für Computerspiele); des Joysticks, die Joysticks; Jo̲y̲-stick

Jubel, der; des Jubels, die Jubel; Ju̲-bel; **jubeln**; sie hat vor Begeisterung gejubelt

Jubilar, der; des Jubilar(e)s, die Jubilare; Ju-bi-la̲r; wir gratulieren der Jubilarin zum Geburtstag; das **Jubiläum** (festlicher Jahrestag; Gedenktag)

jubilieren; du jubilierst, er jubilierte, sie hat vor Freude jubiliert; ju-bi-li̲e̲-ren

jucken; es juckt, es juckte, es hat gejuckt; jụ-cken; mir/mich juckt die Nase; es juckt mich am Rücken; der Pullover juckt (mich); der **Juckreiz**

Jude, der (Angehöriger eines semitischen Volkes; Mitglied einer bestimmten Religionsgemeinschaft); des Juden, die Juden; Ju̲-de; das **Judentum**; die **Jüdin**; **jüdisch**; ein jüdischer Feiertag

Judo, das (Kampfsportart); des Judo(s), *kein Plural*; Ju̲-do; der/die **Judoka** (Judosportler/in)

Jugend, die; der Jugend, *kein Plural*; Ju̲-gend; die **Jugendgruppe**; die **Jugendherberge**; **jugendlich**; jugendliches Aussehen; der/die **Jugendliche**; Jugendliche bezahlen die Hälfte des Eintritts

Juli, der; des Juli(s), *Plural selten*: die Julis; Ju̲-li

Jumbo, der = Jumbojet (Großraumflugzeug); des Jumbos, die Jumbos; Jụm-bo

jung; jünger, am jüngsten; jụng; ein junges Mädchen; die jüngsten Ereignisse; eine Sendung für Jung und Alt

Junge, der; des Jungen, die Jungen; Jụnge; **jungenhaft**

Jünger, der (Schüler, Lehrling; auch Gefolgsmann); des Jüngers, die Jünger; Jụ̈n-ger; er kam in Begleitung seiner Jünger

Jungfrau, die; der Jungfrau, die Jungfrauen; Jụng-frau; **jungfräulich** (unberührt, rein)

Junggeselle, der (unverheirateter Mann); des Junggesellen, die Junggesellen; Jụng-ge-sel-le

Jüngling, der (junger Mann); des Jünglings, die Jünglinge; Jüng-ling

jüngst [Adv.] (kürzlich); ich habe ihn jüngst gesehen

Juni, der; des Juni(s), *Plural selten*: die Junis; Ju-ni

Junior, der (der Jüngere; auch der Sohn); des Juniors, die Junioren; Ju-ni-or; er spielt in der Juniorenmannschaft

Junkie, der [dschanki] (Rauschgiftsüchtiger); des Junkies, die Junkies; Jun-kie

Jura[1] (erdgeschichtliche Formation); des Juras, *kein Plural*; Ju-ra; **Jura**[2] (Rechtswissenschaft); sie studiert Jura; der **Jurist**; die **Juristin**

Jury, die [schüri/schüri] (Gruppe von Preisrichtern oder Kampfrichtern); der Jury, die Jurys; Ju-ry

justieren (genau einstellen); du justierst, er justierte, sie hat die Messgeräte justiert; jus-tie-ren

Justiz, die (Rechtspflege, Gerechtigkeit); der Justiz, *kein Plural*; Jus-tiz; das **Justizgebäude**; das **Justizministerium**

Jute, die (Bastfaser, Bastfaserpflanze); der Jute, die Juten; Ju-te

Juwel, das (geschliffener Edelstein; auch etwas Kostbares); des Juwels, die Juwelen; Ju-wel; eine Halskette mit Juwelen; du bist ein richtiges Juwel; der **Juwelier**

Jux, der (Scherz, Ulk); des Juxes, die Juxe; Jux; ein Fest mit viel Jux und Tollerei

K

Kabarett, das (Kleinkunstbühne; auch humoristische Darbietung); des Kabaretts, die Kabaretts/Kabarette; Ka-ba-rett; der **Kabarettist**; **kabarettistisch**; eine kabarettistische Darbietung

Kabel, das; des Kabels, die Kabel; Ka-bel; der **Kabelanschluss**; das **Kabelfernsehen**

Kabeljau, der (Fisch); des Kabeljaus, die Kabeljaue/Kabeljaus; Ka-bel-jau

Kabine, die (Schlafraum auf Schiffen; auch kleiner Raum); der Kabine, die Kabinen; Ka-bi-ne; die Umkleidekabine

Kabinett, das (Nebenraum; *auch* Gesamtheit der Minister einer Regierung); des Kabinett(e)s, die Kabinette; Ka-bi-nett

Kabrio, das (*auch* Cabrio) (*kurz für* Kabriolett/Cabriolet); des Kabrios, die Kabrio/Kabrios; Ka-brio; das **Kabriolett** (*auch* Cabriolet) (Pkw mit aufklappbarem Verdeck)

Kachel, die; der Kachel, die Kacheln; Ka-chel; **kacheln**; sie hat das Bad gekachelt; der **Kachelofen**

Kacke, die; der Kacke, *kein Plural*; Ka-cke; **kacken**; sie hat in die Hose gekackt

Kadaver, der (Tierleiche); des Kadavers, die Kadaver; Ka-da-ver

Kadenz, die (Akkordfolge in der Musik); der Kadenz, die Kadenzen; Ka-denz

Kader, der (Auswahl besonders leistungsfähiger Personen); des Kaders, die Kader; Ka-der; die Kader der Olympiamannschaft

Käfer, der; des Käfers, die Käfer; Kä-fer

Kaffee, der; des Kaffees, die Kaffees; Kaf-fee/Kaf-fee; die **Kaffeebohne**; die **Kaffeeernte** (*auch* Kaffee-Ernte)

Käfig, der; des Käfigs, die Käfige; Kä-fig; die **Käfighaltung**

kahl; kahler, am kahlsten; kahl; ein kahler Baum; kahl geschorene/kahlgeschorene Schafe; **kahlfressen** (*auch* kahl fressen); die Schädlinge haben die Bäume kahlgefressen/kahl gefressen; **kahlköpfig**; der **Kahlschlag** (abgeholztes Waldstück); **kahlschlagen** (*auch* kahl schlagen); der Wald wurde kahlgeschlagen/kahl geschlagen

Kahn, der; des Kahn(e)s, die Kähne; Ka̲hn; sie wollen Kahn fahren; die **Kahnfahrt**

Kai, der (Anlegestelle für Schiffe; auch Uferstraße); des Kais, die Kais; Ka̲i̲

Kaiser, der; des Kaisers, die Kaiser; Ka̲i̲-ser; die **Kaiserin**; **kaiserlich**

Kajak, der/das (einsitziges Boot der Eskimos; auch Sportboot); des Kajaks, die Kajaks; Ka̲-jak

Kajüte, die (Wohnraum auf Schiffen); der Kajüte, die Kajüten; Ka-jü̲-te

Kakadu, der (ein Papagei); des Kakadus, die Kakadus; Kạ-ka-du

Kakao, der; des Kakaos, die Kakaos; Ka-ka̲o; der **Kakaobaum**; das **Kakaopulver**

Kaktus, der (Pflanze); des Kaktus, die Kakteen; Kạk-tus

Kalauer, der (schlichter Witz, Blödelei); des Kalauers, die Kalauer; Ka̲-lau-er; er erzählt einen Kalauer

Kalb, das; des Kalb(e)s, die Kälber; Kạlb; **kalben** (ein Kalb gebären); die Kuh hat gekalbt; das **Kalbfleisch**

Kaleidoskop, das (bunte Bilderfolge, zumeist in einem Kasten oder Rohr); des Kaleidoskop(e)s, die Kaleidoskope; Ka-lei-dos-ko̲p/Ka-lei-do-sko̲p

Kalender, der; des Kalenders, die Kalender; Ka-lẹn-der

Kaliber, das (Weite von Rohren; *auch* Durchmesser von Geschossen); des Kalibers, die Kaliber; Ka-li̲-ber

Kalif, der (früherer Herrschertitel in Vorderasien); des Kalifen, die Kalifen; Ka-li̲f; der Palast des Kalifen

Kalium, das (chemisches Element); des Kaliums, *kein Plural*; Ka̲-li-um

Kalk, der; des Kalk(e)s, *Plural selten*: die Kalke; Kạlk; **kalkhaltig**; der **Kalkstein**

Kalkulation, die (Berechnung, Überschlag); der Kalkulation, die Kalkulationen; Kal-ku-la-ti-o̲n; die Kalkulation der Kosten überzeugt; **kalkulieren**; sie hat die Ausgaben angemessen kalkuliert

Kalorie, die (Maßeinheit für den Energiewert von Lebensmitteln); der Kalorie, die Kalorien; Ka-lo-ri̲e̲; **kalorienbewusst**; kalorienbewusste Ernährung; **kalorienreduziert**; kalorienreduzierte Lebensmittel

kalt; kälter, am kältesten; kạlt; kaltes Wasser; Getränke kalt stellen/kaltstellen; kalt gepresstes/kaltgepresstes Olivenöl; die **Kälte**; **kälteempfindlich**; der Zahn ist kälteempfindlich

kaltmachen (töten, ermorden; *auch* besiegen); du machst kalt, er machte kalt, sie hat die Mücken mühelos kaltgemacht; kạlt-ma-chen

Kaltschale, die (kalte Suppe); der Kaltschale, die Kaltschalen; Kạlt-scha-le

kaltschnäuzig; kaltschnäuziger, am kaltschnäuzigsten; kạlt-schnäu-zig; er hat den Elfmeter kaltschnäuzig verwandelt; **kaltstellen** (jemandem den Einfluss nehmen); in seiner Partei wurde er kaltgestellt

Kalzium, das (*auch* Calzium) (chemisches Element); des Kalziums, *kein Plural*; Kạl-zi-um

Kamel, das; des Kamel(e)s, die Kamele; Ka-me̲l; das **Kamelhaar**; die **Kamelhaardecke**

Kamera, die; der Kamera, die Kameras; Kạ-me-ra; mit einer Kamera filmen

Kamerad, der; des Kameraden, die Kameraden; Ka-me-ra̲d; er hat seine Kameraden im Stich gelassen; **kameradschaftlich**; sie verhalten sich sehr kameradschaftlich

Kamille, die (Heilpflanze); der Kamille,

die Kamillen; Ka-mil-le; die **Kamillenblüte**; der **Kamillentee**

Kamin, der (offene Feuerstelle mit Rauchabzug oder Schornstein; *auch* Felsspalte); des Kamins, die Kamine; Ka-min

~~**kamm**~~ → kommen, kam

Kamm, der; des Kamm(e)s, die Kämme; Kamm; **kämmen**; er hat jetzt sein Haar nach hinten gekämmt

Kammer, die; der Kammer, die Kammern; Kam-mer; die **Kammermusik** (Musik für wenige Instrumente, auch für kleine Räume); das **Kammerspiel** (Stück mit wenigen Rollen; auch kleines Theater)

Kampagne, die [kampanje]; der Kampagne, die Kapagnen; Kam-pag-ne/Kam-pagne; die Wahlkampagne; die Werbekampagne

Kampf, der; des Kampf(e)s, die Kämpfe; Kampf; **kämpfen**; er hat bis zum Schluss gegen die drohende Niederlage gekämpft; **kämpferisch**; eine kämpferische Rede; **kampflos**

Kanal, der; des Kanal(e)s, die Kanäle; Kanal; kleine Boote fahren auf dem Kanal

Kanalisation, die (Abwässeranlage; *auch* Ausbau von Flüssen für die Schifffahrt); der Kanalisation, die Kanalisationen; Ka-na-li-sa-ti-on; **kanalisieren**; die neue Siedlung wurde vor kurzem kanalisiert, er hat das Gespräch geschickt in eine bestimmte Richtung kanalisiert

Kanarienvogel, der; des Kanarienvogels, die Kanarienvögel; Ka-na-ri-en-vo-gel

Kandidat, der (Prüfling; *auch* Bewerber, Anwärter); des Kandidaten, die Kandidaten; Kan-di-dat; die **Kandidatenliste**; die **Kandidatur** (Bewerbung, Anwärterschaft); **kandidieren**; sie hat für das Bürgermeisteramt kandidiert

kandieren (mit Zuckerguss überziehen); du kandierst, er kandierte, sie hat Früchte kandiert; kan-die-ren; der **Kandis**; der **Kandiszucker**

Känguru, das (Beuteltier); des Kängurus, die Kängurus; Kän-gu-ru

Kaninchen, das; des Kaninchens, die Kaninchen; Ka-nin-chen

Kanister, der; des Kanisters, die Kanister; Ka-nis-ter; einen Kanister Benzin holen

Kanne, die; der Kanne, die Kannen; Kanne

Kannibale, der (jemand, der Menschenfleisch isst; *auch* roher Mensch); des Kannibalen, die Kannibalen; Kan-ni-bale; **kannibalisch**; der **Kannibalismus**

Kanon, der (Richtschnur, Maßstab; *auch* mehrstimmiges Gesangsstück); des Kanons, die Kanons; Ka-non; wir singen einen Kanon

Kanone, die (Geschütz); der Kanone, die Kanonen; Ka-no-ne; die **Kanonenkugel**; der **Kanonenschuss**

Kantate, die (mehrteiliges Musikstück mit Singstimmen); der Kantate, die Kantaten; Kan-ta-te

Kante, die; der Kante, die Kanten; Kan-te; **kantig**; eine kantige Form

Kantine, die; der Kantine, die Kantinen; Kan-ti-ne; das **Kantinenessen**

Kanton, der (Bezeichnung für Bundesländer in der Schweiz oder für Verwaltungsbezirke); des Kantons, die Kantone; Kan-ton; **kantonal**; kantonale Besonderheiten

Kantor, der (Leiter des Kirchenchors, Vorsänger); des Kantors, die Kantoren; Kan-tor; die **Kantorei** (Wohnung des Kantors; *auch* Kirchenchor)

Kanu, das (leichtes Boot); des Kanus, die Kanus; Ka-nu; Kanu fahren; der Kanute; die Kanutin

Kanüle, die (Hohlnadel, Röhrchen); der

Kanüle, die Kanülen; Ka-nü-le; zur Blutentnahme wird eine Kanüle in die Vene eingeführt

Kanzel, die; der Kanzel, die Kanzeln; Kan-zel; er predigt von der Kanzel

Kanzlei, die (Büro eines Anwalts oder einer Behörde); der Kanzlei, die Kanzleien; Kanz-lei

Kanzler, der; des Kanzlers, die Kanzler; Kanz-ler; Kanzler einer Universität; Bundeskanzler/Bundeskanzlerin; das **Kanzleramt**; der **Kanzlerkandidat**

Kapazität, die (Aufnahmevermögen; *auch* hervorragender Fachmann); der Kapazität, die Kapazitäten; Ka-pa-zi-tät; die Kapazität der Lagerhalle; er ist eine Kapazität auf seinem Gebiet

Kapelle, die (kleines Orchester; *auch* kleines Gotteshaus); der Kapelle, die Kapellen; Ka-pel-le; die Kapelle spielt Stücke von Mozart; sie besichtigen die Kapelle; der **Kapellmeister**

kapern; du kaperst, er kaperte, sie hat gekapert; ka-pern; ein Schiff kapern

kapieren; du kapierst, er kapierte, sie hat die Aufgabe endlich kapiert; ka-pie-ren

kapillar (haarfein); *keine Steigerung*; kapil-lar; ein kapillares Blutgefäß; die **Kapillare**

Kapital, das (Vermögen, Geldsumme; *auch* Gewinn); des Kapitals, die Kapitale/Kapitalien; Ka-pi-tal; dem Unternehmen fehlt das nötige Kapital; **kapital** (groß, gewaltig); ein kapitaler Hirsch; eine kapitale Fehleinschätzung; der **Kapitalismus** (Gesellschaftsordnung, die sich stark am Gewinnstreben orientiert); **kapitalistisch**

Kapitän, der; des Kapitäns, die Kapitäne; Ka-pi-tän; der Kapitän des Schiffes

Kapitel, das; des Kapitels, die Kapitel; Kapi-tel; das Kapitel zu Ende lesen

Kapitulation, die (bedingungslose Aufgabe, zum Beispiel im Krieg); der Kapitulation, die Kapitulationen; Ka-pi-tu-la-ti-on; er zwang den Gegner zur Kapitulation; **kapitulieren**; er hat vor der Schreibaufgabe kapituliert

Kappe, die; der Kappe, die Kappen; Kappe; er trägt eine Kappe auf dem Kopf

kappen (abschneiden); du kappst, er kappte, sie hat das Seil gekappt; kappen

Kapriole, die (Luftsprung, Verrücktheit); der Kapriole, die Kapriolen; Ka-pri-o-le/Kap-ri-o-le; wenn sie ausgelassen sind, neigen sie zu Kapriolen

Kapsel, die; der Kapsel, die Kapseln; Kapsel

kaputt; kaputter, am kaputtesten; ka-putt; er repariert kaputtes Spielzeug; **kaputtgehen**; die Uhr ist kaputtgegangen; **kaputtlachen**; **kaputtmachen** (*auch* kaputt machen); **kaputtschlagen** (*auch* kaputt schlagen)

Kapuze, die; der Kapuze, die Kapuzen; Ka-pu-ze; eine Jacke mit Kapuze

Karabiner, der (kurzes Gewehr); des Karabiners, die Karabiner; Ka-ra-bi-ner; der **Karabinerhaken** (federnder Verschlusshaken an Taschen oder Rucksäcken)

Karamell, der (durch Erhitzen gebräunter Zucker); des Karamells, *kein Plural*; Kara-mell; der/das **Karamellbonbon**; die **Karamelle** (Bonbon)

Karaoke, die (Veranstaltung, bei der die Teilnehmer zur Instrumentalmusik bekannter Lieder singen); der Karaoke, *kein Plural*; Ka-ra-o-ke; der Karaokewettbewerb findet am Samstag statt

Karat, das (Maß für Edelsteingewicht und Goldgehalt); des Karat(e)s, die Karate; Ka-rat; ein Diamant von 12 Karat; vierzehnkarätiges/14-karätiges Gold

Karate, das (Selbstverteidigungssport); des Karate(s), *kein Plural*; Ka-ra̱-te; der **Karatekämpfer**

Karawane, die (durch Wüsten ziehende Reisegruppe); der Karawane, die Karawanen; Ka-ra-wa̱-ne; die **Karawanenstraße**

Kardinal, der (hoher Würdenträger der römisch-katholischen Kirche); des Kardinals, die Kardinäle; Kar-di-na̱l; der **Kardinalfehler** (entscheidender Fehler); die **Kardinalzahl** (Grundzahl)

Karfreitag, der (Freitag vor Ostern); des Karfreitags, die Karfreitage; Kar-fre̱i̱-tag

karg; karger/kärger, am kargsten/kärgsten; kạrg; ein karges Abendessen; **kärglich**; eine kärglich eingerichtete Wohnung

kariert; ka-ri̱e̱rt; ein kariertes Hemd

Karies, die (Zahnfäule); des Karies, *kein Plural*; Ka̱-ri-es

Karikatur, die (Spottbild, Zerrbild); der Karikatur, die Karikaturen; Ka-ri-ka-tu̱r; sie zeichnet eine Karikatur; der **Karikaturist**; **karikieren**; er karikiert bekannte Politiker

Karitas, die (*auch* Caritas) (Wohltätigkeit; auch wohltätige Einrichtung); der Karitas, *kein Plural*; Ka̱-ri-tas; **karitativ**; sie sammeln Geld für karitative Zwecke

Karneval, der; des Karnevals, die Karnevals/Karnevale; Kạr-ne-val; **karnevalistisch**; ein karnevalistisches Programm; die **Karnevalszeit**; der **Karnevalszug**; → Fastnacht, Fasching

Karnickel, das; des Karnickels, die Karnickel; Kar-nị-ckel; der **Karnickelstall**

Karo, das; des Karos, die Karos; Ka̱-ro; ein Stoff mit bunten Karos

Karosserie, die; der Karosserie, die Karosserien; Ka-ros-se-ri̱e̱; die Karosserie des Autos

Karotte, die; der Karotte, die Karotten; Ka-rọt-te; das **Karottengemüse**

Karpfen, der (Fisch); des Karpfens, die Karpfen; Kạrp-fen; der **Karpfenteich**

Karre, die (*auch* der Karren); der Karre, die Karren; Kạr-re; er fährt eine alte Karre; **karren**; sie hat die Erde zum Beet gekarrt

Karriere, die (Laufbahn); der Karriere, die Karrieren; Kar-ri-e̱-re; sie möchte unbedingt Karriere machen

Karte, die; der Karte, die Karten; Kạr-te; Karten spielen; eine Karte schreiben

Kartei, die; der Kartei, die Karteien; Kar-te̱i̱; sie legt eine Kartei über ihre Bücher an; die **Karteikarte**; der **Karteikasten**

Kartell, das (Zusammenschluss von Wirtschaftsunternehmen); des Kartell(e)s, die Kartelle; Kar-tẹll

Kartenspiel, das; des Kartenspiel(e)s, die Kartenspiele; Kạr-ten-spiel

Kartoffel, die; der Kartoffel, die Kartoffeln; Kar-tọf-fel; der **Kartoffelpuffer**; der **Kartoffelsalat**

Karton, der; des Kartons, die Kartons; Kar-tọn

kartonieren (in Karton binden); du kartonierst, er kartonierte, sie hat die Bücher kartoniert; kar-to-ni̱e̱-ren

Karussell, das; des Karussells, die Karussells/Karusselle; Ka-ru-sẹll; Karussell fahren

Karwoche, die (Woche vor Ostern); der Karwoche, die Karwochen; Ka̱r-wo-che

Karzinom, das (Krebsgeschwulst); des Karzinoms, die Karzinome; Kar-zi-no̱m

kaschieren (verbergen); du kaschierst, er kaschierte, sie hat ihre Schwächen gut kaschiert; ka-schi̱e̱-ren

Käse, der; des Käses, die Käse; Kä̱-se; der **Käsekuchen**; das **Käsemesser**

Kaserne, die; der Kaserne, die Kasernen; Ka-sẹr-ne; die Soldaten wohnen in der Kaserne

Kasper, der (*auch* Kasperle); des Kaspers, die Kasper; Kas-per; das **Kaspertheater** (*auch* Kasperletheater/Kasperltheater)

Kasse, die; der Kasse, die Kassen; Kas-se; der **Kassenarzt**; der **Kassenbon**

Kassette, die (Behälter; *auch* kleines Tonband in einer Plastikhülle); der Kassette, die Kassetten; Kas-set-te; das **Kassettendeck**; der **Kassettenrekorder/Kassettenrecorder**

kassieren; du kassierst, er kassierte, sie hat das Eintrittsgeld kassiert; kas-sie-ren; der **Kassierer**; die **Kassiererin**

Kastanie, die; der Kastanie, die Kastanien; Kas-ta-nie; der **Kastanienbaum**; **kastanienbraun**; kastanienbraune Augen

Kasten, der; des Kastens, die Kästen; Kas-ten; sie nimmt ein Besteck aus dem Kasten

kastrieren (zeugungsunfähig machen); du kastrierst, er kastrierte, die Tierärztin hat den Kater kastriert; kas-trie-ren/kast-rie-ren

Kasus, der (Fall in der Grammatik); des Kasus, die Kasus; Ka-sus

Kat, der = Katalysator; des Kats, die Kats; Kat

Katalog, der (Verzeichnis); des Katalog(e)s, die Kataloge; Ka-ta-log

Katalysator, der (Vorrichtung zur Verminderung schädlicher Auspuffabgase; auch chemischer Stoff); des Katalysators, die Katalysatoren; Ka-ta-ly-sa-tor

Katapult, der/das (Wurf-, Schleudermaschine); des Katapult(e)s, die Katapulte; Ka-ta-pult

Katarr, der (*auch* Katarrh) (Schleimhautentzündung); des Katarrs, *Plural selten*: die Katarre; Ka-tarr

katastrophal; katastrophaler, am katastrophalsten; ka-ta-stro-phal/ka-tas-tro-phal/ka-tast-ro-phal; sie leben unter katastrophalen Bedingungen; die **Katastrophe**; der **Katastrophenalarm**

Kate, die (kleines Haus); der Kate, die Katen; Ka-te

Kategorie, die (Begriffsgruppe); der Kategorie, die Kategorien; Ka-te-go-rie; sie ordnet die Wörter nach Kategorien

kategorisch (grundsätzlich, ausdrücklich); kategorischer, am kategorischsten; ka-te-go-risch; sie hat den Auftrag kategorisch abgelehnt.

Kater, der; des Katers, die Kater; Ka-ter

Katheder, der/das (erhöhtes Pult); des Katheders, die Katheder; Ka-the-der; der Redner steht am Katheder

Kathedrale, die (bischöfliche Kirche); der Kathedrale, die Kathedralen; Ka-the-dra-le/Ka-thed-ra-le

Katheter, der (Röhrchen zum Einführen in Organe oder Gefäße); des Katheters, die Katheter; Ka-the-ter; der Arzt legt einen Katheter

Katholik, der (Angehöriger der katholischen Kirche); des Katholiken, die Katholiken; Ka-tho-lik; **katholisch**; die katholische Kirche; der **Katholizismus**

Katode, die (*auch* Kathode) (negative Elektrode); der Katode, die Katoden; Ka-to-de

Katze, die; der Katze, die Katzen; Kat-ze; der **Katzensprung**; bis zum Nachbarn ist es nur ein Katzensprung; die **Katzenwäsche**; heute machen wir mal Katzenwäsche

Kauderwelsch, das (Sprachdurcheinander); Kauderwelschs, *kein Plural*; Kau-der-welsch

kauen; du kaust, er kaute, sie hat Kaugummi gekaut; kau-en

kauern; du kauerst, er kauerte unter der Bank, sie hat sich unter den Tisch gekauert; kau-ern

die Katze

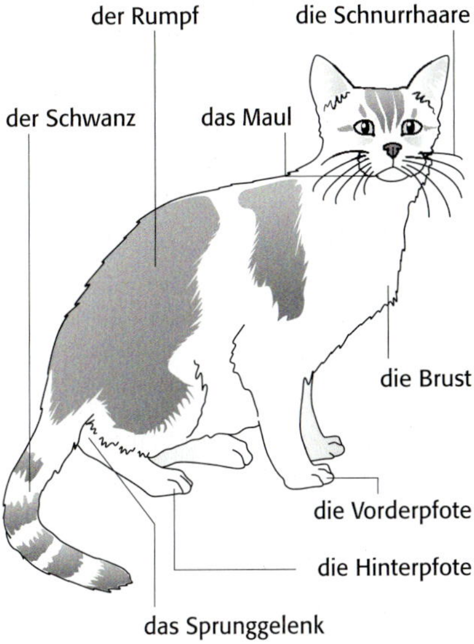

Kauf, der; des Kauf(e)s, die Käufe; **kaufen**; sie hat Obst gekauft; der **Käufer**; die **Kauffrau**; Kauffrau für Tourismus; **käuflich**; er soll als Schiedsrichter käuflich gewesen sein; **kaufmännisch**; aus kaufmännischer Sicht

Kaugummi, der; des Kaugummis, die Kaugummis; Kau-gum-mi

Kaulquappe, die (Amphibienlarven); der Kaulquappe, die Kaulquappen; Kaul-quap-pe

kaum [Adv.]; kaum; es ist kaum zu glauben; ich kann es kaum erwarten

kausal (ursächlich, begründend, bewirkend); *keine Steigerung*; kau-sal; zwischen Wetter und Pflanzenwachstum besteht ein kausaler Zusammenhang; die **Kausalität**; der **Kausalsatz** (Begründungssatz)

Kaution, die (Sicherheit, Bürgschaft); der Kaution, die Kautionen; Kau-ti-on; er muss beim Vermieter eine Kaution hinterlegen

Kautschuk, der (Masse, die aus der Milch tropischer Pflanzen hergestellt wird); des Kautschuks, die Kautschuke; Kau-tschuk/Kaut-schuk; die **Kautschukmilch**

Kauz, der (Vogel; *auch* Bezeichnung für einen sonderbaren Menschen); des Kauzes, die Käuze; Kauz; das **Käuzchen**

Kaviar, der (mit Salz konservierter Rogen); des Kaviar(e)s, die Kaviare; Ka-vi-ar; ein Ei mit Kaviar essen

keck; kecker, am keckesten/keckesten; keck; er ist ein keckes Bürschchen; die **Keckheit**

Kefir, der (vergorene Milch); des Kefirs, *kein Plural*; Ke-fir

Kegel, der; des Kegels, die Kegel; Ke-gel; die Kegel aufstellen; die **Kegelbahn**; **kegeln**; sie hat mit Freunden und Freundinnen gekegelt

Kehle, die; der Kehle, die Kehlen; Keh-le; er schreit sich die Kehle wund; der **Kehlkopf**; sie hat eine Kehlkopfentzündung

Kehre, die (Wendekurve an Bergstraßen; *auch* Wendung beim Turnen); der Kehre, die Kehren; Keh-re

kehren; du kehrst das Zimmer, er kehrte das Gesicht zur Wand, sie hat gekehrt; keh-ren; der/das **Kehricht** (Zusammengekehrtes); der **Kehrreim** (Refrain); die **Kehrseite**; **kehrtmachen**; sie haben kehrtgemacht

keifen (schimpfen, zanken); du keifst, er keifte, sie hat laut und schrill gekeift; keifen; die **Keiferei**

Keil, der; des Keil(e)s, die Keile; einen Keil zwischen Freunde treiben

keilen, sich keilen (sich prügeln); du keilst dich, er keilte sich, sie keilten sich heftig; kei-len; der **Keiler** (männliches

Wildschwein); die **Keilerei** (Schlägerei, Prügelei)

Keim, der; des Keim(e)s, die Keime; Keim; im Frühjahr kommen erste Keime; **keimen**; die Kartoffeln haben bereits gekeimt; kurz keimte Hoffnung auf Besserung ; **keimfrei**

Keimling, der; des Keimlings, die Keimlinge; Keim-ling; sie topft die jungen Keimlinge um; die **Keimzelle**

kein [Pron.]; kein; er hat kein Geld; sie wird auf keinen Fall zustimmen; **keinerlei**; er hat keinerlei Verdacht geschöpft

keinerseits [Adv.] (von keiner Seite); keiner-seits; es gab keinerseits Einsprüche; **keinesfalls** (auf keinen Fall); sie kommt keinesfalls; **keineswegs** (durchaus nicht, überhaupt nicht); wir sind keineswegs unglücklich; **keinmal**; ich habe keinmal verloren

Keks, der/das; des Keks(es), die Keks/Kekse; Keks; die **Keksschachtel**

Kelch, der; des Kelch(e)s, die Kelche; Kelch; einen Kelch mit Wasser füllen; **kelchförmig**

Kelle, die; der Kelle, die Kellen; Kel-le; eine Kelle Suppe eingießen

Keller, der; des Kellers, die Keller; Kel-ler; das **Kellerfenster**; die **Kellertreppe**

Kellner, der; des Kellners, die Kellner; Kell-ner; die **Kellnerin**

Kelter, die (Fruchtpresse); der Kelter, die Keltern; Kel-ter; **keltern**; sie haben die Trauben gekeltert

kennen; du kennst, er kannte, sie hat ihn nicht gekannt,; ken-nen; **kennenlernen** (*auch* kennen lernen); der **Kenner**; er ist ein großer Kenner von Kunst; die **Kennnummer** (*auch* Kenn-Nummer)

kenntlich; *keine Steigerung*; kennt-lich; jeder macht sein Gepäck kenntlich

Kenntnis, die; der Kenntnis, die Kenntnisse; Kennt-nis; sie hat umfangreiche Kenntnisse in Biologie; das **Kennwort**; die **Kennzahl**; das **Kennzeichen**

kennzeichnen; du kennzeichnest, er kennzeichnete, sie hat den Weg gekennzeichnet; kenn-zeich-nen; die **Kennzeichnung**

kentern; du kenterst, er kenterte, sie ist mit dem Boot gekentert; ken-tern

Keramik, die (Gegenstand aus gebranntem Ton; *auch* Kunsttöpferei); der Keramik, die Keramiken; Ke-ra-mik; ein Krug aus Keramik; der **Keramiker**; die **Keramikerin**

Kerbe, die; der Kerbe, die Kerben; Ker-be; eine Kerbe in das Holz schlagen; das **Kerbholz** (durch Kerben gekennzeichnetes Holz); er hat reichlich viel auf dem Kerbholz

Kerker, der (unterirdisches Gefängnis); des Kerkers, die Kerker; Ker-ker

Kerl, der; des Kerl(e)s, die Kerle/Kerls; Kerl; ein anständiger Kerl; gemeine Kerle

Kern, der; des Kern(e)s, die Kerne; Kern; die **Kernenergie** (Atomenergie); die **Kernexplosion** (Atomexplosion)

kerngesund; *keine Steigerung*; kern-gesund; ein kerngesundes Kind

kernig; kerniger, am kernigsten; ker-nig; kernige Melonen; ein kerniger Bursche

Kernkraftwerk, das; des Kernkraftwerk(e)s, die Kernkraftwerke; die **Kernreaktion**; der **Kernreaktor** (Anlage zur Spaltung von Atomkernen); die **Kernspaltung**

Kernteilung, die (Teilung des Kerns lebender Zellen); der Kernteilung, die Kernteilungen; Kern-tei-lung

Kerosin, das (Petroleum); des Kerosin(e)s, *kein Plural*; Ke-ro-sin; die Lampe brennt mit Kerosin

Kerze, die; der Kerze, die Kerzen; Ker-ze; eine Kerze anzünden; **kerzengerade**; kerzengerade stehen

kess; kesser, am kessesten; kess; sie ist ein kesses Mädchen

Kessel, der; des Kessels, die Kessel; Kes-sel; sie setzt einen Kessel Wasser auf

Ketschup, der/das (*auch* Ketchup); des Ketschup(s), die Ketschups; Ket-schup/Ketsch-up

Kette, die; der Kette, die Ketten; Ket-te; eine goldene Kette mit Anhänger; eine Kette von Ereignissen; die **Kettenreaktion**

Ketzer, der (Irrgläubiger, Abweichler); des Ketzers, die Ketzer; Ket-zer; er wurde als Ketzer verurteilt; die **Ketzerei**; **ketzerisch**

keuchen; du keuchst, er keuchte, sie hat vor Anstrengung gekeucht; keu-chen; der **Keuchhusten**

Keule, die; der Keule, die Keulen; Keu-le

keusch (anständig, sexuell enthaltsam); keuscher, am keuschesten/keuschsten; keusch; ein keusches Mädchen; die **Keuschheit**

Keyboard, das [kibord] (Tasteninstrument; *auch* Tastatur); des Keyboards, die Keyboards; Key-board

Kfz, das = Kraftfahrzeug; der **Kfz-Mechaniker**; die **Kfz-Werkstatt**

kg = Kilogramm; 2 kg Äpfel kaufen; ein 3-kg-Paket abholen

Kibbuz, der (Siedlungsgemeinschaft in Israel); des Kibbuz, die Kibbuze/Kibbuzim; Kib-buz; sie lebt in einem Kibbuz

kichern; du kicherst, er kicherte, sie hat leise gekichert; ki-chern

kicken; du kickst, er kickte, sie hat den Ball ins Tor gekickt; ki-cken; der **Kicker** (Fußballer)

kidnappen [kidnäpen] (entführen); du kidnappst, er kidnappte, sie hat ein Kind gekidnappt; kid-nap-pen; der **Kidnapper**

Kiefer[1], die (Nadelbaum); der Kiefer, die Kiefern; Kie-fer; der **Kiefer**[2] (Knochen, in dem die Zähne sitzen); die **Kieferhöhle**; der **Kieferorthopäde**; die **Kieferorthopädin**

Kiel, der (mittlerer Längsteil des Schiffsbodens); des Kiel(e)s, die Kiele; Delfine schwammen um unseren Kiel; **kieloben**; das Boot trieb kieloben auf dem See; das **Kielwasser** (Spur hinter einem fahrenden Schiff)

Kieme, die; der Kieme, die Kiemen; Kie-me; Fische atmen mit Kiemen

Kien, der (harziges Kiefernholz); des Kien(e)s, die Kiene; Kien; das **Kienholz**; der **Kienspan**

Kies, der (grober Sand; *umgangssprachlich auch* Geld); des Kieses, *Plural selten*: die Kiese; Kies; der **Kiesel** (kleiner Stein); der **Kieselstein**; die **Kiesgrube**

kiffen (Rauschgift rauchen); du kiffst, er kiffte, sie hat gekifft; kif-fen; der **Kiffer**

killen (töten); du killst, er killte, sie hat alle Fliegen gekillt; kil-len; der **Killer**

Kilo, das = Kilogramm; des Kilos, die Kilos/Kilo; Ki-lo

Kilobyte, das [kilobait/kilobait] = KB; des Kilobyte(s), die Kilobyte(s); Ki-lo-byte; das **Kilogramm** = kg; der **Kilometer** = km; **kilometerweit** (wir hatten eine kilometerweite Sicht ins Land); das **Kilowatt** = kW; die **Kilowattstunde** = kWh

Kimme, die (Einschnitt, Kerbe); der Kimme, die Kimmen; Kim-me; mit Kimme und Korn kann man genau zielen

Kimono, der (japanisches Gewand); des Kimonos, die Kimonos; Ki-mo-no/Ki-mo-no

G H I J K L M N O

Kind, das; des Kind(e)s, die Kinder; Kịnd; der **Kinderarzt**; der **Kindergarten**; der **Kinderhort**; die **Kinderlähmung** (lebensgefährliche Krankheit)

kinderleicht; *keine Steigerung*; kịn-der-leicht; eine kinderleichte Aufgabe; **kinderlieb**; **kinderlos**; **kinderreich**

Kindertagesstätte, die; der Kindertagesstätte, die Kindertagesstätten; Kịn-der-ta-ges-stät-te; das **Kindesalter**; der **Kindesmissbrauch**; die **Kindesmisshandlung**

Kindheit, die; der Kindheit, die Kindheiten; Kịnd-heit; **kindisch**; du benimmst dich wirklich kindisch; **kindlich**; sie hat ein kindliches Gesicht

Kinn, das; des Kinn(e)s, die Kinne; der **Kinnhaken**; die **Kinnlade**

Kino, das; des Kinos, die Kinos; Ki̲-no; der **Kinofilm**; das **Kinoprogramm**

Kiosk, der; des Kiosk(e)s, die Kioske; Ki-ọsk; sie kauft eine Zeitung am Kiosk

Kippe, die; der Kippe, die Kippen; Kịp-pe; unser Ausflug stand auf der Kippe; der Müll wird auf die Kippe gefahren; er liest vom Boden eine Kippe auf (einen Zigarettenstummel)

kippen; du kippst, er kippte den Müll auf die Halde, sie hat den Sand in den Kasten gekippt; kịp-pen; der **Kipper** (Lkw mit Kippvorrichtung); das **Kippfenster**

Kirche, die; der Kirche, die Kirchen; Kịr-che; der **Kirchenchor**; die **Kirchensteuer**; **kirchlich**; ein kirchlicher Feiertag; der **Kirchturm**

Kirsche, die; der Kirsche, die Kirschen; Kịr-sche; der **Kirschkern**; das **Kirschkompott**

Kissen, das; des Kissens, die Kissen; Kịs-sen

Kiste, die; der Kiste, die Kisten; Kịs-te; eine Kiste voller Bücher

Kitsch, der; des Kitsch(e)s, *kein Plural*; sie hat lauter Kitsch herumstehen; **kitschig** (geschmacklos); ein kitschiges Bild

Kitt, der; des Kitt(e)s, die Kitte; er dichtet das Fenster mit Kitt ab

Kittchen, das (Gefängnis); des Kittchens, die Kittchen; Kịtt-chen; er wird wegen Diebstahls im Kittchen landen

Kittel, der; des Kittels, die Kittel; Kịt-tel; der Arzt trägt einen weißen Kittel

kitten; du kittest, er kittete, sie hat die undichte Stelle gekittet; kịt-ten

Kitz, das (Jungtier z. B. von Reh und Ziege); des Kitzes, die Kitze; Kịtz

kitzeln; du kitzelst, er kitzelte, sie hat mich mit einem Grashalm gekitzelt; kịt-zeln; **kitzlig** (*auch* kitzelig)

Kiwi[1], die (Frucht); der Kiwi, die Kiwis; Ki̲-wi; der **Kiwi**[2] (neuseeländischer Vogel); des Kiwis, die Kiwis

Kladde, die (Heft, *auch* erste Niederschrift); der Kladde, die Kladden; Klạd-de

klaffen; plötzlich klaffte ein Abgrund vor uns, klạf-fen; eine klaffende Wunde

kläffen; du kläffst wie ein Hund, er kläffte, die Hündin hat dauernd gekläfft; kläf-fen; der **Kläffer**

Klage, die; der Klage, die Klagen; Kla̲-ge; **klagen**; er hat vor Gericht geklagt; der **Kläger**; die **Klägerin**; **kläglich**; ein klägliches Ergebnis

klamm (feucht, steif; *auch* knapp); klammer, am klammsten; klạmm; ein klammes Handtuch; klamme Finger; klamme Kassen

Klammer, die; der Klammer, die Klammern; Klạm-mer; **klammern**

klammheimlich; *keine Steigerung*; klạmm-heim-lich; sie haben sich klammheimlich davongeschlichen

Klang, der; des Klang(e)s, die Klänge; **klangvoll**; eine klangvolle Musik

Klappe, die; der Klappe, die Klappen; Klap-pe; sie öffnet eine Klappe; er hat eine ziemlich große Klappe; **klappen**; er klappt das Buch zu; die Aufführung hat geklappt

Klapper, die; der Klapper, die Klappern; Klap-per; das Kind spielt mit einer Klapper; **klapperig** (*auch* klapprig); **klappern**; er hat mit den Zähnen geklappert; die **Klapperschlange**

Klaps, der (leichter Schlag); des Klapses, die Klapse; Klaps; sie gibt ihr einen Klaps

klar; klarer, am klarsten; klar; klares Wasser; sie kann klar denken → Kasten „hoch"

Kläranlage, die (Anlage zum Reinigen von Schmutzwasser); der Kläranlage, die Kläranlagen; Klär-an-la-ge; das **Klärbecken**

klären; du klärst, er klärte alle Fragen, sie klärte den Vorgang; klä-ren

Klarheit, die; der Klarheit, die Klarheiten; Klar-heit; er hat sich Klarheit verschafft

Klarinette, die (Holzblasinstrument); der Klarinette, die Klarinetten; Kla-ri-net-te; der **Klarinettist**

klarkommen; du kommst klar, er kam klar, sie ist mit den Aufgaben nicht klargekommen; klar-kom-men; **klarlegen**; **klarmachen**; **klarstellen**

Klärung, die; der Klärung, die Klärungen; Klä-rung; wir bitten um Klärung der Angelegenheit

Klasse, die; der Klasse, die Klassen; Klasse; **klasse**; das ist klasse; das finde ich klasse; die **Klassenarbeit**; der **Klassenlehrer**; der **Klassenraum**; der **Klassensprecher**

Klassifikation, die; der Klassifikation, die Klassifikationen; Klas-si-fi-ka-ti-on; **klassifizieren**; gemeinsam haben sie die unterschiedlichen Ergebnisse klassifiziert; die **Klassifizierung**

Klassik, die (Zeit besonderer künstlerischer Leistungen; besondere künstlerische Werke); der Klassik, *kein Plural*; Klas-sik; die Schriftsteller der deutschen Klassik; sie hört gern Klassik; der **Klassiker**; **klassisch**; klassische Musik

Klassizismus, der (Kunstrichtung um 1800); des Klassizismus, *kein Plural*; Klas-si-zis-mus; **klassizistisch**; ein klassizistisches Bauwerk

Klatsch, der (Gerede); des Klatsch(e)s, *kein Plural*; Klatsch; **klatschen** (*auch* übereinander reden); klatschst du auch gelegentlich über andere?; er klatscht begeistert Beifall

klatschnass; *keine Steigerung*; klatschnass; sie hat klatschnasse Haare

klauben; du klaubst, er klaubte, sie hat die Rosinen aus dem Kuchen geklaubt; klau-ben

Klaue, die (verhornte Zehe der Huftiere; *auch* schlechte Handschrift); der Klaue, die Klauen; Klaue; du hast eine fürchterliche Klaue; **klauen**; sie hat einen Lippenstift geklaut

Klause, die (abgeschiedener kleiner Raum; *auch* Einsiedelei); der Klause, die Klausen; Klau-se; er lebt in einer engen Klause

Klausel, die (Nebenvereinbarung in Verträgen); der Klausel, die Klauseln; Klausel

Klausur, die (Abgeschlossenheit; *auch kurz für* Klausurarbeit); der Klausur, die Klausuren; Klau-sur; wir schreiben eine Klausur; die Politiker begeben sich in Klausur; die **Klausurtagung**

Klavier, das; des Klavier(e)s, die Klaviere; Kla-vier; Klavier spielen; das **Klavierkonzert**

kleben; du klebst, er klebte, sie hat das Bild an die Wand geklebt, er ist an der frischen Farbe kleben geblieben; kle-ben; **klebenbleiben** (*auch* kleben blei-ben); er ist gestern Abend bei Freunden klebengeblieben/kleben geblieben; der **Kleber**; **klebrig** (*auch* kleberig); der **Klebstoff**

kleckern; du kleckerst, er kleckerte mit der Marmelade, sie hat sich Eis auf die Bluse gekleckert; kle-ckern; **kleckerwei-se**; sie kamen kleckerweise ins Ziel

Klecks, der; des Kleckses, die Kleckse; Klecks; leider ist ein Klecks auf der Seite; **klecksen**; er hat gekleckst

Klee, der; des Klees, *kein Plural*; Klee; das **Kleeblatt**

Kleid, das; des Kleid(e)s, die Kleider; der **Kleiderschrank**; die **Kleidung**; das **Klei-dungsstück**

Kleie, die (Schalen und Hüllen von Ge-treide); der Kleie, die Kleien; Kleie

klein; kleiner, am kleinsten; ein kleines Haus; das Fleisch klein schneiden/klein-schneiden; auf der Postkarte sehr klein schreiben → Kasten „hoch“; das **Klein-geld**; die **Kleinigkeit**

kleinkariert (engstirnig); kleinkarierter, am kleinkariertesten; klein-ka-riert; er ist der kleinkarierteste Mensch, den ich kenne; der **Kleinkram**

kleinkriegen; du kriegst klein, er kriegte seine Schwester mühelos klein, sie hat den neuen Ball schon kleingekriegt; klein-krie-gen

kleinlaut; *keine Steigerung*; klein-laut; nach der Niederlage war er ganz schön kleinlaut

kleinlich; kleinlicher, am kleinlichsten; klein-lich; sie hat alles kleinlich notiert

Kleinmut, der (Verzagtheit, Mutlosigkeit); des Kleinmut(e)s, *kein Plural*; Klein-mut; **kleinmütig**; klein-mü-tig; ein kleinmü-tiger Mensch

Kleinod, der (Kostbarkeit; *auch* Schmuck-stück); des Kleinod(e)s, die Kleinode/Kleinodien; Klein-od

kleinschreiben; du schreibst klein, er schrieb klein, sie hat das Wort kleinge-schrieben; klein-schrei-ben → Kasten „hoch“; die **Kleinschreibung**

Kleinstadt, die; der Kleinstadt, die Klein-städte; Klein-stadt; der **Kleinstädter**

Kleister, der; des Kleisters, die Kleister; Kleis-ter; die Tapete mit Kleister bestrei-chen; **kleistern**

Klementine, die (Mandarinensorte); der Klementine, die Klementinen; Kle-men-ti-ne

Klemme, die; der Klemme, die Klemmen; Klem-me; **klemmen**; die **Klemmmappe**

Klempner, der; des Klempners, die Klempner; Klemp-ner; der Klempner re-pariert den Wasserhahn; **klempnern**

Kleriker, der (Geistlicher); des Klerikers, die Kleriker; Kle-ri-ker; der **Klerus**

Klette, die (Pflanze); der Klette, die Klet-ten; Klet-te; sie hängt wie eine Klette an mir

Klettergerüst, das; des Klettergerüst(e)s, die Klettergerüste; Klet-ter-ge-rüst; **klet-tern**; du kletterst, er kletterte, sie ist auf den Baum geklettert; die **Kletterpflan-ze**

Klettverschluss, der; des Klettver-schlusses, die Klettverschlüsse; Klett-ver-schluss

klicken; du klickst, er klickte, sie hat auf den Link geklickt; kli-cken

Klient, der (Auftraggeber, meist eines Anwalts); des Klienten, die Klienten; Kli-ent; die **Klientel** (Auftraggeberkreis); Kli-en-tel; die **Klientin**

Kliff, das (felsiger, steiler Hang einer Küste); des Kliff(e)s, die Kliffs; Kliff

Klima, das; des Klimas, die Klimata/Klimas;

Kli-ma; das Klima der Erde; die **Klimaanlage**; der **Klimaschutz**

klimatisch; *keine Steigerung*; kli-matisch; die Forscher beobachten klimatische Veränderungen; **klimatisieren**

klimpern; du klimperst, er klimperte, sie hat auf dem Klavier geklimpert; klim-pern

Klinge, die; der Klinge, die Klingen; Klinge; das Messer hat eine scharfe Klinge

Klingel, die; der Klingel, die Klingeln; Klingel; **klingeln**

klingen; du klingst gar nicht gut, er klang etwas heiser, die Musik hat gut geklungen; klin-gen

Klinik, die; der Klinik, die Kliniken; Kli-nik; sie hat sich in der Klinik behandeln lassen; **klinisch**; ein klinisch erprobtes Medikament

Klinke, die; der Klinke, die Klinken; Klinke; die Türklinke; **klinken**; er klinkt den Haken in die Öse

Klinker, der (hart gebrannter Ziegelstein); des Klinkers, die Klinker; Klin-ker; ein Haus aus rotem Klinker

Klipp, der (*auch* Clip) (Klemme; *auch* Ohrschmuck); des Klipps, die Klipps; Klipp

Klippe, die (Felsen im Meer, steiler Küstenhang; *auch* Gefahrenstelle); der Klippe, die Klippen; Klip-pe

klirren; es klirrt, es klirrte, die Glasscheibe hat laut geklirrt; klir-ren; **klirrend**; klirrende Kälte

Klischee, das (eingefahrene Vorstellung; *auch* Druckplatte); des Klischees, die Klischees; Kli-schee; der Film über das Landleben ist voller Klischees; **klischeehaft**; sie hat klischeehafte Vorstellungen vom Arztberuf

Klitoris, die (Teil der weiblichen Geschlechtsorgane); der Klitoris, die Klitoris/Klitorides; Kli-to-ris

klitschnass (*auch* klitschenass); *keine Steigerung*; klitsch-nass; sie hatte klitschnasse Schuhe

Klo, das = Klosett; des Klos, die Klos; Klo

Kloake, die (Abwasserkanal; *auch* Körperöffnung bei Tieren); der Kloake, die Kloaken; Klo-a-ke; manche Flüsse sind stinkende Kloaken

klobig; klobiger, am klobigsten; klo-big; ein klobiger Tisch; ein klobiger Kerl

Klon, der (durch Klonen erzeugtes Lebewesen); des Klon(e)s, die Klone; Klon; **klonen** (eine genetisch identische Kopie eines Lebewesens herstellen); es ist verboten, Menschen zu klonen

klopfen; du klopfst, er klopfte an die Tür, sie hat den Teppich geklopft; klop-fen; das **Klopfzeichen**

Klops, der (Fleischkloß); des Klopses, die Klopse; Klops

Klosett, das (Toilette); des Klosetts, die Klosetts/Klosette; Klo-sett

Kloß, der; des Kloßes, die Klöße; Kloß; er isst gern Klöße

Kloster, das; des Klosters, die Klöster; Klos-ter; sie besichtigten ein altes Kloster

Klotz, der; des Klotzes, die Klötze; Klotz; ein schwerer Klotz aus Holz

klotzen (zupacken, schwer arbeiten); du klotzt, er klotzte, sie hat den ganzen Tag geklotzt; klot-zen; **klotzig**; ein klotziges Haus

Klub, der (*auch* Club); des Klubs, die Klubs; Klub; wir gehen abends in einen Klub; das **Klubhaus**

Kluft, die (tiefe Spalte, Abgrund); der Kluft, die Klüfte; Kluft; er sieht in die Kluft hinab

klug; klüger, am klügsten; klug; **klugerweise**; sie hat sich klugerweise nicht eingemischt.; die **Klugheit**

Klumpen, der; des Klumpens, die Klumpen; Klụm-pen; ein Klumpen nasser Erde; **klumpig**

Klüngel, der (*abwertend für* Gruppe, in der jeder jedem hilft); des Klüngels, die Klüngel; Klụ̈n-gel; dieser Klüngel beherrscht den gesamten Verein

km = Kilometer; **km/h** = Kilometer pro Stunde; das Auto raste mit 200 km/h über die Autobahn

knabbern; du knabberst, er knabberte, sie hat an einer Möhre geknabbert; knạbbern; das **Knabberzeug**; *kein Plural*

Knabe, der; des Knaben, die Knaben; Kna-be; der **Knabenchor**; **knabenhaft**; ein knabenhaftes Aussehen

Knäckebrot, das; des Knäckebrot(e)s, die Knäckebrote; Knạ̈-cke-brot

knacken; du knackst Nüsse, er knackte das Rätsel, es hat im Gebüsch geknackt; knạ-cken; der **Knacker** (Knackwurst; *auch für* alter Mann); **knackig**; ein knackiger Salat; der **Knacks** (Riss, Schaden)

Knall, der; des Knall(e)s, die Knalle; Knạll; wir hörten einen lauten Knall; **knallen**; der **Knaller** (Feuerwerkskörper; *auch* tolle Sache)

knallhart; *keine Steigerung*; knạll-hart; er ist ein knallharter Geschäftsmann; **knallig**; sie mag knallige Farben; **knallrot**

knapp; knapper, am knappsten; knạpp; ein knappes T-Shirt; die Zeit ist knapp; **knapphalten** (wenig geben); er wurde mit Taschengeld knappgehalten

knarren; es knarrt, es knarrte, das Bett hat geknarrt; knạr-ren

Knast, der (Gefängnis); des Knast(e)s, die Knaste/Knäste; Knạst; er sitzt im Knast

knattern; es knattert, es knatterte, das Moped hat ziemlich laut geknattert, der alte Traktor ist durchs Dorf geknattert; knạt-tern

Knäuel, der/das; des Knäuels, die Knäuel; Knäu-el; ein Knäuel Wolle

Knauf, der (kugelartiger Griff); des Knauf(e)s, die Knäufe; Knauf

knausern; du knauserst, er knauserte, sie hat mit ihrem Geld geknausert; knausern; **knausrig** (*auch* knauserig); er gibt nichts ab, er ist ein knausriger Mensch

knautschen; du knautschst, er knautschte, sie hat das Kleid in den Rucksack geknautscht; knaut-schen; die **Knautschzone** (Sicherheitszone an Autos)

Knebel, der; des Knebels, die Knebel; Kne-bel; **knebeln**

Knecht, der; des Knecht(e)s, die Knechte; Knẹcht; die **Knechtschaft**

kneifen; du kneifst, er kniff, sie hat mich in den Arm gekniffen; knei-fen; die **Kneifzange**

Kneipe, die; der Kneipe, die Kneipen; Knei-pe

kneippen (eine Kneippkur machen); du kneippst, er kneippte, sie hat gekneippt; kneip-pen; die **Kneippkur** (Heilbehandlung)

Knete, die (Material zum Kneten; *auch* Bezeichnung für Geld); der Knete, *kein Plural*; Kne-te; **kneten**; sie hat den Teig geknetet; kne-ten; die **Knetmasse**

Knick, der; des Knick(e)s, die Knicke; Knịck; die Karte hat einen Knick; **knicken**

knickrig (*auch* knickerig) (geizig); knickriger, am knickrigsten; knịck-rig

Knicks, der; des Knickses, die Knickse; Knịcks; wer macht heute noch einen Knicks?; **knicksen**

Knie, das; des Knies, die Knie; Knie; er ist auf die Knie gefallen; die **Kniebeuge**; sie macht jeden Morgen 20 Kniebeugen; die **Kniekehle**; **knien** [knin/knien]

Kniff, der; des Kniff(e)s, die Kniffe; Knịff;

er hat ihr einen Kniff verraten; **knifflig** (*auch* kniffelig); eine knifflige Aufgabe

knipsen; du knipst, er knipste die Fahrkarten, sie hat einige Fotos geknipst; knip-sen

Knirps, der (kleiner Mensch; *auch* zusammenschiebbarer Regenschirm); des Knirpses, die Knirpse; Knirps

knirschen; du knirschst, der Schnee knirschte unter unseren Füßen, sie hat mit den Zähnen geknirscht; knir-schen

knistern; du knisterst, er knisterte, sie hat mit Bonbonpapier geknistert; knis-tern

Knitter, der; des Knitters, die Knitter; Knitter; sie hat Knitter im Kleid; **knitterfrei**; ein knitterfreier Stoff; **knittern**

knobeln; du knobelst, er knobelte, sie hat geknobelt, bis sie die Lösung gefunden hatte; kno-beln

Knoblauch, der; des Knoblauch(e)s, *kein Plural*; Knob-lauch

Knöchel, der; des Knöchels, die Knöchel; Knö-chel; sie hat sich den Knöchel verstaucht

Knochen, der; des Knochens, die Knochen; Kno-chen; der **Knochenbruch**; das **Knochengerüst**; **knöcherig** (*auch* knöchrig); eine knöcheriges Handgelenk; **knöchern**; ein knöchernes Skelett; **knochig**; ein knochiges Pferd

knockout (*auch* knock-out) [nokaut] = k.o. (kampfunfähig); *keine Steigerung*; knock-out; der **Knockout** (*auch* Knockout) = K.o. (Niederschlag)

Knödel, der; des Knödels, die Knödel; Knö-del; sie essen Knödel mit Gulasch

Knolle, die (*auch* der Knollen) (runde Verdickung an Pflanzen; *auch für* Kartoffel); der Knolle, die Knollen; Knol-le; der **Knollenblätterpilz**; die **Knollenfrucht**

Knopf, der; des Knopf(e)s, die Knöpfe; Knopf; **knöpfen**; das **Knopfloch**

Knorpel, der (knochenähnliches Stützgewebe); des Knorpels, die Knorpel; Knorpel; **knorplig** (*auch* knorpelig)

Knospe, die; der Knospe, die Knospen; Knos-pe; die Pflanzen treiben Knospen

knoten; du knotest, er knotete, sie hat das Band geknotet; kno-ten; der **Knoten**; sie macht einen Knoten in das Band

Knowhow, das (*auch* Know-how) [nouhau] (Wissen wie); des Knowhow(s), *kein Plural*; Know-how; für diese Arbeit braucht man das nötige Knowhow

knüllen; du knüllst, er knüllte, sie hat das Papier in den Sack geknüllt; knül-len; der **Knüller**; das Spiel war ein Knüller

knüpfen; du knüpfst, er knüpfte, sie hat einen Teppich geknüpft; knüp-fen

Knüppel, der; des Knüppels, die Knüppel; Knüp-pel; **knüppeldick**

knurren; du knurrst, er knurrte, der Hund hat geknurrt; knur-ren; **knurrig**

knuspern; du knusperst, er knusperte, sie hat Kekse geknuspert; knus-pern; **knusprig** (*auch* knusperig); ein knuspriges Brötchen

knutschen; du knutschst, er knutschte, sie hat auf dem Schulhof heimlich geknutscht; knut-schen; die **Knutscherei**

k. o. (*auch* K. o.) = knockout/Knockout (vorzeitiger Sieg beim Boxkampf); jemanden k. o. schlagen; durch technisches K. o. siegen; der K.-o.-Sieger

koalieren (sich verbünden); du koalierst, er koalierte, sie hat mit den Nachbarn koaliert; ko-a-lie-ren; die **Koalition** (Bündnis)

Kobold, der (guter, lustiger Geist); des Kobold(e)s, die Kobolde; Ko-bold

Koch, der; des Koch(e)s, die Köche; Koch; das **Kochbuch**; **kochen**

Köcher, der (Behälter für Pfeile); des Köchers, die Köcher; Kö-cher

Köchin, die; der Köchin, die Köchinnen; Kọ̈-chin

Kode, der (*auch* Code) [kod/koud] (verschlüsseltes Zeichensystem); des Kodes, die Kodes; zum Öffnen der Tür braucht man den Kode

Köder, der; des Köders, die Köder; Kö-der; die Fische werden mit Ködern angelockt; **ködern**

kodieren (*auch* codieren); du kodierst, er kodierte, sie hat die Datei kodiert; ko-die-ren; die **Kodierung** (*auch* Codierung)

Koexistenz, die (friedliches Nebeneinander); der Koexistenz, *kein Plural*; Ko-exis-tẹnz

Koffein, das (*auch* Coffein) (anregender Wirkstoff in Kaffee, Tee und Cola); des Koffeins, *kein Plural*; Kof-fe-in; **koffeinfrei**; **koffeinhaltig**

Koffer, der; des Koffers, die Koffer; Kọf-fer; den Koffer packen; der **Kofferraum**

Kohl, der; des Kohl(e)s, die Kohle/Kohls; Kohl; Blumenkohl; der **Kohldampf** (Hunger)

Kohle, die; der Kohle, die Kohlen; Koh-le; mit Kohlen heizen; eine Menge Kohle (Geld) verdienen

Kohlensäure, die; der Kohlensäure, *kein Plural*; Koh-len-säu-re; Limonade mit Kohlensäure

kohlrabenschwarz; *keine Steigerung*; kohl-ra-ben-schwarz

Kohlrabi, der; des Kohlrabi(s), die Kohlrabi(s); Kohl-ra-bi; das **Kohlrabigemüse**

Koitus, der (*auch* Coitus) (Geschlechtsakt); des Koitus, die Koitus; Ko-i-tus

Koje, die (Bett auf Schiffen); der Koje, die Kojen; Ko-je

kokett (gefallsüchtig); koketter, am kokettesten; ko-kẹtt; ein kokettes Mädchen; **kokettieren** (spielerisch vorgeben); der Star kokettierte mit einem Wechsel nach Spanien

Kokon, der [kokong] (Hülle der Insektenpuppe); des Kokons, die Kokons; Ko-kon

Kokosnuss, die; der Kokosnuss, die Kokosnüsse; Ko-kos-nuss; die **Kokospalme**

Koks, der (Brennstoff aus Stein- und Braunkohle); des Kokses, *Plural selten*: die Kokse; Koks; der **Koksofen**

Kolben, der; des Kolbens, die Kolben; Kọl-ben; einen Kolben in den Motor einsetzen

Kolik, die (krampfartiger Schmerz); der Kolik, die Koliken; Ko-lik

Kollaps, der (Schwächeanfall); des Kollapses, die Kollapse; Kọl-laps

Kollege, der; des Kollegen, die Kollegen; Kol-le-ge; sie versteht sich gut mit ihren Kolleginnen; **kollegial**; eine kollegiale Zusammenarbeit; die **Kollegialität**

Kollegium, das; des Kollegiums, die Kollegien; Kol-le-gi-um; das Kollegium trifft sich im Lehrerzimmer

Kollekte, die (kirchliche Geldsammlung); der Kollekte, die Kollekten; Kol-lẹk-te

Kollektion, die (Sammlung von Mustern oder Waren); der Kollektion, die Kollektionen; Kol-lek-ti-on; die Modefirma stellt ihre neue Kollektion vor

Kollektiv, das (Arbeitsgemeinschaft); des Kollektivs, die Kollektive; Kol-lek-tiv; **kollektiv**; ihre kollektive Arbeit hat zum Erfolg geführt

Koller, der (Wutanfall); des Kollers, die Koller; Kọl-ler

kollidieren (zusammenstoßen); du kollidierst, er kollidierte, sie ist mit einem Auto kollidiert; kol-li-die-ren; die **Kollision**

Kolonialismus, der (Politik von Staaten, die entfernte Regionen für den eigenen wirtschaftlichen Vorteil ausnutzen); des Kolonialismus, *kein Plural*; Ko-lo-ni-a-lis-mus; die **Kolonie** (Region in ausländischem Besitz; *auch* Wohnsiedlung)

Kolonne, die (geordneter Zug); der Kolonne, die Kolonnen; Ko-lon-ne; sie fahren in Kolonne zum Einsatzort

Kolumne, die (Zeitungstext in einer Spalte); der Kolumne, die Kolumnen; Ko-lum-ne; er schreibt die Kolumne für die Tageszeitung; der **Kolumnist**

Koma, das (Bewusstlosigkeit); des Komas, die Komas/Komata; Ko-ma; der Schwerverletzte lag tagelang im Koma

Kombination, die (Verbindung); der Kombination, die Kombinationen; Kom-bi-na-ti-on; **kombinieren**

Komet, der (Schweifstern); des Kometen, die Kometen; Ko-met

Komfort, der [komfor] (Bequemlichkeit, Luxus); des Komforts, *kein Plural*; Kom-fort; **komfortabel**; eine komfortable Wohnung

Komik, die (erheiternde Wirkung; auch belustigende Kunst); der Komik, *kein Plural*; Ko-mik; der **Komiker**; **komisch**; wir sehen ein komisches Theaterstück; das ist eine komische Frage

Komitee, das (verantwortlicher Ausschuss); des Komitees, die Komitees; Ko-mi-tee

Komma, das; des Kommas, die Kommas/Kommata; Kom-ma; die Kommasetzung

Kommandant, der (Befehlshaber); des Kommandanten, die Kommandanten; Kom-man-dant; der **Kommandeur**; **kommandieren**; das **Kommando**

kommen; du kommst, er kam, sie ist spät nach Hause gekommen; kom-men; **kommenlassen** (*auch* kommen lassen); du musst die Kupplung kommenlassen/kommen lassen; wir haben den Gegner kommenlassen/kommen lassen

Kommentar, der (Erläuterung, Bemerkung); des Kommentar(e)s, die Kommentare; Kom-men-tar; **kommentarlos**; der **Kommentator**; **kommentieren**

Kommerz, der (Handel und Geschäftsverkehr); des Kommerzes, *kein Plural*; Kom-merz; **kommerziell**

Kommissar, der; des Kommissars, die Kommissare; Kom-mis-sar; der Kommissar untersucht das Verbrechen; das **Kommissariat**; die **Kommissarin**; **kommissarisch** (vorübergehend); sie leitet die Abteilung kommissarisch

Kommission, die; der Kommission, die Kommissionen; Kom-mis-si-on; eine Expertenkommission erarbeitet den Plan

Kommode, die; der Kommode, die Kommoden; Kom-mo-de; sie bewahrt die Wäsche in der Kommode auf

kommunal (den Ort oder die Gemeinde betreffend); *keine Steigerung*; kom-mu-nal; die kommunale Politik; die **Kommune** (Ort, Gemeinde; *auch* Wohngemeinschaft)

Kommunikation, die (Verständigung zwischen Menschen und Systemen); der Kommunikation, die Kommunikationen; Kom-mu-ni-ka-ti-on; das **Kommunikationsmittel**; die **Kommunikationstechnik**

Kommunikee, das (*auch* Kommuniqué) (Denkschrift, amtliche Mitteilung); des Kommunikees, die Kommunikees; Kom-mu-ni-kee

Kommunismus, der (Gesellschaftsform, die keine Klassengegensätze kennt); des Kommunismus, *kein Plural*; Kom-mu-nis-mus; der **Kommunist**; **kommunistisch**

kommunizieren (sich verständigen); du

kommunizierst, er kommunizierte, sie hat mit uns kommuniziert; kom-mu-ni-zie-ren

Komödiant, der (Schauspieler); des Komödianten, die Komödianten; Ko-mö-di-ant; **komödiantisch**; eine komödiantische Vorführung; die **Komödie**

kompakt (dicht, fest, gedrungen); kompakter, am kompaktesten; kom-pakt; ein kompaktes Bündel; die **Kompaktheit**

Kompanie, die (Truppeneinheit; *auch* Handelsgesellschaft); der Kompanie, die Kompanien; Kom-pa-nie

Komparativ, der (erste Steigerungsstufe von Adjektiven); des Komparativ(e)s, die Komparative; Kom-pa-ra-tiv

Komparse, der (Statist, Person ohne Text in Film und Theater); des Komparsen, die Komparsen; Kom-par-se

Kompass, der; des Kompasses, die Kompasse; Kom-pass; er bestimmt die Himmelsrichtung mit dem Kompass; die **Kompassnadel**

kompatibel (zusammenpassend); *keine Steigerung*; kom-pa-ti-bel; die Computerprogramme sind nicht kompatibel; die **Kompatibilität** (Vereinbarkeit)

Kompensation, die (Ausgleich); der Kompensation, die Kompensationen; Kom-pen-sa-ti-on; **kompensieren** (ausgleichen); begrenzte Fähigkeiten können durch Fleiß kompensiert werden

kompetent (sachverständig); kompetenter, am kompetentesten; kom-pe-tent; ein kompetenter Mitarbeiter; die **Kompetenz**

komplementär (ergänzend); *keine Steigerung*; kom-ple-men-tär; viele Online-Angebote entstehen komplementär zum Fernsehprogramm

komplett (vollständig); *keine Steigerung*; kom-plett; ein komplettes Kartenspiel; **komplettieren**; sie hat ihre Sammlung komplettiert

komplex (umfassend, vielfältig verflochten); komplexer, am komplexesten; kom-plex; ein komplexes Problem

Komplex[1], der; des Komplexes, die Komplexe; Kom-plex; ein Gebäudekomplex

Komplex[2], der; des Komplexes, die Komplexe; Kom-plex; meine Schwester leidet unter ihren Komplexen

Komplexität, die (vielfältige Gesamtheit); der Komplexität, *kein Plural*; Kom-ple-xi-tät; die Gesellschaft in ihrer ganzen Komplexität

Kompliment, das; des Kompliments, die Komplimente; Kom-pli-ment; er macht ihr Komplimente

komplizieren; du komplizierst, er komplizierte, sie hat die Sache unnötig kompliziert; kom-pli-zie-ren; **kompliziert**; eine komplizierte Aufgabe; die **Kompliziertheit**

Komplott, der/das (Verschwörung); des Komplott(e)s, die Komplotte; Kom-plott

Komponente, die (Bestandteil); der Komponente, die Komponenten; Kom-po-nen-te

komponieren; du komponierst, er komponierte, sie hat ein Musikstück komponiert; kom-po-nie-ren; der **Komponist**; die **Komposition**

Kompositum, das (zusammengesetztes Wort); des Kompositums, die Komposita; Kom-po-si-tum

Kompost, der; des Kompost(e)s, die Komposte; Kom-post; der **Komposthaufen**; **kompostierbar**; kompostierbares Material; **kompostieren**; sie kompostieren alle Gartenabfälle

Kompresse, die; der Kompresse, die Kompressen; Kom-pres-se; eine Kompresse auf die Wunde legen

Kompression, die (Zusammenpressung, Verdichtung); der Kompression, die Kompressionen; Kom-pres-si-on; der **Kompressor** (Gasverdichter)

komprimieren (verdichten, zusammenpressen); du komprimierst, er komprimierte, sie hat ihren Text komprimiert; kom-pri-mie-ren

Kompromiss, der (Zugeständnis, Übereinkunft); des Kompromisses, die Kompromisse; Kom-pro-miss; sie einigten sich auf einen Kompromiss; **kompromissbereit**; **kompromisslos**

kondensieren; du kondensierst, er kondensierte Fruchtsaft, sie hat Milch kondensiert; kon-den-sie-ren; die **Kondensmilch**; das **Kondenswasser**

Kondition, die (Bedingung; *auch* körperliche Verfassung); der Kondition, die Konditionen; Kon-di-ti-on; gute Konditionen für den Kauf; er hat eine gute Kondition; **konditionell**; konditionell muss er sich verbessern; das **Konditionstraining**

Konditor, der (Feinbäcker); des Konditors, die Konditoren; Kon-di-tor; die **Konditorei**; sie kauft Torten in einer Konditorei

Kondom, das (Verhütungsschutz beim Geschlechtsverkehr; Präservativ); des Kondoms, die Kondome; Kon-dom

Konfekt, das (Pralinen); des Konfekt(e)s, *Plural selten*: die Konfekte; Kon-fekt

Konfektion, die (Bekleidung); der Konfektion, die Konfektionen; Kon-fek-ti-on; die **Konfektionsabteilung**; die **Konfektionsgröße**

Konferenz, die (Beratung, Tagung); der Konferenz, die Konferenzen; Kon-fe-renz; der **Konferenzteilnehmer**

Konfession, die (Bekenntnis, Bekenntnisschrift; *auch* Glaube, Religion); der Konfession, die Konfessionen; Kon-fes-si-on; **konfessionell**

Konfetti, das; des Konfetti(s), *kein Plural*; Kon-fet-ti; zum Fasching regnete es buntes Konfetti

Konfitüre, die (Marmelade mit Früchten); der Konfitüre, die Konfitüren; Kon-fi-tü-re

Konflikt, der (Zwiespalt, Auseinandersetzung); des Konflikt(e)s, die Konflikte; Kon-flikt; die **Konfliktsituation**

konform (übereinstimmend); *keine Steigerung*; kon-form; ihre Auffassungen sind völlig konform; die **Konformität**

Konfrontation, die (Gegenüberstellung, Auseinandersetzung); der Konfrontation, die Konfrontationen; Kon-fron-ta-ti-on; er wollte eine direkte Konfrontation vermeiden; **konfrontieren**; sie hat ihn mit den schwachen Ergebnissen konfrontiert

konfus (verwirrt, unklar); konfuser, am konfusesten; kon-fus; ein ziemlich konfuses Gerede; die **Konfusion**

Kongress, der (Tagung; *auch* Parlament in den USA); des Kongresses, die Kongresse; Kon-gress; einen internationalen Kongress veranstalten; den Kongress einberufen

König, der; des Königs, die Könige; Kö-nig; die **Königin**; **königlich**; das **Königreich**; das **Königshaus**

konisch (kegelförmig); *keine Steigerung*; ko-nisch; eine konische Säule

Konjugation, die (Beugung des Verbs); der Konjugation, die Konjugationen; Kon-ju-ga-ti-on; **konjugieren**

Konjunktion, die (Bindewort); der Konjunktion, die Konjunktionen; Kon-junk-ti-on; der **Konjunktionalsatz**

Konjunktiv, der (Modus des Verbs); des Konjunktiv(e)s, die Konjunktive; Kon-junk-tiv

Konjunktur, die (Wirtschaftslage); der Konjunktur, die Konjunkturen; Kon-junk-tu̲r; **konjunkturell**; die konjunkturelle Entwicklung

konkav (nach innen gewölbt); *keine Steigerung*; kon-ka̲v; ein konkaves Fenster

konkret; konkreter, am konkretesten; kon-krẹt; er nennt ein konkretes Beispiel; **konkretisieren**

Konkurrent, der (Mitbewerber, Rivale); des Konkurrenten, die Konkurrenten; Kon-kur-rẹnt; die Konkurrenten gehen an den Start; die **Konkurrenz**; der **Konkurrenzkampf**; **konkurrieren**; die Klasse konkurriert mit einer Lerngruppe aus der Nachbargemeinde

Konkurs, der (Zahlungsunfähigkeit); des Konkurses, die Konkurse; Kon-kụrs; die Firma muss Konkurs anmelden; das **Konkursverfahren**

können; du kannst, er konnte, sie hat den Handstand nicht gekonnt; kọ̈n-nen; das **Können**; des Könnens, *kein Plural*; der **Könner**

Konrektor, der (Vertreter des Rektors); des Konrektors, die Konrektoren; Kọn-rek-tor; die **Konrektorin**

Konsekutivsatz, der (Folgesatz); des Konsekutivsatzes, die Konsekutivsätze; Kon-se-ku-ti̲v-satz

Konsens, der (Meinungsübereinstimmung); des Konsenses, die Konsense; Kon-sẹns; sie haben einen Konsens gefunden

konsequent (folgerichtig, beharrlich); konsequenter, am konsequentesten; kon-se-quẹnt; konsequentes Üben bringt Erfolg; die **Konsequenz**; er zieht Konsequenzen aus dem Vorfall

konservativ (an Hergebrachtem festhalten); *keine Steigerung*; kon-ser-va-ti̲v; was die Stellung von Frauen betrifft, hat er eine konservative Einstellung

Konservatorium, das (Musikschule); des Konservatoriums, die Konservatorien; Kon-ser-va-to̲-ri-um

Konserve, die; der Konserve, die Konserven; Kon-sẹr-ve; eine Konserve öffnen; die **Konservendose**; **konservieren**; sie hat Früchte konserviert

konsistent (dicht, dickflüssig); *keine Steigerung*; kon-sis-tẹnt; eine konsistente Masse; die **Konsistenz** (Beschaffenheit einer Masse)

Konsonant, der (Mitlaut); des Konsonanten, die Konsonanten; Kon-so-nạnt

konstant (gleich bleibend); konstanter, am konstantesten; kon-stạnt/kons-tạnt; konstante Bedingungen für alle Wettkämpfer; die **Konstante** (mathematische Größe); die **Konstanz**; die Konstanz seiner Leistungen ist erstaunlich

konstituieren (einsetzen, gründen); du konstituierst, er konstituierte, die Klubleitung hat sich konstituiert; kon-sti-tu-i̲e̲-ren/kons-ti-tu-i̲e̲-ren; die **Konstitution** (Verfassung, Satzung; auch körperlicher und geistiger Zustand); **konstitutionell**

konstruieren; du konstruierst, er konstruierte, sie hat die Brücke konstruiert; kon-stru-i̲e̲-ren/kons-tru-i̲e̲-ren; der **Konstrukteur**; die **Konstruktion**; **konstruktiv**; konstruktive Vorschläge

Konsultation, die (Befragung, Beratung); der Konsultation, die Konsultationen; Kon-sul-ta-ti-o̲n; **konsultieren**; du konsultierst, er konsultierte, sie hat einen Arzt konsultiert; kon-sul-ti̲e̲-ren

Konsum, der (Verbrauch, Verzehr); des Konsums, *kein Plural*; Kon-su̲m; der **Konsumartikel**; der **Konsument**; **konsumieren**

Kontakt, der; des Kontakt(e)s, die Kontakte; Kon-tạkt; **kontaktarm**; **kontakt-**

freudig; die **Kontaktlinse**; sie trägt statt Brille lieber Kontaktlinsen

Konter, der (Gegenangriff); des Konters, die Konter; Kon-ter; **kontern**; er konterte geschickt

Kontext, der (umgebender Text); des Kontextes, die Kontexte; Kon-text; du kannst die Bedeutung des Wortes aus dem Kontext erschließen

Kontinent, der (Festland, Erdteil); des Kontinent(e)s, die Kontinente; Kon-ti-nent; **kontinental**; kontinentales Klima

Kontingent, das (festgelegte Menge); des Kontingent(e)s, die Kontingente; Kon-tin-gent; jede Klasse bekommt ein Kontingent an Eintrittskarten

kontinuierlich (stetig); kontinuierlicher, am kontinuierlichsten; kon-ti-nu-ier-lich; er hat seine Leistungen kontinuierlich gesteigert; die **Kontinuität**

Konto, das; des Kontos, die Kontos/Konten/Konti; Kon-to; der **Kontoauszug**; die **Kontonummer**

Kontor, der (Handelsniederlassung im Ausland); des Kontors, die Kontore; Kon-tor

kontra (*auch* contra) [Präp.] (gegen); kon-tra; das Verfahren Molz kontra Sachs; der **Kontrahent** (Gegner)

Kontrast, der (Gegensatz, auffallender Unterschied); des Kontrast(e)s, die Kontraste; Kon-trast

Kontrolle, die; der Kontrolle, die Kontrollen; Kon-trol-le; der **Kontrolleur**; **kontrollieren**; die **Kontrolllampe**

kontrovers (gegensätzlich, strittig); kontroverser, am kontroversesten; kon-tro-vers; sie haben kontroverse Auffassungen; die **Kontroverse**

Kontur, die (Umrisslinie); der Kontur, die Konturen; Kon-tur; **konturieren**

Konvention, die (Brauch, Förmlichkeit; *auch* Abkommen); der Konvention, die Konventionen; Kon-ven-ti-on; wir sollten uns an die Konventionen halten; **konventionell** (üblich, förmlich)

Konversation, die (gepflegte Unterhaltung); der Konversation, die Konversationen; Kon-ver-sa-ti-on

konvex (nach außen gewölbt); *keine Steigerung*; kon-vex; ein konvexes Glas

Konvoi, der (Geleitzug); des Konvois, die Konvois; Kon-voi

Konzentrat, das (hochprozentiger Auszug); Konzentrat(e)s, die Konzentrate; Kon-zen-trat

Konzentration[1], die; der Konzentration, die Konzentrationen; Kon-zen-tra-ti-on; Alkohol in hoher Konzentration verwenden; die **Konzentration**[2]; *kein Plural*; abends lässt meine Konzentration nach

konzentrieren, sich konzentrieren; du konzentrierst, er konzentrierte die Talentiertesten in einer AG, sie hat sich auf ihre Arbeit konzentriert; kon-zen-trie-ren; **konzentriert**; eine hoch konzentrierte Salzlösung; ein sehr konzentrierter Zuhörer

Konzept, das (Plan, Entwurf); des Konzept(e)s, die Konzepte; Kon-zept; die **Konzeption**; das **Konzeptpapier**

Konzern, der (Zusammenschluss wirtschaflicher Unternehmen); des Konzerns, die Konzerne; Kon-zern

Konzert, das; des Konzert(e)s, die Konzerte; Kon-zert; **konzertreif**; der **Konzertsaal**

Konzession, die (Genehmigung, Zugeständnis); der Konzession, die Konzessionen; Kon-zes-si-on

Konzessivsatz, der (Einräumungssatz); des Konzessivsatzes, die Konzessivsätze; Kon-zes-siv-satz

Konzil, das (Versammlung, Beratung);

des Konzils, die Konzile/Konzilien; Kon-zi̲l; das Konzil wird einberufen

konzipieren (planen, entwerfen); du konzipierst, er konzipierte, sie hat ihren Aufsatz konzipiert; kon-zi-pi̲e-ren

Kooperation, die (Zusammenwirken); der Kooperation, die Kooperationen; Ko-ope-ra-ti-o̩n; **kooperativ**; ein sehr kooperativer Partner; **kooperieren**; sie hat gut mit den anderen kooperiert

Koordination, die (Nebenordnung, Verbindung); der Koordination, die Koordinationen; Ko-or-di-na-ti-o̩n; **koordinieren**; sie hat verschiedene Aufgaben gut koordiniert

Kopf, der; des Kopf(e)s, die Köpfe; Kọpf; der **Kopfball**; **köpfen**[1]; er köpfte den Ball aufs Tor; **köpfen**[2]; Mörder haben einen Touristen geköpft

kopflos (ohne Kopf; verwirrt); *keine Steigerung*; kọpf-los; ein kopfloses Team; kopflose Aktionen; **kopfrechnen** (nur im Infinitiv gebräuchlich); sie kann gut kopfrechnen; das **Kopfrechnen**; die Fähigkeit zum Kopfrechnen; **kopfstehen**

der Kopf

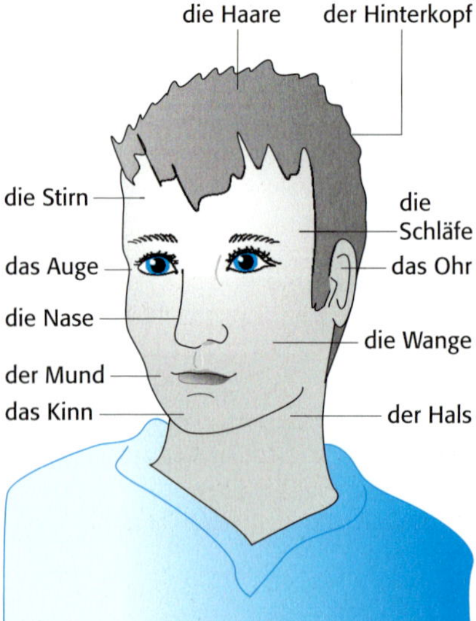

Kopie, die; der Kopie, die Kopien; Ko-pi̲e; er fertigt eine Kopie des Gemäldes an; **kopieren**; er hat die Arbeitsblätter kopiert; sie kann gut Lehrer kopieren

Koppel[1], die (eingezäuntes Weideland); der Koppel, die Koppeln; Kọp-pel; die Pferde stehen auf der Koppel; das **Koppel**[2] (Riemen, Gürtel); des Koppels, die Koppel

koppeln; du koppelst, er koppelte, sie hat die Wagen aneinandergekoppelt; kọppeln

Koralle, die (Meerestier; *auch* aus seinem Skelett entstehender Stein); der Koralle, die Korallen; Ko-rạl-le; das **Korallenriff**; **korallenrot**

Koran, der (heilige Schrift des Islam); des Korans, *kein Plural*; Ko-ra̲n

Korb, der; des Korb(e)s, die Körbe; Kọrb; sie legt die Pilze in einen Korb

Kord, der (*auch* Cord) (Stoffart; Gewebe); des Kords, *kein Plural*; Kọrd; die **Kordhose** (*auch* Cordhose)

Kork, der; des Kork(e)s, die Korke; Kọrk; ein Fußboden aus Kork; der **Korken**; die Flasche ist mit einem Korken verschlossen; der **Korkenzieher**

Korn, das; des Korn(e)s, die Körner; Kọrn; die **Kornblume**; **kornblumenblau**; **körnig**

Körper, der; des Körpers, die Körper; Kọ̈rper; der **Körperbau**; **körperbehindert**; der/die **Körperbehinderte**; **körperlich**

korpulent (beleibt); korpulenter, am korpulentesten; kor-pu-lẹnt; eine korpulente Person; die **Korpulenz**

korrekt; korrekter, am korrektesten; kor-rẹkt; eine korrekte Antwort; die **Korrektur**

Korrespondent, der (Berichterstatter); des Korrespondenten, die Korrespondenten; Kor-re-spon-dent/Kor-res-pon-dent

Korrespondenz, die (Briefwechsel; *auch* Berichterstattung); der Korrespondenz, die Korrespondenzen; Kor-re-spon-denz/ Kor-res-pon-denz

korrespondieren (im Briefverkehr stehen); du korrespondierst, er korrespondierte, sie hat mit ihren Gastgebern korrespondiert; kor-re-spon-die-ren/kor-res-pon-die-ren

Korridor, der (Flur, schmaler Gang); des Korridor(e)s, die Korridore; Kor-ri-dor

korrigieren; du korrigierst, er korrigierte, sie hat die Hausaufgaben korrigiert; kor-ri-gie-ren

Korrosion, die (Zersetzung, Rostfraß); der Korrosion, die Korrosionen; Kor-ro-si-on

korrumpieren (jemanden bestechen, moralisch verderben); du korrumpierst, er korrumpierte, sie hat ihren Freund korrumpiert; kor-rum-pie-ren

korrupt (bestechlich); korrupter, am korruptesten; kor-rupt; ein korrupter Politiker; die **Korruption**

Korsett, das (breiter Hüftgürtel, Wirbelsäulenstütze); des Korsetts, die Korsette; Kor-sett

kosen; du kost, er koste, sie hat das Kind gekost; ko-sen; der **Kosename**; das **Kosewort**; → liebkosen

Kosmetik, die (Körper- und Schönheitspflege); der Kosmetik, die Kosmetiken; Kos-me-tik; sie geht zur Kosmetik; der **Kosmetiksalon**; **kosmetisch**

kosmisch (den Kosmos betreffend); *keine Steigerung*; kos-misch; kosmische Strahlen

Kosmonaut, der (russische Bezeichnung für Weltraumfahrer); des Kosmonauten, die Kosmonauten; Kos-mo-naut

Kosmopolit, der (Weltbürger); des Kosmopoliten, die Kosmopoliten; Kos-mo-po-lit

Kosmos, der (Weltall); des Kosmos, *kein Plural*; Kos-mos

Kost, die; der Kost, *kein Plural*; Kost; er bevorzugt gesunde Kost

kostbar; kostbarer, am kostbarsten; kostbar; ein kostbares Schmuckstück; die **Kostbarkeit**

kosten[1]; du kostest die Suppe, er kostete, sie hat vom Käse gekostet; kos-ten

kosten[2]; es kostet ein Vermögen, die Reise kostete viel Geld, sie hat eine Menge gekostet; kos-ten; die **Kosten**; das verursacht hohe Kosten; **kostenlos**

köstlich; köstlicher, am köstlichsten; köstlich; die **Köstlichkeit**; die **Kostprobe**

kostspielig; kostspieliger, am kostspieligsten; kost-spie-lig; er hat ein kostspieliges Hobby

Kostüm, das; des Kostüm(e)s, die Kostüme; Kos-tüm; zur Arbeit zieht sie ein schwarzes Kostüm an

kostümieren, sich kostümieren; du kostümierst dich, er kostümierte sich, sie hat sich zum Fasching kostümiert; kos-tü-mie-ren

Kot, der; des Kot(e)s, *Plural selten*: die Kote; Kot

Kotelett, das [kottlett/kottlett]; des Koteletts, die Koteletts; Ko-te-lett; ein Kotelett braten

Koteletten, die (Backenbart); der Koteletten, *nur Plural*; Ko-te-let-ten; er lässt sich Koteletten wachsen

Köter, der (*abwertend für* Hund); des Köters, die Köter; Kö-ter

Kotflügel, der; des Kotflügels, die Kotflügel; Kot-flü-gel

kotzen (*derb* für erbrechen); du kotzt, er kotzte, sie hat vor Ekel gekotzt; kot-zen

Krabbe, die (Krebstier); der Krabbe, die Krabben; Krab-be

krabbeln; du krabbelst, mein Rücken krabbelte, die Wolle hat mich gekrabbelt, das Baby ist auf allen vieren über den Teppich gekrabbelt; krab-beln

Krach, der; des Krach(e)s, die Kräche; Krach; macht nicht solchen Krach!

krachen; es kracht im Gebälk, er krachte gegen die Tür, sie hat die Tasche in die Ecke gekracht, auf der Straße hat es gekracht; kra-chen

krächzen; du krächzt, er krächzte, eine Krähe hat gekrächzt; kräch-zen; der **Krächzer**

Kraft, die; der Kraft, die Kräfte; Kraft; **kraft**; kraft; sie setzte sich kraft ihres Amtes durch (Gen.); **kräftezehrend** (*auch* Kräfte zehrend); der **Kraftfahrer**; das **Kraftfahrzeug**

kräftig; kräftiger, am kräftigsten; kräf-tig; ein kräftiger Händedruck

kräftigen; du kräftigst, er kräftigte, sie hat ihre Gesundheit gekräftigt; kräf-ti-gen; **kraftlos**; **kraftraubend** (*auch* Kraft raubend); **kraftsparend** (*auch* Kraft sparend); **kraftvoll**

Kragen, der; des Kragens, die Kragen/Krägen; Kra-gen

Krake, die (Riesentintenfisch); der Krake, die Kraken; Kra-ke

krakeelen (lärmen, schreien); du krakeelst, er krakeelte, sie hat die ganze Zeit laut krakeelt; kra-kee-len

krakeln; du krakelst, er krakelte, sie hat die Buchstaben aufs Papier gekrakelt; kra-keln; **kraklig** (*auch* krakelig); eine kraklige Schrift

Kralle, die; der Kralle, die Krallen; Kral-le; die Katze hat scharfe Krallen

krallen; du krallst, er krallte, sie hat ihre Tatzen in den Boden gekrallt; kral-len

Kram, der; des Kram(e)s, *kein Plural*; er hat allerlei Kram in seinem Rucksack

kramen; du kramst, er kramte, sie hat einen Zettel aus ihrer Tasche gekramt; kra-men; der **Krämer** (Kleinhändler); der **Krämerladen**; der **Kramladen**

Krampe, der/die (Metallhaken); des Krampen/der Krampe, die Krampen; Kram-pe

Krampf, der; des Krampf(e)s, die Krämpfe; sie hat einen schmerzhaften Krampf im Bein; die **Krampfader**; **krampfartig**; **krampfhaft**

Kran, der; des Kran(e)s, die Kräne/Krane; der **Kranführer**

krank; kränker, am kränksten; krank; der/die **Kranke**

kränkeln; du kränkelst, er kränkelte, sie hat im Winter oft gekränkelt; krän-keln

kränken (beleidigen, verletzen); du kränkst, er kränkte, sie hat mich mit ihren Bemerkungen gekränkt; krän-ken

kranken; du krankst an Mutlosigkeit, er krankte, die Veranstaltung hat an schlechter Vorbereitung gekrankt; kran-ken

Krankenhaus, das; des Krankenhauses, die Krankenhäuser; Kran-ken-haus; die **Krankenkasse**; der **Krankenpfleger**; die **Krankenschwester**

krankfeiern; du feierst krank, er feierte krank, sie hat den ganzen Sommer krankgefeiert; krank-fei-ern; **krankhaft**; eine krankhafte Erscheinung; die **Krankheit**; **kranklachen**; sie hat sich über den Film krankgelacht; **kränklich**; ein kränkliches Kind

krankmachen; du machst krank, er machte krank, sie hat letzte Woche krankgemacht; krank-ma-chen; **krankmelden**; er hat sich heute krankgemeldet; **krankschreiben**; die Ärztin hat mich krankgeschrieben; die **Krankschreibung**

G H I J K L M N O

Kränkung, die (Beleidigung, Verletzung); der Kränkung, die Kränkungen; Krän-kung

Kranz, der; des Kranzes, die Kränze; Kranz; sie bindet einen Kranz aus Blumen

Krapfen, der (Schmalzgebäck); des Krapfens, die Krapfen; Krap-fen

Krater, der; des Kraters, die Krater; Kra-ter; ein Krater ragt tief in die Erde

Krätze, die (Hautkrankheit); der Krätze, *kein Plural*; Krät-ze

kratzen; du kratzt, er kratzte sich hinter dem Ohr, die Katze hat an der Tür gekratzt; krat-zen; der **Kratzer**

Kraul, das (*auch* Crawl) (Schwimmstil); des Kraul/Krauls, *kein Plural*; Kraul; **kraulen**[1] (*auch* crawlen); sie ist mit mir um die Wette gekrault

kraulen[2]; du kraulst, er kraulte, sie hat mich zärtlich gekrault; krau-len

kraus; krauser, am krausesten; kraus; sie hat krauses Haar

kräuseln; das Fell kräuselt sich, das Haar kräuselte sich, sie hat ihr Haar gekräuselt; kräu-seln

Kraut, das; des Kraut(e)s, die Kräuter/Krauts; Kraut; wir essen gern Kraut; sie gibt frische Kräuter in die Suppe; die **Kräuterbutter**; der **Krautsalat**

Krawall, der (Aufruhr, Lärm); des Krawall(e)s, die Krawalle; Kra-wall

kreativ (schöpferisch, ideenreich); kreativer, am kreativsten; kre-a-tiv; eine kreative Künstlerin; die **Kreativität**

Krebs, der; des Krebses, die Krebse; Krebs; er hat einen Krebs gefangen; sie ist an Krebs erkrankt; **krebskrank**; **krebsrot**

Kredit, der (Darlehen; *auch* Glaubwürdigkeit); des Kredit(e)s, die Kredite; Kre-dit; die **Kreditkarte**; **kreditwürdig**; ein kreditwürdiger Kunde

Kreide, die; der Kreide, die Kreiden; Krei-de; **kreidebleich**

kreieren (schaffen, gestalten); du kreierst, er kreierte, sie hat die neue Sommermode kreiert; kre-ie-ren

Kreis, der; des Kreises, die Kreise; Kreis; einen Kreis zeichnen; im Kreis sitzen

kreischen (schrill schreien); du kreischst, er kreischte, sie hat laut gekreischt; krei-schen

Kreisel, der; des Kreisels, die Kreisel; Krei-sel; die Kinder lassen den Kreisel tanzen

kreisen; du kreist, er kreiste, sie hat die Arme gekreist, sie ist immer um das Haus gekreist; krei-sen; **kreisförmig**; der **Kreislauf**; **kreisrund**; die **Kreissäge**

Kreißsaal, der (Entbindungsraum im Krankenhaus); des Kreißsaal(e)s, die Kreißsäle; Kreiß-saal

Kreisstadt, die; der Kreisstadt, die Kreisstädte; Kreis-stadt; der **Kreistag**; der Kreistag berät über die nächsten Aufgaben

Krem/Kreme, die (*auch* Creme) (Hautpflegemittel; *auch* schaumige Süßspeise); der Krem/Kreme, die Krems; Krem/Kre-me

Krematorium, das (Leichenverbrennungsanlage); des Krematoriums, die Krematorien; Kre-ma-to-ri-um

kremig (*auch* cremig); kremiger, am kremigsten; kre-mig

Krempe, die (Hutrand); der Krempe, die Krempen; Krem-pe

Krempel, der (wertloses Zeug, Kram); des Krempels, *kein Plural*; Krem-pel

krempeln (nach oben umschlagen); du krempelst dir die Ärmel hoch, er krempelte, sie hat die Hose gekrempelt; krem-peln

krepieren (elendig sterben); du krepierst, er krepierte, der Soldat ist qualvoll krepiert; kre-pie-ren

Krepp[1], die (*auch* Crêpe) (dünner Eierkuchen); des Krepp, die Krepps; Krẹpp

Krepp[2], der (*auch* Crêpe) (krauses Gewebe); des Krepp(e)s, die Kreppe/Krepps; Krẹpp; das **Krepppapier**

Kresse, die (Salat- und Gewürzpflanzen); der Kresse, die Kressen; Krẹs-se

Kreuz, das; des Kreuzes, die Kreuze; Kreuz

kreuzen; du kreuzt, er kreuzte, sie hat die Pflanzen gekreuzt, die Straßen kreuzen sich; kreu-zen; der **Kreuzer** (Schiff); die **Kreuzfahrt** (Vergnügungsfahrt mit dem Schiff)

kreuzigen; du kreuzigst, er kreuzigte, man hat ihn gekreuzigt; kreu-zi-gen

Kreuzotter, die (Giftschlange); der Kreuzotter, die Kreuzottern; Kreuz-ot-ter

kreuz und quer [Adv.]; wir sind kreuz und quer durch den Wald gelaufen

Kreuzung, die; der Kreuzung, die Kreuzungen; Kreu-zung; an der Kreuzung links abbiegen; die Kreuzung der Pflanzen vorbereiten; das **Kreuzverhör**; **kreuzweise**; das **Kreuzworträtsel**; der **Kreuzzug** (Kriegszug; *auch* Unternehmung gegen etwas)

kribbeln; die Wolle kribbelt auf der Haut, es kribbelte mir in den Fingern, es hat am ganzen Körper gekribbelt; krịb-beln

kriechen; du kriechst, er kroch, die Schlange ist unter den Stein gekrochen; krie-chen; der **Kriecher**; **kriecherisch**; das **Kriechtier**

Krieg, der; des Krieg(e)s, die Kriege; Krieg

kriegen (bekommen); du kriegst, er kriegte, sie hat einen großen Schreck gekriegt; krie-gen

Krieger, der; des Kriegers, die Krieger; Krie-ger; die Krieger ziehen in den Kampf; **kriegerisch**; ein kriegerisches Volk; der **Kriegsdienstverweigerer**

Krimi, der = Kriminalfilm, -buch oder -stück; des Krimis, die Krimis; Krị-mi; der **Kriminalbeamte**; die **Kriminalität**; die **Kriminalpolizei**; der **Kriminalpolizist**

kriminell; krimineller, am kriminellsten; kri-mi-nẹll; der/die **Kriminelle**

Kringel, der (kleiner Kreis); des Kringels, die Kringel; Krịn-gel

kringeln; du kringelst dich, das Haar kringelte sich, sie hat sich vor Lachen gekringelt; krịn-geln; **kringlig** (*auch* kringelig)

Krippe, die; der Krippe, die Krippen; Krịppe; das Kind liegt in der Krippe; die jüngsten Kinder werden in der Krippe betreut; der Förster bringt das Futter zur Krippe im Wald

Krise, die (schwierige Zeit); der Krise, die Krisen; Kri-se; die Firma steckt in einer Krise

kriseln; es kriselt, es kriselte, in ihrer Freundschaft hat es gekriselt; kri-seln; **krisenfest**; das **Krisengebiet**; **krisenhaft**; **krisensicher**

Kristall[1], der (regelmäßiger, von ebenen Flächen begrenzter Körper); des Kristalls, die Kristalle; Kris-tạll; er hat einen schönen Kristall gefunden

Kristall[2], das (geschliffenes Glas); des Kristalls, *kein Plural*; Kris-tạll; sie hat eine Vase aus Kristall

kristallisieren (Kristalle bilden); du kristallisierst den Zucker, das Salz kristallisierte, das Wasser hat sich zu Schneeflocken kristallisiert; kris-tal-li-sie-ren; die **Kristallisierung**; **kristallklar**; kristallklares Wasser

Kritik, die; der Kritik, die Kritiken; Kritik/Kri-tịk; sie kann nicht mit Kritik umgehen; er schreibt eine Kritik zu dem neuen Film; der **Kritiker**; **kritikfähig**; die **Kritikfähigkeit**

kritisch; kritischer, am kritischsten; kritisch; er hat die kritische Situation gemeistert

kritisieren; du kritisierst, er kritisierte, sie hat meinen Vortrag kritisiert; kri-ti-sie-ren

Kritzelei, die; der Kritzelei, die Kritzeleien; Krit-ze-lei; sie hat nur Kritzeleien aufs Papier gebracht

kritzeln; du kritzelst, er kritzelte, sie hat einige Notizen an den Rand gekritzelt; krit-zeln; **kritzlig** (*auch* kritzelig); eine kritzlige Schrift

Krokant, der (knuspriges Naschwerk); des Krokants, *kein Plural*; Kro-kant

Krokette, die (gebackenes Kartoffelröllchen); der Krokette, die Kroketten; Kro-ket-te

Krokodil, das; des Krokodils, die Krokodile; Kro-ko-dil

Krokus, der (kleine Frühlingsblume); des Krokusses/Krokus, die Krokusse/Krokus; Kro-kus; die **Krokuswiese**

Krone, die; der Krone, die Kronen; Kro-ne; er hat eine Krone auf dem Kopf

krönen; du krönst, er krönte das Fest mit seiner Anwesenheit, sie hat den König gekrönt; krö-nen

Kronleuchter, der; des Kronleuchters, die Kronleuchter; Kron-leuch-ter

Kropf, der (Teil des Halses; *auch* Schilddrüsenkrankheit); des Kropf(e)s, die Kröpfe; Kropf

Kröte, die; der Kröte, die Kröten; Krö-te

Krücke, die; der Krücke, die Krücken; Krü-cke; der **Krückstock**

Krug, der; des Krug(e)s, die Krüge; Krug; sie holt einen Krug Wasser

Krume, die; der Krume, die Krumen; Kru-me; die Vögel picken die Krumen auf

Krümel, der; des Krümels, die Krümel; Krü-mel; sie wischt die Krümel vom Tisch

krümeln; du krümelst, er krümelte, sie hat mit den Keksen gekrümelt; krü-meln; **krümlig** (*auch* krümelig); ein krümliger Kuchen

krumm; krummer/krümmer, am krummsten/krümmsten; krumm; ein krummer Stock

krümmen; du krümmst dich vor Schmerzen, er krümmte die Stange, sie hat sich vor Lachen gekrümmt; krüm-men; **krummlachen**; sie hat sich krummgelacht; **krummmachen** (*auch* krumm machen); er hat mal wieder keinen Finger krummgemacht/krumm gemacht; die **Krümmung**

Krüppel, der (etwas Beschädigtes, Verwachsenes; *auch abwertend für* Körperbehinderter); des Krüppels, die Krüppel; Krüp-pel; das **Krüppelholz**

Kruste, die; der Kruste, die Krusten; Krus-te; das Brot hat eine knusprige Kruste; das **Krustentier** (Krebstier)

Kto.-Nr. = Kontonummer

Kübel, der; des Kübels, die Kübel; Kü-bel; sie pflanzt die Blumen in einen großen Kübel

Kubikmeter, der/das = m^3; des Kubikmeters, die Kubikmeter; Ku-bik-me-ter

kubisch (würfelförmig); *keine Steigerung*; ku-bisch; der **Kubus** (Würfel); des Kubus, die Kuben

Küche, die; der Küche, die Küchen; Küche; Küchendienst; Küchenschrank

Kuchen, der; des Kuchens, die Kuchen; Ku-chen; das **Kuchenblech**; der **Kuchenteig**

kucken; du kuckst, er kuckte, sie hat um die Ecke gekuckt; ku-cken → gucken

Kuckuck, der; des Kuckucks, die Kuckucke; Ku-ckuck; das **Kuckucksnest**; die **Kuckucksuhr**

Kufe, die; der Kufe, die Kufen; Ku-fe; er schleift die Kufen der Schlittschuhe

Kugel, die; der Kugel, die Kugeln; Ku̲-gel; der **Kugelblitz**; das **Kugellager**

kugeln; du kugelst, er kugelte den Hang herunter, sie hat sich vor Freude gekugelt; ku̲-geln; **kugelrund**; der **Kugelschreiber**; das **Kugelstoßen**

Kuh, die; der Kuh, die Kühe; Ku̲h

kühl; kühler, am kühlsten; kü̲hl; ein kühler Wind; die **Kühle**

Kuhle, die (Grube, Mulde); der Kuhle, die Kuhlen; Ku̲h-le; er liegt in einer Kuhle

kühlen; du kühlst, er kühlte den Mückenstich, sie hat die Getränke gekühlt; kü̲hlen; der **Kühler**; der **Kühlschrank**; die **Kühlung**

kühn; kühner, am kühnsten; kü̲hn; er hat einen kühnen Plan; die **Kühnheit**

Küken, das; des Kükens, die Küken; Kü̲-ken; die Henne schützt ihre Küken

kulant (entgegenkommend, großzügig); kulanter, am kulantesten; ku-lạnt; ein kulanter Verkäufer; die **Kulanz**

Kuli, der (Kugelschreiber, *auch* Tagelöhner, ausgebeutete Arbeitskraft); des Kulis, die Kulis; Ku̲-li

kulinarisch; *keine Steigerung*; ku-li-na̲-risch; der Koch sorgt für kulinarische Genüsse

Kulisse, die (Bühnendekoration, Hintergrund); der Kulisse, die Kulissen; Ku-lịs-se; sie stehen in/vor einer schönen Kulisse

kullern; du kullerst, er kullerte, die Murmel ist unter das Bett gekullert; kụl-lern

Kult, der; des Kult(e)s, die Kulte; Kụlt; die **Kultfigur**; der **Kultfilm**

kultivieren (urbar machen; *auch* pflegen, ausbilden); du kultivierst, er kultivierte das Land, sie hat ihre Sitten kultiviert; kul-ti-vi̲e̲-ren

Kultur, die; der Kultur, die Kulturen; Kul-tu̲r; wir wollen verschiedene Kulturen kennen lernen; **kulturell**; das kulturelle Angebot in unserer Stadt ist gut; das **Kultusministerium**

Kümmel, der (Gewürz- und Heilpflanze); des Kümmels, die Kümmel; Kụ̈m-mel; das **Kümmelöl**; der **Kümmeltee**

Kummer, der; des Kummers, *kein Plural*; Kụm-mer; **kümmerlich**; ein kümmerliches Pflänzchen

kümmern, sich kümmern um; du kümmerst dich um nichts, er kümmerte sich um alles, sie hat sich um ihren kleinen Bruder gekümmert; kụ̈m-mern

Kumpel, der (Bergmann; *auch* Freund, Gefährte); des Kumpels, die Kumpel/ Kumpels; Kụm-pel

Kunde[1], die (Nachricht); der Kunde, *Plural selten*: die Kunden; Kụn-de; wir erhielten frohe Kunde von ihm

Kunde[2], der (Käufer); des Kunden, die Kunden; Kụn-de; der **Kundendienst**

kundgeben; du gibst kund, er gab kund, sie hat den Beschluss kundgegeben; kụnd-ge-ben; die **Kundgebung**

kundig; kundiger, am kundigsten; kụn-dig; ein kundiger Reiseführer

kündigen; du kündigst, er kündigte, sie hat den Mitarbeitern gekündigt; kụ̈n-digen; die **Kündigung**

Kundschaft, die (Käuferschaft); der Kundschaft, die Kundschaften; Kụnd-schaft

Kundschafter, der (Agent, Späher); des Kundschafters, die Kundschafter; Kụnd-schaf-ter

kundtun; du tust kund, er tat kund, sie hat ihre Entscheidung kundgetan; kụnd-tun

künftig; *keine Steigerung*; kụ̈nf-tig; künftige Treffen müssen besser vorbereitet werden

Kunst, die; der Kunst, die Künste; Kụnst;

die **Kunstausstellung**; die **Kunstfaser**; die **Kunstfertigkeit**; der **Kunstgriff** (Kniff, Trick)

Künstler, der; des Künstlers, die Künstler; Kụ̈nst-ler; die **Künstlerin**; **künstlerisch**; sie hat eine künstlerische Begabung

künstlich; künstlicher, am künstlichsten; kụ̈nst-lich; eine künstliche Blume; der **Kunststoff**; die **Kunststofffolie**

Kunststück, das; des Kunststück(e)s, die Kunststücke; Kụnst-stück; **kunstvoll**; eine kunstvolle Bemalung; das **Kunstwerk**

kunterbunt; *keine Steigerung*; kụn-ter-bunt; ein kunterbuntes Fest

Kupfer, das (chemisches Element); des Kupfers, *kein Plural*; Kụp-fer; **kupfern**; ein kupferner Leuchter; **kupferrot**; ein kupferrotes Dach

Kuppe, die; der Kuppe, die Kuppen; Kụp-pe; oben auf der Kuppe sitzt ein Vogel

Kuppel, die; der Kuppel, die Kuppeln; Kụp-pel; die goldene Kuppel des Doms

kuppeln (verbinden, koppeln); du kuppelst, er kuppelte, sie hat gekuppelt; kụp-peln; die **Kupplung**; das **Kupplungspedal**

Kur, die (Heilverfahren); der Kur, die Kuren; Ku̲r; sie macht eine Kur

Kür, die; der Kür, die Küren; Kü̲r; nach der Pflicht kommt die Kür

Kuratorium, das (Aufsichtsgremium); des Kuratoriums, die Kuratorien; Ku-ra-to̲-ri-um; das Kuratorium berät über den Jahresplan

Kurbel, die; der Kurbel, die Kurbeln; Kụr-bel; er dreht an der Kurbel

kurbeln; du kurbelst, er kurbelte, sie hat gekurbelt; kụr-beln

Kürbis, der; des Kürbisses, die Kürbisse; Kụ̈r-bis; die **Kürbissuppe**

küren; du kürst, er kürte, sie hat ihn zum Helden gekürt; kü̲-ren

Kurfürst, der (Fürst, der das Recht hatte, den deutschen König mitzuwählen); des Kurfürsten, die Kurfürsten; Ku̲r-fürst; **kurfürstlich**

Kurie, die [ku̲rije] (die päpstlichen Behörden und deren Sitz; *auch* Versammlungsraum); der Kurie, *kein Plural*; Ku̲-rie

kurieren (heilen); du kurierst, er kurierte seinen Schnupfen, sie hat ihn von seiner Krankheit kuriert; ku-ri̲e̲-ren

kurios (seltsam, sonderbar); kurioser, am kuriosesten; ku-ri-o̲s; die **Kuriosität**; das **Kuriositätenkabinett**

Kuriosum, das (etwas Merkwürdiges); des Kuriosums, die Kuriosa; Ku-ri-o̲-sum

Kurs, der; des Kurses, die Kurse; Kụrs; der Kapitän bestimmt den Kurs; sie besucht einen Spanischkurs; das **Kursbuch** (Buch mit Zug-, Bus- oder Schifffahrplänen)

Kürschner, der (Pelzhersteller); des Kürschners, die Kürschner; Kụ̈rsch-ner

kursiv (schräg gedruckt); *keine Steigerung*; kur-si̲v

Kursus, der (Lehrgang); des Kursus, die Kurse; Kụr-sus; er nimmt an einem Kursus teil

Kurve, die; der Kurve, die Kurven; Kụr-ve

kurven; du kurvst, er kurvte, sie ist durch die Stadt gekurvt; kụr-ven; **kurvenreich**; eine kurvenreiche Straße; **kurvig**

kurz; kürzer, am kürzesten; kụrz; den Kürzeren ziehen; über kurz oder lang; binnen/vor/seit kurzem/Kurzem; die **Kurzarbeit**; **kurzarbeiten**; die Autobauer mussten einen Monat kurzarbeiten; **kurzärmlig** (*auch* kurzärmelig); **kurzatmig**

Kürze, die; der Kürze, die Kürzen; Kụ̈r-ze; **kürzen**; du kürzt, er kürzte, sie hat ihren Text gekürzt

kurzerhand [Adv.]; kụr-zer-hand; wir haben unsere Pläne kurzerhand geändert; **kürzertreten**; mit dem geringen Einkommen solltest du etwas kürzertreten; **kurzfristig**; der **Kurzgeschichte**; **kurzhaarig**

kürzlich [Adv.]; kụ̈rz-lich; ich habe erst kürzlich an dich gedacht

kurzschließen; du schließt kurz, er schloss kurz, sie hat den Stromkreis kurzgeschlossen; kụrz-schlie-ßen

Kurzschluss, der; des Kurzschlusses, die Kurzschlüsse; Kụrz-schluss; das defekte Radio verursachte einen Kurzschluss; **kurzschneiden** (*auch* kurz schneiden)

kurzsichtig; kurzsichtiger, am kurzsichtigsten; kụrz-sich-tig; die **Kurzsichtigkeit**

kurztreten; du trittst kurz, er trat kurz, sie hat/ist nach der Krankheit erst einmal kurzgetreten; kụrz-tre-ten

kurzum [Adv.]; kurz-ụm; sie änderte kurzum ihre Meinung

Kürzung, die; der Kürzung, die Kürzungen; Kụ̈r-zung

kurzweilig; kurzweiliger, am kurzweiligsten; kụrz-wei-lig; ein kurzweiliger Nachmittag

kuscheln; du kuschelst, er kuschelte, sie hat mit ihrem Teddy gekuschelt; kụscheln

kuschen; du kuschst, er kuschte, sie hat gekuscht, als es darauf ankam, Mut zu zeigen; kụ-schen

Kusine, die (*auch* Cousine) (Tochter von Tante oder Onkel); der Kusine, die Kusinen; Ku-si̲-ne

Kuss, der; des Kusses, die Küsse; Kụss; **küssen**; du küsst, er küsste, sie hat ihn geküsst; kụ̈s-sen

Küste, die; der Küste, die Küsten; Kụ̈ste; man kann vom Schiff aus die Küste sehen

Küster, der; des Küsters, die Küster; Kụ̈ster; der Küster einer Kirche hat ähnliche Aufgaben wie ein Hausmeister

Kutsche, die; der Kutsche, die Kutschen; Kụt-sche; er spannt die Pferde vor die Kutsche; der **Kutscher**

kutschieren; du kutschierst, er kutschierte, sie hat die Gäste zum Bahnhof kutschiert; kut-schi̲e̲-ren

Kutte, die; der Kutte, die Kutten; Kụt-te; Mönche tragen eine Kutte

Kutter, der (Fischereischiff); des Kutters, die Kutter; Kụt-ter

Kuvert, das [kuwe̲r] (Briefumschlag); des Kuverts, die Kuverts; Ku-vert; sie steckt den Brief in ein Kuvert

kW = Kilowatt; **kWh** = Kilowattstunde

kutschieren; du kutschierst, er kutschierte, sie hat die Gäste zum Bahnhof kutschiert; kut-schi̲e̲-ren

Kutte, die; der Kutte, die Kutten; Kụt-te; Mönche tragen eine Kutte

Kutter, der (Fischereischiff); des Kutters, die Kutter; Kụt-ter

Kuvert, das [kuwe̲r] (Briefumschlag); des Kuverts, die Kuverts; Ku-vert; sie steckt den Brief in ein Kuvert

kW = Kilowatt; **kWh** = Kilowattstunde

L

l = Liter

laben, sich laben; du labst dich, er labte sich, sie hat sich an süßen Früchten gelabt; la̲-ben

labil (schwankend, leicht störbar); labiler, am labilsten; la-bi̲l; sie hat eine labile Gesundheit; die **Labilität**

Labor, das = Laboratorium; des Labors, die Labore/Labors; La-bo̲r; der **Laborant**; die **Laborantin**

Laboratorium, das (Forschungsstätte, Untersuchungsraum); des Laboratoriums, die Laboratorien; La-bo-ra-to-ri-um

Labsal, das (Erfrischung, Genuss); des Labsal(e)s, die Labsale; Lab-sal

Labyrinth, das (Irrgarten); des Labyrinth(e)s, die Labyrinthe; La-by-rinth; sie haben sich im Labyrinth verlaufen

Lache[1], die (Pfütze); der Lache, die Lachen; La-che

Lache[2], die (Art zu lachen); der Lache, die Lachen; La-che; ihre laute Lache ist immer gleich zu hören

lächeln; du lächelst, er lächelte mich an, sie hat freundlich gelächelt; lä-cheln

lachen; du lachst, er lachte, sie hat über den Clown gelacht; la-chen; **lächerlich**; er macht eine lächerliche Figur

Lachs, der (Raubfisch); des Lachses, die Lachse; Lachs; **lachsfarben** (*auch* lachsfarbig)

Lack, der; des Lack(e)s, die Lacke; Lack; die **Lackfarbe**

lackieren; du lackierst, er lackierte, sie hat das Auto neu lackiert; la-ckie-ren; die **Lackierung**

Lade, die (Kasten, Schubfach); der Lade, die Laden; La-de

laden; du lädst, er lud, sie hat das Gewehr geladen; la-den → aufladen, einladen

Laden, der; des Ladens, die Läden; La-den

Ladenhüter, der (schwer verkäufliche Ware); des Ladenhüters, die Ladenhüter; La-den-hü-ter; der **Ladenschluss**

Ladung, die; der Ladung, die Ladungen; La-dung; er bringt eine Ladung Sand

Lady, die (Dame; *auch* englischer Adelstitel); der Lady, die Ladys; La-dy

Lage, die; der Lage, die Lagen; La-ge; der **Lageplan**

Lager, das; des Lagers, die Lager; La-ger; sie schlagen ihr Lager am See auf; die Waren werden im Lager aufbewahrt

lagern; du lagerst, er lagerte, sie hat die Kartoffeln im Keller gelagert; la-gern; der **Lagerplatz**; die **Lagerstätte**; die **Lagerung**

Lagune, die (Strandsee); der Lagune, die Lagunen; La-gu-ne

lahm; lahmer, am lahmsten; lahm; er hat ein lahmes Bein; er geht lahm

lahmen; du lahmst, er lahmte, das Pferd hat gelahmt; lah-men

lähmen; du lähmst, er lähmte, die Müdigkeit hat mich gelähmt; läh-men

lahmlegen; du legst lahm, er legte lahm, der Schnee hat den Verkehr lahmgelegt; lahm-le-gen

Lähmung, die; der Lähmung, die Lähmungen; Läh-mung

Laib, der; des Laib(e)s, die Laibe; Laib; einen Laib Brot kaufen

Laich, der (Eier von Wassertieren); des Laich(e)s, die Laiche; Laich; **laichen**; die Fische haben gelaicht; die **Laichzeit**

Laie, der (Nichtfachmann; *auch* Nichtgeistlicher); des Laien, die Laien; Laie; **laienhaft**; eine ziemlich laienhafte Darstellung; das **Laienspiel** (Theateraufführung von Laien)

Laken, das (Betttuch); des Lakens, die Laken; La-ken

lakonisch (knapp und genau); lakonischer, am lakonischsten; la-ko-nisch; sie macht eine lakonische Bemerkung

Lakritz, der/das (*auch* die Lakritze) (Naschwerk aus Süßholzsaft); des Lakritzes, die Lakritze; La-kritz/Lak-ritz

lallen; du lallst, er lallte, sie hat etwas Unverständliches gelallt; lal-len

Lama[1], das (Kamelart); des Lamas, die Lamas; La-ma; der **Lama**[2] (tibetischer, buddhistischer Priester); des Lama/Lamas, die Lamas

Lamelle, die (dünnes Blättchen); der Lamelle, die Lamellen; La-mel-le

Lametta, das; des Lamettas, *kein Plural*; La-met-ta; wir schmücken den Weihnachtsbaum mit Lametta

Lamm, das (junges Schaf); des Lamm(e)s, die Lämmer; Lamm; **lammfromm** (brav, anständig)

Lampe, die; der Lampe, die Lampen; Lam-pe; das **Lampenfieber** (Aufregung vor einem Auftritt)

Lampion, der; des Lampions, die Lampions; Lam-pi-on; der **Lampionumzug**

Land, das; des Land(e)s, die Länder; Land; sie reist in ein fremdes Land; wir fahren am Wochende aufs Land; nach der Seereise waren alle froh, an Land zu gehen; hier zu Lande ist man schlechtes Wetter gewöhnt → hierzulande

landab [Adv.]; land-ab; **landauf**; er war landauf und landab bekannt; **landaus**; **landein**; landein und landaus wurde gefeiert; **landeinwärts**; wir fahren landeinwärts

landen; du landest, er landete, sie hat das Flugzeug gelandet, das Flugzeug ist gelandet; lan-den

Landeshauptstadt, die; der Landeshauptstadt, die Landeshauptstädte; Lan-des-haupt-stadt; die **Landesregierung**; die **Landessprache**

landesüblich; *keine Steigerung*; lan-des-üb-lich; wir bekamen ein landesübliches Frühstück

Landkarte, die; der Landkarte, die Landkarten; Land-kar-te; der **Landkreis**

landläufig (allgemein, üblich); *keine Steigerung*; land-läu-fig; das ist hier die landläufige Meinung

ländlich; ländlicher, am ländlichsten; länd-lich; sie wohnen in ländlicher Umgebung

Landschaft, die; der Landschaft, die Landschaften; Land-schaft; **landschaftlich**; die **Landschaftspflege**; das **Landschaftsschutzgebiet**

Landschulheim, das; des Landschulheim(e)s, die Landschulheime; Land-schul-heim; die **Landstraße**; der **Landstreicher**; der **Landtag**; die Mitglieder des Landtags werden gewählt

Landung, die; der Landung, die Landungen; Lan-dung; die Landung des Flugzeugs

Landwirt, der; des Landwirt(e)s, die Landwirte; Land-wirt; die **Landwirtschaft**; **landwirtschaftlich**

lang; länger, am längsten; lang; ein lang ersehntes/langersehntes Wiedersehen; über kurz oder lang wird es sich zeigen; **langatmig**; eine langatmige Erklärung; **lange**; wir warten schon lange; seit langem/Langem; → Kasten „lang"

Länge, die; der Länge, die Längen; Län-ge; sie misst die Länge; er ist der Länge nach hingefallen

langen; du langst in die Tasche, der Kuchen langte für alle, sie hat ihm eine gelangt (eine Ohrfeige gegeben); lan-gen

Längengrad, der; des Längengrad(e)s, die Längengrade; Län-gen-grad; der **Längenkreis**; das **Längenmaß**

Langeweile, die; der Langeweile, *kein Plural*; Lan-ge-wei-le; in den Ferien haben sie manchmal Langeweile

langfristig; langfristiger, am langfristigsten; lang-fris-tig; eine langfristige Planung; **langgestreckt** (*auch* lang gestreckt); eine langgestreckte/lang gestreckte Steigung; **langjährig**; eine langjährige Freundschaft; **langlebig**; eine langlebige Pflanze

länglich; länglicher, am länglichsten; läng-lich; die Frucht hat eine längliche Form

lang

Getrennt- und Zusammenschreibung:

Wortgruppen mit dem Adjektiv „lang" werden getrennt geschrieben.
Tipp: Solche Wortgruppen erkennst du oft daran, dass ein oder mehrere Wörter zwischen „lang" und dem folgenden Verb eingeschoben werden können:
- er hat den Schlitten lang(e) (durch den Schnee) gezogen
- sie hat lang(e) (vor dem Haus) angehalten
- sie hat den Gartenschlauch lang (auf dem Rasen) ausgerollt
- das Seil muss möglichst lang (und haltbar) sein

Es gibt einige zusammengesetzte Wörter mit „lang" (vor allem Adjektive, auch einige Nomen), die zusammengeschrieben werden:
- langatmig, langbeinig, langhaarig, langweilig
- Langeweile, Langschläfer, Langstreckenläufer

In manchen Fällen ist Getrennt- oder Zusammenschreibung möglich:
- die Ohren lang ziehen/langziehen
- ein lang gestrecktes/langgestrecktes Tal

langmachen, sich langmachen (sich anstrengen, sich Mühe geben); du machst dich lang, er machte sich lang, sie hat sich für die Prüfungen ganz schön langgemacht; lạng-ma-chen

Langmut, der (Geduld, Nachsicht); des Langmut(e)s, *kein Plural*; Lạng-mut; **langmütig**; er ist ein langmütiger und hilfsbereiter Freund

längs; lạ̈ngs; längs der Straße, längs des Flusses (Gen.); ein längs gestreiftes/längsgestreiftes T-Shirt

langsam; langsamer, am langsamsten; lạng-sam; ein langsames Fahrzeug; es wird langsam Zeit; die **Langsamkeit**

Langschläfer, der; des Langschläfers, die Langschläfer; Lạng-schlä-fer

Längsschnitt, der; des Längsschnitt(e)s, die Längsschnitte; Lạ̈ngs-schnitt

längst [Adv.]; lạ̈ngst; wir sind längst fertig

langweilen; du langweilst mich, er langweilte seine Zuhörer, sie hat sich im Unterricht gelangweilt; lạng-wei-len; **langweilig**

langwierig; langwieriger, am langwierigsten; lạng-wie-rig; eine langwierige Erkrankung

langziehen (*auch* lang ziehen); du ziehst lang, er zog lang, sie hat ihm die Ohren langgezogen/lang gezogen; lạng-zie-hen

Lanze, die (Stichwaffe, Wurfspieß); der Lanze, die Lanzen; Lạn-ze

lapidar (kurz und treffend, unbedeutend); lapidarer, am lapidarsten; la-pi-da̱r; sie macht eine lapidare Bemerkung

Lappalie, die (Nichtigkeit); der Lappalie, die Lappalien; Lap-pa̱-lie; wir streiten uns doch nicht wegen so einer Lappalie

Lappen, der; des Lappens, die Lappen; Lạp-pen

läppisch (unwichtig, kindisch); läppischer, am läppischsten; lạ̈p-pisch; ein läppischer Streit

Laptop, der [lạptop] (tragbarer Computer); des Laptops, die Laptops; Lạp-top

Lärche, die (Nadelbaum); der Lärche, die Lärchen; Lạ̈r-che; der **Lärchenwald**

Lärm, der; des Lärms, *kein Plural*; Lärm; **lärmen**; du lärmst, er lärmte, sie hat mit den Kinder gelärmt; lär-men

Larve, die (Entwicklungsstadium bestimmter Tiere; *auch* Gesichtsmaske); der Larve, die Larven; Lar-ve

Lasagne, die [lasanje] (italienisches Nudelgericht); der Lasagne, die Lasagnen; La-sag-ne/La-sa-gne

lasch (schwunglos, fad); lascher, am laschesten; lasch; ein lascher Händedruck

Lasche, die; der Lasche, die Laschen; Lasche; den Schnürsenkel durch die Lasche ziehen

Laser, der [läiser] (Gerät zum Erzeugen stark gebündelter Lichtstrahlen); des Lasers, die Laser; La-ser; der **Laserdrucker**; der **Laserstrahl**

lasieren (mit Lasur versehen); du lasierst, er lasierte, sie hat die Gartenbank lasiert; la-sie-ren

lassen; du lässt, er ließ, sie hat mich nicht in Ruhe gelassen; las-sen

lässig; lässiger, am lässigsten; läs-sig; sie trägt lässige Kleidung; die **Lässigkeit**

Lasso, das (Wurfschlinge); des Lassos, die Lassos; Las-so

Last, die; der Last, die Lasten; Last; sie schleppt eine schwere Last; die Einsparungen gehen zu Lasten der Bürger → zulasten

Laster[1], der (Lastwagen, Lastzug); des Lasters, die Laster; Las-ter

Laster[2], das (schlechte oder unsittliche Gewohnheit); des Lasters, die Laster; Las-ter; **lasterhaft**; sie führt ein lasterhaftes Leben

lästern; du lästerst, er lästerte, sie hat über seine Freunde gelästert; läs-tern; die **Lästerung**

lästig; lästiger, am lästigsten; läs-tig; überall sind lästige Fliegen; **lästigfallen** (*auch* lästig fallen); die Arbeit ist ihm lästiggefallen/lästig gefallen

Lastkraftwagen, der = Lkw, LKW; des Lastkraftwagens, die Lastkraftwagen; Last-kraft-wa-gen

Last-Minute-Reise, die [last-minit...]; der Last-Minute-Reise, die Last-Minute-Reisen; Last-Mi-nute-Rei-se

Lasur, die (durchsichtige Farb- oder Schutzschicht); der Lasur, die Lasuren; La-sur; er streicht das Holz mit Lasur

lasziv (unanständig, zweideutig); lasziver, am laszivsten; las-ziv

Latein, das; des Lateins, *kein Plural*; Latein; **lateinisch**; die lateinische Sprache; der **Lateinunterricht**

latent (unterschwellig vorhanden); *keine Steigerung*; la-tent; der nahe liegende Fluss ist eine latente Gefahr für die Anwohner

Laterne, die; der Laterne, die Laternen; La-ter-ne; der **Laternenpfahl**

Latex, der (Kautschukmilch); des Latex, *Plural selten*: die Latizes; La-tex; die **Latexfarbe**

Latte, die; der Latte, die Latten; Lat-te; der **Lattenrost**; der **Lattenzaun**

Latz, der; des Latzes, die Lätze; Latz; das **Lätzchen**; sie bindet dem Kind ein Lätzchen um; die **Latzhose**

lau; lauer, am lauesten/lausten; lau; ein laues Frühlingslüftchen

Laub, das; des Laub(e)s, *kein Plural*; Laub; der **Laubbaum**; der **Laubwald**

Lauch, der; des Lauch(e)s, die Lauche; Lauch; sie gibt frischen Lauch zum Salat; die **Lauchzwiebel**

Lauer, die; der Lauer, *kein Plural*; Lau-er; die Katze liegt auf der Lauer

lauern (warten); du lauerst, er lauerte, sie hat auf mich gelauert; lau-ern

Lauf, der; des Lauf(e)s, die Läufe; Lauf;

der Lauf wird gestartet; das ist der Lauf der Dinge; im Lauf/Laufe der Zeit wirst du dich schon eingewöhnen

laufen; du läufst, er lief, sie ist nach Hause gelaufen, sie hat sich müde gelaufen; lau-fen; Ski laufen

laufend; *keine Steigerung*; lau-fend; am laufenden Band; im laufenden Monat

laufenlassen (*auch* laufen lassen); du lässt laufen, er ließ den Dieb laufen, sie hat die Sache einfach laufenlassen/laufen lassen; lau-fen-las-sen

Läufer, der; des Läufers, die Läufer; Läu-fer; die Läufer und Läuferinnen gehen an den Start

läufig (paarungsbereit, brünstig); *keine Steigerung*; läu-fig; eine läufige Hündin

Lauge, die (wässrige Lösung, Auszug); der Lauge, die Laugen; Lau-ge; sie legt die schmutzige Wäsche in Seifenlauge

Laune, die; der Laune, die Launen; Lau-ne; **launig** (witzig); er hat eine launige Rede gehalten; **launisch** (launenhaft); sie ist ein ziemlich launisches Mädchen

Laus, die; der Laus, die Läuse; Laus; der Hund hat Läuse

lauschen; du lauschst, er lauschte, sie hat an der Tür gelauscht; lau-schen

Laut, der; des Laut(e)s, die Laute; Laut; sie hat die Laute richtig ausgesprochen

laut[1]; lauter, am lautesten; laut; ein lauter Schrei; laut sprechen; lass das bloß nicht laut (bekannt) werden!

laut[2] [Präp.] (gemäß); laut; sie handeln laut dieses Beschlusses (Gen.)

Laute, die (Zupfinstrument); der Laute, die Lauten; Lau-te

lauten; das Ergebnis lautet 1:0, das Urteil lautete Bewährung, die Anwort hat Ja gelautet; lau-ten

läuten; du läutest, er läutete, sie hat die Glocken geläutet; läu-ten

lauter[1] (nur); lau-ter; er hat lauter Kram in seinen Taschen

lauter[2] (aufrichtig, echt); lauterer, am lautersten; lau-ter; sie hat nur lautere Absichten; die **Lauterkeit** (Ehrlichkeit, Aufrichtigkeit)

läutern (bessern, zur Vernunft bringen); du läuterst, er läuterte, sie hat ihn durch gutes Zureden geläutert; läu-tern

lautlos; lautloser, am lautlosesten; laut-los; sie schleicht sich lautlos an; die **Lautschrift**; der **Lautsprecher**; **lautstark**; die **Lautstärke**

lauwarm; *keine Steigerung*; lau-warm; lauwarmes Wasser

Lava, die (geschmolzenes Vulkangestein); der Lava, die Laven; La-va

Lavendel, der (Heil-, Gewürz- und Duftpflanze); des Lavendels, die Lavendel; La-ven-del

lavieren (Schwierigkeiten umgehen); du lavierst, er lavierte, sie hat sich geschickt aus den Schwierigkeiten laviert; la-vie-ren

Lawine, die; der Lawine, die Lawinen; La-wi-ne; wenn es viel geschneit hat, gehen oft Lawinen ab; **lawinenartig**

lax (locker, lässig); laxer, am laxesten; lax; er hat eine ziemlich laxe Haltung

Layout, das (*auch* Lay-out) [läi aut] (Text- und Bildgestaltung, Seitengestaltung); des Layouts, die Layouts; Lay-out; der **Layouter**

LCD-Anzeige, die = liquid crystal display (Flüssigkristallanzeige); der LCD-Anzeige, die LCD-Anzeigen; LCD-An-zei-ge

leasen [lisen] (mieten, pachten); du least, er leaste, sie hat ein Auto geleast; lea-sen; das **Leasing**; die **Leasingfirma**

Leben, das; des Lebens, die Leben; Le-ben; er ist am Leben geblieben

leben; du lebst, er lebte in Spanien, sie hat lange gelebt; le-ben

lebendig; lebendiger, am lebendigsten; le-ben-dig; er hat ein lebendiges Tier

Lebensalter, das; des Lebensalters, die Lebensalter; Le-bens-al-ter; die **Lebensart**; die **Lebensbedingungen**; die **Lebensdauer**; die **Lebenserwartung**

Lebensgefahr, die; der Lebensgefahr, die Lebensgefahren; Le-bens-ge-fahr; **lebensgefährlich**; eine lebensgefährliche Krankheit

Lebensgefährte, der; des Lebensgefährten, die Lebensgefährten; Le-bens-ge-fähr-te; die **Lebensgefährtin**; die **Lebensgemeinschaft**

lebensgroß; *keine Steigerung*; le-bens-groß; eine lebensgroße Puppe; **lebenslang**; eine lebenslange Freundschaft; **lebenslänglich**; eine lebenslängliche Gefängnisstrafe

Lebenslauf, der; des Lebenslauf(e)s, die Lebensläufe; Le-bens-lauf; er schreibt seinen Lebenslauf

Lebensmittel, das; des Lebensmittels, die Lebensmittel; Le-bens-mit-tel; wir müssen einige Lebensmittel einkaufen

lebensnotwendig; lebensnotwendiger, am lebensnotwendigsten; le-bens-not-wen-dig; der Fluss liefert das lebensnotwendige Wasser

Lebensstandard, der; des Lebensstandards, *kein Plural*; Le-bens-stan-dard

Leber, die (inneres Organ); der Leber, die Lebern; Le-ber

Lebewesen, das; des Lebewesens, die Lebewesen; Le-be-we-sen

lebhaft; lebhafter, am lebhaftesten; leb-haft; ein lebhaftes Kind

Lebkuchen, der; des Lebkuchens, die Lebkuchen; Leb-ku-chen; sie backen Lebkuchen für das Weihnachtsfest

leblos; *keine Steigerung*; leb-los; ein lebloser Körper

Lebzeiten, die; *nur Plural*; Leb-zei-ten; zu Lebzeiten meiner Urgroßeltern war vieles anders

lechzen; du lechzt, er lechzte, sie hat nach Wasser gelechzt; lech-zen

leck (undicht); *keine Steigerung*; leck; ein leckes Boot; das Boot ist leck geschlagen/leckgeschlagen; das **Leck** (undichte Stelle)

lecken[1] (undicht sein); das Fass leckt, es leckte, es hat geleckt; le-cken; **lecken**[2]; du leckst, er leckte, sie hat an ihrem Eis geleckt

lecker; leckerer, am leckersten; le-cker; der **Leckerbissen**; die **Leckerei**

Leder, das; des Leders, die Leder; Le-der; die **Lederhose**; **ledern**; lederne Handschuhe

ledig (unverheiratet); *keine Steigerung*; le-dig

lediglich [Adv.] (nur); le-dig-lich; wir brauchen lediglich zwei Minuten

Lee (die dem Wind abgekehrte Seite); Lee; Luv und Lee → Luv

leer; leerer, am leersten; leer; ein leer stehendes/leerstehendes Haus; die **Leere**; er hat ins Leere gefasst

leeren; du leerst, er leerte, sie hat das Glas geleert; lee-ren; das **Leergut**; der **Leerlauf**; **leerlaufen**; das Fass ist leergelaufen; die **Leerung**

legal (gesetzlich); legaler, am legalsten; le-gal; **legalisieren**; du legalisierst, er legalisierte, sie hat die Aktion legalisiert; le-ga-li-sie-ren; die **Legalität**

Legasthenie, die (Lese- und Rechtschreibschwäche); der Legasthenie, *kein Plural*; Le-gas-the-nie/Leg-as-the-nie; der **Legastheniker**

legen; du legst, er legte, sie hat das Heft auf den Tisch gelegt; le-gen

legendär (sagenhaft); *keine Steigerung*;

le-gen-där; ein legendäres Ereignis; die **Legende** (Sage; *auch* Erklärung zu einer Abbildung)

leger [lescher] (lässig, bequem); legerer, am legersten; le-ger; er trägt legere Freizeitkleidung

Leggings, die (*auch* Leggins) (eng anliegende Hose); der Leggings, *nur Plural*; Leg-gings

legieren (verschmelzen; *auch* binden); du legierst, er legierte Metalle, sie hat die Suppe mit Mehl legiert; le-gie-ren; die **Legierung** (Mischmetall)

Legion, die (Truppeneinheit); der Legion, die Legionen; Le-gi-on; der **Legionär**

Legislative, die (gesetzgebende Gewalt oder Versammlung); der Legislative, die Legislativen; Le-gis-la-ti-ve; die **Legislaturperiode** (Amtszeit einer gesetzgebenden Vertretung)

legitim (berechtigt); legitimer, am legitimsten; le-gi-tim; sie hat einen legitimen Anspruch auf Unterstützung; die **Legitimation** (Berechtigung)

legitimieren; du legitimierst, er legitimierte, sie hat sich durch ihren Ausweis legitimiert; le-gi-ti-mie-ren

Lehm, der; des Lehm(e)s, die Lehme; Lehm; der **Lehmboden**; **lehmig**

Lehne, die; der Lehne, die Lehnen; Lehne

lehnen; du lehnst, er lehnte an der Wand, sie hat sich an die Tür gelehnt; leh-nen; der **Lehnstuhl**

Lehnwort, das (aus einer fremden Sprache entlehntes Wort, das sich einer anderen Sprache angeglichen hat); des Lehnwort(e)s, die Lehnwörter; Lehn-wort

Lehrbuch, das; des Lehrbuch(e)s, die Lehrbücher; Lehr-buch

Lehre, die; der Lehre, die Lehren; Leh-re; sie beginnt im September eine Lehre; er zieht seine Lehren aus dem Unfall

lehren; du lehrst, er lehrte an der Musikschule, sie hat uns das Abc gelehrt; leh-ren; der **Lehrer**; die **Lehrerin**; das **Lehrfach**; der **Lehrgang**

Lehrling, der; des Lehrlings, die Lehrlinge; Lehr-ling; der **Lehrmeister**; die **Lehrstelle**

Leib, der (Körper); des Leib(e)s, die Leiber; Leib; er ist mit Leib und Seele bei der Sache; die **Leibeigenschaft** (persönliche Abhängigkeit vom Herrn); das **Leibgericht** (Lieblingsgericht)

leiblich; *keine Steigerung*; leib-lich; sie sind meine leiblichen Eltern; der Koch sorgt für das leibliche Wohl

Leiche, die; der Leiche, die Leichen; Leiche; **leichenblass**; der **Leichnam**

leicht; leichter, am leichtesten; leicht; ein leichter Koffer; ein leicht verderbliches Lebensmittel

Leichtathlet, der; des Leichtathleten, die Leichtathleten; Leicht-ath-let; die **Leichtathletik**

leichtfertig; *keine Steigerung*; leicht-fertig; der leichtfertige Umgang mit Feuer ist gefährlich; **leichtgläubig**; ein leichtgläubiger Mensch

Leichtigkeit, die; der Leichtigkeit, *kein Plural*; Leich-tig-keit; er überwindet das Hindernis mit Leichtigkeit; das **Leichtmetall**; ein Fahrrad aus Leichtmetall

Leichtsinn, der; des Leichtsinns, *kein Plural*; Leicht-sinn; es ist Leichtsinn, ohne Regenschirm loszugehen; **leichtsinnig**

leid [Adv.]; leid; ich bin es leid, alles zweimal zu sagen; das **Leid**; sie teilen Freud und Leid; er hat ihm nichts zu Leide/zuleide getan

leiden; du leidest, er litt, sie hat unter Schmerzen gelitten; lei-den; das **Leiden**; ihre Leiden waren unerträglich

Leidenschaft, die; der Leidenschaft, die Leidenschaften; Lei-den-schaft; er trainiert mit Leidenschaft Basketball; **leidenschaftlich**; **leidenschaftslos**

leider [Adv.]; lei-der; ich kann leider nicht kommen; **leidgeprüft**; ein leidgeprüftes Volk

leidlich (halbwegs, erträglich); *keine Steigerung*; leid-lich; ein leidlich gutes Fußballspiel; **leidtragend**; eine leidtragende Frau

leidtun; du tust mir leid, er tat uns leid, sie hat uns leidgetan; leid-tun

leihen; du leihst, er lieh, sie hat mir ihren Stift geliehen; lei-hen; **leihweise**; kannst du mir das Buch leihweise geben?

Leim, der; des Leim(e)s, die Leime; Leim

leimen; du leimst, er leimte, sie hat das kaputte Spielzeug geleimt; lei-men

Leine, die (Strick, Schnur); der Leine, die Leinen; Lei-ne; er nimmt den Hund an die Leine

leinen (aus Leinen); *keine Steigerung*; lei-nen; ein leinenes Betttuch; das **Leinen**; ein Tuch aus Leinen; das **Leinöl**; das **Leintuch**; die **Leinwand**; ein neuer Film kommt auf die Leinwand

leise; leiser, am leisesten; lei-se; ein leises Geräusch; sei leise!

Leiste, die (Holz- oder Metallstreifen; *auch* Beugeseite des Hüftgelenks); der Leiste, die Leisten; Leis-te

leisten; du leistest, er leistete gute Arbeit, sie hat sich ein großes Eis geleistet; leis-ten

Leisten, der (Formstück zum Spannen des Schuhs); des Leistens, die Leisten; Leis-ten; der **Leistenbruch**

Leistung, die; der Leistung, die Leistungen; Leis-tung; **leistungsfähig**; die **Leistungsfähigkeit**; der **Leistungskurs**

Leistungssport, der; des Leistungssports, *kein Plural*; Leis-tungs-sport; der **Leistungssportler**

leistungsstark; leistungsstärker, am leistungsstärksten; leis-tungs-stark; ein leistungsstarker Motor

Leitartikel, der; des Leitartikels, die Leitartikel; Leit-ar-ti-kel; der Journalist schreibt einen Leitartikel

leiten; du leitest, er leitete, sie hat die Diskussion geleitet; lei-ten; der **Leiter**

Leiter, die; der Leiter, die Leitern; Lei-ter; er steigt auf die Leiter

Leitfaden, der (Anleitung); des Leitfadens, die Leitfäden; Leit-fa-den; der **Leitgedanke** (Hauptgedanke); das **Leitmotiv** (Hauptmotiv); die **Leitplanke**; der **Leitsatz**

Leitung, die; der Leitung, die Leitungen; Lei-tung; sie spricht mit der Leitung der Schule; er legt eine Leitung; das **Leitungswasser**

Lektion, die (Lerneinheit; *auch* Lehre); der Lektion, die Lektionen; Lek-ti-on; wir nehmen heute die dritte Lektion durch; sie erteilt ihm eine Lektion

Lektor, der (Verlagsangestellter; *auch* Hochschullehrer); des Lektors, die Lektoren; Lek-tor

Lende, die (Teil der Rückenmuskulatur); der Lende, die Lenden; Len-de; der **Lendenschurz** (Scham und Gesäß bedeckendes Kleidungsstück); der **Lendenschutz** (breiter Gürtel zum Schutz der Lenden vor Kälte)

lenkbar; *keine Steigerung*; lenk-bar; ein lenkbarer Schlitten

lenken; du lenkst, er lenkte das Auto, sie hat die Aufmerksamkeit auf sich gelenkt; len-ken; der **Lenker**; sie befestigt die Klingel am Lenker des Fahrrads; das **Lenkrad**; die **Lenkung**

Lenz, der (Frühling); des Lenzes, die Lenze; Lenz

Leopard, der (Raubkatze); des Leoparden, die Leoparden; Le-o-pard

Lepra, die (Aussatz); der Lepra, *kein Plural*; Le-pra/Lep-ra; der **Leprakranke**

Lerche, die (Singvogel); der Lerche, die Lerchen; Ler-che

lernen; du lernst Englisch, er lernte laufen/Laufen, sie hat etwas Neues gelernt; ler-nen

Lesbe, die = Lesbierin; der Lesbe, die Lesben; Les-be; die **Lesbierin** (homosexuelle Frau); **lesbisch**

Lese, die (Weinernte); der Lese, die Lesen; Le-se

Lesebuch, das; des Lesebuch(e)s, die Lesebücher; Le-se-buch

lesen; du liest, er las, sie hat Zeitung gelesen; le-sen; **lesenswert**; ein lesenswertes Buch; der **Leser**; der **Leserbrief**

leserlich; leserlicher, am leserlichsten; le-ser-lich; eine leserliche Handschrift

Lesung, die; der Lesung, die Lesungen; Le-sung; der Schriftsteller veranstaltet eine Lesung

Lethargie, die (Teilnahmslosigkeit, Trägheit); der Lethargie, *kein Plural*; Le-thar-gie; **lethargisch**; ein lethargischer Mensch

letzte; *keine Steigerung*; letz-te; zum letzten Mal; die letzte Reihe; letzten Endes; der letzte/Letzte Wille; der/die **Letzte**; das **Letzte**

letztens [Adv.]; letz-tens; wir haben uns erst letztens gesehen

letztere (zuletzt genannt); *keine Steigerung*; letz-te-re; das letztere Beispiel; der/die **Letztere**; das **Letztere**

letztlich [Adv.]; letzt-lich; es hat sich letztlich alles zum Guten gewendet

letztmalig; *keine Steigerung*; letzt-ma-lig; der letzmalige Aufruf; **letztmals**; er bittet letztmals um Wortmeldungen

Leuchte, die; der Leuchte, die Leuchten; Leuch-te

leuchten; du leuchtest uns den Weg, der Stern leuchtete hell, die Farbe hat in der Sonne geleuchtet; leuch-ten; **leuchtend**

Leuchter, der; des Leuchters, die Leuchter; Leuch-ter; sie steckt Kerzen auf einen Leuchter; der **Leuchtturm**

leugnen; du leugnest, er leugnete, sie hat den Diebstahl geleugnet; leug-nen

Leukämie, die (Blutkrebs); der Leukämie, *kein Plural*; Leu-kä-mie

Leukoplast, das (Heftpflaster); des Leukoplast(e)s, *kein Plural*; Leu-ko-plast

Leumund, der (Ruf); des Leumund(e)s, *kein Plural*; Leu-mund; sie hat einen guten Leumund; das **Leumundszeugnis**

Leute, die; der Leute, *nur Plural*; Leu-te; die meisten Leute freuen sich auf den Sommer

Leutnant, der (unterster Offiziersrang); des Leutnants, die Leutnante/Leutnants; Leut-nant

leutselig (umgänglich, wohlwollend); leutseliger, am leutseligsten; leut-se-lig; die **Leutseligkeit**

lexikalisch; *keine Steigerung*; le-xi-ka-lisch; die lexikalische Ordnung der Begriffe

Lexikon, das; des Lexikons, die Lexika/Lexiken; Le-xi-kon; sie schlägt das Wort im Lexikon nach

Liane, die (Schlingpflanze); der Liane, die Lianen; Li-a-ne

Libelle, die (Insekt); der Libelle, die Libellen; Li-bel-le

liberal (freiheitlich, großzügig); liberaler, am liberalsten; li-be-ral

liberalisieren; du liberalisierst, er liberalisierte, sie hat die Bestimmungen liberalisiert; li-be-ra-li-sie-ren; der **Liberalismus** (die Freiheit des Menschen in den

Mittelpunkt stellende Denkrichtung); die **Liberalität** (Freiheitlichkeit, Vorurteilslosigkeit)

licht; lichter, am lichtesten; licht; ein lichter Wald; lichtes Haar

Licht, das; des Licht(e)s, die Lichter; Licht; sie schaltet das Licht an; er zündet die Lichter an; **lichtdurchlässig**; **lichtempfindlich**

lichten; du lichtest, er lichtete den Wald, sie hat das Dickicht gelichtet; lich-ten

Lichterglanz, der; des Lichterglanzes, *kein Plural*; Lich-ter-glanz; der Lichterglanz des Weihnachtsbaums

lichterloh [Adv.]; lich-ter-loh; das Haus brennt lichterloh

Lichtgeschwindigkeit, die; der Lichtgeschwindigkeit, *kein Plural*; Licht-ge-schwin-dig-keit; das **Lichtjahr**; die **Lichtquelle**; der **Lichtschutzfaktor** (Faktor zur Berechnung der Schutzzeit von Sonnenschutzmitteln); der **Lichtstrahl**

Lichtung, die; der Lichtung, die Lichtungen; Lich-tung; sie wandern bis zur Lichtung

Lid, das; des Lid(e)s, die Lider; Lid; der **Lidschatten**

lieb; lieber, am liebsten; lieb; eine lieb gewordene/liebgewordene Gewohnheit

liebäugeln; du liebäugelst, er liebäugelte, sie hat mit einem neuen Kleid geliebäugelt; lieb-äu-geln

Liebe, die; der Liebe, *Plural selten*: die Lieben (= die Liebschaften); Lie-be; **lieben**; du liebst, er liebte, sie hat Blumen geliebt, sie lieben sich

liebenswert; liebenswerter, am liebenswertesten; lie-bens-wert; ein liebenswertes Kätzchen; **liebenswürdig**; ein liebenswürdiges Mädchen; der **Liebesbrief**; der **Liebeskummer**; **liebevoll**; eine liebevolle Mutter

liebhaben (*auch* lieb haben); du hast ihn lieb, er hatte sie lieb, sie hat ihn sehr liebgehabt/lieb gehabt; der **Liebhaber**; die **Liebhaberin**

liebkosen; du liebkost, er liebkoste, sie hat ihre Tochter liebkost; lieb-ko-sen

lieblich; lieblicher, am lieblichsten; lieblich; ein lieblicher Duft

Liebling, der; des Lieblings, die Lieblinge; Lieb-ling; er hat seine Lieblinge mitgebracht; die **Lieblingsfarbe**

lieblos; liebloser, am lieblosesten; lieblos; ein liebloses Geschenk

Lied, das; des Lied(e)s, die Lieder; Lied; das **Liederbuch**

liederlich; liederlicher, am liederlichsten; lie-der-lich; die **Liederlichkeit**

Lieferant, der; des Lieferanten, die Lieferanten; Lie-fe-rant; **lieferbar**; die Ware ist zurzeit nicht lieferbar

liefern; du lieferst, er lieferte, sie hat Obst geliefert; lie-fern; die **Lieferung**

Liege, die; der Liege, die Liegen; Lie-ge; sie liegt auf einer Liege und sonnt sich

liegen; du liegst, er lag, sie hat im Bett gelegen; lie-gen; würdest du das Buch bitte liegen lassen; ich möchte noch etwas liegen blieben

liegenbleiben (*auch* liegen bleiben) (unerledigt bleiben); sie bleibt liegen, es blieb liegen, die Arbeit ist liegengeblieben/liegen geblieben; **liegenlassen** (*auch* liegen lassen) (unerledigt, unbeachtet lassen, *auch* vergessen); sie hat ihre Freunde links liegengelassen/liegen gelassen; er hat seinen Schlüssel liegenlassen/liegen lassen

Lift, der (Aufzug, Fahrstuhl); des Lift(e)s, die Lifte/Lifts; Lift

liften (heben, straffen); du liftest, er liftete das Gewicht mühelos in die Höhe, sie hat sich liften lassen; lif-ten

Liga, die (Bund, Vereinigung; *auch* Wettkampfklasse); der Liga, die Ligen; Li-ga; unsere Mannschaft spielt in der 2. Liga

Lightshow, die (*auch* Light-Show); der Lightshow, die Lightshows; Light-show; in der Diskothek gibt es eine tolle Lightshow

lila; *keine Steigerung*; li-la; das **Lila**; das Lila ihres T-Shirts mag ich nicht; **lilafarben** (*auch* lilafarbig); ein lilafarbener Stoff; → Kasten „blau"

Lilie, die [lilje] (Blume); der Lilie, die Lilien; Li-lie

Limit, das (Grenze, Höchstmaß); des Limits, die Limits; Li-mit; er hat sich ein Limit gesetzt

limitieren (begrenzen, beschränken); du limitierst, er limitierte, sie hat die Anzahl der Teilnehmer limitiert; li-mi-tie-ren

lind (mild, sanft, lau); linder, am lindesten; lind; ein lindes Lüftchen weht

lindern; du linderst, er linderte, sie hat die Schmerzen mit kalten Umschlägen gelindert; lin-dern

Lineal, das; des Lineals, die Lineale; Li-ne-al

linear (geradlinig, linienförmig); *keine Steigerung*; li-ne-ar; eine lineare Entwicklung

Linie, die; der Linie, die Linien; Li-nie; das **Linienblatt**; der **Linienflug** (regelmäßiger Flug)

linieren (*auch* liniieren); du linierst, er linierte, sie hat das Papier liniert; li-nie-ren; **liniert** (*auch* liniiert); liniertes Papier

link (hinterhältig, gemein); linker, am linkesten; link; er plant ein linkes Ding

Link, der (Verbindung); des Link/Links, die Links; Link → Hyperlink

linke; *keine Steigerung*; lin-ke; der linke Arm; die **Linke** = die linke Hand; das macht er mit der Linken

linken (täuschen); du linkst, er linkte, sie hat ihn gemein gelinkt; lin-ken

linkisch (ungeschickt); linkischer, am linkischsten; lin-kisch; eine linkische Bewegung

links [Adv.]; links; links vom Eingang; sich links halten; **linksbündig** (nach links ausgerichtet); der **Linkshänder**; **linkshändig**; **linksherum**; der **Linksverkehr**

Linoleum, das (ein Fußbodenbelag); des Linoleums, *kein Plural*; Li-no-le-um; der **Linolschnitt** (Kunst, bei der aus einer Linoleumplatte eine bildliche Darstellung herausgeschnitten wird; auch der Abdruck davon)

Linse, die; der Linse, die Linsen; Lin-se; er sieht durch eine Linse; sie essen Linsen

linsen; du linst, er linste, sie hat heimlich durch das Schlüsselloch gelinst; lin-sen

Lipgloss, der; des Lipgloss, die Lipgloss; Lip-gloss

Lippe, die; der Lippe, die Lippen; Lip-pe; der **Lippenstift**

liquid (*auch* liquide) (flüssig; *auch* zahlungsfähig); liquider, am liquidesten; liquid/li-qui-de; ein liquider Kunde

liquidieren (auflösen, beseitigen; *auch* berechnen); du liquidierst, er liquidierte die Firma, sie hat die Kosten liquidiert; li-qui-die-ren; die **Liquidierung**

lispeln (beim Sprechen mit der Zunge anstoßen); du lispelst, er lispelte, sie hat gelispelt; lis-peln

List, die; der List, die Listen; List; wir mussten eine List anwenden, um ihn ins Wasser zu locken

Liste, die; der Liste, die Listen; Lis-te; er schreibt alle Namen in eine Liste

listig (schlau, trickreich); listiger, am listigsten; lis-tig; ein listiger Kerl

Liter, der/das; des Liters, die Liter; Li-ter;

ein Liter Milch; ein halber/halbes Liter Wasser; ein viertel Liter Öl → Viertelliter

literarisch; *keine Steigerung*; li-te-ra-risch; eine literarische Veranstaltung

Literatur, die; der Literatur, die Literaturen; Li-te-ra-tur; er liest gern gute Literatur; die **Literaturgeschichte**; die **Literaturwissenschaft**

literweise [Adv.]; li-ter-wei-se; er trinkt literweise Tee

Litfaßsäule, die (Anschlagsäule; so benannt nach ihrem Erfinder Ernst Litfaß); der Litfaßsäule, die Litfaßsäulen; Lit-faß-säule; er klebt Plakate an die Litfaßsäule

Lithografie, die (*auch* Lithographie) (Steinzeichnung, Steindruck); der Lithografie, die Lithografien; Li-tho-gra-fie

live [Adv.] [laif] (direkt); das Fußballspiel wird live übertragen; die **Livesendung/Live-Sendung**

Lizenz, die (Genehmigung, Ermächtigung); der Lizenz, die Lizenzen; Li-zenz; der **Lizenzdruck**

lizenzieren (genehmigen); du lizenzierst, er lizenzierte, sie hat das Buch lizenziert; li-zen-zie-ren

Lkw, der (*auch* LKW) = Lastkraftwagen; des Lkw(s), die Lkws; der **Lkw-Fahrer**; die **Lkw-Ladung**

Lob, das; des Lob(e)s, *Plural selten*: die Lobe; Lob; für ihren Fleiß hat sie ein Lob verdient

Lobby, die (Interessengruppe; *auch* Vorhalle); der Lobby, die Lobbys; Lob-by; er hat keine Lobby; wir treffen uns in der Lobby; der **Lobbyismus** (Versuch der Beeinflussung durch Interessengruppen)

loben; du lobst, er lobte, sie hat ihn für seine Geduld gelobt; lo-ben; **lobenswert**

lobpreisen; du lobpreist, er lobpreiste/lobpries, sie hat den berühmten Dichter gelobpreist /lobgepriesen; lob-prei-sen

Loch, das; des Loch(e)s, die Löcher; Loch

lochen; du lochst, er lochte, sie hat das Papier gelocht; lo-chen

löchern; du löcherst, er löcherte, sie hat mich mit Fragen gelöchert; lö-chern; **löchrig** (*auch* löcherig); ein löchriger Käse

Locke, die; der Locke, die Locken; Lo-cke; sie hat schöne blonde Locken

locken; du lockst, er lockte sein Haar, sie hat den Hund mit Futter gelockt; lo-cken

locker; lockerer, am lockersten; lo-cker; eine lockere Schraube; die Schnürsenkel etwas lockerer machen

lockerlassen; du lässt locker, er ließ locker, sie hat einfach nicht lockergelassen; lo-cker-las-sen; **lockermachen**; sie hat einige Euros lockergemacht

lockern; du lockerst, er lockerte, sie hat den Knoten gelockert; lo-ckern; die **Lockerung**; die **Lockerungsübung**

lockig; lockiger, am lockigsten; lo-ckig; er hat lockiges Haar

Lockmittel, das; des Lockmittels, die Lockmittel; Lock-mit-tel

Loden, der (Wollgewebe); des Lodens, die Loden; Lo-den; der **Lodenmantel**

lodern; es lodert, es loderte, die Flamme hat gelodert; lo-dern

Löffel, der; des Löffels, die Löffel; Löf-fel

löffeln; du löffelst, er löffelte, sie hat die Suppe gelöffelt; löf-feln; **löffelweise**; sie füttert ihn löffelweise

Loge, die [losche] (abgesonderter Zuschauerraum; Vereinigung von Freimaurern); der Loge, die Logen; Lo-ge

Loggia, die [lodschia] (eingezogener Balkon; *auch* offene Bogenhalle); der Loggia, die Loggien; Log-gia

logieren [loschiren] (vorübergehend wohnen); du logierst, er logierte, sie hat im Hotel logiert; lo-gie-ren

Logik, die (folgerichtiges Denken; *auch* Lehre vom folgerichtigen Denken); der Logik, *kein Plural*; Lo-gik; **logisch**; eine logische Schlussfolgerung; **logischerweise**

Logo, das (Symbol, Markenzeichen); des Logos, die Logos; Lo-go

Logopäde, der (Sprachheilkundiger); des Logopäden, die Logopäden; Lo-go-pä-de; die **Logopädie** (Sprachheilkunde); **logopädisch**; die logopädische Sprechstunde

Lohn, der; des Lohn(e)s, die Löhne; Lohn; die **Lohnarbeit**; **lohnen**, sich lohnen; die Mühe hat sich gelohnt

Loipe, die (vorbereitete Langlaufspur); der Loipe, die Loipen; Loi-pe

Lok, die = Lokomotive; der Lok, die Loks; Lok

lokal (örtlich); *keine Steigerung*; lo-kal; die lokale Zeitung; das **Lokal** (Ort, Raum; *auch* Gaststätte)

Lokomotive, die; der Lokomotive, die Lokomotiven; Lo-ko-mo-ti-ve; der **Lokomotivführer**

Looping, der/das [luping] (Überschlag); des Loopings, die Loopings; Loo-ping; das Flugzeug fliegt einen/ein Looping

Lorbeer, der (immergrüner Baum); des Lorbeers, die Lorbeeren; Lor-beer; der **Lorbeerbaum**; die **Lorbeere**; er ruht sich auf seinen Lorbeeren aus

Lore, die (Transportwagen auf Schienen); der Lore, die Loren; Lo-re

Los, das; des Loses, die Lose; Los; er hat das große Los gezogen

los [Adv.]; los; in der Stadt ist immer etwas los; der Hund ist los; sie ist die Sorgen los

die Lokomotive

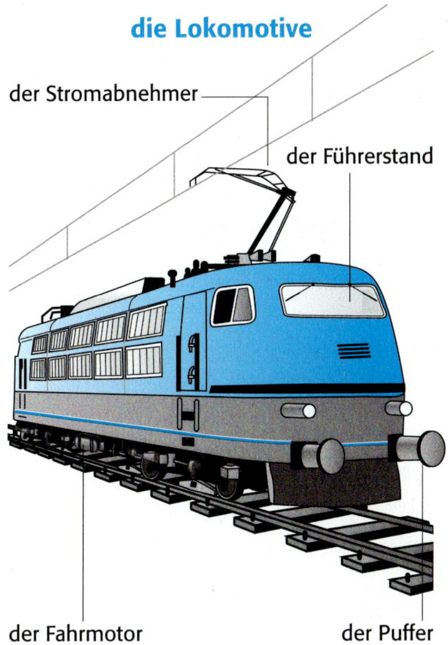

lösbar; lösbarer, am lösbarsten; lös-bar; eine lösbare Aufgabe; die **Lösbarkeit**

losbinden; du bindest los, er band los, sie hat den Hund losgebunden; los-bin-den

löschen; du löschst, er löschte das Feuer, sie hat den Text gelöscht; lö-schen

lose (locker); loser, am losesten; lo-se; ein loser Knopf

losen; du lost, er loste, sie hat gelost und gewonnen; lo-sen

lösen; du löst, er löste das Rätsel, sie hat sich von ihren Eltern gelöst; lö-sen

Loser, der [luser] (Verlierer); des Losers, die Loser; Lo-ser

losfahren; du fährst los, er fuhr los, sie ist ganz früh losgefahren; los-fah-ren; **losgehen**; **loslassen**

löslich; löslicher, am löslichsten; lös-lich; löslicher Kaffee

losmachen; du machst los, er machte los, sie hat das Boot losgemacht; losma-chen; **losreißen**; der Hund hat sich losgerissen

Losung, die (Kennwort, Spruch; Kot mancher Tiere); der Losung, die Losungen; Lo̱-sung

Lösung, die; der Lösung, die Lösungen; Lö̱-sung; die Lehrerin schreibt die Lösung an die Tafel; zum Reinigen benutzen wir eine spezielle Lösung

loswerden; du wirst los, er wurde los, sie ist ihren Schnupfen endlich losgeworden; lo̱s-wer-den

Lot, das (Senkblei; alte Gewichtseinheit); des Lot(e)s, die Lote; Lo̱t

loten; du lotest, er lotete, sie hat die Tiefe des Wassers gelotet; lo̱-ten

löten; du lötest, er lötete, sie hat die Kabel gelötet; lö̱-ten

Lotion, die; der Lotion, die Lotionen/Lotions; Lo-ti-o̱n; sie kremt sich mit einer Lotion ein

Lötkolben, der (elektrisch erhitzbares Werkzeug zum Löten); des Lötkolbens, die Lötkolben; Lö̱t-kol-ben; die **Lötlampe** (Werkzeug mit Flamme zum Löten)

Lotos, der (*auch* Lotus) (Name verschiedener Gewächse); des Lotos, die Lotos; Lo̱-tos; die **Lotosblume**; die **Lotosblüte**

Lotse, der; des Lotsen, die Lotsen; Lo̱t-se; der Lotse lenkt das Schiff in den Hafen

lotsen; du lotst, er lotste, sie hat uns sicher durch das Dunkel gelotst; lo̱t-sen

Lotterie, die; der Lotterie, die Lotterien; Lot-te-rie̱; das **Lotto**; er hat im Lotto gewonnen

Loveparade, die (*auch* Love-Parade); der Loveparade, die Loveparades; Lọve-pa-ra̱de; die Loveparade lockt tausende Technofans an

Lover, der [lạwer] (Liebhaber); des Lovers, die Lover; Lọ-ver; die **Lovestory** (Liebesgeschichte)

Löwe, der; des Löwen, die Löwen; Lö̱-we; der **Löwenanteil** (Hauptanteil); der **Löwenzahn** (Pflanze)

loyal [loja̱l] (ehrlich, anständig); loyaler, am loyalsten; lo-ya̱l; die **Loyalität**

Luchs, der (kleines Raubtier); des Luchses, die Luchse; Lụchs

Lücke, die; der Lücke, die Lücken; Lụ̈-cke; eine Lücke füllen; der **Lückenbüßer** (Ersatzperson)

lückenhaft; lückenhafter, am lückenhaftesten; lụ̈-cken-haft; ein lückenhaftes Wissen; **lückenlos**

Luder, das; des Luders, die Luder; Lu̱-der; sie ist ein ziemlich freches Luder

Luft, die; der Luft, die Lüfte; Lụft; er lässt frische Luft ins Zimmer; der **Luftballon**

luftdicht; *keine Steigerung*; lụft-dicht; eine luftdichte Verpackung; der **Luftdruck**; **luftdurchlässig**

lüften; du lüftest, er lüftete, sie hat das Zimmer gelüftet; lụ̈f-ten

Luftfahrt, die; der Luftfahrt, die Luftfahrten; Lụft-fahrt; er ist bei der Luftfahrt beschäftigt; sie unternehmen eine Luftfahrt mit dem Ballon

Luftfeuchtigkeit, die; der Luftfeuchtigkeit, *kein Plural*; Lụft-feuch-tig-keit; sie messen die Luftfeuchtigkeit

luftgekühlt; *keine Steigerung*; lụft-gekühlt; ein luftgekühlter Motor; **luftig**; sie winken aus luftiger Höhe; **luftleer**; die **Luftlinie** (gedachte kürzeste Verbindung zwischen zwei Orten)

Luftpost, die; der Luftpost, *kein Plural*; Lụft-post; der Brief geht per Luftpost nach Kanada; die **Luftpumpe**; die **Luftröhre**; der **Luftverkehr**; die **Luftwaffe** (Teil der militärischen Streitkraft)

Lug, der (Lüge); des Lug(e)s, *kein Plural*; Lu̱g; er hat es nur mit Lug und Trug geschafft

Lüge, die; der Lüge, die Lügen; Lü̲-ge

lügen; du lügst, er log, sie hat gelogen; lü̲-gen

lugen; du lugst, er lugte, sie hat gelugt; lu̲-gen; sie hat vorsichtig um die Ecke gelugt

Lügendetektor, der; des Lügendetektors, die Lügendetektoren; Lü̲-gen-de-tek-tor

Lügner, der; des Lügners, die Lügner; Lüg-ner; die Lügnerin muss entlarvt werden; **lügnerisch**; ein lügnerischer Mensch

Luke, die (kleines Fenster, kleine Öffnung); der Luke, die Luken; Lu̲-ke

lukrativ (Gewinn bringend); lukrativer, am lukrativsten; lu-kra-ti̲v/luk-ra-ti̲v; ein lukratives Geschäft

Lulatsch, der (langer, schlacksiger Mann); des Lulatsch(e)s, die Lulatsche; Lu̲-latsch

Lümmel, der; des Lümmels, die Lümmel; Lụ̈m-mel; er ist ein frecher Lümmel

lümmeln; du lümmelst, er lümmelte, sie hat sich auf das Sofa gelümmelt; lụ̈m-meln

Lump, der; des Lumpen, die Lumpen; Lụmp; er ist ein gemeiner Lump

Lumpen, der; des Lumpens, die Lumpen; Lụm-pen; sie hat einen alten Lumpen an; der **Lumpensack**

Lumperei, die; der Lumperei, die Lumpereien; Lum-pe-re̲i; dass sie uns im Stich gelassen haben, war eine Lumperei

lumpig; lumpiger, am lumpigsten; lụm-pig; er gab mir lumpige 50 Cent

Lunch, der [lạnsch] (Mittagsmahlzeit); des Lunch/Lunches/Lunchs, die Lunche/Lunches/Lunchs; das **Lunchpaket**

Lunge, die (Atmungsorgan); der Lunge, die Lungen; Lụn-ge; die **Lungenentzündung**; **lungenkrank**; der **Lungenkrebs**

lungern → herumlungern

Lunte, die (Zündschnur); der Lunte, die Lunten; Lụn-te; eine Lunte legen; Lunte wittern (Gefahr wittern)

Lupe, die; der Lupe, die Lupen; Lu̲-pe; er betrachtet das Sandkörnchen mit der Lupe; **lupenrein** (sehr rein, ganz ohne Mängel)

lupfen (*auch* lüpfen); du lupfst, er lupfte, sie hat den Ball in das Tor gelupft; lụp-fen

Lupine, die (Blume); der Lupine, die Lupinen; Lu-pi̲ne

Lurch, der (Amphibie); des Lurch(e)s, die Lurche; Lụrch

Lust, die; der Lust, die Lüste; Lụst; ich habe keine Lust, fernzusehen

Lüster, der (Hängeleuchte, Kronleuchter); des Lüsters, die Lüster; Lụ̈s-ter; die **Lüsterklemme** (Klemme für den Kabelanschluss von Lampen)

lüstern (sexuell gereizt, begierig); lüsterner, am lüsternsten; lụ̈s-tern; lüsterne Blicke

lustig; lustiger, am lustigsten; lụs-tig; ein lustiges Spiel; **lustlos**; die **Lustlosigkeit**; das **Lustspiel** (Komödie)

lutherisch (*auch* luthersch) (nach oder von Martin Luther); *keine Steigerung*; lụ-the-risch; die lutherische Kirche; die luthersche Bibelübersetzung

lutschen; du lutschst, er lutschte, sie hat ein Bonbon gelutscht; lụt-schen; der **Lutscher**; auf dem Kinderfest gab es Lutscher für alle

Luv (dem Wind zugekehrte Seite); Lu̲v; Luv und Lee → Lee

Lux, das = lx (Maßeinheit für Beleuchtungsstärke); des Lux, die Lux; Lụx

luxuriös (prunkvoll, teuer); luxuriöser, am luxuriösesten; lu-xu-ri-ö̲s; eine luxuriöse Lebensweise; der **Luxus**; **Luxusgüter**

Luzerne, die (Pflanze); der Luzerne, die Luzernen; Lu-zẹr-ne

Luzifer (Teufel, Satan); Luzifers, *kein Plural*; Lu-zi-fer

Lymphe, die [lümfe] (Gewebsflüssigkeit); der Lymphe, die Lymphen; Lym-phe; das **Lymphgefäß**; der **Lymphknoten** (Organ im Lymphgefäßsystem)

lynchen (töten, ungesetzlich hinrichten); du lynchst, er lynchte, sie hat gelyncht; lyn-chen; die **Lynchjustiz**; der **Lynchmord**

Lyrik, die; der Lyrik, *kein Plural*; Ly-rik; der **Lyriker**; **lyrisch**; ein lyrischer Text

Lyzeum, das (höhere Mädchenschule); des Lyzeums, die Lyzeen; Ly-ze-um

M

Maar, das (meist mit Wasser gefüllte kraterartige Bodenvertiefung vulkanischen Ursprungs); des Maar(e)s, die Maare; Maar

machen; du machst, er machte, sie hat alles Mögliche gemacht, er hat sich schön gemacht; ma-chen

Machenschaft, die (Intrige); der Machenschaft, die Machenschaften; Ma-chenschaft; wir müssen diese Machenschaften aufdecken

Macho, der [madscho] (betont männlich auftretender Mann); des Machos, die Machos; Ma-cho

Macht, die; der Macht, die Mächte; Macht; die **Machtergreifung**

mächtig; mächtiger, am mächtigsten; mäch-tig; ein mächtiger Herrscher; **machtlos**; **machtvoll**

Machwerk, das; des Machwerk(e)s, die Machwerke; Mach-werk; das ist das Machwerk des Teufels

Macke, die; der Macke, die Macken; Macke

Mädchen, das; des Mädchens, die Mädchen; Mäd-chen; **mädchenhaft**

Made, die (Insektenlarve); der Made, die Maden; Ma-de; im Apfel ist eine Made

made in [mäid in] (hergestellt in); made in Germany

Mädel, das; des Mädels, die Mädel; Mädel; unsere Mädels haben das Spiel gewonnen

madig; madiger, am madigsten; ma-dig; das madige Obst wird aussortiert; **madigmachen**; du sollst uns den Spaß nicht immer madigmachen

Madonna, die; der Madonna, die Madonnen; Ma-don-na; im Museum sind geschnitzte Madonnen ausgestellt

Mafia, die (*auch* Maffia) (verbrecherische Geheimorganisation); der Mafia, die Mafias; Ma-fia; der **Mafioso** (*auch* Maffioso) (Mitglied der Mafia)

Magazin, das (Zeitschrift; *auch* Lagerraum; *auch* Patronenbehälter für Waffen); des Magazins, die Magazine; Ma-ga-zin

Magd, die; der Magd, die Mägde; Magd; die Magd hilft der Bäuerin

Magen, der; des Magens, die Mägen; Magen; die **Magenschmerzen**

mager; magerer, am magersten; ma-ger; ich esse nur mageres Fleisch; die **Magerkeit**; die **Magersucht** (krankhafte Essstörung)

Magie, die (Zauber); der Magie, Magien; Ma-gie; der **Magier** (Zauberer, Zauberkünstler); **magisch**; im alten Schloss geschehen magische Dinge

Magistrat, der (Stadtverwaltungsbehörde); des Magistrat(e)s, die Magistrate; Ma-gis-trat/Ma-gist-rat; der Magistrat von Berlin

Magma, das (geschmolzenes Gestein); des Magmas, die Magmen; Mag-ma

Magnesium, das (chemisches Element,

Metall); des Magnesiums, *kein Plural*; Ma-gne-si-um/Mag-ne-si-um; **magnesiumhaltig**

Magnet, der (Eisen anziehender Körper); des Magneten/Magnetes/Magnets, die Magnete/Magneten; Ma-gnet/Mag-net; das **Magnetfeld**; **magnetisch**; der **Magnetismus**

Mähdrescher, der; des Mähdreschers, die Mähdrescher; Mäh-dre-scher; das Getreide wird mit Mähdreschern geerntet

mähen; du mähst, er mähte, sie hat die Wiese gemäht; mä-hen; der **Mäher**

Mahl, das; des Mahl(e)s, die Mahle/Mähler; Mahl; wir nehmen ein gutes Mahl zu uns → Mahlzeit

mahlen; du mahlst, er mahlte, sie hat das Korn zu Mehl gemahlen; mah-len

Mahlzeit, die; der Mahlzeit, die Mahlzeiten; Mahl-zeit; er nimmt eine kleine Mahlzeit zu sich

Mähne, die; der Mähne, die Mähnen; Mäh-ne; er schüttelt seine Mähne

mahnen; du mahnst, er mahnte, sie hat mich schon mehrmals gemahnt; mahnen; das **Mahnmal**; die **Mahnung**

Mai, der; des Mai(e)s, *Plural selten*: die Maie; Mai; das **Maiengrün**; der **Maikäfer**

Mail, die [mäil] = E-Mail; der Mail, die Mails; die **Mailbox**

mailen [mäilen]; du mailst, er mailte, sie hat mir ihre Adresse gemailt; mai-len; das **Mailing** (Versand von Werbung)

Mais, der; des Maises, *Plural selten*: die Maise; Mais; der **Maiskolben**

Majestät, die; der Majestät, die Majestäten; Ma-jes-tät; Seine Majestät, der König; **majestätisch** (hoheitsvoll, würdevoll)

Majonäse, die (*auch* Mayonnaise); der Majonäse, die Majonäsen; Ma-jo-nä-se; sie essen Pommes mit Majonäse

Major, der (Offiziersgrad); des Majors, die Majore; Ma-jor

Majorität, die (Mehrheit); der Majorität, die Majoritäten; Ma-jo-ri-tät

makaber (grausig); makaberer/makabrer, am makabersten; ma-ka-ber; das ist ein ziemlich makabrer/makaberer Scherz

Makel, der (Fehler); des Makels, die Makel; Ma-kel; **makellos**; eine makellose Arbeit

mäkeln; du mäkelst, er mäkelte, sie hat an allem gemäkelt; mä-keln

Make-up, das [mäik-ap]; des Make-ups, die Make-ups; Make-up

Makkaroni, die; der Makkaroni, *nur Plural*; Mak-ka-ro-ni

Makler, der (Geschäftsvermittler); des Maklers, die Makler; Mak-ler; die **Maklergebühr**

Makrele, die (Fisch); der Makrele, die Makrelen; Ma-kre-le/Mak-re-le

Makrone, die (kleines, rundes Gebäck); der Makrone, die Makronen; Ma-kro-ne/Mak-ro-ne

mal [Adv.]; mal; drei mal drei ist neun; lass uns doch erst mal abwarten; → Kasten „mal/Mal“

Mal[1], das; des Mal(e)s, die Male; Mal; zum ersten Mal; sie wurde von Mal zu Mal besser; er hat sich manches Mal gewundert → manchmal, Kasten „mal/Mal“; das **Mal**[2] (Zeichen, Fleck); das Muttermal; das Denkmal

Malaria, die (Infektionskrankheit); der Malaria, *kein Plural*; Ma-la-ria; die **Malariamücke**

malen; du malst, er malte, sie hat ein Bild gemalt; ma-len; der **Maler**; die **Malerei**

malerisch; malerischer, am malerischsten; ma-le-risch; sie wohnen in malerischer Umgebung

Malheur, das [malõr] (Missgeschick); des

mal/Mal

Getrennt- und Zusammenschreibung:

Wörter mit dem Bestandteil „mal" schreibt man zusammen, wenn die einzelnen Wortbestandteile nicht mehr deutlich zu erkennen sind und nicht besonders betont sind:
- manchmal, keinmal, diesmal, allemal
- auf einmal, noch einmal, ein andermal
- einmal, zweimal, hundertmal

In Verbindung mit Ziffern schreibt man „mal" mit Bindestrich:
- 2-mal, 5-mal, 6–7-mal, 100-mal, x-mal

Manchmal ist Zusammen- oder Getrenntschreibung möglich: Wenn beide Wörter betont werden sollen, kann man sie auch getrennt schreiben. Dabei wird „Mal" zu einem Nomen und muss großgeschrieben werden:
- er hat es nur einmal/ein Mal versucht
- wir sahen ein sechzigmal/sechzig Mal größeres Bild
- der Sand wird ein paarmal/paar Mal gesiebt

Das Nomen „Mal" wird immer vom vorangehenden Wort getrennt geschrieben:
- das erste Mal, das dritte Mal
- ein einziges Mal, zum letzten Mal(e), zum x-ten Mal(e)
- das nächste Mal, jedes Mal, manches Mal, viele Mal(e)
- eine Million Mal, ein Dutzend Mal, ein paar Tausend Mal(e)
- mit einem Mal(e), ein für alle Mal, von Mal zu Mal

I J K L M N O P Q

Malheurs, die Malheure/Malheurs; Malheur; mir ist ein Malheur passiert

malnehmen (multiplizieren); du nimmst mal, er nahm mal, sie hat zwei mit vier malgenommen; mal-neh-men

Malve, die (Pflanze); der Malve, die Malven; Mal-ve; der **Malventee**

Malz, das (Getreideprodukt); des Malzes, *kein Plural*; Malz; das **Malzbier**; der **Malzkaffee**

Mama, die; der Mama, die Mamas; Mama/Ma-ma

Mamba, die (Giftschlange); der Mamba, die Mambas; Mam-ba

Mammut, das (ausgestorbene Elefantenart); des Mammuts, die Mammute/Mammuts; Mam-mut; der **Mammutbaum** (Nadelbaum)

man [Pron.]; man; hier darf man alles anfassen

Management, das [mänedschment] (Leitung; *auch* die leitenden Angestellten); des Managements, die Managements; Ma-nage-ment

managen [mänedschen] (leiten, organisieren); du managst, er managte das Konzert, sie hat das gut gemanagt; mana-gen; der **Manager**

manch [Pron.]; manch; manch ein Freund; **manche**; **mancher**; **mancherlei**; man-cher-lei; sie haben mancherlei Interessantes erlebt; **manches**

manchmal [Adv.]; manch-mal; sie kommt mich manchmal besuchen

Mandarine, die (Frucht); der Mandarine, die Mandarinen; Man-da-ri-ne

Mandat, das (Auftrag, Vollmacht); des Mandat(e)s, die Mandate; Man-dat; die Regierung hat das Mandat des Volkes

Mandel, die (Frucht des Mandelbaums; *auch* mandelförmiges Rachenorgan); der Mandel, die Mandeln; Man-del; sie naschen geröstete Mandeln; die **Mandelentzündung**

Mandoline, die (Instrument); der Mandoline, die Mandolinen; Man-do-li-ne

Manege, die [manesche]; der Manege, die Manegen; Ma-ne-ge; die Zirkustiere betreten die Manege

Mangel[1], die (Bügelmaschine); der Mangel, die Mangeln; Man-gel

Mangel[2], der; des Mangels, die Mängel; Man-gel; es herrscht ein Mangel an Einsatzbereitschaft; **mangelhaft**

mangeln[1]; du mangelst, er mangelte, sie hat die Wäsche gemangelt; man-geln

mangeln[2]; es mangelt, es mangelte an Geld, es hat mir an Erfahrung gemangelt; man-geln

mangels [Präp.]; man-gels; mangels besseren Wissens verliefen sie sich (Gen.)

Mango, die (Frucht); der Mango, die Mangos; Man-go

Manie, die (Besessenheit); der Manie, die Manien; Ma-nie; ihr ständiges Händewaschen ist schon zur Manie geworden

Manier, die (Art, Stil); der Manier, *kein Plural*; Ma-nier; in gewohnter Manier

Manieren, die (Umgangsformen); der Manieren, *nur Plural*; Ma-nie-ren; sie hat gute Manieren

manierlich (gesittet, fein); manierlicher, am manierlichsten; ma-nier-lich; ein manierliches Benehmen

Maniküre, die (Hand- und Nagelpflege); der Maniküre, die Maniküren; Ma-ni-kü-re

maniküren; du manikürst, er manikürte, sie hat sich die Fingernägel manikürt; ma-ni-kü-ren

Manipulation, die (Beeinflussung); der Manipulation, die Manipulationen; Ma-ni-pu-la-ti-on; **manipulierbar**

manipulieren (beeinflussen); du manipulierst, er manipulierte, sie hat uns geschickt manipuliert; ma-ni-pu-lie-ren

Mann, der; des Mann(e)s, die Männer; Mann; das **Männchen**

Mannequin, das [manekäng] (weibliches Model); des Mannequins, die Mannequins; Man-ne-quin

männlich; männlicher, am männlichsten; männ-lich; ein männlicher Körper; die **Männlichkeit**

Mannschaft, die; der Mannschaft, die Mannschaften; Mann-schaft; der **Mannschaftskapitän**; das **Mannschaftsspiel**

Manöver, das; des Manövers, die Manöver; Ma-nö-ver; sie starten ein gewagtes Manöver

manövrieren; du manövrierst, er manövrierte, sie hat das Schiff durch die Meerenge manövriert; ma-nö-vrie-ren/ma-növ-rie-ren

Mansarde, die (Dachgeschoss); der Mansarde, die Mansarden; Man-sar-de; die **Mansardenwohnung**

Manschette, die (Ärmelaufschlag, *auch* Hülle); der Manschette, die Manschetten; Man-schet-te

Mantel, der; des Mantels, die Mäntel; Man-tel; einen Mantel anziehen

manuell (mit der Hand); *keine Steigerung*; ma-nu-ell; die manuelle Herstellung der Produkte

Manuskript, das (Textentwurf, Druckvorlage); des Manuskript(e)s, die Manuskripte; Ma-nu-skript

Mappe, die; der Mappe, die Mappen; Map-pe

Mär, die (Märchen, Sage); der Mär, die Mären; Mär; wir lauschen den alten Mären

Maracuja, die (Frucht); der Maracuja, die Maracujas; Ma-ra-cu-ja; der **Maracujasaft**

Marathonlauf, der (Langstreckenlauf, ca. 42,2 km); des Marathonlauf(e)s, die Marathonläufe; Ma-ra-thon-lauf; **marathonlaufen** (*auch* Marathon laufen); ich laufe Marathon; der **Marathonläufer**

Märchen, das; des Märchens, die Märchen; Mär-chen; das **Märchenbuch**; **märchenhaft**; das **Märchenland**

Marder, der (kleines Raubtier); des Marders, die Marder; Mar-der

Margarine, die; der Margarine, die Margarinen; Mar-ga-ri-ne

Margerite, die (Blume); der Margerite, die Margeriten; Mar-ge-ri-te

Marienkäfer, der; des Marienkäfers, die Marienkäfer; Ma-ri-en-kä-fer

Marihuana, das (Rauschgift aus der Hanfpflanze); des Marihuanas, *kein Plural*; Ma-ri-hu-a-na

Marine, die (Seewesen eines Staates, Flotte); der Marine, die Marinen; Ma-ri-ne; **marineblau** (dunkelblau)

Marionette, die (Gliederpuppe an Fäden); der Marionette, die Marionetten; Ma-ri-o-net-te; **marionettenhaft**; das **Marionettentheater**

maritim (zum Meer oder Seewesen gehörend); maritimer, am maritimsten; ma-ri-tim; maritimes Klima

Mark[1], das (innerste Gewebeteile); des Mark(e)s, *kein Plural*; Mark; er war bis ins Mark getroffen; das Knochenmark

Mark[2], die (Grenzland); der Mark, die Marken; Mark; sie besuchen die Mark Brandenburg

Mark[3], die (ehemalige deutsche Währungseinheit); der Mark, *kein Plural*; Mark; Deutsche Mark

markant (deutlich hervortretend); markanter, am markantesten; mar-kant; ein markantes Merkmal

Marke, die; der Marke, die Marken; Marke; eine Marke aufkleben

Marker, der (Stift zum Kennzeichnen); des Markers, die Marker; Mar-ker

Marketing, das (marktbezogene Maßnahmen eines Unternehmens); des Marketing/Marketings, *kein Plural*; Marke-ting; die **Marketingabteilung**

markieren; du markierst, er markierte, sie hat die Textstelle markiert; mar-kie-ren; die **Markierung**

Markt, der; des Markt(e)s, die Märkte; Markt; die **Marktanalyse**; der **Marktführer**; die **Marktlücke**; der **Marktplatz**

Marktwirtschaft, die (Wirtschaftssystem mit Orientierung am Markt); der Marktwirtschaft, die Marktwirtschaften; Marktwirt-schaft

Marmelade, die; der Marmelade, die Marmeladen; Mar-me-la-de; das **Marmeladebrötchen** (*auch* Marmeladenbrötchen)

Marmor, der (Gesteinsart); des Marmors, die Marmore; Mar-mor; der **Marmorboden**

Mars, der (Planet; *auch* römischer Kriegsgott); des Mars, *kein Plural*; Mars

Marsch[1], die (durch Deiche geschütztes Küstenland); der Marsch, die Marschen; Marsch

Marsch[2], der; des Marsch(e)s, die Märsche; Marsch; **marsch!**; es geht los, marsch, marsch!

marschieren; du marschierst, er marschierte, sie ist mit den Soldaten marschiert; mar-schie-ren

Martinshorn, das (Sirene an Krankenwagen u. Ä.); des Martinshorns, die Martinshörner; Mạr-tins-horn

Märtyrer, der (jemand, der für seinen Glauben oder seine Überzeugung leidet); des Märtyrers, die Märtyrer; Mạ̈r-ty-rer; das **Martyrium** (schweres Leiden, Qual)

Marxismus, der (von Marx und Engels begründete Lehre von der gesellschaftlichen Entwicklung); des Marxismus, *kein Plural*; Mar-xịs-mus; der **Marxist**; **marxistisch**; die marxistische Theorie

März, der; des März(es), *Plural selten*: die Märze; Mạ̈rz; der **Märzbecher/Märzenbecher** (Blume)

Marzipan, das; des Marzipans, die Marzipane; Mar-zi-pa̲n

Masche, die; der Masche, die Maschen; Mạ-sche

Maschine, die; der Maschine, die Maschinen; Ma-schi̲-ne; **maschinell**; die maschinelle Herstellung von Lebensmitteln

Masern, die (Kinderkrankheit); der Masern, *nur Plural*; Ma̲-sern; sie ist gegen Masern geimpft

Maske, die; der Maske, die Masken; Mạske; der **Maskenball**; **maskenhaft**

Maskerade, die (Verkleidung); der Maskerade, die Maskeraden; Mas-ke-ra̲-de; eine lustige Maskerade

maskieren (eine Maske aufsetzen, verkleiden); du maskierst dich, er maskierte sich, sie hat sich als Katze maskiert; mas-ki̲e̲-ren

Maskottchen, das; des Maskottchens, die Maskottchen; Mas-kọtt-chen; mein Maskottchen soll mir Glück bringen

maskulin (männlich); maskuliner, am maskulinsten; mas-ku-li̲n/mạs-ku-lin; das **Maskulinum** (männliches Geschlecht; männliches Nomen/Substantiv)

Maß, das; des Maßes, die Maße; Ma̲ß; der Schneider nimmt Maß; sie sollte beim Essen Maß halten/maßhalten

Massage, die [maßa̲sche]; der Massage, die Massagen; Mas-sa̲-ge; nach dem Wettkampf bekommen die Sportler eine Massage

Massaker, das (Blutbad, Gemetzel); des Massakers, die Massaker; Mas-sa̲-ker

massakrieren; du massakrierst, er massakrierte, sie hat massakriert; mas-sa-kri̲e̲-ren/mas-sak-ri̲e̲-ren

Maßarbeit, die; der Maßarbeit, die Maßarbeiten; Ma̲ß-ar-beit; in der Elektronik kommt es auf millimetergenaue Maßarbeit an

Masse, die; der Masse, die Massen; Mạsse; ich spüre eine klebrige Masse unter meinen Füßen; eine Masse Menschen war gekommen

Maßeinheit, die; der Maßeinheit, die Maßeinheiten; Ma̲ß-ein-heit

Massenandrang, der; des Massenandrangs, *kein Plural*; Mạs-sen-an-drang; der **Massenartikel**; **massenhaft**; das **Massenmedium**; der **Massensport**

Masseur, der [maßö̲r]; des Masseurs, die Masseure; Mas-seur; der Masseur lockert die verspannten Muskeln; die **Masseurin** [masö̲rin]; die **Masseuse** [maßö̲se] (heute meist abwertend gebraucht)

maßgebend; maßgebender, am maßgebendsten; ma̲ß-ge-bend; er hat maßgebenden Einfluss; **maßgeblich**; sie hat einen maßgeblichen Beitrag geleistet

mäßig; mäßiger, am mäßigsten; mä̲ßig; wir kamen nur in mäßigem Tempo voran

mäßigen; du mäßigst, er mäßigte sich, sie hat ihre Ansprüche gemäßigt; mä̲-ßigen; die **Mäßigung**

massiv; massiver, am massivsten; mas-si̲v; ein massiver Bau; massiver Widerstand

maßlos; maßloser, am maßlosesten; ma̱ß-los; er stellt maßlose Forderungen; die **Maßlosigkeit**

Maßnahme, die; der Maßnahme, die Maßnahmen; Ma̱ß-nah-me

maßregeln; du maßregelst, er maßregelte, sie hat ihn wegen häufigen Fehlens gemaßregelt; ma̱ß-re-geln

Maßstab, der; des Maßstab(e)s, die Maßstäbe; Ma̱ß-stab; **maßstabgerecht** (*auch* maßstabsgerecht); eine maßstabgerechte Abbildung; **maßstabgetreu** (*auch* maßstabsgetreu); ein maßstabgetreues Modell

maßvoll; maßvoller, am maßvollsten; ma̱ß-voll; ein maßvoller Genuss von Süßigkeiten schadet nicht

Mast[1], der; des Mast(e)s, die Masten; Mạst; er klettert einen hohen Mast hinauf

Mast[2], die; der Mast, die Masten; Mạst; die Mast von Tieren; **mästen**; der Landwirt hat die Ochsen gemästet; das **Mastfutter**; der **Mastochse**

Masturbation, die (sexuelle Selbstbefriedigung); der Masturbation, die Masturbationen; Mas-tur-ba-ti-o̱n; **masturbieren**

Match, das [mạ̈tsch] (Wettkampf, Wettspiel); des Match(e)s, die Matchs/Matches/Matche; der **Matchball** (spielentscheidender Ball)

Material, das; des Materials, die Materialien; Ma-te-ri-a̱l; die Schuhe haben Sohlen aus haltbarem Material; der **Materialfehler**

Materialismus, der (auf die Materie zurückgehende Weltanschauung; *auch* Besitzstreben); des Materialismus, *kein Plural*; Ma-te-ri-a-lịs-mus; **materialistisch**; eine materialistische Einstellung

Materie, die (Urstoff, stofflich existierende Wirklichkeit; *auch* Inhalt, Thema); der Materie, *kein Plural*; Ma-te̱-rie; in dieser Materie kenne ich mich nicht aus; **materiell**; sie wollen materielle Sicherheit im Alter

Mathematik, die; der Mathematik, *kein Plural*; Ma-the-ma-ti̱k; der **Mathematiker**; **mathematisch**

Matjeshering, der (junger, gesalzener Hering); des Matjesherings, die Matjesheringe; Mạt-jes-he-ring

Matratze, die; der Matratze, die Matratzen; Ma-trạt-ze/Mat-rạt-ze; das **Matratzenlager**

Matrose, der; des Matrosen, die Matrosen; Ma-tro̱-se/Mat-ro̱-se; die Matrosen machen das Schiff klar

Matsch, der; des Matsch(e)s, *kein Plural*; Mạtsch; er ist in den Matsch gefallen; **matschig**; ein matschiger Boden

matt; matter, am mattesten; mạtt; mattes Glas; er hat mich im Schach matt gesetzt/mattgesetzt (*auch* schachmatt gesetzt)

Matte, die; der Matte, die Matten; Mạt-te; sie liegt auf einer Matte

Mattigkeit, die; der Mattigkeit, *kein Plural*; Mạt-tig-keit

Mattscheibe, die; der Mattscheibe, die Mattscheiben; Mạtt-schei-be

Mätzchen, die; der Mätzchen, *nur Plural*; Mạ̈tz-chen; mach keine Mätzchen!

Mauer, die; der Mauer, die Mauern; Mau-er

mauern; du mauerst, er mauerte, sie hat die Wand gemauert; mau-ern

Maul, das; des Maul(e)s, die Mäuler; Maul; der Löwe reißt sein Maul weit auf

Maulwurf, der (kleines Erdtier); des Maulwurf(e)s, die Maulwürfe; Maul-wurf; der **Maulwurfshügel**

Maurer, der; des Maurers, die Maurer; Mau-rer; der **Maurergeselle**; der **Maurermeister**

I J K L M N O P Q

Maus, die (kleines Nagetier; *auch* Computermaus); der Maus, die Mäuse; Maus; der **Mäusebussard** (Greifvogel); die **Mausefalle**

Mauser, die (Federnwechsel bei Vögeln); der Mauser, *kein Plural*; Mau-ser

mausern, sich mausern (Federn verlieren; *auch* sich gut entwickeln); du mauserst dich, er mauserte sich, sie hat sich gemausert; mau-sern

mausetot; *keine Steigerung*; mau-se-tot; die Fliege ist mausetot; **mausgrau**

Mausklick, der = Mouseclick; des Mausklicks, die Mausklicks; Maus-klick; ich bin mit einem Mausklick im Internet

Maut, die (Straßen- oder Brückengebühr); der Maut, die Mauten; Maut; die **Mautstraße**; das **Mautsystem**

maximal (am höchsten, am größten); *keine Steigerung*; ma-xi-mal; das maximale Tempo

Maximum, das (Höchstmaß); des Maximums, die Maxima; Ma-xi-mum

Mayonnaise → Majonäse

Mechanik, die (Lehre von den Kräften und Bewegungen; *auch* Getriebe, Räderwerk); der Mechanik, die Mechaniken; Me-cha-nik; der **Mechaniker**

mechanisch; *keine Steigerung*; me-cha-nisch; viele Geräte arbeiten nicht mehr mechanisch, sondern elektronisch; der **Mechanismus** (technische Anlage, technischer Ablauf)

meckern; du meckerst, er meckerte, die Ziege hat gemeckert; me-ckern

Medaille, die [medalje]; der Medaille, die Medaillen; Me-dail-le; die Sieger bekommen Medaillen

Medaillon, das [medaljong]; des Medaillons, die Medaillons; Me-dail-lon; sie trägt ein Medaillon mit dem Bild ihrer Mutter

Medien → Medium

Medikament, das (Arzneimittel); des Medikament(e)s, die Medikamente; Me-di-ka-ment

Meditation, die (sich besinnende tiefe geistige Versenkung; *auch* religiöse Versenkung); der Meditation, die Meditationen; Me-di-ta-ti-on

meditieren; du meditierst, er meditierte, sie hat meditiert; me-di-tie-ren

Medium, das (Mittel, Vermittler von Informationen oder Botschaften); des Mediums, die Medien; Me-di-um

Medizin, die; der Medizin, *kein Plural*; Me-di-zin; sie hat Medizin studiert; du musst deine Medizin regelmäßig einnehmen; der **Mediziner**; **medizinisch**

Meer, das; des Meer(e)s, die Meere; Meer; die **Meerenge**; der **Meeresgrund**

Meeresspiegel, der; des Meeresspiegels, *kein Plural*; Mee-res-spie-gel; der Ort liegt 1000 Meter über dem Meeresspiegel (= 1000 m ü.d.M.); das Land liegt etwa einen Meter unter dem Meeresspiegel (= 1m u.d.M.); die **Meeresströmung**

Meerrettich, der (Gewürzpflanze); des Meerrettichs, *kein Plural*; Meer-ret-tich; der **Meerrettichsenf**

Meerschweinchen, das (kleines Nagetier); des Meerschweinchens, die Meerschweinchen; Meer-schwein-chen

Meeting, das [miting] (Treffen, Besprechung); des Meetings, die Meetings; Mee-ting

Megabyte, das [megabait] = MB, MByte, Mbyte; des Megabyte(s), die Megabyte(s); Me-ga-byte; eine Speicherkapazität von 256 Megabytes

Megafon, das (*auch* Megaphon) (trichterförmiger Lautverstärker); des Megafons, die Megafone; Me-ga-fon

mega-in (besonders modern); *keine Steigerung*; mẹ-ga-in; Jeans sind mal wieder mega-in; **mega-out** [mẹga aut] (besonders unmodern, überholt); deine Frisur ist mega-out

Mehl, das; des Mehl(e)s, die Mehle; Mẹhl; **mehlig**; der **Mehltau** (Pflanzenkrankheit)

mehr [Pron.]; wir sind mehr Mädchen als Jungen; je mehr wir heute schaffen, desto mehr Zeit haben wir morgen; das **Mehr**; das Mehr an Arbeit lohnt sich

mehrdimensional; *keine Steigerung*; mẹhr-di-men-si-o-nal; eine mehrdimensionale Darstellung

mehrere [Pron.]; mẹh-re-re; mehrere Schüler; **mehreres**; wir haben schon mehreres ausprobiert; **mehrerlei**; sie haben mehrerlei Dinge mitgebracht

mehrfach; *keine Steigerung*; mẹhr-fach; der mehrfache Sieger

Mehrheit, die; der Mehrheit, die Mehrheiten; Mẹhr-heit; die Mehrheit hat dafür gestimmt; **mehrheitlich**

mehrmals [Adv.]; mẹhr-mals; ich habe mehrmals gefehlt

mehrstellig; *keine Steigerung*; mẹhr-stellig; ein mehrstelliger Betrag

mehrstimmig; *keine Steigerung*; mẹhr-stim-mig; der mehrstimmige Gesang

Mehrwertsteuer, die; der Mehrwertsteuer, die Mehrwertsteuern; Mẹhr-wert-steu-er; die Preise sind inklusive Mehrwertsteuer

Mehrzahl, die; der Mehrzahl, *kein Plural*; Mẹhr-zahl; die Mehrzahl der Bewohner war dagegen

meiden; du meidest, er mied, sie hat die heiße Mittagssonne gemieden; mei-den

Meile, die; der Meile, die Meilen; Meile; die geografische Meile (7,42 km); die Seemeile (1,852 km); die englische Meile (1,609 km); der **Meilenstein**; an der Straße findet man noch alte Meilensteine; **meilenweit**

mein [Pron.]; mein; meiner Ansicht nach ist das falsch; meines Wissens kommt sie nicht; heute kommen die meinen/Meinen mich besuchen; ich habe das meine/Meine gegeben; das **Mein**; sie kann Mein und Dein nicht unterscheiden

Meineid, der (vorsätzlich falscher Eid); des Meineid(e)s, die Meineide; Meineid

meinen; du meinst, er meinte, sie hat das Richtige gemeint; mei-nen

meinerseits [Adv.]; mei-ner-seits; meinerseits gibt es keine Zweifel; **meinetwegen**; wir sind meinetwegen zu spät gekommen

Meinung, die; der Meinung, die Meinungen; Mei-nung; die **Meinungsforschung**; das **Meinungsforschungsinstitut**; die **Meinungsfreiheit**; die **Meinungsumfrage**

Meinungsverschiedenheit, die; der Meinungsverschiedenheit, die Meinungsverschiedenheiten; Mei-nungs-ver-schie-den-heit

Meise, die (Vogel); der Meise, die Meisen; Mei-se

Meißel, der (Werkzeug); des Meißels, die Meißel; Mei-ßel; er arbeitet mit Hammer und Meißel

meißeln; du meißelst, er meißelte, sie hat ein Loch in die Wand gemeißelt; mei-ßeln

meist[1]; *keine Steigerung*; die meisten Kinder spielen gern; am meisten mag ich Schokoeis; das meiste/Meiste ist geschafft; **meist**[2] = meistens; sie kommt meist zu spät

meistbietend; *keine Steigerung*; meistbie-tend; das Bild wurde meistbietend versteigert; der **Meistbietende**

meistens [Adv.]; meis-tens; abends sind wir meistens zu Hause; **meistenteils**; die Gärten gehören meistenteils den Anwohnern

Meister, der; des Meisters, die Meister; Meis-ter; der Meister verteilt die Arbeit; der **Meisterbrief** (Urkunde über die abgelegte Meisterprüfung)

meisterhaft; *keine Steigerung*; meis-ter-haft; eine meisterhafte Leistung; die **Meisterleistung**

meistern; du meisterst, er meisterte, sie hat die Aufgabe gemeistert; meis-tern; die **Meisterprüfung**; er hat die Meisterprüfung abgelegt

Meisterschaft, die; der Meisterschaft, die Meisterschaften; Meis-ter-schaft; das Gemälde zeugt von großer Meisterschaft; er nimmt an einer Meisterschaft teil; das **Meisterschaftsspiel**

Meisterstück, das; des Meisterstück(e)s, die Meisterstücke; Meis-ter-stück; er hat ein Meisterstück vollbracht; das **Meisterwerk**

meistgekauft; *keine Steigerung*; meist-ge-kauft; die meistgekaufte CD; **meistgelesen**; **meistgenannt**

Melancholie, die [melangkoli] (Schwermut); der Melancholie, die Melancholien; Me-lan-cho-lie; **melancholisch**; sie ist in melancholischer Stimmung

melden; du meldest den Vorfall, er meldete sich zu Wort, sie hat sich auf dem Einwohneramt gemeldet; mel-den; die **Meldepflicht**; **meldepflichtig**

Meldung, die; der Meldung, die Meldungen; Mel-dung; wir hören die neusten Meldungen

melken; du melkst, er melkte/molk, sie hat die Kuh gemelkt/gemolken; melken; frisch gemolkene Milch; die **Melkmaschine**

Melodie, die; der Melodie, die Melodien; Me-lo-die; er spielt die Melodie eines bekannten Liedes; **melodisch**

Melone, die (Kürbisgewächs; *auch* runder, steifer Hut); der Melone, die Melonen; Me-lo-ne

Membran, die (*auch* Membrane) (dünnes Häutchen oder Blättchen); der Membran, die Membranen; Mem-bran/Mem-bra-ne

Memme, die (Feigling); der Memme, die Memmen; Mem-me

Memoiren, die [memoaren] (Lebenserinnerungen); der Memoiren, *nur Plural*; Me-moi-ren; er schreibt seine Memoiren

Memory, das (Gedächtnisspiel); des Memorys, die Memorys; Me-mo-ry

Menge, die; der Menge, die Mengen; Men-ge; sie hat eine Menge Spielzeug

mengen (mischen); du mengst, er mengte, sie hat alle Zutaten gemengt; men-gen

Mengenlehre, die (Lehre von mathematischen Mengen); der Mengenlehre, *kein Plural*; Men-gen-leh-re

Meniskus, der (Zwischenknorpel im Kniegelenk); des Meniskus, die Menisken; Me-nis-kus; der **Meniskusriss**

Mensa, die (Studentenkantine an Hochschulen); der Mensa, die Mensas/Mensen; Men-sa

Mensch, der; des Menschen, die Menschen; Mensch; das **Menschenleben**

menschenmöglich; *keine Steigerung*; men-schen-mög-lich; was menschenmöglich war, habe ich getan; das **Menschenmögliche**

Menschenrecht, das; des Menschenrecht(e)s, die Menschenrechte; Menschen-recht; die **Menschenrechtserklärung**; die **Menschenrechtsverletzung**

menschenverachtend; menschenverachtender, am menschenverachtendsten; mẹn-schen-ver-ach-tend; eine menschenverachtende Haltung

Menschenwürde, die; der Menschenwürde, *kein Plural*; Mẹn-schen-wür-de; **menschenwürdig**

Menschheit, die; der Menschheit, *kein Plural*; Mẹnsch-heit; die **Menschheitsgeschichte**

menschlich; menschlicher, am menschlichsten; mẹnsch-lich; wir haben menschliche Spuren gefunden; die **Menschlichkeit**

Menstruation, die (Monatsblutung, Regel, Periode); der Menstruation, die Menstruationen; Mens-tru-a-ti-o̲n/Menst-ru-a-ti-o̲n

mental (geistig, den Geist betreffend); *keine Steigerung*; men-ta̲l; die mentale Stärke des Sportlers; die **Mentalität** (Sinnesart, Denkart)

Menthol, das (Bestandteil des Pfefferminzöls); des Menthols, *kein Plural*; Men-tho̲l

Menü, das; des Menüs, die Menüs; Me-nü̲; wir bestellen im Restaurant ein Menü; er ruft das Menü seines Handys auf

merken; du merkst, er merkte sich alle Namen, sie hat sofort etwas gemerkt; mẹr-ken

Merkmal, das; des Merkmal(e)s, die Merkmale; Mẹrk-mal; sie kennt die typischen Merkmale des giftigen Fliegenpilzes

merkwürdig; merkwürdiger, am merkwürdigsten; mẹrk-wür-dig; wir hörten ein merkwürdiges Geräusch; **merkwürdigerweise**

Message, die [mẹssidsch] (Nachricht, besondere Aussage); der Message, die Messages; Mẹs-sage; wir haben seine Message verstanden

messbar; messbarer, am messbarsten; mẹss-bar; wir wollen ein messbares Ergebnis erzielen; die **Messbarkeit**

Messdiener, der; des Messdieners, die Messdiener; Mẹss-die-ner; die **Messe** (katholischer Gottesdienst)

Messe, die (Verkaufsausstellung; *auch* Aufenthaltsraum für Offiziere auf Schiffen); der Messe, die Messen; Mẹs-se; der **Messebesucher**; die **Messehalle**

messen; du misst, er maß, sie hat die Länge gemessen; mẹs-sen

Messer, das; des Messers, die Messer; Mẹs-ser; **messerscharf**; der **Messerstich**

Messfehler, der; des Messfehlers, die Messfehler; Mẹss-feh-ler; das **Messgerät**

Messias, der (Erlöser, Befreier); des Messias, *kein Plural*; Mes-si̲-as

Messing, das (Kupfer-Zink-Legierung); des Messings, die Messinge; Mẹs-sing; der **Messinggriff**

Metall, das; des Metalls, die Metalle; Me-ta̲ll; die Metall verarbeitende/metallverarbeitende Industrie; **metallen** (aus Metall); ein metallener Behälter; **metallic**; ein Auto in metallic Grün/Metallicgrün; **metallisch**; ein metallisch schimmernder Lack; die **Metalllegierung**

Meteor, der (Leuchterscheinung beim Eintritt eines Gesteinsbrockens aus dem Weltall, Sternschnuppe); des Meteors, die Meteore; Me-te-o̲r; der **Meteorit** (fester, nicht verdampfter Teil eines Meteors)

Meteorologie, die (Wetter- und Klimakunde); der Meteorologie, *kein Plural*; Me-teo-ro-lo-gi̲e; **meteorologisch**; der meteorologische Dienst

Meter, der/das; des Meters, die Meter; Me-ter; eine zehn Meter lange Schnur; eine Länge von zehn Meter/Metern; ein ein/einen Meter langes Band; ein zwei Meter weiter Sprung

meterhoch; *keine Steigerung*; me-ter-hoch; eine meterhohe Wand; **meterlang**; ein meterlanger Zaun

Metermaß, das; des Metermaßes, die Metermaße; Me-ter-maß

meterweit; *keine Steigerung*; me-ter-weit; ein meterweiter Schuss über das Tor

Methode, die (planmäßige Vorgehensweise); der Methode, die Methoden; Me-tho-de; er hat eine gute Methode, um sich die Wörter einzuprägen; **methodisch**

Metropole, die (Hauptstadt); der Metropole, die Metropolen; Me-tro-po-le/Met-ro-po-le

Mettwurst, die; der Mettwurst, die Mettwürste; Mett-wurst

Metzger, der (Fleischer); des Metzgers, die Metzger; Metz-ger; die **Metzgerei**

Meuchelmord, der (heimtückischer Mord); des Meuchelmord(e)s, die Meuchelmorde; Meu-chel-mord; **meuchlings**; er hat ihn meuchlings ermordet

Meute, die (wilde Schar, Horde); der Meute, die Meuten; Meu-te

Meuterei, die (Aufstand, Empörung); der Meuterei, die Meutereien; Meu-te-rei; der **Meuterer**

meutern; du meuterst, er meuterte, die Besatzung hat gemeutert; meu-tern

miauen; du miaust, er miaute, die Katze hat miaut; mi-au-en

mich [Pron.]; mich; sie hat mich gegrüßt; ich habe mich verlaufen; meinst du mich?

mickrig (*auch* mickerig) (schwach, zurückgeblieben); mickriger, am mickrigsten; mick-rig; ein mickriges Pflänzchen

Mickymaus, die; der Mickymaus, die Mickymäuse; Mi-cky-maus; das **Mickymausheft**

Midlifecrisis, die (*auch* Midlife-Crisis) [midlaifkraißiß] (Sinnkrise in der Mitte des Lebens); der Midlifecrisis, *kein Plural*; Mid-life-cri-sis

Mieder, das (figurgebendes Leibchen; Hüfthalter, Korsett); des Mieders, die Mieder; Mie-der

Mief, der (schlechte Luft, Gestank); des Mief(e)s, *kein Plural*; Mief; **miefen**; es hat nach Zigarettenrauch gemieft; **miefig**; ein miefiges Zimmer

Miene, die (Gesichtsausdruck); der Miene, die Mienen; Mie-ne

mies (schlecht, übel); mieser, am miesesten; mies; mieses Wetter

miesmachen; du machst immer alles mies, er machte sie mies, sie hat meine Freunde miesgemacht; mies-ma-chen

Miesmuschel, die (Meeresmuschel); der Miesmuschel, die Miesmuscheln; Mies-mu-schel

Miete, die; der Miete, die Mieten; Mie-te

mieten; du mietest, er mietete, sie hat eine Wohnung gemietet; mie-ten; der **Mieter**; der **Mietvertrag**; die **Mietwohnung**

Migräne, die (heftiger Kopfschmerz); der Migräne, die Migränen; Mi-grä-ne/Mig-rä-ne

Mikrobiologie, die (Lehre von den Mikroorganismen); der Mikrobiologie, *kein Plural*; Mi-kro-bio-lo-gie/Mik-ro-bio-lo-gie; der **Mikrochip** (minimale Grundplatte, auf der viele elektronische Schaltungen untergebracht sind); der/das **Mikrofiche** [mikrofisch] (Mikrofilm in Postkartenformat)

Mikrofon, das (*auch* Mikrophon); des Mikrofon(e)s, die Mikrofone; Mi-kro-fon/Mik-ro-fon

Mikroorganismus, der (Kleinstlebewesen, Einzeller); des Mikroorganismus, die Mikroorganismen; Mi-kro-or-ga-nis-mus/Mik-ro-or-ga-nis-mus

Mikroskop, das (optisches Vergrößerungsgerät); des Mikroskops, die Mikroskope; Mi-kro-skop/Mik-ros-kop; **mikroskopisch**

Mikrowelle, die; der Mikrowelle, die Mikrowellen; Mi-kro-wel-le/Mik-ro-wel-le; der **Mikrowellenherd**

Milbe, die (kleines Spinnentier); der Milbe, die Milben; Mil-be

Milch, die; der Milch, *kein Plural*; Milch; **milchig**; eine milchige Flüssigkeit; das **Milchprodukt**; die **Milchstraße** (Sternensystem, unsere Galaxis); der **Milchzahn**

das Mikroskop

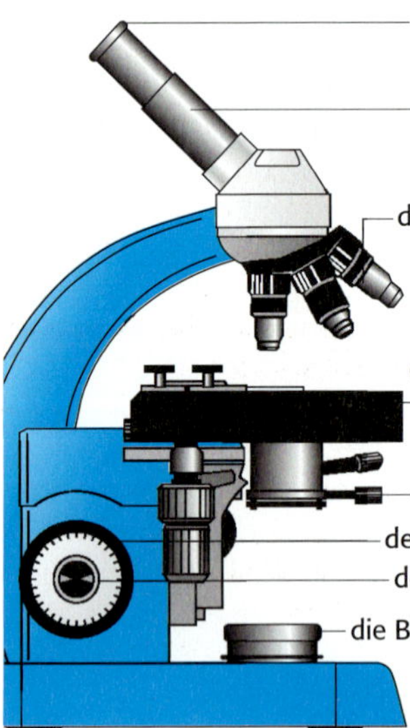

mild; milder, am mildesten; mild; ein milder Winter; die **Milde**

mildern; du milderst, er milderte, sie hat die Verluste gemildert; mil-dern; **mildtätig**; ein mildtätiger Verein

Milieu, das [miljõ] (Lebensverhältnisse, Umgebung); des Milieus, die Milieus; Mi-li-eu; sie wuchs in städtischem Milieu auf

militant (kämpferisch); militanter, am militantesten; mi-li-tant

Militär, das; des Militärs, *kein Plural*; Mi-li-tär; **militärisch**; der **Militarismus** (Vorherrschen militärischen Denkens und Handelns); **militaristisch**

Milliarde, die = Md., Mrd., Mia.; der Milliarde, die Milliarden; Mil-li-ar-de

Milligramm, das = mg; des Milligramms, die Milligramm; Mil-li-gramm; der/das **Milliliter** = ml; der/das **Millimeter** = mm

Million, die = Mill., Mio.; der Million, die Millionen; Mil-li-on; der millionste Besucher

Millionär, der; des Millionärs, die Millionäre; Mil-li-o-När; **millionenfach**; die **Millionenstadt**

Milz, die (inneres Organ); der Milz, die Milzen; Milz

mimen (darstellen); du mimst, er mimte den Schwerverletzten, sie hat die böse Hexe perfekt gemimt; mi-men

Mimik, die (Mienenspiel); der Mimik, *kein Plural*; Mi-mik

min = Min., Minute

Minarett, das (Moscheeturm); des Minaretts, die Minarette/Minaretts; Mi-na-rett

minder (weniger, geringer); minderer, am mindersten; min-der; das Obst ist von minderer Qualität; er ist nicht minder fleißig als seine Schwester; **minderbegabt**; **minderbemittelt**

Minderheit, die; der Minderheit, die Minderheiten; Min-der-heit; der **Minderheitenschutz**; die **Minderheitsregierung**

minderjährig (nicht volljährig); *keine Steigerung*; min-der-jäh-rig; der **Minderjährige**

mindern; du minderst, er minderte, sie hat die Verluste gemindert; min-dern; die **Minderung**

minderwertig; minderwertiger, am minderwertigsten; min-der-wer-tig; das **Minderwertigkeitsgefühl**

Mindestalter, das; des Mindestalters, die Mindestalter; Min-dest-al-ter; die **Mindestanforderung**

Mindeste/mindeste, das; des Mindesten, *kein Plural*; Min-des-te; das ist das Mindeste/mindeste, das ich erwarten kann; ich bin nicht im Mindesten/mindesten enttäuscht

mindestens [Adv.]; min-des-tens; wir brauchen mindestens 20 Euro; die **Mindestgeschwindigkeit**; das **Mindestmaß**

Mine, die; der Mine, die Minen; Mi-ne; sie braucht eine neue Mine für ihren Kugelschreiber

Mineral, das; des Minerals, die Minerale/Mineralien; Mi-ne-ral; **mineralisch**; das **Mineralöl**; das **Mineralwasser**

Miniatur, die (sehr kleines Bild); der Miniatur, die Miniaturen; Mi-ni-a-tur; die **Miniaturausgabe**

Minigolf, das; des Minigolfs, *kein Plural*; Mi-ni-golf; der **Minigolfplatz**

minimal (sehr klein, sehr gering); *keine Steigerung*; mi-ni-mal

Minimum, das; des Minimums, die Minima; Mi-ni-mum

Minirock, der; des Minirock(e)s, die Miniröcke; Mi-ni-rock

Minister, der; des Ministers, die Minister; Mi-nis-ter; **ministeriell**; das **Ministerium**; die Ministerien; der **Ministerpräsident**

Ministrant, der (Messdiener); des Ministranten, die Ministranten; Mi-nis-trant/Mi-nist-rant

Minorität, die (Minderheit, Minderzahl); der Minorität, die Minoritäten; Mi-no-ri-tät

Minuend, der (Zahl, von der eine andere abgezogen wird); des Minuenden, die Minuenden; Mi-nu-end

minus [Adv.]; mi-nus; 5 minus 2 ist/macht 3; es sind 10 Grad minus; das **Minus** (Fehlbetrag, Verlust; *auch* Nachteil); der **Minuspol**; der **Minuspunkt**; das **Minuszeichen**

Minute, die; der Minute, die Minuten; Mi-nu-te; **minutenlang**; der **Minutenzeiger**

mir [Pron.] (*Dativ von* ich); mir; bitte hilf mir!

Mirabelle, die (kleine, gelbe Pflaume); der Mirabelle, die Mirabellen; Mi-ra-bel-le

mischen; du mischst, er mischte, sie hat die Farben gemischt; mi-schen; die **Mischform**; das **Mischverhältnis**

Mischling, der; des Mischlings, die Mischlinge; Misch-ling; unser Hund ist nicht reinrassig, sondern ein Mischling

Mischung, die; der Mischung, die Mischungen; Mi-schung; das **Mischverhältnis**; der **Mischwald**

miserabel (schlecht, erbärmlich); miserabeler/miserabler, am miserabelsten; mi-se-ra-bel; er hat ein miserables Ergebnis erzielt

Misere, die (Elend, Notlage); der Misere, die Miseren; Mi-se-re

Miss, die (*englische Anrede für* Fräulein; *auch* Schönheitskönigin); der Miss, die Misses; Miss

missachten; du missachtest, er missachtete, sie hat das Stoppschild missachtet; miss-ạch-ten; die **Missachtung**

Missbildung, die; der Missbildung, die Missbildungen; Mịss-bil-dung; sie wurde mit einer Missbildung geboren

missbilligen; du missbilligst, er missbilligte, sie hat sein Verhalten missbilligt; miss-bịl-li-gen; die **Missbilligung**

Missbrauch, der; des Missbrauchs, die Missbräuche; Mịss-brauch; **missbrauchen**; sie hat meine Hilfsbereitschaft missbraucht; **missbräuchlich**; bei missbräuchlichem Umgang mit dem Handy erlischt der Garantieanspruch

Misserfolg, der; des Misserfolg(e)s, die Misserfolge; Mịss-er-folg; die **Missernte**

Missetat, die; der Missetat, die Missetaten; Mịs-se-tat; der **Missetäter**

missfallen; du missfällst, er missfiel, sie hat dem Personalchef missfallen; miss-fạl-len; das **Missfallen**

Missgeschick, das; des Missgeschicks, die Missgeschicke; Mịss-ge-schick; mir ist ein Missgeschick passiert

missgestimmt; missgestimmter, am missgestimmtesten; mịss-ge-stimmt

missglücken; es missglückt, es missglückte, das Essen ist mir leider missglückt; miss-glụ̈-cken

Missgriff, der; des Missgriff(e)s, die Missgriffe; Mịss-griff

Missgunst, die; der Missgunst, *kein Plural*; Mịss-gunst; **missgünstig**

misshandeln; du misshandelst, er misshandelte, sie hat das Tier misshandelt; miss-hạn-deln; die **Misshandlung**

Mission, die (Botschaft, Sendung; *auch* diplomatische Vertretung im Ausland); der Mission, die Missionen; Mis-si-o̱n; der **Missionar** (*auch* Missionär); die **Missionsstation**

Missklang, der; des Missklang(e)s, die Missklänge; Mịss-klang; der **Misskredit** (schlechter Ruf)

misslich; misslicher, am misslichsten; mịss-lich; du hast mich in eine missliche Lage gebracht; **missliebig** (unbeliebt)

misslingen; es misslingt, es misslang, die Zeichnung ist misslungen; miss-lịn-gen

Missmut, der; des Missmut(e)s, *kein Plural*; Mịss-mut; **missmutig** (schlecht gelaunt, ohne Lust)

missraten; es missrät, die Suppe missriet mir, meine Tochter ist ziemlich missraten; miss-ra̱-ten

Missstand, der; des Missstands, die Missstände; Mịss-stand; die **Missstimmung**

misstrauen; du misstraust, er misstraute mir, sie hat dem Angebot misstraut; miss-trau-en; das **Misstrauen**; **misstrauisch**

missverständlich; missverständlicher, am missverständlichsten; mịss-ver-ständ-lich; sie hat sich missverständlich ausgedrückt; das **Missverständnis**; **missverstehen**; sie hat meine Frage missverstanden

Misswirtschaft, die; der Misswirtschaft, die Misswirtschaften; Mịss-wirt-schaft

Mist, der; des Mist(e)s, *kein Plural*; Mịst; die Abfälle werden auf den Mist geworfen

Mistel, die (Pflanze); der Mistel, die Misteln; Mịs-tel; der Mistelzweig

mit [Präp.]; mịt; sie spielen mit dem Ball (Dat.); wir korrigieren mit Hilfe eines Wörterbuchs → mithilfe

mitarbeiten; du arbeitest mit, er arbeitete mit, sie hat gut mitgearbeitet; mịt-ar-bei-ten; der **Mitarbeiter**

mitbestimmen; du bestimmst mit, er bestimmte mit, sie hat mitbestimmt; mịt-be-stim-men; die **Mitbestimmung**; das **Mitbestimmungsrecht**

Mitbewerber, der; des Mitbewerbers, die Mitbewerber; Mịt-be-wer-ber; der **Mitbewohner**

mitbringen; du bringst mit, er brachte mit, sie hat ein Geschenk mitgebracht; mịt-brin-gen

Mitbürger, der; des Mitbürgers, die Mitbürger; Mịt-bür-ger

miteinander [Adv.]; mit-ei-nạn-der/mit-ein-ạn-der; sie sind miteinander befreundet

mitfahren; du fährst mit, er fuhr mit, sie ist mitgefahren; mịt-fah-ren; die **Mitfahrgelegenheit**

mitfühlen; du fühlst mit, er fühlte mit, sie hat mit dem Kranken mitgefühlt; mịt-füh-len; **mitfühlend**; ein mitfühlender Mensch; das **Mitgefühl**

mitgehen; du gehst mit, er ging mit, sie ist mitgegangen; mịt-ge-hen

Mitglied, das; des Mitglied(e)s, die Mitglieder; Mịt-glied; die **Mitgliederversammlung**; der **Mitgliedsbeitrag**; die **Mitgliedschaft**

mithilfe (*auch* mit Hilfe) [Präp.]; mit-hịl-fe; ein Boot mithilfe eines Seils festmachen (Gen.); die **Mithilfe**; wir freuen uns über deine Mithilfe

Mitinhaber, der; des Mitinhabers, die Mitinhaber; Mịt-in-ha-ber

mitkommen; du kommst mit, er kam mit, sie ist mitgekommen; mịt-kom-men; **mitlaufen**; der **Mitläufer**

Mitlaut, der (Konsonant); des Mitlaut(e)s, die Mitlaute; Mịt-laut

Mitleid, das; des Mitleid(e)s, *kein Plural*; Mịt-leid; wir sahen Mitleid erregende/mitleiderregende Kinder; **mitleidig**; sie sieht ihn mitleidig an; **mitleidlos** (*auch* mitleidslos); **mitleidvoll** (*auch* mitleidsvoll)

mitmachen; du machst mit, er machte mit, sie hat bei allen Späßen mitgemacht; mịt-ma-chen

Mitmensch, der; des Mitmenschen, die Mitmenschen; Mịt-mensch; **mitmenschlich**

mitnehmen; du nimmst mit, er nahm mit, sie hat uns im Auto mitgenommen; mịt-neh-men; **mitreißen**; sie hat die Zuschauer mitgerissen; **mitreißend**

mitschneiden (aufnehmen); du schneidest mit, er schnitt mit, sie hat den Film mitgeschnitten; mịt-schnei-den; der **Mitschnitt**; **mitschreiben**; die **Mitschrift**

Mitschuld, die; der Mitschuld, *kein Plural*; Mịt-schuld; **mitschuldig**

Mitschüler, der; des Mitschülers, die Mitschüler; Mịt-schü-ler

mitspielen; du spielst mit, er spielte mit, sie hat mitgespielt; mịt-spie-len; der **Mitspieler**

Mitsprache, die; der Mitsprache, *kein Plural*; Mịt-spra-che; das **Mitspracherecht**; **mitsprechen**

Mittag, der; des Mittags, die Mittage; Mịt-tag; wir treffen uns morgen Mittag; heute gibt es Suppe zu Mittag; das **Mittagessen**; **mittags**; mittags esse ich etwas Warmes; die **Mittagspause**; **Mittagszeit** → Kasten „ Abend/abends"

Mittäter, der; des Mittäters, die Mittäter; Mịt-tä-ter; die **Mittäterschaft**

Mitte, die; der Mitte, die Mitten; Mịt-te; er steht in der Mitte des Kreises; sie hat Mitte Juli Geburtstag

mitteilen; du teilst mit, er teilte mit, sie hat mitgeteilt; mịt-tei-len; die **Mitteilung**; das **Mitteilungsbedürfnis**

Mittel, das; des Mittels, die Mittel; Mịt-tel; sie errechnet das Mittel; er benutzt ein schmerzlinderndes Mittel

Mittelalter, das (geschichtlicher Zeitraum, etwa 5. bis 15. Jh.); des Mittelalters, *kein*

Plural; Mit-tel-al-ter; **mittelalterlich**; eine mittelalterliche Burg

mittelfristig; *keine Steigerung*; mit-tel-fris-tig; eine mittelfristige Planung

Mittelgebirge, das; des Mittelgebirges, die Mittelgebirge; Mit-tel-ge-bir-ge

mittelgroß; *keine Steigerung*; mit-tel-groß; sie kauft eine mittelgroße Melone; **mittelmäßig**; er ist ein mittelmäßiger Fußballspieler

Mittelmeer, das; des Mittelmeer(e)s, *kein Plural*; Mit-tel-meer

Mittelohrentzündung, die; der Mittelohrentzündung, die Mittelohrentzündungen; Mit-tel-ohr-ent-zün-dung

Mittelpunkt, der; des Mittelpunkt(e)s, die Mittelpunkte; Mit-tel-punkt; sie steht gern im Mittelpunkt; die **Mittelstufe**; die **Mittelwelle**; der **Mittelwert**; das **Mittelwort** (Partizip)

mitten [Präp.]; mit-ten; mitten im Wald (Dat.); mitten in den Unterricht hineinplatzen (Akk.); **mittendrin**; **mittendurch**

Mitternacht, die; der Mitternacht, die Mitternächte; Mit-ter-nacht; **mitternachts**; die **Mitternachtsstunde**

Mittler, der (Vermittler); des Mittlers, die Mittler; Mitt-ler

mittlerweile [Adv.] (inzwischen); mitt-ler-wei-le; er ist mittlerweile groß geworden

Mittwoch, der; des Mittwoch(e)s, die Mittwoche; Mitt-woch; **mittwochs**; sie hat mittwochs immer Training → Kasten „Dienstag/dienstags"

mitunter [Adv.] (manchmal); mit-un-ter; sie macht sich mitunter Sorgen um ihn

mitverantwortlich; *keine Steigerung*; mit-ver-ant-wort-lich; die mitverantwortlichen Eltern werden befragt; die **Mitverantwortung**

mixen; du mixt, er mixte, sie hat ein Getränk gemixt; mi-xen; der **Mixer**; das **Mixgetränk**

Mob, der (Gesindel, Pöbel); des Mobs, *kein Plural*; Mob

mobben (Arbeitskollegen wiederholt schlechtmachen); du mobbst, er mobbte, sie hat ihre Kollegin gemobbt; mob-ben; das **Mobbing**

Möbel, das; des Möbels, die Möbel; Mö-bel; der **Möbelpacker**; das **Möbelstück**

mobil (beweglich; *auch* gesund und munter); mobiler, am mobilsten; mo-bil; die Firma braucht mobile Mitarbeiter; die Kur hat ihn wieder mobil gemacht

Mobiliar, das (Möbel, Hausrat); des Mobiliars, die Mobiliare; Mo-bi-li-ar

mobilisieren; du mobilisierst, er mobilisierte, sie hat alle Kräfte mobilisiert; mo-bi-li-sie-ren; die **Mobilität**

mobilmachen (sich auf einen Krieg vorbereiten); du machst mobil, er machte mobil, die Armee hat mobilgemacht; mo-bil-ma-chen; die **Mobilmachung**

Mobiltelefon, das (drahtloses Telefon); des Mobiltelefon(e)s, die Mobiltelefone; Mo-bil-te-le-fon

möblieren; du möblierst, er möblierte, sie hat die Wohnung möbliert; mö-blie-ren/möb-lie-ren

Modalsatz, der; des Modalsatzes, die Modalsätze; Mo-dal-satz; das **Modalverb**

Mode, die; der Mode, die Moden; Mo-de; **modebewusst**; die **Modefarbe**

Model, das (Mannequin); des Models, die Models; Mo-del; die Models zeigen die neuste Mode

Modell, das; des Modells, die Modelle; Mo-dell; das **Modellflugzeug**; **modellieren**

Modem, das (Gerät zur Datenübertragung); des Modems, die Modems; Mo-dem

Moder, der (Fäulnis); des Moders, *kein Plural*; Mo̱-der

Moderator, der; des Moderators, die Moderatoren; Mo-de-ra̱-tor; **moderieren**; sie hat die Fernsehsendung moderiert

modern[1] (faulen); es modert, es moderte, das alte Holz hat gemodert; mo̱-dern

modern[2]; moderner, am modernsten; mo-dẹrn; sie hat eine moderne Frisur

modernisieren; du modernisierst, er modernisierte, sie hat das Büro modernisiert; mo-der-ni-si̱e̱-ren

modisch; modischer, am modischsten; mo̱-disch; er trägt modische Kleidung

Modul, das (Bau- oder Schalteinheit); des Moduls, die Module; Mo-du̱l; die **Modularisierung**; die **Modulation**

Modus, der (Art und Weise); des Modus, die Modi; Mo̱-dus

Mofa, das; des Mofas, die Mofas; Mo̱-fa

Mogelei, die; der Mogelei, die Mogeleien; Mo-ge-le̱i̱; **mogeln**; sie hat beim Kartenspiel gemogelt

mögen; du magst, er mochte, sie hat am liebsten Erdbeeren gemocht, die Geschwister mögen sich; mö̱-gen

möglich; *keine Steigerung*; mö̱g-lich; es gibt alle möglichen Farben; sie hat das Treffen möglich gemacht; das **Mögliche**; er hat alles Mögliche getan; sie hat ihr Möglichstes getan

möglichenfalls [Adv.]; mög-li-chen-fạlls; der Zug hat möglichenfalls Verspätung; **möglicherweise**

Möglichkeit, die; der Möglichkeit, die Möglichkeiten; Mö̱g-lich-keit; die **Möglichkeitsform**

möglichst [Adv.]; mö̱g-lichst; sei möglichst etwas früher da

Mohammed (Stifter des Islams); des Mohammeds, *kein Plural*; Mo̱-ham-med

Mohn, der; des Mohn(e)s, die Mohne; Mo̱hn; die **Mohnblume**; das **Mohnbrötchen**

Mokka, der (Kaffeesorte; *auch* sehr starker Kaffee); des Mokkas, die Mokkas; Mọk-ka

Molch, der (Schwanzlurch); des Molch(e)s, die Molche; Mọlch

Mole, die (Hafendamm); der Mole, die Molen; Mo̱-le

Molekül, das (kleinste Einheit einer chemischen Verbindung); des Moleküls, die Moleküle; Mo-le-kü̱l; **molekular**; die molekulare Beschaffenheit eines Stoffes; die **Molekularbiologie**; das **Molekulargewicht**

Molke, die (von geronnener Milch abgesetzte Flüssigkeit); der Molke, *kein Plural*; Mọl-ke; die **Molkerei**; das **Molkereiprodukt**

Moll, das (Tongeschlecht); des Moll, *kein Plural*; Mọll; die Sinfonie ist in Moll komponiert

mollig; molliger, am molligsten; mọl-lig; sie ist nicht dick, nur ein wenig mollig

Moment, der (Augenblick); des Moment(e)s, die Momente; Mo-mẹnt; **momentan**; er ist momentan nicht zu sprechen

Monarch, der (Alleinherrscher); des Monarchen, die Monarchen; Mo-nạrch/Mon-ạrch; die **Monarchie**; die Monarchien

Monat, der; des Monat(e)s, die Monate; Mo̱-nat; **monatelang**; **monatlich**; der **Monatsanfang**; die **Monatskarte**

Mönch, der; des Mönch(e)s, die Mönche; Mọ̈nch; **mönchisch**; der **Mönchsorden**

Mond, der; des Mond(e)s, die Monde; Mọnd; die **Mondfinsternis**; **mondhell**; die **Mondphase**; der **Mondschein**

Moneten, die (Geld); der Moneten, *nur Plural*; Mo-nẹ-ten; er zählt seine letzten Moneten

monieren (bemängeln, beanstanden); du monierst, er monierte, sie hat moniert; mo-nie-ren; sie hat moniert, dass wir oft zu spät kommen

Monitor, der (Bildschirm); des Monitors, die Monitoren; Mo-ni-tor

Monolog, der; des Monolog(e)s, die Monologe; Mo-no-log; der Schauspieler spricht einen Monolog

Monopol, das (alleiniger Anspruch, Vorrecht); des Monopols, die Monopole; Mo-no-pol; die **Monopolstellung**; das **Monopoly** (Spiel)

monoton (eintönig, einförmig); monotoner, am monotonsten; mo-no-ton; die **Monotonie**

Monster, das (Ungeheuer); des Monsters, die Monster; Mons-ter; das **Monstrum**; die Monstren

Montag, der; des Montag(e)s, die Montage; Mon-tag

Montage, die [montasche] (Zusammenbau); der Montage, die Montagen; Monta-ge; die **Montagehalle**

montags [Adv.]; mon-tags; wir gehen montags schwimmen; → Kasten „Dienstag/dienstags"

Monteur, der [montör]; des Monteurs, die Monteure; Mon-teur; **montieren**; sie hat das Regal montiert

Monument, das (großes Denkmal); des Monument(e)s, die Monumente; Monu-ment; **monumental**; ein monumentaler Bau

Moor, das; des Moor(e)s, die Moore; Moor; das **Moorbad**; das **Moorhuhn**; **moorig**

Moos, das; des Mooses, die Moose; Moos; wir liefen über weiches Moos; **moosbedeckt**; **moosgrün**; **moosig**

Moped, das; des Mopeds, die Mopeds; Mo-ped

Mopp, der (Fransenbesen); des Mopps, die Mopps; Mopp; **moppen**; sie hat den Boden gemoppt

Mops, der (kleiner Hund); des Mopses, die Möpse; Mops; wir essen Rollmops

mopsen; du mopst, er mopste ein Brötchen, sie hat sich einen Apfel gemopst; mop-sen

Moral, die (Sittlichkeit; auch Sittenlehre); der Moral, *Plural selten*: die Moralen; Mo-ral; **moralisch**; die **Moralpredigt**

Morast, der (sumpfig schwarze Erde); des Morast(e)s, die Moraste/Moräste; Mo-rast; **morastig**

Morchel, die (Pilz); der Morchel, die Morcheln; Mor-chel

Mord, der; des Mord(e)s, die Morde; Mord; er wurde des Mordes verdächtigt; **morden**; sie hat gemordet; der **Mörder**; **mörderisch**

morgen [Adv.]; mor-gen; was du heute kannst besorgen, das verschiebe nicht auf morgen; ich komme morgen

Morgen[1], das; des Morgens, *kein Plural*; Mor-gen; wir sprachen über das Gestern und das Morgen

Morgen[2], der; des Morgens, die Morgen; Mor-gen; es war ein kalter Morgen; **morgendlich**; das morgendliche Durcheinander; **morgens**; sie hört morgens gern Radio; **morgig**; der morgige Tag; → Kasten „Abend/abends"

Morphium, das (Schmerz- und Rauschmittel); des Morphiums, *kein Plural*; Mor-phi-um; die **Morphiumsucht**; **morphiumsüchtig**

morsch; morscher, am morschesten; morsch; ein morscher Holzstamm

Morsealphabet, das (*auch* Morse-Alphabet); des Morsealphabets, *kein Plural*; Mor-se-al-pha-bet; **morsen**; sie hat die Nachricht gemorst; das **Morsezeichen**

Mörtel, der; des Mörtels, die Mörtel; Mör-tel; er hat das Loch im Boden mit Mörtel gefüllt; **mörteln**; sie hat die Wand gemörtelt

Mosaik, das; des Mosaiks, die Mosaike/Mosaiken; Mo-sa-ik; der **Mosaikstein**

Moschee, die (muslimisches Gotteshaus); der Moschee, die Moscheen; Mo-schee

Moskito, der (tropische Stechmücke); des Moskitos, die Moskitos; Mos-ki-to; das **Moskitonetz**

Moslem, der (Anhänger des Islams); des Moslems, die Moslems; Mos-lem → Muslim; **moslemisch**; der moslemische Glaube → muslimisch

Most, der; des Most(e)s, die Moste; Most; aus den Früchten wird Most hergestellt

Motel, das (Hotel für Motorisierte); des Motels, die Motels; Mo-tel

Motiv, das (Leitgedanke; *auch* musikalisches Thema); des Motivs, die Motive; Mo-tiv; die **Motivation**

Motivation, die (innerer Antrieb); der Motivation, die Motivationen; Mo-ti-va-ti-on

motivieren; du motivierst, er motivierte seine Mitspieler zu kämpfen, sie hat sich vor dem Wettkampf erfolgreich motiviert; mo-ti-vie-ren; die **Motivierung**

Motocross, das (*auch* Moto-Cross) (Geländerennen für Motorräder); des Motocross, die Motocrosse; Mo-to-cross

Motor, der; des Motors, die Motore/Motoren; Mo-tor; das **Motorboot**

Motorik, die (Gesamtheit der Körperbewegungen); der Motorik, *kein Plural*; Mo-to-rik; nach dem Unfall war die Motorik seines Arms gestört

motorisieren (mit Motoren/Fahrzeugen ausstatten); du motorisierst, er motorisierte, sie hat alle Mitarbeiter motorisiert, sie ist jetzt auch endlich motorisiert;

das Motorrad

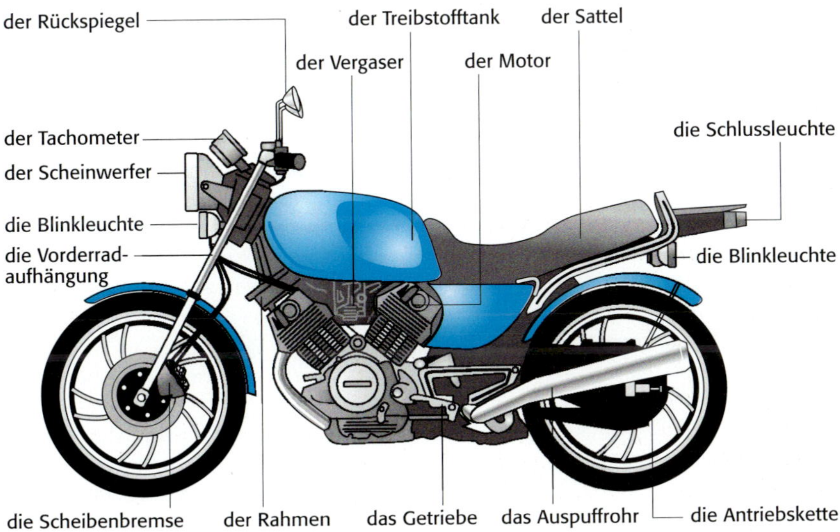

mo-to-ri-sie-ren; das **Motorrad**; der **Motorsport**

Motte, die (Insekt); der Motte, die Motten; Mot-te; das **Mottenpulver**

Motto, das (Leitspruch); des Mottos, die Mottos; Mot-to

motzen (schimpfen); du motzt, er motzte, sie hat wegen des schlechten Wetters gemotzt; mot-zen

Mountainbike, das [mauntenbaik] (geländetaugliches Sportfahrrad); des Mountainbikes, die Mountainbikes; Moun-tain-bike

Möwe, die (Vogel); der Möwe, die Möwen; Mö-we

Mozzarella, der (Käsesorte); des Mozzarellas, die Mozzarellas; Moz-za-rel-la

Mucke, die (Laune, Störung; *auch* Nebengeschäft; *auch* Musik); der Mucke, die Mucken; Mu-cke; was hast du denn heute für Mucken?

Mücke, die (Insekt); der Mücke, die Mücken; Mü-cke; der **Mückenstich**

Mucks, der (*auch* Muckser); des Muckses, die Muckse; Mucks; er hat keinen Mucks von sich gegeben; **mucksen**; sie hat sich nicht gemuckst; **mucksmäuschenstill**

müde; müder, am müdesten; mü-de; die **Müdigkeit**

Muff, der (Handwärmer); des Muff(e)s, die Muffe; Muff

Muffel, der (mürrischer, kurz angebundener Mensch); des Muffels, die Muffel; Muf-fel

muffig (modrig, feucht, schimmlig); muffiger, am muffigsten; muf-fig; eine muffige alte Decke; im Keller riecht es muffig

mufflig (*auch* muffelig) (mürrisch, übellaunig); muffliger, am muffligsten; muff-lig; ein muffliger Kerl

Mühe, die; der Mühe, die Mühen; Mü-he; er hat sich viel Mühe gegeben; **mühelos**; **mühen**, sich mühen; sie hat sich umsonst gemüht; **mühevoll**

Mühle, die; der Mühle, die Mühlen; Müh-le; das **Mühlrad**; der **Mühlstein**

Mühsal, die; der Mühsal, die Mühsale; Müh-sal; die harte Arbeit war eine Mühsal; **mühsam**; **mühselig**

Mulde, die; der Mulde, die Mulden; Mul-de; das Wasser sammelte sich in einer kleinen Mulde

Mull, der (lockeres Material oder Gewebe); des Mull(e)s, die Mulle; Mull; die Mullbinde

Müll, der; des Mülls, *kein Plural*; Müll; die **Müllabfuhr**; der **Mülleimer**

Müller, der; des Müllers, die Müller; Mül-ler

Müllkippe, die; der Müllkippe, die Müllkippen; Müll-kip-pe; die **Mülltonne**; die **Müllverbrennungsanlage**

mulmig (bedenklich; *auch* ängstlich); mulmiger, am mulmigsten; mul-mig; das ist eine ziemlich mulmige Sache

multikulturell; *keine Steigerung*; mul-ti-kul-tu-rell; ein multikulturelles Fest

Multimedia, das (Verwendung verschiedener Medien); des Multimedia(s), *kein Plural*; Mul-ti-me-dia; **multimedial**; eine multimediale Show

Multiple-Choice-Verfahren, das [maltipeltschoiß...] (Testverfahren, bei dem aus vorgegebenen Antwortmöglichkeiten richtige Lösungen auszuwählen sind); des Multiple-Choice-Verfahrens, die Multiple-Choice-Verfahren; Mul-ti-ple-/Mul-tip-le-Choice-Ver-fah-ren

Multiplikand, der; des Multiplikanden, die Multiplikanden; Mul-ti-pli-kand; die **Multiplikation**; der **Multiplikator**; **multiplizieren**

Mumie, die; der Mumie, die Mumien; Mu̲-mie; **mumienhaft**; **mumifizieren**; die **Mumifizierung**

Mumm, der; des Mumms, *kein Plural*; Mụmm; er hat Mumm in den Armen

mümmeln; du mümmelst, er mümmelte, sie hat ihr Brot gemümmelt; mụ̈m-meln

Mumps, der/die (Infektionskrankheit); des Mumps(es), *kein Plural*; Mụmps

Mund, der; des Mund(e)s, die Münder; Mụnd; die **Mundart**; sie spricht Mundart

münden; der Fluss mündet im Meer, der Bach mündete im Teich, die Gasse ist früher in die Hauptstraße gemündet; mụ̈n-den

mundgerecht; *keine Steigerung*; mụnd-ge-recht; mundgerechte Häppchen; der **Mundgeruch**

Mundharmonika, die; der Mundharmonika, die Mundharmonikas/Mundharmoniken; Mụnd-har-mo-ni-ka

der Mund

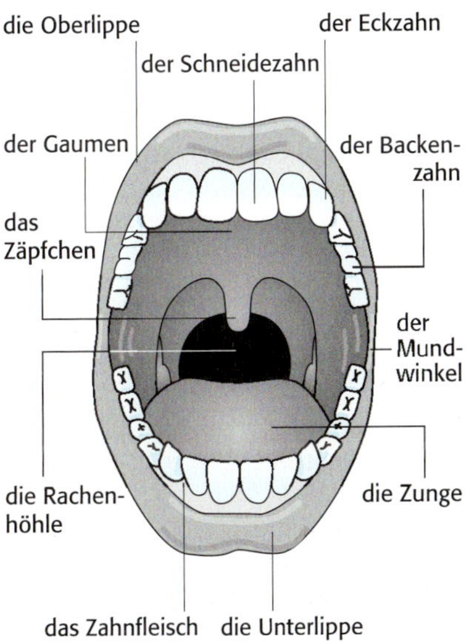

mündig; *keine Steigerung*; mụ̈n-dig; ein mündiger Bürger; die **Mündigkeit**

mündlich; *keine Steigerung*; mụ̈nd-lich; eine mündliche Hausaufgabe

mundtot; *keine Steigerung*; mụnd-tot; man hat ihn mundtot gemacht

Mündung, die; der Mündung, die Mündungen; Mụ̈n-dung

Mund-zu-Mund-Beatmung, die; der Mund-zu-Mund-Beatmung, *kein Plural*; Mụnd-zu-Mụnd-Be-at-mung

Munition, die; der Munition, die Munitionen; Mu-ni-ti-o̲n

munkeln; du munkelst, er munkelte, sie hat von einer Überraschung gemunkelt; mụn-keln

Münster, der/das (große Kirche, Klosterkirche); des Münsters, die Münster; Mụ̈ns-ter

munter; munterer/muntrer, am muntersten; mụn-ter; die **Munterkeit**

Münze, die; der Münze, die Münzen; Mụ̈n-ze; **münzen** (Münzen prägen); der **Münzfernsprecher**

mürbe (*auch* mürb); mürber, am mürbesten/mürbsten; mụ̈r-be; der **Mürbeteig**

Murks, der (schlechte Arbeit, Fehlerhaftes); des Murkses, *kein Plural*; Mụrks; er hat Murks gebaut; **murksen**

Murmel, die; der Murmel, die Murmeln; Mụr-mel; sie spielen mit Murmeln

murmeln; du murmelst, er murmelte, sie hat gemurmelt; mụr-meln; das **Murmeltier**

murren; du murrst, er murrte, sie hat gemurrt; mụr-ren; **mürrisch**

Mus, der/das; des Muses, die Muse; Mu̲s; der/das Pflaumenmus

Muschel, die; der Muschel, die Muscheln; Mụ-schel; der **Muschelkalk**

Museum, das; des Museums, die Museen; Mu-se-um; **museumsreif**

Musical, das [mjusikel] (unterhaltsames musikalisches Bühnenstück); des Musicals, die Musicals; Mu-si-cal

Musik, die; der Musik, die Musiken; Mu-sik

musikalisch; musikalischer, am musikalischsten; mu-si-ka-lisch; ein musikalisches Kind; der **Musikant**; der **Musiker**; das **Musikinstrument**

musisch; *keine Steigerung*; mu-sisch; eine musische Begabung

musizieren (Musik machen); du musizierst, er musizierte, sie hat musiziert; mu-si-zie-ren

Muskat, der (Gewürz); des Muskat(e)s, die Muskate; Mus-kat; die **Muskatnuss**

Muskel, der; des Muskels, die Muskeln; Mus-kel; der **Muskelkater**; die **Muskulatur**; **muskulös**

Müsli, das; des Müslis, die Müsli/Müslis; Müs-li; zum Frühstück isst er Müsli

Muslim, der; des Muslim(s), die Muslime; Mus-lim → Moslem; **muslimisch** → moslemisch

Muße, die (freie Zeit, innere Ruhe); der Muße, *kein Plural*; Mu-ße; zum Basteln brauche ich Zeit und Muße

müssen; du musst, er musste, sie hat nach Hause gemusst; müs-sen

Mustang, der (Wildpferd); des Mustangs, die Mustangs; Mus-tang

Muster, das; des Musters, die Muster; Muster; er fertigt ein Muster an; das **Musterbeispiel**; **mustergültig**; **musterhaft**

mustern (prüfen; *auch* mit Muster versehen); du musterst, er musterte, sie hat mich gemustert; mus-tern; die **Musterung**

Mut, der; des Mut(e)s, *kein Plural*; Mut; du machst mir Mut; mir ist komisch zu Mute (auch zumute); **mutig**; **mutlos**; die **Mutlosigkeit**

mutmaßen (vermuten, annehmen); du mutmaßt, er mutmaßte, sie hat gemutmaßt; mut-ma-ßen; **mutmaßlich**; die **Mutmaßung**

Mutter[1], die (Schraubenteil); der Mutter, die Muttern; Mut-ter; die Mutter mit einem Mutternschlüssel festziehen

Mutter[2], die; der Mutter, die Mütter; Mutter; Mutter und Vater; die **Muttererde**; die **Mutter Gottes** (*auch* Muttergottes)

mütterlich; mütterlicher, am mütterlichsten; müt-ter-lich; das **Muttermal**; **mutterseelenallein**; die **Muttersprache**; die **Mutti**; die Muttis

mutwillig; mutwilliger, am mutwilligsten; mut-wil-lig; er hat die Sandburg mutwillig zerstört; die **Mutwilligkeit**

Mütze, die; der Mütze, die Mützen; Mütze

Myrre, die (*auch* Myrrhe) (aromatisches Harz); der Myrre, die Myrren; Myr-re

mysteriös (geheimnisvoll, seltsam); mysteriöser, am mysteriösesten; mys-te-ri-ös; das **Mysterium**; die Mysterien; **mystisch**

mythisch (sagenhaft); *keine Steigerung*; my-tisch; die **Mythologie** (überlieferte Sagen eines Volkes, *auch* Lehre von den Mythen); der **Mythos** (*auch* Mythus) (Sage von Göttern, Helden, Geistern); die Mythen

N

N = Nord/Norden

Nabel, der; des Nabels, die Nabel; Nabel; die **Nabelschnur**

nach [Präp.]; nach; nach dem Essen (wann? → Dat.); nach Hause gehen (wohin? → Akk.); nach und nach; nach wie vor

nachäffen; du äffst nach, er äffte nach, sie hat ihren Bruder nachgeäfft; nach-äf-fen; **nachahmen**; die **Nachahmung**

Nachbar, der; des Nachbarn, die Nachbarn; Nach-bar; **nachbarlich**; die **Nachbarschaft**; **nachbarschaftlich**; die **Nachbarschaftshilfe**

nachbestellen; du bestellst nach, er bestellte nach, sie hat einige Bücher nachbestellt; nach-be-stel-len; die **Nachbestellung**

nachbilden; du bildest nach, er bildete nach, sie hat die Figur nachgebildet; nach-bil-den; die **Nachbildung**

nachdem [Konj.]; nach-dem; er ging, nachdem er fertig war; wir kommen, je nachdem(,) ob es regnet oder nicht

nachdenken; du denkst nach, er dachte nach, sie hat über die Aufgabe nachgedacht; nach-den-ken; **nachdenklich**

Nachdruck[1], der; des Nachdrucks, die Nachdrucke; Nach-druck; von dem beliebten Buch erscheint ein Nachdruck

Nachdruck[2], der; des Nachdrucks, *kein Plural*; Nach-druck; er formuliert seine Forderung mit Nachdruck; **nachdrücklich**

nacheinander [Adv.]; nach-ein-an-der/nach-ei-nan-der; sie trafen nacheinander ein

nachempfinden; du empfindest nach, er empfand nach, sie hat das Gefühl nachempfunden; nach-emp-fin-den; **nacherzählen**; sie hat das Märchen nacherzählt; die **Nacherzählungen**

nachfolgen; du folgst nach, er folgte nach, sie ist ihrem Vater nachgefolgt; nach-fol-gen; der **Nachfolger**; **nachforschen**; die **Nachforschung**

Nachfrage, die; der Nachfrage, die Nachfragen; Nach-fra-ge; **nachfragen**

nachgeben; du gibst nach, der Boden unter unseren Füßen gab nach, sie hat in unserem Streit nachgegeben; nach-ge-ben

Nachgebühr, die; der Nachgebühr, die Nachgebühren; Nach-ge-bühr

nachgehen; du gehst nach, er ging nach, sie ist ihm nachgegangen; nach-ge-hen

Nachgeschmack, der; des Nachgeschmacks, *kein Plural*; Nach-ge-schmack

nachgiebig; nachgiebiger, am nachgiebigsten; nach-gie-big; die **Nachgiebigkeit**

nachhaltig; nachhaltiger, am nachhaltigsten; nach-hal-tig; er hat mich nachhaltig beeindruckt; die **Nachhaltigkeit**

nachhause (*auch* nach Hause); nach-hau-se; sie kam spät nachhause/nach Hause

nachhelfen; du hilfst nach, er half nach, sie hat bei seinem Sieg etwas nachgeholfen; nach-hel-fen

nachher [Adv.]; nach-her/nach-her; komm doch nachher einmal zu mir!

Nachhilfe, die; der Nachhilfe, die Nachhilfen; Nach-hil-fe; der **Nachhilfeunterricht**

Nachhinein, das; *kein Plural*; Nach-hinein/Nach-hin-ein; im Nachhinein wussten wir es besser

Nachholbedarf, der; des Nachholbedarfs, *kein Plural*; Nach-hol-be-darf; in Mathe hat er Nachholbedarf; **nachholen**

Nachkomme, der; des Nachkommen, die Nachkommen; Nach-kom-me; die **Nachkommenschaft**; der **Nachkömmling**

Nachlass, der; des Nachlasses, die Nachlasse/Nachlässe; Nach-lass; seine Kinder verwalten den Nachlass

nachlassen; du lässt das Seil nach, der Wind ließ nach, sie hat im Sport ziemlich nachgelassen; nach-las-sen

J
K
L
M
N
O
P
Q
R

nachlässig; nachlässiger, am nachlässigsten; nạch-läs-sig; er geht nachlässig mit seinen Sachen um; die **Nachlässigkeit**

nachlaufen; du läufst nach, er lief nach, sie ist dem Ausreißer nachgelaufen; nạch-lau-fen; **nachliefern**; sie hat die fehlenden Getränke nachgeliefert; die **Nachlieferung**

nachlösen; du löst nach, er löste nach, sie hat einen Fahrschein nachgelöst; nạch-lö-sen

Nachmittag, der; des Nachmittag(e)s, die Nachmittage; Nạch-mit-tag; am Nachmittag gehen wir baden; **nachmittags**

Nachnahme, die; der Nachnahme, die Nachnahmen; Nạch-nah-me; er verschickt das Paket per Nachnahme; die **Nachnahmegebühr**

Nachname, der; des Nachnamens, die Nachnamen; Nạch-na-me; unterschreibe mit deinem Vor- und Nachnamen!

nachprüfen; du prüfst nach, er prüfte die Schülerin nach, sie hat alle Lieferungen nachgeprüft; nạch-prü-fen; die **Nachprüfung**

nachrechnen; du rechnest nach, er rechnete nach, sie hat nachgerechnet; nạch-rech-nen

Nachricht, die; der Nachricht, die Nachrichten; Nạch-richt; die **Nachrichtenagentur**

Nachruf, der; des Nachruf(e)s, die Nachrufe; Nạch-ruf; sie schreibt einen Nachruf auf den verstorbenen Kollegen

nachrüsten; du rüstest nach, er rüstete nach, sie hat nachgerüstet; nạch-rüs-ten; die **Nachrüstung**

nachschlagen; du schlägst nach, er schlug nach, sie hat das Wort nachgeschlagen; nạch-schla-gen; das **Nachschlagewerk**

Nachschub, der; des Nachschub(e)s, *Plural selten*: die Nachschübe; Nạch-schub; wir brauchen Nachschub, bevor alles verbraucht ist

nachsehen; du siehst nach, er sah nach, sie hat überall gründlich nachgesehen; nạch-se-hen; das **Nachsehen**; weil er zu spät kam, hatte er das Nachsehen

nachsenden; du sendest/sandtest nach, er sendete/sandte nach, sie hat uns die Post nachgesendet/nachgesandt; nạch-sen-den; die **Nachsendung**

Nachsicht, die; der Nachsicht, *kein Plural*; Nạch-sicht; er zeigte Nachsicht, weil es der erste Fehler war; **nachsichtig**

Nachsilbe, die; der Nachsilbe, die Nachsilben; Nạch-sil-be

nachsitzen; du sitzt nach, er saß nach, sie hat nach dem Unterricht nachgesessen; nạch-sit-zen

Nachspeise, die; der Nachspeise, die Nachspeisen; Nạch-spei-se

nächst[1] [Präp.]; er wohnt nächst dem Rathaus (wo? → Dat.); **nächst**[2] (*Superlativ von* nahe); nächste Woche; das nächste Mal; der/die/das **Nächstbeste**; der/die/das **Nächste**

nachstellen; du stellst nach, er stellte den Mädchen nach, sie hat die Uhr nachgestellt; nạch-stel-len; die **Nachstellung**

Nächstenliebe, die; der Nächstenliebe, *kein Plural*; Nạ̈chs-ten-lie-be

nächstens [Adv.]; nạ̈chs-tens; das sollten wir nächstens besprechen; **nächstliegend**; das **Nächstliegende**; es wäre das Nächstliegende, zu warten

Nacht, die; der Nacht, die Nächte; Nạcht; **nachtaktiv**; nachtaktive Tiere

Nachteil, der; des Nachteil(e)s, die Nachteile; Nạch-teil; **nachteilig**

nächtelang; *keine Steigerung*; nạ̈ch-telang; sie hat sich nächtelang herumgetrieben; der **Nachtfrost**; das **Nachthemd**

Nachtigall, die (Vogel); der Nachtigall, die Nachtigallen; Nạch-ti-gall

Nachtisch, der; des Nachtisch(e)s, die Nachtische; Na̲ch-tisch; als Nachtisch gibt es Eis

Nachtleben, das; des Nachtlebens, die Nachtleben; Nạcht-le-ben; **nächtlich**; das nächtliche Treiben

Nachtrag, der; des Nachtrag(e)s, die Nachträge; Na̲ch-trag; **nachtragen**; **nachtragend**; **nachträglich**

Nachtruhe, die; der Nachtruhe, *kein Plural*; Nạcht-ru-he; ab 22.00 Uhr ist Nachtruhe; **nachts**; das Unwetter brach nachts los; → Kasten „Abend/abends"; **nachtsüber**; der **Nachttisch**; der **Nachtwächter**

nachtwandeln; du nachtwandelst, er nachtwandelte, sie ist/hat im ganzen Haus genachtwandelt; nạcht-wan-deln

Nachweis, der; des Nachweises, die Nachweise; Na̲ch-weis; **nachweisbar**; **nachweisen**

Nachwelt, die; der Nachwelt, *kein Plural*; Na̲ch-welt; die Kunst muss der Nachwelt erhalten bleiben

nachwirken; es wirkt nach, er wirkte nach, die Katastrophe hat lange nachgewirkt; die **Nachwirkung**

Nachwort, das; des Nachwort(e)s, die Nachworte; Na̲ch-wort; sie liest das Nachwort zum Roman

Nachwuchs, der; des Nachwuchses, *kein Plural*; Na̲ch-wuchs; die Eltern kümmern sich um ihren Nachwuchs

nachzahlen; du zahlst nach, er zahlte nach, sie hat eine Gebühr nachgezahlt; na̲ch-zah-len; die **Nachzahlung**

Nachzügler, der; des Nachzüglers, die Nachzügler; Na̲ch-züg-ler; der jüngste Sohn ist ein Nachzügler

Nackedei, der; des Nackedeis, die Nackedeis; Nạ-cke-dei

Nacken, der; des Nackens, die Nacken; Nạ-cken; die **Nackenstütze**

nackt; *keine Steigerung*; nạckt; sie baden auch im Freien gern nackt; die **Nacktheit**

Nadel, die; der Nadel, die Nadeln; Na̲-del; der **Nadelbaum**; **nadeln**; das **Nadelöhr**; der **Nadelwald**

Nagel, der; des Nagels, die Nägel; Na̲-gel; er schlägt einen Nagel in die Wand; der **Nagellack**; **nageln**; **nagelneu**

nagen; du nagst, er nagte, sie hat am Holz genagt; na̲-gen; das **Nagetier**

nahe (*auch* nah); näher, am nächsten; na̲-he; sie wartet nahe bei der Haltestelle; von nah und fern; von nahem/Nahem; ein näher kommender/näherkommender Termin; die **Nähe**; **nahebei** (in der Nähe); er wohnt nahebei; → Kasten „nahe"

nahekommen; du kommst ihr nahe, er kam ihr nahe, sie ist ihm schnell nahegekommen; na̲-he-kom-men; **naheliegen**; diese Antwort hat nahegelegen; eine naheliegende Lösung

nähen; du nähst, er nähte, sie hat ein Kleid genäht; nä̲-hen

nahen; du nahst, der Zug nahte, eine dunkle Wolke ist genaht; na̲-hen

Näherei, die; der Näherei, die Nähereien; Nä-he-re̲i; die **Näherin**

näherkommen; du kommst ihr näher, er kam ihr näher, im Urlaub sind sie sich nähergekommen; nä̲-her-kom-men

nähern, sich nähern; du näherst dich, er näherte sich, sie hat sich dem Abgrund genähert; nä̲-hern

nahestehen; du stehst deinen Eltern

nahe

Getrennt- und Zusammenschreibung:

Wortgruppen mit dem Adjektiv „nahe" werden getrennt geschrieben.
Tipp: Solche Wortgruppen erkennst du oft daran, dass ein oder mehrere Wörter zwischen „nahe" und Verb eingeschoben werden können:
- ein nahe (an der Straße) liegender Bauernhof
- kennst du nicht einen nahe (in der Umgebung) liegenden Badesee?
- bald werden sie nahe (bei uns) wohnen
- sie wird uns immer nahe (und vertraut) sein

Es gibt einige Verben mit jeweils eigener Bedeutung wie „nahebringen", „nahegehen", „nahekommen" oder „nahetreten". Sie werden im Infinitiv, beim Partizip und bei Endstellung des Verbs im Nebensatz zusammengeschrieben.
Tipp: Solche Zusammensetzungen erkennst du oft daran, dass beim Sprechen die Betonung auf „nahe" liegt:
- ich hoffe, dass er mir klassische Musik na̱hebringt
- der Unfall seines Hundes ist ihm sehr na̱hegegangen
- sie werden sich schnell na̱hekommen
- ich wollte dir nicht zu na̱hetreten

nahe, er stand mir nahe, sie hat uns sehr nahegestanden; na̱-he-ste-hen; **nahetreten**; mit dieser Bemerkung ist sie mir zu nahegetreten

nahezu [Adv.]; na̱-he-zu; wir haben nahezu alles erreicht

Nähgarn, das; des Nähgarns, die Nähgarne; Nä̱h-garn; die **Nähmaschine**; die **Nähnadel**

nähren; du nährst, er nährte sich mit Brot, sie hat das Kind genährt; nä̱h-ren; **nahrhaft**; das **Nährsalz**; der **Nährstoff**

Nahrung, die; der Nahrung, die Nahrungen; Na̱h-rung; die **Nahrungskette**; das **Nahrungsmittel**; die **Nahrungsmittelvergiftung**

Naht, die; der Naht, die Nähte; Na̱ht; **nahtlos**; die **Nahtstelle**

Nahverkehr, der; des Nahverkehrs, *kein Plural*; Na̱h-ver-kehr; das **Nahverkehrsnetz**

naiv (unbefangen, gutgläubig, einfältig); naiver, am naivsten; na-i̱v; ein naives Kind; naive Malerei; die **Naivität**

Name, der; des Namens, die Namen; Na̱-me; im Namen der Abwesenden; **namenlos**; viele namenlose Helfer

namens [Präp.]; na̱-mens; ich erkläre namens des Gesetzes … (Gen.); ein Junge namens Paul; der **Namenspatron**; der **Namenstag**

namentlich; *keine Steigerung*; na̱-ment-lich; er will nicht namentlich genannt werden

Namenwort, das (Nomen, Hauptwort); des Namenwort(e)s, die Namenwörter; Na̱-men-wort; **namhaft**; eine namhafte Persönlichkeit

nämlich [Adv.]; nä̱m-lich; wir helfen uns, wir sind nämlich Freunde

Napf, der; des Napf(e)s, die Näpfe; Nạpf; sie stellt dem Hund einen Napf mit Wasser hin; der **Napfkuchen**

Narbe, die; der Narbe, die Narben; Nạr-be;

von der Verletzung blieb nur eine kleine Narbe; **narbig**

Narkose, die (Betäubung); der Narkose, die Narkosen; Nar-ko̲-se; **narkotisch**; **narkotisieren**

Narr, der; des Narren, die Narren; Nạrr; die **Narrenfreiheit**; **narrensicher**; **närrisch**

Narzisse, die (Blume); der Narzisse, die Narzissen; Nar-zịs-se

naschen; du naschst, er naschte, sie hat vom Kuchen genascht; nạ-schen; die **Nascherei**; **naschhaft**; die **Naschkatze**

Nase, die; der Nase, die Nasen; Na̲-se; das **Nasenbein**; der **Nasenstüber**; **naseweis**; der **Naseweis**; das **Nashorn**

nass; nasser/nässer, am nassesten/nässesten; nạss; nasse Socken; das **Nass**; ins kühle Nass springen; die **Nässe**; **nasskalt**; **nassschwitzen** (*auch* nass schwitzen); er hat sein Hemd nassgeschwitzt/nass geschwitzt; ein nassgeschwitztes/nass geschwitztes Hemd

Nation, die; der Nation, die Nationen; Na-ti-o̲n; **national**; das **Nationalbewusstsein**; der **Nationalfeiertag**; die **Nationalhymne**

Nationalismus, der (überhöhtes Nationalbewusstsein); des Nationalismus, *kein Plural*; Na-ti-o-na-lịs-mus

Nationalität, die; der Nationalität, die Nationalitäten; Na-ti-o-na-li-tä̲t; Sportler verschiedener Nationalitäten nehmen teil; die **Nationalmannschaft**; der **Nationalpark**

Nationalsozialismus, der (nationalistische Bewegung, die in Deutschland 1933–1945 zum Faschismus führte); des Nationalsozialismus, *kein Plural*; Na-ti-o-na̲l-so-zi-a-lis-mus; **nationalsozialistisch**

Natrium, das (chemisches Element, Metall); des Natriums, *kein Plural*; Na̲-tri-um/Na̲-tri-um; das **Natriumchlorid**

Natter, die (Schlange); der Natter, die Nattern; Nạt-ter

Natur, die; der Natur, die Naturen; Na-tu̲r; wir fahren in die grüne Natur; das liegt in der Natur der Sache; **Naturalien** (Naturprodukte)

Naturalismus, der (naturgetreue Darstellung in der Kunst; *auch* Naturglaube); des Naturalismus, *kein Plural*; Na-tu-ra-lịs-mus; **naturalistisch**

Naturerscheinung, die; der Naturerscheinung, die Naturerscheinungen; Na-tu̲r-er-schei-nung; der **Naturfreund**; **naturgemäß**; das **Naturgesetz**

natürlich; natürlicher, am natürlichsten; na-tü̲r-lich; das natürliche Wachstum; ich werde natürlich da sein; **natürlicherweise**

naturrein; *keine Steigerung*; na-tu̲r-rein; naturreine Kosmetik

die Nase

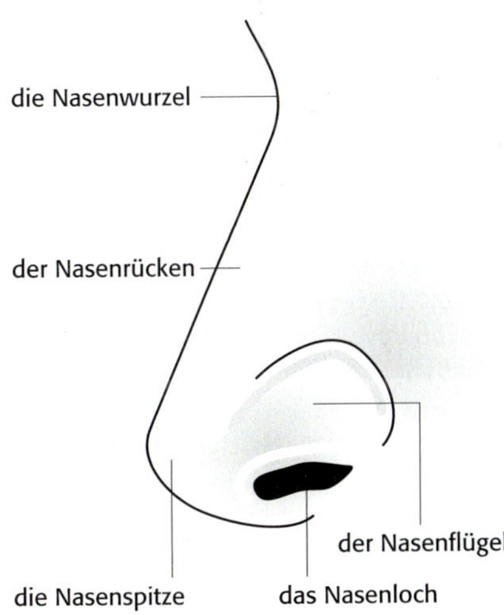

Naturschutz, der; des Naturschutzes, *kein Plural*; Na-tur-schutz; der **Naturschützer**; das **Naturschutzgebiet**

naturtrüb; *keine Steigerung*; na-tur-trüb; naturtrüber Apfelsaft

Naturwissenschaft, die; der Naturwissenschaft, die Naturwissenschaften; Na-tur-wis-sen-schaft; der **Naturwissenschaftler**; **naturwissenschaftlich**

Nautik, die (Schifffahrtskunde); der Nautik, *kein Plural*; Nau-tik; **nautisch**

Navigation, die (Kursbestimmung); der Navigation, *kein Plural*; Na-vi-ga-ti-on; das **Navigationssystem**; **navigieren**

Nazi, der = Nationalsozialist; des Nazis, die Nazis; Na-zi → Nationalsozialismus

Neandertaler, der (vorgeschichtlicher Mensch); des Neandertalers, die Neandertaler; Ne-an-der-ta-ler

Nebel, der; des Nebels, die Nebel; Ne-bel; **nebelhaft** (verschwommen, unklar); das **Nebelhorn**; **nebelig** (*auch* neblig)

nebeln; es nebelt, es nebelte, es hat genebelt; ne-beln; die **Nebelschlussleuchte**; der **Nebelschwaden**; die Nebelschwaden

neben [Präp.]; ne-ben; sie steht neben ihm (wo? → Dat.); **nebenan**; er wohnt nebenan; **nebenbei**; sie strickt nebenbei

Nebenbuhler, der (Mitbewerber); des Nebenbuhlers, die Nebenbuhler; Ne-ben-buh-ler

nebeneinander [Adv.]; ne-ben-ei-nan-der/ne-ben-ein-an-der; **nebeneinanderlegen**; er legt die Karten nebeneinander; **nebeneinanderstellen**; du sollst die Bücher nebeneinanderstellen; **nebeneinandersitzen**; wir möchten in der Klasse nebeneinandersitzen

Nebenfach, das; des Nebenfach(e)s, die Nebenfächer; Ne-ben-fach; der **Nebenfluss**

nebenher [Adv.]; ne-ben-her; er läuft nebenher

Nebenmann, der; des Nebenmann(e)s, die Nebenmänner; Ne-ben-mann; die **Nebensache**; **nebensächlich**; der **Nebensatz**

nebenstehend; *keine Steigerung*; ne-ben-ste-hend; lies die nebenstehende Erklärung; die **Nebenstraße**; der **Nebenverdienst**; die **Nebenwirkung**

necken; du neckst, er neckte, sie hat ihren kleinen Bruder geneckt; ne-cken; die **Neckerei**; **neckisch**; ein neckischer Einfall

Neffe, der (Sohn von Bruder oder Schwester); des Neffen, die Neffen; Nef-fe

negativ; negativer, am negativsten; ne-ga-tiv; ein negativ geladenes Teilchen; das **Negativ**

Neger, der; des Negers, die Neger; Ne-ger

nehmen; du nimmst, er nahm sich einen Apfel, sie hat in der ersten Reihe Platz genommen; neh-men

Neid, der; des Neid(e)s, *kein Plural*; Neid; **neiden**; sie hat ihm sein Glück geneidet; **neidisch**; **neidlos**

Neige, die; der Neige, die Neigen; Nei-ge; der Tag geht zur Neige

neigen; du neigst, er neigte sich nach unten, sie hat den Kopf geneigt; nei-gen; die **Neigung**

nein [Adv.]; nein; nein, nein und nochmals nein!; er sagt nein/Nein; das **Nein**; er hat mit Nein geantwortet; der **Neinsager**; die **Neinstimme**

Nektar, der (Blütensaft); des Nektars, die Nektare; Nek-tar; die **Nektarine** (süße, saftige Frucht)

Nelke, die (Blume; *auch* Gewürz); der Nelke, die Nelken; Nel-ke

nennen; du nennst, er nannte sich Thomas, sie hat den Titel des Buches genannt; nẹn-nen; **nennenswert**; der **Nenner** (Zahl unter dem Bruchstrich); die **Nennform** (Infinitiv); die **Nennung**

Neon, das (Edelgas); des Neons, *kein Plural*; Ne̲-on; das Neonlicht

Neonazi, der (Anhänger einer Bewegung, die den Nationalsozialismus wiederbeleben will); des Neonazis, die Neonazis; Neo-na̲-zi; der **Neonazismus**; **neonazistisch**

Nepp, der (Übervorteilung); des Nepps, *kein Plural*; Nẹpp; das ist der reinste Nepp; **neppen**; sie hat ihn geneppt; das **Nepplokal**

Neptun[1] (römischer Gott des Meeres); des Neptun(s), *kein Plural*; Nep-tu̲n; der **Neptun**[2] (Planet)

Nerv, der; des Nervs, die Nerven; Nẹrv; **nerven**; sie hat mich ziemlich genervt; **nervenaufreibend**; der **Nervenkitzel**; **nervenschwach**

Nervensystem, das; des Nervensystem(e)s, die Nervensysteme; Nẹr-ven-sys-tem; **nervig**; eine nervige Musik; **nervlich**; die nervliche Belastung

nervös; nervöser, am nervösesten; ner-vö̲s; sie war vor der Prüfung sehr nervös; die **Nervosität**

Nerz, der (kleines pelziges Raubtier mit Schwimmhäuten, *auch* dessen Pelz); des Nerzes, die Nerze; Nẹrz

Nessel, die (Pflanze, Brennnessel); der Nessel, die Nesseln; Nẹs-sel; das **Nesselfieber**; die **Nesselsucht**

Nest, das; des Nest(e)s, die Nester; Nẹst; die Vögel bauen ein Nest; das **Nesthäkchen**; der **Nesthocker**; die **Nestwärme**

nett; netter, am nettesten; nẹtt; eine nette Frau

netto [Adv.] (rein, nach Abzug der Kosten oder Verpackung); nẹt-to; das **Nettogewicht**; der **Nettolohn**; der **Nettopreis**

Netz, das; des Netzes, die Netze; Nẹtz; der **Netzanschluss**; **netzartig**

netzen (befeuchten); du netzt, er netzte, sie hat die Wiese genetzt; nẹt-zen

Netzhaut, die (innerste, lichtempfindliche Haut des Auges); der Netzhaut, die Netzhäute; Nẹtz-haut

neu; neuer, am neuesten/neusten; ne̲u̲; von neuem/Neuem; seit neuestem/Neuestem; alles Gute zum neuen Jahr

neuartig; neuartiger, am neuartigsten; ne̲u̲-ar-tig; ein neuartiges Material; der **Neubau**; **neudeutsch**; das **Neue**; aufs Neue; auf ein Neues!

neuerdings [Adv.]; ne̲u̲-er-dings; sie besucht uns neuerdings öfter; **neuerlich**; ein neuerlicher Versuch

Neuerscheinung, die; der Neuerscheinung, die Neuerscheinungen; Ne̲u̲-er-schei-nung; die **Neuerung**; **neugeboren**

Neugier, die (*auch* Neugierde); der Neugier, *kein Plural*; Ne̲u̲-gier; **neugierig**

Neuheit, die; der Neuheit, die Neuheiten; Ne̲u̲-heit; die **Neuigkeit**

Neujahr, das; des Neujahr(e)s, *kein Plural*; Ne̲u̲-jahr; das **Neujahrsfest**

neulich [Adv.]; ne̲u̲-lich; ich habe ihn erst neulich gesehen

Neuling, der; des Neulings, die Neulinge; Ne̲u̲-ling; er begrüßt die Neulinge; der **Neumond**

neun; ne̲u̲n; alle neun/neune! (beim Kegeln); die **Neun**; **neunhundert**; das **Neuntel**; **neuntens**; **neunzehn**; **neunzig**; → Kasten „acht/Acht"

neutral (unparteiisch, ohne besondere Merkmale); neutraler, am neutralsten; neu-tra̲l/neut-ra̲l; **neutralisieren**; die **Neutralität**

Neutron, das (Bauteilchen des Atomkerns); des Neutron(e)s, die Neutronen; Ne̲u̲-tron/Ne̲u̲t-ron; die **Neutronenbombe**

Neutrum, das (sächliches Nomen/Substantiv); des Neutrums, die Neutra/Neutren; Neu-trum/Neut-rum

Neuwahl, die; der Neuwahl, die Neuwahlen; Neu-wahl; die **Neuzeit**

New Age, das [njuäitsch] (neues Zeitalter); des New Age, *kein Plural*; der **Newcomer**

News, die [njus] (Neuheiten, Neuigkeiten; Nachrichten); der News, *nur Plural*; die **Newsgroup** (Diskussionsrunde zu einem aktuellen Thema im Internet); der **Newsletter** (Informationsbrief, Rundschreiben)

Newton, das [njuten] = N (Maßeinheit der Kraft); des Newtons, die Newton; New-ton

Nibelungen, die; der Nibelungen, *nur Plural*; Ni-be-lun-gen; die **Nibelungensage**

nicht [Adv.]; nicht; nicht rostendes/nichtrostendes Material; das gibt es doch gar nicht

nichtberufstätig (*auch* nicht berufstätig); *keine Steigerung*; nicht-be-rufs-tätig; eine nichtberufstätige Frau

Nichte, die (Tochter von Schwester oder Bruder); der Nichte, die Nichten; Nich-te

nichtflektierbar (*auch* nicht flektierbar) (nicht beugbar); *keine Steigerung*; nicht-flek-tier-bar; ein nichtflektierbares Wort

nichtig; *keine Steigerung*; nich-tig; er erklärt das Problem für null und nichtig; die **Nichtigkeit** (Unwichtigkeit, Kleinigkeit)

nichtöffentlich (*auch* nicht öffentlich); *keine Steigerung*; nicht-öf-fent-lich; eine nichtöffentliche Diskussion

Nichtraucher, der; des Nichtrauchers, die Nichtraucher; Nicht-rau-cher

nichts [Pron.]; nichts; sie streiten sich um nichts; er kam nichts ahnend/nichtsahnend heim; sie hört einen nichts sagenden/nichtssagenden Bericht; das **Nichts**; sie standen vor dem Nichts

Nichtschwimmer, der; des Nichtschwimmers, die Nichtschwimmer; Nicht-schwim-mer

nichtsdestotrotz; nichts-des-to-trotz; es regnete in Strömen, nichtsdestotrotz ging er los; **nichtsdestoweniger**

Nichtsnutz, der; des Nichtsnutzes, die Nichtsnutze; Nichts-nutz; **nichtsnutzig**

Nickel, das (chemisches Element, Metall); des Nickels, *kein Plural*; Ni-ckel

nicken; du nickst, er nickte mit dem Kopf, sie hat nachmittags ein Stündchen genickt; ni-cken; das **Nickerchen** (kurzer Schlaf)

Nicki, der (leichter, samtiger Pullover); des Nickis, die Nickis; Ni-cki

nie [Adv.]; nie; jetzt oder nie; nie mehr; nie wieder

nieder; niederer, am niedersten; nie-der; niedere Pflanzenarten; sich auf und nieder bewegen

niederdeutsch; *keine Steigerung*; nie-der-deutsch; niederdeutsche Mundarten; das **Niederdeutsch** (*auch* Niederdeutsche)

Niedergang, der; des Niedergangs, die Niedergänge; Nie-der-gang; **niedergehen**

niedergeschlagen; niedergeschlagener, am niedergeschlagensten; nie-der-ge-schla-gen; die **Niedergeschlagenheit**

niederknien; du kniest nieder, er kniete nieder, sie ist niedergekniet, sie hat sich niedergekniet; nie-der-kni-en

Niederlage, die; der Niederlage, die Niederlagen; Nie-der-la-ge

niederlassen, sich niederlassen; du lässt dich nieder, er ließ sich nieder, sie hat sich im Ort niedergelassen; nie-der-las-sen; die **Niederlassung**

niederlegen; du legst nieder, er legte

nieder, sie hat ihr Amt niedergelegt; nie-der-le-gen; **niederschießen**; der **Niederschlag**; **niederschlagen**

niederschreiben; du schreibst nieder, er schrieb nieder, sie hat ihre Erlebnisse niedergeschrieben; nie-der-schrei-ben; die **Niederschrift**

Niedertracht, die; der Niedertracht, *kein Plural*; Nie-der-tracht; **niederträchtig**; ein niederträchtiges Verhalten

niedlich; niedlicher, am niedlichsten; nied-lich; ein niedliches Kätzchen

niedrig; niedriger, am niedrigsten; nied-rig; ein niedriger Tisch; das **Niedrigwasser**

niemals [Adv.]; nie-mals; ich werde ihn niemals wiedersehen

niemand [Pron.]; nie-mand; ich kenne hier niemand/niemanden; kannst du niemand anders/anderen fragen; der Schirm gehört niemand/niemandem; der **Niemand**; das **Niemandsland**

Niere, die (inneres Organ); der Niere, die Nieren; Nie-re; **nierenkrank**; der **Nierenstein**

nieseln; es nieselt, es nieselte, es hat genieselt; nie-seln; der **Nieselregen**

niesen; du niest, er nieste, sie hat in ihr Taschentuch geniest; nie-sen; das **Niespulver**

Niete, die (Los ohne Gewinn; *auch* Metallbolzen); der Niete, die Nieten; Nie-te

nieten (mit Nieten verbinden); du nietest, er nietete, sie hat das Leder genietet; nie-ten; **niet- und nagelfest**

Nightclub, der [naitklab] (Nachtklub); des Nightclubs, die Nightclubs; Night-club

Nikolaus, der; des Nikolauses, die Nikolause/Nikoläuse; Ni-ko-laus

Nikotin, das (*auch* Nicotin) (gesundheitsschädlicher Stoff im Tabak); des Nikotins, *kein Plural*; Ni-ko-tin; **nikotinfrei**; der **Nikotingehalt**; **nikotinhaltig**

nimmer [Adv.]; nim-mer; das werde ich nie und nimmer tun

nimmermehr [Adv.] (niemals mehr); nim-mer-mehr; **nimmermüde**; **nimmersatt**; der **Nimmersatt**; das **Nimmerwiedersehen**; wir verabschiedeten uns auf Nimmerwiedersehen

Nippel, der (kurzes Rohrstück zum Verbinden von Rohren); des Nippels, die Nippel; Nip-pel

nippen; du nippst, er nippte, sie hat an ihrer Milch nur genippt; nip-pen

Nippes, die (kleine Ziergegenstände); der Nippes, *nur Plural*; Nip-pes

nirgends [Adv.]; nir-gends; ich habe den Ball nirgends gefunden; **nirgendwo**

Nische, die; der Nische, die Nischen; Nische; sie hat sich in einer Nische verkrochen

nisten; du nistest, er nistete, die Amsel hat im Baum genistet; nis-ten; der **Nistkasten**; der **Nistplatz**

Nitrat, das (chemischer Stoff, Salz); des Nitrat(e)s, die Nitrate; Nit-rat/Ni-trat; das **Nitrit**

Nitroglyzerin, das (*auch* Nitroglycerin) (Sprengstoff); des Nitroglyzerins, *kein Plural*; Nit-ro-gly-ze-rin/Ni-tro-gly-ze-rin

Niveau, das [niwo]; des Niveaus, die Niveaus; Ni-veau; ein Wettkampf von hohem Niveau; **niveaulos**; **niveauvoll**

nivellieren (gleichmachen, ausschalten); du nivellierst, er nivellierte, sie hat die Unterschiede nivelliert; ni-vel-lie-ren

Nixe, die (Wasserjungfrau); der Nixe, die Nixen; Ni-xe

Noah (*auch* Noach) (biblische Figur); des Noah, *kein Plural*; No-ah; die Arche Noah

nobel (edel, vornehm); nobler, am nobelsten; no-bel; ein nobles Restaurant

Nobelpreis, der; des Nobelpreises, die

Nobelpreise; No-bel-preis; der **Nobelpreisträger**; die **Nobelpreisträgerin**

noch [Adv.]; er ist noch immer da; wir spielen noch einmal; **nochmal** (*auch* noch mal); **nochmalig**; **nochmals**

Nocken, der (Vorsprung an einer Welle oder Scheibe); des Nockens, die Nocken; No-cken; die **Nockenwelle**

No-Future-Generation, die [noufjutscherdscheneräischn] (Generation ohne Zukunft); der No-Future-Generation, die No-Future-Generationen; No-Fu-ture-Ge-ne-ra-ti-on

Nomade, der (Angehöriger eines nicht sesshaften Volkes); des Nomaden, die Nomaden; No-ma-de; das **Nomadenvolk**

Nomen, das (Substantiv); des Nomens, die Nomina/Nomen; No-men; **nominal**; der **Nominalstil**

Nominativ, der (erster Fall); des Nominativ(e)s, die Nominative; No-mi-na-tiv

nominell (dem Namen nach, angeblich); *keine Steigerung*; no-mi-nell; er ist der nominelle Vorsitzende; **nominieren** (benennen, ernennen); die Olympiamannschaft wurde nominiert

No-Name-Produkt, das; des No-Name-Produkts, die No-Name-Produkte; No-Name-Pro-dukt

Nonne, die; der Nonne, die Nonnen; Non-ne; das **Nonnenkloster**

Nonplusultra, das (Unübertreffbares, Unvergleichliches); des Nonplusultras, *kein Plural*; Non-plus-ult-ra/Non-plus-ul-tra

Nonsens, der (Unsinn); des Nonsens, *kein Plural*; Non-sens; du redest nur Nonsens

nonstop [Adv.]; non-stop; wir fliegen nonstop bis Kanada; der **Nonstopflug** (*auch* Nonstop-Flug)

Nord; Nord; er bewegt sich zwischen Nord und Süd; der **Norden**; des Nordens, *Plural selten*: die Norden; sie lebt im hohen Norden

nordisch; *keine Steigerung*; nor-disch; die nordischen Länder; **nördlich**; das **Nordlicht**; **Nordost**; der **Nordpol**

Nörgelei, die; der Nörgelei, die Nörgelein; Nör-ge-lei; **nörgeln**; der **Nörgler**

Norm, die (Richtschnur, Vorschrift); der Norm, die Normen; Norm; **normal**; **normalerweise**; der **Normalfall**; **normalisieren**; die Lage hat sich normalisiert

normieren; du normierst, er normierte, sie hat normiert; nor-mie-ren; die **Normierung**

Not, die; der Not, die Nöte; Not; sie sind in Not; eine Not leidende/notleidende Frau, *aber nur* große Not leidend, äußerst notleidend

Notar, der (Jurist, der Beurkundungen vornimmt); des Notars, die Notare; No-tar; das **Notariat**; **notariell**; eine notariell beglaubigte Zeugniskopie

Notarzt, der; des Notarztes, die Notärzte; Not-arzt; der **Notarztwagen**; die **Notbremse**; der **Notdienst**

Notdurft, die; der Notdurft, *kein Plural*; Not-durft; er hat seine Notdurft verrichtet; **notdürftig**

Note, die; der Note, die Noten; No-te; sie hat gute Noten; er spielt nach Noten

Notebook, das [noutbuk] (leichter, tragbarer Computer); des Notebooks, die Notebooks; Note-book

Notenschlüssel, der; des Notenschlüssels, die Notenschlüssel; No-ten-schlüs-sel

Notepad, das [noutpäd] (sehr kleiner Computer in Notizblockformat); des Notepads, die Notepads; Note-pad

Notfall, der; des Notfall(e)s, die Notfälle; Not-fall; **notfalls**; notfalls verzichtet sie auf die teure Kettenschaltung; **notgedrungen**; notgedrungen gibt er den Fehler zu

notieren; du notierst, er notierte, sie hat sich die Adresse notiert; no-tie-ren

nötig; nötiger, am nötigsten; nö-tig; er hat eine gründliche Wäsche nötig; **nötigen**; sie hat uns genötigt, mitzumachen; **nötigenfalls**; die **Nötigung**

Notiz, die; der Notiz, die Notizen; No-tiz; der **Notizblock**

Notlage, die; der Notlage, die Notlagen; Not-la-ge; **notlanden**; die **Notlandung**; das **Notsignal**; der **Notstand**

nottun; es tut not, es tat not, es hat notgetan; not-tun; die **Notwehr**

notwendig; notwendiger, am notwendigsten; not-wen-dig; sie haben nicht einmal die notwendigsten Lebensmittel; die **Notwendigkeit**

Nougat → Nugat

Novelle, die (Prosaerzählung; *auch* Nachtrag zu einem Gesetz); der Novelle, die Novellen; No-vel-le

November, der; des November(s), *Plural selten*: die November; No-vem-ber

Novize, der (Mönch in der Probezeit; *auch* Neuling, Anwärter); des Novizen, die Novizen; No-vi-ze; die **Novizin**

Nuance, die [nüongs]; der Nuance, die Nuancen; Nu-an-ce; sie wählt die Farbe eine Nuance dunkler; **nuancenreich**; ein nuancenreiches Licht

nüchtern; nüchterner, am nüchternsten; nüch-tern; man soll die Tabletten nicht auf nüchternen Magen nehmen; die **Nüchternheit**

Nudel, die; der Nudel, die Nudeln; Nu-del; das **Nudelholz**; die **Nudelsuppe**

Nugat, der/das (*auch* Nougat); des Nugats, die Nugats; Nu-gat

nuklear (den Atomkern betreffend); *keine Steigerung*; nuk-le-ar/nu-kle-ar; eine nukleare Reaktion; die **Nuklearwaffe**

null; null → Kasten „acht/Acht"; die **Null**; eine Zahl mit drei Nullen; die **Nulllösung** (*auch* Null-Lösung); der **Nullpunkt**; der **Nulltarif**

numerisch (zahlenmäßig, der Zahl nach); *keine Steigerung*; nu-me-risch; eine numerische Gliederung; der **Numerus** (Zahl); die Numeri

Nummer, die; der Nummer, die Nummern; Num-mer; **nummerieren**; sie hat die Stichpunkte nummeriert; die **Nummerierung**; das **Nummernschild**

nuscheln; du nuschelst, er nuschelte, sie hat die Namen undeutlich genuschelt; nu-scheln

Nuss, die; der Nuss, die Nüsse; Nuss; der **Nussbaum**; der **Nussknacker**; die **Nussschale**

Nüster, die (Nasenloch, besonders beim Pferd); der Nüster, die Nüstern; Nüs-ter

Nut, die (*auch* Nute) (längliche Vertiefung); der Nut, die Nuten; Nut

Nutte, die (Prostituierte); der Nutte, die Nutten; Nut-te

nütze (*auch* nutz) [Adv.]; nüt-ze; du bist zu nichts nütze/nutz; **nutzen** (*auch* nützen); du kannst mein Fahrrad nutzen, es hat nichts genutzt; der **Nutzen**

nützlich; nützlicher, am nützlichsten; nütz-lich; ein nützliches Werkzeug; die **Nützlichkeit**; **nutzlos**; der **Nutznießer**; das **Nutztier**; die **Nutzung**

Nylon, das [nailon] (Kunstfaser); des Nylons, *kein Plural*; Ny-lon; der **Nylonstrumpf**

Nymphe, die (griechische Naturgottheit; *auch* Entwicklungsstadium einiger Insekten); der Nymphe, die Nymphen; Nym-phe

O

O = Ost/Osten

Oase, die (Wasserstelle in der Wüste); der Oase, die Oasen; Oa̱-se

ob [Konj.]; ọb; wir wussten nicht, ob er kommt

Obacht, die; der Obacht, *kein Plural*; Ọb-acht; gib Obacht, damit du nicht fällst!

Obdach, das; des Obdach(e)s, die Obdache; Ọb-dach; **obdachlos**; der **Obdachlose**; das **Obdachlosenasyl**

Obduktion, die (medizinische Leichenöffnung); der Obduktion, die Obduktionen; Ob-duk-ti-o̱n; **obduzieren**

oben [Adv.]; o̱ben; wir wohnen oben; das oben genannte/obengenannte Beispiel; das oben Stehende/Obenstehende; **obenan**; **obenauf**; **obendrauf**; **obendrein**; **obendrüber**

Ober, der (Kellner; *auch* Spielkarte); des Obers, die Ober; O̱ber

Oberarm, der; des Oberarm(e)s, die Oberarme; O̱ber-arm; der **Oberbegriff**; **obere**; das obere Fach; die oberste Etage

Oberfläche, die; der Oberfläche, die Oberflächen; O̱ber-flä-che; die **Oberflächenspannung**; **oberflächlich**; die **Oberflächlichkeit**

Obergeschoss, das; des Obergeschosses, die Obergeschosse; O̱ber-ge-schoss

oberhalb [Präp.]; o̱ber-halb; oberhalb des Dorfes (wo? → Gen.)

oberirdisch; *keine Steigerung*; o̱ber-irdisch; die oberirdisch fahrende Bahn

Oberkörper, der; des Oberkörpers, die Oberkörper; O̱ber-kör-per; die **Oberleitung**; die **Oberlippe**; der **Oberschenkel**

Oberstufe, die; der Oberstufe, die Oberstufen; O̱ber-stu-fe; das **Oberteil**

obgleich [Konj.] (obwohl); ob-gle̱ich; wir stimmten zu, obgleich wir Zweifel hatten

Obhut, die; der Obhut, *kein Plural*; Ọbhut; er wuchs unter der Obhut seiner Tante auf

obig; *keine Steigerung*; o̱big; bezüglich obiger Ausführungen; das **Obige** (*auch* der Obige, die Obige)

Objekt, das (Sache, Gegenstand; *auch* Satzergänzung); des Objekt(e)s, die Objekte; Ob-jẹkt; **objektiv** (sachlich, ohne Vorurteile); die objektive Beurteilung der Leistungen; das **Objektiv** (optisches Gerät); die **Objektivität**

Oblate, die (Gebäck); der Oblate, die Oblaten; Ob-la̱-te

obligatorisch (verbindlich, vorgeschrieben); *keine Steigerung*; ob-li-ga-to̱-risch; Deutsch ist ein obligatorisches Unterrichtsfach

Oboe, die (Holzblasinstrument); der Oboe, die Oboen; Obo̱e; der **Oboist**

obschon [Konj.]; ob-scho̱n; er verabschiedete sich, obschon er gern noch bleiben wollte

Observatorium, das (Sternwarte, Wetterwarte); des Observatoriums, die Observatorien; Ob-ser-va-to̱-ri-um; **observieren** (beobachten; *auch* überwachen); die **Observierung**

obskur (unklar, verdächtig); obskurer, am obskursten; obs-ku̱r/ob-sku̱r; ein obskurer Vorfall; die **Obskurität**

Obst, das; des Obst(e)s, *kein Plural*; O̱bst; der **Obstbaum**

obszön (unanständig, schamlos); obszöner, am obszönsten; obs-zö̱n/ob-szö̱n; die **Obszönität**

obwohl [Konj.]; ob-wo̱hl; er kam, obwohl er krank war; **obzwar**; sie sprang vom Brett, obzwar sie große Angst hatte

Ochse, der; des Ochsen, die Ochsen;

Och-se; **ochsen** (hart arbeiten); sie hat den ganzen Tag geochst

Ocker, der/das (Farbe; auch Tonerde); des Ockers, die Ocker; Ocker; **ockerfarben** (*auch* ockerfarbig); **ockergelb**; → Kasten „blau"

oder [Konj.]; oder; möchtest du einen Apfel oder eine Birne?

Ödland, das (unfruchtbares, unbebautes Land); des Ödland(e)s, die Ödländer; Öd-land

Ofen, der; des Ofens, die Öfen; Ofen; die **Ofenheizung**

off (*beim Film:* nicht sichtbar); off; der Schauspieler ist off; das **Off**; die Stimme aus dem Off

offen; offener, am offensten; of-fen; ein stets offenes Haus; eine offen stehende/offenstehende Tür; offen gesagt

offenbar; offenbarer, am offenbarsten; of-fen-bar; ein offenbarer Betrug; sie ist offenbar verhindert; **offenbaren**; sie hat ihr Geheimnis offenbart; die **Offenbarung**

offenbleiben; sie bleibt offen, sie blieb offen, die Frage ist offengeblieben; of-fen-blei-ben; **offenhalten**; ich möchte mir beide Alternativen offenhalten

Offenheit, die; der Offenheit, *kein Plural*; Of-fen-heit

offenherzig; offenherziger, am offenherzigsten; of-fen-her-zig; **offenkundig**; **offenlegen**; sie musste ihre Einkünfte offenlegen; **offensichtlich**

offensiv (angreifend); offensiver, am offensivsten; of-fen-siv; die Fußballer spielen offensiv; die **Offensive**; das **Offensivspiel**

öffentlich; öffentlicher, am öffentlichsten; öf-fent-lich; eine öffentliche Einrichtung; die **Öffentlichkeit**

Office, das (Büro); des Office, die Offices; Of-fice

offiziell; offizieller, am offiziellsten; of-fi-zi-ell; eine offizielle Mitteilung

Offizier, der; des Offiziers, die Offiziere; Of-fi-zier; der **Offiziersrang**

offline [oflain] (nicht mit dem Internet verbunden); *keine Steigerung*; off-line; sie schreibt die E-Mail offline; der **Offlinebetrieb**

öffnen; du öffnest, er öffnete, sie hat das Fenster geöffnet, das Geschäft ist geöffnet; öff-nen; die **Öffnung**

o-förmig (*auch* O-förmig); *keine Steigerung*; o-för-mig; ein o-förmiges Beet

oft [Adv.]; oft; ich bin oft hier; ich gehe öfter schwimmen als du; meine Schwester geht am öftesten schwimmen; **oftmals**

Ohm, das (Maßeinheit des elektrischen Widerstands); des Ohm/Ohms, die Ohm; Ohm; **ohmsch**; der ohmsche Widerstand

ohne[1] [Präp.]; oh-ne; ohne meine Eltern (Akk.); er hat es ohne weiteres/Weiteres geschafft; **ohne**[2] [Konj.]; er ging, ohne sich zu verabschieden; **ohnedies**; **ohneeinander**; **ohnegleichen**; **ohnehin**

Ohnmacht, die; der Ohnmacht, die Ohnmachten; Ohn-macht; **ohnmächtig**; der **Ohnmachtsanfall**

Öhr, das (Nadelloch); des Öhr(e)s, die Öhre; Öhr; den Faden durch das Öhr ziehen

Ohr, das; des Ohr(e)s, die Ohren; Ohr; er hält sich die Ohren zu

ohrenbetäubend; ohrenbetäubender, am ohrenbetäubendsten; oh-ren-be-täu-bend; ohrenbetäubender Lärm; die **Ohrenentzündung**; **ohrfeigen**; sie hat ihn geohrfeigt; der **Ohrklipp**; das **Ohrläppchen**; der **Ohrring**

o.k. (*auch* O.K.) = okay; **okay**; das **Okay**; er hat uns sein Okay gegeben

das Ohr

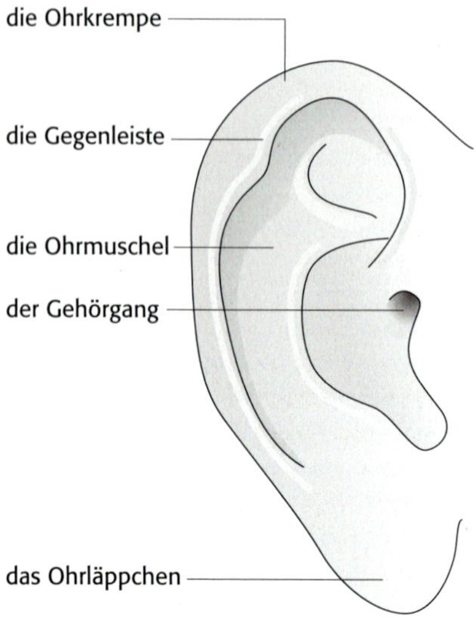

Ökoladen, der; des Ökoladens, die Ökoläden; Öko-la-den

Ökologie, die (Lehre von der Beziehung der Lebewesen zu ihrer Umwelt); der Ökologie, *kein Plural*; Öko-lo-gie; **ökologisch**; der ökologische Anbau von Getreide

Ökonom, der (Wirtschaftswissenschaftler); des Ökonomen, die Ökonomen; Öko-nom; die **Ökonomie**; **ökonomisch**

Ökosteuer, die; der Ökosteuer, *kein Plural*; Öko-steu-er; das **Ökosystem**

Oktave, die (achter Ton vom Grundton an); der Oktave, die Oktaven; Ok-ta-ve

Oktober, der; des Oktober(s), *Plural selten*: die Oktober; Ok-to-ber; die **Oktoberrevolution**

Öl, das; des Öl(e)s, die Öle; Öl; der **Ölbaum**

Oldtimer, der (altes Automodell); des Oldtimers, die Oldtimer; Old-ti-mer

ölen; du ölst, er ölte, sie hat die Maschine geölt; ölen; der **Ölfilm**; der **Ölfleck**; **ölig**

Olive, die; der Olive, die Oliven; Oli-ve; der **Olivenbaum**; das **Olivenöl**; **olivgrün**

Ölkrise, die; der Ölkrise, die Ölkrisen; Öl-kri-se; die **Ölpest**; die **Ölquelle**

Olymp, der (Sitz der griechischen Götter; *auch* Berg in Griechenland); des Olymps, *kein Plural*; Olymp; die **Olympiade**; **olympisch**; das olympische Feuer; die Olympischen Spiele

Oma, die; der Oma, die Omas; Oma

Omelett, das (*auch* Omelette) (Eierkuchen); des Omeletts, die Omelette/Omeletts; Om-lett

Omnibus, der; des Omnibusses, die Omnibusse; Om-ni-bus

Onanie, die (geschlechtliche Selbstbefriedigung); der Onanie, *kein Plural*; Onanie; **onanieren**

Onkel, der; des Onkels, die Onkel/Onkels; On-kel

online (mit dem Internet verbunden); *keine Steigerung*; on-line; der **Onlinebetrieb**; die **Onlinezeitung**

Opa, der; des Opas, die Opas; Opa

Open-Air-Festival, das; des Open-Air-Festivals, die Open-Air-Festivals; Open-Air-Fes-ti-val

Oper, die; der Oper, die Opern; Oper; wir gehen in die Oper

Operation, die (chirurgischer Eingriff; *auch* Unternehmung, Vorgang); der Operation, die Operationen; Ope-ra-ti-on; die Operation war gut geplant; der **Operationssaal**; die **Operationsschwester**; **operativ**; ein operativer Eingriff

Operette, die; der Operette, die Operetten; Ope-ret-te; sie führen eine Operette auf

operieren; du operierst, er operierte, sie hat den Patienten operiert; ope-rie-ren

Opernsänger, der; des Opernsängers, die Opernsänger; Opern-sän-ger

Opfer, das; des Opfers, die Opfer; Op-fer; wir müssen Opfer bringen; **opferbereit**; die **Opferbereitschaft**; die **Opfergabe**; das **Opferlamm**; **opfern**

Opium, das (Betäubungsmittel, Rauschgift); des Opiums, *kein Plural*; Opi-um; der **Opiumhandel**

Opportunismus, der (Anpassung an die jeweilige Lage); des Opportunismus, *kein Plural*; Op-por-tu-nis-mus; der **Opportunist**; **opportunistisch**

Opposition, die (Widerstand, Gegensatz); der Opposition, die Oppositionen; Op-po-si-ti-on; in Opposition zur öffentlichen Meinung; **oppositionell**; die **Oppositionspartei**

Optik, die (Lehre vom Licht; *auch* Teil optischer Geräte); der Optik, *Plural selten*: die Optiken; Op-tik; der **Optiker**

optimal (bestmöglich); *keine Steigerung*; op-ti-mal; das optimale Ergebnis

Optimismus, der (Zuversichtlichkeit); des Optimismus, *kein Plural*; Op-ti-mis-mus; der **Optimist**; **optimistisch**

opulent (üppig); opulenter, am opulentesten; opu-lent; ein opulentes Mahl; die **Opulenz**

Opus, das (Kunstwerk); des Opus, die Opera; Opus; Schillers Opus „An die Freude"

Orakel, das (Weissagung); des Orakels, die Orakel; Ora-kel; **orakeln**; sie hat von einem Wunder orakelt; der **Orakelspruch**

oral (zum Mund gehörend); *keine Steigerung*; oral; das Medikament ist oral einzunehmen

orange; oranger, am orangesten; orange; das **Orange**; das Orange ihrer Bluse leuchtet; die **Orange** (Apfelsine); **orangefarben** (*auch* orangefarbig); der **Orangenbaum**; der **Orangensaft**; → Kasten „blau"

Orang-Utan, der (Menschenaffe); des Orang-Utans, die Orang-Utans; Orang-Utan

Orchester, das; des Orchesters, die Orchester; Or-ches-ter

Orchidee, die (Blume); der Orchidee, die Orchideen; Or-chi-dee

Orden, der (Klostergemeinschaft; auch Ehrenzeichen); des Ordens, die Orden; Or-den; er hat einen Orden bekommen

ordentlich; ordentlicher, am ordentlichsten; or-dent-lich; er hat alles ordentlich hingelegt

Ordinalzahl, die (Ordnungszahl); der Ordinalzahl, die Ordinalzahlen; Or-di-nal-zahl

ordnen; du ordnest, er ordnete, sie hat die Papiere geordnet; ord-nen; der **Ordner**; die **Ordnung**

ordnungsgemäß; *keine Steigerung*; ordnungs-ge-mäß; die ordnungsgemäße Anmeldung der Besucher; **ordnungshalber**; **ordnungswidrig**; die **Ordnungszahl**

Organ, das (Körperteil; *auch* Arbeitsgruppe mit bestimmten Aufgaben); des Organs, die Organe; Or-gan; die **Organbank**; der **Organempfänger**

Organisation, die; der Organisation, die Organisationen; Or-ga-ni-sa-ti-on; wegen der guten Organisation hat alles geklappt; das **Organisationstalent**; der **Organisator**; **organisatorisch**

organisch; *keine Steigerung*; or-ga-nisch

organisieren; du organisierst, er organisierte, sie hat die Gruppenreise organisiert, sie haben sich in einem Verein organisiert; or-ga-ni-sie-ren

Organismus, der (Lebewesen; lebendiges

Ganzes); des Organismus, die Organismen; Or-ga-nis-mus

Organist, der (Orgelspieler); des Organisten, die Organisten; Or-ga-nist

Orgasmus, der (Höhepunkt der geschlechtlichen Erregung); des Orgasmus, die Orgasmen; Or-gas-mus

Orgel, die; der Orgel, die Orgeln; Or-gel; die **Orgelmusik**

Orgie, die (zügelloses, auschweifendes Feiern); der Orgie, die Orgien; Or-gie

orientieren, sich orientieren; du orientierst dich, er orientierte sich, sie hat sich an den Straßenschildern orientiert; ori-en-tie-ren; die **Orientierung**; die **Orientierungshilfe**; **orientierungslos**

original (ursprünglich, echt); *keine Steigerung*; ori-gi-nal; der originale Text; das **Original**; die **Originalaufnahme**; die **Originalfassung**

originell (besonders, einzigartig); origineller, am originellsten; ori-gi-nell; eine originelle Idee

Orkan, der (Sturm); des Orkans, die Orkane; Or-kan

Ornament, das (Verzierung); des Ornament(e)s, die Ornamente; Or-nament; **ornamental**

Ort, der; des Ort(e)s, die Orte; Ort; **orten**; die Küstenwache hat das Schiff geortet

orthodox (strenggläubig); *keine Steigerung*; or-tho-dox; die orthodoxe Kirche

Orthografie, die (*auch* Orthographie) (Rechtschreibung); der Orthografie, die Orthografien; Or-tho-gra-fie; **orthografisch** (*auch* orthographisch)

Orthopäde, der (Facharzt für Knochen und Bewegungsorgane); des Orthopäden, die Orthopäden; Or-tho-pä-de; **orthopädisch**

örtlich; *keine Steigerung*; ört-lich; die örtlichen Bedingungen; die **Örtlichkeit**; die **Ortsangabe**; **ortsansässig**; die **Ortschaft**

ortskundig; ortskundiger, am ortskundigsten; orts-kun-dig; ein ortskundiger Wanderführer; der **Ortsteil**; **ortsüblich**; die **Ortszeit**

Öse, die (kleiner Metallring); der Öse, die Ösen; Öse; den Haken in die Öse einhängen

Ost; *kein Plural*; Ost; der Wind kommt von Ost; der **Osten**; im Osten geht die Sonne auf

Osterei, das; des Ostereis, die Ostereier; Os-ter-ei; das **Osterfest**; der **Osterhase**; **österlich**; das **Ostern**; sie besuchen uns zu/an Ostern

östlich; östlicher, am östlichsten; öst-lich; der östliche Teil der Stadt; **ostwärts**

Otter[1], die (Giftschlange); der Otter, die Ottern; Ot-ter

Otter[2], der (Marderart); des Otters, die Otter; Ot-ter; der Fischotter

out [Adv.] [aut] (unmodern); out; weiße Socken sind out

outen, sich outen [auten] (sich öffentlich bekennen); du outest dich, er outete sich, sie hat sich als Fußballfan geoutet; ou-ten

Outfit, das (Kleidung; Ausstattung); des Outfit(s), die Outfits; Out-fit; der/das **Output** (Ergebnis); der **Outsider** (Außenseiter); **outsourcen** (aus der Firma ausgliedern); sie hat die Ersatzteilproduktion outgesourct; das **Outsourcing**

Ouvertüre, die (Vorspiel in der Musik); der Ouvertüre, die Ouvertüren; Ou-ver-tü-re

oval (eirund); ovaler, am ovalsten; oval; die ovale Form der Frucht; das **Oval**

Overall, der (einteiliger Anzug); des Overalls, die Overalls; Over-all/Ove-rall

Overheadprojektor, der; des Overheadprojektors, die Overheadprojektoren; Over-head-pro-jek-tor

Oxid, das (*auch* Oxyd) (Sauerstoffverbindung); des Oxid(e)s, die Oxide; Oxid; die **Oxidation** (*auch* Oxydation); **oxidieren** (*auch* oxydieren)

Ozean, der (Weltmeer); des Ozeans, die Ozeane; Oze-an; der **Ozeandampfer**

Ozon, der/das (Form des Sauerstoffs); des Ozons, *kein Plural*; Ozon; das **Ozonloch**; die **Ozonschicht**

P

paar; paar; es dauert nur ein paar Minuten; sie hat es ein paar Mal versucht → Kasten „paar/Paar"

Paar, das; des Paar(e)s, die Paare; Paar; sie sind seit langem ein Paar; ein Paar Schuhe → Kasten „paar/Paar"

paaren; du paarst deinen Esel mit einem Pferd, er paarte den Rassehund mit einem Straßenköter, sie haben sich gepaart; paa-ren; **paarig**; paarig angeordnete Blätter; der **Paarlauf**; die **Paarung**; **paarweise**

Pacht, die; der Pacht, die Pachten; Pacht; **pachten**; sie haben das Grundstück gepachtet; der **Pächter**; das **Pachtland**

Pack[1], das (Gesindel); des Pack(e)s, *kein Plural*; Pack; so ein faules Pack!

Pack[2], der = Packen; des Pack(e)s, die Packe/Päcke; Pack; ein Pack/Packen Bücher; das **Päckchen**; das **Packeis**

packen; du packst, er packte, sie hat den Koffer gepackt; pa-cken; der **Packen**; der **Packer**; die **Packerei**; die **Packung**

Pädagoge, der (Erzieher, Lehrer, Erziehungswissenschaftler); des Pädagogen, die Pädagogen; Pä-da-go-ge/Päd-ago-ge; die **Pädagogik**; **pädagogisch**

Paddel, das; des Paddels, die Paddel; Pad-del; das **Paddelboot**; **paddeln**

paffen (rauchen, ohne zu inhalieren); du paffst, er paffte, sie hat Zigarren gepafft; paf-fen

Page, der [pasche] (Hoteldiener); des Pagen, die Pagen; Pa-ge

Paket, das; des Paket(e)s, die Pakete; Paket; die **Paketpost**

Pakt, der (Vertrag, Bündnis); des Pakt(e)s, die Pakte; Pakt; **paktieren**; er hat mit dem Teufel paktiert

Palaver, das (Gerede); des Palavers, die Palaver; Pa-la-ver; **palavern**; sie hat über alles Mögliche palavert

Palette, die; der Palette, die Paletten; Palet-te; der Maler mischt die Farben auf der Palette; das Geschäft bietet eine Palette von Federhaltern an

Palme, die; der Palme, die Palmen; Palme; das **Palmöl**; der **Palmsonntag** (Sonntag vor Ostern)

paar/Paar

Groß- und Kleinschreibung:

Das Pronomen „paar" mit der Bedeutung „einige" wird kleingeschrieben:
- ein paar Äpfel kaufen
- ein paar wichtige Fragen stellen
- sich mit ein paar Freunden treffen
- nur ein paar Euro übrig haben
- ein paar Mal anrufen

Das Nomen „(das) Paar" bezeichnet zwei zusammengehörende Dinge oder Wesen; es wird großgeschrieben:
- ein glückliches Paar
- ein Paar neue Turnschuhe
- ein Paar dicke Socken
- ein Preis von 20,00 € pro Paar

Pampe, die (Schmutzbrei); der Pampe, die Pampen; Pạm-pe; er sitzt in der Pampe

Pampelmuse, die (Zitrusfrucht); der Pampelmuse, die Pampelmusen; Pam-pel-mu-se

pampig; pampiger, am pampigsten; pạm-pig; er wurde ziemlich pampig

Panda, der (asiatische Bärenart); des Pandas, die Pandas; Pạn-da

Panflöte, die (*auch* Pansflöte) (Musikinstrument); der Panflöte, die Panflöten; Pan-flö-te

panieren; du panierst, er panierte, sie hat die Schnitzel paniert; pa-nie-ren

Panik, die (unkontrollierte Angst); der Panik, die Paniken; Pa-nik; die **Panikmache**; die **Panikstimmung**; **panisch**

Panne, die; der Panne, die Pannen; Pạn-ne; das Auto hat eine Panne; der **Pannendienst**

Panorama, das (Rundblick); des Panoramas, die Panoramen; Pa-no-ra-ma; das **Panoramafenster**

panschen (*auch* pantschen); du panschst, er panschte, sie hat den Wein gepanscht; pạn-schen

Pansen, der (Magenteil der Wiederkäuer); des Pansens, die Pansen; Pạn-sen

Panter, der (*auch* Panther) (Raubkatze); des Panters, die Panter; Pạn-ter

Pantoffel, der; des Pantoffels, die Pantoffeln; Pan-tọf-fel

Pantomime[1], die (Darstellung ohne Worte); der Pantomime, die Pantomimen; Pan-to-mi-me; der **Pantomime**[2]; des Pantomimen, die Pantomimen; **pantomimisch**

Panzer, der; des Panzers, die Panzer; Pạnzer; **panzern**, sich panzern; der **Panzerschrank**

Papa, der; des Papas, die Papas; Pạ-pa/Pa-pa

Papagei, der; des Papageien/Papageis, die Papageien; Pa-pa-gei; die **Papageienkrankheit**

Paperback, das [päiperbäk] (kartoniertes Buch); des Paperbacks, die Paperbacks; Pa-per-back

Papier, das; des Papiers, die Papiere; Papier; die **Papierfabrik**; der **Papierkorb**

Pappe, die; der Pappe, die Pappen; Pạppe

Pappel, die (Baum); der Pappel, die Pappeln; Pạp-pel; die **Pappelallee**

pappen; du pappst ein Schild an die Wand, er pappte, der Schnee hat gepappt; pạp-pen

Pappkarton, der; des Pappkartons, die Pappkartons; Pạpp-kar-ton; das **Pappmaschee** (*auch* Pappmaché) (formbare Masse aus Papier, Klebstoff und anderen Zutaten); das **Pappplakat** (*auch* Papp-Plakat)

Paprika, der (Gemüse, Gewürz); des Paprikas, die Paprikas; Pạ-pri-ka/Pạp-ri-ka

Papst, der; des Papst(e)s, die Päpste; Papst; **päpstlich**; das **Papsttum**; die **Papstwahl**

Papyrus, der (aus Papyrusstaude gewonnenes Schreibmaterial); des Papyrus, die Papyri; Pa-py-rus; im Altertum schrieb man auf Papyrus; die **Papyrusrolle**

Parabel, die (Gleichnis; *auch* offene Kurve in der Mathematik); der Parabel, die Parabeln; Pa-ra-bel; er erzählt eine Parabel

Parade, die (feierlicher Aufmarsch; *auch* Abwehr im Sport); der Parade, die Paraden; Pa-ra-de

Paradies, das; des Paradieses, die Paradiese; Pa-ra-dies; der **Paradiesapfel**; **paradiesisch**; der **Paradiesvogel**

paradox (widersinnig, sonderbar); paradoxer, am paradoxesten; pa-ra-dọx;

einen paradoxe Situation; das **Paradox**; **paradoxerweise**

Paragraf, der (*auch* Paragraph); des Paragrafen, die Paragrafen; Pa-ra-gra̲f; Paragraf 1 des Grundgesetzes

parallel; *keine Steigerung*; pa-ral-le̲l/par-al-le̲l; parallel laufende/parallellaufende Linien; die **Parallele**; die **Parallellinie**; das **Parallelogramm**; die **Parallelschaltung**

Paranuss, die; der Paranuss, die Paranüsse; Pa̲-ra-nuss; der **Paranussbaum**

Parasit, der (Schmarotzer); des Parasiten, die Parasiten; Pa-ra-si̲t; **parasitär**; ein parasitäres Leben

parat (bereit); *keine Steigerung*; pa-ra̲t; sie hat immer eine Antwort parat

Pärchen, das; des Pärchens, die Pärchen; Pạ̈r-chen

Parfüm, das (*auch* Parfum); des Parfüms, die Parfüms; Par-fü̲m; die **Parfümerie**; **parfümieren**, sich parfümieren

parieren (abwehren; *auch* gehorchen); du parierst, der Hund parierte aufs Wort, die Fechterin hat den Angriff sicher pariert; pa-ri̲e̲-ren

Park, der; des Parks, die Parke/Parks; Pạrk; im Park spazieren gehen

Parka, der (langer Anorak mit Kapuze); des Parka(s), die Parkas; Pạr-ka

parken; du parkst, er parkte, sie hat das Auto geparkt; pạr-ken

Parkett, das; des Parkett(e)s, die Parkette/Parketts; Par-kẹtt; der **Parkettboden**

Parkhaus, das; des Parkhauses, die Parkhäuser; Pạrk-haus; die **Parklücke**; der **Parkplatz**; die **Parkuhr**; das **Parkverbot**

Parlament, das (Volksvertretung); des Parlament(e)s, die Parlamente; Par-la-mẹnt; der **Parlamentarier**; **parlamentarisch**; der **Parlamentsbeschluss**

Parodie, die (komische Nachahmung); der Parodie, die Parodien; Pa-ro-di̲e̲/Par-odi̲e̲; **parodieren**; er hat ihn gut parodiert; **parodistisch**

Parole, die (Kennwort, Losung); der Parole, die Parolen; Pa-ro̲-le

Paroli, das (Widerstand); des Parolis, die Parolis; Pa-ro̲-li; du solltest ihm Paroli bieten

Partei, die; der Partei, die Parteien; Par-te̲i̲; **parteiisch**; **parteilos**; der **Parteitag**; der **Parteivorstand**

parterre [Adv.] [partẹr] (im Erdgeschoss); par-tẹrre; wir wohnen parterre; das **Parterre**; die **Parterrewohnung**

Partie, die; der Partie, die Partien; Par-ti̲e̲; sie spielen ein Partie Schach; wir machen eine Partie aufs Land

partiell (teilweise); *keine Steigerung*; par-ti-ẹll; die partielle Übernahme der Kosten

Partikel, die (Elementarteilchen; *auch* unflektierbares Wort); der Partikel, die Partikeln; Par-ti̲-kel

Partisan, der (bewaffneter Widerstandskämpfer); des Partisanen/Partisans, die Partisanen; Par-ti-sa̲n

Partitur, die (Niederschrift, Noten eines Musikstücks); der Partitur, die Partituren; Par-ti-tu̲r; er spielt die Partitur

Partizip, das (Mittelwort); des Partizips, die Partizipien; Par-ti-zi̲p

Partner, der; des Partners, die Partner; Pạrt-ner; die **Partnerschaft**; **partnerschaftlich**

partout [Adv.] [partu̲] (unbedingt); partout; er wollte partout nichts essen

Party, die; der Party, die Partys; Pa̲r-ty; der **Partyservice**

Parzelle, die (vermessenes Grundstück); der Parzelle, die Parzellen; Par-zẹl-le

Pascal, das = Pa (Einheit des Drucks); des Pascals, die Pascal; Pas-cạl

Pascha, der (Mann, der sich gern bedienen lässt); des Paschas, die Paschas; Pa-scha

Pass, der (Ausweis; *auch* Übergang im Gebirge); des Passes, die Pässe; Pass

Passage, die (Durchgang, Durchfahrt); der Passage, die Passagen; Pas-sa-ge

Passagier, der (Bus-, Flug-, Schiffsreisender); des Passagiers, die Passagiere; Pas-sa-gier; das **Passagierflugzeug**

Passant, der (Vorübergehender); des Passanten, die Passanten; Pas-sant

Passat, der (tropischer Wind); des Passat(e)s, die Passate; Pas-sat

Passbild, das; des Passbild(e)s, die Passbilder; Pass-bild

passen; du passt in keine Jacke, der Schlüssel passte, die Hose hat gepasst; pas-sen; **passend**

passierbar; *keine Steigerung*; pas-sier-bar; ein nicht passierbarer Weg

passieren[1]; es passiert, es passierte, etwas Komisches ist passiert; pas-sieren

passieren[2] (durchfahren, durchlaufen; *auch* durch ein Sieb rühren); du passierst, er passierte die Straße, sie hat die Suppe passiert; pas-sie-ren; der **Passierschein**

Passion, die (Leidenschaft, Leidensgeschichte); der Passion, die Passionen; Pas-si-on; Musik ist seine Passion; die Matthäuspassion (Musik von J.S. Bach)

passiv (untätig, teilnahmslos); passiver, am passivsten; pas-siv; das **Passiv** (Handlungsform des Verbs); die **Passivität**

Passkontrolle, die; der Passkontrolle, die Passkontrollen; Pass-kon-trol-le; das **Passwort**

Paste, die; der Paste, die Pasten; Pas-te

Pastellfarbe, die; der Pastellfarbe, die Pastellfarben; Pas-tell-far-be

Pastete, die (gefülltes Blätterteiggebäck; *auch* feine Leberwurst); der Pastete, die Pasteten; Pas-te-te

pasteurisieren (haltbar machen); du pasteurisierst, er pasteurisierte, sie hat die Milch pasteurisiert; pas-teu-ri-sie-ren

Pastille, die (Pille, Blättchen); der Pastille, die Pastillen; Pas-til-le

Pastor, der; des Pastors, die Pastoren; Pas-tor/Pas-tor

Pate, der; des Paten, die Paten; Pa-te; das **Patenkind**; die **Patenschaft**

patent (tüchtig, brauchbar); patenter, am patentesten; pa-tent; ein patenter junger Mann

Patent, das (Verwertungsrecht, amtliche Bewilligung); des Patent(e)s, die Patente; Pa-tent; eine Erfindung zum Patent anmelden; das **Patentamt**; **patentieren**

Pater, der (Vater; katholischer Ordensgeistlicher); des Paters, die Pater/Patres; Pa-ter

Paternoster, der (ständig fahrender offener Aufzug); des Paternosters, die Paternoster; Pa-ter-nos-ter

pathetisch (sehr feierlich, bewegt); pathetischer, am pathetischsten; pa-the-tisch; eine pathetische Rede

pathologisch (krankhaft); *keine Steigerung*; pa-tho-lo-gisch

Pathos, das (erhabene Feierlichkeit, Leidenschaft); des Pathos, *kein Plural*; Pa-thos; er trug sein Anliegen mit Pathos vor

Patient, der; des Patienten, die Patienten; Pa-ti-ent

Patin, die; der Patin, die Patinnen; Pa-tin

Patriarch, der (Stammvater im Alten Testament; *auch* Titel einiger Geistlicher); des Patriarchen, die Patriarchen; Pa-tri-arch/Pat-ri-arch; **patriarchalisch** (altväterlich, männlich-bestimmend)

Patriot, der (jemand, der für sein Vaterland eintritt); des Patrioten, die Patrioten; Pa-tri-ot/Pat-ri-ot; **patriotisch**; der **Patriotismus**

Patron, der (Schutzherr); des Patrons, die Patrone; Pa-tron/Pat-ron

Patrone, die; der Patrone, die Patronen; Pa-tro-ne/Pat-ro-ne; die **Patronenhülse**

Patrouille, die [patrụlje] (Kontrollgang; Spähtrupp); der Patrouille, die Patrouillen; Pa-trouil-le/Pat-rouil-le; **patrouillieren**; sie hat/ist auf und ab patrouilliert

patt (unentschieden, punktgleich; *auch* handlungsunfähig); pạtt; er hat mich beim Schach patt gesetzt; das **Patt**

patzen; du patzt, er patzte, sie hat beim Vorturnen gepatzt; pạt-zen; der **Patzer**; **patzig** (unfreundlich); eine patzige Antwort

Pauke, die; der Pauke, die Pauken; Pau-ke; auf die Pauke hauen

pauken; du paukst, er paukte, sie hat Englisch gepaukt; pau-ken; der **Pauker** (*Schülersprache für* Lehrer)

pausbackig (*auch* pausbäckig); pausbackiger, am pausbackigsten; paus-ba-ckig; ein pausbackiges Kind

pauschal (alles zusammen, rund); *keine Steigerung*; pau-schal; ein pauschaler Preis; die **Pauschale**; der **Pauschalpreis**; das **Pauschalurteil**

Pause[1], die; der Pause, die Pausen; Pau-se; wir haben zehn Minuten Pause; das Pausenbrot

Pause[2], die (Durchzeichnung, Kopie); der Pause, die Pausen; Pau-se; **pausen**; sie hat die Zeichnung gepaust; das Pauspapier

pausenlos; *keine Steigerung*; pau-senlos; pausenloser Lärm störte uns

Pavian, der (Affe); des Pavians, die Paviane; Pa-vi-an

Pavillon, der (kleiner, meist runder Bau); des Pavillons, die Pavillons; Pạ-vil-lon

Pazifismus, der (Ablehnung von Krieg und Kriegsdienst); des Pazifismus, *kein Plural*; Pa-zi-fịs-mus; der **Pazifist**; **pazifistisch**

PC, der = Personalcomputer; des PCs, die PCs

Pech, das; des Pechs, *Plural selten*: die Peche; Pẹch; **pechschwarz**; die **Pechsträhne**; der **Pechvogel**

Pedal, das; des Pedals, die Pedale; Pe-dal

Pedant, der (übertrieben kleinlicher Mensch); des Pedanten, die Pedanten; Pe-dạnt; die **Pedanterie**; **pedantisch**

Pegel, der (Wasserstand); des Pegels, die Pegel; Pe-gel; der **Pegelstand**

peilen; du peilst, er peilte, sie hat die Lage gepeilt; pei-len; die **Peilung**

Pein, die; der Pein, *kein Plural*; Pein; **peinigen**; die Mücken haben uns gepeinigt; der **Peiniger**; die **Peinigung**

peinlich; peinlicher, am peinlichsten; pein-lich; ein peinliches Missgeschick; die **Peinlichkeit**

Peitsche, die; der Peitsche, die Peitschen; Peit-sche; **peitschen**; der **Peitschenhieb**

Pelikan, der (Vogel); des Pelikans, die Pelikane; Pe-li-kan

Pelle, die; der Pelle, die Pellen; Pẹl-le; **pellen**; sie hat die Kartoffeln gepellt; die **Pellkartoffel**

Pelz, der; des Pelzes, die Pelze; Pẹlz; **pelzig**

Pendel, das; des Pendels, die Pendel; Pẹn-del; **pendeln**; sie hat mit den Armen gependelt, er ist zwischen den Orten gependelt; der **Pendelverkehr**; der **Pendler**

penetrant (unangenehm aufdringlich); penetranter, am penetrantesten; pe-ne-trạnt; ein penetranter Besucher; die **Penetranz**

Penicillin → Penizillin

Penis, der (männliches Glied); des Penis, die Penisse; Pe̱-nis

Penizillin, das (*auch* Penicillin) (Antibiotikum); des Penizillins, *kein Plural*; Pe-ni-zil-li̱n; die **Penizillinspritze**

Penne, die (*Jugendsprache für* Oberschule, Gymnasium); der Penne, die Pennen; Pẹn-ne

pennen (*umgangssprachlich für* schlafen); du pennst, er pennte, sie hat gepennt; pẹn-nen; der **Penner**

Pension, die; der Pension, die Pensionen; Pen-si-o̱n; er geht in Pension; wir übernachten in einer Pension; der **Pensionär**; **pensionieren**; er ist seit einem Jahr pensioniert

Pensum, das; des Pensums, die Pensa/Pensen; Pẹn-sum; er hat sein Pensum geschafft

Pentagon[1], das (Fünfeck); des Pentagons, die Pentagone; Pen-ta-go̱n; das **Pentagon**[2] (amerikanisches Verteidigungsministerium); *kein Plural*; Pẹn-ta-gon

Peperoni, die (*auch* Peperone) (kleine scharfe Paprikaschote); der Peperoni, die Peperoni; Pe-pe-ro̱-ni

per [Präp.]; pẹr; das Paket kommt per Post; die Nachricht wird per E-Mail verschickt

perfekt; perfekter, am perfektesten; per-fẹkt; eine perfekt funktionierende Maschine

Perfekt, das (Zeitform des Verbs); des Perfekt(e)s, *Plural selten*: die Perfekte; Pẹr-fekt/Per-fẹkt; Beispiel: ich habe gelesen

Perfektion, die (Vollendung, Vollkommenheit); der Perfektion, *kein Plural*; Per-fek-ti-o̱n; der **Perfektionismus**; **perfektionistisch**

Perforation, die (Lochung); der Perforation, die Perforationen; Per-fo-ra-ti-o̱n; **perforieren**; sie hat das Papier entlang der Reißlinie perforiert

Performance, die (Vorführung, künstlerische Aktion); der Performance, die Performances; Per-fo̱r-mance

Pergament, das; des Pergament(e)s, die Pergamente; Per-ga-mẹnt; das **Pergamentpapier**

Periode, die; der Periode, die Perioden; Pe-ri-o̱-de; eine lange Periode großer Trockenheit; das **Periodensystem** (Tabelle der chemischen Elemente); **periodisch**

Peripherie, die (Umkreis, Randgebiet); der Peripherie, die Peripherien; Pe-ri-phe-ri̱e̱

Perle, die; der Perle, die Perlen; Pẹr-le; die **Perlenkette**

Perlon, das (Kunstfaser); des Perlons, *kein Plural*; Pẹr-lon; die **Perlonbluse**

permanent (dauernd); *keine Steigerung*; per-ma-nẹnt; die permanente Störung

perplex (überrascht); perplexer, am perplexesten; per-plẹx; ich war völlig perplex

Person, die; der Person, die Personen; Per-so̱n; das **Personal**; der **Personalausweis**; der **Personal Computer**; die **Personalien**

Personalpronomen, das (persönliches Fürwort); des Personalpronomens, die Personalpronomen; Per-so-na̱l-pro-no-men

persönlich; persönlicher, am persönlichsten; per-sö̱n-lich; ein persönliches Geschenk; die **Persönlichkeit**

Perspektive, die; der Perspektive, die Perspektiven; Per-spek-ti̱-ve; ihre beruflichen Perspektiven sind gut; er betrachtet das Bild aus einer anderen Perspektive

Perücke, die (künstliche Haartracht); der Perücke, die Perücken; Pe-rü-cke

pervers (geschlechtlich widernatürlich); perverser, am perversesten; per-vers; die **Perversität**

Pessimismus, der (Schwarzseherei); des Pessimismus, *kein Plural*; Pes-si-mis-mus; **pessimistisch**

Pest, die (gefährliche Krankheit); der Pest, *kein Plural*; Pest; die **Pestbeule**

Pestizid, das (Schädlingsbekämpfungsmittel); des Pestizid(e)s, die Pestizide; Pes-ti-zid

Petersilie, die (Küchenkraut); der Petersilie, die Petersilien; Pe-ter-si-lie

Petroleum, das (Brennöl); des Petroleums, *kein Plural*; Pe-tro-le-um/Pet-ro-le-um; die **Petroleumlampe**

petzen; du petzt, er petzte, sie hat den Eltern alles gepetzt; pet-zen

Pfad, der; des Pfad(e)s, die Pfade; Pfad; ein schmaler Pfad führt durch den Wald; der **Pfadfinder**

Pfahl, der; des Pfahl(e)s, die Pfähle; Pfahl; der **Pfahlbau**

Pfalz, die (Palast, Hofburg; *auch* Gebiet); der Pfalz, die Pfalzen; Pfalz; Rheinland-Pfalz

Pfand, das; des Pfand(e)s, die Pfänder; Pfand; **pfänden**; das Gericht hat sein Eigentum gepfändet; das **Pfänderspiel**; die **Pfandflasche**; das **Pfandgeld**

Pfanne, die; der Pfanne, die Pfannen; Pfan-ne; der **Pfannkuchen**

Pfarrei, die; der Pfarrei, die Pfarreien; Pfar-rei; der **Pfarrer**; das **Pfarrhaus**

Pfau, der (Vogel); des Pfau(e)s, die Pfauen; Pfau; die **Pfauenfeder**

Pfeffer, der (Gewürz); des Pfeffers, die Pfeffer; Pfef-fer; der **Pfefferkuchen**; das **Pfefferminz** (Bonbon); die **Pfefferminze** (Pflanze); der **Pfefferminztee**

pfeffern; du pfefferst, er pfefferte, sie hat das Fleisch gepfeffert; pfef-fern

Pfeife, die; der Pfeife, die Pfeifen; Pfei-fe; **pfeifen**; sie hat ein Lied gepfiffen

Pfeil, der; des Pfeil(e)s, die Pfeile; Pfeil

Pfeiler, der; des Pfeilers, die Pfeiler; Pfei-ler; die Brücke steht auf hölzernen Pfeilern

pfeilgerade; *keine Steigerung*; pfeil-ge-ra-de; ein pfeilgerader Flug; **pfeilschnell**

Pferd, das; des Pferd(e)s, die Pferde; Pferd; das **Pferdegebiss**; der **Pferdeschwanz**; die **Pferdestärke**; der **Pferdsprung**

Pfiff, der; des Pfiff(e)s, die Pfiffe; Pfiff

Pfifferling, der (Pilz); des Pfifferlings, die Pfifferlinge; Pfif-fer-ling

pfiffig; pfiffiger, am pfiffigsten; pfif-fig; ein pfiffiges Kerlchen; der **Pfiffikus**

Pfingsten (christlicher Feiertag); Pfingsten; die **Pfingstferien**; das **Pfingstfest**; die **Pfingstrose**

Pfirsich, der (Frucht); des Pfirsichs, die Pfirsiche; Pfir-sich

Pflanze, die; der Pflanze, die Pflanzen; Pflan-ze; **pflanzen**; sie hat Bäume gepflanzt; der **Pflanzenfresser**; **pflanzlich**; die **Pflanzung**

Pflaster, das; des Pflasters, die Pflaster; Pflas-ter; sie hat ein Pflaster auf die Wunde geklebt; der Wagen holpert über das alte Pflaster; **pflastern**; er hat die Straße gepflastert; der **Pflasterstein**

Pflaume, die (Frucht); der Pflaume, die Pflaumen; Pflau-me; das **Pflaumenmus**

Pflege, die; der Pflege, *kein Plural*; Pfle-ge; **pflegeleicht**; **pflegen**; sie hat die Kranke gepflegt; der **Pfleger**; **pfleglich**; der pflegliche Umgang mit den Büchern

Pflicht, die; der Pflicht, die Pflichten; Pflicht; **pflichtbewusst**; das **Pflichtfach**; **pflichtgemäß**; die **Pflichtlektüre**

das Pferd

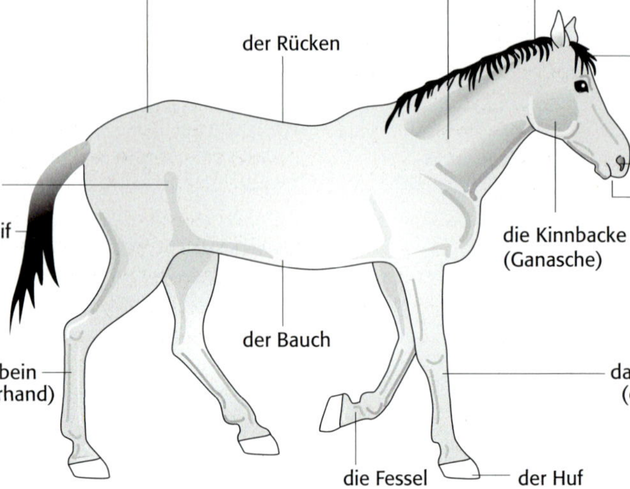

Pflock, der; des Pflock(e)s, die Pflöcke; Pflọck; einen Pflock in den Boden schlagen

pflücken; du pflückst, er pflückte, sie hat Blumen gepflückt; pflụ̈-cken; der **Pflücker**

Pflug, der; des Pflug(e)s, die Pflüge; Pflu̱g; **pflügen**; sie hat das Feld gepflügt; die **Pflugschar**

Pforte, die; der Pforte, die Pforten; Pfọrte; der **Pförtner**

Pfosten, der; des Pfostens, die Pfosten; Pfọs-ten; der **Pfostenschuss**

Pfote, die; der Pfote, die Pfoten; Pfo̱-te

Pfropfen, der; des Pfropfens, die Pfropfen; Pfrọp-fen; er verschließt die Flasche mit einem Pfropfen

Pfund, das; des Pfund(e)s, die Pfunde; Pfụnd; zwei Pfund Mehl; **pfundig**; der **Pfundsspaß**; **pfundweise**

Pfusch, der; des Pfusches, *kein Plural*; Pfụsch; die **Pfuscharbeit**; **pfuschen**; der **Pfuscher**; die **Pfuscherei**

Phänomen, das (Erscheinung, Wunder); des Phänomens, die Phänomene; Phäno-me̱n; **phänomenal**; ein phänomenaler Sonnenuntergang

Phantasie → Fantasie; **phantasieren** → fantasieren; **phantasievoll** → fantasievoll; **phantastisch** → fantastisch

Phantom, das (Trugbild; *auch* Nachbildung); des Phantoms, die Phantome; Phan-to̱m; das **Phantombild**

Pharao, der (altägyptischer König); des Pharaos, die Pharaonen; Pha̱-rao; das **Pharaonengrab**

Pharmaindustrie, die; der Pharmaindustrie, die Pharmaindustrien; Phạrma-in-dus-trie/Phạr-ma-in-dust-rie; die **Pharmakologie** (Arzneimittelkunde);

pharmazeutisch; pharmazeutische Produkte; die **Pharmazie**

Phase, die; der Phase, die Phasen; Phase; die Phasen der Entwicklung beobachten

Philosoph, der; des Philosophen, die Philosophen; Phi-lo-soph; die **Philosophie**; **philosophieren**; **philosophisch**

Phobie, die (krankhafte Angst); der Phobie, die Phobien; Pho-bie

Phon, das (*auch* Fon) (Maßeinheit der Lautstärke); des Phons, die Phons; Phon

Phonetik, die (*auch* Fonetik) (Lehre von den Lauten); der Phonetik, *kein Plural*; Pho-ne-tik; **phonetisch** (*auch* fonetisch); die **Phonothek** (*auch* Fonothek) (Sammlung von Tonaufnahmen)

Phosphat, das (Salz der Phosphorsäure); des Phosphat(e)s, die Phosphate; Phosphat; **phosphathaltig**; der **Phosphor**; **phosphoreszierend**

Photographie → Foto

Physik, die; der Physik, *kein Plural*; Physik; **physikalisch**; der **Physiker**

Physiologie, die (Lehre von den Lebensvorgängen); der Physiologie, *kein Plural*; Phy-sio-lo-gie; **physiologisch**

Physiotherapie, die (Heilbehandlung durch Massagen, Bewegung, Wärme, Kälte, Strom u. Ä.); der Physiotherapie, die Physiotherapien; Phy-sio-the-ra-pie; der Physiotherapeut; die Physiotherapeutin

physisch (körperlich, natürlich); *keine Steigerung*; phy-sisch; die physischen Voraussetzungen des Sportlers

Pianist, der (Klavierspieler); des Pianisten, die Pianisten; Pi-a-nist; **piano** (*in der Musik:* leise); das **Piano** (Klavier)

Pickel, der; des Pickels, die Pickel; Pi-ckel; **pickelig** (*auch* picklig)

picken; du pickst, er pickte, das Huhn hat Körner gepickt; pi-cken

Picknick, das; des Picknicks, die Picknicke/Picknicks; Pick-nick; **picknicken**; wir haben im Freien gepicknickt; der **Picknickkorb**

picobello (sehr gut, ausgezeichnet); *keine Steigerung*; pi-co-bel-lo; ein picobello aufgeräumtes Zimmer

piekfein; piekfeiner, am piekfeinsten; piek-fein; sie war piekfein angezogen; **pieksauber**

piepen; du piepst wie ein Vogel, er piepte, der Vogel hat gepiept; pie-pen; **piepsen**; die Maus hat gepiepst

piercen; du pierct sein Ohr, er piercte seine Freundin, sie hat die Nase gepierct; pier-cen; das **Piercing**

piesacken; du piesackst, er piesackte, eine Mücke hat mich gepiesackt; pie-sacken

Pigment, das (Farbstoff); des Pigment(e)s, die Pigmente; Pig-ment

Pik, das (Spielkartenfarbe, *auch* Bergspitze); des Pik(s), *kein Plural*; Pik; das Pik-Ass

pikant; pikanter, am pikantesten; pi-kant; eine pikant gewürzte Suppe

piken (*auch* piksen); du pikst, er pikte, sie hat sich mit der Nadel gepikt; pi-ken

Pilger, der (Wallfahrer; *auch* Wanderer); des Pilgers, die Pilger; Pil-ger; die **Pilgerfahrt**; **pilgern**; sie ist nach Mekka gepilgert

Pille, die; der Pille, die Pillen; Pil-le; sie muss bittere Pillen schlucken

Pilot, der (Flugzeugführer, Fahrer); des Piloten, die Piloten; Pi-lot

Pilz, der; des Pilzes, die Pilze; Pilz; die **Pilzvergiftung**

pingelig (kleinlich); pingeliger, am pingeligsten; pin-ge-lig; die **Pingeligkeit**

Pinguin, der (Vogel); des Pinguins, die Pinguine; Pịn-gu-in

pink (rosa); *keine Steigerung*; pịnk; das **Pink**; ihre Lieblingsfarbe ist Pink; → Kasten „blau"

Pinke, die (Geld); der Pinke, *kein Plural*; Pịn-ke; er hat jede Menge Pinke

pinkeln; du pinkelst, er pinkelte, sie hat sich beinahe in die Hose gepinkelt; pịn-keln; die **Pinkelpause**

pinnen; du pinnst, er pinnte, sie hat den Zettel an die Tür gepinnt; pịn-nen; die **Pinnwand**

Pinscher, der (Hunderasse); des Pinschers, die Pinscher; Pịn-scher

Pinsel, der; des Pinsels, die Pinsel; Pịn-sel; **pinseln**; sie hat Blumen an die Wand gepinselt

Pinzette, die (sehr kleine Greifzange); der Pinzette, die Pinzetten; Pin-zẹt-te

Pionier, der (Wegbereiter, Abenteurer); des Pioniers, die Pioniere; Pi-o-ni̲e̲r; der **Pioniergeist**

Pipeline, die [pa̲iplain] (Rohrleitung); der Pipeline, die Pipelines; Pipe-line

Pirat, der (Seeräuber); des Piraten, die Piraten; Pi-ra̲t

Pirsch, die; der Pirsch, die Pirschen; Pịrsch; der Jäger geht auf die Pirsch; **pirschen** (schleichen)

Pisse, die (*derb für* Harn, Urin); der Pisse, *kein Plural*; Pịs-se; das stinkt wie Katzenpisse

Piste, die (präparierte Bahn); der Piste, die Pisten; Pịs-te

Pistole, die; der Pistole, die Pistolen; Pis-to̲-le

Pizza, die; der Pizza, die Pizzas/Pizzen; Pịz-za; die **Pizzeria**; die Pizzerias/Pizzerien

Pkw, der (*auch* PKW) = Personenkraftwagen; des Pkw(s), die Pkws/*selten:* Pkw; der Pkw-Fahrer

placken, sich placken; du plackst dich, er plackte sich, sie hat sich ihr Leben lang geplackt; plạ-cken; die **Plackerei**

Plage, die; der Plage, die Plagen; Pla̲-ge; **plagen**, sich plagen; sie hat sich mit der Arbeit geplagt; die **Plagerei**

Plakat, das; des Plakat(e)s, die Plakate; Pla-ka̲t; die **Plakatsäule**; die **Plakatwerbung**

Plakette, die; der Plakette, die Plaketten; Pla-kẹt-te; sie steckt sich eine Plakette an

Plan, der; des Plan(e)s, die Pläne; Pla̲n; die **Plane** (Schutzdecke); **planen**; sie hat das Vorgehen gut geplant

Planet, der; des Planeten, die Planeten; Pla-ne̲t; **planetarisch**; das **Planetarium**; die **Planetenbahn**

Planke, die (starkes Brett, Bohle); der Planke, die Planken; Plạn-ke

Plankton, das (im Wasser schwebende Kleinlebewesen); des Planktons, *kein Plural*; Plạnk-ton

planlos; planloser, am planlosesten; pla̲n-los; ein planloses Durcheinander; **planmäßig**

Planschbecken, das (*auch* Plantschbecken); des Planschbeckens, die Planschbecken; Plạnsch-be-cken; **planschen** (*auch* plantschen)

Plantage, die (große Anpflanzung); der Plantage, die Plantagen; Plan-ta̲-ge; der **Plantagenbesitzer**

Plantschbecken → Planschbecken; **plantschen** → planschen

Planung, die; der Planung, die Planungen; Pla̲-nung; das **Planungsbüro**

plappern; du plapperst, er plapperte, sie hat über alles mögliche geplappert; plạp-pern

plärren; du plärrst, er plärrte, sie hat ständig laut geplärrt; plạ̈r-ren

L M N O P Q R S T

Plasma, das (Blutbestandteil; *auch* Gasgemisch); des Plasmas, die Plasmen; Plas-ma

Plastik[1], das (Kunststoff); des Plastiks, *kein Plural*; Plas-tik; ein Becher aus Plastik

Plastik[2], die (Skulptur; *auch* künstliche Organteile); der Plastik, die Plastiken; Plas-tik; der Künstler stellt seine Plastiken aus

Plastilin, das (Knetmasse); des Plastilins, *kein Plural*; Plas-ti-lin

plastisch; plastischer, am plastischsten; plas-tisch; plastische Chirurgie

Plateau, das [plato] (Hochebene); des Plateaus, die Plateaus; Pla-teau

Platin, das (Edelmetall); des Platins, *kein Plural*; Pla-tin; **platinblond**

plätschern; du plätscherst, er plätscherte, das Wasser hat geplätschert, der Bach ist durch den Wald geplätschert; plät-schern

platt; platter, am plattesten; platt; ein platter Reifen; da sind wir platt!; etwas platt drücken/plattdrücken

plattdeutsch (niederdeutsch); eine plattdeutsche Geschichte → deutsch; das **Plattdeutsch**

Platte, die; der Platte, die Platten; Plat-te

plätten (bügeln); du plättest, er plättete, sie hat die Wäsche geplättet; plät-ten

Plattenspieler, der; des Plattenspielers, die Plattenspieler; Plat-ten-spie-ler

Plattform, die; der Plattform, die Plattformen; Platt-form; auf einer Plattform stehen

Platz, der; des Platzes, die Plätze; Platz; er sitzt auf meinem Platz

Plätzchen, das; des Plätzchens, die Plätzchen; Plätz-chen; wir backen Plätzchen

platzen; du platzt, er platzte, der Luftballon ist geplatzt; plat-zen; **platzenlassen** (*auch* platzen lassen); er hat den Termin platzenlassen/platzen lassen

platzieren; du platzierst, er platzierte die Gäste am Tisch, die Läuferin hat sich in der Spitzengruppe platziert; plat-zie-ren; die **Platzierung**

Platzkarte, die; der Platzkarte, die Platzkarten; Platz-kar-te; das **Platzkonzert**; der **Platzregen**

Plauderei, die; der Plauderei, die Plaudereien; Plau-de-rei; **plaudern**; sie hat mit der Nachbarin geplaudert

Plausch, der; des Plausch(e)s, Plausche; Plausch; sich zu einem gemütlichen Plausch treffen

plausibel (einleuchtend); plausibler, am plausibelsten; plau-si-bel; ein plausibler Grund

Play-back, das (*auch* Playback); des Play-backs, die Play-backs; Play-back

Playboy, der; des Playboys, die Playboys; Play-boy; das **Playgirl**

Play-off, das (*auch* Playoff) (Ausscheidungsspiel beim Basketball oder Eishockey); des Play-offs, die Play-offs; Play-off; die **Play-off-Runde** (*auch* Playoffrunde, Playoff-Runde)

pleite [Adv.]; plei-te; ich bin pleite; die **Pleite**; das ist ja eine Pleite; **pleitegehen**; die Firma ist pleitegegangen

Plexiglas, das (glasartiger Kunststoff); des Plexiglases, *kein Plural*; Ple-xi-glas

Plombe, die (Verschluss, Füllung); der Plombe, die Plomben; Plom-be; **plombieren**; die Zahnärztin hat den Zahn plombiert

Plotter, der (Gerät zur grafischen Darstellung von Ergebnissen); des Plotters, die Plotter; Plot-ter

plötzlich; *keine Steigerung*; plötz-lich; ein plötzlicher Einfall; er war plötzlich da

plump; plumper, am plumpesten; plump;

eine plumpe Gestalt; ein plumper Versuch

Plumps, der; des Plumpses, *Plural selten*: die Plumpse; Plụmps; der **Plumpsack**; **plumpsen**

Plunder, der; des Plunders, *kein Plural*; Plụn-der; sie sammelt jeden Plunder

Plünderer, der (*auch* Plündrer); des Plünderers, die Plünderer; Plụ̈n-de-rer; **plündern**; sie hat das Sparschwein geplündert; die **Plünderung**

Plural, der (Mehrzahl); des Plurals, die Plurale; Plu-ra̱l; die **Pluralendung**

Pluralismus, der (Vielgestaltigkeit); des Pluralismus, *kein Plural*; Plu-ra-lịs-mus; **pluralistisch**; eine pluralistische Gesellschaft

plus [Adv.]; plụs; zwei plus drei ist fünf; heute Morgen waren drei Grad plus; das **Plus**

Plüsch, der; des Plüsch(e)s, *Plural selten*: die Plüsche; Plụ̈sch; das **Plüschtier**

Pluspunkt, der; des Pluspunkt(e)s, die Pluspunkte; Plụs-punkt; das **Plusquamperfekt** (Zeitform des Verbs); Beispiel: ich hatte gelesen; das **Pluszeichen**

Plutonium, das (chemisches Element); des Plutoniums, *kein Plural*; Plu-to̱-ni-um

Po, der (Gesäß); des Pos, die Pos; Po̱; sie ist auf den Po gefallen

Pöbel, der (Gesindel); des Pöbels, *kein Plural*; Pọ̈-bel; die **Pöbelei**; **pöbelhaft**; **pöbeln** (beleidigen, belästigen)

pochen (klopfen); du pochst an die Tür, er pochte, ihr Herz hat gepocht; pọ-chen

Pocken, die (Infektionskrankheit); der Pocken, *nur Plural*; Pọ-cken; die **Pockenimpfung**; **pockennarbig**

Pocketkamera, die (Taschenkamera); der Pocketkamera, die Pocketkameras; Pọ-cket-ka-me-ra

Podium, das (Erhöhung; Bühne); des Podiums, die Podien; Po̱-di-um; der Redner spricht vom Podium; die **Podiumsdiskussion**

Poesie, die (Dichtung, Dichtkunst; *auch* dichterische Stimmung); der Poesie, die Poesien; Po-e-si̱e̱; eine Sprache voller Poesie; das **Poesiealbum**; **poesielos**; der **Poet**; **poetisch**

Pogrom, der/das (gewalttätiges Vorgehen gegen Volksgruppen); des Pogroms, die Pogrome; Pog-ro̱m/Po-gro̱m; das **Pogromopfer**

Pointe, die [poạ̈nte] (das Wesentliche einer Aussage); der Pointe, die Pointen; Poin-te; wo liegt die Pointe des Witzes?

Pokal, der; des Pokals, die Pokale; Po-ka̱l; die Mannschaft hat einen Pokal gewonnen

pökeln (in Salzlake einlegen); du pökelst, er pökelte, sie hat das Fleisch gepökelt; pö̱-keln

Poker, das (Kartenspiel); des Pokers, *kein Plural*; Po̱-ker; **pokern**; sie hat um Geld gepokert

Pol, der; des Pol(e)s, die Pole; Po̱l; der **Polarkreis**

Polaroidkamera, die (Sofortbildkamera); der Polaroidkamera, die Polaroidkameras; Po-la-ro̱i̱d-ka-me-ra

Polente, die (abwertend für Polizei); der Polente, *kein Plural*; Po-lẹn-te

Poleposition, die (*auch* Pole-Position) [po̱u̱lposischn] (beste Startposition); der Poleposition, *kein Plural*; Pole-po-si-tion

Polier, der (Vorarbeiter auf dem Bau); des Poliers, die Poliere; Po-li̱e̱r

polieren; du polierst, er polierte, sie hat den Spiegel poliert; po-li̱e̱-ren; der **Polierer**

Polio, die (Poliomyelitis); der Polio, *kein Plural*; Po-lio; die **Poliomyelitis** (Kinderlähmung)

Politbüro, das (Politisches Büro, Führungsorgan in kommunistischen Parteien); des Politbüros, die Politbüros; Po-lit-bü-ro

Politesse, die (Angestellte, die besonders die Einhaltung des Parkverbots kontrolliert); der Politesse, die Politessen; Po-li-tes-se

Politik, die; der Politik, *Plural selten*: die Politiken; Po-li-tik/Po-li-tik; der **Politiker**; **politisch**; **politisieren**

Politur, die; der Politur, die Polituren; Po-li-tur; sie hat das Möbel mit Politur behandelt

Polizei, die; der Polizei, die Polizeien; Po-li-zei; **polizeilich**; der **Polizist**

Pollen, der (Blütenstaub); des Pollens, die Pollen; Pol-len; die **Pollenallergie**

Polo, das (Ballspiel zu Pferd); des Polos, *kein Plural*; Po-lo; das **Polohemd**

Polonäse, die (*auch* Polonaise) (Reihentanz); der Polonäse, die Polonäsen; Po-lo-nä-se

Polster, das; des Polsters, die Polster; Pols-ter; **polstern**; sie hat den Sitz gepolstert; der **Polstersessel**

Polterabend, der (Abend vor der Hochzeit); des Polterabends, die Polterabende; Pol-ter-abend; **poltern**; sie hat laut gepoltert

Polyester, der (Kunststoff); des Polyesters, die Polyester; Po-ly-es-ter

polyfon (*auch* polyphon) (vielstimmig); *keine Steigerung*; po-ly-fon; polyfone Musik

polygam (mit mehreren Partnern lebend; *auch* mehrgeschlechtlich); *keine Steigerung*; po-ly-gam; eine polygame Lebensweise; polygame Blüten; die **Polygamie**

polyglott (vielsprachig); *keine Steigerung*; po-ly-glott

Polyp, der (Tier; *auch* Geschwulst); des Polypen, die Polypen; Po-lyp; der Arzt entfernt Polypen aus der Nase

polyphon → polyfon

Pomade, die (Fett zur Haar- und Lippenpflege); der Pomade, die Pomaden; Po-ma-de; **pomadig**

Pommes, die; der Pommes, *nur Plural*; Pom-mes; die **Pommes frites**

Pomp, der (Prunk, Pracht); des Pomp(e)s, *kein Plural*; Pomp; **pompös**; eine pompöse Ausstattung

Pony[1], das (Kleinpferd); des Ponys, die Ponys; Po-ny

Pony[2], der (in die Stirn gekämmte Haare); des Ponys, die Ponys; Po-ny; die **Ponyfrisur**

Pool, der [pul] (Schwimmbecken, Sammelbecken); des Pools, die Pools

Pop, der; des Pop(s), *kein Plural*; Pop; die **Pop-Art** (Kunstrichtung der 1960er-Jahre); das **Popcorn** (Puffmais); die **Popmusik**

Popo, der; des Popos, die Popos; Po-po; setz dich auf deinen Popo!

Popper, der (modisch aussehender Jugendlicher); des Poppers, die Popper; Pop-per; **poppig**; eine poppige Frisur

Popsänger, der; des Popsängers, die Popsänger; Pop-sän-ger; die **Popszene**

populär (volkstümlich, bekannt); populärer, am populärsten; po-pu-lär; eine populäre Sängerin; die **Popularität**

Pore, die (feine Öffnung); der Pore, die Poren; Po-re; **porig**

Porno, der (Text, Comic oder Film mit eindeutig grober Darstellung der Sexualität); des Pornos, die Pornos; Por-no; die **Pornografie** (*auch* Pornographie); **pornografisch** (*auch* pornographisch); ein pornografischer Film

porös (löchrig, durchlässig); poröser, am porösesten; po-rös

Porree, der (Lauchgemüse); des Porrees, die Porrees; Por-ree

Portemonnaie; Porte-mon-naie → Portmonee

Portier, der [portje] (Pförtner, Hauswart); des Portiers, die Portiers; Por-ti-er; die **Portiere** (Türvorhang)

Portion, die; der Portion, die Portionen; Por-ti-on; eine Portion Eis; **portionsweise**

Portmonee, das (*auch* Portemonnaie); des Portmonees, die Portmonees; Port-mo-nee; steck dein Geld besser ins Portmonee!

Porto, das (Postgebühr); des Portos, die Porti/Portos; Por-to; **portofrei**

Porträt, das (Darstellung von Menschen); des Porträts, die Porträts; Port-rät/Por-trät; die **Porträtaufnahme**; **porträtieren**; die Künstlerin hat mich porträtiert

Porzellan, das; des Porzellans, die Porzellane; Por-zel-lan; Geschirr aus gutem Porzellan

Posaune, die (Musikinstrument); der Posaune, die Posaunen; Po-sau-ne

Pose, die (Körperhaltung); der Pose, die Posen; Po-se; **posieren**; sie hat in ihrem neuen Kleid posiert

Position, die; der Position, die Positionen; Po-si-ti-on; er hat eine wichtige Position in der Firma

positiv; positiver, am positivsten; po-si-tiv; er hat eine positive Einstellung

Positiv[1], das (vom Negativ gewonnenes Bild); des Positivs, die Positive; Po-si-tiv; der **Positiv**[2] (Grundform des Adjektivs)

Posse, die (derb-komisches Bühnenstück); der Posse, die Possen; Pos-se; der **Possenreißer**

Possessivpronomen, das (besitzanzeigendes Fürwort); des Possessivpronomens, die Possessivpronomen; Pos-ses-siv-pro-no-men

die Posaune

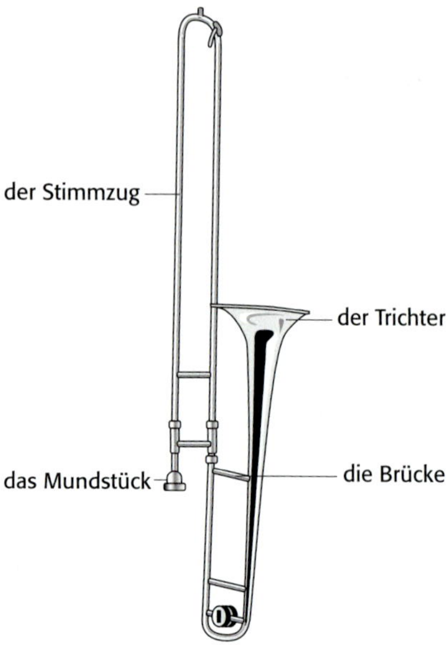

possierlich; possierlicher, am possierlichsten; pos-sier-lich; ein possierliches Kätzchen

Post, die; der Post, *kein Plural*; Post; das **Postamt**; der **Postbote**

Posten, der; des Postens, die Posten; Posten; er steht auf seinem Posten

Poster, der/das; des Posters, die Poster/Posters; Pos-ter; er hat tolle Poster an der Wand

Postfach, das; des Postfach(e)s, die Postfächer; Post-fach; die **Postkarte**; die **Postkutsche**; **postlagernd**; die **Postleitzahl**; der **Poststempel**

potentiell (möglich); po-ten-ti-ell → potenziell

Potenz, die (Leistungsfähigkeit; *auch* Zeugungsfähigkeit); der Potenz, die Potenzen; Po-tenz; das **Potenzial** (*auch*

L M N O P Q R S T

Potential); **potenziell** (*auch* potentiell); **potenzieren**; sie hat die Zahl potenziert

Pott, der (Topf); des Pott(e)s, die Pötte; Pott; einen Pott Kaffee trinken; **potthässlich**

Power, die [pauer] (Kraft, Stärke); der Power, *kein Plural*; Po-wer; **powern**; sie hat gepowert, bis das Ziel erreicht war

Pracht, die; der Pracht, *kein Plural*; Pracht; **prächtig**; ein prächtiger Baum; **prachtvoll**; ein prachtvoller Saal

Prädikat, das (Satzaussage; *auch* Beurteilung, Bewertung); des Prädikat(e)s, die Prädikate; Prä-di-kat; sie hat das Pradikat „Gut" bekommen

Präfix, das (Vorsilbe); des Präfixes, die Präfixe; Prä-fix

prägen; du prägst, er prägte, sie hat die Münze geprägt; prä-gen; die **Prägung**

prahlen; du prahlst, er prahlte, sie hat mit ihrem Erfolg geprahlt; prah-len; die **Prahlerei**; **prahlerisch**; der **Prahlhans**

Praktik, die; der Praktik, die Praktiken; Prak-tik; die üblichen Praktiken übernehmen; **praktikabel**; ein praktikables Vorgehen

Praktikant, der; des Praktikanten, die Praktikanten; Prak-ti-kant; der **Praktiker**; das **Praktikum**

praktisch; praktischer, am praktischsten; prak-tisch; ein Rucksack ist beim Wandern am praktischsten; **praktizieren**; er praktizierte das wie immer, die Ärztin hat gleich um die Ecke praktiziert

Praline, die; der Praline, die Pralinen; Pra-li-ne; eine Schachtel Pralinen

prall; praller, am prallsten; prall; ein prall gefüllter Sack

prallen; du prallst, er prallte gegen die Wand, die Sonne ist auf die Erde geprallt; pral-len

Prämie, die (Belohnung); der Prämie, die Prämien; Prä-mie; **prämieren**; sie hat die Fleißigsten prämiert

prangen; du prangst, er prangte, das Schild hat unübersehbar an der Wand geprangt; pran-gen

Pranger, der (Schandpfahl); des Prangers, die Pranger; Pran-ger; er wurde an den Pranger gestellt

Pranke, die (Tatze, große Hand); der Pranke, die Pranken; Pran-ke

Präparat, das; des Präparat(e)s, die Präparate; Prä-pa-rat; ein Präparat unter die Lupe legen; **präparieren**; er präparierte ein Fischskelett, sie hat sich für die Prüfung präpariert

Präposition, die (Verhältniswort); der Präposition, die Präpositionen; Prä-po-si-ti-on; das **Präpositionalobjekt**

Prärie, die (Grassteppe); der Prärie, die Prärien; Prä-rie; der **Präriewolf**

Präsens, das (Zeitform des Verbs); des Präsens, *kein Plural*; Prä-sens; Beispiel: ich lese

präsent; präsenter, am präsentesten; prä-sent; er ist zurzeit nicht präsent; sie hat immer eine Antwort präsent; das **Präsent** (Geschenk)

Präsentation, die; der Präsentation, die Präsentationen; Prä-sen-ta-ti-on; eine Präsentation vorbereiten; **präsentieren**; er präsentierte die Ergebnisse, sie hat sich eindrucksvoll präsentiert

Präsenz, die (Anwesenheit); der Präsenz, *kein Plural*; Prä-senz; die **Präsenzbibliothek**

präservativ (vorbeugend, verhütend); *keine Steigerung*; prä-ser-va-tiv; das **Präservativ** (Kondom, Verhütungsmittel)

Präsident, der; des Präsidenten, die Präsidenten; Prä-si-dent; **präsidieren**; das **Präsidium**

prasseln; du prasselst, er prasselte, das

trockene Holz hat im Ofen geprasselt, der Regen ist auf die Erde geprasselt; prạs-seln

prassen; du prasst, er prasste, sie hat mit ihrem Geld geprasst; prạs-sen; der **Prasser**; die **Prasserei**

Präteritum, das (Zeitform des Verbs); des Präteritums, die Präterita; Prä-tẹ-ri-tum; Beispiel: ich las

Praxis, die; der Praxis, die Praxen; Prạ-xis; **praxisbezogen**; der **Praxisbezug**; **praxisfern**; **praxisnah**

präzise (*auch* präzis) (genau, treffend); präziser, am präzisesten; prä-zi̱-se; eine präzise Wegbeschreibung; **präzisieren**; sie hat die Aufgabe präzisiert; die **Präzisierung**; die **Präzision**; die **Präzisionsarbeit**

predigen; du predigst, er predigte, sie hat ihm Fleiß gepredigt; pre̱-di-gen; der **Prediger**; die **Predikt**

Preis, der; des Preises, die Preise; Pre̱is; jeden Preis bezahlen; das **Preisausschreiben**

Preiselbeere, die; der Preiselbeere, die Preiselbeeren; Pre̱i-sel-bee-re

preisen; du preist, er pries, sie hat die Schönheit der Landschaft gepriesen; pre̱i-sen

preisgeben; du gibst preis, er gab preis, sie hat ihr Geheimnis preisgegeben; pre̱is-ge-ben

preisgekrönt; *keine Steigerung*; pre̱is-ge-krönt; ein preisgekröntes Buch; das **Preis-Leistungs-Verhältnis**; die **Preisliste**; **preiswert**

Prellball, der (Spiel); des Prellball(e)s, *kein Plural*; Prẹll-ball; der **Prellbock** (Klotz zum Abfangen von Stößen)

prellen; du prellst dir die Hand, er prellte ihn um sein Geld, sie hat sich den Fuß geprellt; prẹl-len; die **Prellung**

Premiere, die (Uraufführung); der Premiere, die Premieren; Pre-mi-e̱-re; das **Premierenpublikum**

Premierminister, der; des Premierministers, die Premierminister; Pre-mi-e̱r-mi-nis-ter

preschen; du preschst voran, er preschte voran, sie ist eilig durch die Straßen geprescht; prẹ-schen

Presse[1], die; der Presse, die Pressen; Prẹs-se; die Trauben in eine Presse geben

Presse[2], die (Zeitungen und Zeitschriften); der Presse, *kein Plural*; Prẹs-se; die **Presseagentur**; die **Pressefreiheit**

pressen; du presst, er presste, sie hat die Orangen gepresst; prẹs-sen

pressieren (eilen, drängen); du pressierst, er pressierte, es hat pressiert; pres-si̱e-ren

Pressing, das (Spieltaktik in Ballspielen); des Pressings, *kein Plural*; Prẹs-sing

Presslufthammer, der; des Presslufthammers, die Presslufthämmer; Prẹss-luft-ham-mer; der **Pressschlag** (*auch* Press-Schlag)

Prestige, das [preßti̱sch] (Ansehen); des Prestiges, *kein Plural*; Pres-ti̱ge

Preuße, der; des Preußen, die Preußen; Pre̱u-ße; **Preußen**; **preußisch**

prickeln; es prickelt, es prickelte, die Limonade hat geprickelt; prị-ckeln

Priel, der (schmaler Wasserlauf im Wattenmeer); des Priels, die Priele; Pri̱el

Priester, der; des Priesters, die Priester; Pri̱es-ter; die **Priesterweihe**

prima; pri̱-ma; eine prima Idee

Primaner, der (Schüler der beiden oberen Klassen des Gymnasiums); des Primaners, die Primaner; Pri-ma̱-ner

primär (grundlegend, vordergründig); *keine Steigerung*; pri-mä̱r; zuerst sind die primären Aufgaben zu lösen; die **Primarstufe** (Grundstufe, Grundschule)

Primat[1], der (Angehöriger der Gruppe von Säugetieren, zu der Menschen und Affen gehören); des Primaten, die Primaten; Pri-mat; der/das **Primat**[2] (Vorrang, Vorherrschaft); des Primat(e)s, *kein Plural*

Primel, die (Blume); der Primel, die Primeln; Pri-mel

primitiv (einfach); primitiver, am primitivsten; pri-mi-tiv; mit primitiven Werkzeugen arbeiten

Primus, der (Klassenbester); des Primus, die Primi/Primusse; Pri-mus

Primzahl, die (nur durch Eins und sich selbst teilbare Zahl); der Primzahl, die Primzahlen; Prim-zahl

Printe, die (Gebäck); der Printe, die Printen; Prin-te

Printer, der (Drucker); des Printers, die Printer; Prin-ter; das **Printmedium**

Prinz, der; des Prinzen, die Prinzen; Prinz; die **Prinzessin**

Prinzip, das (Grundsatz); des Prinzips, die Prinzipien/Prinzipe; Prin-zip; **prinzipiell**; **prinzipientreu**

Prior, der (Klostervorsteher); des Priors, die Prioren; Pri-or

Priorität, die (Vorrang); der Priorität, die Prioritäten; Pri-o-ri-tät; du solltest Prioritäten setzen

Prise, die; der Prise, die Prisen; Pri-se; eine Prise Salz

Prisma, das (lichtbrechender Körper; *auch* geometrischer Körper); des Prismas, die Prismen; Pris-ma

Pritsche, die; der Pritsche, die Pritschen; Prit-sche; auf einer Pritsche schlafen

privat; privater, am privatesten; pri-vat; eine private Angelegenheit; die **Privatadresse**; **privatisieren**; die Wasserwerke wurden privatisiert

Privileg, das (Vorrecht); des Privilegs, die Privilegien/Privilege; Pri-vi-leg

pro [Präp.] (jeweils); pro; zwei Euro Eintritt pro Person (Akkusativ); pro forma (der Form wegen, nur zum Schein); Pro-Kopf-Verbrauch; das **Pro** (Für); das Pro und Kontra diskutieren

Probe, die; der Probe, die Proben; Pro-be; das Auto Probe fahren; **proben**; sie hat ihren Auftritt mehrmals geprobt; **probeweise**; die **Probezeit**; **probieren**

Problem, das; des Problems, die Probleme; Prob-lem/Pro-blem; ein Problem lösen; die **Problematik**; **problematisch**; das **Problembewusstsein**; **problemlos**

Produkt, das; des Produkt(e)s, die Produkte; Pro-dukt; die **Produktion**; **Produktionskosten**; **produktiv**

Produzent, der; des Produzenten, die Produzenten; Pro-du-zent; **produzieren**; er produziert Maschinen, sie hat sich in aller Öffentlichkeit produziert

Prof. = Professor/Professorin

profan (alltäglich; weltlich); profaner, am profansten; pro-fan; ein profaner Zwischenfall

professionell (fachmännisch, berufsmäßig); professioneller, am professionellsten; pro-fes-si-o-nell

Professor, der; des Professors, die Professoren; Pro-fes-sor; die **Professur**

Profi, der; des Profis, die Profis; Pro-fi; die Nationalspieler sind Profis

Profil, das; des Profils, die Profile; Pro-fil; ein Profil zeichnen; das Profil der Reifen prüfen; **profilieren**, sich profilieren; sie hat sich in ihrem Beruf profiliert

Profit, der (Gewinn); des Profit(e)s, die Profite; Pro-fit; ein Profit bringendes/profitbringendes Unternehmen; **profitieren**; sie hat von seiner Hilfe profitiert

profund (tief, gründlich); profunder, am

profundesten; pro-fund; er hat profunde Kenntnisse

Prognose, die (Vorhersage); der Prognose, die Prognosen; Prog-no-se/Pro-gno-se; **prognostizieren**

Programm, das; des Programm(e)s, die Programme; Pro-gramm; **programmatisch**; **programmieren**; der **Programmierer**; die **Programmiersprache**

Progression, die (Fortschreiten, Steigerung); der Progression, die Progressionen; Pro-gres-si-on; **progressiv**; eine progressive Meinung

Projekt, das (Entwurf, Vorhaben); des Projekt(e)s, die Projekte; Pro-jekt; **projektieren**; sie hat den Bau projektiert

Projektil, das (Geschoss); des Projektil(e)s, die Projektile; Pro-jek-til

Projektion, die (Darstellung auf einer Fläche); der Projektion, die Projektionen; Pro-jek-ti-on; der **Projektor**; **projizieren**; sie hat das Bild an die Wand projiziert

Proklamation, die (Verkündung, Aufruf); der Proklamation, die Proklamationen; Pro-kla-ma-ti-on; **proklamieren**

Prolet, der (*abwertend für* Proletarier); des Proleten, die Proleten; Pro-let; das **Proletariat** (Arbeiterklasse); der **Proletarier**; **proletarisch**

Prolog, der (Vorrede, Vorspiel); des Prolog(e)s, die Prologe; Pro-log

Promenade, die; der Promenade, die Promenaden; Pro-me-na-de; auf der Promenade spazieren gehen; **promenieren**

Prometheus (griechische Sagengestalt); des Prometheus, *kein Plural*; Pro-me-theus

Promille, das (ein Tausendstel); des Promille(s), die Promille; Pro-mil-le; die **Promillegrenze**

prominent; prominenter, am prominentesten; pro-mi-nent; prominente Gäste; der **Prominente**; die **Prominenz**

Promotion[1], die [promouschn] (Werbemaßnahme); der Promotion, die Promotions; Pro-mo-tion

Promotion[2], die (Erlangung der Doktorwürde); der Promotion, die Promotionen; Pro-mo-ti-on; **promovieren**

prompt (sofort); *keine Steigerung*; prompt; eine prompte Antwort

Pronomen, das; des Pronomens, die Pronomen/Pronomina; Pro-no-men; **pronominal**

Propaganda, die (Werbung für politische Zwecke); der Propaganda, *kein Plural*; Pro-pa-gan-da; das **Propagandamaterial**; **propagandistisch**; **propagieren**

Propan, das (Brennstoff, Treibstoff); des Propans, *kein Plural*; Pro-pan; das **Propangas**

Propeller, der (Antriebsschraube); des Propellers, die Propeller; Pro-pel-ler; das **Propellerflugzeug**

proper (sauber, ordentlich); properer, am propersten; pro-per; ein proper aussehendes Mädchen

Prophet, der (Weissager, Seher); des Propheten, die Propheten; Pro-phet; **prophetisch**; **prophezeien**; sie hat ein Unglück prophezeit; die **Prophezeiung**

prophylaktisch (vorbeugend); *keine Steigerung*; pro-phy-lak-tisch; prophylaktische Maßnahmen; die **Prophylaxe**

Proportion, die (Größenverhältnis); der Proportion, die Proportionen; Pro-por-ti-on; **proportional**; die **Proportionalität**; die **Proportionsgleichung**

Propst, der (Kloster-, Stiftsvorsteher); des Propst(e)s, die Pröpste; Propst

Prosa, die (erzählende sprachliche Darstellungsweise); der Prosa, *kein Plural*; Pro-sa; die **Prosadichtung**; **prosaisch**

prosit! (*auch* prost!); pro̱-sit; prosit Neujahr!; das **Prosit** (*auch* Prost); ein Prosit auf das Geburtstagskind!

Prospekt, der; des Prospekt(e)s, die Prospekte; Pros-pẹkt/Pro-spẹkt

Prostata, die (Vorsteherdrüse); der Prostata, die Prostatae; Prọs-ta-ta/Prọ-sta-ta

Prostituierte, die (Frau, die sexuelle Handlungen gegen Bezahlung anbietet); der Prostituierten, die Prostituierten; Pros-ti-tu-i̱e̱r-te/Pro-sti-tu-i̱e̱r-te; die **Prostitution**

Protagonist, der (zentrale Gestalt, Vorkämpfer); des Protagonisten, die Protagonisten; Pro-ta-go-nịst

Protein, das (Einweißkörper); des Proteins, die Proteine; Pro-te-i̱n

Protektion, die (Schutz, Förderung); der Protektion, die Protektionen; Pro-tek-ti-o̱n; der **Protektor**; das **Protektorat** (Schutzherrschaft, *auch* unter Schutz gestelltes Gebiet)

Protest, der; des Protest(e)s, die Proteste; Pro-tẹst; die **Protestaktion**

Protestant, der (Angehöriger des Protestantismus); des Protestanten, die Protestanten; Pro-tes-tạnt; **protestantisch**; der **Protestantismus** (christliche Kirchengemeinschaft)

protestieren; du protestierst, er protestierte, sie hat gegen den Krieg protestiert; pro-tes-ti̱e̱-ren

Prothese, die (künstliches Glied); der Prothese, die Prothesen; Pro-the̱-se

Protokoll, das; des Protokoll(e)s, die Protokolle; Pro-to-kọll; der **Protokollant**; **protokollarisch**; der **Protokollführer**; **protokollieren**

Proton, das (Elementarteilchen); des Protons, die Protonen; Pro̱-ton; der **Protonenbeschleuniger**

Prototyp, der (Muster, Urmodell); des Prototyps, die Prototypen; Pro̱-to-typ; **prototypisch**

Protz, der (Prahler, Angeber); des Protzes, die Protze; Prọtz; **protzen**; die **Protzerei**; **protzig**

Proviant, der (Verpflegung); des Proviant(e)s, *Plural selten*: die Proviante; Pro-vi-ạnt

Provinz, die (Landesteil; *auch* ländliche oder rückständige Gegend); der Provinz, die Provinzen; Pro-vịnz; **provinziell**

provisorisch (vorläufig); provisorischer, am provisorischsten; pro-vi-so̱-risch; eine provisorische Befestigung

provokant (herausfordernd); provokanter, am provokantesten; pro-vo-kạnt; eine provokante Frage; der **Provokateur**; die **Provokation**; **provozieren**; sie hat den Lehrer provoziert

Prozedur, die (Behandlung, Verfahren); der Prozedur, die Prozeduren; Pro-ze-du̱r; sie musste eine langwierige Prozedur über sich ergehen lassen

Prozent, das = %; des Prozent(e)s, die Prozente; Pro-zẹnt; die **Prozentrechnung**; der **Prozentsatz**; **prozentual**

Prozess, der; des Prozesses, die Prozesse; Pro-zẹss; **prozessieren**; sie hat gegen den Vermieter prozessiert

Prozession, die (feierlicher Umzug); der Prozession, die Prozessionen; Pro-zes-si-o̱n

prüde (übertrieben schamhaft); prüder, am prüdesten; prü̱-de; die **Prüderie**

prüfen; du prüfst, er prüfte, sie hat die Rechnung geprüft; prü̱-fen; der **Prüfer**; der **Prüfling**; die **Prüfung**; die **Prüfungsaufgabe**

Prügel[1], der (Knüppel); des Prügels, die Prügel; Prü̱-gel; **Prügel**[2] (Schläge); *nur Plural*; die **Prügelei**; **prügeln**; er prügelte seinen Bruder, sie hat sich geprügelt

prusten; du prustest, er prustete, sie hat vor Lachen geprustet; pru̲s-ten

Psalm, der (geistliches Lied); des Psalms, die Psalmen; Psạlm; der **Psalter** (Buch der Psalmen)

Pseudonym, das (Deckname); des Pseudonyms, die Pseudonyme; Pseu-do-ny̲m; **pseudonym**; sie hat das Buch pseudonym verfasst

pst! (*auch* pscht!) (Ruhe! Sei leise!)

Psyche, die (Seele); der Psyche, die Psychen; Psy̲-che; der **Psychiater** (Facharzt für Psychiatrie); **psychisch**; die **Psychoanalyse**

Psychologe, der; des Psychologen, die Psychologen; Psy-cho-lo̲-ge; die **Psychologie** (Wissenschaft von den psychischen Vorgängen); **psychologisch**

Psychopath, der (seelisch gestörter Mensch); des Psychopathen, die Psychopathen; Psy-cho-pa̲th; die **Psychose** (krankhafte seelische Störung); der **Psychotherapeut**; die **Psychotherapie**; der **Psychothriller**

pubertär; pubertärer, am pubertärsten; pu-ber-tä̲r; die pubertäre Entwicklung; die **Pubertät** (Beginn der Geschlechtsreife); **pubertieren**

Publicity, die [pablịßiti] (Bekanntheit, Aufsehen in der Öffentlichkeit); der Publicity, *kein Plural*; Pu-bli-ci-ty/Pub-li-ci-ty; **publicityscheu**

Public Relations, die [pạblik relä̲i̲schns] = PR (Öffentlichkeitsarbeit); der Public Relations, *nur Plural*; Pub-lic/Pu-blic Re-la-tions

publik (öffentlich, allgemein bekannt); publiker, am publiksten; pub-li̲k/pu-bli̲k; die **Publikation** (Veröffentlichung); **publikmachen** (*auch* publik machen); eine Veranstaltung publikmachen/publik machen

Publikum, das; des Publikums, *kein Plural*; Pu̲b-li-kum/Pu̲-bli-kum; der **Publikumserfolg**; **publikumswirksam**

publizieren (veröffentlichen); du publizierst, er publizierte, sie hat ihre Gedichte in einer Zeitung publiziert; pub-li-zi̲e-ren/pu-bli-zi̲e-ren

Puck, der (Spielscheibe im Eishockey; *auch* Kobold); des Pucks, die Pucks; Pụck

Pudding, der; des Puddings, die Puddinge/Puddings; Pụd-ding; das **Puddingpulver**

Pudel, der (Hund); des Pudels, die Pudel; Pu̲-del; die **Pudelmütze**; **pudelnass**; **pudelwohl**

Puder, der (*auch* das Puder); des Puders, die Puder; Pu̲-der; **pudern**; sie hat sich die Nase gepudert; der **Puderzucker**

Puff[1], der (Stoß); des Puff(e)s, die Puffe/Püffe; Pụff; er hat mir einen Puff in die Seite gegeben

Puff[2], der/das (*umgangssprachlich für* Bordell); des Puff(e)s, die Puffs; Pụff

puffen (stoßen); du puffst mich, er puffte sie, sie hat ihn in den Rücken gepufft; pụf-fen; der **Puffer**; die **Pufferzone**

Puffmais, der (Popcorn); des Puffmaises, *kein Plural*; Pụff-mais; der **Puffreis**

puh!; puh, ist das kalt!

pulen; du pulst, er pulte Krabben, sie hat die Rosinen aus dem Kuchen gepult; pu̲-len

Pulk, der (Anhäufung); des Pulk(e)s, die Pulke/Pulks; Pụlk; sie standen im Pulk vor der Tür

Pulle, die (*umgangssprachlich für* Flasche); der Pulle, die Pullen; Pụl-le; zwei leere Pullen

Pulli, der; des Pullis, die Pullis; Pụl-li; einen leichten Pulli anziehen; der **Pullover**; der **Pullunder** (ärmelloser Pullover)

Puls, der; des Pulses, die Pulse; Pụls; den

Puls fühlen; die **Pulsader**; **pulsieren**; der **Pulsschlag**

Pult, das; des Pult(e)s, die Pulte; Pụlt; der Redner steht am Pult

Pulver, das; des Pulvers, die Pulver; Pụl-ver; **pulverisieren**; **pulvrig** (*auch* pulverig)

Puma, der (Raubkatze); des Pumas, die Pumas; Pu̲-ma

pummelig (*auch* pummlig); pummeliger, am pummeligsten; pụm-me-lig; ein pummeliges Kind

Pumpe, die; der Pumpe, die Pumpen; Pụm-pe; **pumpen**; er pumpte Wasser aus dem Brunnen, sie hat sich Geld gepumpt

Pumpernickel, der (Roggenbrot); des Pumpernickels, die Pumpernickel; Pụm-per-ni-ckel

Pumps, der [pọ̈mß] (Damenschuh mit hohem Absatz); des Pumps, die Pumps

Punk, der [pạnk] (Rockmusik, auch Protestbewegung); des Punk(s), *kein Plural*; der **Punker** (*auch* Punk) (Anhänger des Punks); die **Punkfrisur**

Punkt, der; des Punkt(e)s, die Punkte; Pụnkt; nun mach mal einen Punkt; der Zug kam Punkt drei Uhr; **punkten**; sie hat im Spiel gepunktet; **punktgleich**

punktieren (Entnehmen von Gewebe oder Flüssigkeit); du punktierst, er punktierte, die Ärztin hat das Rückenmark punktiert; punk-ti̲e̲-ren

pünktlich; pünktlicher, am pünktlichsten; pụ̈nkt-lich; die pünktliche Ankunft; die **Pünktlichkeit**

punktuell (einzelne Punkte betreffend); punk-tu-ẹll; du hast punktuell recht; ein punktuelles Problem; die **Punktzahl**

Punsch, der (alkoholisches Getränk); des Punsch(e)s, die Punsche/Pünsche; Pụnsch; ein Glas heißen Punsch trinken

Pup, der (*auch* Pups, Pupser); des Pup(e)s, die Pupe; Pu̲p; einen Pup lassen; **pupen** (*auch* pupsen)

Pupille, die (Sehöffnung im Auge); der Pupille, die Pupillen; Pu-pịl-le

Puppe, die; der Puppe, die Puppen; Pụppe; das **Puppentheater**; der **Puppenwagen**

pur (rein, unverfälscht); *keine Steigerung*; pu̲r; pures Gold

Püree, das (Mus, Brei); des Pürees, die Pürees; Pü-re̲e̲

Purpur, der (kräftig roter Farbstoff); des Purpurs, *kein Plural*; Pụr-pur; **purpurfarben** (*auch* purpurfarbig); **purpurn**; ein purpurnes Kleid; **purpurrot**

Purzelbaum, der; des Purzelbaums, die Purzelbäume; Pụr-zel-baum; er schlägt einen Purzelbaum; **purzeln**; sie ist über ihre eigenen Füße gepurzelt

puschen (*auch* pushen) (in Schwung bringen; *auch* mit Drogen handeln); du puschst, er puschte, sie hat sich mit Kaffee gepuscht; pụ-schen

Puste, die; der Puste, *kein Plural*; Pu̲s-te; ich bin ganz außer Puste; die **Pusteblume**

Pustel, die (Pickel); der Pustel, die Pusteln; Pụs-tel

pusten; du pustest, er pustete, der Wind hat die Blätter von den Bäumen gepustet; pu̲s-ten

Putsch, der (politischer Umsturz oder Umsturzversuch); des Putsch(e)s, die Putsche; Pụtsch; **putschen**; sie haben gegen die Regierung geputscht

Putz, der; des Putzes, *Plural selten*: Farb-Putze; Pụtz; der Putz bröckelt von der Wand; **putzen**; er putzte die Hauswand, sie hat das Zimmer geputzt; die **Putzfrau**

putzig (drollig); putziger, am putzigsten; pụt-zig; ein putziges Tierchen

puzzeln [pạseln/pụseln]; du puzzelst, er puzzelte, sie hat gepuzzelt; pụz-zeln; das **Puzzle**; das **Puzzlespiel**

Pyjama, der [püdscha̱ma] (Schlafanzug); des Pyjamas, die Pyjamas; Py-ja̱-ma; die **Pyjamahose**

Pyramide, die (geometrischer Körper; *auch* ägyptischer Grabbau); der Pyramide, die Pyramiden; Py-ra-mi̱-de

Python, der (Riesenschlange); des Pythons, die Pythons; Py̱-thon; die **Pythonschlange**

Q

Quacksalber, der (Pfuscher); des Quacksalbers, die Quacksalber; Quạck-sal-ber

Quaddel, die (juckende Hautanschwellung); der Quaddel, die Quaddeln; Quạd-del; nach Insektenstichen bilden sich oft Quaddeln

Quader, der (von sechs Rechtecken begrenzter Körper; *auch* viereckiger behauener Steinblock); des Quaders, die Quader; Qua̱-der

Quadrat, das (gleichseitiges, rechtwinkliges Viereck; *auch* zweite Potenz einer Zahl); des Quadrat(e)s, die Quadrate; Qua-dra̱t/Quad-ra̱t; drei im Quadrat; **quadratisch**; der/das **Quadratmeter** = m²; die **Quadratzahl**; **quadrieren**; sie hat die Zahl quadriert

quaken; du quakst, er quakte, sie hat wie ein Frosch gequakt; qua̱-ken

Qual, die; der Qual, die Qualen; Qua̱l; die Schmerzen waren eine Qual; **quälen**; er quälte sie mit seinen Fragen; sie hat sich stundenlang mit den Matheaufgaben gequält; die **Quälerei**; der **Quälgeist**

Qualifikation, die; der Qualifikation, die Qualifikationen; Qua-li-fi-ka-ti-o̱n; er hat die nötige Qualifikation; **qualifizieren**, sich qualifizieren; sie hat sich für die Olympiamannschaft qualifiziert

Qualität, die; der Qualität, die Qualitäten; Qua-li-tä̱t; ein Produkt von hoher Qualität; **qualitativ**; **qualitätsbewusst**; die **Qualitätskontrolle**

Qualle, die (Nesseltier); der Qualle, die Quallen; Quạl-le

Qualm, der; des Qualm(e)s, *kein Plural*; Quạlm; **qualmen**; das Feuer hat gequalmt

qualvoll; qualvoller, am qualvollsten; qua̱l-voll; ein qualvolles Leiden

Quäntchen, das (kleine Menge); des Quäntchens, die Quäntchen; Quạ̈nt-chen; ein Quäntchen Glück

Quantität, die (Menge, Größe); der Quantität, die Quantitäten; Quan-ti-tä̱t; die Quantität erhöhen; **quantitativ**; quantitative Messungen; das **Quantum**; das Quantum festlegen

Quarantäne, die (Isolierung von Tieren oder Personen, die eine ansteckende Krankheit haben); der Quarantäne, die Quarantänen; Qua-ran-tä̱-ne; die **Quarantänestation**

Quark, der; des Quark(e)s, *kein Plural*; Quạrk; Kartoffeln mit Quark essen

Quartal, das (Vierteljahr); des Quartals, die Quartale; Quar-ta̱l

Quartett, das (Musikstück für vier Stimmen oder Instrumente; *auch* Kartenspiel); des Quartett(e)s, die Quartette; Quar-tẹtt

Quartier, das (Unterkunft); des Quartiers, die Quartiere; Quar-ti̱e̱r; wir haben ein schönes Quartier gefunden

Quarz, das (Mineral); des Quarzes, die Quarze; Qua̱rz; **quarzhaltig**; die **Quarzuhr**

quasi [Adv.] (gewissermaßen, sozusagen); qua-si; ich habe mich quasi umsonst bemüht

Quasselei, die; der Quasselei, *kein Plural*; Quas-se-lei; die ständige Quasselei stört den Unterricht; **quasseln**; sie hat immerzu gequasselt; die **Quasselstrippe**

Quaste, die (Büschel, Schleife); der Quaste, die Quasten; Quas-te; der Vorhang ist mit Quasten geschmückt

Quatsch, der; des Quatsches, *kein Plural*; Quatsch; erzähl keinen Quatsch; **quatschen**; sie hat mit ihrer Nachbarin gequatscht; der **Quatschkopf**

Quecksilber, das (Metall); des Quecksilbers, *kein Plural*; Queck-sil-ber; **quecksilberig** (*auch* quecksilbrig); die **Quecksilbersäule**

Quell, der; des Quell(e)s, die Quellen; Quell; den Quell des Lebens suchen; die **Quelle**; die Quelle des Flusses

quellen[1]; du quillst, der Rauch quoll aus dem Fenster, der Reis ist gequollen; quel-len; **quellen**[2]; du quellst, er quellte, die Köchin hat den Reis gequellt

Quellenangabe, die; der Quellenangabe, die Quellenangaben; Quel-len-an-ga-be; das **Quellwasser**

Quengelei, die; der Quengelei, die Quengeleien; Quen-ge-lei; **quengeln**; der kleine Bruder hat ständig gequengelt; **quenglig** (*auch* quengelig); ein quengliges Kind

~~**Quentchen**~~ → Quäntchen

quer [Adv.]; quer; kreuz und quer; ein quer gestreiftes/quergestreiftes Hemd; er hat sich quer ins Bett gelegt; **querdurch**; die **Quere**; komm mir nicht in die Quere!

Querele, die (Streit, Klage); der Querele, die Querelen; Que-re-le; nach einigen Querelen konnten wir uns einigen

querfeldein [Adv.]; quer-feld-ein; querfeldein laufen; die **Querflöte**; der **Querkopf**

querlegen, sich querlegen (sich widersetzen); du legst dich quer, er legte sich quer, sie hat sich mit ihrer Meinung als Einzige quergelegt; quer-le-gen; **querschießen**

Querschnitt, der; des Querschnitts, die Querschnitte; Quer-schnitt; **querschnittgelähmt** (*auch* querschnittsgelähmt); **querstellen**, sich querstellen (sich widersetzen); die **Quersumme**

quetschen; du quetschst, er quetschte das Obst, sie hat sich die Finger gequetscht; quet-schen; die **Quetschung**

quick (flink, schnell); quicker, am quicksten; quick; **quicklebendig**

quieken; du quiekst, er quiekte, sie hat laut gequiekt; quie-ken

quietschen; du quietschst, er quietschte, die Bremse hat gequietscht; quiet-schen; **quietschvergnügt**

Quintett, das (Musikstück für fünf Stimmen oder Instrumente); des Quintett(e)s, die Quintette; Quin-tett

Quirl, der; des Quirl(e)s, die Quirle; Quirl; ein quirliges Kind; **quirlen**; sie hat den Pudding gequirlt; **quirlig**

quitt (ausgeglichen); *keine Steigerung*; quitt; wir sind quitt

Quitte, die (Obst); der Quitte, die Quitten; Quit-te; **quittegelb** (*auch* quittengelb); der/das **Quittengelee**

quittieren; du quittierst, er quittierte, sie hat den Empfang des Geldes quittiert; quit-tie-ren; die **Quittung**; der **Quittungsblock**

Quiz, das; des Quiz, die Quiz; Quiz; der **Quizmaster**; die **Quizsendung**

Quote, die (Anteil); der Quote, die Quoten; Quo-te; eine Quote festlegen; die **Quotenregelung**; der **Quotient**

R

Rabatt, der (Preisnachlass); des Rabatt(e)s, die Rabatte; Ra-bạtt

Rabatz, der (Krach, Unruhe); des Rabatzes, *kein Plural*; Ra-bạtz; er macht unnötigen Rabatz

Rabauke, der (Rüpel); des Rabauken, die Rabauken; Ra-ba̲u̲-ke

Rabbi, der (Ehrentitel jüdischer Gelehrter); des Rabbi(s), die Rabbinen/Rabbis; Rạbbi; der **Rabbiner** (jüdischer Geistlicher)

Rabe, der (Vogel); des Raben, die Raben; Ra̲-be; **rabenschwarz**

rabiat (grob, wütend); rabiater, am rabiatesten; ra-bi-a̲t; ein rabiater Stoß in den Rücken

Rache, die; der Rache, *kein Plural*; Rạ-che; du solltest keine Rache üben

Rachen, der; des Rachens, die Rachen; Rạ-chen; er kann den Rachen nicht voll genug kriegen

rächen; du rächst, er rächte, sie hat sich gerächt; rạ̈-chen; der **Rächer**; des Rächers, die Rächer; die **Rachgier**; **rachgierig**

Rachitis, die (Krankheit, die zur Knochenerweichung führt); der Rachitis, die Rachitiden; Ra-chi̲-tis; **rachitisch**

Racker, der; des Rackers, die Racker; Rạcker; der Kleine ist ein richtiger Racker; **rackern**; sie hat den ganzen Tag gerackert

Rad, das; des Rad(e)s, die Räder; Ra̲d; Rad fahren; ein Rad schlagen; ein Rad schlagendes/radschlagendes Kind

Radar, der/das; des Radars, die Radare; Ra-da̲r; die **Radarkontrolle**; der **Radarschirm**

Radau, der; des Radaus, *kein Plural*; Ra-da̲u̲; macht nicht solchen Radau!

radebrechen (stockend und fehlerhaft sprechen); du radebrechst, er radebrechte, sie hat geradebrecht; ra̲-de-bre-chen

radeln; du radelst, er radelte, sie ist nach Hause geradelt; ra̲-deln

Rädelsführer, der (Anführer einer Verschwörung); des Rädelsführers, die Rädelsführer; Rä̲-dels-füh-rer

Radfahren, das; des Radfahrens, *kein Plural*; Ra̲d-fah-ren → Rad; der **Radfahrer**

radieren; du radierst, er radierte, sie hat radiert; ra-di̲e̲-ren; der **Radiergummi**; die **Radierung**

Radieschen, das; des Radieschens, die Radieschen; Ra-di̲e̲s-chen

radikal (kompromisslos, extrem); radikaler, am radikalsten; ra-di-ka̲l; ich bin radikal dagegen; die **Radikalisierung**; der **Radikalismus**

Radio, das; des Radios, die Radios; Ra̲-dio

radioaktiv; *keine Steigerung*; ra-dio-akti̲v; radioaktives Material; die **Radioaktivität**

Radium, das (chemisches Element, Metall); des Radiums, *kein Plural*; Ra̲-di-um

Radius, der (Halbmesser des Kreises); des Radius, die Radien; Ra̲-di-us; den Radius bestimmen

Radler, der; des Radlers, die Radler; Ra̲dler; das **Radrennen**; der **Radweg**

raffen; du raffst, er raffte, sie hat sich den größten Anteil gerafft; rạf-fen; die **Raffgier**; **raffgierig**

Raffinesse, die; der Raffinesse, die Raffinessen; Raf-fi-nẹs-se; **raffiniert**; ein raffinierter Plan

Rage, die [ra̲sche] (Wut); der Rage, *kein Plural*; Ra̲-ge; du bringst mich in Rage

ragen; es ragt, es ragte, es hat aus der Erde geragt; ra̲-gen

Ragout, das [ragu] (Fleischgericht); des Ragouts, die Ragouts; Ra-gout

Rahm, der (Milchfett); des Rahm(e)s, *kein Plural*; Rahm; den Rahm abschöpfen

rahmen; du rahmst, er rahmte, sie hat das Bild gerahmt; rah-men; der **Rahmen**

rahmig; rahmiger, am rahmigsten; rah-mig; rahmiger Quark; der **Rahmkäse**

räkeln → rekeln

Rakete, die; der Rakete, die Raketen; Ra-ke-te; der **Raketenantrieb**

Rallye, die (Auto-, Motorradrennen); der Rallye, die Rallyes; Ral-lye

Ramadan, der (Fastenmonat der Moslems); des Ramadan(s), die Ramadane; Ra-ma-dan

Ramme, die (Rammbock); der Ramme, die Rammen; Ram-me; **rammen**; sie hat das Auto gerammt

Rampe, die; der Rampe, die Rampen; Ram-pe; er fährt auf die Rampe; das **Rampenlicht**

ramponieren; du ramponierst, er ramponierte, sie hat den Tisch ramponiert; ram-po-nie-ren

Ramsch, der; des Ramsch(e)s, *Plural selten*: die Ramsche; Ramsch; **ramschen**; sie hat lauter billige Sachen geramscht; der **Ramschladen**

ran [Adv.] = heran; ran; komm doch näher ran!

Ranch, die [räntsch] (Viehfarm in Nordamerika); der Ranch, die Ranchs/Ranches; der **Rancher**

Rand, der; des Rand(e)s, die Ränder; Rand; einen Rand ziehen; gut zu Rande/zurande kommen

Randale, die; der Randale, *kein Plural*; Ran-da-le; sie machen Randale; **randalieren**; der **Randalierer**

randvoll; *keine Steigerung*; rand-voll; eine randvolle Tasse

Rang, der; des Rang(e)s, die Ränge; Rang; auf dem Rang sitzen

Rangelei, die; der Rangelei, die Rangeleien; Ran-ge-lei; **rangeln**; sie hat mit ihm gerangelt

rangieren [rangschiren]; du rangierst, er rangierte an erster Stelle, sie hat den Zug rangiert; ran-gie-ren

Rangordnung, die; der Rangordnung, die Rangordnungen; Rang-ord-nung

ranhalten, sich ranhalten; du hältst dich ran, er hielt sich ran, sie hat sich rangehalten; ran-hal-ten

rank; ranker, am rankesten; rank; rank und schlank

Ranke, die (Pflanzenteil); der Ranke, die Ranken; Ran-ke

Ränke, die (Intrige, Machenschaft); der Ränke, *nur Plural*; Rän-ke; Ränke schmieden

ranlassen; du lässt ran, er ließ ran, sie hat uns nicht rangelassen; ran-las-sen; **ranmachen**, sich ranmachen

Ranzen, der; des Ranzens, die Ranzen; Ran-zen; den Ranzen packen

ranzig; ranziger, am ranzigsten; ran-zig; ranzige Butter

Rap, der [räp] (Musikrichtung); des Rap(s), die Raps

rapid (*auch* rapide); rapider, am rapidesten; ra-pid; das Wasser ist rapid gestiegen

Rappe, der (schwarzes Pferd); des Rappen, die Rappen; Rap-pe

Rappel, der (Laune, Wutanfall); des Rappels, die Rappel; Rap-pel; **rappelig** (*auch* rapplig); **rappeln**

rappen [räpen] (Rapmusik machen); du rappst, er rappte, sie hat gerappt; der **Rapper**; die Rapper; das **Rapping**

Raps, der (Ölpflanze); des Rapses, die Rapse; Raps

rar (selten); rarer, am rarsten; rar; eine rare Kostbarkeit; die **Rarität**; **rarmachen**, sich rarmachen

rasant; rasanter, am rasantesten; ra-sant; ein rasantes Tempo

rasch; rascher, am raschesten; rasch; sich rasch umziehen

rascheln; du raschelst, er raschelte, sie hat mit dem Papier geraschelt; ra-scheln

rasen; du rast, er raste, sie ist um die Ecke gerast, sie hat vor Wut gerast; ra-sen

Rasen, der; des Rasens, die Rasen; Ra-sen; den Rasen mähen

rasend; rasender, am rasendsten; ra-send; mit rasender Geschwindigkeit; rasender Beifall; der **Raser**; die **Raserei**

Rasierapparat, der; des Rasierapparat(e)s, die Rasierapparate; Ra-sier-ap-pa-rat; **rasieren**; die **Rasierklinge**

Raspel, die; der Raspel, die Raspeln; Ras-pel; **raspeln**; sie hat Nüsse geraspelt

Rasse, die; der Rasse, die Rassen; Ras-se

Rassel, die; der Rassel, die Rasseln; Ras-sel; die **Rasselbande**; **rasseln**

rassig; rassiger, am rassigsten; ras-sig; ein rassiges Pferd; **rassisch**; rassische Merkmale; der **Rassismus**

Rast, die; der Rast, die Rasten; Rast; Rast machen; **rasten**

Raster[1], das (Vorgabe, Schema); des Rasters, die Raster; Ras-ter; sie passt nicht in das Raster

Raster[2], der (Liniennetz zum Zerlegen von Bildern); des Rasters, die Raster; Ras-ter; das **Rastermikroskop**

rastlos; rastloser, am rastlosesten; rast-los; ein rastloser Mensch; die **Rastlosigkeit**; die **Raststätte**

Rasur, die; der Rasur, die Rasuren; Ra-sur

Rat[1], der; des Rat(e)s, *kein Plural*; Rat; einen guten Rat geben; jemanden zu Rate/zurate ziehen

Rat[2], der (Versammlung, Vereinigung; *auch* Titel); des Rat(e)s, die Räte; Rat; der Rat der Stadt wird einberufen; die Rätin

Rate, die; der Rate, die Raten; Ra-te; in Raten zahlen

raten; du rätst, er riet mir zum Kauf, sie hat richtig geraten; ra-ten

ratenweise; *keine Steigerung*; ra-ten-wei-se; die **Ratenzahlung**

Ratgeber, der; des Ratgebers, die Ratgeber; Rat-ge-ber

Rathaus, das; des Rathauses, die Rathäuser; Rat-haus

Ratio, die (Vernunft, Verstand); der Ratio, *kein Plural*; Ra-tio

Ration, die (zugeteilte Menge); der Ration, die Rationen; Ra-ti-on; du hast deine Ration schon bekommen

rational (vernunftmäßig); rationaler, am rationalsten; ra-ti-o-nal; rationales Denken

rationalisieren (zweckmäßig, wirtschaftlich gestalten); du rationalisierst, er rationalisierte, sie hat die Arbeit rationalisiert; ra-ti-o-na-li-sie-ren; **rationell**; die rationelle Herstellung

rationieren (einteilen); du rationierst, er rationierte, sie hat das Wasser rationiert; ra-ti-o-nie-ren; die **Rationierung**

ratlos; ratloser, am ratlosesten; rat-los; **ratsam**; der **Ratschlag**

Rätsel, das; des Rätsels, die Rätsel; Rät-sel; **rätselhaft**; **rätseln**

Ratsherr, der; des Ratsherrn, die Ratsherren; Rats-herr

Ratsuchende, der; des Ratsuchenden, die Ratsuchenden; Rat-su-chen-der → Rat

Ratte, die; der Ratte, die Ratten; Rat-te; der **Rattenfänger**

rattern; du ratterst, er ratterte, die Maschine hat gerattert, der Traktor ist über das Feld gerattert; rạt-tern

rau; rauer, am rauesten/rausten; rau; eine raue Oberfläche

Raub, der; des Raub(e)s, die Raube; Raub; der **Raubbau**

raubeinig; raubeiniger, am raubeinigsten; rau-bei-nig; die **Raubeinigkeit**

rauben; du raubst, er raubte, sie hat die Vorräte geraubt; rau-ben

Räuber, der; des Räubers, die Räuber; Räu-ber; **räuberisch**; **räubern**; der Fuchs hat im Hühnerstall geräubert

raubgierig; raubgieriger, am raubgierigsten; raub-gie-rig; ein raubgieriger Vogel; die **Raubkopie**; der **Raubritter**; das **Raubtier**; der **Raubüberfall**

Rauch, der; des Rauch(e)s, *kein Plural*; Rauch; **rauchen**; der **Raucher**

räuchern; du räucherst, er räucherte, sie hat Fisch geräuchert; räu-chern; **rauchig**; ein rauchiger Geschmack; die **Rauchsäule**; die **Rauchwolke**

rauf [Adv.]; rauf; rauf und runter laufen

Raufbold, der; des Raufbold(e)s, die Raufbolde; Rauf-bold; **raufen**; sie haben sich gerauft; die **Rauferei**; **rauflustig**

Rauhaardackel, der; des Rauhaardackels, die Rauhaardackel; Rau-haar-da-ckel

Raum, der; des Raum(e)s, die Räume; Raum; einen Raum betreten; ein Raum sparender/raumsparender Eckschrank; der **Raumanzug**

räumen; du räumst, er räumte, sie hat geräumt; räu-men; sie hat die Wohnung geräumt

Raumfähre, die; der Raumfähre, die Raumfähren; Raum-fäh-re; die **Raumfahrt**

Rauminhalt, der; des Rauminhalt(e)s, die Rauminhalte; Raum-in-halt; den Rauminhalt messen; die **Raumlehre**; **räumlich**

Raumschiff, das; des Raumschiff(e)s, die Raumschiffe; Raum-schiff; die **Raumstation**

Räumung, die; der Räumung, die Räumungen; Räu-mung; die Räumung des Hauses; der **Räumungsverkauf**

raunen; du raunst, er raunte, sie hat ihm etwas ins Ohr geraunt; rau-nen; das **Raunen**

Raupe, die; der Raupe, die Raupen; Raupe; der **Raupenschlepper**

Raureif, der; des Raureif(e)s, *kein Plural*; Rau-reif; Raureif liegt auf den Wiesen

raus [Adv.]; raus; komm doch raus!

Rausch, der; des Rausch(e)s, die Räusche; Rausch; er schläft seinen Rausch aus

rauschen; du rauschst, er rauschte, der Bach hat gerauscht; rau-schen; das **Rauschen**

Rauschgift, das; des Rauschgift(e)s, die Rauschgifte; Rausch-gift; **rauschgiftsüchtig**

rausfliegen; du fliegst raus, er flog raus, sie ist rausgeflogen; raus-flie-gen; **rauskommen**

räuspern, sich räuspern; du räusperst dich, er räusperte sich, sie hat sich geräuspert; räus-pern

rauswerfen; du wirfst raus, er warf raus, sie hat ihren Freund rausgeworfen; raus-wer-fen

Raute, die (geometrische Form); der Raute, die Rauten; Rau-te; **rautenförmig**

Rave, der/das [rä̲if] (Technoparty); des Rave(s), die Raves; **raven**; der **Raver**

Ravioli, die (gefüllte Nudelteigtaschen); der Ravioli, *nur Plural*; Ra-vi-o̱-li

Razzia, die (Durchsuchung, Fahndung); der Razzia, die Razzias/Razzien; Rạz-zia; die Polizei plant eine Razzia

Reagenzglas, das; des Reagenzglases, die Reagenzgläser; Rea-gẹnz-glas

reagieren; du reagierst, er reagierte nicht auf meine Frage, die Flüssigkeit hat mit Sauerstoff reagiert; re-a-gie-ren; die **Reaktion**

reaktionär (rückschrittlich; *auch* feindselig); reaktionärer, am reaktionärsten; re-ak-ti-o-när; eine reaktionäre Meinung; der **Reaktionär**

reaktionsschnell; reaktionsschneller, am reaktionsschnellsten; re-ak-ti-ons-schnell; ein reaktionsschneller Spieler; das **Reaktionsvermögen**

reaktivieren (wiederbeleben, in Gang setzen); du reaktivierst, er reaktivierte, sie hat ihre alten Freundschaften reaktiviert; re-ak-ti-vie-ren

Reaktor, der (Anlage, in der Kernreaktionen ablaufen); des Reaktors, die Reaktoren; Re-ạk-tor

real (wirklich, dinglich); *keine Steigerung*; re-al; eine reale Erscheinung; **realisieren**; sie hat ihren Plan realisiert

Realismus, der (Wirklichkeitssinn; *auch* auf die Darstellung der Wirklichkeit ausgerichtete Kunst); des Realismus, *kein Plural*; Rea-lịs-mus; der **Realist**; **realistisch**; die **Realität**; das **Reality-TV**

Realschule, die; der Realschule, die Realschulen; Re-al-schu-le

Rebe, die; der Rebe, die Reben; Re-be; die Reben hängen voller Trauben

Rebell, der; des Rebellen, die Rebellen; Re-bẹll; **rebellieren**; sie hat gegen die Hausordnung rebelliert; die **Rebellion**; **rebellisch**

Rebhuhn, das; des Rebhuhn(e)s, die Rebhühner; Reb-huhn

Reblaus, die (Insekt, Weinschädling); der Reblaus, die Rebläuse; Reb-laus; der **Rebstock**

Receiver, der [rißiwer] (Rundfunkempfänger mit Verstärker); des Receivers, die Receiver; Re-cei-ver

rechen; du rechst, er rechte, sie hat die Wiese gerecht; re-chen; der **Rechen**

Rechenaufgabe, die; der Rechenaufgabe, die Rechenaufgaben; Re-chen-auf-ga-be; das **Rechenbuch**

Rechenschaft, die; der Rechenschaft, *kein Plural*; Re-chen-schaft; er muss Rechenschaft über seine Arbeit ablegen

rechnen; du rechnest, er rechnete, sie hat die Aufgaben gerechnet; rech-nen; der **Rechner** (Rechenmaschine; *auch* Computer); die **Rechnung**

Recht, das; des Recht(e)s, die Rechte; Rẹcht; er muss immer Recht/recht haben; sie hat Recht/recht behalten; ich gebe dir Recht/recht; ihr habt euch mit Recht beschwert; sie sind zu Recht empört; → Kasten „recht/Recht“

recht[1] (richtig); *keine Steigerung*; rẹcht; das ist die rechte Art, sich zu vergnügen; du hast ganz recht gehört; → Kasten „recht/Recht“

recht[2] [Adv.]; rẹcht; das ist mir recht; recht herzlichen Glückwunsch; sie hat sich recht verhalten; → Kasten „recht/Recht“

Rechte[1], das (das Richtige); des Rechten, *kein Plural*; Rẹch-te; sie hat das Rechte getan; lass uns nach dem Rechten sehen

Rechte[2], die (die rechte Hand); der Rechten, die Rechten; Rẹch-te; setz dich zu meiner Rechten

Rechteck, das; des Rechteck(e)s, die Rechtecke; Rẹcht-eck; **rechteckig**

rechtens [Adv.]; rẹch-tens; die Strafe ist rechtens

rechtfertigen; du rechtfertigst dich, er rechtfertigte das Vorgehen, sie hat sich gerechtfertigt; rẹcht-fer-ti-gen; die **Rechtfertigung**

recht/Recht

Groß- und Kleinschreibung:

Klein schreibt man das Adjektiv bzw. Adverb, wenn „recht" so viel bedeutet wie „richtig, passend, angemessen, geeignet":
- das rechte Maß, die rechte Seite
- das ist mir recht
- ich kann ihm nichts recht machen

Groß schreibt man das Nomen „Recht", wenn das Wort als Nomen gebraucht wird:
- das gleiche Recht
- du hast ein Recht darauf
- unser Nachbar wird nach dem Rechten sehen
- er weiß nichts Rechtes mit seiner Zeit anzufangen
- er hat mit Recht gezögert

Groß oder klein kannst du in folgenden Fällen schreiben:
- er will immer Recht/recht haben
- da musst du ihm Recht/recht geben
- wir werden Recht/recht behalten

rechthaberisch; rechthaberischer, am rechthaberischsten; rẹcht-ha-be-risch; ein rechthaberischer Mensch

rechtlich; *keine Steigerung*; rẹcht-lich; einige rechtliche Fragen klären; **rechtmäßig**; der rechtmäßige Besitzer

rechts [Adv.]; rẹchts; nach rechts sehen; wer von rechts kommt, hat Vorfahrt

Rechtsanwalt, der; des Rechtsanwalt(e)s, die Rechtsanwälte; Rẹchts-an-walt

rechtschaffen; rechtschaffener, am rechtschaffensten; rẹcht-schaf-fen; ein rechtschaffener Mensch; die **Rechtschaffenheit**

rechtschreiben (*nur im Infinitiv gebräuchlich*); sie kann nicht rechtschreiben; rẹcht-schrei-ben; der **Rechtschreibfehler**; die **Rechtschreibreform**; die **Rechtschreibung**

rechtshändig; *keine Steigerung*; rẹchts-hän-dig; die **Rechtshändigkeit**

rechtsherum [Adv.]; rẹchts-he-rum/rẹchts-her-um; die **Rechtskurve**

Rechtsprechung, die; der Rechtsprechung, die Rechtsprechungen; Rẹcht-spre-chung

rechtsradikal (politisch extrem rechts stehend); rechtsradikaler, am rechtsradikalsten; rẹchts-ra-di-kal; ein rechtsradikaler Jugendlicher; der **Rechtsradikalismus**

Rechtsstaat, der; des Rechtsstaat(e)s, die Rechtsstaaten; Rẹchts-staat; der **Rechtsstreit**; **rechtswidrig**; ein rechtswidriges Verhalten

rechtwinklig (*auch* rechtwinkelig); *keine Steigerung*; rẹcht-wink-lig; ein rechtwinkliges Dreieck

rechtzeitig; *keine Steigerung*; rẹcht-zei-tig; das rechtzeitige Eintreffen der Spieler

Reck, das (Turngerät); des Reck(e)s, die Recke; Rẹck

recken; du reckst dich, er reckte den Hals, sie hat sich gereckt und gestreckt; rẹcken

Recorder → Rekorder

recycelbar (*auch* recyclebar) [rißaikelbar]; recycelbarer, am recycelbarsten; re-cy-cel-bar; recycelbares Material; **recyceln** (*auch* recyclen); sie hat das Altpapier recycelt; das **Recycling**; das **Recyclingpapier**

Redakteur, der; des Redakteurs, die Redakteure; Re-dak-teur; der Redakteur bearbeitet den Zeitungsartikel; die **Redaktion**; **redaktionell**; der **Redaktionsschluss**

Rede, die; der Rede, die Reden; Re-de; eine Rede halten; **redegewandt**; die **Redekunst**; **reden**; die **Redensart**

redlich; redlicher, am redlichsten; redlich; sie hat sich redlich bemüht; die **Redlichkeit**

Redner, der; des Redners, die Redner; Red-ner; **redselig**; die **Redseligkeit**

Reduktion, die (Verringerung, Herabsetzung); der Reduktion, die Reduktionen; Re-duk-ti-on; **reduzieren**; sie hat den Preis reduziert; die **Reduzierung**

Reede, die (Ankerplatz vor dem Hafen); der Reede, die Reeden; Ree-de; der **Reeder** (Schifffahrtsunternehmer); die **Reederei**

reell; reeller, am reellsten; re-ell; eine reelle Schätzung; reelle Zahlen

Referat, das; des Referat(e)s, die Referate; Re-fe-rat; ein Referat halten

Referendar, der (Beamtenanwärter); des Referendars, die Referendare; Re-fe-ren-dar

Referent, der; des Referenten, die Referenten; Re-fe-rent; der Referent tritt ans Pult

Referenz, die (Empfehlung); der Referenz, die Refeferenzen; Re-fe-renz; sie kann gute Referenzen vorweisen

referieren; du referierst, er referierte, sie hat über die Entwicklung des Frosches referiert; re-fe-rie-ren

reflektieren; du reflektierst, der Spiegel reflektierte die Sonne, sie hat das Problem noch einmal reflektiert; re-flek-tie-ren; der **Reflektor**

Reflex, der (Widerschein; *auch* unwillkürliches Reagieren); des Reflexes, die Reflexe; Re-flex; die menschlichen Reflexe; die **Reflexbewegung**

Reflexion, die; der Reflexion, die Reflexionen; Re-fle-xi-on; die Reflexion der Sonne im Wasser; sie schreibt ihre Reflexionen auf; **reflexiv**; das **Reflexivpronomen**

Reform, die; der Reform, die Reformen; Re-form; die **Reformation** (Wiederherstellung, Umgestaltung; *auch* Glaubensbewegung, die zur Erneuerung der Kirchen führte); der **Reformationstag**; der **Reformator**

Reformhaus, das; des Reformhauses, die Reformhäuser; Re-form-haus; im Reformhaus biologisch angebauten Tee kaufen

reformieren; du reformierst, er reformierte, sie hat das Gesundheitssystem reformiert; re-for-mie-ren

Refrain, der; des Refrains, die Refrains; Ref-rain/Re-frain; alle singen den Refrain des Liedes mit

Regal, das; des Regal(e)s, die Regale; Re-gal

Regatta, die (Bootsrennen); der Regatta, die Regatten; Re-gat-ta

rege; reger, am regsten; re-ge; eine rege Beteiligung

Regel, die; der Regel, die Regeln; Re-gel; sich an die Regeln halten; **regellos**; **regelmäßig**

regeln; du regelst, er regelte, sie hat den Verkehr geregelt; re-geln; **regelrecht**; die **Regelung** (*auch* Reglung); **regelwidrig**; die **Regelwidrigkeit**

regen; du regst, er regte keinen Finger, sie hat sich kaum geregt; re-gen

Regen, der; des Regens, die Regen; Regen; der **Regenbogen**; das **Regencape**

Regeneration, die (Wiederherstellung,

Neubildung); der Regeneration, die Regenerationen; Re-ge-ne-ra-ti-on; die Regeneration des Muskels; die **Regenerationszeit**; **regenerieren**, sich regenerieren

Regenschauer, der; des Regenschauers, die Regenschauer; Re-gen-schau-er; der **Regenschirm**

Regent, der (regierender Fürst, Staatsoberhaupt); des Regenten, die Regenten; Re-gent

Regentropfen, der; des Regentropfens, die Regentropfen; Re-gen-trop-fen; der **Regenwald**; der **Regenwurm**; die **Regenzeit**

Reggae, der [regi] (Musikrichtung); des Reggae(s), *kein Plural*; Reg-gae

Regie, die [reschi]; der Regie, *kein Plural*; Re-gie; bei vielen Filmen führte er Regie

regieren; du regierst, er regierte, sie hat das Land regiert; re-gie-ren; die **Regierung**; der **Regierungssitz**; das **Regierungssystem**

Regime, das [reschim] (Herrschaftsform); des Regimes, die Regime; Re-gime; ein menschenverachtendes Regime

Regiment[1], das (Herrschaft, Leitung); des Regiment(e)s, die Regimente; Re-giment; sie führt ein strenges Regiment; das **Regiment**[2] (Truppeneinheit); die Regimenter

Region, die; der Region, die Regionen; Re-gi-on; wir durchwanderten die Region um Mainz; **regional**; die **Regionalliga**

Regisseur, der [reschißör]; des Regisseurs, die Regisseure; Re-gis-seur; der Regisseur des Films

Register, das (Verzeichnis; *auch* Tonbereich); des Registers, die Register; Register; **registrieren**; sie hat alle Bücher registriert; die **Registrierung**

Reglement, das [reglemong] (Regelwerk, Vorschrift); des Reglements, die Reglements; Reg-le-ment/Re-gle-ment; **reglementieren**; die **Reglementierung**

Regler, der; des Reglers, die Regler; Regler; die Temperatur kann am Regler eingestellt werden

reglos; regloser, am reglosesten; reg-los; das Krokodil liegt reglos am Strand

Reglung, die (*auch* Regelung); der Reglung, die Reglungen; Reg-lung; die Reglung des Verkehrs

regnen; es regnet, es regnete, es hat den ganzen Tag geregnet; reg-nen; **regnerisch**

Regression, die (Rückbildung, Rückbewegung); der Regression, die Regressionen; Re-gres-si-on; **regressiv**; die **Regresspflicht**

regulär; *keine Steigerung*; re-gu-lär; ein regulärer Torschuss

regulieren; du regulierst, er regulierte, sie hat die Temperatur reguliert; re-gu-lieren; die **Regulierung**

Regung, die; der Regung, die Regungen; Re-gung; **regungslos**

Reh, das; des Reh(e)s, die Rehe; Reh

Reha, die = Rehabilitation; der Reha, die Rehas; Re-ha; die **Rehabilitation** (Wiederherstellung der Gesundheit oder des Ansehens); das **Rehabilitationszentrum**; **rehabilitieren**; die **Rehabilitierung**

Rehbock, der; des Rehbock(e)s, die Rehböcke; Reh-bock

Reibe, die; der Reibe, die Reiben; Rei-be; das **Reibeisen**; **reiben**; sie hat Möhren gerieben; die **Reiberei** (Streitigkeit); die **Reibung**; **reibungslos**

reich; reicher, am reichsten; reich; eine reiche Frau; eine reiche Ernte; ein reich geschmückter/reichgeschmückter Tisch

Reich, das; des Reich(e)s, die Reiche; Reich; er schützt sein Reich

reichen; du reichst, er reichte mir die Hand, die Suppe hat für alle gereicht; rei-chen

reichhaltig; reichhaltiger, am reichhaltigsten; reich-hal-tig; ein reichhaltiges Frühstück

reichlich; reichlicher, am reichlichsten; reich-lich; reichliche Vorräte

Reichstag, der; des Reichstag(e)s, die Reichstage; Reichs-tag; das **Reichstagsgebäude**

Reichtum, der; des Reichtums, die Reichtümer; Reich-tum

Reichweite, die; der Reichweite, die Reichweiten; Reich-weite

reif; reifer, am reifsten; reif; ein reifer Apfel

Reif[1], der (gefrorener Tau); des Reif(e)s, *kein Plural*; Reif; Reif liegt auf den Wiesen; der **Reif**[2] (Haar- oder Armring); die Reife

Reifen, der; des Reifens, die Reifen; Reifen; die Reifenpanne

reifen[1]; du reifst, er reifte, die Frucht ist gereift; rei-fen; **reifen**[2] (Reif bilden); es hat über Nacht gereift

Reifeprüfung, die (Abitur); der Reifeprüfung, die Reifeprüfungen; Rei-fe-prü-fung; das **Reifezeugnis**

reiflich; reiflicher, am reiflichsten; reif-lich; nach reiflicher Überlegung

Reifung, die; der Reifung, *kein Plural*; Reifung; der **Reifungsprozess**

Reigen, der (Tanz); des Reigens, die Reigen; Rei-gen; sie tanzen einen Reigen

Reihe, die; der Reihe, die Reihen; Rei-he; er sitzt in der ersten Reihe; du bist gleich an der Reihe

reihen; du reihst, ein Fehler reihte sich an den anderen, sie hat Perlen auf eine Schnur gereiht; rei-hen; die **Reihenfolge**; das **Reihenhaus**; **reihenweise**

Reiher, der (Vogel); des Reihers, die Reiher; Rei-her

reihum [Adv.]; reih-um; wir lassen das Bild reihum gehen

Reihung, die; der Reihung, die Reihungen; Rei-hung

Reim, der; des Reim(e)s, die Reime; Reim; **reimen**; er reimte einige Verse, die Wörter haben sich nicht gereimt

Reimport, der (Wiedereinfuhr bereits ausgeführter Waren); des Reimport(e)s, die Reimporte; Re-im-port; **reimportieren**

rein[1]; reiner, am reinsten; rein; ein vollkommen reines Hemd; es ist die reinste Freude; er hat alles wieder rein gemacht/reingemacht; **rein**[2]; er hat rein gar nichts vollbracht; **reinemachen** (putzen); immer freitags wird reinegemacht

Reinfall, der; des Reinfall(e)s, die Reinfälle; Rein-fall; **reinfallen**; sie ist auf einen Betrüger reingefallen

Reinheit, die; der Reinheit, *kein Plural*; Rein-heit; **reinigen**; sie hat den Teppich gereinigt; die **Reinigung**; **reinlich**

reinrassig; *keine Steigerung*; rein-ras-sig; ein reinrassiger Hund; die **Reinschrift**; **reinwaschen**, sich reinwaschen

Reis, der; des Reises, *kein Plural*; Reis; der **Reisbrei**

Reise, die; der Reise, die Reisen; Rei-se; das **Reisebüro**; **reisefertig**; **reiselustig**

reisen; du reist, er reiste, sie ist nach Afrika gereist; rei-sen; der **Reisende**; der **Reisepass**

Reisig, das (Zweige); des Reisigs, *kein Plural*; Rei-sig; der **Reisigbesen**; das **Reisigbündel**

Reißaus; Reiß-aus; Reißaus nehmen

Reißbrett, das (Zeichenbrett); des Reißbrett(e)s, die Reißbretter; Reiß-brett

reißen; du reißt, er riss sich an einem Nagel, sie hat das Papier in Streifen gerissen, das Seil ist gerissen; rei-ßen; **reißend**; ein reißender Fluss; der **Reißer**; der **Reißnagel**

Reißverschluss, der; des Reißverschlusses, die Reißverschlüsse; Reiß-ver-schluss; das **Reißverschlusssystem** (*auch* Reißverschluss-System); die **Reißzwecke**

reiten; du reitest, er ritt, sie ist auf einem Esel geritten; rei-ten; der **Reiter**; das **Reitpferd**

Reiz, der; des Reizes, die Reize; Reiz; **reizbar**; **reizend**; **reizlos**; **reizvoll**

rekeln, sich rekeln (*auch* räkeln); du rekelst dich, er rekelte sich, sie hat sich wohlig gerekelt; re-keln

Reklamation, die (Beanstandung); der Reklamation, die Reklamationen; Rek-la-ma-ti-on/Re-kla-ma-ti-on

Reklame, die (Werbung); der Reklame, die Reklamen; Rek-la-me/Re-kla-me

reklamieren; du reklamierst, er reklamierte, sie hat das defekte Radio reklamiert; rek-la-mie-ren/re-kla-mie-ren

rekonstruieren (wiederherstellen, nachbilden); du rekonstruierst, er rekonstruierte das alte Haus, sie hat den Vorgang genau rekonstruiert; re-konst-ru-ie-ren/re-kons-tru-ie-ren/re-kon-stru-ie-ren; die **Rekonstruktion**

Rekord, der; des Rekord(e)s, die Rekorde; Re-kord; sie hat den Rekord im 100-Meter-Lauf eingestellt

Rekorder, der (*auch* Recorder); des Rekorders, die Rekorder; Re-kor-der; er legt eine Kassette in den Rekorder

Rekrut, der (Soldat in der Grundausbildung); des Rekruten, die Rekruten; Rek-rut/Re-krut; **rekrutieren** (heranziehen, einziehen; *auch* sich zusammensetzen); er rekrutierte die Soldaten, die Teilnehmer rekrutieren sich aus allen Vereinen

Rektor, der (Schulleiter); des Rektors, die Rektoren; Rek-tor; das **Rektorat**

Relais, das [relä] (elektrische Schalteinrichtung); des Relais, die Relais; Re-lais

Relation, die (Beziehung); der Relation, die Relationen; Re-la-ti-on; **relativ**; die **Relativität**; das **Relativpronomen**; der **Relativsatz**

relaxen [riläxen] (erholen); du relaxt, er relaxte, sie hat den ganzen Sonntag relaxt; re-la-xen; das **Relaxing**

relevant (bedeutsam, wichtig); relevanter, am reletevantesten; re-le-vant; alle relevanten Fragen klären; die **Relevanz**

Relief, das [reljef] (aus einer Fläche herausgearbeitetes Kunstwerk; *auch* Oberflächenform); des Reliefs, die Reliefs/Reliefe; Re-li-ef; das Relief der Erde

Relikt, das (Rest, Überbleibsel); des Relikt(e)s, die Relikte; Re-likt; die Relikte der Vergangenheit

Reling, die (Schiffsgeländer); der Reling, die Relings; Re-ling

remis [remi] (unentschieden); *keine Steigerung*; re-mis; das Spiel endete remis; das **Remis**

Remoulade, die; der Remoulade, die Remouladen; Re-mou-la-de; die **Remouladensoße** (*auch* Remouladensauce)

Rempelei, die; der Rempelei, die Rempeleien; Rem-pe-lei; **rempeln**; sie hat mich gerempelt

Rendezvous, das [rongdewu] (Verabredung); des Rendezvous, die Rendezvous; Ren-dez-vous

rennen; du rennst, er rannte, sie ist mit ihm um die Wette gerannt; ren-nen; das **Rennen**; der **Rennfahrer**; das **Rennrad**; der **Rennwagen**

renovieren; du renovierst, er renovierte, sie hat die Wohnung renoviert; re-no-vie-ren; die **Renovierung**

rentabel (lohnenswert, einträglich); rentabler, am rentabelsten; ren-ta̲-bel; ein rentables Geschäft; die **Rentabilität**

Rente, die; der Rente, die Renten; Rẹn-te

rentieren, sich rentieren (lohnen); es rentiert sich, es rentierte sich, das Geschäft hat sich rentiert; ren-ti̲e̲-ren

reparabel; *keine Steigerung*; re-pa-ra̲-bel; ein reparabler Schaden; die **Reparatur**; **reparaturbedürftig**; die **Reparaturwerkstatt**; **reparieren**

Repertoire, das [repertoa̲] (Gesamtheit der vorbereiteten Stücke, Rollen oder Lieder); des Repertoires, die Repertoires; Re-per-toire; das Repertoire des Sängers

repetieren (wiederholen); du repetierst, er repetierte, sie hat den gesamten Unterrichtsstoff repetiert; re-pe-ti̲e̲-ren; die **Repetition**

Report, der (Bericht); des Report(e)s, die Reporte; Re-pọrt; die **Reportage**; der **Reporter**

Repräsentant, der (Vertreter); des Repräsentanten, die Repräsentanten; Re-prä-sen-tạnt; die Repräsentanten des Landes; die **Repräsentation**; **repräsentativ**; **repräsentieren**

Reproduktion, die (Wiedergabe, Nachbildung; *auch* Wiederherstellung, Erneuerung); der Reproduktion, die Reproduktionen; Re-pro-duk-ti-o̲n; eine Reproduktion des Kunstwerks; **reproduzieren**

Reptil, das (Kriechtier); des Reptils, die Reptilien/Reptile; Rep-ti̲l

Republik, die (Staatsform); der Republik, die Republiken; Re-pub-li̲k/Re-pu-bli̲k; der **Republikaner**; **republikanisch**

Requiem, das (Totenmesse); des Requiems, die Requiems; Re̲-qui-em

Requisit, das (Zubehör, für Theater- oder Filmszenen benötigte Gegenstände); des Requisit(e)s, die Requisiten; Re-qui-si̲t

Reservat, das (Schutzgebiet; *auch* Vorbehalt, Sonderrecht); des Reservat(e)s, die Reservate; Re-ser-va̲t; ein Reservat für bedrohte Tiere

Reserve, die; der Reserve, die Reserven; Re-sẹr-ve; sie hat einige Vorräte in Reserve; **reservieren**; sie hat einen Tisch reserviert; der **Reservist** (Reservesoldat); das **Reservoir** [reservoa̲] (Sammelbecken, Vorrat); das Reservoir an Wasser

Residenz, die (Wohn- oder Amtssitz); der Residenz, die Residenzen; Re-si-dẹnz; **residieren**; sie hat im Schloss residiert

Resignation, die (Aufgabe, Ergebung); der Resignation, die Resignationen; Re-sig-na-ti-o̲n/Re-si-gna-ti-o̲n; **resignieren**; nach ihren schlechten Erfahrungen hat sie resigniert

resistent (widerstandsfähig); resistenter, am resistentesten; re-sis-tẹnt; resistente Krankheitserreger; die **Resistenz**

resolut (entschlossen); resoluter, am resolutesten; re-so-lu̲t; resolute Forderungen

Resolution, der (Beschluss); der Resolution, die Resolutionen; Re-so-lu-ti-o̲n; sie verliest eine Resolution

Resonanz, die (Mittönen; *auch* Widerhall); der Resonanz, die Resonanzen; Re-so-nạnz; die Resonanz im Musikraum ist schlecht; die Resonanz auf ihren Vortrag war gut

Respekt, der (Achtung); des Respekt(e)s, *kein Plural*; Res-pẹkt/Re-spẹkt; eine Respekt einflößende/respekteinflößende Person; **respektabel**; **respektieren**; **respektlos**; **respektvoll**

Ressort, das [reßo̲r] (Amtsbereich, Aufgabenbereich); des Ressorts, die Ressorts; Res-sort

N O P Q R S T U V

Ressource, die [reßurse] (Rohstoffquellen; zur Verfügung stehende Mittel); der Ressource, die Ressourcen; Res-sour-ce; die natürlichen Ressourcen

Rest, der; des Rest(e)s, die Reste; Rest; wir essen die Reste auf

Restaurant, das; des Restaurants, die Restaurants; Re-stau-rant/Res-tau-rant

Restauration, die (Wiederherstellung); der Restauration, die Restaurationen; Re-stau-ra-ti-on/Res-tau-ra-ti-on; der **Restaurator**; **restaurieren**; sie hat das Gemälde restauriert

restlich; *keine Steigerung*; rest-lich; die restlichen Kekse aufessen; **restlos**

Resultat, das (Ergebnis); des Resultat(e)s, die Resultate; Re-sul-tat; **resultieren**

Resümee, das (Zusammenfassung); des Resümees, die Resümees; Re-sü-mee; **resümieren**

Retorte, die (Destillationsgefäß); der Retorte, die Retorten; Re-tor-te; das **Retortenbaby**

retour [Adv.] (zurück); re-tour; das Paket kam retour

retten; du rettest, er rettete das Kind, sie hat sich rechtzeitig gerettet; ret-ten; der **Retter**

Rettich, der; des Rettichs, die Rettiche; Ret-tich

Rettung, die; der Rettung, die Rettungen; Ret-tung; das **Rettungsboot**; **rettungslos**; der **Rettungsschwimmer**

Return, der [ritõrn] (Rückschlag beim Tennis); des Returns, die Returns; Re-turn

Retusche, die (Nachbesserung); der Retusche, die Retuschen; Re-tu-sche; **retuschieren**; sie hat das Foto retuschiert

Reue, die (Bedauern); der Reue, *kein Plural*; Reue; er zeigte Reue; **reuen**; es hat sie gereut; **reuevoll**; **reuig**; **reumütig**

Revanche, die [rewongsch] (Vergeltung, Rache); der Revanche, die Revanchen; Re-van-che; er forderte Revanche; **revanchieren**, sich revanchieren; sie hat sich für die geleistete Hilfe revanchiert

Revers, der/das [rewer] (Jacken- oder Mantelaufschlag); des Revers, die Revers; Re-vers

reversibel (umkehrbar; *auch* heilbar); reversibler, am reversibelsten; re-ver-si-bel; ein reversibler Prozess; die **Reversibilität**

revidieren (überprüfen, ändern); du revidierst, er revidierte, sie hat ihre Meinung revidiert; re-vi-die-ren; die **Revision**

Revier, das (Gebiet); des Reviers, die Reviere; Re-vier; der **Revierförster**

Revision, die (Überprüfung, Änderung); der Revision, die Revisionen; Re-vi-si-on

Revival, das [riwaiwel] (Wiederbelebung); des Revivals, die Revivals; Re-vi-val; das Revival der alten Songs

Revolte, die (Aufruhr, Aufstand); der Revolte, die Revolten; Re-vol-te; **revoltieren**

Revolution, die (Umsturz, Umwälzung); der Revolution, die Revolutionen; Re-vo-lu-ti-on; **revolutionär**; eine revolutionäre Erfindung; der **Revolutionär**

Revolver, der; des Revolvers, die Revolver; Re-vol-ver

Revue, die [rewü] (Bühnenschau; *auch* Zeitschrift); der Revue, die Revuen; Revue

rezensieren (ein Buch, einen Film oder eine Aufführung besprechen); du rezensierst, er rezensierte, sie hat den Roman rezensiert; re-zen-sie-ren; die **Rezension**

Rezept, das; des Rezept(e)s, die Rezepte; Re-zept; beim Arzt ein Rezept abholen; genau nach Rezept kochen

Rezeption, die (Empfangsschalter); der

Rezeption, die Rezeptionen; Re-zep-ti-on; den Zimmerschlüssel an der Rezeption abgeben

Rezession, die (Verschlechterung der wirtschaftlichen Lage); der Rezession, die Rezessionen; Re-zes-si-on

Rhabarber, der; des Rhabarbers, *kein Plural*; Rha-bar-ber; Rhabarber wächst im Garten

Rhapsodie, die (erzählendes Gedicht oder Lied); der Rhapsodie, die Rhapsodien; Rhap-so-die

Rhesusfaktor, der (Blutgruppenmerkmal); des Rhesusfaktors, *kein Plural*; Rhe-sus-fak-tor

Rhetorik, die (Redekunst; Redefähigkeit); der Rhetorik, *kein Plural*; Rhe-to-rik; **rhetorisch**; das ist nur eine rhetorische Frage, auf die man nicht antworten muss

Rheuma, das (*Kurzform zu* Rheumatismus); des Rheumas, *kein Plural*; Rheu-ma; **rheumatisch**; der **Rheumatismus** (Gelenk- und Muskelerkrankung)

Rhododendron, der/das; des Rhododendrons, die Rhododendren; Rho-do-den-dron/Rho-do-dend-ron; im Park blüht ein Rhododendron

Rhythmik, die; der Rhythmik, *kein Plural*; Rhyth-mik; **rhythmisch**; rhythmisch in die Hände klatschen

Rhythmus, der (Gliederung und Gestaltung von Abläufen); des Rhythmus, die Rhythmen; Rhyth-mus; der Rhythmus der Musik

richten; du richtest, er richtete vorschnell über andere, sie hat sich nach den Vorgaben gerichtet; rich-ten; der **Richter**; die **Richterin**

richtig; richtiger, am richtigsten; rich-tig; die **Richtigkeit**; **richtigliegen**; er hat mit seiner Vermutung richtiggelegen; **richtigstellen**; sie hat ihre Aussage richtiggestellt; → Kasten „richtig"

Richtlinie, die; der Richtlinien, die Richtlinien; Richt-li-nie; die **Richtung**; **richtungweisend** (*auch* richtungsweisend)

riechen; du riechst, er roch, sie hat nach Parfüm gerochen; rie-chen

Riege, die (Turnerabteilung); der Riege, die Riegen; Rie-ge

Riegel, der; des Riegels, die Riegel; Riegel; der Gewalt einen Riegel vorschieben; einen Riegel Schokolade essen

Riemen, der; des Riemens, die Riemen; Rie-men

Riese, der; des Riesen, die Riesen; Rie-se

rieseln; es rieselt, es rieselte, Staub ist auf den Boden gerieselt; rie-seln

riesengroß; *keine Steigerung*; rie-sen-groß; eine riesengroße Portion Spaghetti; **riesig**; ein riesiger Baum

Riesling, der (Weißweinsorte); des Rieslings, die Rieslinge; Ries-ling

Riff, das (Klippe, Fels); des Riff(e)s, die Riffe; Riff; das Boot ist auf ein Riff gelaufen

rigide (streng, rücksichtslos); rigider, am rigidesten; ri-gi-de; die **Rigidität**

rigoros (unbeugsam, streng); rigoroser, am rigorosesten; ri-go-ros; sie hat rigoros das Taschengeld gekürzt

Rille, die; der Rille, die Rillen; Ril-le

Rind, das; des Rind(e)s, die Rinder; Rind; das Rindfleisch; das Rindvieh

Rinde, die; der Rinde, die Rinden; Rin-de

Rindvieh[1], das; des Rindviehs, *kein Plural*; Rind-vieh; Rindvieh halten/züchten; das **Rindvieh**[2] (*derber Ausdruck für* dummer Mensch); die Rindviecher; was für ein Rindvieh!

Ring, der; des Ring(e)s, die Ringe; Ring; der Ringfinger; das **Ringbuch**

N O P Q R S T U V

richtig

Getrennt- und Zusammenschreibung:

Wortgruppen mit dem Adjektiv „richtig" werden getrennt geschrieben.
Tipp: Solche Wortgruppen erkennst du oft daran, dass ein oder mehrere Wörter zwischen „richtig" und Verb eingeschoben werden können:
- er möchte alles richtig (schön) machen
- du hast das Problem richtig (in seiner Tragweite) erkannt
- sie hat das Wort richtig (an die Tafel) geschrieben
- weißt du, ob die Uhr richtig (oder falsch) geht?

Es gibt einige Verben mit jeweils eigener Bedeutung wie „richtigliegen" oder „richtigstellen". Sie werden im Infinitiv, beim Partizip und bei Endstellung des Verbs im Nebensatz zusammengeschrieben.
Tipp: Solche Zusammensetzungen erkennst du oft daran, dass beim Sprechen die Betonung auf „richtig" liegt:
- er hat mit seiner Vermutung richtiggelegen (= recht gehabt)
- wir müssen die Zeitungsmeldung schnell richtigstellen (= berichtigen)
- er hat den Irrtum richtiggestellt

In manchen Fällen ist Getrennt- oder Zusammenschreibung möglich:
- eine richtig gehende/richtiggehende Uhr
- ein richtig gestellter/richtiggestellter Wecker

ringeln, sich ringeln; sie ringelt sich, das Band ringelte sich, die Schlange hat sich um den Baum geringelt; rin-geln; die **Ringelnatter**

ringen; du ringst, er rang ihn nieder, sie hat bei der Entscheidung mit sich gerungen; rin-gen; der **Ringer**; **ringförmig**; der **Ringkampf**; der **Ringrichter** (Schiedsrichter beim Ringen und Boxen)

rings [Adv.]; rings um die Stadt befand sich ein Graben; **ringsherum**; der Fußballstar war ringsherum von Fans umgeben; **ringsum** (überall); ringsum blühten die Apfelbäume

Rinne, die; der Rinne, die Rinnen; Rin-ne; **rinnen**; das **Rinnsal** (kleiner Wasserlauf); der **Rinnstein** (Abflussrinne am Straßenrand)

Rippchen, das; des Rippchens, die Rippchen; Ripp-chen; Rippchen und Sauerkraut; die **Rippe**; beim Sturz hat er sich einige Rippen gebrochen; der **Rippenbruch**

Risiko, das (Wagnis); des Risikos, die Risiken/Risikos; Ri-si-ko; **risikofreudig**; **risikolos**

riskant (waghalsig, gefährlich); riskanter, am riskantesten; ris-kant; ein riskantes Abspiel im Mittelfeld

riskieren (wagen, aufs Spiel setzen); du riskierst, er riskierte, sie hat beim Aufstieg einiges riskiert; ris-kie-ren

Riss, der; des Risses, die Risse; Riss; **rissig**; eine trockene, rissige Haut

Ritt, der; des Ritt(e)s, die Ritte; Ritt; der **Ritter**; die **Ritterburg**; **rittlings** (sitzen wie beim Reiten auf einem Pferd)

der Ritter

Ritual, das (Brauch, Zeremonie); des Rituals, die Rituale; Ri-tu-a̲l; der **Ritus** (feierliche Handlung)

Ritz, der (Kratzer); des Ritzes, die Ritze; Rịtz

Ritze, die (Spalte); der Ritze, die Ritzen; Rịt-ze; **ritzen**; sie hat sich mit dem Messer geritzt

Rivale, der (Mitbewerber, Gegner); des Rivalen, die Rivalen; Ri-va̲-le; **rivalisieren**; sie hat mit ihrer Schwester rivalisiert; die **Rivalität**

Robbe, die; der Robbe, die Robben; Rọb-be; **robben**; er ist durchs Gras gerobbt

Robe, die (Amtstracht; festliches Kleid); der Robe, die Roben; Ro̲-be

Roboter, der; des Roboters, die Roboter; Rọ-bo-ter

robust (kräftig, derb); robuster, am robustesten; ro-bụst; die **Robustheit**

röcheln; du röchelst, er röchelte, die Kranke hat geröchelt; rö̩-cheln

Rock[1], der (Kleidungsstück); des Rock(e)s, die Röcke; Rọck

Rock[2], der (Musikrichtung); des Rock(s), *kein Plural*; Rọck; der **Rocker** (Anhänger der Rockmusik; *auch* Angehöriger einer motorradbegeisterten Gruppe)

Rodel, der = Rodelschlitten; des Rodels, die Rodel; Ro̲-del; die **Rodelbahn**; **rodeln**

roden; du rodest, er rodete, sie haben den Wald gerodet; ro̲-den

Rodler, der; des Rodlers, die Rodler; Ro̲d-ler; die **Rodlerin**

Rodung, die; der Rodung, die Rodungen; Ro̲-dung; die Rodung der Regenwälder ist ein großes Umweltproblem

Rogen, der (Fischeier); des Rogens, die Rogen; Ro̲-gen

Roggen, der (Getreideart); des Roggens, *kein Plural*; Rọg-gen; das **Roggenbrot**

roh; roher, am rohesten; ro̲h; der **Rohbau**; das Haus steht im Rohbau; die **Rohheit**; die **Rohkost**

Rohling, der (grober Mensch; *auch* unbearbeitetes Werkstück); des Rohlings, die Rohlinge; Ro̲h-ling; der Schlüssel wird aus einem Rohling gefertigt

Rohr, das; des Rohr(e)s, die Rohre; Ro̲hr

Röhre, die; der Röhre, die Röhren; Rö̲h-re; das **Röhricht** (dichtes Schilf)

Rohrzucker, der; des Rohrzuckers, *kein Plural*; Ro̲hr-zu-cker

Rokoko, das (Kunstepoche, Stilrichtung); des Rokoko(s), *kein Plural*; Rọ-ko-ko

Rollbahn, die; der Rollbahn, die Rollbahnen; Rọll-bahn

Rolle, die; der Rolle, die Rollen; Rọl-le; **rollen**; sie hat den Drehstuhl ans Fenster gerollt; das Geldstück ist in den Schacht gerollt; der **Roller**

Rollerskate, der (Rollschuhe mit Kunststoffrollen); des Rollerskates, die Rollerskates; Ro̲l-ler-skate

Rollladen, der (*auch* Roll-Laden); des Rollladens, die Rollläden; Rọll-la-den; der **Rollmops** (eingelegter Hering, gerollt); der **Rollstuhl**; die **Rolltreppe**

ROM, das = read-only memory (Informationsspeicher beim Rechner, dessen Inhalt nur gelesen werden kann); des ROM(s), die ROM(s)

Roman, der (längere Erzählung); des Romans, die Romane; Ro-ma̲n; die **Romanfigur**

Romantik, die (Kunstepoche um 1800; Schwärmerei); der Romantik, *kein Plural*; Ro-mạn-tik; **romantisch**

Rommee, das (*auch* Rommé) (Kartenspiel); des Rommees, *kein Plural*; Rọm-mee

der Roboter

(Industrieroboter)

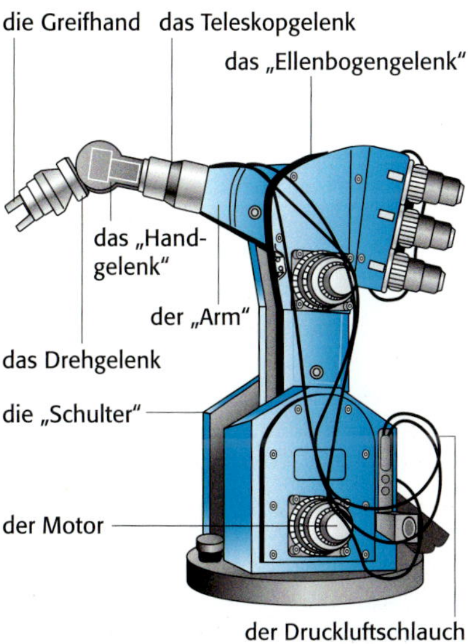

Rondell, das (rundes Beet); des Rondells, die Rondelle; Ron-dẹll

röntgen; du röntgst, er röntgte, die Ärztin hat sein Bein geröntgt; rönt-gen; die **Röntgenaufnahme**; der **Röntgenstrahl**; die **Röntgenuntersuchung**

rosa; *keine Steigerung*; ro̲-sa; ein rosa Kleid; das **Rosa**; ein zartes Rosa; **rosafarben**; rosafarbene Pfirsiche; **rosarot**; → Kasten „blau"

Rose, die; der Rose, die Rosen; Ro̲-se; **rosig**; rosige Haut; rosige (= erfreuliche) Aussichten

Rosine, die; der Rosine, die Rosinen; Ro-si̲-ne; sich die Rosinen herauspicken

Rosmarin, der (Gewürz aus einer Kräuterpflanze); des Rosmarins, *kein Plural*; Rọs-ma-rin

Ross, das; des Rosses, die Rosse/Rösser; Rọss

Rost[1], der (Gitter); des Rost(e)s, die Roste; Rọst; den Schacht mit einem Rost abdecken; der **Rost**[2]; *kein Plural*; auf dem Metall sind Spuren von Rost; **rostfrei**; **rostig**

rot; röter, am rötesten; ro̲t; das **Rot**; die Ampel steht auf Rot; → Kasten „blau"

Rotation, die (Drehung, Wechsel); der Rotation, die Rotationen; Ro-ta-ti-o̲n; die Rotation der Erde; die Rotation der Spieler; das **Rotationsprinzip**

rotbackig (*auch* rotbäckig); rotbackiger, am rotbackigsten; ro̲t-ba-ckig; rotbackige Äpfel

Röte, die; der Röte, *kein Plural*; Rö̲-te; die **Röteln** (ansteckende Krankheit mit Hautausschlag); **röten**; die Sonne hat den Himmel gerötet; vor Zorn hat sich sein Gesicht gerötet

rotgestreift (*auch* rot gestreift); *keine Steigerung*; ro̲t-ge-streift; ein rotgestreifter/rot gestreifter Teppich; **rothaarig**

Römische Ziffern

In alten Texten oder Inschriften findet man häufig römische Ziffern. An Gebäuden stehen z. B. oft Jahreszahlen in römischen Ziffern, die über das Jahr der Errichtung oder des Wiederaufbaus Auskunft geben, wie z. B.:
– anno MCMVI = im Jahre 1906

Den römischen Ziffern entsprechen folgende arabische Ziffern:

I	V	X	L	C	D	M
1	5	10	50	100	500	1000

Beim Lesen und Schreiben römischer Ziffern sind folgende Regeln zu beachten:

Stehen gleiche Ziffern nebeneinander, so werden sie zusammengezählt:
– III = 3, XX = 20, MMM = 3000
Die Ziffern V, L und D dürfen nur einmal in einer Zahl vorkommen, z. B.:
– DLV = 555
Die Ziffern I, X und C dürfen höchstens dreimal nebeneinanderstehen, z. B.:
– XXX = 30
Die Ziffer M darf als einzige viermal nebeneinanderstehen:
– MMMM = 4000

Stehen ungleiche Ziffern nebeneinander, so gilt Folgendes:
Steht eine Ziffer für eine kleinere Einheit rechts neben einer Ziffer für eine größere Einheit, wird addiert, z. B.:
– VI = 5 + 1 = 6
– MDCI = 1000 + 500 + 100 + 1 = 1601
Steht eine Ziffer für eine kleinere Einheit links neben einer Ziffer für eine größere Einheit wird subtrahiert, z. B.:
– IV = 5 – 1 = 4
– CM = 1000 – 100 = 900
*Allerdings darf immer nur eine Ziffer abgezogen werden, also für 8 nicht *IIX, sondern VIII.*

So muss man vorgehen, wenn man die Regeln beim Lesen und Schreiben von großen Zahlen, wie z. B. von Jahreszahlen, anwendet:
– MCMVI:
M = 1000
CM = 1000 – 100 = 900
VI = 5 + 1 = 6
1906
– MCCCIX:
M = 1000
CCC = 100 + 100 + 100 = 300
IX = - 1 + 10 = 9
1309

Rotkehlchen, das; des Rotkehlchens, die Rotkehlchen; Ro̲t-kehl-chen

rötlich; *keine Steigerung*; rö̲t-lich; ein rötlicher Farbton

rotsehen (wütend werden); du siehst immer gleich rot, er sah sofort rot, sie hat bei jedem Problem gleich rotgesehen; ro̲t-se-hen

Rotwein, der; des Rotwein(e)s, die Rotweine; Ro̲t-wein

Rotz, der (derber Ausdruck für Nasenschleim); des Rotzes, *nur Plural*; Rọtz; die **Rotznase** (eine triefende Nase; *auch* freches Kind)

Roulade, die (Fleischrolle mit Füllung); der Roulade, die Rouladen; Rou-la̲-de

Route, die (Wegstrecke); der Route, die Routen; Rou-te; sie wählt die schnellste Route

Routine, die (Vertrautheit, Erfahrung); der Routine, die Routinen; Rou-ti-ne; **routiniert**; er ist routiniert vorgegangen

Rowdy, der [raudi] (Schläger, gewaltbereiter Mensch); des Rowdys, die Rowdys; Row-dy; das **Rowdytum**

rubbeln; du rubbelst, er rubbelte, sie hat kräftig gerubbelt; rub-beln; das Rubbellos

Rübe, die; der Rübe, die Rüben; Rü-be

rüber [Adv.] (*Kurzform für* herüber, hinüber); rü-ber; komm schnell rüber; **rüberbringen**

Rübezahl, der (sagenhafter Berggeist); des Rübezahls, *kein Plural*; Rü-be-zahl

Rubin, der (Edelstein); des Rubins, die Rubine; Ru-bin; **rubinrot**

Rubrik, die (Textspalte, Abschnitt); der Rubrik, die Rubriken; Ru-brik/Rub-rik; etwas in eine passende Rubrik eintragen

ruchlos (gemein, gewissenlos); ruchloser, am ruchlosesten; ruch-los; ein ruchloses Verbrechen

Ruck, der; des Ruck(e)s, *Plural selten*: die Rucke; Ruck; **ruckartig**; ruckartig fahren

Rückblick, der; des Rückblick(e)s, die Rückblicke; Rück-blick

rücken; du rückst, er rückte, sie hat den Tisch ans Fenster gerückt, er ist zur Seite gerückt; rü-cken

Rücken, der; des Rückens, die Rücken; Rü-cken; das **Rückenmark**; **rückenschwimmen** (*auch* Rücken schwimmen); er kann nicht rückenschwimmen/Rücken schwimmen; du schwimmst Rücken; das **Rückenschwimmen**; der **Rückenwind**

Rückfahrt, die; der Rückfahrt, die Rückfahrten; Rück-fahrt; die Rückfahrkarte

Rückfall, der; des Rückfall(e)s, die Rückfälle; Rück-fall; **rückfällig**; der ehemalige Raucher ist rückfällig geworden

Rückgabe, die; der Rückgabe, die Rückgaben; Rück-gabe; das **Rückgaberecht**

Rückgang, der; des Rückgang(e)s, die Rückgänge; Rück-gang; **rückgängig**; eine Entscheidung rückgängig machen

Rückgrat, der (Wirbelsäule); des Rückgrat(e)s, die Rückgrate; Rück-grat

Rückhalt, der (Stütze, Hilfe); des Rückhalt(e)s, *Plural selten*: Rückhalte; Rück-halt; **rückhaltlos**; sie hat ihm rückhaltlos vertraut

Rückkehr, die; der Rückkehr, *kein Plural*; Rück-kehr

Rücklicht, das; des Rücklicht(e)s, die Rücklichter; Rück-licht

rücklings [Adv.] (mit dem Rücken, auf dem Rücken; von hinten); rück-lings; sich rücklings anschleichen

Rückmeldung, die; der Rückmeldung, die Rückmeldungen; Rück-mel-dung; das **Rückporto**

Rucksack, der; des Rucksack(e)s, die Rucksäcke; Ruck-sack

Rückschluss, der; des Rückschlusses, die Rückschlüsse; Rück-schluss

Rückseite, die; der Rückseite, die Rückseiten; Rück-sei-te

Rücksicht, die; der Rücksicht, die Rücksichten; Rück-sicht; die **Rücksichtnahme**; **rücksichtslos**; die **Rücksichtslosigkeit**; **rücksichtsvoll**

Rücksitz, der; des Rücksitzes, die Rücksitze; Rück-sitz; der **Rückspiegel**

Rückstand, der; des Rückstand(e)s, die Rückstände; Rück-stand; **rückständig**; die **Rückständigkeit**

Rückstoß, der; des Rückstoßes, die Rückstöße; Rück-stoß; der Rückstoß beim Raketenstart

Rückstrahler, der; des Rückstrahlers, die Rückstrahler; Rụ̈ck-strah-ler

Rücktritt, der; des Rücktritt(e)s, die Rücktritte; Rụ̈ck-tritt; ein Fahrrad mit Rücktritt; der Rücktritt des Vorsitzenden; die **Rücktrittbremse**

rückwärts; rụ̈ck-wärts; sie kann gut rückwärts einparken; der **Rückwärtsgang**; **rückwärtslaufen**; er lief rückwärts; die Zeit schien rückwärtszulaufen; der **Rückweg**; die **Rückzahlung**

Rückzug, der; des Rückzug(e)s, die Rückzüge; Rụ̈ck-zug; sie wurden zum Rückzug gezwungen

rüde (roh, grob); rüder, am rüdesten; rü̱-de; rüdes Benehmen

Rüde, der (männlicher Hund); des Rüden, die Rüden; Rü̱-de

Rudel, das; des Rudels, die Rudel; Ru̱-del; ein Rudel Wölfe; **rudelweise**

Ruder, das; des Ruders, die Ruder; Ru̱-der; das **Ruderboot**; der **Ruderer**; die **Ruderin**; **rudern**; sie hat im Achter gerudert, er ist über den See gerudert

Ruf, der; des Ruf(e)s, die Rufe; Ru̱f; **rufen**; er rief um Hilfe

Rüffel, der (grober Tadel, Beschimpfung); des Rüffels, die Rüffel; Rụ̈f-fel

Rufname, der (Vorname, mit dem jemand gerufen wird); des Rufnamens, die Rufnamen; Ru̱f-na-me

Rüge, die (Tadel); der Rüge, die Rügen; Rü̱-ge; **rügen**

Ruhe, die; der Ruhe, *kein Plural*; Ru̱-he; **ruhelos**; ruhelos hin und her laufen

ruhen; du ruhst, er ruhte, sie hat geruht; ru̱-hen; wir sollten die Toten ruhen lassen; er hat uns ein Stündchen ruhen lassen; **ruhenlassen** (unbeachtet lassen, liegenlassen); sie hat den Vorgang ruhenlassen; die **Ruhepause**; der **Ruhestand**; die **Ruhestörung**

ruhig; ruhiger, am ruhigsten; ru̱-hig; ein ruhiges Plätzchen; **ruhigstellen** (*auch* ruhig stellen); wir müssen das verletzte Bein ruhig stellen/ruhigstellen; der Arzt hat den Kranken ruhiggestellt/ruhig gestellt

Ruhm, der; des Ruhm(e)s, *kein Plural*; Ru̱hm; **rühmen**; seine Musikalität wird gerühmt

Rührei, das; des Rührei(e)s, die Rühreier; Rü̱hr-ei

rühren; du rührst, er rührte, sie hat gerührt; rü̱h-ren; **rührend**; ein rührender Anblick; die **Rührung**

Ruin, der (Zusammenbruch, großer Verlust); des Ruins, *kein Plural*; Ru-i̱n; die **Ruine** (verfallenes Gebäude, Rest); **ruinieren**; sie hat ihre Gesundheit ruiniert

rülpsen (laut aufstoßen); du rülpst, er rülpste, sie hat gerülpst; rụ̈lp-sen; der **Rülpser**

rum [Adv.] (*Kurzform von* herum); rụm; **rumkriegen**; du kriegst ihn schon noch rum; er hat die Zeit rumgekriegt

Rummel, der (Jahrmarkt, *auch* Menschenauflauf); des Rummels, *kein Plural*; Rụm-mel; der **Rummelplatz**

rumoren (Geräusche, Poltern verursachen); du rumorst, sein Magen rumorte, es hat im Haus rumort; ru-mo̱-ren

Rumpelkammer, die (Abstellraum); der Rumpelkammer, die Rumpelkammern; Rụm-pel-kam-mer; **rumpeln**; das Auto ist über den Waldweg gerumpelt

Rumpf, der (Körper ohne Kopf und Glieder); des Rumpf(e)s, die Rümpfe; Rụmpf

rümpfen (zusammenziehen); du rümpfst, er rümpfte, sie hat die Nase gerümpft; rụ̈mp-fen

Rumpsteak, das [rụmpstek] (Rindfleischscheibe); des Rumpsteaks, die Rumpsteaks; Rump-steak

Run, der [rạn] (Ansturm); des Runs, die Runs; der Run auf die Eintrittskarten

rund; runder, am rundesten; rụnd; eine scharfe Kante rund machen/rundmachen; die **Runde**; **runden**; den Betrag runden

Rundfunk, der; des Rundfunks, *kein Plural*; Rụnd-funk; das **Rundfunkgerät**

Rundgang, der; des Rundgangs, die Rundgänge; Rụnd-gang; **rundherum**; **rundlich**; **rundum**

Rune, die (Schriftzeichen der Germanen); der Rune, die Runen; Ru̲-ne; das **Runenalphabet**

runter [Adv.]; rụn-ter; **runterfallen**; das Glas ist runtergefallen

Runzel, die; der Runzel, die Runzeln; Rụn-zel; **runzelig** (*auch* runzlig); **runzeln**; sie hat die Stirn gerunzelt

Rüpel, der (Flegel); des Rüpels, die Rüpel; Rü̲-pel; **rüpelhaft**; ein rüpelhaftes Benehmen

rupfen; du rupfst , er rupfte, sie hat Gras gerupft; rụp-fen

ruppig (grob); ruppiger, am ruppigsten; rụp-pig

Rüsche, die (Verzierung durch Falten oder Spitze); der Rüsche, die Rüschen; Rü̲-sche; die **Rüschenbluse**

Rushhour, die [rạschauer] (Hauptverkehrszeit); der Rushhour, die Rushhours; Rush-hour

Ruß, der; des Rußes, *kein Plural*; Ru̲ß; viel Ruß im Kamin

Rüssel, der; des Rüssels, die Rüssel; Rụ̈s-sel; **rüsselförmig**

rußen; es rußt, der Ofen rußte, die Kerze hat gerußt; ru̲-ßen; **rußig**

rüsten; du rüstest, er rüstete, sie hat sich für den Winter gerüstet; rụ̈s-ten

rüstig; rüstiger, am rüstigsten; rụ̈s-tig; im Alter noch rüstig sein

rustikal (ländlich-einfach, *auch* derb); rustikaler, am rustikalsten; rus-ti-ka̲l; ein rustikaler Raum

Rüstung, die; der Rüstung, die Rüstungen; Rụ̈s-tung

Rute, die; der Rute, die Ruten; Ru̲-te; aus Ruten einen Korb flechten

Rutschbahn, die; der Rutschbahn, die Rutschbahnen; Rụtsch-bahn; die **Rutsche**; **rutschen**; sie ist auf dem Eis gerutscht; **rutschfest**; **rutschig**

rütteln; du rüttelst, er rüttelte, sie hat an der Türklinke gerüttelt; rụ̈t-teln

~~**Rytmus**~~ → Rhythmus

S

S = Süd/Süden; **S.** = Seite; **s.** = siehe; s. Lesebuch, S. 24

Saal, der; des Saal(e)s, die Säle; Sa̲a̲l

Saat, die; der Saat, die Saaten; Sa̲a̲t; das **Saatkorn**

Sabbat, der (wöchentlicher jüdischer Ruhetag); des Sabbats, die Sabbate; Sạb-bat

sabbern (Speichel fließen lassen); du sabberst, er sabberte, sie hat gesabbert; sạb-bern

Säbel, der; des Säbels, die Säbel; Sä̲-bel

Sabotage, die [sabota̲sche] (absichtliche Störung oder Zerstörung von Einrichtungen); der Sabotage, die Sabotagen; Sa-bo-ta̲-ge; der **Saboteur**; **sabotieren**; er hat das Vorhaben sabotiert

Sache, die; der Sache, die Sachen; Sạ-che; **sachgemäß**; die **Sachkenntnis**; **sachkundig**

sachlich; sachlicher, am sachlichsten; sạch-lich; eine sachliche Antwort; **sächlich**; der **Sachschaden**; es entstand nur Sachschaden

sacht/sachte (sanft, vorsichtig); sachter, am sachtesten; sach-te
Sachverhalt, der; des Sachverhalt(e)s, die Sachverhalte; Sach-ver-halt
Sack, der; des Sack(e)s, die Säcke; Sack; die **Sackgasse**; das **Sackhüpfen**; **sackweise**
Sadismus, der (Lust an Quälereien); des Sadismus, *kein Plural*; Sa-dis-mus; der **Sadist**; **sadistisch**
säen; du säst, er säte, sie hat Rasen gesät; sä-en
Safari, die (Reise, um in Afrika Großwild zu beobachten oder zu jagen); der Safari, die Safaris; Sa-fa-ri; der **Safaripark**
Safe, der/das [ßäif]; des Safes, die Safes
Safer Sex, der [säifer sex] (sexuelle Handlungen, die ansteckende Krankheiten auszuschließen versuchen – etwa durch die Benutzung von Kondomen); des Safer Sexes, *kein Plural*; Sa-fer Sex
Safran, der (Gewürz); des Safrans, *kein Plural*; Saf-ran; **safrangelb**
Saft, der; des Saft(e)s, die Säfte; Saft; **saftig**
Sage, die; der Sage, die Sagen; Sa-ge
Säge, die; der Säge, die Sägen; Sä-ge; **sägen**; sie hat Holz gesägt
sagen; du sagst, er sagte, sie hat gesagt; sa-gen
sagenhaft; sagenhafter, am sagenhaftesten; sa-gen-haft; eine sagenhafte Tonqualität
Sägespäne, die; *nur Plural*; Sä-ge-spä-ne; auf dem Boden liegen Sägespäne; das **Sägewerk**
sah → sehen
Sahne, die; der Sahne, *kein Plural*; Sahne; das **Sahneeis**; **sahnig**
Saison, die (günstige Jahreszeit, Hauptgeschäftszeit); der Saison, *Plural selten*: die Saisons; Sai-son; die **Saisonarbeit**; Erntearbeit ist Saisonarbeit; **saisonbedingt**
Saite, die; der Saite, die Saiten; Sai-te; das **Saiteninstrument**
Sakko, der/das; des Sakkos, die Sakkos; Sak-ko
Sakralbau, der; des Sakralbau(e)s, die Sakralbauten; Sa-kral-bau/Sak-ral-bau; Kirchen, Synagogen und Moscheen sind Sakralbauten
Salami, die (kräftig gewürzte Dauerwurst); der Salami, die Salami/Salamis; Sa-la-mi
Salat, der; des Salat(e)s, die Salate; Sa-lat; das **Salatöl**; die **Salatsoße**
Salbe, die; der Salbe, die Salben; Sal-be
Salbei, der/die (Heilkraut); des Salbei(s), *kein Plural*; Sal-bei; der **Salbeitee**
salben; du salbst, er salbte, sie hat gesalbt; sal-ben; die **Salbung**
Salmonellen, die (Bakterien); der Salmonellen, *nur Plural*; Sal-mo-nel-len
Salon, der (elegant ausgestatteter Raum); des Salons, die Salons; Sa-lon
salopp (bequem, ungezwungen); salopper, am saloppesten/saloppsten; salopp; saloppe Kleidung
Salto, der (Überschlag); des Saltos, die Salti/Saltos; Sal-to
Salz, das; des Salzes, die Salze; Salz; **salzarm**; **salzen**; er hat das Essen stark gesalzen; **salzhaltig**; **salzig**; die **Salzsäure**; das **Salzwasser**
Samariter, der (Krankenpfleger); des Samariters, die Samariter; Sa-ma-ri-ter; der **Samariterdienst**
Samba, der/die (südamerikanischer Tanz); der Samba/des Sambas, die Sambas; Sam-ba
Samen, der; des Samens, die Samen; Samen; die **Samenbank** (Sammelstelle für Samen zur künstlichen Befruchtung); das **Samenkorn**; die **Samenzelle**
Sammelband, der; des Sammelband(e)s,

die Sammelbände; Sạm-mel-band; die **Sammelbüchse**

sammeln; du sammelst, er sammelte, sie hat gesammelt; sạm-meln; das **Sammelsurium**; ein Sammelsurium von Stiften, Heften und alten Schulbroten; der **Sammler**; die **Sammlerin**

Sampler, der [ßạmpler] (Zusammenstellung von Musikstücken); des Samplers, die Sampler; Sam-pler/Samp-ler

Samstag, der; des Samstags, die Samstage; Sạms-tag; **samstags** → Kasten „Dienstag/dienstags"

Samt, der; des Samt(e)s, *Plural selten*: die Samte; Sạmt; gekleidet in Samt und Seide; ein samtartiger/samtiger Stoff

samt[1] [Präp.]; sạmt; ein Busch samt der Wurzel (Dat.); **samt**[2] [Adv.]; die Fahrzeuge wurden samt und sonders überprüft (ohne Ausnahme)

sämtlich; *keine Steigerung*; sạ̈mt-lich; nicht einige, sondern sämtliche Bücher

Sanatorium, das; des Sanatoriums, die Sanatorien; Sa-na-to̱-ri-um

Sand, der; des Sand(e)s, *Plural selten*: die Sande; Sạnd

Sandale, die; der Sandale, die Sandalen; San-da̱-le; die **Sandalette**

Sandbank, die; der Sandbank, die Sandbänke; Sạnd-bank; **sandfarben**; eine sandfarbene Hose; **sandig**; eine sandige Gegend; das **Sandpapier**; der **Sandstein**

Sandwich, der/das [ßạ̈ndwitsch]; des Sandwich/Sandwiches, die Sandwiche/Sandwiches; Sand-wich

sanft; sanfter, am sanftesten; die **Sänfte**; die **Sanftmut**; **sanftmütig**

Sänger, der; des Sängers, die Sänger; Sạ̈nger; die **Sängerin**

sanieren; du sanierst, er sanierte, sie hat ein altes Haus saniert; sa-ni̱e̱-ren; die **Sanierung**

sanitär; *keine Steigerung*; sa-ni-tä̱r; sanitäre Anlagen

Sanitäter, der; des Sanitäters, die Sanitäter; Sa-ni-tä̱-ter; die **Sanitäterin**; der **Sanitätswagen**; das **Sanitätszelt**

Sanktion, die (Strafmaßnahme; *auch* Billigung); der Sanktion, die Sanktionen; Sank-ti-o̱n; Sanktionen gegen den Waffenhandel; **sanktionieren**; das Parlament hat die Entscheidung sanktioniert

Sardine, die (Fisch); der Sardine, die Sardinen; Sar-di̱-ne; Ölsardinen

Sarg, der; des Sarg(e)s, die Särge; Sạrg

Sarkasmus, der (starker Spott); des Sarkasmus, die Sarkasmen; Sar-kạs-mus; **sarkastisch**

~~**sass**~~ → sitzen, saß

Satan, der (Teufel); des Satans, die Satane; Sa̱-tan; **satanisch**; der **Satansbraten**; jemanden als Satansbraten beschimpfen

Satellit, der (ein Himmelskörper, der andere umkreist, *oder* künstlicher Weltraumkörper); des Satelliten, die Satelliten; Sa-tel-li̱t; die **Satellitenschüssel**

Satire, die (ironisch-witzige Darstellung und Kritik); der Satire, die Satiren; Sa-ti̱-re; einen Missstand mit einer scharfen Satire kritisieren; der **Satiriker**; **satirisch**

satt; satter, am sattesten; sạtt; satte Kinder; satte Farben; sich satt essen/sattessen

Sattel, der; des Sattels, die Sättel; Sạt-tel; **sattelfest**; in Geografie ist er sattelfest; **satteln**; ein Pony satteln; der **Sattelschlepper**

satthaben; du hast es satt, er hatte es satt, sie hat das lange Warten sattgehabt; sạtt-ha-ben

sättigen; du sättigst dich, er sättigte sich, die Luft ist mit Wasserdampf gesättigt, er hat sich gut gesättigt; sạ̈t-ti-gen; die **Sättigung**

Satz, der; des Satzes, die Sätze; Satz; einen Satz aufschreiben; einen Satz zur Seite machen; beim Tennis den entscheidenden Satz gewinnen; ein Satz Schüsseln

Satzbau, der; des Satzbaus, *kein Plural*; Satz-bau; das **Satzglied**

Satzung, die; der Satzung, die Satzungen; Sat-zung; **satzungsgemäß**

Satzzeichen, das; des Satzzeichens, die Satzzeichen; Satz-zei-chen

Sau, die (weibliches Schwein); der Sau, die Sauen/Säue; Sau

sauber; sauberer, am saubersten; sau-ber; die **Sauberkeit**; **säuberlich**

saubermachen (*auch* sauber machen); du machst sauber, er machte sauber, sie hat saubergemacht/sauber gemacht; sau-ber-ma-chen; **säubern**; die **Säuberung**

Sauce, die [soße]; der Sauce, die Saucen; Sau-ce; → Soße

sauer; saurer, am sauersten; sau-er; der Obstsaft ist sauer; sei doch nicht sauer; der **Sauerampfer**; das **Sauerkraut**; **säuerlich**

Sauerstoff, der; des Sauerstoffs, *kein Plural*; Sau-er-stoff; die **Sauerstoffflasche**; Sau-er-stoff-flasche

saufen; du säufst, das Pferd soff einen Eimer Wasser, sie hat sich zu Tode gesoffen; sau-fen; der **Säufer**; die **Sauferei**

saugen; du saugst, er saugte/sog, sie hat Staub gesaugt, sie hat die Milch aus der Flasche gesogen; sau-gen

säugen; du säugst, es säugte, sie hat das Kitz gesäugt; säu-gen; das **Säugetier**; der **Säugling**; die **Säuglingsschwester**

Säule, die; der Säule, die Säulen; Säu-le

Saum, der; des Saum(e)s, die Säume; Saum; den Rocksaum auftrennen; **säumen**; sie hat die Gardine gesäumt

Sauna, die; der Sauna, die Saunas; Sau-na

Säure, die; der Säure, die Säuren; Säu-re; **säurebeständig**; säurebeständiges Material; **säurehaltig**

Saurier, der; des Sauriers, die Saurier; Sau-ri-er

säuseln; du säuselst, er säuselte, sie hat gesäuselt; säu-seln; der Wind säuselt in den Bäumen

sausen; du saust, er sauste, sie ist um die Ecke gesaust; sau-sen; er hat das Rennauto um die Ecke sausen lassen; **sausenlassen** (verzichten); sie hat den Termin sausenlassen

S-Bahn, die = Schnellbahn, Stadtbahn; der S-Bahn, die S-Bahnen; der **S-Bahn-Wagen**

scannen (Daten elektronisch abtasten und einlesen); du scannst, er scannte, sie hat das Bild gescannt; scan-nen; der **Scanner**; die **Scannerkasse**

schaben; du schabst, er schabte, sie hat die Möhre geschabt; scha-ben

Schabernack, der (Streich); des Schabernack(e)s, *Plural selten*: die Schabernacke; Scha-ber-nack

schäbig; schäbiger, am schäbigsten; schä-big

Schablone, die (vorgegebenes Muster); der Schablone, die Schablonen; Schab-lo-ne/Scha-blo-ne; **schablonenhaft**

Schach, das; des Schachs, *kein Plural*; Schach; das **Schachbrett**

schachern; du schacherst, er schacherte, sie hat um jeden Euro geschachert; scha-chern

Schacht, der; des Schacht(e)s, die Schächte

Schachtel, die; der Schachtel, die Schachteln; Schach-tel

schade; *keine Steigerung*; scha-de; schade, dass du schon gehst

Schädel, der; des Schädels, die Schädel; Schä-del; der **Schädelbruch**

schaden; du schadest, der Regen schadete der Ernte, sie hat sich selbst geschadet; scha-den; der **Schaden**; die **Schadenfreude**; **schadhaft**

schädlich; schädlicher, am schädlichsten; schäd-lich; der **Schädling**; die **Schädlingsbekämpfung**

Schadstoff, der; des Schadstoff(e)s, die Schadstoffe; Schad-stoff; **schadstoffarm**

Schaf, das; des Schaf(e)s, die Schafe; Schaf; eine Herde Schafe; der **Schäfer**; der **Schäferhund**; die **Schäferin**

schaffen[1]; du schaffst, er schaffte, sie hat die Strecke in acht Minuten geschafft; schaf-fen; **schaffen**[2] (hervorbringen); er schuf, sie hat ein Meisterwerk geschaffen

Schakal, der (hundeartiges Raubtier); des Schakal(e)s, die Schakale; Scha-kal

schäkern (scherzen); du schäkerst, er schäkerte, sie hat mit dem Kind geschäkert; schä-kern

schal (abgestanden); schaler, am schalsten; schal; der Obstsaft schmeckt schal

Schal, der; des Schals, die Schals/die Schale; Schal

Schale, die; der Schale, die Schalen; Schale

schälen; du schälst, er schälte, sie hat eine Apfelsine geschält; schä-len

Schalk, der (Narr, Spitzbube); des Schalk(e)s, die Schalke/Schälke; Schalk

Schall, der; des Schall(e)s, die Schalle/Schälle; Schall; der **Schalldämpfer**; **schalldicht**

schallen; es schallt, es schallte, es hat laut geschallt; die **Schallgeschwindigkeit**; die **Schallplatte**

schalten; du schaltest, er schaltete, die Ampel hat auf Grün geschaltet; schalten; der **Schalter**; das **Schaltjahr**; die **Schaltung**

Scham, die; der Scham, *kein Plural*; Scham; **schämen**, sich schämen; das **Schamgefühl**; **schamhaft**; **schamlos**; **schamrot**; die **Schamröte**

Schande, die; der Schande, *kein Plural*; Schan-de; **schänden** (etwas Kostbares beschädigen; Wehrlose sexuell missbrauchen); der **Schandfleck**; **schändlich**; eine schändliche Tat

Schänke, die (einfache Gaststätte); der Schänke, die Schänken; Schän-ke

Schanze, die; der Schanze, die Schanzen; Schan-ze; der **Schanzenrekord**

Schar, die; der Schar, die Scharen; Schar; **scharenweise**

scharf; schärfer, am schärfsten; scharf; ein Messer scharf machen/scharfmachen; der **Scharfblick**; die **Schärfe**; **schärfen**; sie hat das Messer geschärft; **scharfkantig**; **scharfmachen**; einen Hund scharfmachen; der **Scharfsinn**; **scharfsinnig**

Scharlach, der (Krankheit); des Scharlachs, *kein Plural*; Schar-lach; **scharlachrot**

Scharlatan, der (er täuscht Fähigkeiten vor, die er gar nicht hat); des Scharlatans, die Scharlatane; Schar-la-tan

Scharm → Charme; **scharmant** → charmant

Scharnier, das; des Scharniers, die Scharniere; Schar-nier; das Scharnier an der Tür ölen

scharren; du scharrst, er scharrte, das Pferd hat ungeduldig mit den Hufen gescharrt; schar-ren

Schaschlik, der/das (Fleischspieß); des Schaschliks, die Schaschliks; Schasch-lik; der **Schaschlikspieß**

Schatten, der; des Schattens, die Schatten; Schạt-ten; der **Schattenriss**; das **Schattenspiel**; **schattieren** (Schatten andeuten); **schattig**

Schatz, der; des Schatzes, die Schätze; Schạtz

schätzen; du schätzt, er schätzte, sie hat die Entfernung geschätzt; schạ̈t-zen; sie hat ihn schätzen gelernt; die **Schätzung**; **schätzungsweise**

Schau, die; der Schau, *Plural selten*: die Schauen; das **Schaubild**; das Schaubild verdeutlicht die Ergebnisse

schauderhaft (scheußlich); schauderhafter, am schauderhaftesten; schau-der-haft; **schaudern**; ihr hat vor der Blutlache geschaudert

schauen; du schaust, er schaute, sie hat einen Kinderfilm geschaut; schau-en

Schauer[1], der; des Schauers, die Schauer; Schau-er; kräftige Regenschauer

Schauer[2], der (Angstgefühl); des Schauer, die Schauer; Schau-er; der Anblick löste Schauer aus; die **Schauergeschichte**; **schauerlich**

Schaufel, die; der Schaufel, die Schaufeln; Schau-fel; **schaufeln**

Schaufenster, das; des Schaufensters, die Schaufenster; Schau-fens-ter; die **Schaufensterdekoration**; der **Schaukasten**

Schaukel, die; der Schaukel, die Schaukeln; Schau-kel; **schaukeln**

Schaulust, die; der Schaulust, *kein Plural*; Schau-lust; **schaulustig**; schaulustige Autofahrer

Schaum, der; des Schaum(e)s, die Schäume; Schaum; **schäumen**; der **Schaumgummi**; **schaumig**; der **Schaumstoff**

schaurig (unheimlich); schauriger, am schaurigsten; schau-rig; eine schaurige Geschichte

Schauspiel, das; des Schauspiels, die Schauspiele; Schau-spiel; der **Schauspieler**; der **Schausteller**; die Schausteller auf dem Jahrmarkt

Scheck, der (*auch* Check) (Zahlungsanweisung); des Schecks, die Schecks; Schẹck; die Scheckkarte

scheckig (gefleckt); scheckiger, am scheckigsten; schẹ-ckig; ein scheckiger Vogel

scheel (misstrauisch, neidisch); scheeler, am scheelsten; scheel; jemanden scheel angucken

scheffeln; du scheffelst, er scheffelte, sie hat eine Menge Geld gescheffelt; schẹffeln

Scheibe, die; der Scheibe, die Scheiben; Schei-be; die **Scheibenbremse**; **scheibenförmig**; der **Scheibenwischer**

Scheich, der (Herrscher); des Scheichs, die Scheiche/Scheichs; Scheich; das **Scheichtum**

Scheide, die; der Scheide, die Scheiden; Schei-de; **scheiden**; sie ist von ihrem Mann geschieden; der **Scheideweg**; die **Scheidung**; der **Scheidungsprozess**

Schein, der; des Schein(e)s, die Scheine; **scheinbar** (nicht wirklich)

scheinen; du scheinst, er schien müde zu sein, die Sonne hat geschienen; schei-nen; **scheinheilig**; **scheintot**

Scheiße, die; der Scheiße, *kein Plural*; Schei-ße; **scheißegal** (*derber Ausdruck für* völlig egal); **scheißen**; **scheißfreundlich** (übertrieben/verlogen freundlich)

Scheit, das; des Scheit(e)s, die Scheite; Scheit; ein Scheit Holz in den Kamin legen

Scheitel, der; des Scheitels, die Scheitel; Schei-tel; **scheiteln**; das Haar scheiteln

scheitern; du scheiterst, er scheiterte, sie ist an einer Aufgabe gescheitert; schei-tern

Schelle, die; der Schelle, die Schellen; Schel-le; der Kuh eine Schelle umhängen; **schellen**; es hat an der Tür geschellt

Schelm, der; des Schelm(e)s, die Schelme; Schelm; der **Schelmenroman**; der **Schelmenstreich**; **schelmisch**

Schema, das (Muster, einfache Zeichnung); des Schemas, die Schemata; Sche-ma; **schematisch**; **schematisieren**; das Verfahren schematisieren

Schemel, der; des Schemels, die Schemel; Sche-mel; sich auf einen Schemel setzen

Schemen, das (Schattenbild); des Schemens, die Schemen; Sche-men; **schemenhaft**; er hat den Radfahrer nur schemenhaft wahrgenommen

Schenkel, der; des Schenkels, die Schenkel; Schen-kel

schenken; du schenkst, er schenkte, sie hat geschenkt; schen-ken; die **Schenkung**

scheppern; du schepperst, sie schepperte, er hat mit dem Geschirr gescheppert; schep-pern

Scherbe, die; der Scherbe, die Scherben; Scher-be

Schere, die; der Schere, die Scheren; Sche-re; **scheren**; sie hat das Schaf geschoren; der **Scherenschnitt**

Schererei, die (unnötige Schwierigkeit); der Schererei, die Scherereien; Sche-re-rei

Scherz, der; des Scherzes, die Scherze; Scherz; **scherzen**; **scherzhaft**

scheu; scheuer, am scheuesten; ein scheues Reh; die Pferde scheu machen/scheumachen; die **Scheu**; **scheuen**; er scheute sich nicht zu fragen, das Pferd hat gescheut

scheuern; du scheuerst, er scheuerte, sie hat den Boden gescheuert, sie hat ihm eine gescheuert; scheu-ern; das **Scheuertuch**

Scheune, die; der Scheune, die Scheunen; Scheu-ne; das **Scheunentor**

Scheusal, das (jemand, der Abscheu erregt); des Scheusals, die Scheusale; Scheu-sal

scheußlich; scheußlicher, am scheußlichsten; scheuß-lich; die **Scheußlichkeit**

Schi → Ski

Schicht, die; der Schicht, die Schichten; Schicht; die **Schichtarbeit**; **schichten**; sie hat das Holz geschichtet; die **Schichtung**

schick (*auch* chic); schicker, am schicksten; schick; eine schicke Hose

Schick, der (*auch* Chic); des Schicks, *kein Plural*; Schick

schicken; du schickst, er schickte, sie hat ein Paket geschickt; schi-cken

Schicksal, das; des Schicksals, die Schicksale; Schick-sal; **schicksalhaft**; der **Schicksalsschlag**

schieben; du schiebst, er schob, sie hat das Fahrrad geschoben; schie-ben; der **Schieber**; die **Schiebetür**; die **Schiebung**

Schiedsrichter, der; des Schiedsrichters, die Schiedsrichter; Schieds-rich-ter; die **Schiedsrichterin**; der **Schiedsspruch**

schief; schief; ein schiefer Turm; er musste ganz schief gehen → schiefgehen

Schiefer, der; des Schiefers, die Schiefer; Schie-fer; das **Schieferdach**

schiefgehen (misslingen); es geht schief, es ging schief, die Probe ist schiefgegangen; schief-ge-hen; **schieflachen** (sehr lachen); sie hat sich schiefgelacht; **schieflaufen** (misslingen); sein Versuch ist schiefgelaufen; **schiefliegen** (falscher Ansicht sein); mit ihrem Tipp hat sie schiefgelegen

schielen; du schielst, er schielte, sie hat zu ihrem Banknachbarn geschielt; schie-len

Schienbein, das; des Schienbein(e)s, die Schienbeine; Schien-bein; die **Schiene**; **schienen**; sie hat den gebrochenen Fuß geschient

schier[1] [Adv.] (nahezu, fast); schier; das ist schier unmöglich; **schier**[2] (rein); schieres Gold, schieres Glück

schießen; du schießt, er schoss, sie hat geschossen; schie-ßen; die **Schießerei**; die **Schießscharte**; die **Schießscheibe**; der **Schießstand**

Schiff, das; des Schiff(e)s, die Schiffe; Schiff; **schiffbar**; der Fluss ist wieder schiffbar; **schiffbrüchig**; der **Schiffer**; die **Schifffahrt**; die **Schiffschaukel**; die **Schiffskatastrophe**

Schikane, die (absichtlich aufgebaute Schwierigkeit); der Schikane, die Schikanen; Schi-ka-ne; eine Rennstrecke mit Schikanen; **schikanieren**

Schild, das; des Schild(e)s, die Schilder; Schild

Schildbürgerstreich, der; des Schildbürgerstreichs, die Schildbürgerstreiche; Schild-bür-ger-streich; ein Schildbürgerstreich der Verwaltung

Schilddrüse, die; der Schilddrüse, die Schilddrüsen; Schild-drü-se; die Schilddrüse hatte sich vergrößert

schildern; du schilderst, er schilderte, sie hat den Vorgang genau geschildert; schil-dern; die **Schilderung**

Schildkröte, die; der Schildkröte, die Schildkröten; Schild-krö-te

Schilf, das; des Schilf(e)s, *Plural selten*: die Schilfe; Schilf; das **Schilfgras**

schillern; es schillert, es schillerte, ihr Schmuck hat grün und blau geschillert; schil-lern

Schimmel[1], der; des Schimmels, die Schimmel; Schim-mel; eine Kutsche mit vier Schimmeln

Schimmel[2], der (Überzug auf verdorbenen Lebensmitteln); des Schimmels, *kein Plural*; Schim-mel; **schimmelig** (*auch* schimmlig); der **Schimmelpilz**

Schimmer, der; des Schimmers, *Plural selten*: die Schimmer; Schim-mer; sie hat nicht den Schimmer einer Chance; **schimmern**; ein Licht hat in der Ferne geschimmert

Schimpanse, der; des Schimpansen, die Schimpansen; Schim-pan-se

schimpfen; du schimpfst, er schimpfte, sie hat geschimpft; schimp-fen; das **Schimpfwort**; sie kennt viele Schimpfwörter

Schindel, die (Holzbrettchen zum Dachdecken); der Schindel, die Schindeln; Schin-del; das **Schindeldach**

schinden; du schindest, er schindete/schund, sie hat ihr Pferd nicht geschindet, sie hat sich beim Krafttraining geschunden; schin-den; die **Schinderei**

Schinken, der; des Schinkens, die Schinken; Schin-ken; das **Schinkenbrot**

Schippe, die; der Schippe, die Schippen; Schip-pe; **schippen**; sie hat Schnee geschippt

Schirm, der; des Schirm(e)s, die Schirme; Schirm; der **Schirmherr**; der Oberbürgermeister ist Schirmherr des Turniers; die **Schirmmütze**; der **Schirmständer**

schlabberig (*auch* schlabbrig) (weich; *bei Flüssigkeiten* wässrig); schlabberiger, am schlabberigsten; schlab-be-rig; **schlabbern**; der Hund schlabbert die Suppe

Schlacht, die; der Schlacht, die Schlachten; Schlacht; eine Schlacht schlagen; das Schlachtschiff

schlachten; du schlachtest, er schlachtete, sie hat ein Huhn geschlachtet; schlach-ten; der **Schlachter**; die **Schlachterei**; der **Schlachthof**; **schlachtreif**

Schlacke, die (Rückstand beim Verbrennen); der Schlacke, die Schlacken; Schla-cken

schlackern; du schlackerst, er schlackerte, sie hat mit den Ohren geschlackert, mir haben die Knie geschlackert; schla-ckern

Schlaf, der; des Schlaf(e)s, *kein Plural*; Schlaf; der **Schlafanzug**

Schläfe, die; der Schläfe, die Schläfen; Schlä-fe

schlafen; du schläfst, er schlief, sie hat geschlafen; schla-fen

schlaff; schlaffer, am schlaffsten; schlaff; die Fahne hing schlaff am Mast

Schlafmittel, das; des Schlafmittels, die Schlafmittel; Schlaf-mit-tel; die **Schlafmütze**; **schläfrig**; der **Schlafsack**

schlafwandeln; du schlafwandelst, er schlafwandelte, sie hat/ist geschlafwandelt; schlaf-wan-deln; der **Schlafwandler**; **schlafwandlerisch**; das **Schlafzimmer**

Schlag, der; des Schlag(e)s, die Schläge; Schlag; die **Schlagader**; der **Schlaganfall**; **schlagartig**

schlagen; du schlägst, er schlug seinen Sohn, sie hat auf die Trommel geschlagen; schla-gen

Schläger, der; des Schlägers, die Schläger; Schlä-ger; die **Schlägerei**

Schlager, der; des Schlagers, die Schlager; Schla-ger; sie singt einen bekannten Schlager

schlagfertig; schlagfertiger, am schlagfertigsten; schlag-fer-tig; ein schlagfertiger Diskussionspartner; **schlagkräftig**; ein schlagkräftiges Argument

Schlagloch, das; des Schlaglochs, die Schlaglöcher; Schlag-loch; die **Schlagseite**; das Boot hat Schlagseite; das **Schlagwort**; die **Schlagzeile**; das **Schlagzeug**

schlaksig (dünn, dabei körperlich ungeschickt); schlaksiger, am schlaksigsten; schlak-sig; ein schlaksiges Mädchen

Schlamassel, der/das (Unglück); des Schlamassels, *kein Plural*; Schla-mas-sel

Schlamm, der; des Schlamm(e)s, *Plural selten*: die Schlamme/Schlämme; Schlamm; **schlammig**

schlampen; du schlampst, er schlampte, sie hat geschlampt; schlam-pen; die **Schlamperei**; **schlampig**; eine schlampige Reparatur; die **Schlampigkeit**

Schlange, die; der Schlange, die Schlangen; Schlan-ge; **schlängeln**, sich schlängeln; sie schlängelt sich durch die Menge; der **Schlangenbiss**; die **Schlangenlinie**; das Auto fuhr Schlangenlinien

schlank; schlanker, am schlankesten/schlanksten; schlank; ein schlankes Mädchen; die **Schlankheit**; die **Schlankheitskur**

schlapp; schlapper, am schlappesten/schlappsten; schlapp; die **Schlappe** (Niederlage, Misserfolg); beim Heimspiel mussten sie eine Schlappe hinnehmen

schlappmachen; du machst schlapp, er machte schlapp, sie hat schlappgemacht; schlapp-ma-chen

Schlaraffenland, das (Märchenland für Faulenzer und Genießer); des Schlaraffenland(e)s, *kein Plural*; Schla-raf-fen-land; sich fühlen wie im Schlaraffenland

schlau; schlauer, am schlauesten/schlausten; schlau; der **Schlauberger**

Schlauch, der; des Schlauch(e)s, die Schläuche; Schlauch; das **Schlauchboot**; **schlauchlos**; schlauchlose Reifen

P
Q
R
S
T
U
V
W

das Schlagzeug

Schläue, die (Schlauheit); der Schläue, *kein Plural*; Schläue; ein Schelm mit großer Schläue

Schlaufe, die; der Schlaufe, die Schlaufen; Schlau-fe

Schlawiner, der (durchtriebener Mensch, Betrüger); des Schlawiners, die Schlawiner; Schla-wi-ner

schlecht; schlechter, am schlechtesten; schlẹcht; ein schlechtes Beispiel; ein schlecht bezahlter/schlechtbezahlter Job; in diesen Schuhen kann man schlecht gehen; sie hat ihre Hausaufgaben schlecht gemacht

schlechtgehen (sich nicht wohlfühlen); es geht mir schlecht, es ging mir schlecht, es ist mir ziemlich schlechtgegangen; schlẹcht-ge-hen; **schlechtmachen** (über jemanden/etwas schlecht reden); sie hat ihre Freundin schlechtgemacht

schlecken; du schleckst, er schleckte, sie hat Eis geschleckt; schlẹ-cken; die **Schleckerei**; das **Schleckermaul**

schleichen; du schleichst, er schlich, sie ist geschlichen; schlei-chen; der **Schleichweg**; die **Schleichwerbung**

Schleier, der; des Schleiers, die Schleier; Schlei-er; die **Schleiereule**; **schleierhaft**; dein Plan ist mir schleierhaft

Schleife, die; der Schleife, die Schleifen; Schlei-fe

schleifen[1]; du schleifst, er schleift, sie hat den Sack zum Keller geschleift; schlei-fen; **schleifen**[2]; er schliff, sie hat das Messer geschliffen; der **Schleifstein**

Schleim, der; des Schleim(e)s, *Plural selten*: die Schleime; Schleim; die **Schleimhaut**; **schleimig**; **schleimlösend**; ein schleimlösendes Mittel

schlemmen; du schlemmst, er schlemmte,

sie hat geschlemmt wie im Schlaraffenland; schlem-men

schlendern; du schlenderst, er schlenderte, sie ist langsam nach Hause geschlendert; schlen-dern

schlenkern; du schlenkerst, er schlenkerte, sie hat mit den Armen geschlenkert; schlen-kern

schleppen; du schleppst, er schleppte den Koffer, sie hat sich ins Haus geschleppt; schlep-pen; der **Schlepper**; das **Schleppnetz**; das **Schlepptau**

Schleudergefahr, die; der Schleudergefahr, *kein Plural*; Schleu-der-ge-fahr; der **Schleuderkurs**

schleudern; du schleuderst, er schleuderte, sie hat die Wäsche geschleudert, das Auto ist geschleudert; schleu-dern; der **Schleudersitz**; das **Schleudertrauma**

schleunigst [Adv.]; schleu-nigst; schleunigst zum Krankenhaus fahren

Schleuse, die; der Schleuse, die Schleusen; Schleu-se; **schleusen**; die **Schleusenkammer**; das Schiff fährt in die Schleusenkammer

Schlich, der; des Schlich(e)s, die Schliche; Schlich; ihm auf die Schliche kommen

schlicht; schlichter, am schlichtesten; schlicht; ein schlichter Schmuck

schlichten; du schlichtest, er schlichtete, sie hat den Streit geschlichtet; schlichten; der **Schlichter**; die **Schlichtung**

schließen; du schließt, er schloss, sie hat die Tür geschlossen; schlie-ßen; das **Schließfach**; **schließlich**; schließlich stimmte er zu; die **Schließung**

Schliff, der; des Schliff(e)s, *Plural selten*: die Schliffe; Schliff; einer Sache den letzten Schliff geben

schlimm; schlimmer, am schlimmsten; schlimm; eine schlimme Verletzung; die schlimmste Beleidigung

Schlinge, die; der Schlinge, die Schlingen; Schlin-ge; den Hals aus der Schlinge ziehen

Schlingel, der; des Schlingels, die Schlingel; Schlin-gel

schlingen; du schlingst, er schlang sein Essen eilig hinunter, sie hat ein Tuch um den Hals geschlungen; schlin-gen

schlingern; du schlingerst, er schlingerte, das Boot ist geschlingert; schlin-gern

Schlips, der; des Schlipses, die Schlipse; Schlips

Schlitten, der; des Schlittens, die Schlitten; Schlit-ten; **Schlitten fahren**; **schlittern**; sie ist auf dem Eis geschlittert

Schlittschuh, der; des Schlittschuh(e)s, die Schlittschuhe; Schlitt-schuh; **Schlittschuh laufen**; der **Schlittschuhläufer**

Schlitz, der; des Schlitzes, die Schlitze; Schlitz; das **Schlitzohr**; als Schlitzohr fällt ihm schon etwas ein

~~schlos~~ → schloss, schließen

Schloss, das; des Schlosses, die Schlösser; Schloss; der **Schlosser**; des Schlossers, die Schlosser; die **Schlosserei**; der **Schlossgarten**

Schlot, der; des Schlot(e)s, die Schlote; Schlot; Fabrikschlote ragen in die Höhe

schlottern; du schlotterst, er schlotterte, sie hat vor Angst geschlottert; schlottern

Schlucht, die (enges, tiefes Tal); der Schlucht, die Schluchten; Schlucht

schluchzen; du schluchzt, er schluchzte, sie hat vor Kummer geschluchzt; schluch-zen

Schluck, der; des Schluck(e)s, die Schlucke; Schluck; der **Schluckauf**; **Schluckbeschwerden**; **schlucken**; die **Schluckimpfung**; **schluckweise**; schluckweise heißen Tee trinken

schluderig (*auch* schludrig) (nachlässig);

schluderiger, am schluderigsten; schlu-de-rig; eine schludrige Schrift; **schludern**

schlug → schlagen

Schlummer, der; des Schlummers, *kein Plural*; Schlum-mer; **schlummern**

Schlumpf, der; des Schlumpf(e)s, die Schlümpfe; Schlumpf

Schlund, der; des Schlund(e)s, die Schlünde; Schlund; der Dompteur greift in den Schlund des Löwen

schlüpfen; du schlüpfst, es schlüpfte aus dem Ei, sie ist in die Schuhe geschlüpft; schlüp-fen; der **Schlüpfer**; **schlüpfrig**; schlüpfriger Boden; der **Schlupfwinkel**

schlurfen; du schlurfst, er schlurfte, sie ist müde durchs Zimmer geschlurft; schlur-fen

schlürfen; du schlürfst, er schlürfte, sie hat den Tee geschlürft; schlür-fen

Schluss, der; des Schlusses, die Schlüsse; Schluss

Schlüssel, der; des Schlüssels, die Schlüssel; Schlüs-sel; das **Schlüsselbein**; **schlüsselfertig**; in ein schlüsselfertiges Haus einziehen; das **Schlüsselloch**

Schlüsselindustrie, die (Industrie, die für andere Industriezweige wichtig ist); der Schlüsselindustrie, *Plural selten*: die Schlüsselindustrien; Schlüs-sel-in-dus-trie/Schlüs-sel-in-dust-rie; die **Schlüsselqualifikation**

Schlussfolgerung, die; der Schlussfolgerung, die Schlussfolgerungen; Schluss-fol-ge-rung; **schlüssig**; eine schlüssige Antwort; das **Schlusslicht**; der **Schlusssatz**; der **Schlussstrich**

schmächtig; schmächtiger, am schmächtigsten; schmäch-tig; ein schmächtiges Kerlchen

schmachvoll; schmachvoller, am schmachvollsten; schmach-voll; eine schmachvolle Niederlage

schmackhaft; schmackhafter, am schmackhaftesten; schmack-haft

schmähen (beleidigen); du schmähst, er schmähte, sie hat ihre Nachbarin als Hexe geschmäht; schmä-hen; die **Schmähung**

schmal; schmaler/schmäler, am schmalsten; schmal; **schmälern**; der kleine Fehler hat ihre Leistungen nicht geschmälert

Schmalz, das; des Schmalzes, *Plural selten*: die Schmalze; Schmalz

schmarotzen; du schmarotzt, er schmarotzte, sie hat schmarotzt; schma-rot-zen; der **Schmarotzer**; Schmarotzer leben auf Kosten anderer

schmatzen; du schmatzt, er schmatzte, sie hat beim Essen geschmatzt; schmat-zen

schmecken; du schmeckst, er schmeckte, die Torte hat gut geschmeckt; schme-cken

Schmeichelei, die; der Schmeichelei, die Schmeicheleien; Schmei-che-lei; **schmeicheln**; sie hat ihrer Freundin geschmeichelt; **schmeichlerisch**

schmeißen; du schmeißt, er schmiss, sie hat Papier auf den Boden geschmissen; schmei-ßen

Schmelz, der; des Schmelzes, *Plural selten*: die Schmelze; Schmelz; **schmelzen**; das Eis ist schnell geschmolzen; der **Schmelzofen**; der **Schmelzpunkt**; das **Schmelzwasser**

Schmerz, der; des Schmerzes, die Schmerzen; Schmerz; **schmerzen**; das Knie hat mich/mir geschmerzt

schmerzfrei; *keine Steigerung*; schmerzfrei; eine schmerzfreie Behandlung; die **Schmerzgrenze**; **schmerzhaft**; **schmerzlich**; **schmerzlindernd**

Schmetterling, der; des Schmetterlings,

die Schmetterlinge; Schmet-ter-ling; die **Schmetterlingsblüte**

schmettern; du schmetterst, er schmetterte, sie hat den Ball übers Netz geschmettert; schmet-tern

Schmied, der; des Schmied(e)s, die Schmiede; Schmied; **schmiedeeisern**; **schmieden**; du schmiedest Pläne, er hat Eisen geschmiedet

schmiegen, sich schmiegen; du schmiegst dich, er schmiegte sich, sie hat sich an ihre Mutter geschmiegt; schmie-gen; **schmiegsam**

schmieren; du schmierst im Heft, er schmierte die Maschine, sie hat ein Brot geschmiert; schmie-ren; die **Schmiererei**; **schmierig**; das **Schmieröl**

Schminke, die; der Schminke, die Schminken; Schmin-ke; **schminken**; sie hat sich das Gesicht geschminkt

schmirgeln; du schmirgelst, er schmirgelte, sie hat das Holz geschmirgelt; schmir-geln; ein glatt geschmirgeltes/glattgeschmirgeltes Brett; das **Schmirgelpapier**

schmiss → schmeißen

schmissig; schmissiger, am schmissigsten; schmis-sig; schmissige Musik

Schmöker, der; des Schmökers, die Schmöker; Schmö-ker; **schmökern**; einen dicken Wälzer schmökern

schmollen (beleidigt sein); du schmollst, er schmollte, sie hat geschmollt; schmol-len; der **Schmollwinkel**

schmoren; du schmorst, er schmorte, sie hat das Fleisch geschmort; schmo-ren

Schmu, der; des Schmus, *kein Plural*; Schmu; du betrügst, das ist Schmu

Schmuck, der; des Schmuck(e)s, *kein Plural*; Schmuck; **schmücken**; er schmückte den Raum, sie hat sich geschmückt; **schmucklos**; das **Schmuckstück**

schmuddelig (*auch* schmuddlig); schmuddeliger, am schmuddeligsten; schmu-de-lig; eine schmuddelige Geschichte; der **Schmuddelkram**; das **Schmuddelwetter**

schmuggeln; du schmuggelst, er schmuggelte, sie hat Zigaretten geschmuggelt; schmug-geln; der **Schmuggler**

schmunzeln; du schmunzelst, er schmunzelte, sie hat über einen Scherz geschmunzelt; schmun-zeln

schmusen; du schmust, er schmuste, sie hat mit ihrem Freund geschmust; schmu-sen; die **Schmuserei**

Schmutz, der; des Schmutzes, *kein Plural*; Schmutz; **schmutzen**; das Hemd schmutzt schnell; **schmutzig**; schmutzig grau

Schnabel, der; des Schnabels, die Schnäbel; Schna-bel; die **Schnabeltasse**

Schnake, die (Insekt); der Schnake, die Schnaken; Schna-ke; der **Schnakenstich**

Schnalle, die; der Schnalle, die Schnallen; Schnal-le; **schnallen**; den Gürtel enger schnallen

schnalzen; du schnalzt, er schnalzte, sie hat mit der Zunge geschnalzt; schnal-zen

Schnäppchen, das; des Schnäppchens, die Schnäppchen; Schnäpp-chen; **schnappen**; sie hat nach Luft geschnappt; das **Schnappschloss**; der **Schnappschuss**

Schnaps, der; des Schnapses, die Schnäpse; Schnaps; die **Schnapsidee** (verrückte Idee); die **Schnapszahl** (aus mehreren gleichen Ziffern bestehende Zahl)

schnarchen; du schnarchst, er schnarchte, sie hat geschnarcht; schnar-chen; der **Schnarcher**

schnarren; du schnarrst, er schnarrte, sie hat geschnarrt; schnar-ren; ein schnarrendes Geräusch; mit schnarrender Stimme

schnattern; du schnatterst, er schnatterte, die Gans hat geschnattert; schnat-tern

schnauben; du schnaubst, das Pferd schnaubte, sie hat vor Wut geschnaubt; schnau-ben

schnaufen; du schnaufst, er schnaufte, sie hat beim Rennen geschnauft; schnau-fen

Schnauzbart, der; des Schnauzbart(e)s, die Schnauzbärte; Schnauz-bart; **schnauzbärtig**

Schnauze, die; der Schnauze, die Schnauzen; Schnau-ze; ein Hund mit breiter Schnauze

Schnecke, die; der Schnecke, die Schnecken; Schne-cke; das **Schneckenhaus**; das **Schneckentempo**

Schnee, der; des Schnees, *kein Plural*; Schnee; der **Schneeball**; **schneebedeckt**; das **Schneegestöber**; die **Schneegrenze**

Schneekette, die; der Schneekette, die Schneeketten; Schnee-ket-te; der **Schneepflug**; **schneesicher**; ein schneesicheres Gebiet; **schneeweiß**; das **Schneewittchen**

schneiden; du schneidest, er schnitt Brot, sie hat die Kurve geschnitten; schnei-den

Schneider, der; des Schneiders, die Schneider; Schnei-der; die **Schneiderin**; der **Schneidermeister**; die **Schneidermeisterin**

schneidern; du schneiderst, er schneiderte, sie hat ein Kostüm geschneidert; schnei-dern

schneien; es schneit, es schneite, es hat geschneit; schnei-en

Schneise, die (geschlagene Lücke im Wald); der Schneise, die Schneisen; Schnei-se

schnell; schneller, am schnellsten; schnell; die **Schnelligkeit**; der **Schnellimbiss**; **schnelllebig**; eine schnelllebige Zeit

schnellstens [Adv.]; schnells-tens; schnellstens vorbeikommen; **schnellstmöglich**; schnellstmöglich verschwinden

Schnickschnack, der; des Schnickschnack(e)s, *kein Plural*; Schnick-schnack; ein Rad ohne Schnickschnack

schnippeln; du schnippelst, er schnippelte, sie hat Bohnen geschnippelt; schnip-peln

Schnipsel, der/das; des Schnipsels, die Schnipsel; Schnip-sel

schnipsen; du schnipst, er schnipste, sie hat mit den Fingern geschnipst; schnip-sen

Schnitt, der; des Schnitt(e)s, die Schnitte; Schnitt; die **Schnittblume**; die **Schnitte**; eine Schnitte Brot; **schnittig**; ein schnittiger Wagen

Schnittmenge, die; der Schnittmenge, die Schnittmengen; Schnitt-men-ge; die Schnittmenge ist sehr klein; die **Schnittstelle** (Verbindung von Einheiten in Datensystemen)

Schnitzel, das; des Schnitzels, die Schnitzel; Schnit-zel; ein paniertes Schnitzel essen; Papierschnitzel verstreuen; die **Schnitzeljagd**

schnitzen; du schnitzt, er schnitzte, sie hat eine Figur geschnitzt; schnit-zen; der **Schnitzer**; das **Schnitzmesser**

schnodderig (*auch* schnoddrig); schnodderiger, am schnodderigsten; schnod-de-rig; unverschämter, schnodderiger Ton

Schnorchel, der; des Schnorchels, die Schnorchel; Schnor-chel; **schnorcheln**

Schnörkel, der; des Schnörkels, die

Schnörkel; Schnọ̈r-kel; **schnörkellos**; ein schnörkelloser Bilderrahmen

schnorren; du schnorrst, er schnorrte, sie hat einen Euro geschnorrt; schnọr-ren; der **Schnorrer**

schnüffeln; du schnüffelst, er schnüffelte, die Hündin hat geschnüffelt; schnụ̈f-feln; der **Schnüffler**

Schnuller, der; des Schnullers, die Schnuller; Schnụl-ler; am Schnuller lutschen

Schnupfen, der; des Schnupfens, *kein Plural*; Schnụp-fen; der/das **Schnupfenspray**; der **Schnupftabak**

schnuppe (egal, gleichgültig); *keine Steigerung*; schnụp-pe; das war ihm schnuppe

Schnupperkurs, der; des Schnupperkurses, die Schnupperkurse; Schnụp-per-kurs; **schnuppern**; sie hat Seeluft geschnuppert

Schnur, die; der Schnur, die Schnüre; Schnu̱r; **schnüren**; **schnurgerade** (*auch* schnurgrade)

Schnurrbart, der; des Schnurrbart(e)s, die Schnurrbärte; Schnụrr-bart

Schnürschuh, der; des Schnürschuhs, die Schnürschuhe; Schnü̱r-schuh; der **Schnürsenkel**

schnurstracks [Adv.]; er ging schnurstracks auf den Fremden zu

schnurz; *keine Steigerung*; schnụrz; das ist mir schnurz

Schnute, die; der Schnute, die Schnuten; Schnu̱-te

Schock, der; des Schocks, die Schocks; Schọck; **schocken**; alle waren geschockt; **schockieren**; du schockierst mich

Schöffe, der (ehrenamtlicher Richter); des Schöffen, die Schöffen; Schọ̈f-fe; das **Schöffengericht**

Schokolade, die; der Schokolade, *Plural selten*: die Schokoladen; Scho-ko-la̱-de; der **Schokoladenguss**; der **Schokoladenpudding**

Scholle[1], die; der Scholle, die Schollen; Schọl-le; Schollen auf dem Acker

Scholle[2], die (Fisch); der Scholle, die Schollen; Schọl-le

schon [Adv.]; scho̱n; schon erledigt; schon 15 Jahre alt; das wirst du schon schaffen; das stimmt schon, doch …

schön; schöner, am schönsten; schö̱n; ein schöner Sommertag

schonen; du schonst, er schonte seine neuen Schuhe, sie hat sich geschont; scho̱-nen; die **Schonfrist**

Schönheit, die; der Schönheit, *Plural selten*: die Schönheiten; Schö̱n-heit; **schönmachen**; er hat sich für das Fest schöngemacht; **schönreden** (beschönigen); sie hat den Zwischenfall schöngeredet; die **Schönschrift**; ein Brief in Schönschrift

Schonung[1], die (Waldstück mit jungen Bäumen); der Schonung, die Schonungen; Scho̱-nung

Schonung[2], die; der Schonung, *kein Plural*; Scho̱-nung; die Kranke braucht Schonung; **schonungslos**; die **Schonzeit**; Schonzeit für Waldtiere

schöpfen; du schöpfst, er schöpfte Wasser, sie hat Verdacht geschöpft; schọ̈p-fen; der **Schöpfer**; der Schöpfer großer Werke; **schöpferisch**; der **Schöpflöffel**; das **Schöpfrad**; die **Schöpfung**

Schorf, der; des Schorf(e)s, die Schorfe; Schọrf; **schorfig**; schorfige Haut

Schornstein, der; des Schornstein(e)s, die Schornsteine; Schọrn-stein; der **Schornsteinfeger**

~~schos~~ → schießen, schoss

Schoß, der; des Schoßes, die Schöße; Scho̱ß; der **Schoßhund**; der **Schößling** (frischer Trieb einer Pflanze)

Schote, die; der Schote, die Schoten; Scho-te; Erbsenschote

Schotter, der; des Schotters, *kein Plural*; Schot-ter; die **Schotterdecke**; die **Schotterstraße**

schraffieren (stricheln); du schraffierst, er schraffierte, sie hat schraffiert; schraffie-ren; die **Schraffur**; eine Zeichnung mit Schraffur

schräg; schräger, am schrägsten; schräg; die **Schräge**; die **Schräglage**; der **Schrägstrich**

Schramme, die; der Schramme, die Schrammen; Schram-me; er hat eine Schramme am Arm; **schrammen**

Schrank, der; des Schrank(e)s, die Schränke; Schrank

Schranke, die; der Schranke, die Schranken; Schran-ke; **schrankenlos**

Schraube, die; der Schraube, die Schrauben; Schrau-be; **schrauben**; der **Schraubenschlüssel**; der **Schraubenzieher**; der **Schraubstock**; ein Werkstück in den Schraubstock spannen

Schrebergarten, der (Kleingarten); des Schrebergartens, die Schrebergärten; Schre-ber-gar-ten

Schreck, der; des Schreck(e)s, *Plural selten*: die Schrecke; Schreck; der **Schrecken**; die Schrecken des Krieges; **schrecken**; das schreckt mich nicht

schreckhaft; schreckhafter, am schreckhaftesten; schreck-haft; **schrecklich**

Schrei, der; des Schrei(e)s, die Schreie; Schrei

schreiben; du schreibst, er schrieb, sie hat geschrieben; schrei-ben; das **Schreiben**; der **Schreiber**; die **Schreiberin**; **schreibfaul**

Schreibfehler, der; des Schreibfehlers, die Schreibfehler; Schreib-feh-ler; der **Schreibschutz**; der **Schreibtisch**

Schreibung, die; der Schreibung, die Schreibungen; Schrei-bung; diese Schreibung war ihm fremd; das **Schreibverbot**; die Autorin hatte lange Zeit ein Schreibverbot; das **Schreibwarengeschäft**; die **Schreibweise**; das **Schreibzeug**

schreien; du schreist, er schrie, sie hat vor Schmerz geschrien; schrei-en; der **Schreier**; der **Schreihals**

Schrein, der (Schrank); des Schrein(e)s, die Schreine; ein Schrein in der Kirche; der **Schreiner**; die **Schreinerin**

schreiten; du schreitest, er schritt, sie ist durch den Saal geschritten; schrei-ten

schrie → schreien

Schrift, die; der Schrift, die Schriften; Schrift; der **Schriftführer**; die **Schriftführerin**

schriftlich; *keine Steigerung*; schrift-lich; die **Schriftsprache**; der **Schriftsteller**; die **Schriftstellerin**; das **Schriftzeichen**

schrill; schriller, am schrillsten; schrill; ein schriller Schrei; schrilles Aussehen

Schritt, der; des Schritt(e)s, die Schritte; Schritt; das **Schritttempo**; **schrittweise**; sich schrittweise der Lösung nähern

schroff; schroffer, am schroffsten; schroff; etwas schroff ablehnen

Schrot, der; des Schrot(e)s, die Schrote; Schrot; das **Schrotbrot**; die **Schrotflinte**

Schrott, der; des Schrott(e)s, *kein Plural*; Schrott; der **Schrottplatz**; **schrottreif**; das Auto ist schrottreif

schrubben; du schrubbst, er schrubbte, sie hat den Boden geschrubbt; schrub-ben; der **Schrubber**

schrullig; schrulliger, am schrulligsten; schrul-lig; er kann sehr eigensinnig, sehr schrullig sein

schrumpelig (*auch* schrumplig); schrumpeliger, am schrumpeligsten; schrum-pelig; ein schrumpeliger Apfel

schrumpfen; du schrumpfst, er schrumpfte, die Niere ist geschrumpft; schrụmp-fen; die **Schrumpfung**

Schub, der; des Schub(e)s, die Schübe; Schu̲b; das **Schubfach**; die **Schubkarre** (*auch* der Schubkarren); die **Schubkraft**

Schublade, die; der Schublade, die Schubladen; Schu̲b-la-de/Schụb-la-de; die **Schublehre**

Schubs, der (*auch* Schups); des Schubs(es), die Schubse; Schụbs; einen Schubs geben; **schubsen**; sie hat ihn ins Wasser geschubst

schubweise; *keine Steigerung*; schu̲b-wei-se; die Anfälle kamen schubweise; schubweise Besucherströme

schüchtern; schüchterner, am schüchternsten; schụ̈ch-tern

schuften; du schuftest, er schuftete, sie hat von früh bis spät geschuftet; schụf-ten

Schuh, der; des Schuh(e)s, die Schuhe; Schu̲h; die **Schuhcreme** (*auch* Schuhkrem, Schuhkreme); die **Schuhgröße**; die **Schuhsohle**

Schulabschluss, der; des Schulabschlusses, die Schulabschlüsse; Schu̲l-ab-schluss; die **Schularbeit**; die **Schulbildung**; das **Schulbuch**; der **Schulbus**

Schuld[1], die; der Schuld, *kein Plural*; Schụld; Schuld auf sich laden; ihm die Schuld geben; selbst Schuld haben; sich nichts zu Schulden/zuschulden kommen lassen

Schuld[2], die; der Schuld, die Schulden; Schụld; sie hat viele Schulden; **schulden**; du schuldest mir einen Gefallen; die **Schuldenberatung**; **schuldenfrei**

schuldfähig; *keine Steigerung*; schụld-fä-hig; schuldfähig oder schuldunfähig; **schuldig**; **schuldigsprechen** (*auch* schuldig sprechen); **schuldlos**; der **Schuldner**

Schule, die; der Schule, die Schulen; Schu̲-le

Schüler, der; des Schülers, die Schüler; Schü̲-ler; die **Schülerin**; der **Schülerlotse**; die **Schülerlotsin**; die **Schülerzeitung**

Schulfach, das; des Schulfach(e)s, die Schulfächer; Schu̲l-fach; das **Schulfest**; **schulfrei**; das **Schuljahr**

Schulpflicht, die; der Schulpflicht, *kein Plural*; Schu̲l-pflicht; **schulpflichtig**; der **Schulsprecher**; die **Schulsprecherin**

Schulter, die; der Schulter, die Schultern; Schụl-ter; das **Schulterblatt**; **schultern**; der **Schulterstand**

schummeln; du schummelst, er schummelte, sie hat beim Kartenspiel geschummelt; schụm-meln

Schund, der; des Schund(e)s, *kein Plural*; Schụnd; auf dem Flohmarkt gab es nur Schund

schunkeln; du schunkelst, er schunkelte, sie hat zur Musik geschunkelt; schụn-keln

Schuppe, die; der Schuppe, die Schuppen; Schụp-pe; **schuppen**; die Haut schuppt sich; sie hat einen Fisch geschuppt

Schuppen, der; des Schuppens, die Schuppen; Schụp-pen; Holz im Schuppen aufbewahren

schüren; du schürst, er schürte Angst, sie hat das Feuer geschürt; schü̲-ren

schürfen; du schürfst, er schürfte, sie hat Gold geschürft; schụ̈r-fen

Schurke, der; des Schurken, die Schurken; Schụr-ke

Schürze, die; der Schürze, die Schürzen; Schụ̈r-ze

Schuss, der; des Schusses, die Schüsse; Schụss; drei Schuss aufs Tor; etwas in Schuss halten; einen Schuss Essig dazugeben

Schüssel, die; der Schüssel, die Schüsseln; Schüs-sel

schusselig (*auch* schusslig) (zerstreut, vergesslich); schusseliger, am schusseligsten; schus-se-lig

Schussfahrt, die; der Schussfahrt, die Schussfahrten; Schuss-fahrt; eine Schussfahrt den Hang hinunter; **schusssicher**; eine schusssichere Weste; die **Schusswaffe**

Schuster, der; des Schusters, die Schuster; Schus-ter

Schutt, der; des Schutt(e)s, *kein Plural*; Schutt; der **Schuttabladeplatz**

Schüttelfrost, der; des Schüttelfrost(e)s, *kein Plural*; Schüt-tel-frost; **schütteln**; er schüttelte sich vor Ekel, sie hat mir die Hand geschüttelt

schütten; du schüttest, er schüttete, sie hat Saft in den Ausguss geschüttet; schüt-ten

Schutz, der; des Schutzes, *kein Plural*; Schutz; der **Schutzanzug**; das **Schutzblech**

Schütze, der; des Schützen, die Schützen; Schüt-ze; der Bogenschütze; das Schützenfest

schützen; du schützt, er schützte die Schwachen, sie hat sich vor Krankheiten geschützt; schüt-zen

Schutzhelm, der; des Schutzhelm(e)s, die Schutzhelme; Schutz-helm; die **Schutzimpfung**; **schutzlos**; schutzlos dem Wetter ausgesetzt sein

schwach; schwächer, am schwächsten; schwach; die **Schwäche**; **schwächen**; die Krankheit hat ihn geschwächt; **schwächlich**; der **Schwächling**; **schwachmachen**; seine schönen Worte haben sie schwachgemacht; der **Schwachpunkt**

Schwachsinn, der; des Schwachsinn(e)s, *kein Plural*; Schwach-sinn; **schwachsinnig**; der Plan ist schwachsinnig

Schwaden, der; des Schwadens, die Schwaden; Schwa-den; Rauchschwaden

schwafeln; du schwafelst, er schwafelte, sie hat nur Unsinn geschwafelt; schwafeln

Schwager, der; des Schwagers, die Schwäger; Schwa-ger; die **Schwägerin**

Schwalbe, die; der Schwalbe, die Schwalben; Schwal-be

Schwamm, der; des Schwamm(e)s, die Schwämme; Schwamm; **schwammig**; eine schwammige Auskunft

Schwan, der; des Schwan(e)s, die Schwäne; Schwan; der Schwanenhals; **schwanen**; ihm schwant Böses

schwanger; *keine Steigerung*; schwanger; die **Schwangerschaft**; die **Schwangerschaftsberatung**; die **Schwangerschaftsgymnastik**; der **Schwangerschaftstest**

Schwank, der; des Schwank(e)s, die Schwänke; Schwank; einen Schwank aus dem Volksbuch lesen

schwanken; du schwankst, er schwankte zwischen zwei Lösungen, der Bus hat gefährlich geschwankt; schwan-ken; die **Schwankung**

Schwanz, der; des Schwanzes, die Schwänze; Schwanz; die Schwanzflosse

schwänzen; du schwänzt, er schwänzte, sie hat die Schule geschwänzt; schwänzen

schwappen; es schwappt, es schwappte, Kaffee ist aus der Tasse geschwappt; schwap-pen

Schwarm, der; des Schwarm(e)s, die Schwärme; Schwarm; ein Schwarm Insekten; **schwärmen**; sie hat vom Konzert geschwärmt; Bienen schwärmen ums Haus

P Q R S T U V

schwarz; schwärzer, am schwärzesten; schwạrz; das **Schwarz**; sie ist ganz in Schwarz gekleidet; die **Schwarzarbeit**; **schwarzarbeiten**; **schwarzärgern**; ich könnte mich schwarzärgern; → Kasten „blau"

Schwärze, die; der Schwärze, *kein Plural*; Schwạ̈r-ze; **schwärzen**; sie hat sich das Gesicht geschwärzt

schwarzfahren; du fährst schwarz, er fuhr schwarz, sie ist noch nie schwarzgefahren; schwạrz-fah-ren; **schwarzmalen** (pessimistisch darstellen); **schwarzsehen** (pessimistisch sein)

schwarzweiß (*auch* schwarz-weiß); *keine Steigerung*; schwarz-weiß/schwạrz-weiß; der **Schwarzweißfilm** (*auch* Schwarz-Weiß-Film); das **Schwarzweißfoto** (*auch* Schwarz-Weiß-Foto)

schwatzen (*auch* schwätzen); du schwatzt, er schwatzte, sie hat im Unterricht geschwatzt; schwạt-zen; der **Schwätzer**; die **Schwätzerin**; **schwatzhaft**

Schwebe, die; der Schwebe, *kein Plural*; Schwe-be; die Angelegenheit ist noch in der Schwebe; die **Schwebebahn**; der **Schwebebalken**; **schweben**

Schwefel, der; des Schwefels, *kein Plural*; Schwe-fel; **schwefelgelb**; **schwefelig** (*auch* schweflig); die **Schwefelsäure**

Schweif, der; des Schweif(e)s, die Schweife; Schweif; ein Kometenschweif; **schweifen**; den Blick schweifen lassen

schweigen; du schweigst, er schwieg, sie hat geschwiegen; schwei-gen; das **Schweigen**; die **Schweigepflicht**; die ärztliche Schweigepflicht; **schweigsam**

Schwein, das; des Schwein(e)s, die Schweine; Schwein; das **Schweinefleisch**; die **Schweinerei**; der **Schweinestall**

Schweiß, der; des Schweißes, *kein Plural*; Schweiß; der **Schweißausbruch**; **schweißbedeckt**; der **Schweißbrenner**

schweißen; du schweißt, er schweißte, sie hat das Rohr geschweißt; schweißen; der **Schweißer**; **schweißtreibend**; **schweißtriefend**

schwelen; es schwelt, es schwelte, das Feuer hat geschwelt; schwe-len

schwelgen; du schwelgst, er schwelgte, sie hat in Erinnerungen geschwelgt; schwẹl-gen

Schwelle, die; der Schwelle, die Schwellen; Schwẹl-le

schwellen; es schwillt, es schwoll, das Auge ist geschwollen, er hat sich geschwollen ausgedrückt; schwẹl-len; die **Schwellung**

Schwemme, die (flache Stelle am Ufer); der Schwemme, die Schwemmen; Schwẹm-me; **schwemmen**; die Flut hat Abfall ans Ufer geschwemmt; das **Schwemmland**

Schwenk, der; des Schwenk(e)s, die Schwenks/Schwenke; Schwẹnk; ein Schwenk der Kamera; **schwenkbar**; **schwenken**; sie hat eine Fahne geschwenkt

schwer; schwer; eine schwere Tasche; sein Gipsarm hat ihn schwer behindert → schwerbehindert; die **Schwerarbeit**; **schwerbehindert** (amtliche Bezeichnung für einen Grad der Behinderung); einen schwerbehinderten Mitarbeiter einstellen

Schwere, die; der Schwere, *kein Plural*; Schwe-re; die Schwere des Unfalls; **schwerelos**; schwerelos im Weltraum; die **Schwerelosigkeit**

schwerfallen (Anstrengung erfordern); die Aufgabe fällt dir schwer, der Abschied fiel dir schwer, die Trennung ist dir schwergefallen; schwer-fal-len; **schwerfällig**; **schwerhörig**

schwerlich [Adv.] (kaum); schwer-lich; die Prüfung wird sie schwerlich schaffen

schwermachen; du machst dir das Leben schwer, er machte sich die Antwort schwer, sie hat sich die Entscheidung schwergemacht; schwer-ma-chen; das **Schwermetall**; **schwernehmen**; du musst nicht alles so schwernehmen; der **Schwerpunkt**

Schwert, das; des Schwert(e)s, die Schwerter; Schwert; der **Schwertertanz**; der **Schwertfisch**; die **Schwertlilie**

Schwester, die; der Schwester, die Schwestern; Schwes-ter; meine Schwester; die Krankenschwester

Schwiegereltern, die; der Schwiegereltern, *nur Plural*; Schwie-ger-el-tern; die **Schwiegermutter**; der **Schwiegersohn**; die **Schwiegertochter**; der **Schwiegervater**

Schwiele, die; der Schwiele, die Schwielen; Schwie-le; Schwielen an den Händen

schwierig; schwieriger, am schwierigsten; schwie-rig; die **Schwierigkeit**; der **Schwierigkeitsgrad**

Schwimmbad, das; des Schwimmbad(e)s, die Schwimmbäder; Schwimm-bad; das **Schwimmbecken**

schwimmen; du schwimmst, er schwamm, sie ist geschwommen; schwim-men; der **Schwimmer**; die **Schwimmerin**; der **Schwimmstil**; die **Schwimmweste**

Schwindel, der; des Schwindels, *kein Plural*; Schwin-del; sie spürte einen plötzlichen Schwindel; der Schwindel flog schnell auf; **schwindelfrei**; **schwindelig** (*auch* schwindlig); **schwindeln**; weil sie oft geschwindelt hat, glaubt ihr keiner mehr

schwinden; er schwindet, er schwand, der Vorrat ist geschwunden; schwin-den; die Kräfte schwinden

schwingen; du schwingst, er schwang sich aufs Rad, sie hat die Axt geschwungen; schwin-gen; der **Schwinger**; die **Schwingung**

Schwips, der; des Schwipses, die Schwipse; Schwips; **beschwipst**; beschwipst das Lokal verlassen

schwirren; du schwirrst, er schwirrte, der Pfeil ist durch die Luft geschwirrt; schwir-ren

schwitzen; du schwitzt, er schwitzte, sie hat geschwitzt; schwit-zen; **schwitzend**; schwitzende Leiber; der **Schwitzkasten**; das **Schwitzwasser**

schwören; du schwörst, er schwor, sie hat Treue geschworen; schwö-ren

schwul (homosexuell); *keine Steigerung*; schwul

schwül; schwüler, am schwülsten; schwül; schwüles Wetter

Schwund, der (Verlust; Einbuße); des Schwund(e)s, *kein Plural*; Schwund

Schwung, der; des Schwung(e)s, die Schwünge; Schwung; die **Schwungkraft**; **schwungvoll**

Schwur, der; des Schwur(e)s, die Schwüre; Schwur; das **Schwurgericht**

Sciencefiction, die (*auch* Science-Fiction); der Sciencefiction, die Sciencefictions; Sci-ence-fic-tion; der **Sciencefiction-Film** (*auch* Science-Fiction-Film); die **Sciencefiction-Literatur** (*auch* Science-Fiction-Literatur)

Scientologe, der (Angehöriger einer bestimmten Sekte); des Scientologen, die Scientologen; Sci-en-to-lo-ge; die **Scientologin**

Scrabble, das [ßkräbl] (Gesellschaftsspiel); des Scrabbles, *kein Plural*; Scrabble/Scrabb-le

Screenshot, der (Abbildung einer Bild-

das Segelschiff

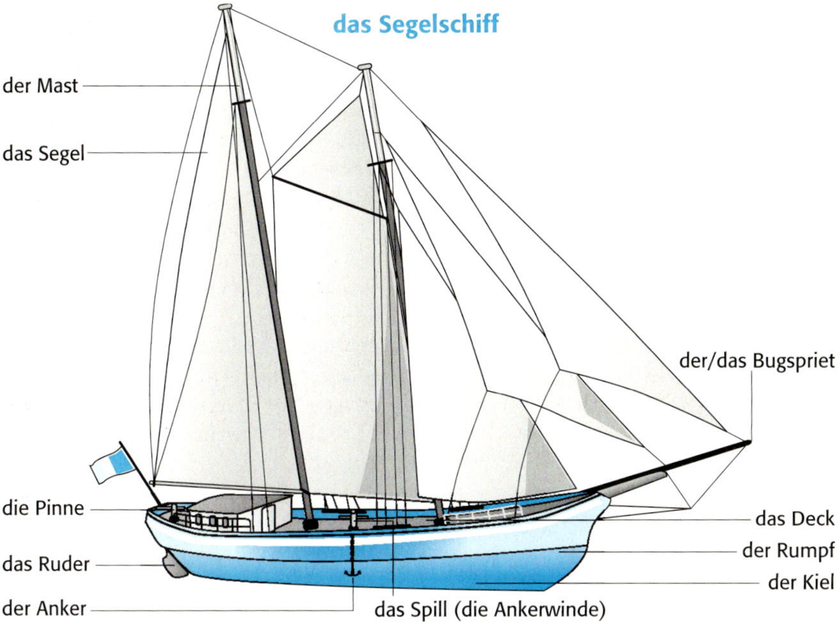

schirmanzeige); des Screenshots, die Screenshots; Screen-shot

scrollen (Verschieben von Darstellungen auf dem Bildschirm); du scrollst, er scrollte, sie hat gescrollt; scrol-len

sec[1] = Sekunde

sec[2] = trocken (Bezeichnung bei Sekt)

sechs; sechs; die **Sechs**; das **Sechseck**; der **Sechserpack**; Saft im Sechserpack; **sechsfach**; **sechsjährig**; **sechsmal**; **sechste**; das **Sechstel**; **sechstens**; **sechzehn**; **sechzig** → Kasten „acht/Acht"

Secondhandshop, der; des Secondhandshops, die Secondhandshops; Second-hand-shop

See[1], der; des Sees, die Seen; See; der See zwischen den Wäldern

See[2], die; der See, die Seen; See; die **Seefahrt**; der **Seegang**; hoher Seegang bei Sturm; **seekrank**

Seele, die; der Seele, die Seelen; See-le; **seelenruhig**; seelenruhig verließ sie den Raum; **seelisch**; seelischer Rückhalt

Seelsorge, die; der Seelsorge, *kein Plural*; Seel-sor-ge; der **Seelsorger**; die **Seelsorgerin**

Seemann, der; des Seemann(e)s, die Seemänner/Seeleute; See-mann; die **Seenot**; ein Schiff in Seenot; der **Seeräuber**; die **Seereise**; der **Seesack**; **seetüchtig**; **seewärts**; der **Seeweg**

Segel, das; des Segels, die Segel; Se-gel; das **Segelboot**; **segeln**; die **Segelregatta**; das **Segelschiff**; das **Segeltuch**

Segen, der; des Segens, *kein Plural*; Segen; **segensreich**; eine segensreiche Einrichtung für Menschen in Not

Segler, der; des Seglers, die Segler; Segler; die **Seglerin**

Segment, das (Teil, Abschnitt); des

Segment(e)s, die Segmente; Seg-ment; **segmentieren**

sehen; du siehst, er sah, sie hat gesehen; se-hen; **sehenswert**; die **Sehenswürdigkeit**

Sehfehler, der; des Sehfehlers, die Sehfeh-ler; die **Sehhilfe**; nicht nur Brillen sind Sehhilfen

Sehne, die; der Sehne, die Sehnen; Sehne; sie hat sich die Sehne gezerrt

sehnen, sich sehnen; du sehnst dich, er sehnte sich, sie hat sich nach ihrer Mutter gesehnt; seh-nen; **sehnlichst**; er wünscht sich die Ferien sehnlichst herbei; die **Sehnsucht**; **sehnsüchtig**

sehr [Adv.]; sehr; die Tat sehr bereuen

seicht; seichter, am seichtesten; seicht; seichtes Wasser; eine seichte Aufführung

Seide, die; der Seide, die Seiden; Sei-de; das **Seidenhemd**; **seidenweich**; **seidig**

Seife, die; der Seife, die Seifen; Sei-fe; die **Seifenblase**; die **Seifenoper** (rührselige Fernsehserie); **seifig**; auf seifigem Boden wegrutschen

Seil, das; des Seil(e)s, die Seile; Seil; die **Seilbahn**; **seilspringen**; sie kann schon seilspringen; der **Seilzug**

sein[1]; du bist, er war, sie ist gewesen; sein; das solltest du besser sein lassen/seinlassen; **sein**[2] [Pron.]; sein Freund, seine Schwester

seinerseits [Adv.]; sei-ner-seits; seinerseits stellte sich das Ganze als Fehler dar

seinerzeit [Adv.]; sei-ner-zeit; seinerzeit wusste er davon nichts

seinetwegen [Adv.]; sei-net-we-gen; seinetwegen fuhren sie zurück

seit [Präp.]; seit; seit letztem Sommer, seit der letzten Klassenarbeit

seitdem[1] [Konj.]; seit-dem; seitdem sie übt, hat sie sich verbessert; **seitdem**[2] [Adv.]; seitdem kommt er nicht mehr

Seite, die; der Seite, die Seiten; Sei-te; der **Seiteneingang**; **seitenlang**; das **Seitenstechen**; **seitenverkehrt**

seither [Adv.]; seit-her; seither bringt er uns Honig

seitlich[1]; *keine Steigerung*; seit-lich; ein seitliches Fenster; **seitlich**[2] [Präp.]; seitlich des Wegs (Gen.)

seitwärts; seit-wärts; das Haus liegt seitwärts der Straße; sich seitwärts in die Büsche schlagen; **seitwärtsgehen**; **seitwärtstreten**

Sekretär, der; des Sekretärs, die Sekretäre; Se-kre-tär; das **Sekretariat**; die **Sekretärin**

Sekt, der; des Sekt(e)s, *Plural selten*: die Sekte; Sekt

Sekte, die; der Sekte, die Sekten; Sek-te; das **Sektenwesen**; der **Sektierer**

Sektion, die; der Sektion, die Sektionen; Sek-ti-on; die Sektionen eines Vereins; wegen Mordverdachts wurde an der Leiche eine Sektion vorgenommen

Sektor, der (Gebiet, Bezirk); des Sektors, die Sektoren; Sek-tor; eingeteilt in Sektoren

sekundär (zweitrangig); *keine Steigerung*; se-kun-där; das ist sekundär; die **Sekundarstufe**

Sekunde, die; der Sekunde, die Sekunden; Se-kun-de; der **Sekundenschlaf**; der **Sekundenzeiger**

selbst[1] [Adv.]; selbst; das hat er selbst gemacht; selbst verdientes/selbstverdientes Geld; **selbst**[2] [Pron.]; du selbst hast mir das gesagt

Selbstachtung, die; der Selbstachtung, *kein Plural*; Selbst-ach-tung

Selbstauslöser, der; des Selbstauslösers, die Selbstauslöser; Selbst-aus-lö-ser; die **Selbstbedienung**; der **Selbstbedie-**

nungsladen; die **Selbstbefriedigung**; die **Selbstbeherrschung**

selbstbewusst; selbstbewusster, am selbstbewusstesten; sẹlbst-be-wusst; das **Selbstbewusstsein**

Selbsterhaltungstrieb, der; des Selbsterhaltungstrieb(e)s, *kein Plural*; Sẹlbst-er-hal-tungs-trieb

Selbstkritik, die; der Selbstkritik, *kein Plural*; Sẹlbst-kri-tik; **selbstkritisch**

Selbstlaut, der; des Selbstlaut(e)s, die Selbstlaute; Sẹlbst-laut

selbstlos; selbstloser, am selbstlosesten; sẹlbst-los; selbstlose Hilfe leisten

Selbstmord, der; des Selbstmord(e)s, die Selbstmorde; Sẹlbst-mord; der **Selbstmörder**; die **Selbstmörderin**

selbstständig (*auch* selbständig); selbstständiger, am selbstständigsten; sẹlbst-stän-dig; der/die **Selbstständige** (*auch* Selbständige); die **Selbstständigkeit** (*auch* Selbständigkeit)

selbstverständlich; selbstverständlicher, am selbstverständlichsten; sẹlbst-ver-ständ-lich; die selbstverständlichste Sache der Welt; selbstverständlich wusste er das; die **Selbstverständlichkeit**

Selbstvertrauen, das; des Selbstvertrauens, *kein Plural*; Sẹlbst-ver-trau-en

selig; seliger, am seligsten; se̱-lig; seliges Andenken; die **Seligkeit**; **seligmachen** (*auch* selig machen); sie hat uns seliggemacht/selig gemacht

Sellerie, der (essbare Pflanze); des Selleries, *Plural selten*: die Selleries; Sẹl-le-rie; der **Selleriesalat**

selten; seltener, am seltensten; sẹl-ten; in die Stadt kommt er selten; ein seltener Fund; die **Seltenheit**; dieser Pilz ist eine Seltenheit

Selterswasser, das (*auch* Selterwasser); des Selterswassers, *Plural selten*: die Selterswässer; Sẹl-ters-was-ser

seltsam; seltsamer, am seltsamsten; sẹltsam; ein seltsames Paar; **seltsamerweise**; seltsamerweise fragte er nicht nach

Semester, das; des Semesters, die Semester; Se-mẹs-ter; sie studiert Chemie im fünften Semester

Semikolon, das; des Semikolons, die Semikola/Semikolons; Se-mi-ko̱-lon; statt Punkt ein Semikolon setzen

Seminar, das; des Seminars, die Seminare; Se-mi-na̱r; an einem Seminar an der Universität teilnehmen

Semmel, die; der Semmel, die Semmeln; Sẹm-mel

Senat, der; des Senat(e)s, *Plural selten*: die Senate; Se-na̱t; der Senat beschließt ein Gesetz

senden[1]; du sendest, er sandte/sendete einen Brief an sie, sie hat ihm Glückwünsche gesandt/gesendet; sẹn-den

senden[2]; du sendest, er sendete, das Fernsehen hat die Diskussion gesendet; sẹn-den; der **Sender**; die **Sendung**

Senf, der; des Senf(e)s, *Plural selten*: die Senfe; Sẹnf; **senffarben**; das **Senfglas**; die **Senftube**

sengen; du sengst, er sengte, sie hat ein Loch in die Decke gesengt; sẹn-gen; sengende Hitze

senil (altersschwach); seniler, am senilsten; se-ni̱l

Senior, der; des Seniors, die Senioren; Se̱-ni-or; eine Reise für Senioren; die **Seniorin**

Senke, die (Bodenvertiefung, Mulde); der Senke, die Senken; Sẹn-ke

Senkel, der; des Senkels, die Senkel; Sẹnkel; die Schnürsenkel

senken; du senkst, er senkte, sie hat den Blick gesenkt; sẹn-ken

senkrecht; *keine Steigerung*; sẹnk-recht; senkrecht in die Höhe ragen

Sensation, die; der Sensation, die Sensationen; Sen-sa-ti-o̱n; **sensationell**; ein sensationelles Ergebnis

Sense, die; der Sense, die Sensen; Sẹnse; mit der Sense eine Wiese mähen

sensibel (feinfühlig); sensibler, am sensibelsten; sen-si̱-bel; eine sensible Reaktion; die **Sensibilität**

Sensor, der; des Sensors, die Sensoren; Sẹn-sor; der Sensor zeigt die geringste Veränderung an

sentimental; sentimentaler, am sentimentalsten; sen-ti-men-ta̱l; ein sentimentaler Film; die **Sentimentalität**

separat; *keine Steigerung*; se-pa-ra̱t; ein separater Eingang zur Einliegerwohnung

September, der; des Septembers, *Plural selten*: die September; Sep-tẹm-ber

Serie, die; der Serie, die Serien; Se̱-rie; eine Serie von Zufällen; die **Serienproduktion**; die **Serienschaltung**; **serienweise**; es gab serienweise Ausfälle beim Autorennen

seriös; seriöser, am seriösesten; se-ri-ö̱s; ein seriöses Angebot; die **Seriosität**

Serpentine, die (Windung, kurvenreiche Bergstraße); der Serpentine, die Serpentinen; Ser-pen-ti̱-ne; eine Serpentine führt zum Gipfel

Serum, das; des Serums, *Plural selten*: die Sera/Seren; Se̱-rum; ein Serum gegen eine Krankheit spritzen

Service[1], das [serwi̱ß]; des Services/Service, die Service; Ser-vice; ein schönes Kaffeeservice

Service[2], der [ßõrwiß]; des Service, die Services; Ser-vice; der Service beim Händler; der Service im Tennismatch

servieren; du servierst, er servierte, sie hat Kaffee und Kuchen serviert; ser-vi̱e̱-ren; die **Serviererin**; die **Serviette**; Servietten auf den Tisch legen

Servolenkung, die; der Servolenkung, die Servolenkungen; Sẹr-vo-len-kung; eine Servolenkung erleichtert das Einparken

Sessel, der; des Sessels, die Sessel; Sẹssel; der **Sessellift**

sesshaft; *keine Steigerung*; sẹss-haft; die Vorfahren waren nicht sesshaft, sie zogen von Ort zu Ort; die **Sesshaftigkeit**

Set[1], der/das; des Set/Sets, die Sets; Sẹt; ein Set mit Schere, Nagelfeile und Pinzette; ein Set unter den Teller legen

Set[2], der (Dekoration, Szenenaufbau beim Film); des Sets, *Plural selten*: die Sets; Sẹt; der Regisseur stand mit den Schauspielern im Set

setzen; du setzt, er setzte sich ans Fenster, sie hat den Prozess in Gang gesetzt; sẹt-zen; er hat die Schüler sich setzen lassen; **setzenlassen** (*auch* setzen lassen); die Neuigkeiten musste er erst einmal setzenlassen/setzen lassen; der **Setzer**; die **Setzerei**; der **Setzling**; im Frühbeet Setzlinge vorziehen

Seuche, die; der Seuche, die Seuchen; Se̱u̱-che; vor allem Kinder erlagen der Seuche

seufzen; du seufzt, er seufzte, sie hat geseufzt; se̱u̱f-zen; seufzend klagte er; der **Seufzer**

Sex, der (*Kurzform für* Sexualität); des Sexes/Sex, *kein Plural*; Sẹx; der **Sexfilm**; **sexistisch**; sexistische Sprüche gegen Frauen

Sexualität, die; der Sexualität, *kein Plural*; Se-xu-a-li-tä̱t; **sexuell**; sexuelle Kontakte; **sexy**; jemanden sexy finden

sezieren; du sezierst, er sezierte, sie hat das tote Tier im Labor seziert; se-zi̱e̱-ren

Shampoo, das [schampu̱]; des Shampoos, die Shampoos; Sham-poo; sich mit Shampoo die Haare waschen

Sheriff, der; des Sheriffs, die Sheriffs; She-riff; der Sheriff leitete die Polizeiaktion

Shirt, das; des Shirts, die Shirts; Shirt

Shop, der; des Shops, die Shops; das **Shopping**; sie freute sich aufs Shopping

Shorts, die (kurze Hose); der Shorts, *nur Plural*; Shorts

Shortstory, die (*auch* Short Story) (Kurzgeschichte); der Shortstory, die Shortstorys; Short-sto-ry

Show, die; der Show, die Shows; Show; **Showbusiness**; der **Show-down** (*auch* Showdown); im Show-down kamen am Ende des Films alle zusammen

Showgeschäft, das; des Showgeschäf(t)es, *kein Plural*; Show-ge-schäft; der **Showmaster**; der Showmaster sorgte für gute Stimmung

Shuttle, der [schatl] (Fahrzeug für den Pendelverkehr; Raumfähre); des Shuttles, die Shuttle; Shut-tle

sich [Pron.]; sich; sich schämen; sich anfreunden; sie sieht ihn vor sich

Sichel, die; der Sichel, die Sicheln; Si-chel; **sichelförmig**

sicher; sicherer, am sichersten; si-cher; **sichergehen**; ich will ganz sichergehen, dass nichts passiert; die **Sicherheit**; **sicherstellen**; die Polizei hat das Auto sichergestellt; die **Sicherung**; die Sicherung des Geländes; die Sicherung ist durchgebrannt

Sicht, die; der Sicht, *kein Plural*; Sicht; **sichtbar**; **sichten**; er sichtete alte Briefe, sie hat Spieler für die Mannschaft gesichtet; **sichtlich**; sie hatten sichtlich Spaß; die **Sichtweite**

sickern; es sickert, es sickerte, das Wasser ist in den Boden gesickert; si-ckern; das **Sickerwasser**

sie [Pron.]; sie; sie lacht; das mag sie; sie laufen weg; **Sie** (Höflichkeitsform); teilen Sie mir Ihre Entscheidung bitte mit; → Kasten „Sie (Anrede)"

Sieb, das; des Sieb(e)s, die Siebe; Sieb; **sieben**; er hat Sand gesiebt

sieben; sie-ben; die **Sieben**; **siebenfach**; **siebenjährig**; **siebenmal**; das **Siebentel** (*auch* Siebtel) → Kasten „acht/Acht"

sieden; du siedest, er siedete/sott, sie hat

Sie (Anrede)

Die höfliche Anrede „Sie" und andere höfliche Anredepronomen wie „Ihr, Ihre, Ihnen" werden immer großgeschrieben:

- wir begrüßen Sie herzlich in unserer Stadt
- wir danken Ihnen für Ihr Interesse und wünschen Ihnen viel Spaß
- bitte achten Sie auf Ihr Gepäck!
- sind das Ihre Koffer?

Die persönliche Anrede „du" und andere persönliche Anredepronomen wie „dein, deine, ihr, euer, eure" werden kleingeschrieben:

- hast du dich gut erholt?
- zeig mir doch bitte dein neues Fahrrad
- sicher hattet ihr viel Spaß beim Baden
- wie heißt euer neuer Lehrer?

In Briefen könen die persönlichen Anredepronomen auch großgeschrieben werden:

- Liebe Birgit, ich wünsche dir/Dir alles Gute zu deinem/Deinem Geburtstag …

Fleisch gesiedet/gesotten; sie-den; siedend heißes Wasser; der **Siedepunkt**

Siedler, der; des Siedlers, die Siedler; Sied-ler; die **Siedlung**; eine Siedlung am Stadtrand

Sieg, der; des Sieg(e)s, die Siege; Sieg; **siegen**; sie hat beim Radrennen gesiegt; der **Sieger**; die **Siegerin**

Sightseeing, das [ßaitßiing]; des Sightseeings, *kein Plural*; Sight-see-ing; manche nennen eine Stadtbesichtigung „Sightseeing"; die **Sightseeing-Tour**

Signal, das; des Signal(e)s, die Signale; Si-gnal/Sig-nal; ein Signal geben; **signalisieren**; etwas mit einer Geste signalisieren

~~sihst~~ → sehen, siehst

Silbe, die; der Silbe, die Silben; Sil-be; die **Silbentrennung**

Silber, das; des Silbers, *kein Plural*; Silber; die **Silberhochzeit**; die Eltern feiern ihre Silberhochzeit; **silbern**; silberner Schmuck

Silhouette, die [siluete] (Schattenbild, Schattenriss); der Silhouette, die Silhouetten; Sil-hou-et-te

Silo, der/das; des Silos, die Silos; Si-lo; Getreide im Silo lagern

Silvester, das; des Silvesters, *kein Plural*; Sil-ves-ter; Silvester feiern sie gemeinsam

simpel; simpler, am simpelsten; sim-pel; eine simple Bauanleitung

Simulant, der; des Simulanten, die Simulanten; Si-mu-lant; **simulieren**; er hat nur simuliert, eigentlich war er gesund

simultan (gleichzeitig); *keine Steigerung*; si-mul-tan; seine Rede wird simultan ins Englische übersetzt; eine simultane Übersetzung

Sinfonie, die (*auch* Symphonie); der Sinfonie, die Sinfonien; Sin-fo-nie; das **Sinfoniekonzert**

singen; du singst, er sang, sie hat ein Lied gesungen; sin-gen

Single, der; des Singles, die Singles; Single; er lebt als Single, nicht in einer Partnerschaft

Singular, der (Einzahl); des Singular(e)s, die Singulare; Sin-gu-lar

Singvogel, der; des Singvogels, die Singvögel; Sing-vo-gel

sinken; du sinkst, die Temperatur sank, das Schiff ist gesunken; sin-ken

Sinn, der; des Sinn(e)s, die Sinne; Sinn; das **Sinnbild**; das Herz als Sinnbild der Liebe

Sinnesorgan, das; des Sinnesorgan(e)s, die Sinnesorgane; Sin-nes-or-gan; die Haut als Sinnesorgan

sinngemäß; *keine Steigerung*; sinn-gemäß; eine sinngemäße Übersetzung; **sinnlos**; **sinnverwandt**; sinnverwandte Wörter; **sinnvoll**

Sintflut, die; der Sintflut, *kein Plural*; Sintflut; ein Regen wie eine Sintflut

Sippe, die; der Sippe, die Sippen; Sip-pe; die **Sippschaft**

Sirene, die; der Sirene, die Sirenen; Si-rene; das **Sirenengeheul**

Sirup, der; des Sirups, *Plural selten*: die Sirupe; Si-rup; Brötchen mit süßem Sirup

Sit-in, das (*auch* Sitin) (Sitzstreik); des Sit-ins, die Sit-ins; Sit-in

Sitte, die; der Sitte, die Sitten; Sit-te; eine alte Sitte; **sittenwidrig**; ein sittenwidriges Verhalten; **sittlich**; strenge sittliche Vorstellungen

Situation, die; der Situation, die Situationen; Si-tu-a-ti-on; eine gefährliche Situation

Sitz, der; des Sitzes, die Sitze; Sitz; **sitzen**; du sitzt, er saß, sie hat am Fenster gesessen; ich möchte hier noch etwas sitzen bleiben; würdest du mich bitte neben dir sitzen lassen

P Q R S T U V

sitzenbleiben (*auch* sitzen bleiben) (nicht versetzt werden); du bleibst sitzen, er blieb sitzen, sie ist in der 6. Klasse sitzengeblieben/sitzen geblieben; sit-zen-blei-ben; **sitzenlassen** (*auch* sitzen lassen) (im Stich lassen); sie hat mich ohne Entschuldigung sitzenlassen/sitzen lassen; der **Sitzplatz**; die **Sitzung**

Skala, die; der Skala, die Skalen; Ska-la; den Wert auf einer Skala ablesen

Skalpell, das; des Skalpells, die Skalpelle; Skal-pell; der Chirurg greift nach dem Skalpell

Skandal, der; des Skandals, die Skandale; Skan-dal; ihr Auftritt war ein Skandal; **skandalös**

Skat, der; des Skat(e)s, *kein Plural*; Skat; Skat spielen

Skateboard, das; des Skateboards, die Skateboards; Skate-board; **skaten**; er hat kräftig geskatet, sie ist mit den anderen um die Wette geskatet

Skelett, das; des Skelett(e)s, die Skelette; Ske-lett; einen Knochen am Skelett zeigen

Skepsis, die (Zweifel); der Skepsis, *kein Plural*; Skep-sis; **skeptisch**; ein skeptischer Blick

Sketsch, der (*auch* Sketch); des Sketsch(e)s, die Sketsche; Sketsch; einen witzigen Sketsch aufführen

Ski, der (*auch* Schi); des Skis, die Ski/Skier; Ski; der **Skilauf**; der **Skiläufer**; die **Skiläuferin**; der **Skilift**

Skinhead, der (gewaltbereiter Mensch mit kahl geschorenem Kopf); des Skinheads, die Skinheads; Skin-head

Skizze, die; der Skizze, die Skizzen; Skiz-ze; der **Skizzenblock**; **skizzieren**; er hat seinen Plan grob skizziert

Sklave, der; des Sklaven, die Sklaven; Skla-ve; die **Sklaverei**; **sklavisch**; sich sklavisch an eine Vorschrift halten

Skonto, der/das; des Skontos, die Skonti/Skontos; Skon-to; 2 % Skonto bei Barzahlung

Skrupel, der; des Skrupels, die Skrupel; Skru-pel; er hat ohne Skrupel betrogen; **skrupellos**

Skulptur, die; der Skulptur, die Skulpturen; Skulp-tur; ein dänischer Bildhauer schuf die Skulptur

Slalom, der; des Slaloms, die Slaloms; Sla-lom; Slalom fahren

Slang, der [ßläng]; des Slangs, die Slangs; er antwortete im breiten Slang

Slip, der (knappe Unterhose); des Slips, die Slips; Slip

Slipper, der (Halbschuh ohne Schnürung); des Slippers, die Slipper; Slip-per

Slogan, der; des Slogans, die Slogans; Slo-gan; mit einem neuen Slogan werben

Slum, der [ßlam]; des Slums, die Slums; das Elend in den Slums der Großstädte

Smog, der; des Smogs, die Smogs; Smog; der Smog über den Städten

SMS, die = short message system; der SMS, die SMS; eine SMS schicken

Snack, der; des Snacks, die Snacks; Snack

Snowboard, das; des Snowboards, die Snowboards; Snow-board

so [Adv.]; so; so siehst du aus; bleib so; → Kasten „so"

s.o. = siehe oben

sobald [Konj.]; so-bald; sobald ich dort bin, rufe ich dich an

Socke, die (*auch* der Socken); der Socke, die Socken; So-cke

Sockel, der; des Sockels, die Sockel; So-ckel; der Sockel des Denkmals

sodass (*auch* so dass) [Konj.]; so-dass; er schrie, sodass alle es hörten

Sodbrennen, das; des Sodbrennens, *kein Plural*; Sod-bren-nen; von scharfem Essen bekommt er Sodbrennen

soeben [Adv.]; so-e̱-ben; soeben kommt er ins Haus

Sofa, das; des Sofas, die Sofas; So̱-fa

sofern [Konj.]; so-fẹrn; sofern er kommt, machen sie eine Radtour

sofort [Adv.]; so-fọrt; komm sofort her!

Sog, der; des Sog(e)s, *Plural selten*: die Soge; So̱g; der Sog des Wasser zieht nach unten

sogar [Adv.]; so-ga̱r; er brachte sogar Servietten mit

sogleich [Adv.]; so-gle̱i̱ch; sogleich packte er das Geschenk aus

Sohle, die; der Sohle, die Sohlen; So̱h-le; **sohlen**; sie hat die Schuhe gesohlt

Sohn, der; des Sohn(e)s, die Söhne; So̱hn

Sojabohne, die; der Sojabohne, die Sojabohnen; So̱-ja-boh-ne; das **Sojamehl**

solange [Konj.]; so-lạn-ge; solange du liest, will ich nicht stören

solar (von der Sonne ausgehend); *keine Steigerung*; so-la̱r; die **Solarenergie**; das **Solarium**; die **Solarzelle**

solch [Pron.]; sọlch; solch ein Spiel sieht man selten; solches Pech aber auch!

Soldat, der; des Soldaten, die Soldaten; Sol-da̱t; die **Soldatin**

solidarisch; solidarischer, am solidarischsten; so-li-da̱-risch; sich solidarisch verhalten; die **Solidarität**

solide (*auch* solid); solider, am solidesten; so-li̱-de; eine solide Leistung; solide Schuhe

Solist, der; des Solisten, die Solisten; So-lịst; Orchester und Solist waren aufeinander gut eingespielt

sollen; du sollst, er sollte aufräumen, sie hat gesollt; sọl-len

Solo, das; des Solos, die Soli/Solos; So̱-lo; ein Solo singen

somit [Adv.]; so̱-mit/so-mịt; somit blieb ein Rest

Sommer, der; des Sommers, die Sommer; Sọm-mer; der **Sommeranfang**; die **Sommerferien**; **sommerlich**; die **Sommersprosse**; die **Sommerzeit**

Sonate, die; der Sonate, die Sonaten; So-na̱-te; sich eine Sonate anhören

Sonde, die; der Sonde, die Sonden; Sọn-de; eine Sonde in den Magen einführen; eine Sonde zum Mars schicken

Sonderangebot, das; des Sonderangebot(e)s, die Sonderangebote; Sọn-der-an-ge-bot

sonderbar; sonderbarer, am sonderbarsten; sọn-der-bar; ein sonderbarer Text; **sonderlich**; das interessiert mich nicht sonderlich

Sondermüll, der; des Sondermülls, *kein Plural*; Sọn-der-müll; dieser Abfall gehört zum Sondermüll

sondern [Konj.]; sọn-dern; nicht mit dem Bus, sondern zu Fuß

Sonderschule, die; der Sonderschule, die Sonderschulen; Sọn-der-schu-le; der **Sonderzug**

Sonett, das; des Sonett(e)s, die Sonette; So-nẹtt; alle vier Strophen eines Sonetts

Song, der; des Songs, die Songs; Sọng

Sonnabend, der (Samstag); des Sonnabends, die Sonnabende; Sọnn-abend; **sonnabends**; sonnabends gehen sie schwimmen → Kasten „Dienstag/dienstags"

Sonne, die; der Sonne, die Sonnen; Sọn-ne; **sonnen**, sich sonnen; sie hat sich am Strand gesonnt

Sonnenaufgang, der; des Sonnenaufgang(e)s, die Sonnenaufgänge; Sọn-nen-auf-gang; das **Sonnenbad**; die **Sonnenblume**; der **Sonnenbrand**; die **Sonnenbrille**

Sonnenenergie, die; der Sonnenenergie,

so

Getrennt- und Zusammenschreibung:

Das Wort „so" schreibt man getrennt vom nachfolgenden Wort:
- hast du schon einmal so etwas Schönes gesehen?
- er hat so ein Pech gehabt
- so schnell konnte er nicht reagieren
- wir unternahmen so viel wie möglich
- er hat immer so wenig gegessen
- wir rufen so bald wie möglich an
- das Ziel ist noch so fern, dass wir eine Pause machen sollten
- sie freute sich so, dass sie alle umarmte

Mit „so" gebildete Konjunktionen (sobald, sofern, soviel ...), die einen Nebensatz einleiten, schreibt man zusammen:
- ich melde mich, sobald ich angekommen bin
- wir durften täglich ins Freie, sofern wir unsere Hausaufgaben erledigt hatten
- soviel ich weiß, kommt er heute später

In folgenden Fällen sind beide Schreibungen möglich:
- er beschrieb jede Einzelheit ganz genau, sodass/so dass wir uns alles gut vorstellen konnten
- der so genannte/sogenannte Eilbote kam viel zu spät

kein Plural; Sọn-nen-ener-gie; die **Sonnenfinsternis**; das **Sonnenlicht**

Sonnenschein, der; des Sonnenschein(e)s, *kein Plural*; Sọn-nen-schein; der **Sonnenschirm**; der **Sonnenstich**; das **Sonnensystem**

Sonnenuhr, die; der Sonnenuhr, die Sonnenuhren; Sọn-nen-uhr; der **Sonnenuntergang**; **sonnig**; ein sonniger Tag

Sonntag, der; des Sonntag(e)s, die Sonntage; Sọnn-tag; der **Sonntagabend**; **sonntäglich**; sonntägliche Ruhe; **sonntags**; sonntags in die Kirche gehen → Kasten „Dienstag/dienstags"

sonst [Adv.]; sọnst; sonst weiß ich auch nicht weiter; **sonstig**; sonstige Angaben machte er nicht

sooft [Konj.]; so-ọft; sooft er kann, kommt er vorbei

Sopran, der (höchste Frauen- oder Knabenstimme); des Soprans, die Soprane; Sop-ra̲n/So-pra̲n; als Sopran im Chor mitsingen

Sorge, die; der Sorge, die Sorgen; Sọr-ge; **sorgen**; er sorgte für ein Haustier, sie hat sich um den Kranken gesorgt; das **Sorgerecht**; sie hat das Sorgerecht für die Kinder

Sorgfalt, die; der Sorgfalt, *kein Plural*; Sọrg-falt; **sorgfältig**; **sorglos**

Sorte, die; der Sorte, die Sorten; Sọr-te; **sortieren**; das **Sortiment**; ein großes Sortiment an Waren anbieten

SOS = save ours souls (vermutlich) (Hilferuf per Funk von Schiffen)

sosehr [Konj.]; so-se̲hr; sosehr du das willst, es geht nicht

Soße, die (*auch* Sauce); der Soße, die Soßen; So̲-ße; der **Soßenlöffel**

Souffleur, der [suflõr]; des Souffleurs,

die Souffleure; Souf-fleur/Souff-leur; die **Souffleuse**; **soufflieren** (den Schauspielern bei Textschwierigkeiten flüsternd helfen)

Soul, der [ßoul] (Musikrichtung); des Souls, *kein Plural*

Sound, der [ßaunt]; des Sounds, die Sounds; die Band am Sound erkennen

Souvenir, das; des Souvenirs, die Souvenirs; Sou-ve-nir; der **Souvenirladen**

souverän; souveräner, am souveränsten; sou-ve-rän; ein souveräner Auftritt; die **Souveränität**; die Souveränität des Staates

soviel [Adv.]; so-viel; soviel ich weiß, kommt er morgen vorbei

soweit [Konj.]; so-weit; soweit ich sehe, reicht das nicht

sowenig [Konj.]; so-we-nig; sowenig sie auch davon versteht, sie will mitreden

sowie [Konj.]; so-wie; Katja und Stefan sowie dessen Schwester

sowieso [Adv.]; so-wie-so; beim Skaten gewinnt sie sowieso

sowohl [Konj.]; so-wohl; er spricht sowohl Türkisch als auch Deutsch

sozial; sozialer, am sozialsten; so-zi-al; eine soziale Einrichtung; die **Sozialisierung**; der **Sozialismus**; die **Sozialpolitik**; die **Soziologie** (Gesellschaftswissenschaft)

Sozius, der (Beifahrer, Teilhaber); des Sozius, die Soziusse; So-zi-us

sozusagen [Adv.]; so-zu-sa-gen; er spricht sozusagen für die ganze Gruppe

Spaceshuttle, das [ßpäißschatl] (Raumfähre); des Spaceshuttles, die Spaceshuttles; Space-shut-tle

Spachtel, der/die; des Spachtels/der Spachtel, die Spachtel/die Spachteln; Spach-tel; mit der Spachtel alte Farbe wegkratzen; **spachteln**

Spagat, der; des Spagat(e)s, *Plural selten*: die Spagate; Spa-gat; als Turnerin kann sie den Spagat

Spaghetti, die (*auch* Spagetti); der Spaghetti, *nur Plural*; Spa-ghet-ti

spähen; du spähst, er spähte, sie hat um die Ecke gespäht; spä-hen; der **Späher**

Spalier, das; des Spaliers, die Spaliere; Spa-lier; Spalier stehen; das **Spalierobst**

Spalt, der (Zwischenraum); des Spalt(e)s, die Spalte; Spalt; **spaltbreit**; die Tür spaltbreit öffnen; die **Spalte**; eine Tabelle mit drei Spalten; **spalten**; er hat Holz gespaltet/gespalten, meine Meinung ist gespalten; die **Spaltung**

Span, der; des Span(e)s, die Späne; Span; Sägespäne aufkehren

Spanferkel, das; des Spanferkels, die Spanferkel; Span-fer-kel; Spanferkel am Spieß grillen

Spange, die; der Spange, die Spangen; Span-ge; eine Spange umschließt ihre Zähne; die Haarspange

Spann, der; des Spann(e)s, *Plural selten*: die Spanne; Spann; der Schuh sitzt fest am Spann

Spannbeton, der; des Spannbetons, *kein Plural*; Spann-be-ton; die **Spanne**; die Zeitspanne; **spannen**

spannend; spannender, am spannendsten; span-nend; die **Spannung**

Spanplatte, die; der Spanplatte, die Spanplatten; Span-plat-te; mit einer Spanplatte den Raum verkleinern

Sparbuch, das; des Sparbuch(e)s, die Sparbücher; Spar-buch; die **Sparbüchse**; **sparen**

Spargel, der; des Spargels, die Spargel; Spar-gel; Spargel mit Schinken; die **Spargelspitzen**

Sparkasse, die; der Sparkasse, die Sparkassen; Spar-kas-se

spärlich [ßfäre]; spärlicher, am spärlichsten; spär-lich; spärlicher Baumwuchs

Sparren, der (schräger Balken im Dach); des Sparrens, die Sparren; Spar-ren

sparsam; sparsamer, am sparsamsten; spar-sam; die **Sparsamkeit**

Sparte, die; der Sparte, die Sparten; Sparte; in vielen Sparten Bescheid wissen

Spaß, der; des Spaßes, die Späße; Spaß; **spaßen**; mit ihm ist nicht zu spaßen; **spaßeshalber**; etwas spaßeshalber ausprobieren; **spaßig**; der **Spaßmacher**; der **Spaßvogel**

Spastiker, der (jemand, der unter Krämpfen und Lähmungen leidet); des Spastikers, die Spastiker; Spas-ti-ker

spät; später, am spätesten; spät; am späten Abend; zu spät kommen

Spaten, der; des Spatens, die Spaten; Spa-ten; der **Spatenstich**; der erste Spatenstich ist oft etwas Besonderes

spätestens [Adv.]; spä-tes-tens; sie kommen spätestens um acht

Spätnachmittag, der; des Spätnachmittag(e)s, die Spätnachmittage; Spät-nach-mit-tag; die **Spätnachrichten**; die **Spätschicht**

Spatz, der; des Spatzen/Spatzes, die Spatzen; Spatz; das **Spatzennest**

spazieren; du spazierst, er spazierte, sie ist durch den Wald spaziert; spa-zie-ren; **spazieren gehen**; der **Spaziergang**; der **Spaziergänger**

SPD, die = Sozialdemokratische Partei Deutschlands

Specht, der; des Specht(e)s, die Spechte; Specht

Speck, der; des Speck(e)s, *kein Plural*; Speck; **speckig**; die **Speckschwarte**

Spediteur, der [schpeditör]; des Spediteurs, die Spediteure; Spe-di-teur; die **Spedition**; die Spedition transportiert Waren

Speer, der; des Speer(e)s, die Speere; Speer; das **Speerwerfen**

Speiche, die; der Speiche, die Speichen; Spei-che; die Speichen am Vorderrad putzen; sich die Speiche des rechten Arms brechen

Speichel, der; des Speichels, *kein Plural*; Spei-chel; die **Speicheldrüse**; die **Speichelprobe**; eine Speichelprobe führte zum Verdächtigen

Speicher, der; des Speichers, die Speicher; Spei-cher; **speichern**; Daten auf der Festplatte speichern

speien; du speist, er spie Blut, sie hat Gift und Galle gespien; spei-en

Speise, die; der Speise, die Speisen; Speise; das **Speiseeis**; die **Speisekarte** (*auch* Speisenkarte); **speisen**; er speist die Geräte mit Solarstrom, sie hat in einem feinen Lokal gespeist; die **Speiseröhre**

speiübel; *keine Steigerung*; spei-übel; ihr wurde speiübel

Spektakel, der/das; des Spektakels, die Spektakel; Spek-ta-kel; das Spektakel lockte viele Zuschauer an; mach nicht so einen Spektakel; **spektakulär**; eine spektakuläre Aufführung

Spekulation, die; der Spekulation, die Spekulationen; Spe-ku-la-ti-on; **spekulieren**; ich weiß es nicht, ich kann nur spekulieren

spendabel; spendabler, am spendabelsten; spen-da-bel; spendable Verwandte

Spende, die; der Spende, die Spenden; Spen-de; **spenden**; die **Spendenaktion**; der **Spender**; die **Spenderin**

spendieren; du spendierst, er spendierte, sie hat ein Eis spendiert; spen-die-ren

Sperling, der (Vogel); des Sperlings, die Sperlinge; Sper-ling

Sperma, das (Samenflüssigkeit); des Spermas, die Spermata/Spermen; Sper-ma

sperrangelweit [Adv.]; sperr-an-gel-weit; die Tür stand sperrangelweit offen; die **Sperre**; **sperren**; sie hat die Straße gesperrt; das **Sperrholz**; eine Platte aus Sperrholz

sperrig; sperriger, am sperrigsten; sper-rig; ein sperriges Möbelstück; der **Sperrmüll**; Sperrmüll passt nicht in die Mülltonne

Spesen, die (Kosten, die erstattet werden); der Spesen, *nur Plural*; Spe-sen

spezialisieren, sich spezialisieren; du spezialisierst dich, er spezialisierte sich, sie hat sich auf italienische Küche spezialisiert; spe-zi-a-li-sie-ren; der **Spezialist**; die **Spezialistin**; die **Spezialität**

Sphäre, die; der Sphären, die Sphären; Sphä-re; in anderen Sphären schweben

spicken; du spickst, er spickte, sie hat das Fleisch mit Speck gespickt, sie hat beim Diktat nicht gespickt; spi-cken; der **Spickzettel**

Spiegel, der; des Spiegels, die Spiegel; Spie-gel; das **Spiegelbild**; **spiegelglatt**; **spiegeln**; der See spiegelte die Wolken, sie hat sich im Fenster gespiegelt; die **Spiegelschrift**; die **Spiegelung**

Spiel, das; des Spiel(e)s, die Spiele; Spiel; **spielen**; wir haben die Kinder spielen lassen; **spielenlassen** (*auch* spielen lassen); er hat seine Muskeln spielenlassen/spielen lassen; der **Spieler**; **spielerisch**; das **Spielfeld**

Spielfilm, der; des Spielfilm(e)s, die Spielfilme; Spiel-film; die **Spielkonsole** (Grundgerät für elektronische Spiele); der **Spielplatz**; der **Spielraum**; die **Spielregel**

Spielsachen, die; der Spielsachen, *nur Plural*; Spiel-sa-chen; die **Spielstraße**; der **Spielverderber**; das **Spielwarengeschäft**; das **Spielzeug**

Spieß, der; des Spießes, die Spieße; Spieß; der **Spießbraten**; **spießbürgerlich**; eine spießbürgerliche Meinung

spießen; du spießt, er spießte, sie hat den Pfeil in die Erde gespießt; spie-ßen; der **Spießer**; das **Spießertum**; **spießig**; die **Spießigkeit**

Spike, der [spaik] (Metallspitze für Laufschuhe oder Autoreifen); des Spikes, die Spikes; der **Spikereifen** (*auch* Spikesreifen)

Spinat, der; des Spinat(e)s, *Plural selten*: die Spinate; Spi-nat

Spind, der/das (Schrank); des Spind(e)s, die Spinde; Spind

Spindel, die; der Spindel, die Spindeln; Spin-del; **spindeldürr**

Spinne, die; der Spinne, die Spinnen; Spin-ne; **spinnefeind**; sie sind sich spinnefeind; **spinnen**; er hat nur gesponnen; das **Spinnengewebe**; das **Spinnennetz**

Spinner, der; des Spinners, die Spinner; Spin-ner; die **Spinnerei**; das **Spinnrad**; die **Spinnwebe**

Spion, der; des Spion(e)s, die Spione; Spi-on; die **Spionage**; der **Spionagedienst**; der **Spionagefilm**; **spionieren**; er hat spioniert

Spirale, die; der Spirale, die Spiralen; Spira-le; die **Spiralfeder**; **spiralförmig**; **spiralig**

spiritistisch (magisch, übernatürlich); *keine Steigerung*; spi-ri-tis-tisch

Spiritual, der/das [ßpiritschel] (Musikrichtung, Lied); des Spirituals, die Spirituals; Spi-ri-tu-al; zu Amerika gehört Jazz, Gospel und Spiritual

Spirituose, die (alkoholisches Getränk); der Spirituose, die Spirituosen; Spi-ri-tu-o-se; der **Spiritus**; der **Spirituskocher**

Spital, das (Krankenhaus); des Spitals, die Spitäler; Spi-tal

spitz; spitzer, am spitzesten; spitz; ein

spitzes Messer; eine spitze Bemerkung; der **Spitz** (Hunderasse); **spitzbekommen**; er hat mein Geheimnis spitzbekommen; der **Spitzbogen**; der **Spitzbube**

Spitze, die; der Spitze, die Spitzen; Spit-ze; **spitze**; das ist spitze!; der **Spitzel**; **spitzen**; sie hat die Ohren gespitzt; die **Spitzenklasse**; die **Spitzenleistung**; der **Spitzensport**

Spitzer, der = Bleistiftanspitzer; des Spitzers, die Spitzer; Spit-zer

spitzfindig; spitzfindiger, am spitzfindigsten; spitz-fin-dig; ein spitzfindiges Bürschchen; der **Spitzname**; **spitzwinklig**

Splitt, der; des Splitt(e)s, die Splitte; Splitt; der **Splitter**; **splittern**; das Glas hat gesplittert; **splitternackt**

Spoiler, der; des Spoilers, die Spoiler; Spoi-ler

Sponsor, der; des Sponsors, die Sponsoren; Spon-sor; der Verein hat einen Sponsor gefunden

spontan; spontaner, am spontansten; spon-tan; die **Spontaneität** (*auch* Spontanität)

Sport, der; des Sport(e)s, *kein Plural*; Sport; die **Sportart**; der **Sportlehrer**; die **Sportlehrerin**

Sportler, der; des Sportlers, die Sportler; Sport-ler; die **Sportlerin**; **sportlich**; der **Sportplatz**; der **Sportunfall**

Spot, der [ßpot]; des Spots, die Spots; mit einem Spot werben

Spott, der; des Spott(s), *kein Plural*; Spott; **spottbillig**; **spotten**; das spottet jeder Beschreibung; der **Spötter**; **spöttisch**

Sprache, die; der Sprache, die Sprachen; Spra-che; der **Sprachfehler**; der **Sprachgebrauch**; die **Sprachkenntnisse**; **sprachlich**; **sprachlos**

Spray, der/das; des Sprays, die Sprays; Spray; die **Spraydose**; **sprayen**; er hat nur ein paar Zeichen gesprayt; der **Sprayer**

Sprechblase, die; der Sprechblase, die Sprechblasen; Sprech-bla-se; nichts Genaues, nur Sprechblasen; **sprechen**; der **Sprecher**; das **Sprechfunkgerät**

Sprechstunde, die; der Sprechstunde, die Sprechstunden; Sprech-stun-de; das **Sprechzimmer**

spreizen; du spreizt, er spreizte, sie hat die Finger gespreizt; sprei-zen; der **Spreizfuß**

sprengen; du sprengst, er sprengte, sie hat gesprengt; spren-gen; der **Sprengstoff**; der **Sprengstoffanschlag**; die **Sprengung**

Sprichwort, das; des Sprichwort(e)s, die Sprichwörter; Sprich-wort

sprießen; es sprießt, es spross, der Rasen ist gesprossen; sprie-ßen

Springbrunnen, der; des Springbrunnens, die Springbrunnen; Spring-brun-nen

springen; du springst, er sprang, sie ist ins Wasser gesprungen; sprin-gen; der **Springer**; die **Springerin**; **springlebendig**

Sprinkler, der (Düse zum Versprühen von Wasser); des Sprinklers, die Sprinkler; Sprink-ler; die **Sprinkleranlage**

Sprint, der; des Sprints, die Sprints; Sprint; **sprinten**; der **Sprinter**; die **Sprinterin**

Sprit, der; des Sprits, *Plural selten*: die Sprite; Sprit; der Sprit reicht für 50 km; der **Spritverbrauch**

Spritze, die; der Spritze, die Spritzen; Sprit-ze; **spritzen**; sie hat mit Wasser gespritzt; der **Spritzer**; **spritzig**

spröde (*auch* spröd); spröder, am sprödesten; sprö-de; spröder Kunststoff bricht leicht

Spross, der; des Sprosses, die Sprosse; Spross; junge Sprosse vor Frost schützen

Sprosse, die; der Sprosse, die Sprossen; Spros-se; die **Sprossenwand**

Spruch, der; des Spruch(e)s, die Sprüche; Spruch; **spruchreif**

Sprudel, der; des Sprudels, die Sprudel; Spru-del; ein Glas Sprudel; **sprudeln**

Sprühdose, die; der Sprühdose, die Sprühdosen; Sprüh-dose; **sprühen**; der **Sprühregen**

Sprung, der; des Sprung(e)s, die Sprünge; **sprungbereit**; die sprungbereite Katze lauert; das **Sprungbrett**; **sprunghaft**

Spucke, die; der Spucke, *kein Plural*; Spu-cke; **spucken**; sie hat in die Hände gespuckt

Spuk, der; des Spuk(e)s, *Plural selten*: die Spuke; Spuk; der Spuk war schnell vorbei; **spuken**; die **Spukgeschichte**

Spule, die; der Spule, die Spulen; Spu-le; Garn auf die Spule wickeln

Spüle, die; der Spüle, *Plural selten*: die Spülen; Spü-le

spulen; du spulst, er spulte, sie hat den Faden auf die Rolle gespult; spu-len

spülen; du spülst, er spülte, sie hat das Geschirr gespült; spü-len

Spülmaschine, die; der Spülmaschine, die Spülmaschinen; Spül-ma-schi-ne; das **Spülmittel**; die **Spülung**

Spur, die; der Spur, die Spuren; Spur; Spurensicherung

spürbar; spürbarer, am spürbarsten; spürbar; eine spürbare Erleichterung

spüren; du spürst, er spürte, sie hat keinen Schmerz gespürt; spü-ren

spuren; du spurst, er spurte die Loipe, sie hat nicht gespurt; spu-ren

Spürhund, der; des Spürhund(e)s, die Spürhunde; Spür-hund; der Spürhund hat einen feinen Spürsinn

spurlos; *keine Steigerung*; spur-los; der Schlüssel ist spurlos verschwunden

Spurt, der; des Spurt(e)s, die Spurts; Spurt; **spurten**; auf den letzten Metern ist sie gespurtet

sputen, sich sputen; du sputest dich, er sputete sich, sie hat sich gesputet, um nicht zu spät zu kommen; spu-ten

Sputnik, der; des Sputniks, die Sputniks; Sput-nik; Sputnik im Weltraum

Squash, das [ßkwosch] (Ballspiel); des Squash, *kein Plural*

SS, die = Schutzstaffel (Terrororganisation im Nationalsozialismus)

St. = Sankt; St. Nikolaus, Kirche St. Martin

Staat, der; des Staat(e)s, die Staaten; Staat; **staatenlos**; **staatlich**; die **Staatsangehörigkeit**; der **Staatsbürger**

Stab, der; des Stab(e)s, die Stäbe; Stab; das **Stäbchen**; der **Stabhochsprung**

stabil; stabiler, am stabilsten; sta-bil; eine stabile Konstruktion; **stabilisieren**; die **Stabilität**

Stachel, der; des Stachels, die Stacheln; Sta-chel; der **Stacheldraht**; **stachelig** (*auch* stachlig)

Stadion, das; des Stadions, die Stadien; Sta-di-on; die **Stadionansage**; der **Stadionsprecher**

Stadium, das; des Stadiums, die Stadien; Sta-di-um; das entscheidende Stadium einer Entwicklung

Stadt, die; der Stadt, die Städte; Stadt; **stadtbekannt**; die **Stadtbibliothek**; **städtisch**; der **Stadtplan**; der **Stadtrand**

Stadtrat, der; des Stadtrat(e)s, die Stadträte; Stadt-rat; die **Stadträtin**; der **Stadtteil**; die **Stadtverwaltung**; die **Stadtwerke**

Staffel, die; der Staffel, die Staffeln; Staf-fel; die **Staffelei**; der **Staffellauf**; **staffeln**

Stahl, der; des Stahl(e)s, die Stahle/Stähle; Sta̱hl; der **Stahlbeton**; **stählern**; **stahlhart**; die **Stahlplatte**

Stall, der; des Stall(e)s, die Ställe; Stạll

Stamm, der; des Stamm(e)s, die Stämme; Stạmm; der **Stammbaum**; das **Stammbuch**

stammeln; du stammelst, er stammelte, sie hat verlegen eine Entschuldigung gestammelt; stạm-meln

stammen; du stammst, er stammte, die Familie hat aus Tirol gestammt; stạm-men; die **Stammform**; **stämmig**; ein stämmiger Bursche

stampfen; du stampfst, er stampfte mit den Füßen auf den Boden, sie hat Kartoffeln gestampft; stạmp-fen

Stand, der; des Stand(e)s, die Stände; Stạnd

Standard, der; des Standards, die Standards; Stạn-dard; die **Standardausrüstung**; **standardisieren**; einzelne Prüfungsteile wurden standardisiert

Stand-by, das (*auch* Standby) [ßtạndbai] (Schaltung auf Bereitschaft); des Stand-by(s), *kein Plural*; Stand-by; der Fernseher ist auf Stand-by geschaltet

Ständchen, das; des Ständchens, die Ständchen; Stạ̈nd-chen; ihr zum Geburtstag ein Ständchen singen

Ständer, der; des Ständers, die Ständer; Stạ̈n-der

Standesamt, das; des Standesamt(e)s, die Standesämter; Stạn-des-amt; **standesamtlich**; standesamtliche Trauung; der **Standesbeamte**; die **Standesbeamtin**

standfest; standfester, am standfestesten; stạnd-fest; **standhaft**; **standhalten**; sie hat der Belastung standgehalten; **ständig**; ständige Beschwerden; der **Standpunkt**

Stange, die; der Stange, die Stangen; Stạn-ge; der **Stängel**

stänkern; du stänkerst, er stänkerte, sie hat immerzu gestänkert, um uns zu ärgern; stạ̈n-kern

stanzen; du stanzt, er stanzte, sie hat Löcher in den Gürtel gestanzt; stạn-zen; die **Stanzmaschine**

Stapel, der; des Stapels, die Stapel; Sta̱-pel; der **Stapellauf**; **stapeln**; sie hat die Bücher gestapelt; **stapelweise**; die CDs stapelweise wegtragen

stapfen; du stapfst, er stapfte, sie ist durch den Schnee gestapft; stạp-fen

Star[1], der; des Star(e)s, die Stare; Sta̱r; Stare fliegen über das Haus; der **Star**[2]; sie ist an grauem Star erkrankt; der **Star**[3]; der Fernsehstar

stark; stärker, am stärksten; die **Stärke**; **stärken**; sie hat sich mit Kakao gestärkt; **starkmachen**; sich für eine Verbesserung starkmachen; der **Starkstrom**; die **Stärkung**

starr; starrer, am starrsten; die **Starre**; **starren**; sie hat erschrocken nach oben gestarrt; der **Starrsinn**; **starrsinnig**

Start, der; des Start(e)s, die Starts/Starte; Stạrt; die vielen Starts haben ihn ermüdet; der **Startblock**; **starten**; **startklar**; der **Startschuss**

Stasi, der/die (Staatssicherheitsdienst der ehemaligen DDR); des/der Stasi, *kein Plural*; Sta̱-si; die **Stasiakte**

Statik, die; der Statik, *kein Plural*; Sta̱-tik; die Ingenieurin prüft für das Bauvorhaben die Statik; der **Statiker**; die **Statikerin**

Station, die; der Station, die Stationen; Sta-ti-o̱n; **stationär**; **stationieren**; der **Stationsarzt**; die **Stationsschwester**

statisch; sta̱-tisch; statische Berechnungen

Statist, der; des Statisten, die Statisten; Sta-tist; das Theater sucht Statisten

Statistik, die; der Statistik, die Statistiken; Sta-tis-tik

Stativ, das; des Stativs, die Stative; Sta-tiv; ein Stativ für die Kamera

statt[1] [Präp.]; statt; statt des Geldes (Gen.)

statt[2] [Konj.]; statt; statt sich zurückzuhalten, wurde er zornig

stattdessen [Konj.]; statt-des-sen; Julia konnte nicht mitspielen, stattdessen übernahm Nermin deren Rolle

Stätte, die; der Stätte, die Stätten; Stät-te; Stätten der frühen Neuzeit; **stattfinden**; das Turnier hat gestern stattgefunden; **statthaft**; das ist nicht statthaft

stattlich; stattlicher, am stattlichsten; statt-lich; ein stattlicher Spendenbetrag

Statue, die; der Statue, die Statuen; Sta-tue

Statur, die; der Statur, *Plural selten*: die Staturen; Sta-tur; ein Riese von mächtiger Statur

Stau, der; des Stau(e)s, die Staue/Staus; Stau; der Verkehrsfunk meldet etliche Staus

Staub, der; des Staub(e)s, *Plural selten*: die Staube/Stäube; Staub; der **Staubbeutel**; **stauben**; es hat mächtig gestaubt; **staubfrei**; **staubig**; **staubsaugen** (*auch* Staub saugen); du staubsaugst/saugst Staub, sie hat staubgesaugt/Staub gesaugt; der **Staubsauger**

Staudamm, der; des Staudamm(e)s, die Staudämme; Stau-damm

Staude, die; der Staude, die Stauden; Stau-de; die Staudenpflanzen

stauen; du staust, er staute den Bach, Blut hat sich gestaut; stau-en

staunen; du staunst, er staunte, sie hat gestaunt; stau-nen; **staunenswert**

Stausee, der; des Stausees, die Stauseen; Stau-see; die **Staustufe**; die **Stauung**

Steak, das [ßtek]; des Steaks, die Steaks

stechen; du stichst, er stach, sie hat gestochen; ste-chen; die **Stechmücke**

Steckbrief, der; des Steckbrief(e)s, die Steckbriefe; Steck-brief; der Sheriff hängt einen Steckbrief aus

Steckdose, die; der Steckdose, die Steckdosen; Steck-do-se

stecken; du steckst, er steckte hinter der Überraschung, sie hat Blumen zu einem Strauß gesteckt; ste-cken; er ist im Matsch stecken geblieben; sie hat den Schlüssel stecken lassen/gelassen

Stecken, der; des Steckens, die Stecken; Ste-cken

steckenbleiben (*auch* stecken bleiben) (stocken); du bleibst stecken, er blieb stecken, sie ist mitten im Gedichtvortrag steckengeblieben/stecken geblieben; ste-cken-blei-ben; **steckenlassen** (*auch* stecken lassen) (behalten); du kannst dein Geld steckenlassen/stecken lassen

Steckenpferd, das (Hobby); des Steckenpferd(e)s, die Steckenpferde; Ste-cken-pferd; Kartenspielen ist sein Steckenpferd

Stecker, der; des Steckers, die Stecker; Ste-cker; die **Stecknadel**; das **Steckschloss**

Steg, der; des Steg(e)s, die Stege; Steg; ein schmaler Steg über den Bach

Stegreif, der; des Stegreif(e)s, *kein Plural*; Steg-reif; etwas aus dem Stegreif vorspielen; das **Stegreifspiel**

stehen; du stehst, er stand, sie hat gestanden; ste-hen; der Tisch kann so stehen bleiben; du kannst deine Tasche hier stehen lassen; **stehenbleiben** (*auch* stehen bleiben); die Uhr ist stehengeblieben/stehen geblieben; **ste-**

henlassen (*auch* stehen lassen) (nicht länger beachten, vergessen); das solltest du einfach so stehenlassen/stehen lassen; er hat sie ohne Erklärung stehenlassen/stehen lassen

Stehleiter, die; der Stehleiter, die Stehleitern; Steh-lei-ter

stehlen; du stiehlst, er stahl, sie hat mir die Zeit gestohlen; steh-len

Stehplatz, der; des Stehplatzes, die Stehplätze; Steh-platz

steif; steifer, am steifsten; steif; ein steifes Gelenk; die **Steifheit**

Steigbügel, der; des Steigbügels, die Steigbügel; Steig-bü-gel; das **Steigeisen**; **steigen**; sie ist mutig auf den Baum gestiegen; einen Drachen steigen lassen; **steigenlassen** (*auch* steigen lassen); sie hat eine tolle Party steigenlassen/steigen lassen

steigern; du steigerst, er steigerte den Umsatz, sie hat sich gesteigert; steigern; die **Steigerung**

Steigung, die; der Steigung, die Steigungen; Stei-gung; eine Straße mit starker Steigung

steil; steiler, am steilsten; steil; der **Steilhang**; die **Steilküste**

Stein, der; des Stein(e)s, die Steine; Stein; der **Steinbruch**; **steinhart**; **steinig**

Steinkohle, die; der Steinkohle, die Steinkohle; Stein-koh-le; das **Steinobst**; **steinreich**; der **Steinschlag**; die **Steinzeit**

Steiß, der (Gesäß); des Steißes, die Steiße; Steiß; das **Steißbein** (Knochen am unteren Ende der Wirbelsäule)

Stelle, die; der Stelle, die Stellen; Stel-le; **stellen**; sie hat die Teller auf den Tisch gestellt; das **Stellenangebot**; das **Stellengesuch**; **stellenweise**; stellenweise war die Straße glatt

Stellung, die; der Stellung, die Stellungen; Stel-lung; die **Stellungnahme**; der **Stellvertreter**; die **Stellvertreterin**

Stelze, die; der Stelze, die Stelzen; Stel-ze; auf Stelzen laufen; **stelzen**; der Storch ist durchs Wasser gestelzt

Stemmeisen, das; des Stemmeisens, die Stemmeisen; Stemm-ei-sen; **stemmen**; er stemmte sich gegen die Tür, sie hat ein Loch in die Wand gestemmt

Stempel, der; des Stempels, die Stempel; Stem-pel; **stempeln**

Stenografie, die (*auch* Stenographie) (Kurzschrift); der Stenografie, *kein Plural*; Ste-no-gra-fie; **stenografieren** (*auch* stenographieren)

Steppdecke, die; der Steppdecke, die Steppdecken; Stepp-de-cke

Steppe, die (baumlose Grasebene); der Steppe, die Steppen; Step-pe

steppen; du steppst, er steppte in einer Tanzgruppe, sie hat ein Stück Stoff auf die Jacke gesteppt; step-pen

sterben; du stirbst, er starb, sie ist gestorben; ster-ben; **sterbenskrank**; **sterblich**

Stereoanlage, die; der Stereoanlage, die Stereoanlagen; Ste-reo-an-la-ge

stereotyp (wiederkehrend; formelhaft); *keine Steigerung*; ste-reo-typ; eine stereotype Antwort

steril (keimfrei); steriler, am sterilsten; steril; **sterilisieren**; er hat die Instrumente sterilisiert, sie hat sich sterilisieren lassen (durch eine Operation unfruchtbar machen lassen)

Stern, der; des Stern(e)s, die Sterne; **sternklar** (*auch* sternenklar); eine sternklare Nacht; die **Sternschnuppe**; die **Sternwarte**; das **Sternzeichen**

stetig; stetiger, am stetigsten; ste-tig; stetig steigende Leistungen; die **Stetigkeit**; ihr fehlt beim Üben die Stetigkeit; **stets**; sie hat stets zu ihm gehalten

Steuer[1], das; des Steuers, die Steuer; Steu-er; sie sitzt am Steuer des Autos

Steuer[2], die; der Steuer, die Steuern; Steu-er; Steuern bezahlen; der **Steuerberater**

Steuerbord, das (rechte Seite eines Schiffes oder Flugzeugs); des Steuerbord(e)s, *Plural selten*: die Steuerborde; Steu-er-bord; → Backbord

steuerfrei; *keine Steigerung*; steu-er-frei; steuerfreie Waren

Steuerknüppel, der; des Steuerknüppels, die Steuerknüppel; Steu-er-knüp-pel; **steuern**; sie hat das Fahrzeug gesteuert; die **Steuerung**

Steward, der [ßtjuard]; des Stewards, die Stewards; Ste-ward; die **Stewardess**; die Stewardessen betreuen die Fluggäste

StGB, das = Strafgesetzbuch

Stich, der; des Stich(e)s, die Stiche; Stịch; die **Stichelei**; **sticheln**; sie hat mit spitzen Bemerkungen gestichelt; die **Stichflamme**; **stichhaltig**; ist die Begründung stichhaltig?

Stichwort[1], das; des Stichwort(e)s, die Stichwörter; Stịch-wort; ein Wörterbuch enthält mehrere tausend Stichwörter; das **Stichwort**[2]; die Stichworte; er hat sich die Stichworte gemerkt; **stichwortartig**; ein stichwortartiger Bericht

sticken; du stickst, er stickte, sie hat eine Blume auf den Pullover gestickt; stị-cken

Sticker, der; des Stickers, die Sticker; Sticker; einen Sticker aufkleben; das **Stickeralbum**

Stickerei, die; der Stickerei, die Stickereien; Sti-cke-rei

stickig; stickiger, am stickigsten; stị-ckig; stickige Luft

Stickstoff, der; des Stickstoff(e)s, *kein Plural*; Stịck-stoff; **stickstofffrei**; **stickstoffhaltig**

Stiefel, der; des Stiefels, die Stiefel; Stiefel; **stiefeln**; er stiefelte unbekümmert zur Bühne

Stiefmutter, die (Mutter, die mit ihrem Kind nicht blutsverwandt ist); der Stiefmutter, die Stiefmütter; Stief-mut-ter; die **Stiefschwester**; der **Stiefvater**

Stiege, die; der Stiege, die Stiegen; Stiege; die Stiege zum Speicher

Stiel, der; des Stiel(e)s, die Stiele; Stiel; die Stiele von den Johannisbeeren abzupfen

Stier, der; des Stier(e)s, die Stiere; Stier; **stiernackig**; ein dicker, stiernackiger Kerl

Stift[1], der; des Stift(e)s, die Stifte; Stịft; sie braucht die Stifte zum Malen; er nagelt Stifte ins Holz

Stift[2], das; des Stift(e)s, die Stifte; Stịft; als Waise lebte er im Stift; **stiften**; das Autohaus hat den Pokal gestiftet; die **Stiftung**

Stil, der; des Stil(e)s, die Stile; Stil; einen flüssigen Stil schreiben; die **Stilblüte**; der Text wimmelte von Stilblüten; **stilistisch**; eine stilistische Meisterleistung

still; stiller, am stillsten; stịll; die **Stille**; **stillen**; er stillte die Blutung, die Mutter hat den Säugling gestillt; **stilllegen**; die alte Bahnstrecke wurde stillgelegt; der **Stillstand**

Stimmband, das; des Stimmband(e)s, die Stimmbänder; Stịmm-band; durch lautes Reden hat er seine Stimmbänder überbeansprucht; **stimmberechtigt**; der **Stimmbruch**; die **Stimme**

stimmen; du stimmst, er stimmte das Klavier, sie hat gegen den Vorschlag gestimmt; stịm-men; **stimmhaft**; ein Wort mit stimmhaftem s

Stimmung, die; der Stimmung, die Stimmungen; Stịm-mung; das **Stimmungsbild**; ein erstes Stimmungsbild; **stimmungsvoll**; eine stimmungsvolle Feier

stimulieren; du stimulierst, er stimulierte, die Medizin hat den Kreislauf stimuliert; sti-mu-lie-ren

stinken; du stinkst, er stank, sie hat gestunken; stin-ken; **stinkfaul**; **stinkig**; so stinkig kenne ich ihn gar nicht; **stinklangweilig**

Stipendium, das (Unterstützungsgeld für Studierende); des Stipendiums, die Stipendien; Sti-pen-di-um

stippen; du stippst, er stippte, sie hat Brot in die Suppe gestippt; stip-pen

Stirn, die; der Stirn, *Plural selten*: die Stirnen; Stirn; das **Stirnband**; **stirnrunzelnd**; stirnrunzelnd hörte er zu

stöbern; du stöberst, er stöberte, sie hat in Büchern gestöbert; stö-bern

stochern; du stocherst, er stocherte, sie hat lustlos im Essen gestochert; sto-chern

Stock[1], der; des Stock(e)s, die Stöcke; Stock; ein Wanderstock

Stock[2], der; des Stock(e)s, *Plural selten*: Stock; sie wohnten im 3. Stock; das Haus ist drei Stock hoch

stockdunkel; *keine Steigerung*; stockdun-kel; stockdunkle Nacht

stocken; du stockst, der Verkehr stockte, der Atem hat ihr gestockt; sto-cken

stockfinster; *keine Steigerung*; stockfins-ter; es ist stockfinster draußen

Stockwerk, das; des Stockwerk(e)s, die Stockwerke; Stock-werk; das Haus hat drei Stockwerke

Stoff, der; des Stoff(e)s, die Stoffe; Stoff; der **Stofffetzen**; **stofflich**; die **Stoffsammlung**; für sein Referat legt er eine Stoffsammlung an; der **Stoffwechsel**

stöhnen; du stöhnst, er stöhnte, sie hat vor Schmerz gestöhnt; stöh-nen

Stollen, der; des Stollens, die Stollen; Stollen; der Weihnachtsstollen; ein Stollen im Bergwerk; Fußballschuhe mit Stollen

stolpern; du stolperst, er stolperte, sie ist über einen Stein gestolpert; stol-pern

stolz; stolzer, am stolzesten; stolz; der **Stolz**; **stolzieren**; sie ist zur Bühne stolziert

stop (nur auf Verkehrsschildern); stop; der Stop-and-go-Verkehr; → stopp!

stopfen; du stopfst, er stopfte sich Kekse in den Mund, sie hat die Socken gestopft; stop-fen; das **Stopfgarn**

stopp!; stopp; der **Stopp**; des Stopps, die Stopps

Stoppel, die; der Stoppel, die Stoppeln; Stop-pel; Stoppeln auf dem Acker; das **Stoppelfeld**; **stoppelig** (*auch* stopplig)

stoppen; du stoppst, er stoppte die Zeit, sie hat das Auto gestoppt; stop-pen; das **Stoppschild**; die **Stoppstraße**; die **Stoppuhr**

Stöpsel, der; des Stöpsels, die Stöpsel; Stöp-sel; **stöpseln**

Storch, der; des Storch(e)s, die Störche; Storch; das **Storchennest**

stören; du störst, er störte, sie hat den Unterricht gestört; stö-ren; **störend**; der **Störenfried**; der **Störfall**

störrisch (*auch* störrig); störrischer, am störrischsten; stör-risch; ein störrischer Esel

Störung, die; der Störung, die Störungen; Stö-rung; **störungsfrei**

Story, die (zumeist kurze Geschichte oder Erzählung); der Story, die Storys; Sto-ry

Stoß, der; des Stoßes, die Stöße; Stoß; **stoßen**; er stieß mich in die Seite, sie hat sich am Tisch gestoßen; **stoßsicher**; die **Stoßstange**; **stoßweise**; der **Stoßzahn**

stottern; du stotterst, er stotterte, sie hat gestottert; stot-tern

Strafanzeige, die; der Strafanzeige, die Strafanzeigen; Straf-an-zei-ge; **strafbar**; die **Strafe**; **strafen**

straff; straffer, am straffsten; straff
straffällig; *keine Steigerung*; straf-fäl-lig; schon als Jugendlicher wurde er straffällig
straffen; du straffst, er straffte, sie hat das Seil gestrafft; straf-fen; ihr Körper straffte sich
straffrei; *keine Steigerung*; straf-frei; da Beweise fehlten, ging er straffrei aus; **sträflich**; die Kinder wurden sträflich vernachlässigt; der **Sträfling**; der **Strafprozess**
Strahl, der; des Strahl(e)s, die Strahlen; Strahl; **strahlen**; der **Strahlenschutz**; die **Strahlung**
Strähne, die; der Strähne, die Strähnen; Sträh-ne; **strähnig**; strähniges Haar
stramm; strammer, am strammsten; stramm; **strammstehen**; die Soldaten haben strammgestanden; **strammziehen**
strampeln; du strampelst, er strampelte, sie hat gestrampelt; stram-peln
Strand, der; des Strand(e)s, die Strände; Strand; **stranden**; das Boot ist gestrandet
Strang, der; des Strang(e)s, die Stränge; Strang; gemeinsam an einem Strang ziehen
Strapaze, die; der Strapaze, die Strapazen; Stra-pa-ze; **strapazieren**; sie hat meine Geduld strapaziert; **strapazierfähig**
Straße, die; der Straße, die Straßen; Straße; die **Straßenbahn**; der **Straßenbelag**; das **Straßenfest**; der **Straßenlärm**; der **Straßenname**; der **Straßenverkehr**; → Kasten „Straßennamen"
Strategie, die; der Strategie, die Strategien; Stra-te-gie; **strategisch**
sträuben; du sträubst dich, er sträubte sich zu gehen, die Katze hat das Fell gesträubt; sträu-ben
Strauch, der; des Strauch(e)s, die Sträucher; Strauch
straucheln; du strauchelst, er strauchelte, sie ist gestrauchelt, aber nicht gestürzt; strau-cheln
Strauß[1], der; des Straußes, die Sträuße; Strauß; ein Strauß mit frischen Frühlingsblumen
Strauß[2], der (großer Laufvogel); des Straußes, die Strauße; Strauß; die **Straußenfeder**
Strebe, die (schräge Stütze); der Strebe, die Streben; Stre-be
streben; du strebst, er strebte, sie hat nach Besserem gestrebt, er ist nach oben gestrebt; stre-ben; der **Streber**; **strebsam**
Strecke, die; der Strecke, die Strecken; Stre-cke; **strecken**; er streckte beide Arme in die Höhe, sie hat sich zum Licht gestreckt; **streckenweise**
Streetball [ßtritbol] (Ballspiel, das auf der Straße gespielt wird, zumeist Basketball); des Streetballs, *kein Plural*; Street-ball
Streich, der; des Streich(e)s, die Streiche; Streich; sie spielten ihm einen Streich
streicheln; du streichelst, er streichelte, sie hat die Katze gestreichelt; strei-cheln
streichen; du streichst, er strich, sie hat den Zaun gestrichen; strei-chen; das **Streichholz**; das **Streichinstrument**; das **Streichquartett**
Streife, die (Polizisten auf Kontrollgang); der Streife, die Streifen; Strei-fe; **streifen**; er hat mit dem Rad ein parkendes Auto gestreift; der **Streifen**; ein Hemd mit bunten Streifen; der **Streifenwagen**
Streik, der; des Streik(e)s, die Streiks; Streik; **streiken**; die Busfahrer streikten
Streit, der; des Streit(e)s, *Plural selten*: die Streite; Streit; **streiten**; sie haben sich oft gestritten; der **Streitfall**; die **Streitfrage**; die **Streitsache**; der **Streitschlichter**; **streitsüchtig**

Straßennamen

1. Straßennamen werden zusammengeschrieben,
a) wenn dem Grundwort (-straße, -platz, -weg usw.) ein einfaches oder zusammengesetztes Nomen vorangeht:
– Gartenstraße
– Rathausplatz
– Waldweg
– Müllerstraße
– Mühlenbachgasse
– Königskinderweg
b) wenn dem Grundwort ein nicht dekliniertes Adjektiv vorangeht:
– Neugasse
– Altmarkt
– Grüngasse
– Langhof

2. Straßennamen werden getrennt geschrieben,
a) wenn dem Grundwort ein dekliniertes oder abgeleitetes Wort vorangeht:
– Breite Straße
– Frankfurter Platz
– Hinterer Weg
– Bergische Landstraße
– Schönhauser Allee
b) wenn sie eine Präposition beinhalten:
– Am Markt
– An der Aue
– Unter den Linden
– Am Großen Tor
– Im Alten Hof

3. Straßennamen werden mit Bindestrich geschrieben, wenn dem Grundwort ein mehrgliedriger Name vorangeht:
– Johann-Wolfgang-von-Goethe-Straße
– Robert-Koch-Weg
– Kaiser-Wilhelm-Platz
– Königin-Luise-Straße

Achtung! Straßennamen sind Eigennamen, d. h., das erste Wort und alle anderen Wörter außer Artikeln, Präpositionen und Konjunktionen werden immer großgeschrieben:
– Am Hohen Tor
– Kleine Untere Gasse
– In der Grünen Aue
– An den Drei Hügeln
– Straße des 17. Juni
– Platz der Vereinten Nationen
Straßennamen werden im Satz dekliniert:
– sie wohnen Am Hohen Tor
– er wohnte in der Kleinen Unteren Gasse

streng; strenger, am strengsten; strẹng; sie ist streng; **strenggenommen** (*auch* streng genommen); **strengstens**

Stress, der; des Stresses, *Plural selten*: die Stresse; Strẹss; **stressig**; die **Stresssituation**

Stretching, das (Dehnübungen); des Stretchings, *kein Plural*; Strẹt-ching

streuen; du streust, er streute, sie hat gestreut; stre̲u̲-en

streunen; du streunst, er streunte, die Hündin ist durch die Felder gestreunt; stre̲u̲-nen

Streuselkuchen, der; des Streuselkuchens, die Streuselkuchen; Stre̲u̲-sel-ku-chen

Strich, der; des Strich(e)s, die Striche;

O
P
Q
R
S
T
U
V
W

Strịch; **stricheln**; mit dem Bleistift eine Linie stricheln; der **Strichpunkt** (Semikolon); **strichweise**

Strick, der; des Strick(e)s, die Stricke; Strịck

stricken; du strickst, er strickte, sie hat gestrickt; strị-cken; die **Strickjacke**; die **Strickleiter**; das **Strickzeug**

Striegel, der; des Striegels, die Striegel; Strie̲-gel; das Fell des Tieres mit einem Striegel reinigen und glätten; **striegeln**

Striemen, der; des Striemens, die Striemen; Strie̲-men; die Peitschenhiebe haben Striemen hinterlassen

strikt; strikter, am striktesten; strịkt; ein strikter Befehl

strittig; strittiger, am strittigsten; strịt-tig; eine strittige Entscheidung

Stroh, das; des Stroh(e)s, *kein Plural*; Stro̲h; das **Strohdach**; **strohdumm**; der **Strohhalm**; der **Strohhut**

Strolch, der; des Strolch(e)s, die Strolche; Strọlch; **strolchen**; der Hund ist durch den Garten gestrolcht

Strom, der; des Strom(e)s, die Ströme; Stro̲m; **stromabwärts**; der **Stromausfall**

strömen; es strömt, es strömte, das Wasser ist in den Keller geströmt; strö̲-men; **stromlinienförmig**; die **Stromschnelle**; die **Strömung**

Strophe, die; der Strophe, die Strophen; Stro̲-phe

strotzen; du strotzt, er strotzte, sie hat vor Gesundheit gestrotzt; strọt-zen

strubbelig (*auch* strubblig); strubbeliger, am strubbeligsten; strụb-be-lig; strubbelige Haare

Strudel, der; des Strudels, die Strudel; Stru̲-del

Struktur, die (Aufbau, Gliederung); der Struktur, die Strukturen; Struk-tu̲r; **strukturell**; **strukturieren**; er hat seinen Vortrag klar strukturiert

Strumpf, der; des Strumpf(e)s, die Strümpfe; Strụmpf; die **Strumpfhose**

Strunk, der; des Strunk(e)s, die Strünke; Strụnk; nach dem Brand blieben nur verkohlte Baumstrünke übrig

struppig; struppiger, am struppigsten; strụp-pig; ein struppiges Fell

Struwwelpeter, der (Titelfigur eines Kinderbuchs); des Struwwelpeters, *kein Plural*; Strụw-wel-pe-ter

Stube, die; der Stube, die Stuben; Stu̲-be; die **Stubenfliege**; der **Stubenhocker**; **stubenrein**; der junge Hund ist noch nicht stubenrein

Stück, das; des Stück(e)s, die Stücke; Stụ̈ck; drei Stück Kuchen; dein Scherz war ein starkes Stück

Stuck, der (Verzierung an Zimmerdecken); des Stuck(e)s, *kein Plural*; Stụck

Stuckateur, der; des Stuckateurs, die Stuckateure; Stu-cka-teu̲r; Stuckateure brauchen großes handwerkliches Können

Stückchen, das; des Stückchens, die Stückchen; Stụ̈ck-chen; **stückchenweise**

Student, der; des Studenten, die Studenten; Stu-dẹnt; die **Studentin**; **studieren**

Studio, das; des Studios, die Studios; Stu̲-dio

Studium, das; des Studiums, die Studien; Stu̲-di-um

Stufe, die; der Stufe, die Stufen; Stu̲-fe; das **Stufenheck**; **stufenweise**

Stuhl, der; des Stuhl(e)s, die Stühle; Stu̲hl; das **Stuhlbein**; der **Stuhlgang** (Ausscheidung von Kot)

stumm; stummer, am stummsten; stụmm; ein stummer Vorwurf

Stummel, der; des Stummels, die Stummel; Stum-mel; der Stummel einer Zigarette

Stümper, der; des Stümpers, die Stümper; Stüm-per; als Heimwerker ist er ein Stümper; die **Stümperei**; **stümperhaft**

stumpf; stumpfer, am stumpfesten; stumpf; ein stumpfes Messer; **stumpfsinnig**; **stumpfwinkelig** (*auch* stumpfwinklig)

Stunde, die; der Stunde, die Stunden; Stun-de; **stundenlang**; der **Stundenlohn**; der **Stundenplan**; **stündlich**; der Zug fährt stündlich

Stunk, der (Streit, Ärger); des Stunks, *kein Plural*; Stunk

Stuntman, der [ßtantmän]; des Stuntmans, die Stuntmen; Stunt-man; der Stuntman, nicht der Schauspieler sprang vom Dach

stupsen; du stupst, er stupste, sie hat gestupst; stup-sen; die **Stupsnase**

stur; sturer, am stursten; stur; die **Sturheit**

Sturm, der; des Sturm(e)s, die Stürme; Sturm; **stürmen**; an der Küste hat es heftig gestürmt, sie ist ins Zimmer gestürmt; der **Stürmer**; die **Sturmflut**; **stürmisch**

Sturz, der; des Sturzes, die Stürze; Sturz; **stürzen**; der **Sturzhelm**

Stuss, der (Unsinn); des Stusses, *kein Plural*; Stuss

Stute, die; der Stute, die Stuten; Stu-te

Stuten, der (Rosinenbrot); des Stutens, die Stuten; Stu-ten

Stütze, die; der Stütze, die Stützen; Stüt-ze

stützen; du stützt, er stützte den Verletzten, sie hat sich auf Zeugenaussagen gestützt; stüt-zen

stutzen; du stutzt, er stutzte bei diesem Anblick, sie hat ihm die Haare gestutzt; stut-zen

Stützpfeiler, der; des Stützpfeilers, die Stützpfeiler; Stütz-pfei-ler; der **Stützpunkt**

stylen, sich stylen [ßtailen]; du stylst, er stylte sich jugendlich, sie hat ihr Zimmer modern gestylt; sty-len; das **Styling**

Subjekt, das (Satzglied; *auch* Wesen, Person); des Subjekt(e)s, die Subjekte; Sub-jekt; das Subjekt des Satzes bestimmen; als eigenverantwortliches Subjekt handeln; **subjektiv**; ein subjektiver Eindruck

Substantiv, das (Nomen); des Substantivs, die Substantive; Sub-stan-tiv/Subs-tan-tiv; **substantiviert**; die **Substantivierung**

Substanz, die; der Substanz, die Substanzen; Subs-tanz/Sub-stanz; sie entdeckten eine unbekannte Substanz; sein Vortrag war ohne Substanz; **substanziell** (*auch* substantiell)

Subvention, die; der Subvention, die Subventionen; Sub-ven-ti-on; **subventionieren**; das Projekt wird subventioniert

Suche, die; der Suche, *kein Plural*; Su-che; **suchen**; die **Sucherei**; die **Suchmaschine**

Sucht, die; der Sucht, die Süchte; Sucht; die **Suchtgefahr**; **süchtig**

Sud, der (Kochflüssigkeit, Brühe); des Sud(e)s, *Plural selten*: die Sude; Kräutersud; Bratensud

Süd; *kein Plural*; der Wind dreht von Süd auf Nord; der **Süden**; der **Südosten**; der **Südpol**; die **Südsee**; **südwärts**; der **Südwesten**

sühnen; du sühnst, er sühnte für sein Vergehen, sie hat ihre Schuld gesühnt; süh-nen

Suizid, der (Selbstmord); des Suizid(e)s, die Suizide; Su-i-zid

sukzessiv (allmählich; nach und nach);

keine Steigerung; suk-zes-siv; sukzessiver Anstieg der Kosten

Sultan, der (Herrscher im arabischen Raum); des Sultans, die Sultane; Sul-tan

Sülze, die; der Sülze, die Sülzen; Sül-ze; sie aß Sülze besonders gern

Summe, die; der Summe, die Summen; Sum-me; die Summe aller Spenden

summen; du summst, er summte, sie hat ein Lied gesummt; sum-men; der **Summer**

summieren; du summierst, er summierte, sie hat die Beträge summiert; summie-ren; die Fehler summieren sich

Sumpf, der; des Sumpf(e)s, die Sümpfe; Sumpf; das **Sumpffieber**; das **Sumpfgebiet**; **sumpfig**

Sünde, die; der Sünde, die Sünden; Sünde; der **Sündenbock**; der **Sünder**; **sündhaft**; **sündigen**

super; *keine Steigerung*; su-per; das war ein super Gefühl

Superlativ, der (höchste Steigerungsstufe von Adjektiven); des Superlativ(e)s, die Superlative; Su-per-la-tiv

Supermarkt, der; des Supermarkt(e)s, die Supermärkte; Su-per-markt; **superschlau**

Suppe, die; der Suppe, die Suppen; Suppe; das **Suppenfleisch**; der **Suppenlöffel**; der **Suppenwürfel**

surfen [ßörfen]; du surfst, er surfte, sie hat gesurft; sur-fen; der **Surfer**; die **Surferin**

surren; es surrt, es surrte, eine Maschine hat gesurrt; sur-ren

suspekt (verdächtig); suspekter, am suspektesten; su-spekt/sus-pekt; der Rat schien mir suspekt

suspendieren (des Amtes entheben); du suspendierst, er suspendierte, der Verein hat den Trainer suspendiert; suspen-die-ren; die **Suspendierung**

süß; süßer, am süßesten; süß; die **Süße**; **süßen**; die **Süßigkeit**; **süßlich**; **süßsauer** (*auch* süß-sauer); der **Süßstoff**; das **Süßwasser**

Sweatshirt, das [ßwetschörd]; des Sweatshirts, die Sweatshirts; Sweat-shirt

Swimmingpool, der [ßwimingpul]; des Swimmingpools, die Swimmingpools; Swim-ming-pool

Swing, der (Merkmal des Jazz; Jazzstil); des Swing(s), *kein Plural*; **swingen**

Symbol, das (Sinnbild; *auch* Zeichen); des Symbols, die Symbole; Sym-bol; die weiße Taube ist das Symbol für Frieden; **symbolhaft**; **symbolisch**; **symbolisieren**

Symmetrie, die (spiegelbildliche Gleichheit, Regelmäßigkeit); der Symmetrie, die Symmetrien; Sym-met-rie/Sym-me-trie; die **Symmetrieachse**; **symmetrisch**

Sympathie, die; der Sympathie, die Sympathien; Sym-pa-thie; **sympathisch**; **sympathisieren**; mit einer Partei sympathisieren

Symphonie → Sinfonie

Symptom, das; des Symptoms, die Symptome; Sym-ptom/Symp-tom; die Symptome wiesen auf eine ernste Erkrankung hin

Synagoge, die (jüdisches Gotteshaus); der Synagoge, die Synagogen; Sy-na-go-ge/ Syn-ago-ge

synchron (gleichzeitig); *keine Steigerung*; syn-chron; synchrone Bewegungen; **synchronisieren**; er synchronisierte Bild und Ton, die deutsche Sprecherin hat den französischen Film synchronisiert

Synode, die (Kirchenversammlung); der Synode, die Synoden; Sy-no-de/Syn-ode

synonym (sinnverwandt); *keine Steigerung*; sy-no-nym/syn-onym; das **Synonym**; die Wörter „kühn" und „mutig" sind Synonyme

O P Q R S T U V W

Synopse, die (*auch* Synopsis) (vergleichende Übersicht); der Synopse, die Synopsen; Sy-nop-se/Syn-op-se

Syntax, die (Satzlehre); der Syntax, *kein Plural*; Syn-tax

Synthese, die (Zusammenfügen von Teilen zum Ganzen); der Synthese, die Synthesen; Syn-the-se

Synthesizer, der [ßinteßaiser] (elektronisches Musikinstrument); des Synthesizers, die Synthesizer; Syn-the-si-zer

synthetisch (künstlich hergestellt); *keine Steigerung*; syn-the-tisch; Kleidung aus synthetischem Material

System, das; des System(e)s, die Systeme; Sys-tem; die **Systematik** (Ordnung); **systematisch**; **systematisieren**; sie hat den Lernstoff systematisiert; **systemlos**

Szene, die (Bühne, Schauplatz; *auch* Teil eines Aktes, Auftritt; *auch* Bereich, in dem sich etwas tut); der Szene, die Szenen; Sze-ne; der **Szenenwechsel**; die **Szenerie**; die **Szenesprache**; **szenisch**

T

Tabak, der; des Tabaks, *Plural selten*: die Tabake; Ta-bak

Tabelle, die; der Tabelle, die Tabellen; Ta-bel-le

Tablett, das; des Tablett(e)s, die Tablette/Tabletts; Ta-blett/Tab-lett

Tablette, die; der Tablette, die Tabletten; Ta-blet-te/Tab-let-te; der **Tablettenmissbrauch**; **tablettensüchtig**

tabu [Adv.] (verboten); ta-bu; dieses Thema ist tabu; das **Tabu**; das Gespräch über den Tod war ein Tabu, das niemand verletzte

Tacho, der = Tachometer; des Tachos, die Tachos; Ta-cho; der Tacho zeigt 45 km/h; der/das **Tachometer**

Tadel, der; des Tadels, die Tadel; Ta-del; **tadellos**; **tadeln**

Taekwondo, das (Kampfsport aus Korea); des Taekwondo, *kein Plural*; Taek-won-do/Tae-kwon-do

Tafel, die; der Tafel, die Tafeln; Ta-fel; **tafeln**; sie haben in einem feinen Lokal getafelt

täfeln; du täfelst, er täfelte, sie hat die Zimmerdecke getäfelt; tä-feln

Tag, der; des Tag(e)s, die Tage; Tag; das **Tagebuch**; **tagen**; der Verband hat in der Kongresshalle getagt

Tageslicht, das; des Tageslicht(e)s, *kein Plural*; Ta-ges-licht; der **Tageslichtprojektor**; die **Tageszeit**; die **Tageszeitung**

täglich; *keine Steigerung*; täg-lich; die täglichen Übungen; **tags**; tags darauf; tags zuvor; **tagsüber**; tagsüber ist selten jemand in der Wohnung; die **Tagung**

Taifun, der (Wirbelsturm); des Taifuns, die Taifune; Tai-fun

Taille, die [talje] (Gürtellinie); der Taille, die Taillen; Tail-le; eine schlanke Taille haben

Takt, der; des Takt(e)s, die Takte; Takt; das **Taktgefühl**

taktieren (nach Plan handeln); du taktierst, er taktierte, sie hat taktiert; tak-tie-ren; die **Taktik**; die Mannschaft hielt sich an die vereinbarte Taktik; der **Taktiker**; **taktisch**

taktlos; taktloser, am taktlosesten; takt-los; die **Taktlosigkeit**; der **Taktstock**; **taktvoll**

Tal, das; des Tal(e)s, die Täler; Tal

Talent, das; des Talent(e)s, die Talente; Ta-lent; **talentiert**; die **Talentsuche**

Taler, der (ehemalige Münze); des Talers, die Taler; Ta-ler

Talg, der (festes Fett); des Talg(e)s, *Plural selten*: die Talge; Tạlg; die **Talgdrüse**

Talisman, der (Glücksbringer); des Talismans, die Talismane; Ta̲-lis-man

Talk, der; des Talks, die Talks; der **Talkmaster**; die **Talkshow**

Talsperre, die; der Talsperre, die Talsperren; Ta̲l-sper-re; **talwärts**

Tamburin, das (leichte Trommel); des Tamburins, die Tamburine; Tạm-bu-rin

Tampon, der (Watte- oder Mullbausch); des Tampons, die Tampons; Tạm-pon

Tamtam, das (Musikinstrument; *auch* Aufhebens); des Tamtams, die Tamtams; Tam-tạm; sie stellten ihr bescheidenes Ergebnis mit viel Tamtam vor

Tandem, das (Fahrrad für zwei Personen); des Tandems, die Tandems; Tạn-dem

Tang, der (Algen); des Tang(e)s, *Plural selten*: die Tange; Tạng; Seetang

Tanga, der (knapper Slip); des Tangas, die Tangas; Tạn-ga

Tangente, die (Gerade, die einen Kreis berührt); der Tangente, die Tangenten; Tan-gẹn-te; **tangieren**; der Vorwurf tangierte ihn nicht

Tango, der (südamerikanischer Tanz); des Tangos, die Tangos; Tạn-go

Tank, der; des Tank(e)s, die Tanks; Tạnk; **tanken**; der **Tanker**; die **Tankstelle**; der **Tankwart**

Tanne, die; der Tanne, die Tannen; Tạn-ne; der **Tannenbaum**; der **Tannenzapfen**

Tante, die; der Tante, die Tanten; Tạn-te

Tanz, der; des Tanzes, die Tänze; Tạnz; **tänzeln**; **tanzen**; du tanzt nicht schlecht; der **Tänzer**; die **Tänzerin**

Tape, der/das [täip] (Band, Magnetband, Tonband); des Tapes, die Tapes; das **Tapedeck**; das Tapedeck seiner Musikanlage

Tapete, die; der Tapete, die Tapeten; Ta-pe̲-te; **tapezieren**; der **Tapezierer**

tapfer; tapferer, am tapfersten; tạp-fer; die **Tapferkeit**

tappen; du tappst, er tappte, sie ist im Dunkeln getappt ; tạp-pen; **täppisch**

Tarantel, die (Spinnenart); der Tarantel, die Taranteln; Ta-rạn-tel; wie von der Tarantel gestochen fuhr er hoch

Tarif, der; des Tarifs, die Tarife; Ta-ri̲f; **tariflich**; der **Tarifvertrag**; die **Tarifzone**

tarnen; du tarnst, er tarnte das Versteck gut, die Betrügerin hat sich als Postbotin getarnt; tạr-nen; die **Tarnkappe**; der **Tarnname**; die **Tarnung**

Tartanbahn, die (Stadionbahn mit wetterfestem Belag); der Tartanbahn, die Tartanbahnen; Tạr-tan-bahn

Tasche, die; der Tasche, die Taschen; Tạsche; das **Taschenbuch**; der **Taschendieb**; das **Taschengeld**; die **Taschenlampe**; der **Taschenrechner**; das **Taschentuch**

Tasse, die; der Tasse, die Tassen; Tạs-se

Tastatur, die; der Tastatur, die Tastaturen; Tas-ta-tu̲r; die **Taste**; **tasten**; er tastete nach dem Lichtschalter, sie hat sich zur Tür getastet; der **Tastsinn**

Tat, die; der Tat, die Taten; Ta̲t; der **Tatendrang**; **tatenlos**; der **Täter**; die **Täterin**

Tätigkeit, die; der Tätigkeit, die Tätigkeiten; Tä̲-tig-keit; **tätlich**; die **Tätlichkeit**; der **Tatort**

tätowieren; du tätowierst, er tätowierte, sie hat tätowiert; tä-to-wi̲e̲-ren; die **Tätowierung**

Tatsache, die; der Tatsache, die Tatsachen; Ta̲t-sa-che; **tatsächlich**; die tatsächlichen Vorgänge

tätscheln; du tätschelst, er tätschelte, sie hat ihm die Hand getätschelt; tạ̈t-scheln

Tattoo, der/das [tätu̲]; des Tattoos, die Tattoos; Tat-too; auf dem Arm hatte er ein Tattoo

Tatze, die; der Tatze, die Tatzen; Tat-ze

Tau[1], der (Niederschlag am Morgen); des Tau(e)s, *kein Plural*; Tau

Tau[2], das (Seil); des Tau(e)s, die Taue; Tau

taub; *keine Steigerung*; taub; sich taub stellen

Taube, die; der Taube, die Tauben; Tau-be; der **Taubenschlag**; der **Taubenzüchter**; der **Täuberich**

Taubheit, die; der Taubheit, *kein Plural*; Taub-heit; **taubstumm**

tauchen; du tauchst, er tauchte, sie hat den Pinsel ins Wasser getaucht, sie ist bis zum Boden getaucht; tau-chen; der **Taucher**; der **Taucheranzug**; der **Tauchsieder**

tauen; es taut, es taute, es hat über Nacht getaut, der Schnee ist getaut; tau-en

Taufe, die; der Taufe, die Taufen; Tau-fe; **taufen**; der **Täufling**; der **Taufpate**; die **Taufpatin**

der Taucher

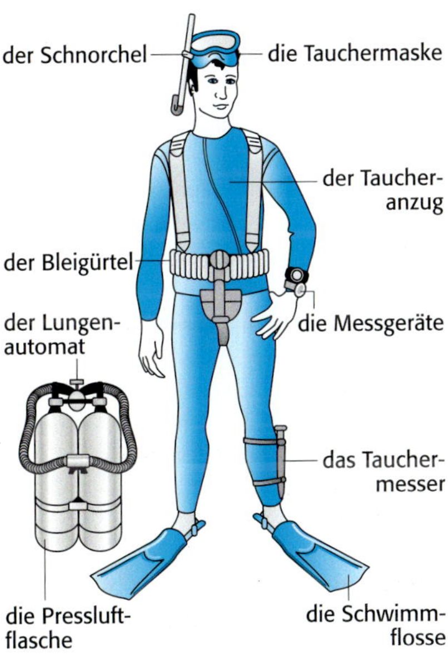

taufrisch; *keine Steigerung*; tau-frisch; taufrische Blumen

taugen; du taugst, er taugte, sie hat zu nichts getaugt; tau-gen; der **Taugenichts**; **tauglich**

Taumel, der; des Taumels, *kein Plural*; Tau-mel; **taumeln**; sie ist mit letzter Kraft ins Ziel getaumelt

Tausch, der; des Tausch(e)s, *Plural selten*: die Tausche; Tausch; **tauschen**

täuschen; du täuschst, er täuschte seine Freunde, sie hat sich in ihm getäuscht; täu-schen; die **Täuschung**

tausend; tau-send; tausend Euro; die **Tausend**; **tausendein** (*auch* tausendundein); **tausendeins** (*auch* tausendundeins); der **Tausender**; **tausenderlei**; **tausendfach**; der **Tausendfüßer** (*auch* Tausendfüßler); **tausendjährig**; **tausendmal**; das **Tausendschön**; **tausendste**; die tausendste Besucherin; das **Tausendstel**; **Tausendundeinenacht** (Märchensammlung aus dem Orient); → Kasten „acht/Acht"

Tautropfen, der; des Tautropfens, die Tautropfen; Tau-trop-fen; das **Tauwetter**

Taxi, das; des Taxis, die Taxis; Ta-xi; der **Taxifahrer**; die **Taxifahrerin**

Team, das [tim]; des Teams, die Teams; die **Teamarbeit**; das **Teamwork**; Teamwork führte zum Erfolg

Technik, die; der Technik, die Techniken; Tech-nik; der **Techniker**; **technisch**

Techno, der/das [tekno] (Musikrichtung); des Techno/Technos, *kein Plural*; Tech-no

Technologie, die (Verfahren; Herstellungs- und Verfahrenskunde); der Technologie, die Technologien; Tech-no-lo-gie

Teddybär, der; des Teddybären, die Teddybären; Ted-dy-bär

Tee, der; des Tees, die Tees; Tee; die **Teeernte** (*auch* Tee-Ernte); die **Teekanne**; der **Teeladen**; der **Teelöffel**; zwei Teelöffel Zucker hinzugeben

Teenager, der [tinäidscher] (Mädchen oder Junge zwischen 13 und 19 Jahren); des Teenagers, die Teenager; Teen-ager; der **Teeny** (*auch* Teenie)

Teer, der; des Teer(e)s, *Plural selten*: die Teere; Teer; **teeren**; **teerig**

Teich, der; des Teich(e)s, die Teiche; Teich; im Garten einen Teich anlegen

Teig, der; des Teig(e)s, *Plural selten*: die Teige; Teig; **teigig**; **Teigwaren**

Teil, der/das; des Teil(e)s, die Teile; Teil; **teilbar**; **teilen**; er teilte einen Apfel, der Fluss hat sich geteilt; **teilhaben**; der Trainer hat am Erfolg teilgehabt

Teilnahme, die; der Teilnahme, die Teilnahmen; Teil-nah-me; **teilnahmslos**; teilnahmslos herumsitzen; **teilnehmen**

Teilung, die; der Teilung, die Teilungen; Tei-lung; **teilweise**; sie hat teilweise zugestimmt; die **Teilzahlung**; die **Teilzeit**

Teint, der [täng] (Hauttönung); des Teints, die Teints

Telearbeit, die (Heimarbeit über Internet); der Telearbeit, *kein Plural*; Te-le-ar-beit

Telefax, das (Versenden von Kopien über Telekommunikation); des Telefaxes, die Telefaxe; Te-le-fax

Telefon, das; des Telefons, die Telefone; Te-le-fon; das **Telefonbuch**; **telefonieren**; **telefonisch**; die **Telefonnummer**; das **Telefonverzeichnis**

telegen (fernsehgeeignet); telegener, am telegensten; te-le-gen

Telegraf, der (*auch* Telegraph); des Telegrafen, die Telegrafen; Te-le-graf; **telegrafieren** (*auch* telegraphieren); **telegrafisch** (*auch* telegraphisch); das **Telegramm**

das Telefon

Telekommunikation, die (Austausch mittels Telefon, Telefax, Internet); der Telekommunikation, *kein Plural*; Te-le-kom-mu-ni-ka-ti-on

Teleshopping, das; des Teleshoppings, *kein Plural*; Te-le-shop-ping; er findet Teleshopping bequem

Teleskop, das (Fernrohr); des Teleskop(e)s, die Teleskope; Te-le-skop/ Te-les-kop

Teller, der; des Tellers, die Teller; Tel-ler

Tempel, der (Gotteshaus; Kultstätte); des Tempels, die Tempel; Tem-pel

Temperament, das; des Temperament(e)s, die Temperamente; Tem-pe-ra-ment; **temperamentvoll**

Temperatur, die; der Temperatur, die Temperaturen; Tem-pe-ra-tur

Tempo, das; des Tempos, die Tempi/Tempos; Tem-po; die **Tempo-30-Zone**; das **Tempolimit**; **temporeich**; ein temporeiches Spiel

Tendenz, die; der Tendenz, die Tendenzen; Ten-denz; **tendenziell**; **tendieren**; er tendiert zum Umkehren

Tennis, das; des Tennis, *kein Plural*; Tennis; der **Tennisball**; der **Tennisschläger**

Tenor[1], der (Sinn, Inhalt); des Tenors, *kein Plural*; Te-nor; der Tenor des Beitrags

Tenor[2], der (Stimmlage); des Tenors, die Tenöre; Te-nor; der Tenor sang eine Arie

Teppich, der; des Teppichs, die Teppiche; Tep-pich

Termin, der; des Termins, die Termine; Ter-min; der **Terminal** [tõrminel] (Endstation; Abfertigungshalle); **terminieren**

Termite, die (Insekt); der Termite, die Termiten; Ter-mi-te

Terpentin, das (Harzöl); des Terpentins, *Plural selten*: die Terpentine; Ter-pen-tin

Terrarium, das; des Terrariums, die Terrarien; Ter-ra-ri-um; die Schlange im Terrarium halten

Terrasse, die; der Terrasse, die Terrassen; Ter-ras-se

territorial; *keine Steigerung*; ter-ri-to-ri-al; territoriale Besonderheiten; das **Territorium** (Hoheitsgebiet)

Terror, der; des Terrors, *kein Plural*; Terror; **terrorisieren**; der **Terrorismus**; der **Terrorist**; die **Terroristin**

Test, der; des Test(e)s, die Tests; Test

Testament, das; des Testament(e)s, die Testamente; Tes-ta-ment

testen; du testest, er testete, sie hat getestet; tes-ten; der **Tester**; die **Testerin**; die **Teststrecke**; der **Teststreifen**

Tetanusimpfung, die (Impfung gegen Wundstarrkrampf); der Tetanusimpfung, die Tetanusimpfungen; Te-ta-nus-impfung; die **Tetanusspritze**

teuer; teurer, am teuersten; teu-er; die **Teuerung**

Teufel, der; des Teufels, die Teufel; Teufel; **teuflisch**; ein teuflischer Plan

Text, der; des Text(e)s, die Texte; Text; die **Textaufgabe**; **texten**; sie hat die Strophen zur Melodie getextet

Textilien, die; der Textilien, *nur Plural*; Tex-ti-li-en; die **Textilindustrie**

Theater, das; des Theaters, die Theater; The-a-ter; die **Theateraufführung**; **theatralisch**

Theke, die; der Theke, die Theken; The-ke

Thema, das; des Themas, die Themata/Themen; The-ma; die **Thematik**; **thematisieren**; sie hat den Streit noch einmal thematisiert

Theologe, der; des Theologen, die Theologen; Theo-lo-ge; die **Theologie** (Religionswissenschaft); die **Theologin**

Theoretiker, der; des Theoretikers, die Theoretiker; The-o-re-ti-ker; **theoretisch**; die **Theorie**; eine gute Theorie wird sich in der Praxis bewähren

Therapeut, der; des Therapeuten, die Therapeuten; The-ra-peut; die Therapeutin konnte den verängstigten Kindern helfen; **therapeutisch**; die **Therapie**

Thermalbad, das; des Thermalbad(e)s, die Thermalbäder; Ther-mal-bad; die **Thermalquelle**; die **Therme** (heiße Quelle)

Thermometer, das; des Thermometers, die Thermometer; Ther-mo-me-ter; die **Thermosflasche**; der **Thermostat** (Wärmeregler)

These, die (Lehrsatz; Behauptung); der These, die Thesen; The-se

Thriller, der; des Thrillers, die Thriller; Thril-ler; nach einem Thriller schläft er schlecht

Thron, der; des Thron(e)s, die Throne; Thron; die **Thronfolge**

Thunfisch, der (*auch* Tunfisch); des Thunfisch(e)s, die Thunfische; Thun-fisch

THW, das = Technisches Hilfswerk

Tick, der; des Tick(e)s, die Ticks; Tick; er hat einen Tick; sie war einen Tick schneller

ticken; du tickst, er tickte, die Uhr hat getickt; ti-cken

Ticket, das (Eintrittskarte, Fahrkarte); des Tickets, die Tickets; Ti-cket

tief; tiefer, am tiefsten; tief → *Kasten* „hoch"; das **Tief** (Tiefdruckgebiet); **tiefblau**; die **Tiefe**; die **Tiefebene**; der **Tiefgang**; **tiefgekühlt**; die **Tiefsee**; **tiefsinnig**

Tier, das; des Tier(e)s, die Tiere; Tier; der **Tierarzt**; die **Tierärztin**; **tierisch**; tierisches Fett; der **Tierpark**; die **Tierquälerei**

Tiger, der; des Tigers, die Tiger; Ti-ger; das **Tigerfell**

tilgen; du tilgst, er tilgte, sie hat ihre Schulden getilgt; til-gen; die **Tilgung**

tingeln; du tingelst, er tingelte, die Artistin ist über Jahrmärkte getingelt; tin-geln

Tinktur, die; der Tinktur, die Tinkturen; Tink-tur; in der Flasche befand sich eine rätselhafte Tinktur

Tinte, die; der Tinte, die Tinten; Tin-te; der **Tintenfisch**; der **Tintenklecks**; der **Tintenkuli**

Tipp, der; des Tipps, die Tipps; Tipp; **tippen**; er tippte auf Sieg, sie hat sich an die Stirn getippt; der **Tippfehler**; der **Tippschein**

tipptopp; *keine Steigerung*; tipp-topp; die neuen Turnschuhe sind tipptopp

Tiramisu, das; des Tiramisus, *Plural selten*: die Tiramisus; Ti-ra-mi-su; als Nachtisch mag sie besonders Tiramisu

Tisch, der; des Tisch(e)s, die Tische; Tisch; die **Tischdecke**; der **Tischler**; **tischlern**; das **Tischtennis**

Titel, der; des Titels, die Titel; Ti-tel; der **Titelverteidiger**

Toast, das; des Toast(e)s, die Toaste/Toasts; Toast; das **Toastbrot**; der **Toaster**

toben; du tobst, er tobte, sie hat getobt; to-ben; die **Tobsucht**; **tobsüchtig**

Tochter, die; der Tochter, die Töchter; Toch-ter

Tod, der; des Tod(e)s, *Plural selten*: die Tode; Tod; **todernst**; die **Todesangst**; das **Todesopfer**; die **Todesstrafe**; das **Todesurteil**; → Kasten „Tod-/tod-"

todkrank; *keine Steigerung*; tod-krank; **tödlich**; **todmüde**; **todunglücklich**

Tohuwabohu, das (Durcheinander); Tohuwabohu(s), die Tohuwabohus; To-hu-wa-bo-hu

Toilette, die; der Toilette, die Toiletten; Toi-let-te; das **Toilettenpapier**

tolerant; toleranter, am tolerantesten; to-le-rant; die **Toleranz**; mit Toleranz die Meinungen anderer ernst nehmen

toll; toller, am tollsten; toll; **tollen**; die **Tollheit**; die **Tollkirsche**; **tollkühn**

Tod-/tod-

Zusammensetzungen mit dem Nomen „Tod" werden mit d geschrieben:

- Todfeind
- Todkranker

Das gilt auch für Adjektive, bei denen der erste Teil den Ausdruck jeweils verstärkt (im Sinne von „sehr, besonders"):

- ernst – todernst
- krank – todkrank
- müde – todmüde
- unglücklich – todunglücklich

P Q R S T U V W X

Tollpatsch, der; des Tollpatsch(e)s, die Tollpatsche; Tọll-patsch; **tollpatschig**; du stellst dich tollpatschig an

Tollwut, die; der Tollwut, *kein Plural*; Tọll-wut; **tollwütig**; ein tollwütiges Tier

Tölpel, der; des Tölpels, die Tölpel; Tọ̈l-pel; **tölpelhaft**

Tomate, die; der Tomate, die Tomaten; To-ma̲-te; das **Tomatenketschup** (*auch* Tomatenketchup); das **Tomatenmark**

Tombola, die; der Tombola, die Tombolas/Tombolen; Tọm-bo-la; sie hat bei der Tombola gewonnen

Ton[1], der; des Ton(e)s, die Tone; To̲n; eine Mischung aus Sand und Ton

Ton[2], der; des Ton(e)s, die Töne; To̲n; die **Tonart**; das **Tonband**; das **Tonbandgerät**

tönen[1]; es tönt, es tönte, laute Musik hat aus dem Lokal getönt; tö̲-nen

tönen[2]; du tönst, er tönte dem Kunden die Haare, sie hat sich die Haare getönt; tö̲-nen

Toner, der (Druckfarbe für Kopierer); des Toners, die Toner; To̲-ner

Tonfall, der; des Tonfall(e)s, *Plural selten*: die Tonfälle; To̲n-fall; die **Tonleiter**

Tonne, die; der Tonne, die Tonnen; Tọn-ne; **tonnenweise**; sie haben tonnenweise Altpapier gesammelt

Tönung, die; der Tönung, die Tönungen; Tö̲-nung; die Friseurin trug eine neue Tönung auf

Top, das (ärmelloses Oberteil der Kleidung); des Tops, die Tops; Tọp

Topf, der; des Topf(e)s, die Töpfe; Tọpf; die **Topfblume**; der **Töpfer**; die **Töpferei**; die **Töpferin**; **töpfern**; sie hat eine Vase getöpfert

topfit; *keine Steigerung*; tọp-fịt; die Mannschaft war topfit

Topografie, die (*auch* Topographie) (Lagebeschreibung); der Topografie, die Topografien; To-po-gra-fi̲e; sie stellt die Topografie des Landes dar; **topografisch** (*auch* topographisch)

Tor[1], das; des Tor(e)s, die Tore; To̲r; das Eingangstor; das Fußballtor

Tor[2], der; des Toren, die Toren; To̲r; wer sich dumm verhielt, wurde früher als Tor bezeichnet

Torf, der; des Torf(e)s, *kein Plural*; Tọrf; der **Torfboden**; die **Torferde**; **torfig**

Torfrau, die; der Torfrau, die Torfrauen; To̲r-frau; die Torfrau hielt den Strafstoß

Torheit, die; der Torheit, die Torheiten; To̲r-heit; der Kauf war eine Torheit; **töricht**

torkeln; du torkelst, er torkelte, sie ist benommen durchs Zimmer getorkelt; tọr-keln

Tormann, der; des Tormann(e)s, die Tormänner; To̲r-mann

Tornado, der (Wirbelsturm); des Tornados, die Tornados; Tor-na̲-do

Tornister, der (Ranzen); des Tornisters, die Tornister; Tor-nịs-ter

torpedieren; du torpedierst, er torpedierte, sie hat seine Pläne torpediert; tor-pe-di̲e-ren

Torso, der (Rumpf); des Torsos, die Torsi/Torsos; Tọr-so; vom Denkmal ist nur ein Torso erhalten

Torte, die; der Torte, die Torten; Tọr-te; der **Tortenboden**; der **Tortenguss**; die **Tortenplatte**

Tortur, die; der Tortur, die Torturen; Tor-tu̲r; die Gefangenen erlitten Torturen und Qualen

Torwart, der; des Torwart(e)s, die Torwarte; To̲r-wart; der Torwart hält die Bälle zuverlässig

tosen; es tost, es toste, die Brandung hat getost; to̲-sen

tot; *keine Steigerung*; tot; ein totes Tier; fast wäre er tot gewesen; sich tot stellen; → Kasten „Tot-/tot-"

total; *keine Steigerung*; to-tal; totale Sonnenfinsternis; der **Totalschaden**

Tote, der/die; des Toten/der Toten, die Toten; To-te

Totem, das (Gegenstand oder Lebewesen, dem übernatürliche Kräfte zugesprochen werden); des Totems, die Totems; der **Totempfahl**

töten; du tötest, er tötete, sie hat eine Wespe getötet; tö-ten

totenblass; *keine Steigerung*; to-ten-blass; der **Totenkopf**; **totenstill**; die **Totenstille**; **totgeboren** (*auch* tot geboren)

totlachen, sich totlachen; du lachst dich tot, er lachte sich tot, sie hat sich über seine Grimassen totgelacht; tot-la-chen

Toto, der/das (Wettspiel); des Totos, *Plural selten*: die Totos; To-to; der **Totoschein**

Totschlag, der; des Totschlag(e)s, *Plural selten*: die Totschläge; Tot-schlag; **totschlagen**; sie hat die Zeit totgeschlagen; die **Tötung**

Toupet, das [tupe] (Haarersatz); des Toupets, die Toupets; Tou-pet

Tour, die (Umdrehung; Ausflug); der Tour, die Touren; das Fahrerfeld kam auf Touren; die Radtour; der **Tourenzähler**

Tourismus, der; des Tourismus, *kein Plural*; Tou-ris-mus; der **Tourist**; die **Touristin**

Tournee, die; der Tournee, die Tourneen; Tour-nee; die Musiker gehen auf Tournee

Tower, der [tauer] (Kontrollturm am Flughafen); des Towers, die Tower; To-wer/Tow-er

Trab, der [trab/trab]; des Trab(e)s, *kein Plural*; **traben**; das **Trabrennen**

Tracht, die; der Tracht, die Trachten; Tracht; beim Heimatfest trugen manche Trachten; das Trachtenfest; der Trachtenumzug

trachten; du trachtest, er trachtete, sie hat nach Ruhm und Ehre getrachtet; trach-ten

trächtig (schwanger); *keine Steigerung*; träch-tig; die Kuh war trächtig

Tradition, die; der Tradition, die Traditionen; Tra-di-ti-on; **traditionell**; sie feiern ein traditionelles Familienfest

Trafo, der = Transformator; des Trafo(s), die Trafos; Tra-fo

träg (*auch* träge); träger, am trägsten; träge; beim Sport ist er träge

tragen; du trägst, er trug, sie hat das Kind getragen; tra-gen; der **Träger**; die **Tragetasche**; **tragfähig**; eine tragfähige Lösung; das **Tragflügelboot**

Trägheit, die; der Trägheit, *kein Plural*; Träg-heit

Tragik, die; der Tragik, *kein Plural*; Tra-gik; **tragisch**; ein tragischer Unfall; die **Tragödie**

Tragweite, die; der Tragweite, *kein Plural*; Trag-wei-te; eine Entscheidung mit unabsehbarer Tragweite

Trainer, der; des Trainers, die Trainer; Trainer; **trainieren**; das **Training**; der **Trainingsanzug**

Trakt, der (Teil eines Gebäudes); des Trakt(e)s, die Trakte; Trakt

traktieren (quälen, schlecht behandeln); du traktierst, er traktierte, sie hat ihr Opfer mit Schlägen traktiert; trak-tie-ren

Traktor, der; des Traktors, die Traktoren; Trak-tor

trällern; du trällerst, er trällerte, sie hat ein Lied geträllert; träl-lern

trampeln; du trampelst, er trampelte, sie hat einen Pfad durch den Schnee

Tot-/tot-

Zusammensetzungen, die auf das Adjektiv „tot" (= nicht lebend) zurückgehen, werden mit t geschrieben:
- Totgeburt
- Totschlag

Verbunden mit Verben hat der Wortteil „tot" oft (nicht immer) eine steigernde Wirkung hinsichtlich der Bedeutung:
- sich totarbeiten
- sich totlachen

Dagegen:
- tottreten
- totschlagen

Bei den folgenden Adjektiven wird die Bedeutung von „tot" durch einen Zusatz verändert:
- scheintot (= nicht wirklich tot)
- mundtot (= nicht tot, sondern nur zum Schweigen gebracht)

Getrennt- und Zusammenschreibung:

Wortgruppen mit dem Adjektiv „tot" werden getrennt geschrieben.
Tipp: Solche Wortgruppen erkennst du oft daran, dass ein oder mehrere Wörter zwischen „tot" und Verb eingeschoben werden können:
- er wollte sich am liebsten tot (wie ein Stein) stellen
- sie wäre fast tot (vor Schreck) umgefallen
- er wird schon nicht gleich tot (und begraben) sein

Es gibt einige Verben mit jeweils eigener Bedeutung wie „totarbeiten", „totlachen", „totschweigen" oder „totschlagen". Sie werden im Infinitiv, beim Partizip und bei Endstellung des Verbs im Nebensatz zusammengeschrieben.
Tipp: Solche Zusammensetzungen erkennst du oft daran, dass beim Sprechen die Betonung auf „tot" liegt:
- er hat sich fast totgearbeitet
- ich könnte mich totlachen
- der Vorfall wurde totgeschwiegen
- ich fürchte, dass sie die Zeit totgeschlagen haben

In manchen Fällen ist Getrennt- oder Zusammenschreibung möglich:
- ein tot geborenes/totgeborenes Kind
- eine tot geschlagene/totgeschlagene Fliege
- ein tot gefahrener/totgefahrener Fuchs

getrampelt, er ist über das Beet getrampelt; tram-peln; der **Trampelpfad**; das **Trampeltier** (Kamelart)

trampen [trämpen]; du trampst, er trampte, sie ist getrampt; tram-pen; der **Tramper**; die **Tramperin**

Trampolin, das; des Trampolins, die Trampoline; Tram-po-lin

Tran, der (Fischfett); des Tran(e)s, *Plural selten*: die Trane; Tran

Trance, die [trongß] (schlafähnlicher Zustand); der Trance, *kein Plural*; Tran-ce; wie in Trance schloss er die Tür

Träne, die; der Träne, die Tränen; Trä-ne; **tränen**; das Auge hat ihr getränt; die **Tränendrüse**; das **Tränengas**

Trank, der; des Trank(e)s, die Tränke; Trank; die **Tränke**; eine Tränke für die Tiere aufstellen; **tränken**

Transfer, der; des Transfers, die Transfers; Trans-fer; Transfer vom Flughafen zum Hotel; **transferieren**; er transferiert Geld auf ein anderes Konto

Transformator, der; des Transformators, die Transformatoren; Trans-for-ma-tor

Transfusion, die; der Transfusion, die Transfusionen; Trans-fu-si-on; sie erhielt eine Bluttransfusion

Transistorradio, das (Radio ohne Röhren); des Transistorradios, die Transistorradios; Tran-sis-tor-ra-dio

Transit, der (Durchfuhr, Durchreise); des Transits, die Transite; Tran-sit

transitiv; *keine Steigerung*; tran-si-tiv; „öffnen" ist ein transitives Verb

Transitverkehr, der; des Transitverkehr(e)s, *kein Plural*; Tran-sit-ver-kehr

transparent (durchsichtig); transparenter, am transparentesten; trans-pa-rent; das **Transparent**; ein Transparent mit wichtigen Forderungen; das **Transparentpapier**

Transplantation, die (Gewebe- oder Organverpflanzung); der Transplantation, die Transplantationen; Trans-plan-ta-ti-on; **transplantieren**

Transport, der; des Transport(e)s, die Transporte; Trans-port; der **Transporter**; für den Umzug einen Transporter mieten; **transportfähig**; **transportieren**; **Transportkosten**

Trapez, das; des Trapezes, die Trapeze; Tra-pez; **trapezförmig**

Trapper, der (Pelztierjäger, Fallensteller); des Trappers, die Trapper; Trap-per

Trash, der [träsch] (Abfall, Schund); des Trashs, *kein Plural*

Trasse, die; der Trasse, die Trassen; Trasse; die Trasse für die neue Straße gibt es bereits

Tratsch, der; des Tratsch(e)s, *kein Plural*; Tratsch; **tratschen**; sie hat ständig über andere getratscht

Traube, die; der Traube, die Trauben; Traube; der **Traubensaft**; der **Traubenzucker**

trauen; du traust, er traute, die Standesbeamtin hat das Paar getraut, er hat sich nicht ins Wasser getraut; trau-en

Trauer, die; der Trauer, *kein Plural*; Trau-er; der **Trauerfall**; **trauern**; die **Trauerweide**

Traufe, die (untere Kante der Dachfläche); der Traufe, die Traufen; Trau-fe

träufeln; du träufelst, er träufelte, sie hat Zitronensaft auf den Fisch geträufelt, er hat sich Tropfen in die Nase geträufelt; träu-feln

Traum, der; des Traum(e)s, die Träume; Traum; der Traumberuf

Trauma, das (Schock); des Traumas , die Traumata/Traumen; Trau-ma; **traumatisch**; Krieg ist für viele eine traumatische Erfahrung

träumen; du träumst, er träumte, sie hat geträumt; träu-men; die **Träumerei**; **traumhaft**

traurig; trauriger, am traurigsten; trau-rig; die **Traurigkeit**

Trauring, der; des Trauring(e)s, die Trauringe; Trau-ring; der **Trauschein**

traut; trauter, am trautesten; traut; ein trautes Heim

Trauung, die; der Trauung, die Trauungen; Trau-ung; der **Trauzeuge**; die **Trauzeugin**

Treck, der (Zug von Siedlern, Flüchtlingen); des Trecks, die Trecks; Treck; der **Trecker** (Zugmaschine, Traktor)

Trecking, das (*auch* Trekking) (Bergwandern); des Treckings, *kein Plural*; Trecking; **Treckingschuhe**

P Q R S T U V W X

Treff, der; des Treffs, die Treffs; Treff; **treffen**; er traf den Ball, sie hat sich mit uns getroffen; das **Treffen**; **treffend**; der **Treffpunkt**; **treffsicher**

Treibeis, das; des Treibeises, *kein Plural*; Treib-eis; **treiben**; sie hat die Gruppe zur Eile getrieben, das Boot ist aufs Meer getrieben; der **Treiber**; das **Treibhaus**; der **Treibhauseffekt**; der **Treibstoff**

Trekking; Trek-king → Trecking

Trend, der; des Trends, die Trends; Trend; **trendy**; diese Farben sind trendy

trennbar; *keine Steigerung*; trenn-bar; **trennen**; die **Trennkost**; die **Trennung**; der **Trennungsstrich**

treppab [Adv.]; trepp-ab; **treppauf**; sie liefen treppauf und treppab; die **Treppe**; das **Treppenhaus**

Tresen, der; des Tresens, die Tresen; Tresen; er nahm das Wechselgeld vom Tresen

Tresor, der; des Tresors, die Tresore; Tresor

treten; du trittst, er trat, sie hat den Ball ins Aus getreten, er ist ins Beet getreten; tre-ten

treu; treuer, am treuesten; treu; die **Treue**; **treuherzig**; **treulos**

Triathlet, der; des Triathleten, die Triathleten; Tri-ath-let; die **Triathletin**; der **Triathlon**; beim Triathlon fiel ihm der abschließende Lauf am schwersten

Tribüne, die; der Tribüne, die Tribünen; Tri-bü-ne

Trichter, der; des Trichters, die Trichter; Trich-ter

Trick, der; des Tricks, die Tricks; Trick; der **Trickfilm**; **trickreich**; **tricksen**; die **Trickserei**

Trieb, der; des Trieb(e)s, die Triebe; Trieb; **triebhaft**; der **Triebtäter**

Triebwagen, der (Schienenfahrzeug mit eigenem Antrieb); des Triebwagens, die Triebwagen; Trieb-wa-gen; das **Triebwerk**

triefen; du triefst, er triefte/troff, Fett hat von den Pommes getrieft; trie-fen; **triefnass**

triezen; du triezt, er triezte, sie hat mit ihrer Ordnungssucht die gesamte Familie getriezt; trie-zen

triftig; triftiger, am triftigsten; trif-tig; triftige Gründe

Trikot, das [triko/triko]; des Trikots, die Trikots; Tri-kot

Triller, der (rascher Wechsel von Tönen); des Trillers, die Triller; Tril-ler; **trillern**; die **Trillerpfeife**

Trilogie, die (drei zusammengehörende Literatur-, Musik- oder Filmwerke); der Trilogie, die Trilogien; Tri-lo-gie

Trimm-dich-Pfad, der; des Trimm-dich-Pfad(e)s, die Trimm-dich-Pfade; Trimm-dich-Pfad; **trimmen**; er trimmte sich durch Training, die Schiffsbesatzung hat die Ladung ordnungsgemäß getrimmt (verteilt und befestigt)

trinken; du trinkst, er trank, sie hat getrunken; trin-ken; der **Trinker**; die **Trinkerin**; das **Trinkgeld**; das **Trinkwasser**

Trio, das; des Trios, die Trios; Trio

Trip, der (Ausflug, Fahrt; *auch* Rauschzustand; Menge an Drogen, die zu einem Rausch führen); des Trips, die Trips; Trip; ein Trip nach Korsika; er war auf dem Trip

trippeln; du trippelst, er trippelte, das Pferd ist vor dem Hindernis getrippelt; trip-peln; der **Trippelschritt**

Tripper, der (Geschlechtskrankheit); des Trippers, *Plural selten*: die Tripper; Tripper

trist; trister, am tristesten; trist; eine triste Landschaft

Tritt, der; des Tritt(e)s, die Tritte; Tritt; das **Trittbrett**; der **Trittbrettfahrer**; **trittfest**; **trittsicher**; im Gebirge ist er trittsicher

Triumph, der; des Triumph(e)s, die Triumphe; Tri-umph; **triumphieren**; sie hat über alle Mitbewerberinnen triumphiert

trivial (gewöhnlich, einfallslos); trivialer, am trivialsten; tri-vi-al; die **Trivialliteratur**; der **Trivialroman**

trocken; trockener, am trockensten; trocken; ein trockener Sommer; die **Trockenheit**; **trockenlegen**; er hat das Baby trockengelegt; **trockenreiben** (*auch* trocken reiben); sie hat das Pferd gut trockengerieben/trocken gerieben; die **Trockenzeit**; **trocknen**

Trödel, der (wertlose Sachen); des Trödels, *kein Plural*; Trö-del; der **Trödelmarkt**; **trödeln**; sie hat auf dem Schulweg getrödelt

Trog, der; des Trog(e)s, die Tröge; Trog

trollen, sich trollen; du trollst dich, er trollte sich, sie hat sich beschämt nach Hause getrollt; trol-len

Trommel, die; der Trommel, die Trommeln; Trom-mel; das **Trommelfell**; **trommeln**

Trompete, die; der Trompete, die Trompeten; Trom-pe-te; **trompeten**; der **Trompeter**; die **Trompeterin**

Tropen, die; der Tropen, *nur Plural*; Tropen; das **Tropenfieber**; das **Tropenklima**

Tropf[1], der (*Kurzform für* Infusion); des Tropf(e)s, *Plural selten*: die Tropfe; Tropf; der Schwerkranke hängt am Tropf

Tropf[2], der; des Tropf(e)s, die Tröpfe; Tropf; sie waren ungeschickt wie rechte Tröpfe

tröpfeln; du tröpfelst, er tröpfelte, sie hat Öl in das Türschloss getröpfelt, Wasser ist ihm auf den Kopf getröpfelt; tröp-feln; **tropfen**; der **Tropfen**; **tropfenweise**; **tropfnass**; die **Tropfsteinhöhle**

Trophäe, die; der Trophäe, die Trophäen; Tro-phäe; der Pokal war die ersehnte Trophäe

tropisch; *keine Steigerung*; tro-pisch; tropisches Klima

Tross, der (eine Menge Menschen; Gefolge); des Trosses, die Trosse; Tross

Trost, der; des Trost(e)s, *kein Plural*; Trost; **trösten**; er tröstete seine Schwester, sie hat sich mit einem Eis getröstet; **tröstlich**; **trostlos**; der **Trostpreis**

Trott, der; des Trott(e)s, *kein Plural*; Trott; Tag für Tag der gleiche Trott

Trottel, der; des Trottels, die Trottel; Trottel; **trottelig**

trotten; du trottest, er trottete, sie ist müde nach Hause getrottet; trot-ten

trotz [Präp.]; trotz; trotz des Regens; trotz vieler Bitten (Gen.)

Trotz, der; des Trotzes, *kein Plural*; Trotz; **trotzdem**; sie war müde; trotzdem half sie mit; **trotzen**; **trotzig**

trüb (*auch* trübe); trüber, am trübsten; trü-be

Trubel, der; des Trubels, *kein Plural*; Tru-bel

Trübsal, die (Kummer); der Trübsal, die Trübsale; Trüb-sal; **trübselig**; der **Trübsinn**; **trübsinnig**

trudeln; du trudelst, das Flugzeug trudelte, sie ist gemütlich ins Ziel getrudelt; tru-deln

Trüffel, die (unterirdischer Pilz; Praline mit Füllung); der Trüffel, die Trüffeln; Trüf-fel

Trugbild, das; des Trugbild(e)s, die Trugbilder; Trug-bild; **trügerisch**; eine trügerische Hoffnung; der **Trugschluss**

Truhe, die; der Truhe, die Truhen; Tru-he

Trümmer, die; der Trümmer, *nur Plural*; Trüm-mer; der **Trümmerhaufen**

Trumpf, der; des Trumpf(e)s, die Trümpfe; Trumpf

Trunkenheit, die; der Trunkenheit, *kein*

Plural; Trun-ken-heit; die **Trunksucht**; **trunksüchtig**

Truppe, die; der Truppe, die Truppen; Trup-pe; der **Truppenabbau**; die **Truppenstärke**

Truthahn, der; des Truthahns, die Truthähne; Trut-hahn; die **Truthenne**

Tsatsiki; Tsa-tsi-ki/Tsat-si-ki → Zaziki

tschau (*auch* ciao) (auf Wiedersehen, tschüs); tschau; **tschüs** (*auch* tschüss)

T-Shirt, das; des T-Shirts, die T-Shirts

Tuba, die (Musikinstrument); der Tuba, die Tuben; Tu-ba

Tube, die; der Tube, die Tuben; Tu-be; eine Tube Zahnpasta

Tuberkulose, die (Lungenkrankheit); der Tuberkulose, die Tuberkulosen; Tu-ber-ku-lo-se; **tuberkulosekrank**

Tuch, das; des Tuch(e)s, die Tuche/Tücher; Tuch; Anzüge aus feinen Tuchen; sie bindet gern Tücher um; die **Tuchfabrik**; die **Tuchfühlung**

tüchtig; tüchtiger, am tüchtigsten; tüch-tig; die **Tüchtigkeit**

Tücke, die; der Tücke, die Tücken; Tü-cke

tuckern; du tuckerst, er tuckerte mit dem Traktor durchs Dorf, der Motor hat getuckert, sie ist mit dem alten Moped nach Hause getuckert; tu-ckern

tückisch; tückischer, am tückischsten; tü-ckisch; ein tückisches Gewässer

tüfteln; du tüftelst, er tüftelte, sie hat lange an der Bastelei getüftelt; tüf-teln; der **Tüftler**

Tugend, die; der Tugend, die Tugenden; Tu-gend; **tugendhaft**

Tulpe, die; der Tulpe, Tulpen; Tul-pe

tummeln, sich tummeln; du tummelst dich, er tummelte sich, sie hat sich getummelt; tum-meln; der **Tummelplatz**

Tumor, der (Geschwulst); des Tumors, die Tumore/Tumoren; Tu-mor

Tümpel, der; des Tümpels, die Tümpel; Tüm-pel

Tumult, der (Lärm, Durcheinander); des Tumult(e)s, die Tumulte; Tu-mult

tun; du tust, er tat, sie hat allen gut getan; das **Tun**; des Tuns, *kein Plural*

Tünche, die; der Tünche, die Tünchen; Tün-che; **tünchen**; frisch getüncht

tunen [tjunen]; du tunst, er tunte, sie hat das Mofa getunt; tu-nen; der **Tuner** (Radiogerät ohne Verstärker)

Tunfisch; → Thunfisch

Tunichtgut, der; des Tunichtguts, die Tunichtgute; Tu-nicht-gut

Tunke, die; der Tunke, die Tunken; Tun-ke; **tunken**; sie hat Brot in die Soße getunkt

tunlichst [Adv.]; tun-lichst; das solltest du tunlichst vermeiden

Tunnel, der; des Tunnels, die Tunnel; Tun-nel

tupfen; du tupfst, er tupfte, sie hat rote Punkte auf die Tasse getupft; tup-fen; der **Tupfen**; der **Tupfer**

Tür, die; der Tür, die Türen; Tür

Turban, der; des Turbans, die Turbane; Tur-ban

Turbine, die; der Turbine, die Turbinen; Tur-bi-ne; der **Turbinenantrieb**; der **Turbo**; er zündete auf den letzten Metern den Turbo; der **Turbolader**

turbulent; turbulenter, am turbulentesten; tur-bu-lent; eine turbulente Überfahrt; die **Turbulenz**

Turm, der; des Turm(e)s, die Türme; Turm

türmen; du türmst, er türmte, sie hat die Pakete getürmt, sie ist aus dem Gefängnis getürmt; tür-men

turnen; du turnst, er turnte, sie hat am Reck geturnt; tur-nen; der **Turner**; die **Turnerin**; die **Turnhalle**

Turnier, das; des Turniers, die Turniere; Tur-nier

Turnschuh, der; des Turnschuhs, die Turnschuhe; Turn-schuh; der **Turnverein**

Türöffner, der; des Türöffners, die Türöffner; Tür-öff-ner; das **Türschloss**

Tusch, der; des Tusch(e)s, *Plural selten*: die Tusche; Tusch; die Kapelle spielte einen Tusch

Tusche, die; der Tusche, die Tuschen; Tusche; mit Tusche zeichnen

tuscheln; du tuschelst, er tuschelte, sie hat über seine Frisur getuschelt; tuscheln

Tuschkasten, der; des Tuschkastens, die Tuschkästen; Tusch-kas-ten; die **Tuschzeichnung**

Tüte, die; der Tüte, die Tüten; Tü-te

tuten; du tutest, er tutete, sie hat getutet; tu-ten

TÜV, der = Technischer Überwachungs-Verein; das Auto zum TÜV bringen

TV = Television; die **TV-Serie**; der **TV-Star**

Typ, der; des Typs, die Typen; Typ; ein Flugzeug vom Typ Airbus; ein Virus des Typs A; er ist nicht mein Typ; die **Type** (Einheit beim Drucken; *auch* auffälliger Mensch); **typisch**

Tyrann, der; des Tyrannen, die Tyrannen; Ty-rann; **tyrannisch**; **tyrannisieren**; er hat die gesamte Gruppe tyrannisiert

Tyrannosaurus, der; des Tyrannosaurus, die Tyrannosaurier; Ty-ran-no-sau-rus; der **Tyrannosaurus Rex**

U

u. = und

u. Ä. = und Ähnliches

u. a.[1] = und andere/anderes; Peter, Martin, Klaus u. a. halfen uns; **u. a.**[2] = unter anderem/anderen; er hat zur Veranschaulichung u. a. Fotos genutzt

U-Bahn, die; der U-Bahn, die U-Bahnen; U-Bahn; der **U-Bahnhof**; das **U-Bahn-Netz**; die **U-Bahn-Station**

übel; übler, am übelsten; übel; → Kasten „übel/Übel"

Übel, das; des Übels, die Übel; Übel; **übelgelaunt** (*auch* übel gelaunt); **übelgesinnt** (*auch* übel gesinnt); die **Übelkeit**; **übelnehmen** (*auch* übel nehmen); das hat er mir übelgenommen; der **Übeltäter**

üben; du übst, er übte, sie hat geübt; üben

über [Präp.]; über; das Bild hängt über seinem Bett (wo? → Dat.); er hat das Bild über sein Bett gehängt (wohin? → Akk.)

überall [Adv.]; über-all; überall findet er Freunde

überaus [Adv.]; über-aus; sie war überaus freundlich

überbeanspruchen; du überbeanspruchst, er überbeanspruchte, sie hat ihre Eltern überbeansprucht; über-be-an-spru-chen

überbieten; du überbietest, er überbot, sie hat überboten; über-bie-ten

Überbleibsel, das; des Überbleibsels, die Überbleibsel; Über-bleib-sel; von der Burg gab es nur noch wenige Überbleibsel

Überblick, der; des Überblick(e)s, die Überblicke; Über-blick; **überblicken**; sie hat die Lage sofort überblickt

überbrücken; du überbrückst, er überbrückte, sie hat die Zeit mit Lesen überbrückt; über-brü-cken

überdies [Adv.] (außerdem); über-dies

Überdosis, die; der Überdosis, *Plural selten*: die Überdosen; Über-do-sis; die Überdosis von Medikamenten führte zum Tod

Überdruss, der; des Überdrusses, *kein Plural*; Über-druss; sie übten bis zum Überdruss; **überdrüssig**

übel/Übel

Groß- und Kleinschreibung:

Das Adjektiv „übel" wird kleingeschrieben:
– ein übles Wetter
– ein ganz übler Geruch

Das Nomen „(das) Übel" wird großgeschrieben:
– das Übel nahm seinen Lauf
– seine Krankheit war ein großes Übel

Getrennt- und Zusammenschreibung:

In den meisten Fällen wird „übel" in Verbindung mit Verben als Wortgruppe getrennt geschrieben:
– man hat ihr übel mitgespielt
– sie hat sich übel gefühlt
– von dem fetten Essen wird ihr sicher übel sein
– von den vielen Süßigkeiten wird dir schrecklich übel werden

Ausnahmen: „übel nehmen/übelnehmen" kann man getrennt oder zusammenschreiben:
– du musst das nicht gleich übel nehmen/übelnehmen

„übelwollen" schreibt man zusammen:
– er hat ihm übelgewollt

In Verbindungen mit Partizipien ist Getrennt- oder Zusammenschreibung möglich:
– ein übel gelaunter/übelgelaunter Mensch
– eine übel riechende/übelriechende Flüssigkeit
– ein übel gesinnter/übelgesinnter Zeitgenosse

überdurchschnittlich; *keine Steigerung*; über-durch-schnitt-lich; eine überdurchschnittliche Leistung

übereilen; du übereilst, er übereilte nichts, sie hat sich damit übereilt; über-ei-len

übereinander [Adv.]; über-ei-nan-der/über-ein-an-der; sie lachten übereinander; **übereinanderlegen**; er legte die Sachen übereinander, sie hat die Bücher übereinandergelegt; **übereinanderliegen**; **übereinanderschichten**; **übereinanderstellen**

Übereinkommen, das; des Übereinkommens, die Übereinkommen; Über-ein-kom-men; sie lösten den Streit durch ein Übereinkommen; die **Übereinkunft**

übereinstimmen; du stimmst überein, er stimmte überein, sie hat mit den anderen übereingestimmt; über-ein-stim-men

überfahren[1]; du überfährst, er überfuhr, sie hat ihn ans andere Ufer übergefahren; über-fah-ren

überfahren[2]; du überfährst, er überfuhr, sie hat eine Katze überfahren; über-fah-ren

Überfall, der; des Überfall(e)s, die Überfälle; Über-fall; **überfallen**; **überfällig**; diese Entschuldigung war überfällig

überfließen; du fließt ja über vor Glück, er floss über, das Wasser ist übergeflossen; über-flie-ßen; der **Überfluss**; die **Überflussgesellschaft**; **überflüssig**

überfluten; du überflutest, sie überflutete, der Fluss hat das Tal überflutet; über-flu-ten

überfordern; du überforderst, er überforderte die Kinder, sie hat sich beim Wettkampf überfordert; über-for-dern; die **Überforderung**

überführen[1]; du überführst, er überführte, sie hat das Fahrzeug vom Werk zum Kunden überführt/übergeführt; über-füh-ren/über-füh-ren

überführen[2] (eine Tat nachweisen); du überführst, er überführte, die Polizei hat den Täter überführt; über-füh-ren

überfüllt; *keine Steigerung*; über-füllt; ein überfüllter Bus

Übergang, der; des Übergang(e)s, die Übergänge; Über-gang

übergeben[1]; du übergibst, er übergab, sie hat einen Brief übergeben; über-ge-ben

übergeben[2], sich übergeben; du übergibst dich, er übergab sich, die Kranke hat sich übergeben; über-ge-ben

übergehen[1]; es geht über, es ging über, der Schnee ist in Regen übergegangen; über-ge-hen

übergehen[2] (vernachlässigen; nicht beachten); du übergehst, er überging, sie hat sein Handzeichen übergangen; über-ge-hen

Übergewicht, das; des Übergewicht(e)s, *kein Plural*; Über-ge-wicht; **übergewichtig**

Übergriff, der; des Übergriff(e)s, die Übergriffe; Über-griff

überhandnehmen; er nimmt überhand, er nahm überhand, der Verkehr hat überhandgenommen; über-hand-neh-men

überhaupt [Adv.]; über-haupt; das stimmt überhaupt nicht

überheblich; überheblicher, am überheblichsten; über-heb-lich; die **Überheblichkeit**

überholen; du überholst, er überholte, sie hat überholt; über-ho-len; die **Überholspur**; das **Überholverbot**

überlassen; du überlässt, er überließ, sie hat alles dem Zufall überlassen; über-las-sen

überlasten; du überlastest, er überlastete, sie hat das Fahrzeug überlastet, sie ist völlig überlastet; über-las-ten

überlaufen[1]; du läufst über, er lief über, sie ist zum Gegner übergelaufen, die Milch ist übergelaufen; über-lau-fen

überlaufen[2]; du überläufst, er überlief, sie hat die andere Spielerin überlaufen; über-lau-fen

überleben; du überlebst, er überlebte, sie hat überlebt; über-le-ben

überlegen[1]; du legst über, er legte über, sie hat sich eine Decke übergelegt; über-le-gen

überlegen[2]; du überlegst, er überlegte lange, sie hat sich ein Beispiel überlegt; über-le-gen; **überlegt**; eine gut überlegte Entscheidung; die **Überlegung**

Überlieferung, die; der Überlieferung, die Überlieferungen; Über-lie-fe-rung

überlisten; du überlistest, er überlistete, sie hat überlistet; über-lis-ten

Übermacht, die; der Übermacht, *kein Plural*; Über-macht; **übermächtig**; sein Hunger war übermächtig

übermäßig; *keine Steigerung*; über-mäßig; übermäßiger Verzehr von Süßigkeiten schadet

übermitteln; du übermittelst, er übermittelte, sie hat die Nachricht übermittelt; über-mit-teln; die **Übermittlung** (*auch* Übermittelung)

übermorgen [Adv.]; über-mor-gen; kommst du übermorgen Abend?

Übermut, der; des Übermut(e)s, *kein Plural*; Über-mut; **übermütig**

Q R S T U V W X Y

übernächste; *keine Steigerung*; über-nächs-te; er nimmt den übernächsten Bus

übernachten; du übernachtest, er übernachtete, sie hat übernachtet; über-nạch-ten; die **Übernachtung**

übernehmen; du übernimmst, er übernahm die Aufgabe, sie hat sich beim Training übernommen; über-neh-men

überqueren; du überquerst, er überquerte, sie hat die Straße überquert; über-que-ren

überraschen; du überraschst, er überraschte, sie hat überrascht; über-rạ-schen; die **Überraschung**

überreden; du überredest, er überredete, sie hat überredet; über-re-den; die **Überredung**

überreif; *keine Steigerung*; über-reif

überrumpeln; du überrumpelst, er überrumpelte, sie hat überrumpelt; über-rụm-peln

überrunden; du überrundest, er überrundete, sie hat überrundet; über-rụn-den

übers = über das; übers; übers Wetter reden

Überschallflugzeug, das; des Überschallflugzeug(e)s, die Überschallflugzeuge; Über-schall-flug-zeug; die **Überschallgeschwindigkeit**

überschätzen; du überschätzt, er überschätzte seine Fähigkeiten, sie hat sich oft überschätzt; über-schạ̈t-zen

überschaubar; überschaubarer, am überschaubarsten; über-schau-bar

Überschlag, der; des Überschlag(e)s, die Überschläge; Über-schlag; **überschlagen**; er überschlug die Kosten, das Auto hat sich überschlagen

überschneiden, sich überschneiden; die Flächen überschneiden sich, der Termin überschnitt sich mit einem anderen, mein Plan hat sich mit seinem überschnitten; über-schnei-den

überschreiten; du überschreitest, er überschritt, sie hat die Grenze überschritten; über-schrei-ten

Überschrift, die; der Überschrift, die Überschriften; Über-schrift

Überschuss, der; des Überschusses, die Überschüsse; Über-schuss; **überschüssig**; überschüssige Kraft

Überschwang, der; des Überschwang(e)s, *kein Plural*; Über-schwang; **überschwänglich**; überschwängliches Lob

überschwemmen; du überschwemmst, er überschwemmte, sie hat das Bad überschwemmt; über-schwẹm-men; die **Überschwemmung**

Überseehafen; des Überseehafens, die Überseehäfen; Über-see-ha-fen; **überseeisch**; überseeische Verbindungen

übersehen; du übersiehst, er übersah, sie hat das Schild übersehen; über-se-hen

übersetzen[1]; du setzt über, er setzte über, sie hat auf die Insel übergesetzt; über-set-zen

übersetzen[2]; du übersetzt, er übersetzte, sie hat aus dem Englischen übersetzt; über-sẹt-zen; die **Übersetzung**

Übersicht, die; der Übersicht, die Übersichten; Über-sicht; **übersichtlich**

überspielen; du überspielst, er überspielte, sie hat Songs auf eine CD überspielt; über-spie-len

überstehen; du überstehst, er überstand, sie hat den Unfall überstanden; über-ste-hen

überstimmen; du überstimmst, er überstimmte, sie haben die anderen überstimmt; über-stịm-men

Überstunde, die; der Überstunde, die Überstunden; Über-stun-de

überstürzen; du überstürzt, er überstürzte, sie hat die Entscheidung überstürzt; über-stụ̈r-zen

Übertrag, der; des Übertrag(e)s, die Überträge; Über-trag; **übertragen**; die **Übertragung**

übertreffen; du übertriffst, er übertraf, sie hat alle Erwartungen übertroffen; über-tref-fen

übertreiben; du übertreibst, er übertrieb, sie hat übertrieben; über-trei-ben

übertreten[1]; du trittst über, er trat über, sie ist in die nächste Klasse übergetreten, sie hat/ist beim Sprung übergetreten; über-tre-ten

übertreten[2]; du übertrittst, er übertrat, sie hat die Spielregeln übertreten; über-tre-ten

übervoll; *keine Steigerung*; über-voll

überwältigen; du überwältigst, er überwältigte, sie hat den Angreifer überwältigt; über-wäl-ti-gen; **überwältigend**

überweisen; du überweist, er überwies, sie hat überwiesen; über-wei-sen; die **Überweisung**

überwiegend [Adv.]; über-wie-gend/über-wie-gend; gestern war es überwiegend heiter

überwinden; du überwindest, er überwand die Sperre, sie hat sich überwunden, kalt zu duschen; über-win-den; die **Überwindung**

überzählig; *keine Steigerung*; über-zäh-lig; die überzähligen Besucher mussten warten

überzeugen; du überzeugst, er überzeugte alle, sie hat sich von seinem Können überzeugt; über-zeu-gen; **überzeugend**; die **Überzeugung**

überziehen[1]; du ziehst über, er zog über, sie hat sich eine Jacke übergezogen; über-zie-hen

überziehen[2]; du überziehst, er überzog, sie hat ihr Konto überzogen; über-zie-hen

Überzug, der; des Überzug(e)s, die Überzüge; Über-zug

üblich; üblicher, am üblichsten; üb-lich; das übliche Verhalten

U-Boot, das = Unterseeboot; des U-Boots, die U-Boote; U-Boot

übrig; *keine Steigerung*; üb-rig; die übrige Suppe kann ich morgen essen; etwas Geld übrig haben; es ist etwas Kuchen übrig geblieben

übrigbleiben (keine andere Wahl haben); es bleibt übrig, es blieb übrig, es ist mir nichts anderes übriggeblieben; üb-rig-blei-ben

übrigens [Adv.]; üb-ri-gens; gestern hat er übrigens geschrieben

übrighaben (jemanden mögen); du hast etwas für ihn übrig, er hatte etwas für mich übrig, sie hat etwas für uns übriggehabt; üb-rig-ha-ben

Übung, die; der Übung, die Übungen; Übung

Ufer, das; des Ufers, die Ufer; Ufer

Ufo, das = unbekanntes Flugobjekt; des Ufos, die Ufos; Ufo

Uhr, die; der Uhr, die Uhren; Uhr; der **Uhrzeigersinn**; sie bewegen sich im Uhrzeigersinn; die **Uhrzeit**; → Kasten „Uhrzeit/Zeitangaben"

Uhu, der; des Uhus, die Uhus; Uhu

UKW = Ultrakurzwelle

Ulk, der; des Ulk(e)s, *Plural selten*: die Ulke; Ulk; **ulkig**

Ultimatum, das (zeitlich begrenzte Frist); des Ultimatums, die Ultimaten; Ul-ti-ma-tum

Ultraschall, der; des Ultraschalls, *kein Plural*; Ul-tra-schall; die **Ultraschallbehandlung**

um [Präp.]; um; er geht um die Ecke; sie kommt um acht Uhr; der Streit um Worte

umarmen; du umarmst, er umarmte, sie

das Unterseeboot
(U-Boot)

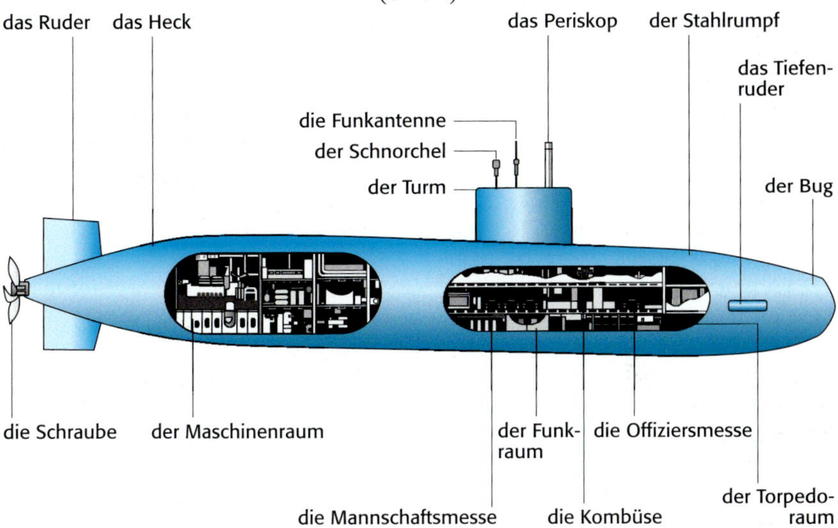

hat ihre Mutter umarmt; um-ạr-men; die **Umarmung**

Umbau, der; des Umbaus, die Umbaue/Umbauten; Ụm-bau; wegen Umbau geschlossen

umbringen; du bringst um, er brachte um, sie hat das Tier fast umgebracht; ụm-brin-gen

umdrehen; du drehst um, er drehte das Bild um, sie hat sich nach mir umgedreht; ụm-dre-hen; die **Umdrehung**

umfahren[1]; du fährst um, er fuhr um, sie hat einen Pfahl umgefahren; ụm-fah-ren

umfahren[2]; du umfährst, er umfuhr, sie hat die Innenstadt umfahren; um-fa̱h-ren

umfallen; du fällst um, er fiel um, sie ist umgefallen; ụm-fal-len

Umfang, der; des Umfang(e)s, die Umfänge; Ụm-fang; **umfangreich**

umfassend; umfassender, am umfassendsten; um-fạs-send; ein umfassender Bericht

Umfrage, die; der Umfrage, die Umfragen; Ụm-fra-ge; das **Umfrageergebnis**

Umgang, der; des Umgang(e)s, *Plural selten*: die Umgänge; Ụm-gang; viele Stadtmauern hatten Umgänge; ist das der rechte Umgang für dich?; **umgänglich**; er ist recht umgänglich; die **Umgangsform**; die **Umgangssprache**

Umgebung, die; der Umgebung, die Umgebungen; Um-ge̱-bung

umgekehrt; *keine Steigerung*; ụm-gekehrt; die Sache ist genau umgekehrt

Umhang, der; des Umhang(e)s, die Umhänge; Ụm-hang

Umkehr, die; der Umkehr, *kein Plural*; Ụm-kehr; **umkehren**; die **Umkehrung**

umkippen; du kippst um, er kippte um, sie hat das Glas umgekippt, der Stuhl ist umgekippt; ụm-kip-pen

Uhrzeit/Zeitangaben

Die Uhrzeit wird offiziell so angegeben:

gesprochen:	**geschrieben:**
– acht Uhr fünfzig	– 8.50 Uhr, 8:50 Uhr, 8^{50} Uhr
– neun Uhr fünfzehn, neun Uhr und fünfzehn Minuten	– 9.15 Uhr, 9:15 Uhr, 9^{15} Uhr
– dreizehn Uhr	– 13.00 Uhr, 13:00 Uhr, 13^{00} Uhr
– einundzwanzig Uhr dreißig, einundzwanzig Uhr und dreißig Minuten	– 21.30 Uhr, 21:30 Uhr, 21^{30} Uhr
– von fünfzehn bis siebzehn Uhr	– von 15.00 Uhr bis 17.00 Uhr von 15:00 Uhr bis 17:00 Uhr von 15^{00} Uhr bis 17^{00} Uhr

In der Alltagssprache gibt es verschiedene Möglichkeiten, die Uhrzeit anzugeben, wobei regional unterschiedliche Varianten bevorzugt werden, z. B.:

gesprochen:	**geschrieben:**
– zehn vor neun, zehn Minuten vor neun	– 8.50 Uhr, 8:50 Uhr, 8^{50} Uhr *und* 20.50 Uhr, 20:50 Uhr, 20^{50} Uhr
– Viertel nach neun, viertel zehn, fünfzehn Minuten nach neun	– 9.15 Uhr, 9:15 Uhr, 9^{15} Uhr *und* 21.15 Uhr, 21:15 Uhr, 21^{15} Uhr
– halb zehn	– 9.30 Uhr, 9:30 Uhr, 9^{30} Uhr *und* 21.30 Uhr, 21:30 Uhr, 21^{30} Uhr
– Viertel vor zehn, fünfzehn Minuten vor zehn, drei viertel zehn	– 9.45 Uhr, 9:45 Uhr, 9^{45} Uhr *und* 21.45 Uhr, 21:45 Uhr, 21^{45} Uhr
– ein Uhr, (es ist) eins, (es ist) um eins,	– 1.00 Uhr, 1:00 Uhr, 1^{00} Uhr *und* 13.00 Uhr, 13:00 Uhr, 13^{00} Uhr
– von drei bis fünf (Uhr)	– von 15.00 Uhr bis 17.00 Uhr *oder* von 15:00 Uhr bis 17:00 Uhr *oder* von 15^{00} Uhr bis 17^{00} Uhr

umkommen; du kommst um, er kam um, sie ist umgekommen; ụm-kom-men

Umkreis, der; des Umkreises, die Umkreise; Ụm-kreis; **umkreisen**

Umlaut, der; des Umlauts, die Umlaute; Ụm-laut; ä, ö und ü sind Umlaute

umleiten; du leitest um, er leitete um, sie hat umgeleitet; ụm-lei-ten; die **Umleitung**

Q R S T U V W X Y

Umriss, der; des Umrisses, die Umrisse; Ụm-riss

ums [Präp.] = um das; rund ums Haus

Umsatz, der; des Umsatzes, die Umsätze; Ụm-satz; die Umsätze sind gestiegen

Umschau, die; der Umschau, *kein Plural*; Ụm-schau; **umschauen**, sich umschauen

Umschlag, der; des Umschlag(e)s, die Umschläge; Ụm-schlag

umschreiben[1]; du schreibst um, er schrieb um, sie hat den Text umgeschrieben; ụm-schrei-ben

umschreiben[2]; du umschreibst, er umschrieb, sie hat das, was sie meint, umschrieben; um-schrei-ben; die **Umschreibung**

umschulen; du schulst um, er schulte um, sie hat auf Sekretärin umgeschult; ụm-schu-len; die Eltern haben ihr Kind umschulen lassen; die **Umschulung**

umsehen, sich umsehen; du siehst dich um, er sah sich um, sie hat sich in der fremden Stadt umgesehen; ụm-se-hen; die **Umsicht**; **umsichtig**; sich umsichtig verhalten

umsiedeln; du siedelst um, er siedelte um, sie ist umgesiedelt; ụm-sie-deln

umso [Konj.]; ụm-so; wenn du zögerst, dauert es umso länger

umsonst [Adv.]; um-sọnst; die Sticker gab es umsonst

Umstand, der; des Umstand(e)s, die Umstände; Ụm-stand; **umständlich**

umsteigen; du steigst um, er stieg um, sie ist umgestiegen; ụm-stei-gen

umstellen[1]; du stellst um, er stellte die Stühle um, sie hat sich vollkommen umgestellt; ụm-stel-len

umstellen[2]; sie umstellt, sie umstellte, die Polizei hat das Haus umstellt; um-stẹl-len

umstritten; umstrittener, am umstrittensten; um-strịt-ten; eine umstrittene Entscheidung

Umsturz, der; des Umsturzes, die Umstürze; Ụm-sturz

Umtausch, der; des Umtausch(e)s, *Plural selten*: die Umtausche; Ụm-tausch; **umtauschen**

umwälzen; du wälzt um, er wälzte um, sie hat die Steine umgewälzt; ụm-wäl-zen; die **Umwälzpumpe**; die **Umwälzung**

Umweg, der; des Umweg(e)s, die Umwege; Ụm-weg

Umwelt, die; der Umwelt, *kein Plural*; Ụm-welt; **umweltschonend**; der **Umweltschutz**; der **Umweltschützer**; die **Umweltverschmutzung**; **umweltverträglich**; die **Umweltzerstörung**

umziehen; du ziehst um, er zog um, sie ist letztes Jahr umgezogen; sie hat sich für die Feier umgezogen; ụm-zie-hen

umzingeln; sie umzingeln, sie umzingelten, sie haben das Zeltlager umzingelt; um-zịn-geln

Umzug, der; des Umzug(e)s, die Umzüge; Ụm-zug

UN = United Nations (Vereinte Nationen)

unabhängig; *keine Steigerung*; ụn-ab-hän-gig; die **Unabhängigkeit**

unablässig; *keine Steigerung*; un-ab-lạ̈s-sig; unablässiges Schweigen

unachtsam; unachtsamer, am unachtsamsten; ụn-acht-sam

unangemessen; *keine Steigerung*; ụn-an-ge-mes-sen; eine unangemessene Forderung

unangenehm; unangenehmer, am unangenehmsten; ụn-an-ge-nehm; die **Unannehmlichkeit**

unanständig; unanständiger, am unanständigsten; ụn-an-stän-dig; die **Unanständigkeit**

unantastbar; *keine Steigerung*; un-an-tạst-bar; sein Ruf war unantastbar
unappetitlich; unappetitlicher, am unappetitlichsten; ụn-ap-pe-tit-lich
unauffällig; unauffälliger, am unauffälligsten; ụn-auf-fäl-lig
unaufhörlich; *keine Steigerung*; un-auf-hö̱r-lich
unaufmerksam; unaufmerksamer, am unaufmerksamsten; ụn-auf-merk-sam; die **Unaufmerksamkeit**
unausstehlich; unausstehlicher, am unausstehlichsten; un-aus-stẹ̱h-lich
unbedenklich; *keine Steigerung*; ụn-be-denk-lich; ein unbedenklicher Wirkstoff
unbedeutend; unbedeutender, am unbedeutendsten; ụn-be-deu-tend
unbedingt; *keine Steigerung*; ụn-be-dingt; erwartet wurde unbedingter Gehorsam, du musst unbedingt vorbeikommen
unbefangen; unbefangener, am unbefangensten; ụn-be-fan-gen; eine unbefangene Gesprächspartnerin
unbefriedigend; unbefriedigender, am unbefriedigendsten; ụn-be-frie-di-gend; ein unbefriedigendes Ergebnis
unbegrenzt; *keine Steigerung*; ụn-be-grenzt; unbegrenzte Möglichkeiten
unbegründet; *keine Steigerung*; ụn-be-grün-det; unbegründete Angst
unbeholfen; unbeholfener, am unbeholfensten; ụn-be-hol-fen; eine unbeholfene Bewegung
unbeirrt; *keine Steigerung*; un-be-ịrrt; unbeirrter Wille
unbekannt; unbekannter, am unbekanntesten; ụn-be-kannt
unbekümmert; unbekümmerter, am unbekümmertsten; ụn-be-küm-mert
unbequem; unbequemer, am unbequemsten; ụn-be-quem
unbeschränkt; *keine Steigerung*; ụn-be-schränkt; unbeschränkter Zugang zu allen Räumen
unbeschreiblich; *keine Steigerung*; un-be-schre̱i̱b-lich; von unbeschreiblicher Schönheit
unbestimmt; unbestimmter, am unbestimmtesten; ụn-be-stimmt
unbestritten; *keine Steigerung*; ụn-be-strit-ten; eine unbestrittene Wahrheit
unbeweglich; *keine Steigerung*; ụn-be-weg-lich
unbewusst; *keine Steigerung*; ụn-be-wusst; eine unbewusste Bewegung
und [Konj.]; ụnd
undankbar; undankbarer, am undankbarsten; ụn-dank-bar
undeutlich; undeutlicher, am undeutlichsten; ụn-deut-lich
unecht; *keine Steigerung*; ụn-echt
uneigennützig; uneigennütziger, am uneigennützigsten; ụn-ei-gen-nüt-zig
uneingeschränkt; *keine Steigerung*; ụn-ein-ge-schränkt
unendlich; *keine Steigerung*; un-ẹnd-lich; die **Unendlichkeit**
unentgeltlich (kostenlos); *keine Steigerung*; ụn-ent-gelt-lich/un-ent-gẹlt-lich; die Unterlagen gibt es unentgeltlich
unentschieden; *keine Steigerung*; ụn-ent-schie-den
unerbittlich; unerbittlicher, am unerbittlichsten; un-er-bịtt-lich
unerheblich; unerheblicher, am unerheblichsten; ụn-er-heb-lich; unerhebliche Schäden
unerklärlich; *keine Steigerung*; ụn-er-klär-lich/un-er-klạ̈r-lich
unerlässlich; unerlässlicher, am unerlässlichsten; un-er-lạ̈ss-lich; eine gute Vorbereitung ist unerlässlich
unermesslich; *keine Steigerung*; un-er-mẹss-lich; unermesslicher Reichtum

Q R S T U V W X Y

unermüdlich; unermüdlicher, am unermüdlichsten; un-er-müd-lich

unerträglich; unerträglicher, am unerträglichsten; un-er-träg-lich

unerwartet; *keine Steigerung*; ụn-er-war-tet; unerwarteter Besuch

unfähig; unfähiger, am unfähigsten; ụn-fä-hig; die **Unfähigkeit**

unfair; unfairer, am unfairsten; ụn-fair; unfaires Verhalten

Unfall, der; des Unfall(e)s, die Unfälle; Ụn-fall; die **Unfallflucht**; **unfallfrei**; die **Unfallursache**

unfassbar; unfassbarer, am unfassbarsten; un-fạss-bar; unfassbare Qualen

unfehlbar; *keine Steigerung*; un-fẹhl-bar; die **Unfehlbarkeit**

Unfug, der; des Unfugs, *kein Plural*; Ụn-fug

Ungeduld, die; der Ungeduld, *kein Plural*; Ụn-ge-duld; **ungeduldig**

ungeeignet; ungeeigneter, am ungeeignetsten; ụn-ge-eig-net

ungefähr; *keine Steigerung*; ụn-ge-fähr; eine ungefähre Vorstellung; er konnte den Ort ungefähr beschreiben

ungefährlich; ungefährlicher, am ungefährlichsten; ụn-ge-fähr-lich

ungeheuer; *keine Steigerung*; ụn-ge-heu-er; ungeheure Anstrengungen; das **Ungeheuer**

ungehorsam; ungehorsamer, am ungehorsamsten; ụn-ge-hor-sam; der **Ungehorsam**

ungelernt; *keine Steigerung*; ụn-ge-lernt; eine ungelernte Arbeitskraft

ungeniert [ụnschenirt]; ungenierter, am ungeniertesten; un-ge-niert

ungenießbar; *keine Steigerung*; ụn-ge-nieß-bar/un-ge-nieß-bar; ein ungenießbarer Pilz

ungenügend; *keine Steigerung*; ụn-ge-nü-gend

ungerade (*auch* ungrade); *keine Steigerung*; ụn-ge-ra-de; ungerade Zahlen

ungerecht; ungerechter, am ungerechtesten; ụn-ge-recht; die **Ungerechtigkeit**

ungern [Adv.]; ụn-gern; sie geht ungern weg

ungestüm (stürmisch); ungestümer, am ungestümsten; ụn-ge-stüm; eine ungestüme Umarmung

ungewiss; ungewisser, am ungewissesten; ụn-ge-wiss; eine ungewisse Zukunft

ungewöhnlich; ungewöhnlicher, am ungewöhnlichsten; ụn-ge-wöhn-lich

Ungeziefer, das; des Ungeziefers, *kein Plural*; Ụn-ge-zie-fer

Unglück, das; des Unglück(e)s, die Unglücke; Ụn-glück; **unglücklich**; **unglücklicherweise**; der **Unglücksfall**

ungültig; *keine Steigerung*; ụn-gül-tig; ein ungültiger Versuch

ungünstig; ungünstiger, am ungünstigsten; ụn-güns-tig

Unheil, das; des Unheil(e)s, *kein Plural*; Ụn-heil; **unheilbar**

unheimlich; unheimlicher, am unheimlichsten; ụn-heim-lich/un-heim-lich

uni [ụni/üni] (einfarbig); *keine Steigerung*

UNICEF, die = United Nations International Emergency Fund (Kinderhilfswerk der Vereinten Nationen)

Uniform, die; der Uniform, die Uniformen; Uni-fọrm

Universität, die; der Universität, die Universitäten; Uni-ver-si-tät

Universum, das; des Universums, *kein Plural*; Uni-vẹr-sum

unklar; unklarer, am unklarsten; ụn-klar; die **Unklarheit**

Unkosten, die; *nur Plural*; Ụn-kos-ten; unnötige Unkosten vermeiden

Unkraut, das; des Unkraut(e)s, die Unkräuter; Ụn-kraut

unmenschlich; unmenschlicher, am unmenschlichsten; un-mẹnsch-lich; die **Unmenschlichkeit**

unmissverständlich; unmissverständlicher, am unmissverständlichsten; ụn-miss-ver-ständ-lich

unmittelbar; *keine Steigerung*; ụn-mit-tel-bar; unmittelbare Lebensgefahr

unmöglich; unmöglicher, am unmöglichsten; un-mög-lich; die **Unmöglichkeit**

unmündig; *keine Steigerung*; ụn-mün-dig; da er unmündig war, vermochte er dies nicht zu entscheiden

unnötig; unnötiger, am unnötigsten; ụn-nö-tig

UNO, die = United Nations Organization (Organisation der Vereinten Nationen)

unordentlich; unordentlicher, am unordentlichsten; ụn-or-dent-lich; die **Unordnung**

unparteiisch; *keine Steigerung*; ụn-par-tei-isch

unpassend; unpassender, am unpassendsten; ụn-pas-send; eine unpassende Bemerkung

unpässlich; *keine Steigerung*; ụn-päss-lich; sich unpässlich fühlen; die **Unpässlichkeit**

unpersönlich; *keine Steigerung*; ụn-per-sön-lich; ein unpersönlicher Brief

unpünktlich; unpünktlicher, am unpünktlichsten; ụn-pünkt-lich; die **Unpünktlichkeit**

Unrat, der (Abfall); des Unrat(e)s, *kein Plural*; Ụn-rat

unrecht (falsch, nicht richtig); *keine Steigerung*; ụn-recht; das ist unrecht von ihm gewesen; das **Unrecht**; er hat ihm Unrecht/unrecht getan; sie hat Unrecht/unrecht bekommen; da hast du Unrecht/unrecht; du bist im Unrecht; er wurde zu Unrecht bestraft

unregelmäßig; unregelmäßiger, am unregelmäßigsten; ụn-re-gel-mä-ßig

unreif; unreifer, am unreifsten; ụn-reif; die **Unreife**

Unruhe, die; der Unruhe, die Unruhen; Ụn-ru-he; **unruhig**

uns [Pron.]; ụns; er fehlt uns; wir freuen uns

unsagbar; *keine Steigerung*; un-sag-bar; **unsäglich**; unsägliche Qualen

unscheinbar; unscheinbarer, am unscheinbarsten; ụn-schein-bar

Unschuld, die; der Unschuld, *kein Plural*; Ụn-schuld; **unschuldig**

unselbstständig (*auch* unselbständig); unselbstständiger, am unselbstständigsten; ụn-selbst-stän-dig; die **Unselbstständigkeit** (*auch* Unselbständigkeit)

unser [Pron.]; ụn-ser; unser Haus; er erinnert sich unser

unsicher; unsicherer, am unsichersten; ụn-si-cher; die **Unsicherheit**

unsichtbar; *keine Steigerung*; ụn-sicht-bar

Unsinn, der; des Unsinn(e)s, *kein Plural*; Ụn-sinn; **unsinnig**

unsterblich; *keine Steigerung*; un-stẹrb-lich; die **Unsterblichkeit**

unsympathisch; unsympathischer, am unsympathischsten; ụn-sym-pa-thisch

unteilbar; *keine Steigerung*; un-teil-bar

unten [Adv.]; ụn-ten; er will unten bleiben; auf der Seite rechts unten; wie unten erwähnt; **untenstehend** (*auch* unten stehend); lies die untenstehende/unten stehende Anmerkung

unter [Präp.]; ụn-ter; unter dem Schirm sitzen (wo? → Dat.); unter den Schirm flüchten (wohin? → Akk.)

Unterarm, der; des Unterarm(e)s, die Unterarme; Ụn-ter-arm

unterbleiben; es unterbleibt, es unterblieb, die Warnung ist unterblieben; un-ter-blei-ben

unterbrechen; du unterbrichst, er unterbrach den Redner, sie hat sich selbst unterbrochen; un-ter-brẹ-chen; die **Unterbrechung**

unterbringen; du bringst unter, er brachte unter, sie hat ihre Sachen im Schrank untergebracht; ụn-ter-brin-gen

unterdessen [Adv.] (inzwischen); un-ter-dẹs-sen

unterdrücken; du unterdrückst, er unterdrückte, sie hat unterdrückt; un-ter-drụ̈-cken

untereinander [Adv.]; un-ter-ein-ạn-der/un-ter-ei-nạn-der; untereinander Sticker tauschen; **untereinanderschreiben**; er hat die Ziffern genau untereinandergeschrieben; **untereinanderstehen**; **untereinanderstellen**

unterentwickelt; *keine Steigerung*; ụn-ter-ent-wi-ckelt; die **Unterentwicklung**

Unterernährung, die; der Unterernährung, *kein Plural*; Ụn-ter-er-näh-rung

Unterführung, die; der Unterführung, die Unterführungen; Un-ter-fü̱h-rung

Untergang, der; des Untergang(e)s, die Untergänge; Ụn-ter-gang; **untergehen**; das Schiff ist untergegangen

Untergrund, der; des Untergrund(e)s, die Untergründe; Ụn-ter-grund; die **Untergrundbewegung**

unterhalb [Präp.]; ụn-ter-halb; unterhalb des Gipfels (Gen.)

unterhalten; du unterhältst die ganze Gruppe, er unterhielt Kontakte ins Ausland, sie haben sich über Tennis unterhalten; un-ter-hạl-ten; die **Unterhaltung**

Unterhemd, das; des Unterhemd(e)s, die Unterhemden; Ụn-ter-hemd

Unterholz, das (Gebüsch unter Bäumen); des Unterholzes, *kein Plural*; Ụn-ter-holz

Unterhose, die; der Unterhose, die Unterhosen; Ụn-ter-ho-se

unterirdisch; *keine Steigerung*; ụn-ter-irdisch

unterkommen; du kommst unter, er kam unter, sie ist bei Freunden untergekommen; ụn-ter-kom-men

Unterkühlung, die; der Unterkühlung, die Unterkühlungen; Un-ter-kü̱h-lung

Unterkunft, die; der Unterkunft, die Unterkünfte; Ụn-ter-kunft

Unterlage, die; der Unterlage, die Unterlagen; Ụn-ter-la-ge

unterlassen; du unterlässt, er unterließ, sie hat es unterlassen, uns vorher zu fragen; un-ter-lạs-sen; die **Unterlassung**

unterlegen; unterlegener, am unterlegensten; un-ter-lẹ-gen; er war seinem Gegner unterlegen; die **Unterlegenheit**

Unterleib, der; des Unterleib(e)s, *Plural selten*: die Unterleiber; Ụn-ter-leib

unterm [Präp.] = unter dem; ụn-term; unterm Baum (wo? → Dat.)

Untermiete, die; der Untermiete, die Untermieten; Ụn-ter-mie-te; der **Untermieter**; die **Untermieterin**

unternehmen; du unternimmst, er unternahm, sie hat immer etwas unternommen; un-ter-nẹh-men; das **Unternehmen**; der **Unternehmer**; die **Unternehmerin**; **unternehmungslustig**

unterordnen; du ordnest unter, er ordnete seine eigenen Wünsche unter, sie hat sich nicht gern untergeordnet; ụn-ter-ord-nen; die **Unterordnung**

Unterredung, die; der Unterredung, die Unterredungen; Un-ter-rẹ-dung

Unterricht, der; des Unterricht(e)s, *Plural selten*: die Unterrichte; Ụn-ter-richt; **unterrichten**; **unterrichtsfrei**; die **Unterrichtsstunde**

unterscheiden; du unterscheidest, er unterschied die Wortarten richtig, sie hat sich von ihren Freundinnen deutlich unterschieden; un-ter-sche̲i-den; der **Unterschied**

unterschlagen; du unterschlägst, er unterschlug, sie hat Geld unterschlagen; un-ter-schla̲-gen; die **Unterschlagung**

Unterschlupf, der; des Unterschlupf(e)s, die Unterschlupfe; Ụn-ter-schlupf

unterschreiben; du unterschreibst, er unterschrieb, sie hat unterschrieben; unter-schre̲i-ben; die **Unterschrift**

unterstellen[1]; du stellst unter, er stellte unter, sie hat ihr Rad im Hof untergestellt; ụn-ter-stel-len

unterstellen[2]; du unterstellst, er unterstellte, sie hat ihm Böses unterstellt; unter-stẹl-len; die **Unterstellung**

unterstreichen; du unterstreichst, er unterstrich, sie hat unterstrichen; un-terstre̲i-chen

unterstützen; du unterstützt, er unterstützte, sie hat unterstützt; un-ter-stụ̈t-zen; die **Unterstützung**

untersuchen; du untersuchst, er untersuchte, sie hat untersucht; un-ter-su̲-chen; die **Untersuchung**

Untertasse, die; der Untertasse, die Untertassen; Ụn-ter-tas-se

Unterwäsche, die; der Unterwäsche, *kein Plural*; Ụn-ter-wä-sche

unterwegs [Adv.]; un-ter-wẹgs; er war lange unterwegs

Unterwelt, die; der Unterwelt, die Unterwelten; Ụn-ter-welt

Untiefe, die; der Untiefe, die Untiefen; Ụn-tie-fe

unübersichtlich; unübersichtlicher, am unübersichtlichsten; ụn-über-sicht-lich; eine unübersichtliche Kurve; die **Unübersichtlichkeit**

ununterbrochen; *keine Steigerung*; ụn-unter-bro-chen; es schneit ununterbrochen

unverbindlich; unverbindlicher, am unverbindlichsten; ụn-ver-bind-lich; ein unverbindliches Angebot

unverblümt (offen, freimütig); unverblümter, am unverblümtesten; ụn-verblümt

unverfroren (dreist, frech); unverfrorener, am unverfrorensten; ụn-ver-froren; die **Unverfrorenheit**

unvergesslich; unvergesslicher, am unvergesslichsten; ụn-ver-gess-lich/un-vergẹss-lich

unverhohlen (offen); unverhohlener, am unverhohlensten; ụn-ver-hoh-len; unverhohlene Schadenfreude

unvermeidlich; *keine Steigerung*; un-verme̲id-lich; unvermeidlicher Verschleiß

unverschämt; unverschämter, am unverschämtesten; ụn-ver-schämt; die **Unverschämtheit**

unversehens [Adv.] (plötzlich); ụn-ver-sehens; unversehens polterten Steine herab

unversehrt; *keine Steigerung*; ụn-versehrt; er blieb beim Unfall unversehrt

unverständlich; unverständlicher, am unverständlichsten; ụn-ver-ständ-lich/un-ver-stạ̈nd-lich

unverwüstlich; unverwüstlicher, am unverwüstlichsten; ụn-ver-wüst-lich/un-verwụ̈st-lich; unverwüstliches Material

unverzagt; unverzagter, am unverzagtesten; ụn-ver-zagt; trotz des Missgeschicks arbeitete er unverzagt weiter

unverzüglich; *keine Steigerung*; ụn-verzüg-lich/un-ver-zü̲g-lich; unverzügliche Hilfe

unvollständig; unvollständiger, am unvollständigsten; ụn-voll-stän-dig/un-vollstạ̈n-dig

unvorsichtig; unvorsichtiger, am unvorsichtigsten; ụn-vor-sich-tig

unwahr; *keine Steigerung*; ụn-wahr; die **Unwahrheit**

unwahrscheinlich; unwahrscheinlicher, am unwahrscheinlichsten; un-wahr-schein-lich

unwegsam; unwegsamer, am unwegsamsten; un-weg-sam; unwegsames Gelände

unweit [Präp.]; un-weit; unweit des Flusses (Gen.)

Unwetter, das; des Unwetters, die Unwetter; Un-wet-ter

unwiderruflich; *keine Steigerung*; un-wi-der-ruf-lich/un-wi-der-ruf-lich; eine unwiderrufliche Entscheidung

unwiderstehlich; unwiderstehlicher, am unwiderstehlichsten; un-wi-der-steh-lich/un-wi-der-steh-lich

unwillig; unwilliger, am unwilligsten; un-wil-lig

unwillkürlich (ohne Nachdenken); *keine Steigerung*; un-will-kür-lich/un-will-kür-lich; eine unwillkürliche Handlung

unwirsch (unfreundlich); unwirscher, am unwirschesten; un-wirsch

unwissend; unwissender, am unwissendsten; un-wis-send; die **Unwissenheit**; **unwissentlich**; sie haben sich unwissentlich strafbar gemacht

unwohl; unwohler, am unwohlsten; un-wohl; das **Unwohlsein**

unzertrennlich; unzertrennlicher, am unzertrennlichsten; un-zer-trenn-lich/un-zer-trenn-lich

Unzucht, die (sexuell unmoralisches, strafbares Verhalten); der Unzucht, *kein Plural*; Un-zucht; **unzüchtig**

unzufrieden; unzufriedener, am unzufriedensten; un-zu-frie-den; die **Unzufriedenheit**

unzuverlässig; unzuverlässiger, am unzuverlässigsten; un-zu-ver-läs-sig; die **Unzuverlässigkeit**

Update, das [apdait]; des Updates, die Updates; Up-date; **updaten**; sie hat das Programm upgedatet

üppig; üppiger, am üppigsten; üp-pig; ein üppiges Essen

Urabstimmung, die; der Urabstimmung, die Urabstimmungen; Ur-ab-stim-mung

uralt; *keine Steigerung*; ur-alt

Uraufführung, die; der Uraufführung, die Uraufführungen; Ur-auf-füh-rung

urbar (nutzbar); *keine Steigerung*; ur-bar; das Land urbar machen

Ureinwohner, der; des Ureinwohners, die Ureinwohner; Ur-ein-woh-ner

Urenkel, der; des Urenkels, die Urenkel; Ur-en-kel

urgemütlich; *keine Steigerung*; ur-ge-müt-lich

Urgroßeltern, die; der Urgroßeltern, *nur Plural*; Ur-groß-el-tern; die **Urgroßmutter**; der **Urgroßvater**

Urheber, der; des Urhebers, die Urheber; Ur-he-ber; das **Urheberrecht**

Urin, der; des Urins, *Plural selten*: die Urine; Urin; **urinieren**

Urkunde, die; der Urkunde, die Urkunden; Ur-kun-de; **urkundlich**; urkundlich erwähnt

Urlaub, der; des Urlaub(e)s, die Urlaube; Ur-laub; der **Urlauber**; viele Urlauber und Urlauberinnen besuchten die Insel; **urlaubsreif**

Urne, die; der Urne, die Urnen; Ur-ne

Ursache, die; der Ursache, die Ursachen; Ur-sa-che

Ursprung, der; des Ursprung(e)s, die Ursprünge; Ur-sprung; **ursprünglich**

Urteil, das; des Urteils, die Urteile; Ur-teil; **urteilen**

Urwald, der; des Urwald(e)s, die Urwälder; Ur-wald

urwüchsig; urwüchsiger, am urwüchsigsten; ur-wüch-sig

Urzeit, die (früheste Zeistufe der Erde); der Urzeit, *kein Plural*; Ur-zeit

USA = United States of America; der **US-Amerikaner**; **US-amerikanisch**

usw. = und so weiter

Utopie, die (Vorstellung von einem künftigen Zustand); der Utopie, die Utopien; Uto-pie; **utopisch**

V

Vagabund, der (Landstreicher, Herumtreiber); des Vagabunden, die Vagabunden; Va-ga-bund; die **Vagabundin**

Vagina, die (Scheide als Teil des weiblichen Geschlechtsorgans); der Vagina, die Vaginen; Va-gi-na/Va-gi-na

Vampir, der; des Vampir(e)s, die Vampire; Vam-pir/ Vam-pir

Vandalismus, der (*auch* Wandalismus) (Zerstörungswut); des Vandalismus, *kein Plural*; Van-da-lis-mus

Vanille, die; der Vanille, *kein Plural*; Va-nil-le; das **Vanilleeis**

Variante, die; der Variante, die Varianten; Va-ri-an-te; **variieren**; sie variierten ihren Text

Vase, die; der Vase, die Vasen; Va-se; die **Vasenmalerei**

Vater, der; des Vaters, die Väter; Va-ter; das **Vaterland**; **väterlich**

v. Chr. = vor Christus; die Stadt wurde etwa 400 v. Chr. zerstört

Vegetarier, der (jemand, der sich von pflanzlicher Kost ernährt); des Vegetariers, die Vegetarier; Ve-ge-ta-ri-er; **vegetarisch**; vegetarisches Essen

Vehikel, das (altmodisches Fahrzeug, Gefährt); des Vehikels, die Vehikel; Ve-hi-kel

Veilchen, das; des Veilchens, die Veilchen; Veil-chen

Vene, die; der Vene, die Venen; Ve-ne; die **Venenentzündung**

Ventil, das; des Ventil(e)s, die Ventile; Ven-til

verabreden; du verabredest dich, er verabredete sich, sie hat ein Treffen verabredet; sie haben sich für Montag verabredet; ver-ab-re-den; die **Verabredung**

verabschieden; du verabschiedest, er verabschiedete, sie hat den Besucher verabschiedet; sie haben sich spät verabschiedet; ver-ab-schie-den

verachten; du verachtest, er verachtete, sie hat verachtet; ver-ach-ten; **verächtlich**; die **Verachtung**

verallgemeinern; du verallgemeinerst, er verallgemeinerte, sie hat ihre Erfahrungen verallgemeinert; ver-all-ge-mei-nern

Veranda, die; der Veranda, *Plural selten*: die Veranden; Ve-ran-da

veränderlich; veränderlicher, am veränderlichsten; ver-än-der-lich; **verändern**, sich verändern; die **Veränderung**

Veranlagung, die; der Veranlagung, die Veranlagungen; Ver-an-la-gung

veranlassen; du veranlasst, er veranlasste, sie hat veranlasst; ver-an-las-sen

veranstalten; du veranstaltest, er veranstaltete, sie hat veranstaltet; ver-an-stal-ten; die **Veranstaltung**

verantworten; du verantwortest, er verantwortete, sie hat die Maßnahme verantwortet; der Dieb muss sich vor Gericht verantworten; ver-ant-wor-ten; **verantwortlich**; die **Verantwortung**

verarbeiten; du verarbeitest, er verarbeitete verschiedene Materialien, sie hat den Unfall noch nicht verarbeitet; ver-ar-bei-ten; die **Verarbeitung**

verärgern; du verärgerst, er verärgerte, sie hat ihren Vater verärgert; ver-är-gern

Verb, das; des Verbs, die Verben; Verb

Verband, der; des Verband(e)s, die Verbände; Ver-band; der **Verbandkasten** (*auch* Verbandskasten); die **Verbandszeitschrift**

verbergen; du verbirgst, er verbarg, sie hat verborgen; ver-ber-gen

verbessern; du verbesserst, er verbesserte, sie hat verbessert; ver-bes-sern; die **Verbesserung**

verbeugen, sich verbeugen; du verbeugst dich, er verbeugte sich, sie hat sich verbeugt; ver-beu-gen; die **Verbeugung**

verbieten; du verbietest, er verbat, sie hat verboten; ver-bie-ten

verbinden; du verbindest, er verband, sie hat verbunden; ver-bin-den; **verbindlich**; die **Verbindung**

verbissen; verbissener, am verbissensten; ver-bis-sen; sein verbissener Kampf um Erfolg

verbittert; verbitterter, am verbittertsten; ver-bit-tert

verblassen; sie verblasst, sie verblasste, die Erinnerung ist verblasst; ver-blas-sen

verblüffen; du verblüffst, er verblüffte, sie hat verblüfft; ver-blüf-fen; **verblüffend**; eine verblüffende Lösung; die **Verblüffung**

verblühen; du verblühst, er verblühte, die Blume ist verblüht; ver-blü-hen

verborgen; verborgener, am verborgensten; ver-bor-gen

Verbot, das; des Verbot(e)s, die Verbote; Ver-bot; **verboten**; Fragen sind nicht verboten

Verbrauch, der; des Verbrauch(e)s, *kein Plural*; Ver-brauch; **verbrauchen**; der **Verbraucher**; der **Verbraucherschutz**

Verbrechen, das; des Verbrechens, die Verbrechen; Ver-bre-chen; der **Verbrecher**; **verbrecherisch**

verbreiten; du verbreitest, er verbreitete, sie hat verbreitet; ver-brei-ten; die **Verbreitung**

verbrennen; du verbrennst, er verbrannte den Brief, sie hat sich die Finger verbrannt; ver-bren-nen; die **Verbrennung**

Verbund, der; des Verbund(e)s, die Verbünde; Ver-bund; der **Verbündete**

Verdacht, der; des Verdacht(e)s, die Verdachte/Verdächte; Ver-dacht; **verdächtig**; **verdächtigen**; die **Verdächtigung**

verdanken; du verdankst, er verdankte, sie hat dem Bergdienst ihre Rettung verdankt; ver-dan-ken

verdauen; du verdaust, er verdaute, sie hat verdaut; ver-dau-en; die **Verdauung**; das **Verdauungsorgan**

Verdeck, das; des Verdeck(e)s, die Verdecke; Ver-deck; **verdecken**

verderben; du verdirbst uns die Stimmung, der Kuchen verdarb, sie hat mir den Tag verdorben; ver-der-ben; das **Verderben**; **verderblich**; verderbliche Ware

verdienen; du verdienst, er verdiente, sie hat verdient; ver-die-nen; der **Verdienst**[1] (Einkommen); das **Verdienst**[2] (Leistung für andere); **verdienstvoll**

verdoppeln; du verdoppelst, er verdoppelte, sie hat verdoppelt; ver-dop-peln; die **Verdoppelung** (*auch* Verdopplung)

verdorben; verdorbener, am verdorbensten; ver-dor-ben

verdrängen; du verdrängst, er verdrängte, sie hat verdrängt; ver-drän-gen

verdrießen; du verdrießt, er verdross, ihr schlechtes Betragen hat ihn verdrossen; ver-drie-ßen; **verdrießlich**; der **Verdruss**

verdünnen; du verdünnst, er verdünnte, sie hat verdünnt; ver-dün-nen

verdunsten; es verdunstet, es verdunstete, das Wasser ist verdunstet; ver-duns-ten

verdursten; du verdurstest, er verdurstete, sie ist verdurstet; ver-durs-ten

verdutzt; verdutzter, am verdutztesten; ver-dutzt; ein verdutzter Blick

verehren; du verehrst, er verehrte, sie hat verehrt; ver-eh-ren; die **Verehrung**

Verein, der; des Verein(e)s, die Vereine; Ver-ein

vereinbaren; du vereinbarst, er vereinbarte, sie hat einen Termin vereinbart; ver-ein-ba-ren; die **Vereinbarung**

vereinfachen; du vereinfachst, er vereinfachte, sie hat die Übung vereinfacht; ver-ein-fa-chen

vereinigen; du vereinigst, er vereinigte, sie hat vereinigt; ver-ei-ni-gen; die **Vereinigung**

vereint; *keine Steigerung*; ver-eint; mit vereinten Kräften

vereinzelt; *keine Steigerung*; ver-ein-zelt; vereinzelte Schauer

vereiteln (verhindern); du vereitelst, er vereitelte, sie hat den Angriff vereitelt; ver-ei-teln

verenden; es verendet, es verendete, das kranke Tier ist verendet; ver-en-den

vererben; du vererbst, er vererbte, sie hat ihr das Haus vererbt; ver-er-ben; die **Vererbung**

verfahren[1]; du verfährst, er verfuhr, sie ist genau nach Anweisung verfahren; ver-fah-ren

verfahren[2]; du verfährst dich, er verfuhr viel Benzin, sie hat sich an der Grenze verfahren; ver-fah-ren; das **Verfahren**

Verfall, der; des Verfall(e)s, *kein Plural*; Ver-fall; **verfallen**

verfassen; du verfasst, er verfasste, sie hat einen Leserbrief verfasst; ver-fassen; der **Verfasser**; die **Verfassung**

verfehlen; du verfehlst, er verfehlte, sie hat das Ziel verfehlt; sie haben sich am Treffpunkt verfehlt; ver-feh-len

verfolgen; du verfolgst, er verfolgte, sie hat verfolgt; ver-fol-gen; der **Verfolger**; der **Verfolgte**; die **Verfolgung**

verfügbar; verfügbarer, am verfügbarsten; ver-füg-bar; **verfügen**; er hat über genügend Kraft verfügt; die **Verfügung**

verführen; du verführst, er verführte, sie hat verführt; ver-füh-ren; der **Verführer**; **verführerisch**; die **Verführung**

Vergangenheit, die; der Vergangenheit, die Vergangenheiten; Ver-gan-gen-heit; **vergänglich**

Vergaser, der; des Vergasers, die Vergaser; Ver-ga-ser

vergeben; du vergibst, er vergab einen Elfmeter, sie hat ihrer Freundin vergeben; ver-ge-ben; **vergebens**; vergebens rief er in der Schule an; **vergeblich**

vergehen; es vergeht, es verging, die Nacht ist vergangen, sie hat sich gegen ein Gesetz vergangen; ver-ge-hen; das **Vergehen**

vergessen; du vergisst, er vergaß, sie hat vergessen; ver-ges-sen; **vergesslich**; die **Vergesslichkeit**

vergewaltigen; du vergewaltigst, sie vergewaltigte, er hat vergewaltigt; ver-ge-wal-ti-gen; die **Vergewaltigung**

vergiften; du vergiftest, er vergiftete, sie hat vergiftet; ver-gif-ten; die **Vergiftung**

Vergleich, der; des Vergleich(e)s, die Vergleiche; Ver-gleich; **vergleichbar**; **vergleichen**

vergnügen; du vergnügst, das Spiel vergnügte ihn, sie hat sich in der Disco vergnügt; ver-gnü-gen; das **Vergnügen**; **vergnügt**

vergrößern; du vergrößerst, er vergrößerte, sie hat vergrößert; ver-grö-ßern; die **Vergrößerung**

verhaften; du verhaftest, er verhaftete, sie hat verhaftet; ver-haf-ten; die **Verhaftung**

R S T U V W X Y Z

verhalten, sich verhalten; du verhältst dich, er verhielt sich, sie hat sich dumm verhalten; ver-hal-ten; das **Verhalten**; die **Verhaltensweise**

Verhältnis, das; des Verhältnisses, die Verhältnisse; Ver-hält-nis; **verhältnismäßig**

verhandeln; du verhandelst, er verhandelte, sie hat verhandelt; ver-han-deln; die **Verhandlung**

verhängen; du verhängst, er verhängte, sie hat ein Verbot verhängt; ver-hän-gen; das **Verhängnis**; **verhängnisvoll**

verharren; du verharrst, er verharrte, sie hat in ihrer Stellung verharrt; ver-har-ren

verheerend; verheerender, am verheerendsten; ver-hee-rend; verheerende Brände

verheimlichen; du verheimlichst, er verheimlichte, sie hat die schlechte Zensur verheimlicht; ver-heim-li-chen

verhindern; du verhinderst, er verhinderte, sie hat einen Unfall verhindert; ver-hin-dern

verhöhnen; du verhöhnst, er verhöhnte, sie hat ihn verhöhnt; ver-höh-nen

Verhör, das; des Verhör(e)s, die Verhöre; Ver-hör; **verhören**; die Polizei hat den Tatverdächtigen verhört; sie hat sich am Telefon verhört

verhungern; du verhungerst, er verhungerte, sie ist verhungert; ver-hun-gern

verhüten; du verhütest, er verhütete, sie hat ein Unglück verhütet; ver-hü-ten; das **Verhütungsmittel** (empfängnisverhütendes Mittel)

verirren, sich verirren; du verirrst dich, er verirrte sich, sie hat sich im Wald verirrt; ver-ir-ren

verjähren; es verjährt, es verjährte, der Anspruch ist verjährt; ver-jäh-ren; die **Verjährung**

verkabeln; du verkabelst, er verkabelte, der Anbieter hat den Stadtteil verkabelt; ver-ka-beln; die **Verkabelung**

Verkauf, der; des Verkauf(e)s, die Verkäufe; Ver-kauf; **verkaufen**; der **Verkäufer**; die **Verkäuferin**; **verkaufsoffen**; verkaufsoffener Sonntag

Verkehr, der; des Verkehrs, *kein Plural*; Ver-kehr; **verkehren**; die **Verkehrsampel**

Verkehrschaos, das; des Verkehrschaos, *kein Plural*; Ver-kehrs-cha-os; Schnee führte zum Verkehrschaos; die **Verkehrsregel**; der **Verkehrsteilnehmer**; der **Verkehrsunfall**

verkehrt; verkehrter, am verkehrtesten; ver-kehrt; in die verkehrte Richtung gehen

verkleiden; du verkleidest, er verkleidete die Wände, sie hat sich als Clown verkleidet; ver-klei-den; die **Verkleidung**

verknüpfen; du verknüpfst, er verknüpfte, sie hat verknüpft; ver-knüp-fen

verkrachen, sich verkrachen; du verkrachst dich, er verkrachte sich, sie hat sich mit ihrem Freund verkracht; ver-krachen

verkrampft; verkrampfter, am verkrampftesten; ver-krampft; ein verkrampftes Lächeln

verkriechen, sich verkriechen; du verkriechst dich, er verkroch sich, sie hat sich in einer Ecke verkrochen; ver-kriechen

verkümmern; du verkümmerst, er verkümmerte, die Pflanze ist verkümmert; ver-küm-mern

Verlag, der; des Verlag(e)s, die Verlage; Ver-lag

verlagern; du verlagerst, er verlagerte, sie hat das Gewicht verlagert; ver-la-gern

verlangen; du verlangst, er verlangte, sie

hat mehr Geld verlangt; ver-lạn-gen; das **Verlangen**

verlängern; du verlängerst, er verlängerte, sie hat ihren Urlaub verlängert; ver-lạ̈n-gern; die **Verlängerung**

verlassen; du verlässt, er verließ, sie hat die Schule verlassen; ver-lạs-sen

verlässlich; verlässlicher, am verlässlichsten; ver-lạ̈ss-lich; eine verlässliche Auskunft

Verlauf, der; des Verlauf(e)s, die Verläufe; Ver-lauf; **verlaufen**; die Grenze verläuft am Fluss; sie verliefen sich im Wald

verlegen[1]; du verlegst, er verlegte den Schlüssel, sie hat Parkett verlegt; ver-le-gen; **verlegen**[2]; er war sehr verlegen; die **Verlegenheit**

Verleih, der; des Verleih(e)s, *Plural selten*: die Verleihe; Ver-leih; **verleihen**; er hat sein Rad verliehen

verletzen; du verletzt, er verletzte seinen Gegenspieler, sie hat sich mit dem Messer verletzt; ver-lẹt-zen; der **Verletzte**; die **Verletzung**

verleugnen; du verleugnest, er verleugnete, sie hat ihre Überzeugungen verleugnet, sie hat sich verleugnen lassen; ver-leug-nen

verleumden; du verleumdest, er verleumdete, sie hat ihn bei der Schulleitung verleumdet; ver-leum-den; der **Verleumder**; die **Verleumdung**

verlieben, sich verlieben; du verliebst dich, er verliebte sich, sie hat sich verliebt; ver-lie-ben; die **Verliebtheit**

verlieren; du verlierst, er verlor das Spiel, sie hat ihre Kette verloren; ver-lie-ren; verloren gegangen/verlorengegangen

Verlies, das (unterirdisches Gefängnis); des Verlieses, die Verliese; Ver-lies

Verlust, der; des Verlust(e)s, die Verluste; Ver-lụst

vermehren; du vermehrst, er vermehrte, sie hat ihre Ersparnisse vermehrt; Mäuse vermehren sich schnell; ver-meh-ren

vermeidbar; vermeidbarer, am vermeidbarsten; ver-meid-bar; **vermeiden**; sie hat einen Streit vermieden

vermeintlich (fälschlich; irrtümlich); *keine Steigerung*; ver-meint-lich

Vermerk, der; des Vermerk(e)s, die Vermerke; Ver-mẹrk

vermessen; du vermisst, er vermaß, sie hat das Bauland vermessen; ver-mẹs-sen; die **Vermessung**

vermieten; du vermietest, er vermietete, sie hat vermietet; der **Vermieter**; die **Vermietung**

vermindern; du verminderst, er verminderte, sie hat die Ausgaben vermindert; ver-mịn-dern

vermissen; du vermisst, er vermisste, sie hat ihre Familie sehr vermisst; ver-mịs-sen; der/die **Vermisste**

vermitteln; du vermittelst, er vermittelte, sie hat vermittelt; ver-mịt-teln; die **Vermittlung**

Vermögen, das; des Vermögens, die Vermögen; Ver-mö-gen; **vermögend**

vermuten; du vermutest, er vermutete, sie hat vermutet; ver-mu-ten; **vermutlich**; die **Vermutung**

vernachlässigen; du vernachlässigst, er vernachlässigte, sie hat vernachlässigt; ver-nach-läs-si-gen; die **Vernachlässigung**

vernehmen; du vernimmst, er vernahm ein Geräusch, die Polizei hat den Verdächtigen vernommen; ver-neh-men; die **Vernehmung**

verneinen; du verneinst, er verneinte, sie hat verneint; ver-nei-nen; die **Verneinung**

vernichten; du vernichtest, er vernichtete, sie hat vernichtet; ver-nich-ten; die **Vernichtung**

Vernunft, die; der Vernunft, *kein Plural*; Ver-nunft; **vernünftig**

veröffentlichen; du veröffentlichst, er veröffentlichte, sie hat ihre Gedichte veröffentlicht; ver-öf-fent-li-chen; die **Veröffentlichung**

verordnen; du verordnest, er verordnete, sie hat ihm ein Schmerzmittel verordnet; ver-ord-nen; die **Verordnung**

verpacken; du verpackst, er verpackte, sie hat verpackt; ver-pa-cken; die **Verpackung**

verpassen; du verpasst, er verpasste, sie hat den Bus verpasst; ver-pas-sen

verpetzen; du verpetzt, er verpetzte, sie hat ihre Banknachbarin verpetzt; ver-pet-zen

verpflegen; du verpflegst, er verpflegte alle mit Obst, sie hat sich gut verpflegt; ver-pfle-gen; die **Verpflegung**

verpflichten; du verpflichtest, er verpflichtete uns teilzunehmen, sie hat sich verpflichtet zu helfen; ver-pflich-ten; die **Verpflichtung**

verputzen; du verputzt, er verputzte eine Wand, sie hat ein großes Schnitzel verputzt; ver-put-zen

Verrat, der; des Verrat(e)s, *kein Plural*; Ver-rat; **verraten**; der **Verräter**

verrechnen; du verrechnest, er verrechnete Einnahmen mit Ausgaben, sie hat sich nie verrechnet; ver-rech-nen

verreisen; du verreist, er verreiste, sie ist in den Ferien verreist; ver-rei-sen

verringern; du verringerst, er verringerte, sie hat ihre Ausgaben verringert; ver-rin-gern; die **Verringerung**

verrosten; es verrostet, es verrostete, das alte Fahrrad ist verrostet; ver-ros-ten

verrückt; verrückter, am verrücktesten; ver-rückt; der/die **Verrückte**; die **Verrücktheit**; das **Verrücktwerden**

Vers, der; des Verses, die Verse; Vers

versagen; du versagst, er versagte, sie hat versagt; ver-sa-gen; das **Versagen**; der **Versager**

versalzen; du versalzt, er versalzte, sie hat die Suppe versalzen; ver-sal-zen

versammeln, sich versammeln; sie versammeln sich, sie versammelten sich, sie haben sich am Markt versammelt; ver-sam-meln; die **Versammlung**

Versand, der; des Versand(e)s, *kein Plural*; Ver-sand

versäumen; du versäumst, er versäumte, sie hat viel Unterricht versäumt; ver-säu-men; das **Versäumnis**

verscheuchen; du verscheuchst, er verscheuchte, sie hat die Vögel verscheucht; ver-scheu-chen

verschieben; du verschiebst, er verschob, sie hat den Termin verschoben, die Steine haben sich verschoben; ver-schie-ben; die **Verschiebung**

verschieden; verschiedener, am verschiedensten; ver-schie-den; **verschiedentlich** (mehrfach, öfters); er rief verschiedentlich an

verschlafen; du verschläfst, er verschlief, sie hat verschlafen; ver-schla-fen

Verschlag, der; des Verschlag(e)s, die Verschläge; Ver-schlag; ein Verschlag unter der Treppe

verschlagen (hinterlistig); verschlagener, am verschlagensten; ver-schla-gen; ein verschlagener Mensch; die **Verschlagenheit**

verschlechtern; du verschlechterst, er verschlechterte seine Lage, die Aussicht hat sich verschlechtert; ver-schlech-tern; die **Verschlechterung**

Verschleiß, der; des Verschleißes, *kein*

Plural; Ver-schleiß; **verschleißen**; er hat das Hemd verschlissen

verschleppen; du verschleppst, er verschleppte, sie hat die Gefangenen verschleppt; ver-schlep-pen

verschließen; du verschließt, er verschloss die Tür, sie hat sich verschlossen; ver-schlie-ßen

verschlimmern; du verschlimmerst, er verschlimmerte die Lage, die Not hat sich verschlimmert; ver-schlim-mern

verschlingen; du verschlingst, er verschlang, sie hat die Wurst verschlungen; ver-schlin-gen

verschlucken; du verschluckst, er verschluckte sich, sie hat das Kaugummi verschluckt; ver-schlu-cken

Verschluss, der; des Verschlusses, die Verschlüsse; Ver-schluss

verschmitzt; verschmitzter, am verschmitztesten; ver-schmitzt; ein verschmitztes Lächeln

verschmutzen; du verschmutzt, er verschmutzte, sie hat verschmutzt; ver-schmut-zen; die **Verschmutzung**

verschollen; *keine Steigerung*; ver-schol-len; ein verschollenes Flugzeug

verschonen; du verschonst, er verschonte, sie hat verschont; ver-scho-nen

verschreiben; du verschreibst, er verschrieb eine Medizin, sie hat sich beim Diktat verschrieben, er hat sich der Musik verschrieben; ver-schrei-ben

verschulden; du verschuldest, er verschuldete den Unfall, sie hat sich vollkommen verschuldet; ver-schul-den; die **Verschuldung**

verschweigen; du verschweigst, er verschwieg, sie hat die Mängel verschwiegen; ver-schwei-gen

verschwenden; du verschwendest, er verschwendete, sie hat das ganze Geld verschwendet; ver-schwen-den; der **Verschwender**; **verschwenderisch**

verschwinden; du verschwindest, er verschwand, sie ist verschwunden; ver-schwin-den

verschwommen; verschwommener, am verschwommensten; ver-schwom-men; eine verschwommene Auskunft

Verschwörung, die; der Verschwörung, die Verschwörungen; Ver-schwö-rung

versehen; du versiehst, er versah das Amt gut, sie hat sich beim Wechselgeld versehen; das **Versehen**; **versehentlich**; versehentlich ist er zu früh ausgestiegen

Versehrte, der/die; des/der Versehrten, die Versehrten; Ver-sehr-te

versenden; du versendest, er versandte/versendete, sie hat die Briefe versandt/versendet; ver-sen-den

versetzen; du versetzt, er versetzte, sie hat den Baum versetzt; er ist nicht gekommen, er hat seine Freunde versetzt; ver-set-zen; die **Versetzung**

versichern; du versicherst, er versicherte seine Unschuld, sie hat sich gegen Sturmschäden versichert; ver-si-chern; die **Versicherung**

Version, die; der Version, die Versionen; Ver-si-on; seine Version des Vorfalls

versöhnen; du versöhnst, er versöhnte, sie hat ihre Gegner versöhnt; sie haben sich versöhnt; ver-söh-nen; die **Versöhnung**

versorgen; du versorgst, er versorgte, sie hat ihn mit Nahrung versorgt; ver-sor-gen; die **Versorgung**

verspäten, sich verspäten; du verspätest dich, er verspätete sich, sie hat sich wegen eines Unfalls verspätet; ver-spä-ten; die **Verspätung**

verspotten; du verspottest, er verspottete, sie hat ihn verspottet; ver-spot-ten

versprechen; du versprichst, er versprach

viel, sie hat sich nur versprochen; ver-spre-chen; das **Versprechen**

Verstand, der; des Verstand(e)s, *kein Plural*; Ver-stand; **verständigen**; sich mit Handzeichen verständigen; die **Verständigung**; **verständlich**

Verstärker, der; des Verstärkers, die Verstärker; Ver-stär-ker

Versteck, das; des Versteck(e)s, die Verstecke; Ver-steck; **verstecken**

verstehen; du verstehst, er verstand sie, sie hat sich gut mit ihm verstanden; ver-ste-hen; das **Verstehen**

versteigern; du versteigerst, er versteigerte, sie hat versteigert; ver-stei-gern; die **Versteigerung**

verstellen; du verstellst, er verstellte mir den Weg, sie hat sich gut verstellt; ver-stel-len

Verstopfung, die; der Verstopfung, die Verstopfungen; Ver-stop-fung

verstorben; *keine Steigerung*; ver-stor-ben; der/die **Verstorbene**

Verstoß, der; des Verstoßes, die Verstöße; Ver-stoß; **verstoßen**

Versuch, der; des Versuch(e)s, die Versuche; Ver-such; **versuchen**; **versuchsweise**

vertauschen; du vertauschst, er vertauschte, sie hat die Hefte vertauscht; ver-tau-schen

verteidigen; du verteidigst, er verteidigte seine Position, sie hat sich gegen die Vorwürfe verteidigt; ver-tei-di-gen

verteilen; du verteilst, er verteilte, sie hat Geschenke verteilt; ver-tei-len

vertiefen; du vertiefst, er vertiefte, sie hat das Thema vertieft; ver-tie-fen; die **Vertiefung**

vertikal (senkrecht); *keine Steigerung*; ver-ti-kal

Vertrag, der; des Vertrag(e)s, die Verträge; Ver-trag

vertragen; du verträgst, er vertrug die Hitze gut, sie hat sich mit ihr vertragen; ver-tra-gen; **verträglich**

vertrauen; du vertraust, er vertraute, sie hat der Auskunft vertraut; ver-trau-en; das **Vertrauen**; **vertraulich**; eine vertrauliche Mitteilung; **vertraut**; die Gegend war ihm vertraut

vertreiben; du vertreibst den Hund, er vertrieb Spielwaren, sie hat sich die Zeit vertrieben; ver-trei-ben; die **Vertreibung**

vertreten; du vertrittst, er vertrat, sie hat den Klassensprecher vertreten; ver-tre-ten; der **Vertreter**; die **Vertretung**

Vertrieb, der (Verkauf); des Vertrieb(e)s, die Vertriebe; Ver-trieb

vertrocknen; es vertrocknet, er vertrocknete, die Pflanze ist vertrocknet; ver-trock-nen

vertun; du vertust, er vertat die Zeit, sie hat sich vertan; ver-tun

vertuschen; du vertuschst, er vertuschte, sie hat die Tat vertuscht; ver-tu-schen

verunglimpfen (beleidigen); du verunglimpfst, er verunglimpfte, sie hat verunglimpft; ver-un-glimp-fen

verunglücken; du verunglückst, er verunglückte, sie ist verunglückt; ver-un-glü-cken; der/die **Verunglückte**

verunreinigen; du verunreinigst, er verunreinigte, sie hat verunreinigt; ver-un-rei-ni-gen; die **Verunreinigung**

verursachen; du verursachst, er verursachte, sie hat den Schaden verursacht; ver-ur-sa-chen

verurteilen; du verurteilst, er verurteilte, sie hat den Angeklagten verurteilt; ver-ur-tei-len; der/die **Verurteilte**

vervielfältigen; du vervielfältigst, er vervielfältigte, sie hat das Flugblatt vervielfältigt; ver-viel-fäl-ti-gen; die **Vervielfältigung**

verwahren; du verwahrst, er verwahrte, sie hat das Geld sicher verwahrt; ver-wah-ren

verwahrlosen; du verwahrlost, er verwahrloste, sie ist mit der Zeit verwahrlost; ver-wahr-lo-sen

verwaist; *keine Steigerung*; ver-waist; eine verwaiste Wohnung

verwalten; du verwaltest, er verwaltete, sie hat verwaltet; ver-wal-ten; die **Verwaltung**

verwandeln; du verwandelst, er verwandelte den Rasen in ein Blumenbeet, sie hat sich in eine Fee verwandelt; ver-wan-deln; die **Verwandlung**

verwandt; *keine Steigerung*; ver-wandt; der/die **Verwandte**; die **Verwandtschaft**

verwarnen; du verwarnst, er verwarnte, sie hat den Spieler verwarnt; ver-warnen; die **Verwarnung**

verwechseln; du verwechselst, er verwechselte, sie hat die Zwillinge verwechselt; ver-wech-seln; die **Verwechselung** (*auch* Verwechslung)

verwegen; verwegener, am verwegensten; ver-we-gen; ein verwegener Überholvorgang

verwehren; du verwehrst, er verwehrte, sie hat mir ihre Hilfe verwehrt; ver-weh-ren

verweigern; du verweigerst, er verweigerte, sie hat die Antwort verweigert; ver-wei-gern

Verweis, der; des Verweises, die Verweise; Ver-weis; **verweisen**; sie hat auf einen ähnlichen Fall verwiesen

verwelken; sie verwelkt, sie verwelkte, die Blume ist verwelkt; ver-wel-ken

verwenden; du verwendest, er verwendete, sie hat nur frisches Obst verwendet; ver-wen-den

verwerfen; du verwirfst, er verwarf, sie hat die erste Idee verworfen; ver-werfen; **verwerflich**; eine verwerfliche Tat

verwerten; du verwertest, er verwertete, sie hat alle Reste verwertet; ver-wer-ten; die **Verwertung**

verwesen; es verwest, er verweste, die tote Maus ist schnell verwest; ver-wesen; die **Verwesung**

verwickeln; du verwickelst, er verwickelte seine Freunde in den Streit, sie hat sich in Widersprüche verwickelt; ver-wi-ckeln; die **Verwickelung** (*auch* Verwicklung)

verwirklichen; du verwirklichst, er verwirklichte, sie hat ihre Pläne verwirklicht; ver-wirk-li-chen

verwirren; du verwirrst, er verwirrte, sie hat uns mit ihren Fragen verwirrt; verwir-ren; die **Verwirrung**

verwittern; es verwittert, er verwitterte, die Gartenbank ist verwittert; ver-wittern; die **Verwitterung**

verwöhnen; du verwöhnst, er verwöhnte, sie hat den Jüngsten verwöhnt; verwöh-nen

verworren; verworrener, am verworrensten; ver-wor-ren; eine verworrene Antwort

verwunden; du verwundest, er verwundete, sie hat ihre Gegnerin verwundet; ver-wun-den

verwundern; du verwunderst, er verwunderte, sie hat uns verwundert; ver-wundern; die **Verwunderung**

Verwundete, der/die; des Verwundeten/der Verwundeten, die Verwundeten; Verwun-de-te; die **Verwundung**

verwüsten; du verwüstest, er verwüstete, der Sturm hat den Garten verwüstet; ver-wüs-ten

verzagen; du verzagst, er verzagte, sie hat zu schnell verzagt und aufgegeben, sie ist nach der Niederlage völlig verzagt; ver-za-gen

Verzehr, der; des Verzehr(e)s, *kein Plural*; Ver-zehr; die Beeren sind nicht zum Verzehr geeignet; **verzehren**

verzeichnen; du verzeichnest, er verzeichnete einen Anstieg der Leistungen, sie hat alle Ergebnisse genau verzeichnet; das **Verzeichnis**

verzeihen; du verzeihst, er verzieh, sie hat mir die Lüge verziehen; ver-zei-hen; **verzeihlich**; die **Verzeihung**

Verzicht, der; des Verzicht(e)s, *kein Plural*; Ver-zicht; **verzichten**

verziehen; du verziehst, er verzog das Kind, sie hat das Gesicht verzogen; sie ist nach Ulm verzogen; ver-zie-hen

verzieren; du verzierst, er verzierte, sie hat die Torte verziert; ver-zie-ren; die **Verzierung**

verzögern; du verzögerst, er verzögerte, sie hat den Start verzögert; ver-zö-gern; die **Verzögerung**

verzweifeln; du verzweifelst, er verzweifelte, sie ist an dem Unglück verzweifelt; ver-zwei-feln; die **Verzweiflung**

Veto, das [weto] (Einspruch); des Vetos, die Vetos; Ve-to; ein Veto einlegen

Vetter, der (Sohn des Onkels oder der Tante); des Vetters, die Vettern; Vet-ter

Vieh, das; des Vieh(e)s, *kein Plural*; Vieh; die **Viehzucht**

viel; mehr, am meisten; viel; viele Äpfel; viel lernen; viel zu wenig; ein viel sagender/vielsagender Blick; → Kasten „viel"

vielleicht [Adv.]; viel-leicht; vielleicht denkt er daran; **vielseitig**

vier; vier; die **Vier**; die Vieren; das **Viereck**; **viereckig**; **vierfach**; **viermal**; er kam viermal vorbei → Kasten „acht/Acht"

Vierteljahr, das; des Vierteljahr(e)s, die Vierteljahre; Vier-tel-jahr; **vierteljährig**; eine vierteljährige Dürre; **vierteljährlich**; vierteljährliches Erscheinen

viertens; vier-tens; **vierzehn**; **vierzig**

Villa, die; der Villa, die Villen; Vil-la

violett; vi-o-lett; das **Violett**; ein leuchtendes Violett; sie geht gern in Violett → Kasten „blau"

Violine, die (Musikinstrument); der Violine, die Violinen; Vi-o-li-ne

Virus, der/das (Krankheitserreger); des Virus, die Viren; Vi-rus; die **Viruserkrankung**; die **Virusinfektion**

Vision, die (Erscheinung, Zukunftsentwurf); der Vision, die Visionen; Vi-si-on

visuell (sehend, optisch); *keine Steigerung*; vi-su-ell; visuelle Eindrücke

Visum, das; des Visums, die Visa/Visen; Vi-sum; sie hat ein Visum für Russland beantragt

vital (lebenskräftig, lebendig); vitaler, am vitalsten; vi-tal

Vitamin, das; des Vitamin(e)s, die Vitamine; Vi-ta-min/Vit-amin; **vitaminreich**

Vitrine, die; der Vitrine, die Vitrinen; Vi-tri-ne/Vit-ri-ne; die Steine in einer Vitrine ausstellen

Vogel, der; des Vogels, die Vögel; Vo-gel; **vogelfrei**; das **Vogelhäuschen**; die **Vogelscheuche**; das **Vogelschutzgebiet**

Vokabel, die; der Vokabel, die Vokabeln; Vo-ka-bel

Vokal, der; des Vokal(e)s, die Vokale; Vo-kal

Volk, das; des Volk(e)s, die Völker; Volk; das **Völkerrecht**; die **Volksabstimmung**; die **Volkshochschule**; das **Volkslied**; **volkstümlich**

voll; voller, am vollsten; voll; ein volles Glas; eine Hand voll Nüsse; sie hat voll gearbeitet

vollauf [Adv.]; voll-auf/voll-auf; vollauf zufrieden

vollautomatisch; *keine Steigerung*; voll-au-to-ma-tisch; **vollautomatisiert** (*auch* voll automatisiert)

viel

Groß- und Kleinschreibung:

Zumeist wird „viel" kleingeschrieben:
- du hast in vielem Recht
- wir haben vieles gemeinsam
- er will immer zu viel des Guten
- wir hatten zu viele Fragen
- sie weiß genauso viel wie du
- wir brauchen viele fleißige Helfer
- er hat zu vieles gleichzeitig begonnen
- wie viel Zeit braucht ihr noch?

Wenn „viel" nominalisiert ist („die Vielen", „das Viele"), kann es auch großgeschrieben werden:
- wir spürten die Begeisterung der vielen/Vielen
- vieles/Vieles werden wir nie vergessen

Getrennt- und Zusammenschreibung:

Man schreibt „viel" in der Regel getrennt vom folgenden Verb:
- er muss noch viel lernen
- sie möchte im Urlaub viel lesen
- wir haben viel gesehen
- sie hat viel geschlafen

In folgenden und ähnlichen Fällen ist Getrennt- oder Zusammenschreibung möglich:
- eine viel befahrene/vielbefahrene Straße
- ein viel gelesenes/vielgelesenes Buch
- ein viel besuchtes/vielbesuchtes Museum
- ein viel zitierter/vielzitierter Schriftsteller
- ein viel sagender/vielsagender Blick

Achtung! Die Konjunktion „soviel", die einen Nebensatz einleitet, schreibt man zusammen:
- soviel ich weiß, ist er krank
- das Wetter wird schön, soviel ich hörte

Aber:
- du hast so viel für uns getan
- er hat dreimal so viel gesammelt

vollenden; du vollendest, er vollendete, sie hat ihr Werk vollendet; voll-ẹn-den; **vollends**; er hat vollends die Kontrolle verloren; die **Vollendung**

vollentwickelt (*auch* voll entwickelt); *keine Steigerung*; vọll-ent-wi-ckelt; ein vollentwickelter/voll entwickelter Frosch

volley [Adv.] (aus der Luft); vọl-ley; den Ball volley aufs Tor schießen

Volleyball, der; des Volleyball(e)s, die Volleybälle; Vọl-ley-ball; das **Volleyballspiel**

völlig; *keine Steigerung*; vọ̈l-lig; er ist völlig außer sich

volljährig; *keine Steigerung*; vọll-jäh-rig; die **Volljährigkeit**

vollkommen; *keine Steigerung*; vọll-kom-men/voll-kọm-men; die **Vollkommenheit**

vollaufen; die Wanne läuft voll, sie lief voll, sie ist vollgelaufen; vọll-lau-fen; **vollmachen**; sich vollmachen (beschmutzen); den Tank vollmachen (füllen)

der Vogel
(Sperling)

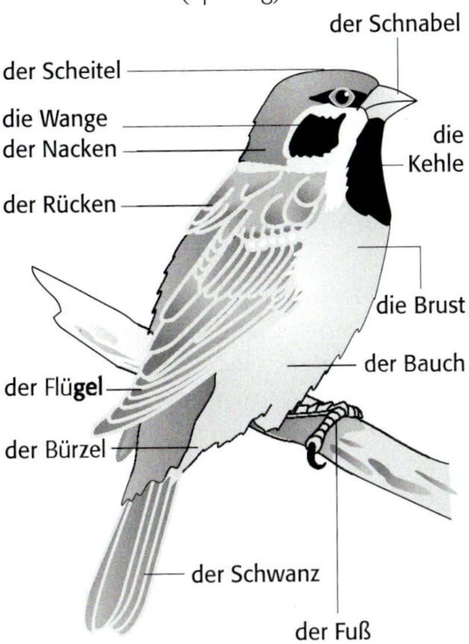

Vollmacht, die (Ermächtigung, Erlaubnis); der Vollmacht, die Vollmachten; Vọll-macht

Vollmilch, die; der Vollmilch, *kein Plural*; Vọll-milch; der **Vollmond**

vollständig; *keine Steigerung*; vọll-stän-dig

vollwertig; *keine Steigerung*; vọll-wer-tig; die **Vollwertkost**

vollzählig; *keine Steigerung*; vọll-zäh-lig

vollziehen; du vollziehst, er vollzog, sie hat die Trennung vollzogen; voll-zie-hen; der **Vollzug**

Volt, das = V (Maßeinheit für elektrische Spannung); des Volt(s), die Volt; Vọlt

Volumen, das (Rauminhalt); des Volumens, die Volumen/Volumina; Vo-lu-men

vom [Präp.] = von dem; vọm; ein Geschenk vom Vater (Dat.); **von**; von meinem Vater (Dat.)

voneinander [Adv.]; von-ei-nạn-der/von-ein-ạn-der; sie lernen voneinander; **voneinandergehen**; wir wollen niemals voneinandergehen

vonstattengehen; es geht vonstatten, es ging vonstatten, es ist wie immer vonstattengegangen; von-stạt-ten-ge-hen

vor [Präp.]; vor; vor der Tür; vor Angst (Dat.)

voran [Adv.]; vo-rạn/vor-ạn; immer langsam voran

Vorarbeiter, der; des Vorarbeiters, die Vorarbeiter; Vor-ar-bei-ter

voraus [Adv.]; vo-raus/vo-raus/vor-aus/vor-aus; **vorausgehen**; sie ist vorausgegangen

Voraussage, die; der Voraussage, die Voraussagen; Vo-raus-sa-ge/Vor-aus-sa-ge; **voraussagen**; der Wetterbericht sagt schönes Wetter voraus

voraussetzen; du setzt voraus, er setzte voraus, sie hat seine Zustimmung vorausgesetzt; vo-raus-set-zen/vor-aus-set-zen; die **Voraussetzung**

voraussichtlich; *keine Steigerung*; vo-raus-sicht-lich/vor-aus-sicht-lich; sie wird voraussichtlich nicht kommen

Vorbehalt, der; des Vorbehalt(e)s, die Vorbehalte; Vor-be-halt

vorbei [Adv.]; vor-bei; **vorbeigehen**; du musst bei ihm vorbeigehen

vorbereiten; du bereitest vor, er bereitete vor, sie hat vorbereitet; vor-be-rei-ten; die **Vorbereitung**

vorbestraft; *keine Steigerung*; vor-be-straft

vorbeugen; du beugst vor, er beugte vor, sie hat einer Erkältung vorgebeugt; vor-beu-gen

Vorbild, das; des Vorbild(e)s, die Vorbilder; Vor-bild; **vorbildlich**

S T U V W X Y

Vordergrund, der; des Vordergrund(e)s, *kein Plural*; Vor-der-grund; der **Vordermann**; das **Vorderrad**

vordrängen, sich vordrängen; du drängst dich vor, er drängte sich vor, sie hat sich vorgedrängt; vor-drän-gen

vordringen; du dringst vor, er drang vor, sie ist bis zum Tor vorgedrungen; vor-drin-gen; **vordringlich**; seine vordringliche Aufgabe

voreilig; *keine Steigerung*; vor-ei-lig; eine voreilige Entscheidung

vorenthalten; du enthältst vor, er enthielt vor, sie hat anderen den Hinweis vorenthalten; vor-ent-hal-ten

Vorentscheidung, die; der Vorentscheidung, die Vorentscheidungen; Vor-ent-schei-dung

vorerst [Adv.]; vor-erst; er will vorerst nichts ändern

Vorfahr, der (*auch* Vorfahre); des Vorfahren, die Vorfahren; Vor-fahr

Vorfahrt, die; der Vorfahrt, *Plural selten*: die Vorfahrten; Vor-fahrt

Vorfall, der; des Vorfall(e)s, die Vorfälle; Vor-fall; sie schilderte den Vorfall

vorführen; du führst vor, er führte einen Film vor, sie hat uns ihr Handy vorgeführt; vor-füh-ren; die **Vorführung**

Vorgang, der; des Vorgang(e)s, die Vorgänge; Vor-gang; der **Vorgänger**; **vorgehen**

Vorgesetzte, der/die; des/der Vorgesetzten, die Vorgesetzten; Vor-ge-setz-te

vorgestern [Adv.]; vor-ges-tern; vorgestern stand der Baum noch

vorhaben; du hast vor, er hatte vor, sie hat eine Reise vorgehabt; vor-ha-ben; das **Vorhaben**

vorhanden; *keine Steigerung*; vor-han-den; auf vorhandene Mittel zurückgreifen

Vorhang, der; des Vorhang(e)s, die Vorhänge; Vor-hang

vorher [Adv.]; vor-her; vorher klang das anders; die **Vorhersage**; **vorhersagen**; er hat das Ergebnis vorhergesagt

vorhin [Adv.]; vor-hin/vor-hin; vorhin habe ich ihn gesehen

vorig; *keine Steigerung*; vo-rig; vorige Woche

Vorkehrung, die; der Vorkehrung, die Vorkehrungen; Vor-keh-rung; sie haben Vorkehrungen getroffen

vorkommen; es kommt vor, es kam vor, es ist schon oft vorgekommen, dass er etwas vergessen hat; vor-kom-men; das **Vorkommen**

Vorlage, die; der Vorlage, die Vorlagen; Vor-la-ge; eine gute Vorlage

Vorläufer, der; des Vorläufers, die Vorläufer; Vor-läu-fer; ein Vorläufer dieser Entwicklung; **vorläufig**; ein vorläufiger, kein endgültiger Bescheid

vorlaut; vorlauter, am vorlautesten; vor-laut; eine vorlaute Bemerkung

vorlesen; du liest vor, er las vor, sie hat vorgelesen; vor-le-sen

vorletzte; *keine Steigerung*; vor-letz-te; vorletzten Freitag

Vorliebe, die; der Vorliebe, die Vorlieben; Vor-lie-be; eine Vorliebe für gutes Essen; **vorliebnehmen**; da er nicht kommen kann, musst du mit mir vorliebnehmen

vorliegen; es liegt vor, es lag vor, der Bericht hat vorgelegen; vor-lie-gen

vormachen; du machst vor, er machte die Bewegung vor, sie hat sich etwas vorgemacht; vor-ma-chen

Vormittag, der; des Vormittag(e)s, die Vormittage; Vor-mit-tag → Kasten „Abend/abends“; **vormittags**

Vormund, der (Person, die Minderjährige oder Entmündigte rechtlich vertritt); des Vormund(e)s, *Plural selten*: die Vormunde/Vormünder; die **Vormundschaft**

vorn (*auch* vorne) [Adv.]; vọrn; steigen Sie bitte vorn ein!

Vorname, der; des Vornamens, die Vornamen; Vọr-na-me

vornehm; vornehmer, am vornehmsten; vọr-nehm; ein vornehmer Herr

vornehmen; du nimmst vor, er nahm die Reinigung vor, sie hat sich viel vorgenommen; vọr-neh-men

vornherein [Adv.]; vorn-he-re̲i̲n/vorn-her-e̲i̲n; etwas von vornherein/vorneherein ausschließen

Vorort, der; des Vorort(e)s, die Vororte; Vọr-ort

Vorrang, der; des Vorrang(e)s, *kein Plural*; Vọr-rang; **vorrangig**

Vorrat, der; des Vorrat(e)s, die Vorräte; Vọr-rat; **vorrätig**

Vorrichtung, die; der Vorrichtung, die Vorrichtungen; Vọr-rich-tung

Vorsatz, der; des Vorsatzes, die Vorsätze; Vọr-satz; **vorsätzlich**

Vorschlag, der; des Vorschlag(e)s, die Vorschläge; Vọr-schlag; **vorschlagen**

vorschreiben; du schreibst vor, er schrieb den Brief vor, sie hat den Ablauf genau vorgeschrieben; vọr-schrei-ben; die **Vorschrift**; **vorschriftsmäßig**

Vorschuss, der; des Vorschusses, die Vorschüsse; Vọr-schuss

vorsehen; du siehst vor, er sieht einen gemeinsamen Ausflug vor, sie hat sich auf dem glatten Weg sehr vorgesehen; vọr-se-hen; die **Vorsicht**; **vorsichtig**; **vorsichtshalber**; vorsichtshalber hat er eine Regenjacke mitgenommen

Vorsilbe, die; der Vorsilbe, die Vorsilben; Vọr-sil-be

Vorsitz, der; des Vorsitzes, *Plural selten*: die Vorsitze; Vọr-sitz; der/die **Vorsitzende**

Vorsorge, die; der Vorsorge, *kein Plural*; Vọr-sor-ge; die **Vorsorgeuntersuchung**; **vorsorglich**

Vorspiel, das; des Vorspiel(e)s, die Vorspiele; Vọr-spiel

Vorsprung, der; des Vorsprung(e)s, die Vorsprünge; Vọr-sprung

Vorstand, der; des Vorstand(e)s, die Vorstände; Vọr-stand; der **Vorsteher**; die **Vorsteherin**

vorstellen; du stellst vor, er stellte das Ergebnis vor, sie hat sich vorgestellt; vọr-stel-len; die **Vorstellung**; das **Vorstellungsgespräch**; die **Vorstellungskraft**

Vorstrafe, die; der Vorstrafe, die Vorstrafen; Vọr-stra-fe

vortäuschen; du täuschst vor, er täuschte vor, sie hat vorgetäuscht; vọr-täu-schen

Vorteil, der; des Vorteil(e)s, die Vorteile; Vọr-teil/Vọr-teil; **vorteilhaft**

Vortrag, der; des Vortrag(e)s, die Vorträge; Vọr-trag; **vortragen**

vortrefflich; vortrefflicher, am vortrefflichsten; vor-trẹff-lich

vorüber [Adv.]; vo-rü̲-ber/vor-ü̲ber; es wird bald vorüber sein; **vorübergehen**; es ist schnell vorübergegangen; **vorübergehend**

Vorurteil, das; des Vorurteil(e)s, die Vorurteile; Vọr-ur-teil; **vorurteilslos**

Vorwand, der; des Vorwand(e)s, die Vorwände; Vọr-wand

vorwärts [Adv.]; vọr-wärts; immer vorwärts!; **vorwärtsblicken**; **vorwärtsgehen**; sie ist vorwärtsgegangen

vorwerfen; du wirfst vor, er warf vor, sie hat ihm Versagen vorgeworfen; vọr-wer-fen

vorwiegend; *keine Steigerung*; vọr-wie-gend; es bleibt vorwiegend sonnig

Vorwort, das; des Vorwort(e)s, die Vorworte; Vọr-wort

Vorwurf, der; des Vorwurf(e)s, die Vorwürfe; Vọr-wurf; **vorwurfsvoll**

vorzeigen; du zeigst vor, er zeigte vor, sie hat ihren Ausweis vorgezeigt; vo̲r-zei-gen

Vorzeit, die; der Vorzeit, die Vorzeiten; Vo̲r-zeit; **vorzeitig**; **vorzeitlich**; vorzeitliche Funde

vorziehen; du ziehst vor, er zog vor, sie hat den kürzeren Weg vorgezogen; vo̲r-zie-hen; der **Vorzug**; **vorzüglich**

Vulkan, der; des Vulkan(e)s, die Vulkane; Vul-ka̲n; **vulkanisch**; **vulkanisieren**

W

W = Westen; Watt; eine 60-W-Lampe

Waage, die; der Waage, die Waagen; Wa̲a̲-ge; **waagerecht** (*auch* waagrecht); die **Waagschale**

Wabe, die; der Wabe, die Waben; Wa̲-be; Bienenwabe; Verkehrswabe

wach; *keine Steigerung*; wạch; lange wach sein; endlich richtig wach werden; die **Wache**; **wachen**; der **Wachmann**; **wachrufen** (in Erinnerung bringen); sie hat schöne Erinnerungen wachgerufen; **wachrütteln** (jmd. aufmerksam machen, zum Handeln anregen); er hat mein Gewissen wachgerüttelt

Wachs, das; des Wachses, *Plural selten*: die Wachse; Wạchs

wachsam; wachsamer, am wachsamsten; wạch-sam

wachsen[1]; du wächst, er wuchs, sie ist schnell gewachsen; wạch-sen

wachsen[2]; du wachst, er wachste, sie hat die Skier gewachst; wạch-sen

wachwerden (*auch* wach werden); Erinnerungen werden wach, sie wurden wach, sie sind wachgeworden/wach geworden; wạch-wer-den

wackelig (*auch* wacklig); wackeliger, am wackeligsten; wạ-cke-lig; der **Wackelkontakt**; **wackeln**

wacker; wackerer, am wackersten; wạ-cker; ein wackerer Bursche

Wade, die; der Wade, die Waden; Wa̲-de

Waffe, die; der Waffe, die Waffen; Wạf-fe; der Waffenstillstand

Waffel, die; der Waffel, die Waffeln; Wạf-fel

wagemutig; wagemutiger, am wagemutigsten; wa̲-ge-mu-tig; **wagen**; sie hat den Sprung gewagt

Wagen, der; des Wagens, die Wagen; Wa̲-gen; der **Wagenheber**

Waggon, der (*auch* Wagon); des Waggons, die Waggons; Wag-go̲n

Wagnis, das; des Wagnisses, die Wagnisse; Wa̲g-nis

Wahl, die; der Wahl, die Wahlen; Wa̲hl; **wahlberechtigt**; die **Wahlbeteiligung**

wählen; du wählst, er wählte, sie hat gewählt; wä̲h-len; die **Wähler**; der **Wählerin**; **wählerisch**; der **Wahlkampf**

Wahn, der; des Wahn(e)s, *kein Plural*; Wa̲hn; der **Wahnsinn**; **wahnsinnig**

wahr; *keine Steigerung*; wa̲hr; er hat das für wahr gehalten; eine wahre Geschichte

während [Präp.]; wä̲h-rend; während des Tages (Gen.); **währenddessen**; er holte Saft; währenddessen stellte sie Gläser hin

wahrhaben; wa̲hr-ha-ben; du willst das nicht wahrhaben; **wahrhaft**; die **Wahrheit**; **wahrmachen** (*auch* wahr machen); er hat sein Vorhaben wahrgemacht/wahr gemacht; **wahrnehmen**; er hat das Licht wahrgenommen; der **Wahrsager**

wahrscheinlich; wahrscheinlicher, am wahrscheinlichsten; wa̲hr-schein-lich; die **Wahrscheinlichkeit**

Währung, die; der Währung, die Währungen; Wä̲h-rung; die **Währungsunion**

Wahrzeichen, das; des Wahrzeichens, die Wahrzeichen; Wa̲hr-zei-chen; das Wahrzeichen der Stadt

Waise, die; der Waise, die Waisen; Wa̲i̲-se; das **Waisenkind**

Wal, der; des Wal(e)s, die Wale; Wa̲l

Wald, der; des Wald(e)s, die Wälder; Wạld; der **Waldbrand**; das **Waldsterben**

Walfang, der; des Walfang(e)s, *kein Plural*; Wa̲l-fang; die **Walfangflotte**

Wall, der; des Wall(e)s, die Wälle; Wạll

Wallach, der (nicht zeugungsfähiges männliches Pferd); des Wallachs, die Wallache; Wạl-lach

Walnuss, die; der Walnuss, die Walnüsse; Wạl-nuss

Walross, das; des Walrosses, die Walrosse; Wạl-ross

Walze, die; der Walze, die Walzen; Wạl-ze; **walzen**; der **Walzer** (Tanz); der **Wälzer** (dickes Buch)

Wand, die; der Wand, die Wände; Wạnd

Wandel, der; des Wandels, *Plural selten*: die Wandel; Wạn-del; **wandeln**, sich wandeln

Wanderer, der (*auch* Wandrer); des Wanderers, die Wanderer; Wạn-de-rer; **wandern**; die **Wanderung**; der **Wanderweg**

Wandtafel, die; der Wandtafel, die Wandtafeln; Wạnd-ta-fel; der **Wandteppich**; die **Wandzeitung**

Wange, die; der Wange, die Wangen; Wạn-ge; einen Kuss auf die Wange geben

wankelmütig; wankelmütiger, am wankelmütigsten; wạn-kel-mü-tig; **wanken**

Wanze, die; der Wanze, die Wanzen; Wạn-ze

Wappen, das; des Wappens, die Wappen; Wạp-pen

Ware, die; der Ware, die Waren; Wa̲-re; das **Warenlager**; das **Warenzeichen**

warm; wärmer, am wärmsten; die **Wärme**; die **Wärmelehre**; **wärmen**; die **Wärmflasche**; **warmmachen** (*auch* warm machen); das Essen warmmachen/warm machen; **warmwerden** (*auch* warm werden) (anfreunden); langsam sind wir miteinander warmgeworden/warm geworden

Warndreieck, das; des Warndreiecks, die Warndreiecke; Wạrn-drei-eck; **warnen**; das **Warnschild**; die **Warnung**

warten; du wartest, er wartete, sie hat gewartet; wạr-ten; der **Wärter**; die **Wärterin**; die **Warteschlange**; das **Wartezimmer**; die **Wartung**; die regelmäßige Wartung der Maschinen

warum; wa-rụm/war-ụm; warum er fehlt, wissen wir nicht; warum fragst du?

Warze, die; der Warze, die Warzen; Wạr-ze

was; wạs; du verstehst, was ich meine; was ist das?

der Wal
(Blauwal)

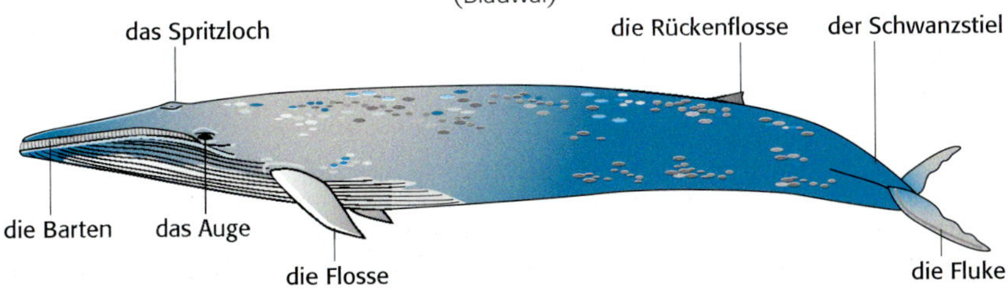

Waschbecken, das; des Waschbeckens, die Waschbecken; Wạsch-be-cken; die **Wäsche**; die **Wäscheklammer**

waschen; du wäschst, er wusch seine Strümpfe, sie hat sich die Hände gewaschen; wạ-schen; die **Wäscherei**; die **Waschmaschine**; das **Waschpulver**

Wasser, das; des Wassers, die Wasser/Wässer; Wạs-ser; im Land gibt es viele Wasser – Flüsse und Seen; links stehen einige Mineralwässer; **wasserdicht**; der **Wasserfall**; das **Wasserklosett**; die **Wasserkraft**

Wasserleitung, die; der Wasserleitung, die Wasserleitungen; Wạs-ser-lei-tung; **wasserlöslich**

wässern; du wässerst, er wässerte, sie hat die Pflanzen gewässert; wạ̈s-sern; das **Wasserschutzgebiet**; der **Wasserstand**; die **Wasserwaage**; **wässrig** (*auch* wässerig)

waten; du watest, er watete, sie ist durch den hohen Schnee gewatet; wa̲-ten

watscheln; du watschelst, er watschelte, die Ente ist zum See gewatschelt; wạt-scheln

Watt[1], das (seichter Küstenstreifen); des Watt(e)s, die Watten; Wạtt; das **Watt**[2] (Maßeinheit für elektrische Leistung); des Watts, die Watt; die Lampe hat 60 Watt

Watte, die; der Watte, *Plural selten*: die Watten; Wạt-te; das **Wattenmeer**; **wattieren**

weben; du webst, er webte, sie hat gewebt; we̲-ben; die **Weberei**; der **Webstuhl**

Wechsel, der; des Wechsels, die Wechsel; Wẹch-sel; der **Wechselkurs**; **wechseln**; **wechselseitig**; die **Wechselwirkung**

wecken; du weckst, er weckte, sie hat geweckt; wẹ-cken; der **Wecker**

weder [Konj.]; we̲-der; weder er noch ich

weg [Adv.]; wẹg; weg da!; sie war ganz weg

Weg, der; des Weg(e)s, die Wege; We̲g

wegen [Präp.]; we̲-gen; wegen des Wetters (Gen.)

wegfahren; du fährst weg, er fuhr weg, sie ist weggefahren; wẹg-fah-ren

weggehen; du gehst weg, er ging weg, sie ist weggegangen; wẹg-ge-hen

weglassen; du lässt weg, er ließ uns nicht weg, sie hat den Nachtisch weggelassen; wẹg-las-sen

weglaufen; du läufst weg, er lief weg, sie ist weggelaufen; wẹg-lau-fen

wegnehmen; du nimmst weg, er nahm weg, sie hat weggenommen; wẹg-nehmen

wegräumen; du räumst weg, er räumte weg, sie hat weggeräumt; wẹg-räu-men

Wegweiser, der; des Wegweisers, die Wegweiser; We̲g-wei-ser

weh (*auch* wehe); *keine Steigerung*; we̲h; das tut weh; das **Weh**; die **Wehe**; die Wehen haben eingesetzt

wehen; es weht, es wehte, der Wind hat geweht; we̲-hen

wehleidig; wehleidiger, am wehleidigsten; we̲h-lei-dig; **wehmütig**

Wehr[1], das (Stauwerk); des Wehr(e)s, die Wehre; We̲hr; die **Wehr**[2]; er setzte sich zur Wehr; **wehren**, sich wehren; **wehrlos**; die **Wehrpflicht**

wehtun (*auch* weh tun); du tust ihr weh, er tat mir weh, sie hat sich wehgetan/weh getan; we̲h-tun

Weib, das; des Weib(e)s, die Weiber; We̲i̲b; **weiblich**

weich; weicher, am weichsten; we̲i̲ch; ein weiches Kissen; Fleisch weich klopfen/weichklopfen

Weiche, die; der Weiche, die Weichen;

Wei-che; **weichen**; du weichst, er wich, sie ist nicht von seiner Seite gewichen; die **Weichenstellung**

weichklopfen (jmd. überreden); du klopfst sie weich, er klopfte sie weich, mit seiner Bettelei hat er sie schließlich weichgeklopft; weich-klop-fen

weichlich; weichlicher, am weichlichsten; weich-lich; ein weichliches Kind

Weichteile, die (knochenlose Teile des Körpers); der Weichteile, *nur Plural*; Weich-tei-le

Weide, die; der Weide, die Weiden; Wei-de; **weiden**; die Kuhherde hat geweidet

weigern, sich weigern; du weigerst dich, er weigerte sich, sie hat sich geweigert nachzugeben; wei-gern; die **Weigerung**

Weihe, die; der Weihe, die Weihen; Wei-he; **weihen**

Weiher, der (kleiner Teich); des Weihers, die Weiher; Wei-her

Weihnachten, das; des Weihnachten(s), die Weihnachten; Weih-nach-ten; **weihnachtlich**; der **Weihnachtsbaum**; das **Weihnachtsfest**; die **Weihnachtszeit**

Weihrauch, der; des Weihrauch(e)s, *kein Plural*; Weih-rauch; das **Weihwasser**

weil [Konj.]; weil; er verstand ihn nicht, weil der Motor so dröhnte

Weile, die; der Weile, *kein Plural*; Wei-le

Wein, der; des Wein(e)s, die Weine; Wein; der **Weinbau**; der **Weinberg**

weinen; du weinst, er weinte, sie hat geweint; wei-nen; **weinerlich**

Weinstock, der; des Weinstock(e)s, die Weinstöcke; Wein-stock; die **Weintraube**

Weise, die; der Weise, die Weisen; Wei-se; Art und Weise

weise; weiser, am weisesten; wei-se; der/die **Weise**; die **Weisheit**; **weismachen**; sie hat mir etwas weisgemacht

weiß; weißer, am weißesten; weiß; das **Weiß** → Kasten „blau"

weissagen; du weissagst, er weissagte, sie hat das Unglück geweissagt; weis-sa-gen

Weißbrot, das; des Weißbrot(e)s, die Weiß-bro-te; Weiß-brot; **weißhaarig**; **weißstreichen** (*auch* weiß streichen); er hat die Wand weißgestrichen/weiß gestrichen; der **Weißwein**

Weisung, die; der Weisung, die Weisungen; Wei-sung

weit; weiter, am weitesten; weit; ein weit entferntes Ziel; weit laufen → Kasten „hoch"

weitab [Adv.]; weit-ab; weitab vom Ziel; **weitaus** [Adv.]; sie ist weitaus klüger als ihre Schwester

Weite, die; der Weite, die Weiten; Wei-te; **weiten**; sie hat die Schuhe geweitet

weiter; *keine Steigerung*; wei-ter; weitere Vorteile; **weitergeben**; **weitergehen**; **weitermachen**; **weitersagen**

weitgehend (*auch* weit gehend); weitgehender/weiter gehend, am weitgehendsten/weitesten gehend; weit-ge-hend; ein weitgehendes/weit gehendes Angebot; das weitgehendste/am weitesten gehende Angebot

weiträumig; weiträumiger, am weiträumigsten; weit-räu-mig; **weitsichtig**; der **Weitsprung**

Weizen, der (Getreideart); des Weizens, *kein Plural*; Wei-zen; das **Weizenmehl**

welch [Pron.]; wẹlch; welch ein Glück!; welches Kind?

welk (dürr; vertrocknet); welker, am welkesten; wẹlk; **welken**

Wellblech, das; des Wellblechs, die Wellbleche; Wẹll-blech; die **Welle**; **wellen**, sich wellen; das Haar hat sich gewellt; das **Wellenbad**; die **Wellenlänge**; der **Wellensittich**

Welpe, der (junger Hund); des Welpen, die Welpen; Wẹl-pe

Welt, die; der Welt, die Welten; Wẹlt; das **Weltall**; die **Weltanschauung**; das **Weltbild**; **weltfremd**

Weltmeister, der; des Weltmeisters, die Weltmeister; Wẹlt-meis-ter; die **Weltmeisterschaft**; der **Weltraum**; die **Weltraumforschung**

Weltrekord, der; des Weltrekord(e)s, die Weltrekorde; Wẹlt-re-kord; die **Weltsprache**; die **Weltstadt**; **weltweit**

wem [Pron.]; wẹm; wem gehört das Tuch?; wem nichts einfällt, der muss fragen

wen [Pron.]; wẹn; wen suchst du? wen er mag, wird er nicht sagen

Wende, die; der Wende, die Wenden; Wẹnde; der **Wendekreis**; die **Wendeltreppe**

wenden; du wendest, er wendete den Kopf/er wandte sich an den Schaffner, sie hat sich an die Lehrerin gewendet/gewandt, das Auto hat auf der Straße gewendet; wẹn-den

Wendepunkt, der; des Wendepunkt(e)s, die Wendepunkte; Wẹn-de-punkt; **wendig**; die **Wendung**

wenig; weniger, am wenigsten; we̲-nig; **wenigstens**; hätte er nicht wenigstens anrufen können?

wenn [Konj.]; wẹnn; wenn sie kommen, gehen wir alle in den Zoo

wer [Pron.]; we̲r; wer mitmachen will, soll sich melden; wer war das?

Werbefernsehen, das; des Werbefernsehens, *kein Plural*; Wẹr-be-fern-se-hen; **werben**; er hat um Verständnis geworben; der **Werbespot**; **werbewirksam**; die **Werbung**

werden; du wirst, er wird, sie ist geworden; we̲r-den

werfen; du wirfst, er warf, sie hat den Ball geworfen; wẹr-fen

Werft, die (Anlage für den Schiffsbau); der Werft, die Werften; Wẹrft

Werk, das; des Werk(e)s, die Werke; Wẹrk; die **Werkbank**; das **Werkgelände** (*auch* Werksgelände); die **Werkstatt** (*auch* Werkstätte); **werktags**; das **Werkzeug**

Wert, der; des Wertes, die Werte; We̲rt; **werten**; **wertlos**; **Wertsachen**; die **Wertstofftonne**; die **Wertung**; **wertvoll**

Wesen, das; des Wesens, die Wesen; We̲-sen; **wesentlich**

weshalb; wes-hạlb; weshalb fragst du? weshalb er das tut, weiß ich nicht

Wespe, die; der Wespe, die Wespen; Wẹs-pe; das **Wespennest**

wessen [Pron.]; wẹs-sen; wessen Tasche ist das?

West; *kein Plural*; Wẹst; der Wind dreht auf West

Weste, die; der Weste, die Westen; Wẹs-te

Westen, der; des Westens, *kein Plural*; Wẹs-ten; der **Western**; **westeuropäisch**

westlich; westlicher, am westlichsten; wẹst-lich; **westwärts**; sie ziehen westwärts

weswegen; wes-we̲-gen → weshalb

Wettbewerb, der; des Wettbewerb(e)s, die Wettbewerbe; Wẹtt-be-werb; die **Wette**; der **Wetteifer**; **wetteifern**; sie hat mit den Besten gewetteifert; **wetten**

Wetter, das; des Wetters, die Wetter; Wẹtter; der **Wetterbericht**; **wetterfest**; die **Wetterkarte**; die **Wettervorhersage**

Wettkampf, der; des Wettkampf(e)s, die Wettkämpfe; Wẹtt-kampf; der **Wettkämpfer**; die **Wettkämpferin**

wettmachen; du machst wett, er machte wett, er hat den Rückstand wettgemacht; wẹtt-ma-chen; das **Wettrennen**

wichtig; wichtiger, am wichtigsten; wịchtig; die **Wichtigkeit**; **wichtigmachen**; immer muss sie sich wichtigmachen;

das Werkzeug

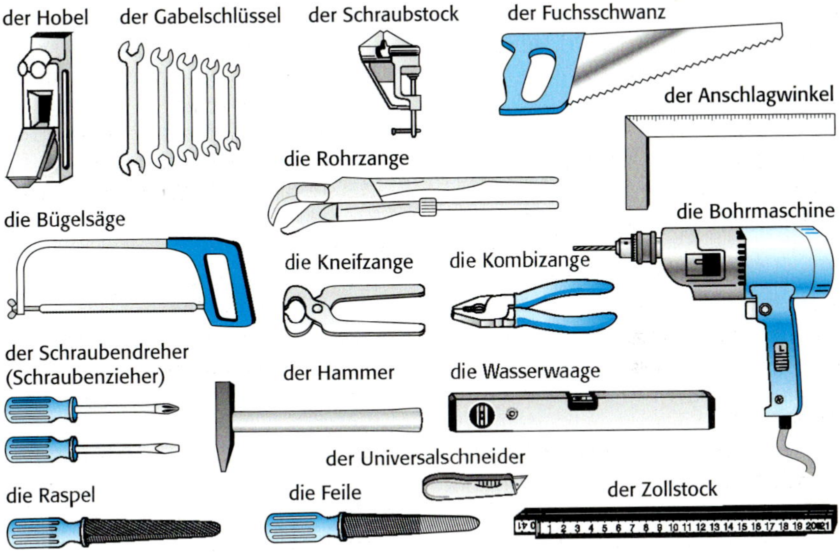

der **Wichtigtuer**; die **Wichtigtuerin**; **wichtigtun**, sich wichtigtun

wickeln; du wickelst, er wickelte, sie hat das Baby gewickelt; wị-ckeln

Widder, der (Schafbock; Sternzeichen); des Widders, die Widder; Wị-der

wider [Präp.]; wi̱-der; wider Erwarten; der **Widerhaken**; **widerlegen**; er hat die Anschuldigung widerlegt

widerlich; widerlicher, am widerlichsten; wi̱-der-lich; ein widerlicher Anblick

widerrechtlich; *keine Steigerung*; wi̱-der-recht-lich; er hat sich das widerrechtlich angeeignet; die **Widerrede**; **widerrufen**

Widersacher, der (Gegner); des Widersachers, die Widersacher; Wi̱-der-sa-cher; **widersetzen**, sich widersetzen; sie hat sich dem Wunsch widersetzt; **widerspenstig**; **widerspiegeln**; sein Gesicht hat die Freude widergespiegelt

widersprechen; du widersprichst, er widersprach, sie hat widersprochen; wi-der-sprẹ-chen; der **Widerspruch**; **widersprüchlich**; **widerspruchslos**

Widerstand, der; des Widerstand(e)s, die Widerstände; Wi̱-der-stand; **widerstandsfähig**; der **Widerstandskämpfer**; die **Widerstandskraft**; **widerstehen**; sie hat der Versuchung widerstanden

widerstreben; es widerstrebt, es widerstrebte, es hat ihm widerstrebt; wi-der-strẹ-ben; **widerstrebend**

widerwärtig; widerwärtiger, am widerwärtigsten; wi̱-der-wär-tig

Widerwille, der; des Widerwillen(s), *kein Plural*; Wi̱-der-wil-le; **widerwillig**

widmen; du widmest, er widmete das Buch seiner Frau, sie hat uns viel Aufmerksamkeit gewidmet; wịd-men; die **Widmung**

widrig; widriger, am widrigsten; wid-rig; widrige Bedingungen

wie; wie; wie schön! so hoch wie ein Haus; sowohl Mädchen wie Jungen; wie oft; wie sehr; wie viel; wie weit

wieder [Adv.]; wie-der; es schneit wieder; → Kasten „wieder"

Wiederaufbau, der; des Wiederaufbau(e)s, *kein Plural*; Wie-der-auf-bau; die **Wiederaufbereitungsanlage**; die **Wiederbelebung**

wiederbringen; du bringst wieder, er brachte wieder, sie hat das Buch wiedergebracht; wie-der-brin-gen; **wieder erkennen** (*auch* wiedererkennen)

Wiedergabe, die; der Wiedergabe, die Wiedergaben; Wie-der-ga-be; **wiedergeben**; **wiederholen**; die **Wiederholung**

wiederkehren; du kehrst wieder, er kehrte wieder, sie ist wiedergekehrt; wie-der-keh-ren; **wiederkommen**; **wiedersehen**; das **Wiedersehen**; jemandem Auf/auf Wiedersehen sagen

Wiege, die; der Wiege, die Wiegen; Wie-ge; das Baby liegt in der Wiege

wiegen[1]; du wiegst, er wiegte, sie hat das Kind gewiegt; wie-gen

wiegen[2]; du wiegst, er wog mindestens 50 Kilo, sie hat das Obst gewogen; wie-gen

wiehern; es wiehert, es wieherte, das Pferd hat gewiehert; wie-hern

Wiese, die; der Wiese, die Wiesen; Wie-se

Wiesel, das; des Wiesels, die Wiesel; Wie-sel; **wieselflink**

Wild, das; des Wild(e)s, *kein Plural*; Wild

wild; wilder, am wildesten; wild; eine wilde Landschaft; ein wildes Kind

Wilderer, der; des Wilderers, die Wilderer; Wil-de-rer; **wildern**

wildfremd; *keine Steigerung*; wild-fremd; ein wildfremder Mensch sprach uns an

Wildnis, die; der Wildnis, *kein Plural*; Wild-nis; das **Wildschwein**; der **Wildwechsel**

Wille, der; des Willens, *Plural selten*: die Willen; Wil-le; **willen**; um der Freunde willen; **willensschwach**; **willensstark**; **willig**

willkommen; willkommener, am willkommensten; will-kom-men; eine willkommene Pause; du bist immer willkommen

Willkür, die; der Willkür, *kein Plural*; Will-kür; **willkürlich** (je nach Laune; bewusst gewollt); eine willkürliche Auswahl; willkürliche Bewegungen

wimmeln; es wimmelt, es wimmelte, es hat von Insekten gewimmelt; wim-meln

wimmern; du wimmerst, er wimmerte, sie hat leise gewimmert; wim-mern

Wimpel, der; des Wimpels, die Wimpel; Wim-pel

Wimper, die; der Wimper, die Wimpern; Wim-per

Wind, der; des Wind(e)s, die Winde; Wind

Windel, die; der Windel, die Windeln; Win-del

winden; du windest, er wand, sie hat ein Band ins Haar gewunden, sie hat sich ziemlich gewunden; win-den

windig; windiger, am windigsten; win-dig; die **Windjacke**; die **Windmühle**; die **Windpocken**; der **Windschatten**

windschief; windschiefer, am windschiefsten; wind-schief; eine windschiefe Hütte; die **Windschutzscheibe**; die **Windstärke**; die **Windstille**

Windung, die; der Windung, die Windungen; Win-dung

Wink, der; des Wink(e)s, die Winke; Wink

Winkel, der; des Winkels, die Winkel; Win-kel; **winkelig** (*auch* winklig)

winken; du winkst, er winkte, sie hat gewinkt/gewunken; win-ken

wieder

Getrennt- und Zusammenschreibung:

Getrennt vom folgenden Verb schreibt man „wieder" dann, wenn das Wort in einer Wortgruppe „erneut" oder „nochmals" bedeutet:
– er kann ja wieder lachen
– wir können uns morgen wieder treffen

Tipp: Oft hilft auch die richtige Betonung weiter. Bei der Getrenntschreibung werden beide Wörter der Wortgruppe betont:
- *wieder lachen*
- *wieder treffen*
- *wieder aufsuchen*
- *wieder gutmachen*

Solche Wortgruppen erkennst du oft auch daran, dass ein oder mehrere Wörter zwischen „wieder" und Verb eingeschoben werden können:
– er kann wieder (herzhaft) lachen
– wir wollen uns wieder (in der Schule) treffen
– er wird wieder (den Arzt) aufsuchen

Wenn „wieder" im Sinne von „zurück" zu verstehen ist, dann wird es mit dem folgenden Verb im Infinitiv, beim Partizip und bei Endstellung des Verbs im Nebensatz zusammengeschrieben:
– sie wird mir den Schlüssel bestimmt wiederbringen (zurückbringen)
– er hat mir das Buch wiedergegeben (zurückgegeben)

Auch für folgende Verben gilt die Zusammenschreibung:
– wiederherstellen (heilen)
– wiederholen (noch einmal dasselbe tun)
– wiederkehren (zurückkommen)

Tipp: Oft hilft bei der Entscheidung auch die richtige Betonung weiter. Bei der Zusammensetzung wird nur eine Stelle im Wort betont:
– wiederbringen
– wiedergeben

In manchen Fällen ist Getrennt- oder Zusammenschreibung möglich.
– Verhandlungen wieder aufnehmen/wiederaufnehmen
– einen Mitarbeiter wieder einstellen/wiedereinstellen
– ein Geschäft wieder eröffnen/wiedereröffnen

winseln; du winselst, er winselte, die Hündin hat gewinselt; win-seln
Winter, der; des Winters, die Winter; Winter; **winterhart**; **winterlich**; der **Winterschlaf**; der **Wintersport**
Winzer, der; des Winzers, die Winzer; Winzer; die **Winzergenossenschaft**
winzig; winziger, am winzigsten; win-zig
Wipfel, der; des Wipfels, die Wipfel; Wip-fel
Wippe, die; der Wippe, die Wippen; Wippe; **wippen**
wir [Pron.]; wir; wir kommen; wir alle; wir Deutsche/Deutschen
Wirbel, der; des Wirbels, die Wirbel; Wir-bel; **wirbeln**; die **Wirbelsäule**; der **Wirbelsturm**; das **Wirbeltier**; der **Wirbelwind**

wirken; du wirkst, er wirkte ängstlich, sie hat beruhigend auf uns gewirkt; wịr-ken

wirklich; *keine Steigerung*; wịrk-lich; die **Wirklichkeit**

wirksam; wirksamer, am wirksamsten; wịrk-sam; die **Wirksamkeit**; die **Wirkung**; der **Wirkungsgrad**

wirr; wirrer, am wirrsten; wịrr; der **Wirrkopf**; der **Wirrwarr**

Wirt, der; des Wirt(e)s, die Wirte; Wịrt; die **Wirtschaft**; **wirtschaften**; **wirtschaftlich**; die **Wirtschaftskrise**

Wissbegier, die (*auch* Wissbegierde); der Wissbegier, *kein Plural*; Wịss-be-gier

wissen; du weißt, er wusste Bescheid, sie hat nichts davon gewusst; wịs-sen; die **Wissenschaft**; **wissenschaftlich**; das **Wissensgebiet**

wissenswert; wissenswerter, am wissenswertesten; wịs-sens-wert; **wissentlich**; eine wissentliche Täuschung

Witterung, die; der Witterung, die Witterungen; Wịt-te-rung

Witwe, die; der Witwe, die Witwen; Wịt-we; der **Witwer**; die Witwer

Witz, der; des Witzes, die Witze; Wịtz; **witzeln**; **witzig**; **witzlos**

wo; wo̱; wo bleibst du denn? dort, wo ich bin; **woanders**; **wobei**

Woche, die; der Woche, die Wochen; Wọche; das **Wochenende**; die **Wochenkarte**; **wochenlang**; der **Wochentag**; **wöchentlich**

Woge, die; der Woge, die Wogen; Wo̱-ge

wogegen [Adv.]; wo-ge̱-gen; es gibt manches, wogegen ich mich wehre

woher; wo-he̱r; woher weißt du das? ach, woher!; **wohin**; wohin gehst du?

wohl; wo̱hl; wir kommen wohl zu spät

Wohl, das; des Wohls, *kein Plural*; Wo̱hl; **wohlauf**; **wohlbehalten**; kommt wohlbehalten zurück!; **wohldurchdacht** (*auch* wohl durchdacht); ein wohldurchdachter/wohl durchdachter Vorschlag; **wohlerzogen** (*auch* wohl erzogen); ein wohlerzogenes/wohl erzogenes Kind

Wohlfahrt, die; der Wohlfahrt, *kein Plural*; Wo̱hl-fahrt; der **Wohlfahrtsstaat**; der **Wohlstand**; **wohltätig**; **wohltuend**

Wohnblock, der; des Wohnblock(e)s, die Wohnblocks/Wohnblöcke; Wo̱hn-block; **wohnen**; **wohnlich**; der **Wohnort**; die **Wohnung**; das **Wohnzimmer**

Wolf, der; des Wolf(e)s, die Wölfe; Wọlf; die **Wölfin**

Wolke, die; der Wolke, die Wolken; Wọlke; der **Wolkenbruch**; der **Wolkenkratzer**; **wolkenlos**; **wolkig**

wollen; du willst, er wollte schreiben, sie hat das so gewollt; wọl-len

Wollust, die (sinnlich-sexuelles Lustgefühl); der Wollust, *Plural selten*: die Wollüste; Wọl-lust; **wollüstig**

womit; wo-mịt; womit fangen wir an?; womit wir beim Thema sind; **womöglich**; **wonach**

Wonne, die; der Wonne, die Wonnen; Wọn-ne; **wonnig**

woran; wo-rạn/wor-ạn; woran erkenne ich sie? ich weiß, woran er denkt; **worauf**; **woraus**; **worin**

Worldcup, der; des Worldcups, die Worldcups; Wọrld-cup

Wort, das; des Wort(e)s, die Worte/Wörter; Wọrt; die Worte zum Abschied; viele Wörter sind mir vertraut

Wortart, die; der Wortart, die Wortarten; Wọrt-art; Nomen und Verben sind Wortarten; die **Wortbildung**; das **Wörterbuch**; **wortgewandt**; **wörtlich**; **wortlos**

worüber; wo-rü̱-ber/wor-ü̱ber; **worunter**; **wovon**; **wovor**; **wozu**

Wrack, das (stark beschädigtes Fahrzeug); des Wracks, die Wracks ; Wrạck

wuchern; es wuchert, es wucherte, das Unkraut hat gewuchert, die Pflanze ist über den Zaun gewuchert; wu̲-chern; die **Wucherung**

Wuchs, der; des Wuchses, *kein Plural*; Wu̲chs

Wucht, die; der Wucht, *kein Plural*; Wụcht; **wuchtig**

wühlen; du wühlst, er wühlte, sie hat gewühlt; wü̲h-len; die **Wühlmaus**

Wulst, der/die; des Wulstes/der Wulst, die Wülste/Wulste; Wụlst; **wulstig**

wund; wunder, am wundesten; wụnd; die **Wunde**

Wunder, das; des Wunders, die Wunder; Wụn-der; **wunderbar**; die **Wunderkerze**; **wundern**, sich wundern; **wunderschön**; **wundervoll**

wundliegen, sich wundliegen (*auch* wund liegen); du liegst dich wund, er lag sich wund, die Kranke hat sich wundgelegen/wund gelegen

Wundsalbe, die; der Wundsalbe, die Wundsalben; Wụnd-sal-be; der **Wundstarrkrampf**

Wunsch, der; des Wunsch(e)s, die Wünsche; Wụnsch; die **Wünschelrute**; **wünschen**, sich wünschen; **wünschenswert**; **wunschlos**

Würde, die; der Würde, die Würden; Wụ̈r-de; **würdelos**; **würdig**; **würdigen**; sie hat seine Leistung gewürdigt; die **Würdigung**

Wurf, der; des Wurf(e)s, die Würfe; Wụrf

Würfel, der; des Würfels, die Würfel; Wụ̈r-fel; **würfeln**

würgen; du würgst, er würgte, sie hat gewürgt; wụ̈r-gen; der **Würger**

Wurm, der; des Wurm(e)s, die Würmer; Wụrm; **wurmig**; **wurmstichig**

Wurst, die; der Wurst, die Würste; Wụrst

Würze, die; der Würze, die Würzen; Wụ̈r-ze

Wurzel, die; der Wurzel, die Wurzeln; Wụr-zel; **wurzeln**; das **Wurzelwerk**

würzen; du würzt, er würzte, sie hat das Essen gewürzt; wụ̈r-zen; **würzig**

Wuschelhaar, das; des Wuschelhaars, die Wuschelhaare; Wu̲-schel-haar; **wuschelig** (*auch* wuschlig)

Wust, der (Durcheinander); des Wust(e)s, *kein Plural*; Wu̲st; ein Wust ungeordneter Seiten

wüst; wüster, am wüstesten; wü̲st; ein wüstes Durcheinander; die **Wüste**; der **Wüstling**

Wut, die; der Wut, *kein Plural*; Wu̲t; der **Wutanfall**; **wüten**; **wütend**; **wutentbrannt**

WWW, das = World Wide Web

X

x = viele; ich habe x Hosen anprobiert; **X** = jemand, den man nicht kennt oder dessen Namen man nicht nennen will; Frau X war nicht dabei

X-Beine, die; der X-Beine, *nur Plural*; X-Bei-ne; **x-beinig** (*auch* X-beinig)

x-beliebig; *keine Steigerung*; x-be-lie-big; eine x-beliebige Karte; **x-fach**; eine x-fache Vergrößerung; **XL** = extra large (internationale Kleidergröße); **x-mal**; ich habe x-mal gefragt

Xylophon, das (*auch* Xylofon) (Musikinstrument); des Xylophons, die Xylophone; Xy-lo-pho̲n

Y

Yacht, die (*auch* Jacht); der Yacht, die Yachten; Yạcht

Yankee, der [jạ̈ngki] (Spitzname für US-

Amerikaner); des Yankees, die Yankees; Yan-kee

Yeti, der (sagenumwobener Schneemensch im Himalayagebiet); des Yetis, die Yetis; Ye̲-ti

Yoga; Yo̲-ga → Joga

Ypsilon, das; des Ypsilon(s), die Ypsilons; Ỵp-si-lon

Z

Zacke, die (*auch* der Zacken); der Zacke, die Zacken; Zạ-cke; **zackig**

zaghaft; zaghafter, am zaghaftesten; za̲g-haft; eine zaghafte Berührung

zäh; zäher, am zähesten/zähsten; **zähflüssig**; die **Zähigkeit**

Zahl, die; der Zahl, die Zahlen; Za̲hl; **zahlbar**; in acht Tagen zahlbar; **zählbar**; ohne zählbaren Erfolg; → Kasten „Zahlen und Ziffern"

zahlen; du zahlst, er zahlte, sie hat für uns alle gezahlt; za̲h-len; **zählen**; **zahllos**; **zahlreich**; die **Zahlung**; die **Zählung**

zahm; zahmer, am zahmsten; za̲hm; **zähmen**; sie hat das wilde Pferd gezähmt; die **Zähmung**

Zahn, der; des Zahn(e)s, die Zähne; Za̲hn; der **Zahnarzt**; die **Zahnärztin**; die **Zahnbürste**

zähneknirschend; zähneknirschender, am zähneknirschendsten; zä̲h-ne-knirschend; das **Zahnfleisch**; **zahnlos**; die **Zahnlücke**; die **Zahnpasta**

Zahnrad, das; des Zahnrad(e)s, die Zahnräder; Za̲hn-rad

Zange, die; der Zange, die Zangen; Zạn-ge

zanken; du zankst, er zankte mit ihr, sie hat sich mit ihm gezankt; zạn-ken; **zänkisch**

Zäpfchen, das; des Zäpfchens, die Zäpfchen; Zạ̈pf-chen; **zapfen**; der **Zapfenstreich**; die **Zapfsäule**

der Zahn

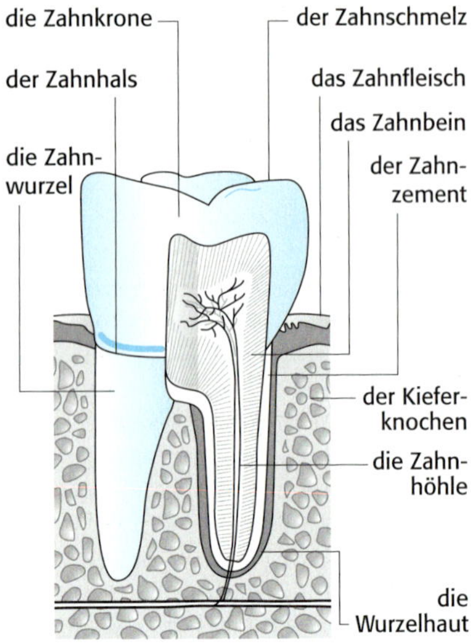

zappelig (*auch* zapplig); zappeliger, am zappeligsten; zạp-pe-lig; **zappeln**; der Fisch hat an der Angel gezappelt

zappen [sạ̈pen]; du zappst, er zappte, sie hat sich durch die Programme gezappt; zạp-pen

Zar, der (ehemaliger Herrschertitel); des Zaren, die Zaren; Za̲r

zart; zarter, am zartesten; zạrt; die **Zartheit**; **zärtlich**

Zauber, der; des Zaubers, *kein Plural*; Za̲u̲-ber; der **Zauberer**; die **Zauberin**; **zaubern**; der **Zauberstab**

zaudern; du zauderst, er zauderte, sie hat lange gezögert und gezaudert; za̲u̲-dern

zäumen; du zäumst, er zäumte, sie hat das Pferd gezäumt; zä̲u̲-men; das **Zaumzeug**

V W X Y Z

Zahlen und Ziffern

Zahlen unter zwölf *schreibt man im laufenden Text meist in Buchstaben; man kann aber auch höhere Zahlen in Buchstaben schreiben. Die Zahlen von 0 bis 999 999 schreibt man klein:*
- wir brauchen fünf Bälle
- sie laufen eintausend Meter

Zahlen wie **Million, Milliarde** *usw. sind Nomen, die großgeschrieben werden:*
- man rechnet mit mehr als einer Million Besuchern
- der Bau kostete drei Milliarden Euro

Achtung! Wenn die Zahlen von 0 bis 999 999 die **Ziffer** *oder den* **Zahlwert** *bezeichnen, werden sie zu Nomen und ebenfalls großgeschrieben:*
- sie hat für ihre Arbeit eine Eins bekommen
- er würfelte eine Sechs
- ihre Glückszahl war die Drei

Zahlen über zwölf *schreibt man im laufenden Text oft in Ziffern, besonders dann, wenn es sich um unübersichtliche Zahlen handelt. Dabei schreibt man die Ziffern von hinten beginnend in Dreiergruppen:*
- 136
- 2 450
- 17 230
- 110 987
- 1 520 780
- 30 465 106

Telefonnummern *werden immer in Ziffern geschrieben und von hinten nach vorn in Zweiergruppen gegliedert:*
- 70 56 57
- 3 98 00 75

Wenn **Datumsangaben** *durchgängig in Ziffern geschrieben werden, dann werden die Zifffern für Tag, Monat und Jahr durch Punkt voneinander getrennt:*
- 5.3.2006 oder 05.03.2006

Zahlenbereiche *können mit Bindestrich oder mit „bis" angegeben werden:*
- 7–8 km, 7 bis 8 km
- 15.00–17.00 Uhr, 15.00 bis 17.00 Uhr

Zusammensetzungen und Ableitungen mit Ziffern *schreibt man mit Bindestrich:*
- sie verdiente 30-mal so viel
- er wollte 100-prozentige Sicherheit
- diese Erfahrung wurde 1000-fach bestätigt
- ein 15-jähriger Junge gewann den Wettbewerb
- sie bereiten die 500-Jahr-Feier vor
- er lebt in einer 2-Zimmer-Wohnung
- ich brauche ein 50-Cent-Stück

Beachte aber: Folgt der Ziffer nur eine Endung, wird kein Bindestrich gesetzt:
- wir kaufen eine 10er-Packung Taschentücher
- er war 100%ig überzeugt von seiner Idee

Zaun, der; des Zaun(e)s, die Zäune; Zaun; der **Zaunpfahl**

zausen; du zaust, er zauste, sie hat sein Haar gezaust; zau-sen

Zaziki, der/das (*auch* Tsatsiki); des Zazikis, die Zazikis; Za-zi-ki

z. B. = zum Beispiel

ZDF, das = Zweites Deutsches Fernsehen

Zebra, das; des Zebras, die Zebras; Zeb-ra/Ze-bra; der **Zebrastreifen**

Zeche, die (Rechnung für Speisen und Getränke, *auch* Bergwerk); der Zeche, die Zechen; Zẹ-che

Zecke, die; der Zecke, die Zecken; Zẹ-cke

Zeder, die (Baum); der Zeder, die Zedern; Ze-der; das **Zedernholz**

Zeh, der (*auch* die Zehe); des Zeh(e)s, die Zehen; Zeh; die **Zehenspitze**

zehn; zehn; die **Zehn**; **zehnfach**; das **Zehnfingersystem**; der **Zehnkampf**; **zehnmal**; das **Zehnmeterbrett** → Kasten „acht/Acht“

zehren; du zehrst, er zehrte, sie hat von früheren Leistungen gezehrt; zeh-ren

Zeichen, das; des Zeichens, die Zeichen; Zei-chen; der **Zeichenblock**; die **Zeichensetzung**; der **Zeichentrickfilm**

zeichnen; du zeichnest, er zeichnete, sie hat gezeichnet; zeich-nen; der **Zeichner**; die **Zeichnerin**; **zeichnerisch**; die **Zeichnung**

Zeigefinger, der; des Zeigefingers, die Zeigefinger; Zei-ge-fin-ger; **zeigen**; der **Zeiger**

Zeile, die; der Zeile, die Zeilen; Zei-le; **zeilenweise**

Zeit, die; der Zeit, die Zeiten; Zeit; ich kann eine Zeit lang/Zeitlang nicht kommen; das **Zeitalter**; der **Zeitdruck**; **zeitgemäß**; die **Zeitlupe**; der **Zeitpunkt**; → Kasten „Uhrzeit/Zeitangaben“

Zeitraum, der; des Zeitraum(e)s, die Zeiträume; Zeit-raum; die **Zeitrechnung**; die **Zeitschrift**; die **Zeitspanne**; **zeitsparend** (*auch* Zeit sparend); die **Zeitung**; der **Zeitvertreib**

Zelle, die; der Zelle, die Zellen; Zẹl-le; der **Zellkern**

Zellstoff, der; des Zellstoff(e)s, die Zellstoffe; Zẹll-stoff; die **Zellteilung**

Zelt, das; des Zelt(e)s, die Zelte; Zẹlt; die **Zeltbahn**; **zelten**; das **Zeltlager**; die **Zeltplane**

Zement, der; des Zement(e)s, *kein Plural*; Ze-mẹnt; **zementieren**

Zenit, der (Scheitelpunkt); des Zenit(e)s, *kein Plural*; Ze-nit; die Sonne steht im Zenit

zensieren; du zensierst, er zensierte, sie hat zensiert; zen-sie-ren; die **Zensur**

Zentimeter, der/das; des Zentimeters, die Zentimeter; Zen-ti-me-ter; das **Zentimetermaß**

Zentner, der (Maßeinheit, die 50 kg entspricht); des Zentners, die Zentner; Zẹnt-ner; **zentnerweise**

zentral; *keine Steigerung*; zen-tral/zent-ral; die **Zentrale**; die **Zentralheizung**; der **Zentralismus**; **zentrieren**; das **Zentrum**; die Zentren vieler Städte unterscheiden sich kaum

Zeppelin, der; des Zeppelins, die Zeppeline; Zẹp-pe-lin

Zepter, der/das (Herrscherstab); des Zepters, die Zepter; Zẹp-ter

zerbrechen; du zerbrichst, er zerbrach das Glas, sie hat sich den Kopf zerbrochen; zer-brẹ-chen; **zerbrechlich**

Zeremonie, die; der Zeremonie, die Zeremonien; Ze-re-mo-nie; **zeremoniell**

zerfahren; zerfahrener, am zerfahrensten; zer-fah-ren; ein zerfahrenes Spiel

Zerfall, der; des Zerfall(e)s, *kein Plural*; Zer-fạll; **zerfallen**

V W X Y Z

zerfetzen; du zerfetzt, er zerfetzte, sie hat den Brief zerfetzt; zer-fẹt-zen

zerfleddern; du zerfledderst, er zerfledderte, sie hat das Buch zerfleddert; zer-flẹd-dern

zerfleischen; du zerfleischst dich, der Wolf zerfleischte seine Beute, sie hat sich mit ihren Vorwürfen selbst zerfleischt; zer-flei-schen

zerkleinern; du zerkleinerst, er zerkleinerte, sie hat die Kartons zerkleinert; zer-klei-nern

zerklüftet; zerklüfteter, am zerklüftetsten; zer-klụ̈f-tet; zerklüftete Felsen

zerknirscht (schuldbewusst); zerknirschter, am zerknirschtesten; zer-knịrscht

zerknittern; du zerknitterst, er zerknitterte, sie hat das Papier zerknittert; zer-knịt-tern

zerknüllen; du zerknüllst, er zerknüllte, sie hat den Brief zerknüllt; zer-knül-len

zerkratzen; du zerkratzt, er zerkratzte, sie hat die Fensterscheibe zerkratzt; zer-krạt-zen

zerlegen; du zerlegst, er zerlegte, sie hat den Motor zerlegt; zer-le-gen

zermürben; du zermürbst, er zermürbte, sie hat ihn durch ständiges Fragen zermürbt; zer-mụ̈r-ben

zerquetschen; du zerquetschst, er zerquetschte, sie hat den Knoblauch zerquetscht; zer-quẹt-schen

Zerrbild, das; des Zerrbild(e)s, die Zerrbilder; Zẹrr-bild; von der Schule entwirft er ein Zerrbild

zerreißen; du zerreißt, er zerriss, sie hat das Bild zerrissen; zer-rei-ßen; die **Zerreißprobe**

zerren; du zerrst, er zerrte an der Leine, sie hat sich die Wade gezerrt; zẹr-ren; die **Zerrung**

zerrüttet; zerrütteter, am zerrüttetsten; zer-rụ̈t-tet; eine zerrüttete Ehe

zerschellen; es zerschellt, er zerschellte, die Flasche ist am Boden zerschellt; zer-schẹl-len

zerschlagen; du zerschlägst, er zerschlug, sie hat die Flasche zerschlagen; zer-schla-gen

zerschmettern; du zerschmetterst, er zerschmetterte, sie hat die Vase zerschmettert; zer-schmẹt-tern

zersetzen; es zersetzt, die Säure zersetzte den Kalk, der Bioabfall hat sich im Boden schnell zersetzt; zer-sẹt-zen

zersplittern; du zersplitterst, er zersplitterte, der Blitz hat den Baum zersplittert/das Glas ist zersplittert; zer-splịt-tern

zerstören; du zerstörst, er zerstörte, sie hat zerstört; zer-stö-ren; die **Zerstörung**

zerstreuen; du zerstreust, er zerstreute, sie hat die Bedenken zerstreut; zer-streu-en; **zerstreut**; er ist zerstreut; die **Zerstreutheit**; die **Zerstreuung**

Zertifikat, das (Bescheinigung); des Zertifikat(e)s, die Zertifikate; Zer-ti-fi-kat

zertrümmern; du zertrümmerst, er zertrümmerte, sie hat das Eis zertrümmert; zer-trụ̈m-mern

Zervelatwurst, die (*auch* Servelatwurst); der Zervelatwurst, die Zervelatwürste; Zer-ve-lat-wurst

zetern (laut jammern); du zeterst, er zeterte, sie hat gezetert; ze-tern

Zettel, der; des Zettels, die Zettel; Zẹt-tel

Zeug, das; des Zeug(e)s, *Plural selten*: die Zeuge; Zeug; räum dein Zeug weg!

Zeuge, der; des Zeugen, die Zeugen; Zeu-ge; **zeugen**; sie haben ein Kind gezeugt; die Ausgrabungen zeugen von menschlichem Leben; die **Zeugenaussage**

Zeugnis, das; des Zeugnisses, die Zeugnisse; Zeug-nis

Zeugung, die (geschlechtliche Befruchtung); der Zeugung, die Zeugungen; Zeugung; **zeugungsfähig**

Zicke, die (junge Ziege; auch Verrücktheit, Laune); der Zicke, die Zicken; Zi-cke; mach keine Zicken!; **zickig**

Zickzack, der; des Zickzack(e)s, *Plural selten*: die Zickzacke; Zick-zack

Ziege, die; der Ziege, die Ziegen; Zie-ge

Ziegel, der; des Ziegels, die Ziegel; Zie-gel; die **Ziegelei**; **ziegelrot**; der **Ziegelstein**

ziehen; du ziehst, er zog, sie hat gezogen; zie-hen; die **Ziehharmonika**; die **Ziehung**

Ziel, das; des Ziel(e)s, die Ziele; Ziel; **zielbewusst**; **zielen**; die **Zielgerade**; die **Ziellinie**

ziellos; zielloser, am ziellosesten; ziel-los; die **Zielscheibe**; **zielstrebig**

ziemlich; *keine Steigerung*; ziem-lich; ein ziemlich teures Geschenk

Zierde, die (Schmuck); der Zierde, die Zierden; Zier-de; **zieren**; **zierlich**; die **Zierpflanze**

Ziffer, die; der Ziffer, die Ziffern; Zif-fer; das **Ziffernblatt**; → Kasten „Römische Ziffern", Kasten „Zahlen und Ziffern"

zig (eine unbestimmte Zahl von etwas); zig; ich habe zig Leute gefragt

Zigarette, die; der Zigarette, die Zigaretten; Zi-ga-ret-te; der/das **Zigarillo**; die **Zigarre**

Zigeuner, der (*abwertende Bezeichnung für* Sinti und Roma); des Zigeuners, die Zigeuner; Zi-geu-ner

zigfach; **zighundert** (*auch* Zighundert); **zigmal**; er hat zigmal angerufen; **zigtausend** (*auch* Zigtausend) → zig

Zimmer, das; des Zimmers, die Zimmer; Zim-mer; der **Zimmermann**; die Zimmerleute; **zimmern**

zimperlich; zimperlicher, am zimperlichsten; zim-per-lich

Zimt, der; des Zimt(e)s, *kein Plural*; Zimt

Zink, das; des Zink(e)s, *kein Plural*; Zink; das **Zinkblech**

Zinke, die; der Zinke, die Zinken; Zin-ke; die Gabel hat eine Zinke; **zinken**; die Karten sind gezinkt; der **Zinken** (*Ausdruck für* eine große Nase)

Zinn, das; des Zinn(e)s, *kein Plural*; Zinn; der **Zinnbecher**

Zinne, die (rechteckige Zacke auf Türmen und Mauern); der Zinne, die Zinnen; Zin-ne

Zins, der; des Zinses, die Zinsen; Zins; der **Zinseszins**; **zinslos**; die **Zinsrechnung**; der **Zinssatz**

Zionismus, der (Bewegung, die einen selbstständigen jüdischen Staat will); des Zionismus, *kein Plural*; Zi-o-nis-mus; der **Zionist**

Zipfel, der; des Zipfels, die Zipfel; Zip-fel; die **Zipfelmütze**

zirka (*auch* cirka); zir-ka; zirka zehn Kilometer

Zirkel, der; des Zirkels, die Zirkel; Zir-kel; der **Zirkelkasten**; **zirkeln**; sie hat den Ball ins Tor gezirkelt; die **Zirkulation**

Zirkus, der (*auch* Circus); des Zirkus, die Zirkusse; Zir-kus

zirpen; du zirpst, er zirpte, die Grille hat gezirpt; zir-pen

zischen; du zischst, er zischte, die Schlange hat gezischt; zi-schen

Zisterne, die (Behälter für Regenwasser); der Zisterne, die Zisternen; Zis-ter-ne

Zitadelle, die (Festung, Burganlage); der Zitadelle, die Zitadellen; Zi-ta-del-le

Zitat, das; des Zitat(e)s, die Zitate; Zi-tat; **zitieren**

Zitrone, die; der Zitrone, die Zitronen; Zi-tro-ne/Zit-ro-ne; **zitronengelb**; die **Zitrusfrucht**

zitterig (*auch* zittrig); zitteriger, am zitterigsten; zit-te-rig; **zittern**

zivil; *keine Steigerung*; zi-vi̲l; die **Zivilcourage**; wenn er einen Missstand erkennt, zeigt er Zivilcourage; der **Zivildienst**; die **Zivilisation**

zögern; du zögerst, er zögerte, sie hat vor dem Sprung lange gezögert; zö̲-gern

Zoll[1], der (altes Längenmaß); des Zoll(e)s, *kein Plural*; Zọll; keinen Zoll breit/Zollbreit zurückweichen

Zoll[2], der (Abgabe); des Zoll(e)s, die Zölle; Zọll; der **Zollbeamte**; **zollfrei**

Zone, die; der Zone, die Zonen; Zo̲-ne

Zoo, der; des Zoos, die Zoos; Zo̲o̲; die **Zoologie**; der **zoologische Garten**

Zoom, das [su̲m] (Objektiv, bei dem die Brennweite verändert werden kann); des Zooms, die Zooms; **zoomen**

Zopf, der; des Zopf(e)s, die Zöpfe; Zọpf

Zorn, der; des Zorn(e)s, *kein Plural*; Zọrn; **zornig**

Zote, die (unanständiger Witz); der Zote, die Zoten; Zo̲-te; **zotig**

zu; zu̲; zu den Tieren; du brauchst nicht zu antworten; zu laut, zu viel; dem Freund zu Hilfe kommen; **zuallererst**; **zuallerletzt**; er kam zuallererst, sie zuallerletzt

Zubehör, der/das; des Zubehör(e)s, *kein Plural*; Zu̲-be-hör

zubereiten; du bereitest zu, er bereitete zu, sie hat das Essen zubereitet; zu̲-be-rei-ten; die **Zubereitung**

zubringen; du bringst zu, er brachte zu, sie hat die Nacht im Freien zugebracht; zu̲-brin-gen; der **Zubringer**

Zucchini, die; der Zucchini, die Zucchini; Zuc-chi̲-ni

Zucht[1], die (strenge Erziehung); der Zucht, *kein Plural*; Zụcht; es herrschte Zucht und Ordnung

Zucht[2], die; der Zucht, die Zuchten; Zụcht; die Tiere stammen aus verschiedenen Zuchten; **züchten**; der **Züchter**

zucken; du zuckst, er zuckte, sie hat gezuckt; zụ-cken

zücken; du zückst, er zückte, der Ritter hat sein Schwert gezückt; zụ̈-cken

Zucker, der; des Zuckers, die Zucker; Zụcker; **zuckerfrei**; **zuckerkrank**; **zuckern**; **zuckersüß**

zudecken; du deckst zu, er deckte zu, sie hat zugedeckt; zu̲-de-cken

zudem [Adv.]; zu-de̲m; im Hotel war es stickig und zudem sehr laut

zudringlich; zudringlicher, am zudringlichsten; zu̲-dring-lich; die **Zudringlichkeit**

zueinander [Adv.]; zu-ei-nạn-der/zu-ein-ạn-der; **zueinanderfinden** (*auch* zueinander finden); endlich haben wir zueinandergefunden/zueinander gefunden; **zueinanderpassen** (*auch* zueinander passen); Jacke und Hemd passen zueinander; sie haben gut zueinandergepasst/zueinander gepasst

zuerst [Adv.]; zu-ẹrst; ich war zuerst dran

Zufahrt, die; der Zufahrt, die Zufahrten; Zu̲-fahrt

Zufall, der; des Zufall(e)s, die Zufälle; Zu̲-fall; **zufallen**; es fällt zu, das Tor fiel zu, ihm ist der Gewinn zugefallen; **zufällig**

zufassen; du fasst zu, er fasste zu, sie hat zugefasst; zu̲-fas-sen

Zuflucht, die; der Zuflucht, die Zufluchten; Zu̲-flucht; der **Zufluchtsort**

Zufluss, der; des Zuflusses, die Zuflüsse; Zu̲-fluss

zufolge [Präp.]; zu-fọl-ge; seinem Wunsch zufolge (Dat.)

zufrieden; zufriedener, am zufriedensten; zu-fri̲e̲-den; **zufriedengeben**; sie hat sich mit wenig zufriedengegeben; die **Zufriedenheit**; **zufriedenstellen** (*auch* zufrieden stellen); **zufriedenstellend** (*auch* zufrieden stellend); ein zufriedenstellendes/zufrieden stellendes Ergebnis

zufügen; du fügst zu, er fügte zu, sie hat ihm Schmerzen zugefügt; zu-fü-gen

Zug, der; des Zug(e)s, die Züge; Zug

Zugabe, die; der Zugabe, die Zugaben; Zu-ga-be

Zugang, der; des Zugang(e)s, die Zugänge; Zu-gang; **zugänglich**

zugeben; du gibst zu, er gab zu, sie hat das Versäumnis zugegeben; zu-ge-ben

zugehen; du gehst zu, er ging auf den Fremden zu, das Fenster ist zugegangen; zu-ge-hen

Zügel, der; des Zügels, die Zügel; Zü-gel; **zügellos**; **zügeln**

Zugeständnis, das; des Zugeständnisses, die Zugeständnisse; Zu-ge-ständ-nis; **zugestehen**

zugig; zugiger, am zugigsten; zu-gig; eine zugige Halle; **zügig**; eine zügige Fahrt; **zugkräftig**; eine zugkräftige Veranstaltung

zugleich [Adv.]; zu-gleich; er las und hat zugleich ferngesehen

zugreifen; du greifst zu, er griff zu, er hat zugegriffen; zu-grei-fen; der **Zugriff**

zugunsten (*auch* zu Gunsten) [Präp.]; zu-guns-ten; man entschied zugunsten seines Vaters (Gen.)

zugutehalten; du hältst zugute, er hielt zugute, sie hat mir meine Hilfsbereitschaft zugutegehalten; zu-gu-te-hal-ten; **zugutekommen**; der Erlös ist der Schule zugutegekommen

Zuhause, das; des Zuhauses, *kein Plural*; Zu-hau-se; ein schönes Zuhause → Haus; **zuhause** (*auch* zu Hause); ich bleibe zuhause/zu Hause

zuhören; du hörst zu, er hörte zu, sie hat zugehört; zu-hö-ren; der **Zuhörer**; die **Zuhörerschaft**

Zukunft, die; der Zukunft, die Zukünfte; Zu-kunft; **zukünftig**; **Zukunftsaussichten**

Zulage, die; der Zulage, die Zulagen; Zu-la-ge

zulangen; du langst zu, er langte zu, sie hat beim Essen kräfig zugelangt; zu-langen

zulassen; du lässt zu, er ließ das Fenster zu, sie hat den Unfug nicht zugelassen; zu-las-sen; **zulässig**; die **Zulassung**

zulasten (*auch* zu Lasten) [Präp.]; zu-las-ten; die Verluste gehen zulasten/zu Lasten der Firma (Gen.) → Last

Zulauf, der; des Zulauf(e)s, die Zuläufe; Zu-lauf; **zulaufen**; der Hund ist mir zugelaufen; sie hat heißes Wasser zulaufen lassen

Zuleitung, die; der Zuleitung, die Zuleitungen; Zu-lei-tung

zuletzt [Adv.]; zu-letzt; du bist zuletzt an der Reihe

zuliebe [Adv.]; zu-lie-be; tu es mir zuliebe!

zum [Präp.] = zu dem; zum; zum Haus (Dat.)

zumachen; du machst zu, er machte zu, sie hat die Tür zugemacht; zu-ma-chen

zumeist [Adv.]; zu-meist; wir gehen zumeist gemeinsam zur Schule

zumindest [Adv.]; zu-min-dest; du könntest zumindest mailen

zumutbar; zumutbarer, am zumutbarsten; zu-mut-bar; eine zumutbare Arbeit; **zumute** (*auch* zu Mute); ihr ist bei diesem Vorhaben nicht ganz wohl zumute/zu Mute; **zumuten**; die **Zumutung**

zunächst [Adv.]; zu-nächst; zunächst besuchen wir Berlin

Zunahme, die; der Zunahme, die Zunahmen; Zu-nah-me

Zuname, der; des Zunamens, die Zunamen; Zu-na-me; „Mickler" ist Florians Zuname

zünden; du zündest, er zündete, sie hat das Feuerwerk gezündet; zün-den; der

V
W
X
Y
Z

Zünder; die **Zündkerze**; der **Zündschlüssel**; die **Zündung**

zunehmen; du nimmst zu, er nahm zu, sie hat an Gewicht zugenommen; zu-neh-men

Zuneigung, die; der Zuneigung, *kein Plural*; Zu-nei-gung

Zunft, die (früherer Zusammenschluss von Handwerkern und Kaufleuten); der Zunft, die Zünfte; Zunft; **zünftig**; ein zünftiges Fest

Zunge, die; der Zunge, die Zungen; Zunge; **züngeln**; Flammen züngeln nach oben; der **Zungenschlag**

zunichtemachen (zerstören); du machst zunichte, er machte unsere Hoffnungen zunichte, das Unwetter hat die Ernte zunichtegemacht; zu-nich-te-ma-chen

zunutze (*auch* zu Nutze); zu-nut-ze; er machte sich seine Kenntnisse zunutze/zu Nutze

zuoberst [Adv.]; zu-o-berst; die Blumen lagen zuoberst

zuordnen; du ordnest zu, er ordnete zu, sie hat zugeordnet; zu-ord-nen; die **Zuordnung**

zupacken; du packst zu, er packte zu, sie hat bei der Ernte mit zugepackt; zu-pa-cken

zupfen; du zupfst, er zupfte, sie hat gezupft; zup-fen; das **Zupfinstrument**

zuprosten; du prostest ihm zu, er prostete ihr zu, sie hat allen zugeprostet; zu-pros-ten

zur [Präp.] = zu der; zur; zur Stadt (Dat.)

zurande (*auch* zu Rande); zu-ran-de; wir sind gut zurande/zu Rande gekommen

zurate (*auch* zu Rate); zu-ra-te; er zog seinen Freund zurate/zu Rate

zurechnungsfähig; *keine Steigerung*; zu-rech-nungs-fä-hig

zurechtfinden, sich zurechtfinden; du findest dich zurecht, er fand sich zurecht, sie hat sich im Keller nicht zurechtgefunden; zu-recht-fin-den; **zurechtkommen**; sie ist gut mit den Kindern zurechtgekommen; **zurechtlegen**

zurechtweisen; du weist zurecht, er wies zurecht, sie hat die Störer zurechtgewiesen; zu-recht-wei-sen; die **Zurechtweisung**

zureden; du redest zu, er redete zu, sie hat mir gut zugeredet; zu-re-den

zurück [Adv.]; zu-rück; er will gegen 18 Uhr zurück sein

zurückführen; du führst zurück, er führte die Kinder zurück, sie hat den Erfolg auf eine gute Vorbereitung zurückgeführt; zu-rück-füh-ren; **zurückgeben**; **zurückgehen**; **zurückhalten**; **zurückhaltend**

zurückkehren; du kehrst zurück, er kehrte zurück, sie ist zurückgekehrt; zu-rück-keh-ren; **zurückkommen**; **zurücklegen**; **zurücknehmen**

zurückschrecken; du schreckst zurück, er schreckte zurück, sie ist vor der Aufgabe zurückgeschreckt; zu-rück-schre-cken; **zurücksetzen**; **zurücktreten**; **zurückziehen**

Zuruf, der; des Zuruf(e)s, die Zurufe; Zu-ruf; **zurufen**

zurzeit [Adv.]; zur-zeit; zurzeit geschlossen

Zusage, die; der Zusage, die Zusagen; Zu-sa-ge; **zusagen**; der Vorschlag sagt mir sehr zu; er hat seine Teilnahme zugesagt

zusammen [Adv.]; zu-sam-men; sie konnten drei Tage zusammen sein; → Kasten „zusammen"

Zusammenarbeit, die; der Zusammenarbeit, *kein Plural*; Zu-sam-men-ar-beit; **zusammenarbeiten**

zusammenbrechen; du brichst zusammen, er brach zusammen, sie ist zusammengebrochen; zu-sam-men-bre-chen;

zusammen

Getrennt- und Zusammenschreibung:

Getrennt vom folgenden Verb oder Partizip schreibt man „zusammen“, wenn es ein selbstständiges Wort ist.
Tipp: Du erkennst das daran, dass sich zwischen „zusammen“ und Verb oder Partizip Satzglieder einfügen lassen:
- sie wollen zusammen (Ball) spielen
- sie haben zusammen (an der Aufgabe) gearbeitet
- sie werden alle zusammen (zum Konzert) kommen

Getrennt schreibt man Fügungen aus „zusammen“ und einer Form von „sein“:
- sie konnten eine Weile zusammen sein
- wir sind immer gern zusammen gewesen

Zusammensetzungen mit „zusammen“ schreibt man im Infinitiv, beim Partizip oder bei Endstellung des Verbs im Nebensatz zusammen.
Tipp: Solche Zusammensetzungen erkennst du daran, dass beim Sprechen die Betonung auf „zusammen“ liegt und das Wort eine besondere Bedeutung hat:
- wenn wir gut zusạmmenspielen, wird das Konzert ein Erfolg
- sie müssen unbedingt zusạmmenarbeiten, um rechtzeitig fertig zu werden
- die Schülersprecher sind zu einer Beratung zusạmmengekommen

Aber:
- wir spielen gut zusammen
- sie arbeiten erfolgreich zusammen
- sie kommen nächste Woche zusammen

der **Zusammenbruch**; **zusammenfahren**; **zusammenfassen**; die **Zusammenfassung**

Zusammenhalt, der; des Zusammenhalt(e)s, *kein Plural*; Zu-sạm-men-halt; **zusammenhalten**; der **Zusammenhang**; **zusammenhängen**; **zusammenhanglos** (*auch* zusammenhangslos)

Zusammenkunft, die; der Zusammenkunft, die Zusammenkünfte; Zu-sạm-men-kunft

zusammenleben; ihr lebt zusammen, sie lebten zusammen, sie haben zusammengelebt; zu-sạm-men-le-ben; **zusammennehmen**; **zusammenpassen**

Zusammenprall, der; des Zusammenprall(e)s, die Zusammenpralle; Zu-sạm-men-prall; **zusammenprallen**

zusammenschreiben; du schreibst zusammen, er schrieb einzelne Wortteile zusammen, sie hat das Wichtigste zusammengeschrieben; zu-sạm-men-schrei-ben; **zusammensetzen**; die **Zusammensetzung**

Zusammenspiel, das; des Zusammenspiel(e)s, *kein Plural*; Zu-sạm-men-spiel; **zusammenspielen**; sie haben gut zusammengespielt

zusammenstellen; du stellst zusammen, er stellte zusammen, sie hat eine Mannschaft zusammengestellt; zu-sạm-men-stel-len; die **Zusammenstellung**

Zusammenstoß, der; des Zusammenstoßes, die Zusammenstöße; zu-sạm-men-stoß; **zusammenstoßen**

zusammentreffen; du triffst zusammen, er traf zusammen, sie ist mit ihren Kollegen zusammengetroffen; zu-sạm-men-tref-fen; **zusammenzählen**

zusammenzucken; du zuckst zusammen, er zuckte zusammen, sie ist zusammengezuckt; zu-sạm-men-zu-cken

Zusatz, der; des Zusatzes, die Zusätze; Zu̲-satz; **zusätzlich**

zuschauen; du schaust zu, er schaute zu, sie hat zugeschaut; zu̲-schau-en; der **Zuschauer**; die **Zuschauerin**

Zuschlag, der; des Zuschlag(e)s, die Zuschläge; Zu̲-schlag; **zuschlagen**

zuschließen; du schließt zu, er schloss zu, sie hat die Tür zugeschlossen; zu̲-schlie-ßen

zuschneiden; du schneidest zu, er schnitt zu, sie hat das Kleid zugeschnitten; zu̲-schnei-den; der **Zuschnitt**

Zuschrift, die; der Zuschrift, die Zuschriften; Zu̲-schrift

zuschulden (*auch* zu Schulden); zu-schụl-den; er hat sich nichts zuschulden/zu Schulden kommen lassen

Zuschuss, der; des Zuschusses, die Zuschüsse; Zu̲-schuss; Lea erhält für ihre Reise einen Zuschuss

zusehen; du siehst zu, er sah zu, sie hat zugesehen; zu̲-se-hen; **zusehends**; Julia wird zusehends dünner

zusperren; du sperrst zu, er sperrte zu, sie hat den Raum zugesperrt; zu̲-sper-ren; **zuspielen**; sie hat ihm den Ball zugespielt

Zuspruch, der; des Zuspruch(e)s, *kein Plural*; Zu̲-spruch

Zustand, der; des Zustand(e)s, die Zustände; Zu̲-stand; **zustande** (*auch* zu Stande); er hat nichts zustande gebracht; **zuständig**; die **Zuständigkeit**

zustattenkommen; seine Ausdauer kommt ihm zustatten, sie kam ihm zustatten, sie ist ihm zustattengekommen; zu-stạt-ten-kom-men

zustehen; es steht zu, es stand zu, das Geld hat ihr zugestanden; zu̲-ste-hen; **zusteigen**; **zustellen**; den Eingang zustellen; die Post zustellen

zustimmen; du stimmst zu, er stimmte zu, sie hat zugestimmt; zu̲-stim-men; die **Zustimmung**

zustoßen; du stößt zu, er stieß zu, sie hat die Tür zugestoßen, ihr ist ein Unglück zugestoßen; zu̲-sto-ßen

zutage (*auch* zu Tage) [Adv.]; zu-ta̲-ge; das Ausmaß des Unglücks trat zutage/zu Tage

Zutat, die; der Zutat, die Zutaten; Zu̲-tat; die Zutaten für einen Kuchen

zuteilen; du teilst zu, er teilte zu, sie hat zugeteilt; zu̲-tei-len; die **Zuteilung**

zutiefst [Adv.]; zu-ti̲e̲fst; er bedauerte es zutiefst

zutragen; du trägst zu, er trug ihr die Nachricht zu, ein großes Unglück hat sich zugetragen; zu̲-tra-gen; **zuträglich**

zutrauen; du traust zu, er traute mir nichts zu, sie hat sich viel zugetraut; zu̲-trau-en; das **Zutrauen**; **zutraulich**

zutreffen; sie trifft zu, sie traf zu, die Aussage hat zugetroffen; zu̲-tref-fen; **zutreffend**; das **Zutreffende**; Zutreffendes bitte ankreuzen

Zutritt, der; des Zutritt(e)s, *kein Plural*; Zu̲-tritt; Zutritt verboten

zuverlässig; zuverlässiger, am zuverlässigsten, zu̲-ver-läs-sig; die **Zuverlässigkeit**

Zuversicht, die; der Zuversicht, *kein Plural*; Zu̲-ver-sicht; **zuversichtlich**

zuvor [Adv.]; zu-vo̲r; sie hat das Seil zuvor geprüft; **zuvorkommen**; **zuvorkommend**

Zuwachs, der; des Zuwachses, die Zuwächse; Zu̲-wachs

zuwege (*auch* zu Wege) [Adv.]; zu-we̱ge; sie haben nicht viel zuwege/zu Wege gebracht

zuweilen [Adv.]; zu-we̱i̱-len; zuweilen muss sie sich ausruhen

zuwenden; du wendest zu, er wendete/wandte zu, sie hat dem Verein Geld zugewendet, sie hat sich ihrem Hobby zugewendet/zugewandt; zu̲-wen-den; die **Zuwendung**

zuwider [Adv.]; zu-wi̱-der; ihm ist der ständige Lärm zuwider; **zuwiderhandeln**; sie hat dem Auftrag zuwidergehandelt

zuziehen; du ziehst zu, er zog den Vorhang zu, sie hat sich einen Schnupfen zugezogen, sie ist kürzlich zugezogen; zu̲-zie-hen

zuzüglich [Präp.]; zu̲-züg-lich; Preis zuzüglich Porto/des Portos (Gen.)

Zwang, der; des Zwang(e)s, die Zwänge; Zwạng; **zwängen**; **zwanglos**; die **Zwangsarbeit**; **zwangsläufig**

zwanzig; zwạn-zig; der **Zwanzigeuroschein** → Kasten „acht/Acht"

zwar [Adv.]; zwa̱r; das ist zwar richtig, doch unbequem

Zweck, der; des Zweck(e)s, die Zwecke; Zwẹck; **zweckentsprechend**; **zwecklos**; **zweckmäßig**; die **Zweckmäßigkeit**

zwei; zwe̱i̱; die **Zwei**; **zweideutig**; **zweieiig**; der **Zweierbob**; das **Zweieurostück**; → Kasten „acht/Acht"

Zweifel, der; des Zweifels, die Zweifel; Zwe̱i̱-fel; **zweifelhaft**; **zweifellos**; **zweifeln**

Zweig, der; des Zweig(e)s, die Zweige; Zwe̱i̱g

zweigleisig; *keine Steigerung*; zwe̱i̱-gleisig; wir sollten besser zweigleisig fahren

Zweigstelle, die; der Zweigstelle, die Zweigstellen; Zwe̱i̱g-stel-le

zweihäusig; *keine Steigerung*; zwe̱i̱-häusig; eine zweihäusige Pflanze; **zweijährig**

Zweikampf, der; des Zweikampf(e)s, die Zweikämpfe; Zwe̱i̱-kampf; das **Zweirad**

zweisprachig; *keine Steigerung*; zwe̱i̱-spra-chig; **zweispurig**; **zweistellig**; **zweistimmig**; **zweistöckig**

Zwerchfell, das; des Zwerchfell(e)s, *Plural selten*: die Zwerchfelle; Zwẹrch-fell

Zwerg, der; des Zwerg(e)s, die Zwerge; Zwẹrg; **zwergenhaft**

Zwetsche, die (*auch* Zwetschge, Zwetschke); der Zwetsche, die Zwetschen; Zwẹtsche/Zwẹtsch-ge/Zwẹtsch-ke; der **Zwetschenkuchen**

zwicken; du zwickst, er zwickte, sie hat gezwickt; zwị-cken; die **Zwickmühle**

Zwieback, der; des Zwieback(e)s, die Zwiebacke/Zwiebäcke; Zwi̱e̱-back

Zwiebel, die; der Zwiebel, die Zwiebeln; Zwi̱e̱-bel; **zwiebeln** (andere stark beanspruchen; quälen)

Zwielicht, das; des Zwielicht(e)s, *kein Plural*; Zwi̱e̱-licht; **zwielichtig**; eine zwielichtige Gestalt; der **Zwiespalt**; die **Zwietracht**

Zwilling, der; des Zwillings, die Zwillinge; Zwịl-ling; das **Zwillingspaar**

Zwinge, die; der Zwinge, die Zwingen; Zwịn-ge; er hat uns ganz schön in die Zwinge genommen; **zwingen**; **zwingend**; der **Zwinger**

zwinkern; du zwinkerst, er zwinkerte, sie hat gezwinkert; zwịn-kern

Zwirn, der; des Zwirn(e)s, die Zwirne; Zwịrn; der **Zwirnsfaden**

zwischen [Präp.]; zwị-schen; sie sitzt zwischen ihren Brüdern (wo? → Dat.); er setzt Blumen zwischen die Beete (wohin? → Akk.); der **Zwischenfall**; die

Zwischenlandung; **zwischenmenschlich**; der **Zwischenraum**

Zwist, der (Streit); des Zwist(e)s, die Zwiste; Zwịst

zwitschern; du zwitscherst, er zwitscherte, der Vogel hat gezwitschert; zwịt-schern

Zwitter, der (Lebewesen mit männlichen und weiblichen Geschlechtsmerkmalen); des Zwitters, die Zwitter; Zwịt-ter

zwölf; zwọ̈lf; die **Zwölf**; **zwölfjährig**; **zwölfmal**; **zwölftens** → Kasten „acht/Acht"

zyklisch (regelmäßig wiederkehrend); *keine Steigerung*; zy̱k-lisch/zy̱-klisch; der **Zyklus**; seit Jahren sind diese Zyklen zu erkennen

Zylinder, der; des Zylinders, die Zylinder; Zy-lịn-der; der **Zylinderhut**; **zylindrisch**

Zypresse, die (Nadelbaum); der Zypresse, die Zypressen; Zy-prẹs-se

Zyste, die (Geschwulst); der Zyste, die Zysten; Zy̱s-te

zzt. (*auch* zz.) = zurzeit; zzt. liegen keine Angebote vor; **z. Zt.** (*auch* z. Z.) = zur Zeit; z. Zt. des Dreißigjährigen Krieges

Regelkästen im Wörterverzeichnis

Bildtafeln im Wörterverzeichnis

Wörter und Wortformen

Der <u>Strand</u> erstreckte sich bis zum nächsten Ort.
Er zählte zu den schönsten <u>Stränden</u> der Insel.
So sehenswerte <u>Strände</u> findet man vor allem an der Südküste.
Außerhalb des <u>Strands</u> gab es einen kleinen Hafen.
Einige größere Kinder spielten in der Nähe des <u>Strandes</u> Fußball.

Wie viele Wörter sind in den fünf Sätzen unterstrichen?
Wer im Wörterbuch nachschlägt, findet folgenden Eintrag:

Strand, der; des Strand(e)s, die Strände; Strạnd

Die Antworten auf diese Frage können sich unterscheiden:

- Antwort 1: Es ist nur ein Wort mehrfach unterstrichen. Da in allen Sätzen diese eine Bedeutung aus dem Wörterbuch gemeint ist, kann von einem Wort gesprochen werden.
- Antwort 2: Es sind fünf Wörter unterstrichen. Von der äußeren Form her unterscheiden sich nämlich *Strand, Stränden, Strände, Strands* und *Strandes* – also kann von fünf Wörtern gesprochen werden.

Wir können also Wörterbuch-Wort und Wortformen in Texten unterscheiden. Einzelne Wörterbuch-Wörter nehmen in Texten oft verschiedene Formen an. Welche Formen dies bei Nomen, Verben und Adjektiven sein können, zeigen die folgenden Formenreihen.

Formenreihe beim Nomen

Die Formen bei Nomen hängen vom grammatischen Geschlecht (männlich, weiblich, sächlich), vom Numerus (Einzahl, Mehrzahl) und vom jeweiligen Fall ab (Nominativ, Genitiv, Dativ, Akkusativ).

der Strand		**Einzahl (Singular)**	**Mehrzahl (Plural)**
	Nominativ	*der Strand*	*die Strände*
	Genitiv	*des Strandes/Strands*	*der Strände*
	Dativ	*dem Strand*	*den Stränden*
	Akkusativ	*den Strand*	*die Strände*

die Küste		Einzahl (Singular)	Mehrzahl (Plural)
	Nominativ	*die Küste*	*die Küsten*
	Genitiv	*der Küste*	*der Küsten*
	Dativ	*der Küste*	*den Küsten*
	Akkusativ	*die Küste*	*die Küsten*

das Kind		Einzahl (Singular)	Mehrzahl (Plural)
	Nominativ	*das Kind*	*die Kinder*
	Genitiv	*des Kindes/Kinds*	*der Kinder*
	Dativ	*dem Kind*	*den Kindern*
	Akkusativ	*das Kind*	*die Kinder*

Formenreihe beim Adjektiv

Die Formen bei Adjektiven hängen – meistens im Zusammenhang mit Nomen – vom grammatischen Geschlecht (männlich, weiblich, sächlich), vom Numerus (Einzahl, Mehrzahl) und vom jeweiligen Fall ab (Nominativ, Genitiv, Dativ, Akkusativ):

klein		Einzahl (Singular)	Mehrzahl (Plural)
	Nominativ	*der kleine Hafen* *ein kleiner Hafen*	*die kleinen Häfen* *kleine Häfen*
	Genitiv	*des kleinen Hafens* *eines kleinen Hafens*	*der kleinen Häfen* *kleiner Häfen*
	Dativ	*dem kleinen Hafen* *einem kleinen Hafen*	*den kleinen Häfen* *kleinen Häfen*
	Akkusativ	*den kleinen Hafen* *einen kleinen Hafen*	*die kleinen Häfen* *kleine Häfen*

Zu den meisten Adjektiven können außerdem Vergleichsformen gebildet werden:

groß	Grundform	Komparativ	Superlativ
	groß	*größer*	*am größten*

Formenreihe beim Verb

Wovon die Formen bei Verben abhängen, zeigt teilweise schon der folgende Wörterbucheintrag:

finden; du findest, er fand,
sie hat gefunden; fin-den

Formen beim Verb werden bestimmt durch Personalform (*du, er, sie* usw.), durch Numerus (Einzahl, Mehrzahl), Zeitform (z. B. Präsens, Präteritum, Futur) und Aussageweise (Wirklichkeitsform, Möglichkeitsform und Aufforderungsform).

Personalformen und Numerus:

finden		Einzahl (Singular)	Mehrzahl (Plural)
	1. Person	*ich finde*	*wir finden*
	2. Person	*du findest*	*ihr findet*
	3. Person	*er/sie/es findet*	*sie finden*

Zeitform:

finden		
	Präsens	*du findest*
	Präteritum	*du fandest*
	Perfekt	*du hast gefunden*
	Plusquamperfekt	*du hattest gefunden*
	Futur I	*du wirst finden*
	Futur II	*du wirst gefunden haben*

Aussageweise:

finden		
	Wirklichkeitsform	*du findest*
	Möglichkeitsform	*du fändest*
	Aufforderungsform	*finde*

Wörter und Wortarten

Zu Nomen, Adjektiven, Verben und einigen weiteren Wörterbuch-Wörtern gibt es verschiedene Wortformen (siehe oben), andere Wörter verändern sich nicht. Die folgende Übersicht zeigt dies. Außerdem wird deutlich, dass man Wörter bestimmten Wortarten zuordnen kann.

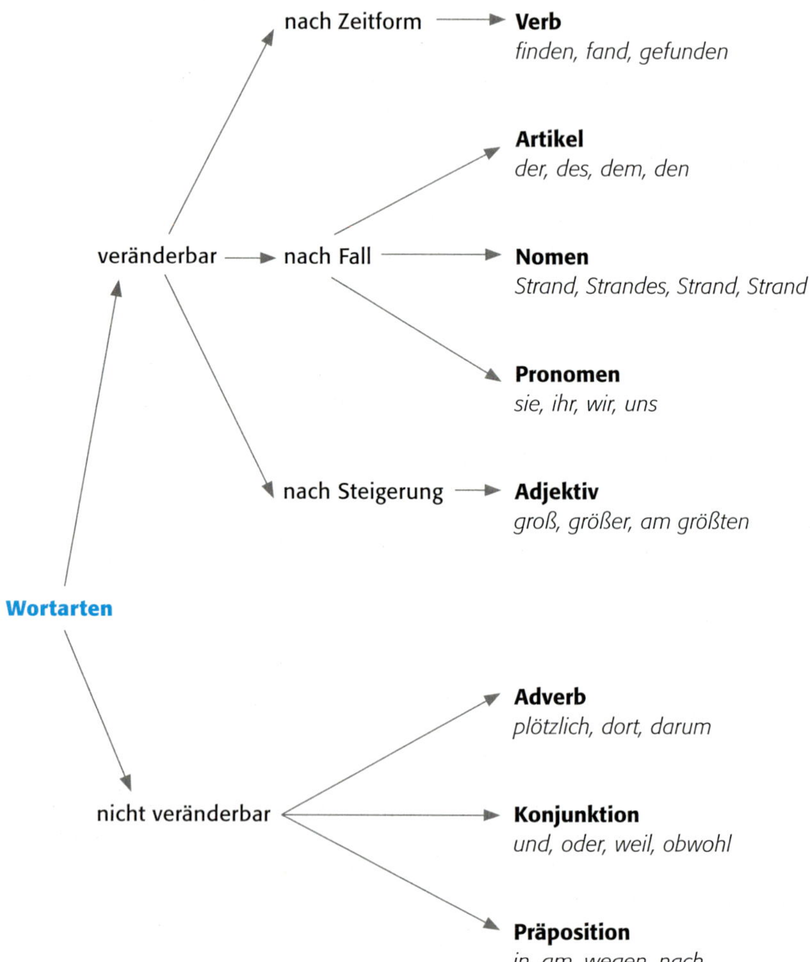

Wortbildung

Es wird geschätzt, dass es im Deutschen 300 000 bis 500 000 Wörter gibt. Viele sind entstanden und entstehen dadurch, dass aus Wörtern weitere Wörter gebildet werden. Solche Bildungen entstehen, wenn Sprecher etwas Neues bezeichnen oder einen Sachverhalt genauer oder anders ausdrücken möchten (vgl. dazu auch das Teilkapitel „Wortfamilien", S. 403–405).

Für die Bildung von Wörtern gibt es verschiedene Möglichkeiten: die Zusammensetzung, die Ableitung, den Wortartwechsel und die Bildung von Kurzwörtern.

Die Zusammensetzung

Insbesondere zu Nomen und Adjektiven entstehen dadurch weitere Wörter, dass einfache Wörter zu einem Wort zusammengesetzt werden:
– *das Motorrad, das Rennrad, das Dreirad, das Fahrrad, das Zahnrad ...*
– *bärenstark, baumstark, löwenstark, riesenstark ...*

Jede Zusammensetzung besteht aus zwei Gliedern, z. B. aus *Motor* und *Rad* oder *Zahn* und *Rad*. Bei den meisten Zusammensetzungen bestimmt das zweite Glied die Bedeutung und die grammatischen Merkmale des neuen Wortes. *Motorrad* ist ein Rad mit Motor und *Zahnrad* ein Rad mit einem gezähnten Rand. Und es heißt zwar *der Motor* und *der Zahn*, doch *das Motorrad* und *das Zahnrad*.

Der zweite Teil der Zusammensetzung ist das **Grundwort**. Da dieses Grundwort durch den ersten Teil der Zusammensetzung näher bestimmt wird, wird der erste Teil **Bestimmungswort** genannt.

Daneben gibt es Zusammensetzungen, bei denen die Bedeutung beider Teile gleichrangig ist:
– *Strumpfhose, Hosenrock, Strichpunkt, Spielertrainer ...*
– *grün-weiß, schwarz-rot-gold, blau-weiß-rot ...*

Die grammatischen Eigenschaften werden bei den Nomen wie bei allen Zusammensetzungen durch das zweite Glied bestimmt: *der Strumpf* + *die Hose* wird zu *die Strumpfhose*; der Plural lautet *die Strumpfhosen* (der Plural des ersten Glieds *Strümpfe* ist hier unerheblich).

Die Ableitung

Ableitungen entstehen dadurch, dass Nomen, Verben oder Adjektiven weitere Wortbausteine angefügt werden – vor oder hinter dem jeweiligen Wort (als Präfix oder Suffix). Beispiele zum Wortstamm „Schlag/schlag":
- (mit Präfix:) *Anschlag, Umschlag, Überschlag, beschlagen, erschlagen, zerschlagen …*
- (mit Suffix:) *Schlägerei, schlagbar …*

Es gibt Ableitungen, die sowohl vor dem Ausgangswort als auch hinter diesem ein Präfix bzw. Suffix haben: *ge fahr los, Un sicher heit, Um leit ung …*
Wörter können auch mehrere Wortbausteine am Anfang oder Ende des Wortes haben: *Halt bar keit, Furcht sam keit, Un vor her seh bar keit …*

Der Wortartwechsel

Beim Wortartwechsel entstehen durch den Wechsel von einer Wortart in eine andere Nomen, Adjektive und Verben, ohne dass weitere Wortbausteine (Präfixe oder Suffixe) nötig werden:
grau – das Grau, lesen – das Lesen, schlagen – der Schlag, binden – das Band, der Ernst – ernst …

Die Bildung von Kurzwörtern

Einzelne oder mehrere Wörter werden häufig zu Kurzwörtern verkürzt. So wird aus *Deutschland* als Autokennzeichen *D* oder aus dem *Zweiten Deutschen Fernsehen* das *ZDF*. Die meisten Kurzwörter sind Nomen; Adjektive als Kurzwörter kommen viel seltener vor. Beispiel: *öko* für *ökologisch*.
Von ihrer Bildung her lassen sich die Kurzwörter unterscheiden:
- Kurzwörter aus Buchstaben:
  DB für Deutsche Bahn, SMS für Short Message System …
- Kurzwörter aus Silben oder Wortteilen:
  Kripo für Kriminalpolizei, Schiri für Schiedsrichter …
- Kurzwörter aus Buchstaben und Silben oder Wortteilen:
  Azubi für Auszubildender …

Kurzwörter erleichtern die Kommunikation, wenn man etwa statt *Programm der Arbeitsgemeinschaft öffentlich-rechtlicher Rundfunkanstalten* einfach *Programm der ARD* sagen oder schreiben kann. Des Weiteren erleichtert es die Verständigung bei Fachwörtern, insbesondere aus fremden Sprachen (*AIDS* für *aquired immune deficiency syndrom*).

Wortfamilien

Wörter, die miteinander verwandt sind, bilden eine **Wortfamilie**. Die gemeinsame Wurzel der Wörter einer Wortfamilie ist ihr Wortstamm. Das heißt, alle Wörter, die vom gleichen Wortstamm abgeleitet sind, gehören zu einer Wortfamilie.

flieg *fliegen, fliegst, abfliegen, verfliegen, Fliege, Flieger …*
flog, geflogen …
Flug, Flugplatz …
Flüge, Flügel, flügge …
flugs

Bei vielen Wörtern ist das leicht zu erkennen. Z. B. gehören die Wörter *fliegen, fliegst, abfliegen, verfliegen, Fliege, Flieger* usw. alle eindeutig zum Wortstamm *flieg*. Um aber erkennen zu können, dass z. B. die Wörter *flog, geflogen, Flug, Flugplatz, Flüge, Flügel, flügge* und sogar *flugs* auch zu dieser Wortfamilie gehören, muss man wissen, dass sie vom Wortstamm *flieg* abgeleitet wurden.

Das ist nicht immer ganz leicht. Zum einen verändern sich die Wortformen nämlich wie in den Beispielen durch Flexion (Beugung → Grammatische Fachausdrücke, S. 448) und durch Wortbildung (Ableitung und Zusammensetzung → S. 401/402). Zum anderen verändern sich Wortformen auch im Laufe ihrer Geschichte. Im Sprachgebrauch werden manche Wörter abgewandelt oder in anderen Zusammenhängen verwendet, sodass ihre Herkunft und ihre ursprüngliche Bedeutung kaum noch erkennbar sind. Das Wort *Gefährte* z. B. ist schon sehr alt. Wir bezeichnen heute damit einen Freund oder einen Mitstreiter, und wir ahnen kaum noch, dass es ursprünglich vom Wort *Gefährt* und das wiederum vom Wortstamm *fahr* abgeleitet ist.
Außerdem werden zu allen Zeiten neue Wörter gebildet, andere dagegen geraten in Vergessenheit, sind nur in einigen Regionen gebräuchlich oder verschwinden ganz. Die Bedeutung des Worts *flugs* (schnell, flink, wie im Flug) ist vielen vielleicht gar nicht bekannt und wird deshalb nicht mit dem Wortstamm *flieg* in Verbindung gebracht.
Deshalb ist es also mitunter schwierig zu entscheiden, zu welcher Wortfamilie ein Wort gehört. Das ist im Einzelfall aber auch nicht wichtig. In den meisten Fällen ist die Zuordnung ohne große Probleme möglich.

Die Zuordnung von Wörtern zu Wortfamilien ist vor allem deshalb besonders nützlich, weil das bei Rechtschreibschwierigkeiten helfen kann.
Wie man an den folgenden Beispielen sieht, werden die einzelnen Wortstämme innerhalb einer Wortfamilie nämlich immer gleich oder ähnlich geschrieben.
Außerdem lassen sich auch die anderen Wortbestandteile, die für die Bildung des Wortes verantwortlich sind, gut erkennen – die Präfixe, Suffixe, Grund- und Bestimmungswörter (→ Grammatische Fachausdrücke).

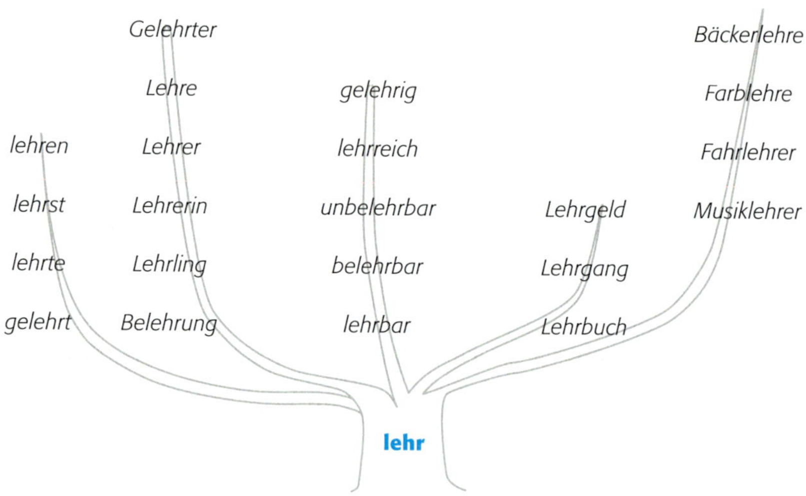

Einige weitere Beispiele für Wortfamilien:

ahn *(ich) ahne, ahnen, (er) ahnte, (er hat) geahnt, (die) Ahnung, ahnungslos, (die) Ahnungslosigkeit, (die) Vorahnung*

bind *(sie) band, (das/der) Band, (der) Einband, (das) Schmuckband, (der) Verband*
bändigen, (die) Bänder, unbändig
(der) Binder, (die) Bindung, einbinden, festbinden, verbinden, verbindlich
(das/der) Bund, festgebunden, gebunden, (der) Verbund
(das) Bündel, bündeln, bündig, (sich) verbünden

ess	*essbar, essen, (das) Essen, (das) Essgeschirr, (der) Esslöffel, (die) Essenszeit, (ihr) esst, gegessen, (der) Mitesser* *(du) isst, iss (jetzt!)* *(sie) aß, (wir) aßen*
fall	*(der) Beifall, (der) Fall, (ich) falle, (die) Falle, fallen, falls, (der) Fallschirm, gefallen, (der) Glücksfall, (der) Unfall, (der) Verfall, verfallen, (der) Vorfall, (der) Zufall* *auffällig, beifällig, (die) Fälle, fällen, fällig, (das) Gefälle, gefällig, gefällt, zufällig*
flieh	*fliehen, (er) flieht, (du) fliehst* *(er) floh, (der) Floh, entflohen, geflohen* *(die) Flucht, (der) Fluchtweg, (die) Zuflucht* *flüchten, flüchtig, (der) Flüchtling, (das) Flüchtlingslager*
gieß	*ausgießen, (ich) gieße, gießen, (der) Gießer, (die) Gießerei, (die) Gießkanne* *begossen, gegossen, (er) goss, vergossen, weggegossen* *(der) Aufguss, (der) Ausguss, (der) Guss, (der) Zuckerguss*
lass	*(der) Anlass, anlassen, (der) Anlasser, belassen, entlassen, (die) Entlassung, gelassen, (die) Gelassenheit, (ich) lasse, lassen, loslassen, (der) Nachlass, überlassen, verlassen, weglassen,* *fahrlässig, lässig, (du) lässt, nachlässig, verlässlich, zuverlässig* *(er) ließ, (wir) ließen, (ihr) ließt*
steh	*aufstehen, beistehen, gestehen, (ich) stehe, stehen, (du) stehst, verstehen* *(der) Abstand, (der) Aufstand, (der) Bestandteil, (ich) stand, (der) Stand, (die) Standfestigkeit, standhaft, (der) Zustand* *geständig, (das) Ständchen, (der) Ständer, ständig, (der) Kleiderständer*
trag	*(der) Antrag, (der) Auftrag, beantragen, (der) Betrag, betragen, (das) Betragen, (der) Ertrag, ertragen, tragbar, (ich) trage, (die) Trage, tragen, (die) Tragkraft, übertragen, (der) Vertrag, (der) Vortrag* *abträglich, einträglich, erträglich, (er) erträgt, (der) Träger, (du) trägst* *(die) Tracht, trächtig*
wachs	*aufwachsen, bewachsen, erwachsen, (die) Erwachsenen, gewachsen, (ich) wachse, wachsen, Wachstum, (das) Wachstumsmittel, (der) Zuwachs* *(sie) wuchs, (der) Wuchs, (der) Zuwuchs* *kleinwüchsig*

Wortbedeutung

Entwicklungen und Vielfalt

Die menschliche Sprache hat sich von frühester Zeit an entwickelt und unterliegt einem ständigen Wandel. Dieser **Sprachwandel** ist ein Ergebnis unseres tagtäglichen Sprachgebrauchs. Dabei sind die Ursachen und Bedingungen für einzelne Veränderungen vielfältig. Häufig kann man eine Tendenz zur Vereinfachung und ökonomischen Verwendung von Sprache beobachten. Aber auch andere Sprachen und/oder wirtschaftliche, kulturelle und politische Entwicklungen beeinflussen die Sprachentwicklung.

Viele Veränderungen betreffen den Wortschatz, die Wortbedeutung und den Wortgebrauch. Das Wort *greinen* (weinen, zanken) z. B. wird heute kaum noch gebraucht und findet sich in vielen aktuellen Wörterbüchern nicht mehr. Dagegen wird man das Wort *mailen* in einem älteren Wörterbuch vergeblich suchen.
Die Bedeutung des Worts *Weib* beispielsweise hat sich grundlegend geändert. Bezeichnete man früher mit *Weib* eine anerkannte Frau/Ehefrau, wird das Wort heute vorwiegend umgangssprachlich und eher abwertend verwendet.
War die *Maus* zunächst nur ein kleines Säugetier, weiß inzwischen jeder, dass auch das Eingabegerät für den Computer als *Maus* bezeichnet wird.

Hinzu kommt, dass Sprache in mehreren Erscheinungsformen existiert, die auch als **Sprachvarianten** oder sprachliche Varietäten (lat. *varietas* – Verschiedenheit) bezeichnet werden. Dabei unterscheidet man vor allem **Standardsprache, Umgangssprache, Dialekt, Gruppensprache** und **Fachsprache**.
Jede Sprachvariante hat einige Besonderheiten, die sich am Wortschatz, an der Wortverwendung und an der Wortbedeutung besonders deutlich zeigen.

Sagt man in der **Standardsprache** z. B. *nichts, herunter, schlafen, Beeile dich!*, kann es in der **Umgangssprache** z. B. *nix, runter, pennen, Mach hin!* heißen.

Ganz auffallend sind solche Wortunterschiede in **Dialekten**. Für standardsprachlich *reden, miteinander sprechen, sich unterhalten* gibt es in den einzelnen Dialekten oft mehrere Wörter, die manchmal nur in ganz bestimmten Orten/Regionen gebräuchlich sind, wie z. B. *schwätze* (schwäbisch), *babbele* (hessisch), *snacken* (plattdeutsch/friesisch), *battschen* (erzgebirgisch), *knetschen* (thüringisch).

Auch **Gruppensprachen** haben oft einen eigenen, sich mitunter rasch wandelnden Wortschatz. In der Jugendsprache hieß es in den 60er-Jahren z. B. noch *das beated*

(abgeleitet von der Musikrichtung Beat bzw. der Gruppe die Beatles), wenn man etwas toll, gut, schön, interessant usw. fand. Später waren immer neue und andere Wörter und Wendungen gebräuchlich z. B. *krass, cool, geil, schrill, megatoll* o. Ä. Manchmal tauchen Wörter, die vorher keiner kannte, zunächst nur in einigen Gebieten oder Gruppen auf und verbreiten sich innerhalb weniger Wochen, wie z. B. *chillen* (sich ausruhen), *cruisen* (ziellos umherfahren) oder *dissen* (sich abfällig äußern).
Einige Wörter und Wendungen gehen mit der Zeit auch in die Umgangssprache ein, wie z. B. *total angesagt, super Party, cool bleiben* u. Ä.

In **Fachsprachen**, auch Expertensprachen genannt, findet man so genannte Fachwörter. Das sind Wörter, deren Bedeutung genau bestimmt ist, die dem exakten und überregionalen Austausch unter Fachleuten (Experten) dienen. Beispiele:
- Medizin: *Internist, Appendix, Fraktur;*
- Computer: *Hardware, Software, Chip;*
- Meteorologie: *Taifun, Klima, Hochdruckgebiet;*
- Sport: *Foul, Florett, Slalom;*
- Grammatik: *Infinitiv, Prädikat, Deklination.*

Antonyme – Homonyme – Synonyme

Einige Wörter der deutschen Sprache zeichnen sich durch Besonderheiten ihrer Bedeutung aus. Man unterscheidet danach Antonyme, Homonyme und Synonyme.

Antonyme nennt man Wörter, die Gegensätze bezeichnen:
- *hell – dunkel, groß – klein, glücklich – unglücklich, herzlich – herzlos, froh – traurig, laut – leise, nah – fern, vorwärts – rückwärts, Tag – Nacht, Armut – Reichtum, Schlauheit – Dummheit, Treue – Untreue, ankommen – abfahren, geben – nehmen, gewinnen – verlieren, lieben – hassen …*

Homonyme sind gleich lautende Wörter, die unterschiedliche Bedeutungen haben können:
- *die Bank* (Sitzgelegenheit) – *die Bank* (Geldinstitut),
- *grün* (grüne Farbe) – *grün* (unreif),
- *der Hahn* (Vogel) – *der Hahn* (Vorrichtung zur Wasserentnahme),
- *lecken* (mit der Zunge) – *lecken* (undicht sein),
- *das Schloss* (prunkvolles Gebäude) – *das Schloss* (Schließvorrichtung),
- *der Ton* (Laut) – *der Ton* (Erdart) …

Manche Homonyme kann man auch an ihrem unterschiedlichen Geschlecht und dem unterschiedlichen Plural erkennen:

– *der Band, die Bände* (Buchband) – *das Band, die Bänder* (Geschenkband),
– *die Kiefer, die Kiefern* (Nadelbaum) – *der Kiefer, die Kiefer* (Gesichtsknochen),
– *der Leiter, die Leiter* (Anführer) – *die Leiter, die Leitern* (Steiggerät) …

Synonyme sind verschiedene Wörter mit gleicher oder ähnlicher Bedeutung. Man bezeichnet sie auch als bedeutungs- oder sinnverwandte Wörter:

– *sehen, schauen, blicken, gucken …*
– *gehen, laufen, spazieren, wandern, eilen, schlendern, bummeln …*
– *weich, geschmeidig, seidig, kuschelig …*
– *Haus, Gebäude, Bau, Bauwerk …*
– *Gaststätte, Restaurant, Wirtschaft, Kneipe …*

Synonyme ermöglichen einen abwechslungsreichen und genauen Sprachgebrauch. Manche Synonyme drücken auch stilistische Unterschiede aus:

– *Kopf* (Standardsprache), *Haupt* (gehobener Sprachgebrauch), *Rübe, Birne* (Umgangssprache)
– *trinken* (Standardsprache), *zu sich nehmen* (gehobener Sprachgebrauch), *saufen, süffeln* (Umgangssprache)

Andere Synonyme werden regional unterschiedlich häufig und teilweise mit abweichenden Bedeutungen gebraucht:

– *Samstag – Sonnabend*
– *fegen – kehren*
– *Harke – Rechen*
– *Brötchen – Semmel – Schrippe – Weck*
– *Dachrinne – Regenrinne*
– *Schornstein – Esse – Kamin – Rauchfang – Schlot*
– *klingeln – schellen – läuten*
– *Fleischer – Schlachter – Metzger*

Synonyme bilden Wortfelder (→ S. 409–413).

Wortfelder

Wortfelder sind Gruppen von Wörtern und Wendungen, die einen Bedeutungszusammenhang haben.
Im Mittelpunkt steht immer ein Wort oder eine Wendung, dem oder der jeweils bedeutungsverwandte Wörter zugeordnet werden. Von diesem Wort bzw. dieser Wendung hängt es ab, welche anderen Wörter und Wendungen zugeordnet werden können und wie groß ein Wortfeld ist.
Je mehr Wörter und Wendungen eines Wortfeldes man kennt, desto genauer, anschaulicher und abwechslungsreicher kann man sich ausdrücken.

Fast unendlich erweiterbar ist z. B. das Wortfeld zu *Pflanze*:

Pflanze *Baum, Laubbaum, Kiefer, Bananenbaum, Blume, Rose, Strauch, Flieder, Kraut, Unkraut, Gemüse, Kartoffel, Distel, Moos …*

Ziemlich viele Wörter gehören auch zum Wortfeld zu *gehen*:

gehen *laufen, schreiten, wandern, spazieren, schlendern, bummeln, marschieren, rennen, sausen, rasen, eilen, hasten, stürzen, tänzeln, hopsen, schleichen, stampfen, stelzen, torkeln, wanken, humpeln, schlurfen, schwanken, trotten, trödeln …*

Weniger Wörter werden es aber sofort, wenn man die Suche einschränkt auf *schnell gehen*:

schnell gehen *laufen, wandern, marschieren, rennen, sausen, rasen, eilen, hasten, stürzen*

Deutlich weniger Wörter finden sich z. B. auch zu *klein*:

klein *sehr klein, winzig, minimal, niedrig, kleinwüchsig, zwergenhaft, klitzeklein, kümmerlich, gering*

Die Wörter eines Wortfeldes sind nicht alle gleichwertig. Es gibt **Ober- und Unterbegriffe,** mit deren Hilfe man Ordnung in ein Wortfeld bringen kann.
Die Suche nach Ober- und Unterbegriffen hilft auch, wenn man sich einen Überblick über ein bestimmtes Thema verschaffen will. Möchte man z. B. einen Vortrag über Pflanzen halten, kann man zunächst Ober- und Unterbegriffe sammeln und dann entscheiden, worüber und in welcher Reihenfolge man sprechen möchte.

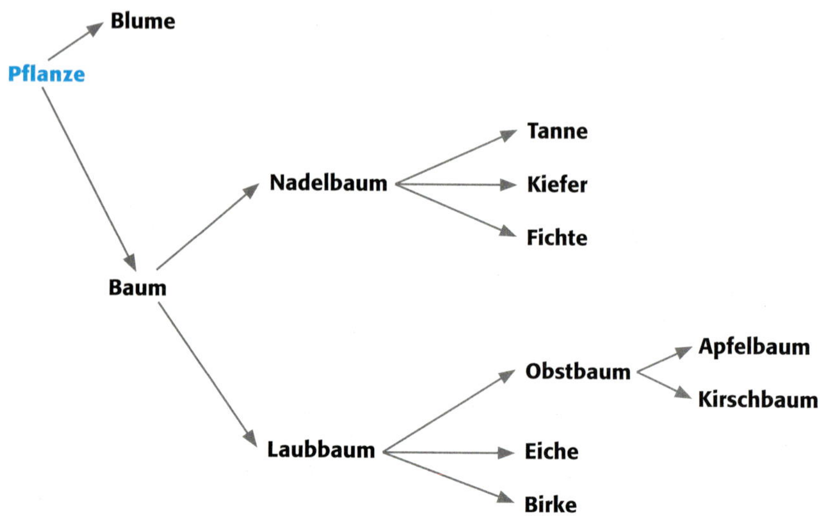

Man kann Wortfelder auch in Form einer Mind-Map darstellen:

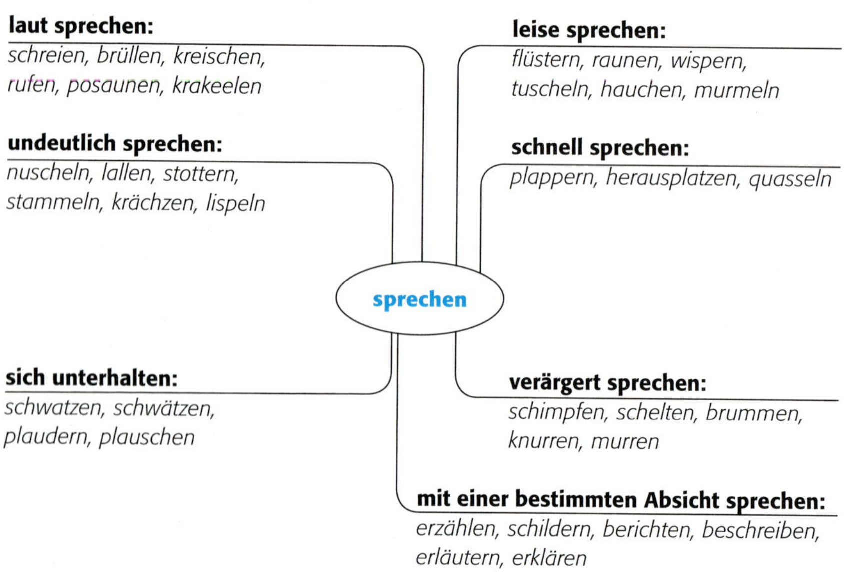

Einige Wortfelder zum Nachschlagen:

arbeiten	*tätig sein, beschäftigt sein, schaffen, sich betätigen, schuften, malochen, sich plagen, sich schinden, sich abarbeiten, rackern, sich abrackern*
dann	*danach, anschließend, darauf, daraufhin, hierauf, im Anschluss daran, hinterher, in der Folge, nachfolgend, nachher, schließlich, später, alsdann*
dünn	*schlank, schmal, dürr, knochig, schmächtig, wie eine Bohnenstange, wie eine Gerte, gertenschlank*
enden	*beenden, zu Ende gehen, ein Ende haben, eine Ende machen, zum Ende kommen, Schluss machen, zum Abschluss kommen, aufhören, abbrechen, nicht weitermachen, abschließen, ausklingen, neigen, zur Neige gehen*
essen	*speisen, etwas zu sich nehmen, verzehren, kosten, naschen, knabbern, probieren, nippen, schmausen, eine Mahlzeit einnehmen, sich stärken, vespern, frühstücken, zu Mittag/Abend essen, schnabulieren, sich einverleiben, vertilgen, futtern, schlingen, verschlingen, in sich hineinstopfen, mampfen, fressen*
fahren	*wegfahren, fortfahren, abfahren, eine Reise machen, verreisen, befördern, transportieren, chauffieren, rollen, rasen, flitzen, knattern, kurven, kutschieren, lenken, steuern, brettern, dampfen, düsen, heizen, zuckeln, karren*
gut	*fein, angenehm, erfreulich, herrlich, lobenswert, ausgezeichnet, erstklassig, hervorragend, prima, ganz ordentlich, nicht schlecht*
helfen	*mithelfen, aushelfen, behilflich sein, beistehen, zu Hilfe kommen, Hilfe leisten, unterstützen, zur Hand gehen, zur Seite stehen, sich nützlich machen, unter die Arme greifen, zu Diensten sein*
immer	*immerzu, immerfort, stets, dauernd, ständig, beständig, jederzeit, allzeit*
jammern	*klagen, weinen, wimmern, winseln, wehklagen, stöhnen, lamentieren*

Junge	*Kind, Knirps, Kleiner, Knabe, Bub, Bube, Bübchen, Bursche, Bürschchen, Kerl, Kerlchen, Bengel, Wicht, Dreikäsehoch, Sohn, Spross, Junior, Filius, Boy*
kaputt	*beschädigt, defekt, zerbrochen, zerstört, entzwei, schadhaft, fehlerhaft, lädiert, hin, nicht in Ordnung, funktioniert nicht, im Eimer*
kochen	*sieden, garen, braten, dünsten, köcheln, aufkochen, abkochen, zerkochen, überkochen, Essen zubereiten, Essen machen*
lachen	*lächeln, kichern, prusten, losplatzen, auslachen, anlachen, grinsen, jauchzen, jaulen, jubeln, juchzen, kreischen, sich kugeln, sich kringeln, wiehern, in Gelächter ausbrechen, Tränen lachen, sich kranklachen, sich kaputtlachen, sich krummlachen, sich totlachen*
mutig	*furchtlos, couragiert, ohne Angst, ohne Furcht, beherzt, unerschrocken, entschlossen, tapfer, kühn, verwegen, forsch, halsbrecherisch, heldenhaft, risikobereit, wagemutig, waghalsig, tollkühn*
nahe	*in der Nähe, nebenan, nicht weit entfernt, unweit, in der Nachbarschaft, um die Ecke, nur einen Katzensprung entfernt*
ordnen	*sortieren, anordnen, einordnen, gliedern, gruppieren, aufreihen, systematisieren, in (eine) Ordnung bringen, regeln, regulieren*
Pferd	*Wildpferd, Reitpferd, Zuchtpferd, Rappe, Hengst, Brauner, Fuchs, Schecke, Schimmel, Pony, Vollblut, Wallach, Warmblut, Galopper, Traber, Stute, Fohlen, Füllen, Ross, Rössel, Gaul, Mähre, Schinder, Schindmähre*
plötzlich	*urplötzlich, auf einmal, wie aus heiterem Himmel, schlagartig, ruckartig, von einem Moment zum anderen, unversehens, im Nu, abrupt, unerwartet, überraschend, jäh, Hals über Kopf, Knall auf Fall, mir nichts dir nichts*
rot	*knallrot, blutrot, feuerrot, leuchtend rot, grellrot, kirschrot, karminrot, krebsrot, mohnrot, ziegelrot, weinrot, signalrot, scharlachrot, puterrot, purpurfarben, rubinrot, rotblond, rotbraun, rötlich*
rufen	*ausrufen, aufrufen, heranrufen, herbeirufen, zusammenrufen, zusammentrommeln, laut fordern, beordern, alarmieren, schreien*

schimpfen *ausschimpfen, tadeln, rügen, schelten, zurechtweisen, meckern, klagen, keifen, motzen, wettern, zanken, zetern, vom Leder ziehen, anschnauzen, anherrschen, maßregeln, den Kopf waschen, einen Rüffel geben, eine Standpauke halten, sich jemanden vornehmen, ins Gebet nehmen, den Marsch blasen*

Schuhe *Damenschuhe, Herrenschuhe, Kinderschuhe, Sommerschuhe, Winterschuhe, Sportschuhe, Sandalen, Halbschuhe, Schnürschuhe, Slipper, Pantoffeln, Holzschuhe, Clogs, Flip-Flops, Badeschuhe, Latschen, Badelatschen, Stiefel, Stiefeletten, Knöchelschuhe, hohe Schuhe, Fellschuhe, Wanderschuhe, Basketballschuhe, Fußballschuhe, Skischuhe*

teilnehmen *sich beteiligen, dabei sein, beteiligt sein, mitarbeiten, mitmachen, mitmischen, mitspielen, mitwirken, mittun, teilhaben, beiwohnen, partizipieren, mit von der Partie sein*

weinen *heulen, schluchzen, flennen, greinen, plärren, Tränen vergießen, feuchte Augen bekommen, sich in Tränen auflösen, in Tränen schwimmen, jammern, jaulen, wimmern, winseln, klagen*

Sprachliche Wendungen und Bilder

Redewendungen sind feste sprachliche Fügungen, mit denen bestimmte Sachverhalte anschaulich und abwechslungsreich bezeichnet oder beschrieben werden können, wie z. B.:
- *die Katze aus dem Sack lassen* (die wahre Absicht verraten)
- *mit jemandem ein Hühnchen rupfen* (mit jemandem schimpfen)
- *den Braten riechen* (Verdacht schöpfen)
- *sich aufs Ohr legen* (schlafen gehen)
- *mit jemandem unter einer Decke stecken* (mit jemandem gemeinsame Sache machen)
- *ins Fettnäpfchen treten* (eine Ungeschicklichkeit begehen)
- *jemandem die Suppe versalzen* (jemandem den Spaß verderben)
- *ein Brett vorm Kopf haben* (keinen klaren Gedanken fassen können, dumm sein) usw.

Sprichwörter geben Lebensweisheiten, Erkenntnisse, Erfahrungen und Beobachtungen der Menschen kurz und knapp sowie anschaulich und einprägsam wieder. Sie umfassen alle Bereiche des Lebens, wie z. B. Glück, Unglück, Natur, das Zusammenleben der Menschen u. Ä.:
- *Es ist nicht alles Gold, was glänzt.*
- *Einem geschenkten Gaul sieht man nicht ins Maul.*
- *Wer andern eine Grube gräbt, fällt selbst hinein.*
- *Viele Köche verderben den Brei.*
- *Wer zuletzt lacht, lacht am besten.*
- *Morgenstund hat Gold im Mund.*

Jede Sprache hat Redewendungen und Sprichwörter, die häufig Erfahrungen oder Sichtweisen der Völker widerspiegeln. Manche sind sehr alt, sie werden von Generation zu Generation weitergegeben. Ihre Bedeutung kann man mitunter aus dem Zusammenhang erschließen.

Das merkt man besonders deutlich bei der Beschäftigung mit einer fremden Sprache. Es ist oft schwierig, Redewendungen und Sprichwörter einfach in eine andere Sprache zu übersetzen. Sagt man im Deutschen z. B. *es regnet Bindfäden* oder *es gießt wie aus Kannen*, wenn es heftig regnet, so sagen die Engländer *it's raining cats and dogs*. Hat man vor, ein hohes Risiko einzugehen, kann man das im Deutschen so ausdrücken: *alles auf eine Karte setzen*. Im Englischen dagegen sagt man dafür: *to put all eggs in one basket*.

Redewendungen und Sprichwörter sind oft deshalb besonders anschaulich und einprägsam, weil sie mit bildhaften Vergleichen (→ Metaphern) arbeiten, z. B.:
– *schimpfen wie ein Rohrspatz*
– *zittern wie Espenlaub*
– *reden wie ein Wasserfall*
– *die Beine in die Hand nehmen*
– *die Maske fallen lassen*
– *ein dickes Fell haben*
– *jemanden in Watte packen*
– *wie ein Fels in der Brandung stehen …*

Metaphern sind sprachliche Wendungen, die in übertragener Bedeutung verwendet werden. Das heißt, eine sprachliche Bezeichnung wird auf einen Sachverhalt übertragen, für den diese Bezeichnung eigentlich nicht gebraucht wird. Grundlage einer solchen Übertragung sind bildhafte Vergleiche, wie z. B.:
– *jemandem das Wort abschneiden*
– *alle Türen stehen offen*
– *jemanden am Gängelband führen*
– *dumm wie Stroh sein*
– *am Fuße des Berges*
– *sternenweit*
– *haushoch …*

Auch Metaphern dienen dem anschaulichen und abwechslungsreichen Sprachgebrauch. Besonders häufig findet man Metaphern in der Literatur, vor allem in der Lyrik.

Eine besondere Form der Metapher ist die **Personifizierung**, bei der Eigenschaften von Menschen auf Dinge oder Sachverhalte übertragen werden, wie z. B.:
– *die Wiesen träumen noch*
– *die Sonne lacht*
– *der Himmel weint*
– *der Wind flüstert*
– *der Kreisel singt*
– *die Blumen wispern …*

Regelmäßige und unregelmäßige Verben

Zu Verben können verschiedene Tempusformen gebildet werden. Bei den meisten Verben ist das nicht schwer: Sie werden regelmäßig gebildet. Ausgehend vom Infinitiv (= 1. Stammform) werden die zweite und dritte Stammform abgeleitet.

Beispiel:

1. Stammform Infinitiv	**2. Stammform** Präteritum	**3. Stammform** Partizip
sagen	*sagte*	*gesagt*

Daneben gibt es Verben, bei denen sich die Stammformen unterscheiden. Diese Verben werden unregelmäßig gebildet. Dabei ändert sich in den einzelnen Stammformen einiges. Bei der größten Gruppe der unregelmäßigen Verben gilt dies für den Stammvokal.

Beispiele:

1. Stammform Infinitiv	**2. Stammform** Präteritum	**3. Stammform** Partizip
schieben	*schob*	*geschoben*
treffen	*traf*	*getroffen*

Viele unregelmäßige Verben gibt es in unserer Sprache nicht; sie kommen allerdings häufig vor. Einige dieser Verben werden heute auch schon regelmäßig gebildet.

Beispiel:

1. Stammform Infinitiv	**2. Stammform** Präteritum	**3. Stammform** Partizip
triefen	*triefte* *(troff)*	*getrieft* *(selten: getroffen)*

Da die wenigen unregelmäßigen Verben beim Sprechen und Schreiben häufig gebraucht werden, ist eine Übersicht wie die folgende hilfreich.

1. Stammform Infinitiv	**2. Stammform** Präteritum	**3. Stammform** Partizip	**Bemerkungen, Beispiele**
abwägen	*wog ab*	*abgewogen*	Heute zunehmend regelmäßige Bildung: *Er wägte Vor- und Nachteile gegeneinander ab.*
backen	*buk*	*gebacken*	Wenn das Verb die Bedeutung *kleben* hat, dann regelmäßige Bildung: *Der Schnee backte/hat gebackt.*
befehlen	*befahl*	*befohlen*	
beginnen	*begann*	*begonnen*	
beißen	*biss*	*gebissen*	
bergen	*barg*	*geborgen*	
bersten	*barst*	*geborsten*	
bewegen	*bewog*	*bewogen*	Nur wenn das Verb die Bedeutung *veranlassen* hat: *Sie hat ihn zur Rückkehr bewogen.*
biegen	*bog*	*gebogen*	
bieten	*bot*	*geboten*	
binden	*band*	*gebunden*	
bitten	*bat*	*gebeten*	
blasen	*blies*	*geblasen*	
bleiben	*blieb*	*geblieben*	
bleichen	*blich*	*geblichen*	
braten	*briet*	*gebraten*	
brechen	*brach*	*gebrochen*	
brennen	*brannte*	*gebrannt*	
bringen	*brachte*	*gebracht*	
denken	*dachte*	*gedacht*	
dreschen	*drosch*	*gedroschen*	
dringen	*drang*	*gedrungen*	
dürfen	*durfte*	*gedurft*	
empfangen	*empfing*	*empfangen*	
empfehlen	*empfahl*	*empfohlen*	
empfinden	*empfand*	*empfunden*	
erlöschen	*erlosch*	*erloschen*	*Das Feuer ist erloschen.*
erschrecken	*erschrak*	*erschrocken*	*Sie ist beim Knall erschrocken.*
essen	*aß*	*gegessen*	
fahren	*fuhr*	*gefahren*	

1. Stammform Infinitiv	**2. Stammform** Präteritum	**3. Stammform** Partizip	**Bemerkungen, Beispiele**
fallen	*fiel*	*gefallen*	
fangen	*fing*	*gefangen*	
fechten	*focht*	*gefochten*	
finden	*fand*	*gefunden*	
flechten	*flocht*	*geflochten*	
fliegen	*flog*	*geflogen*	
fliehen	*floh*	*geflohen*	
fließen	*floss*	*geflossen*	
fressen	*fraß*	*gefressen*	
frieren	*fror*	*gefroren*	
gären	*gor*	*gegoren*	*Der Wein gor im Fass.* Bei übertragener Bedeutung aber schon häufig: *Die Unzufriedenheit gärte seit Wochen.*
gebären	*gebar*	*geboren*	
geben	*gab*	*gegeben*	
gedeihen	*gedieh*	*gediehen*	
gehen	*ging*	*gegangen*	
gelingen	*gelang*	*gelungen*	
gelten	*galt*	*gegolten*	
genesen	*genas*	*genesen*	*Er ist von schwerer Krankheit genesen.*
genießen	*genoss*	*genossen*	
geschehen	*geschah*	*geschehen*	
gewinnen	*gewann*	*gewonnen*	
gießen	*goss*	*gegossen*	
gleichen	*glich*	*geglichen*	
gleiten	*glitt*	*geglitten*	
glimmen	*glomm*	*geglommen*	Heute zunehmend regelmäßige Bildung: *Das Feuer glimmte noch.*
graben	*grub*	*gegraben*	
greifen	*griff*	*gegriffen*	
haben	*hatte*	*gehabt*	
halten	*hielt*	*gehalten*	
hängen	*hing*	*gehangen*	*Das Bild hing an der Wand.* Aber: *Er hängte das Bild an die Wand.*
hauen	*hieb*	*gehauen*	*Er hieb den Klotz mit dem Beil entzwei.* Aber: *Er haute ihm eine runter.*

1. Stammform Infinitiv	**2. Stammform** Präteritum	**3. Stammform** Partizip	**Bemerkungen, Beispiele**
heben	*hob*	*gehoben*	
heißen	*hieß*	*geheißen*	
helfen	*half*	*geholfen*	
kennen	*kannte*	*gekannt*	
klingen	*klang*	*geklungen*	
kneifen	*kniff*	*gekniffen*	
kommen	*kam*	*gekommen*	
können	*konnte*	*gekonnt*	
kriechen	*kroch*	*gekrochen*	
laden	*lud*	*geladen*	
lassen	*ließ*	*gelassen*	
laufen	*lief*	*gelaufen*	
leiden	*litt*	*gelitten*	
leihen	*lieh*	*geliehen*	
lesen	*las*	*gelesen*	
liegen	*lag*	*gelegen*	
lügen	*log*	*gelogen*	
meiden	*mied*	*gemieden*	
melken	*molk*	*gemolken*	Heute zunehmend regelmäßige Bildung: *Sie melkte jeden Morgen die Kuh.*
messen	*maß*	*gemessen*	
misslingen	*misslang*	*misslungen*	
mögen	*mochte*	*gemocht*	
müssen	*musste*	*gemusst*	
nehmen	*nahm*	*genommen*	
nennen	*nannte*	*genannt*	
pfeifen	*pfiff*	*gepfiffen*	
preisen	*pries*	*gepriesen*	
quellen	*quoll*	*gequollen*	*Der Briefkasten quoll über.* Aber: *Die Köchin quellte Kartoffeln.*
raten	*riet*	*geraten*	
reiben	*rieb*	*gerieben*	
reißen	*riss*	*gerissen*	
reiten	*ritt*	*geritten*	

1. Stammform Infinitiv	**2. Stammform** Präteritum	**3. Stammform** Partizip	**Bemerkungen, Beispiele**
rennen	*rannte*	*gerannt*	
riechen	*roch*	*gerochen*	
ringen	*rang*	*gerungen*	
rufen	*rief*	*gerufen*	
saufen	*soff*	*gesoffen*	
saugen	*sog*	*gesogen*	Flüssigkeit in den Mund ziehen: *Er sog Milch aus der Kokosnuss.* Aber: *Sie saugte den Teppichboden.*
schaffen	*schuf*	*geschaffen*	*Gott schuf Himmel und Erde.*
scheiden	*schied*	*geschieden*	
scheinen	*schien*	*geschienen*	
scheißen	*schiss*	*geschissen*	
scheren	*schor*	*geschoren*	*Er hat die Schafe geschoren.* Aber: *Sie hat sich um das Verbot nicht geschert (nicht gekümmert).*
schieben	*schob*	*geschoben*	
schießen	*schoss*	*geschossen*	
schinden	*schund*	*geschunden*	quälen/herausschlagen: *Sie hat das Tier geschunden.* Heute zunehmend regelmäßige Bildung bei der 2. Stammform: *Er schindete einen Elfmeter heraus.*
schlafen	*schlief*	*geschlafen*	
schlagen	*schlug*	*geschlagen*	
schleichen	*schlich*	*geschlichen*	
schleifen	*schliff*	*geschliffen*	schärfen: *Sie schliff das Messer.* Aber: *Er schleifte den Sack ins Zimmer.*
schließen	*schloss*	*geschlossen*	
schlingen	*schlang*	*geschlungen*	
schmeißen	*schmiss*	*geschmissen*	
schmelzen	*schmolz*	*geschmolzen*	
schneiden	*schnitt*	*geschnitten*	
schreiben	*schrieb*	*geschrieben*	
schreien	*schrie*	*geschrien*	
schreiten	*schritt*	*geschritten*	
schweigen	*schwieg*	*geschwiegen*	

1. Stammform Infinitiv	**2. Stammform** Präteritum	**3. Stammform** Partizip	**Bemerkungen, Beispiele**
schwellen	*schwoll*	*geschwollen*	
schwimmen	*schwamm*	*geschwommen*	
schwinden	*schwand*	*geschwunden*	
schwingen	*schwang*	*geschwungen*	
schwören	*schwor*	*geschworen*	
sehen	*sah*	*gesehen*	
sein	*war*	*gewesen*	
senden	*sandte*	*gesandt*	Aber nur: *Der Verkehrsfunk hat regelmäßig Informationen gesendet.*
sieden	*sott*	*gesotten*	Heute zunehmend regelmäßige Bildung: *Das Fleisch siedete im Topf.*
singen	*sang*	*gesungen*	
sinken	*sank*	*gesunken*	
sitzen	*saß*	*gesessen*	
sollen	*sollte*	*gesollt*	
speien	*spie*	*gespien*	
spinnen	*spann*	*gesponnen*	
sprechen	*sprach*	*gesprochen*	
sprießen	*spross*	*gesprossen*	
springen	*sprang*	*gesprungen*	
stechen	*stach*	*gestochen*	
stehen	*stand*	*gestanden*	
stehlen	*stahl*	*gestohlen*	
steigen	*stieg*	*gestiegen*	
sterben	*starb*	*gestorben*	
stieben	*stob*	*gestoben*	Heute zunehmend regelmäßige Bildung: *Der Schnee stiebte nach oben.*
stinken	*stank*	*gestunken*	
stoßen	*stieß*	*gestoßen*	
streichen	*strich*	*gestrichen*	
streiten	*stritt*	*gestritten*	
tragen	*trug*	*getragen*	
treffen	*traf*	*getroffen*	
treiben	*trieb*	*getrieben*	
treten	*trat*	*getreten*	

Unregelmäßige Verben

1. Stammform Infinitiv	**2. Stammform** Präteritum	**3. Stammform** Partizip	**Bemerkungen, Beispiele**
triefen	*troff*	*getrieft*	selten: *getroffen*. Heute zunehmend regelmäßige Bildung: *Die Nase triefte.*
trinken	*trank*	*getrunken*	
tun	*tat*	*getan*	
verderben	*verdarb*	*verdorben*	
verdrießen	*verdross*	*verdrossen*	
vergessen	*vergaß*	*vergessen*	
verschleißen	*verschliss*	*verschlissen*	
wachsen	*wuchs*	*gewachsen*	*Der Baum wuchs in die Höhe.*
wägen	*wog*	*gewogen*	
waschen	*wusch*	*gewaschen*	
weichen	*wich*	*gewichen*	nachgeben: *Er wich der Gewalt.*
weisen	*wies*	*gewiesen*	
wenden	*wandte*	*gewandt*	*Er wandte sich an seinen Bruder.* Aber: *Das Auto wendete auf der Straße.*
werben	*warb*	*geworben*	
werden	*wurde*	*geworden*	
verderben	*verdarb*	*verdorben*	
werfen	*warf*	*geworfen*	
wiegen	*wog*	*gewogen*	*Er wog nur 32 Kilo.* Aber: *Sie wiegte das Baby in den Schlaf.*
winden	*wand*	*gewunden*	
winken	*winkte*	*gewinkt*	auch: *gewunken*
wissen	*wusste*	*gewusst*	
wringen	*wrang*	*gewrungen*	
ziehen	*zog*	*gezogen*	
zwingen	*zwang*	*gezwungen*	

Die Rechtschreibung des Deutschen

Sprache und Rechtschreibung sind nicht etwas Statisches, sondern dynamisch, d. h. sie verändern sich fortlaufend. In der gesprochenen Sprache bemerkt man Veränderungen nicht immer sofort, wohl aber in der Rechtschreibung. So schreibt man heute nicht mehr so wie „früher". Man sieht das z. B. an der Schreibung der Konjunktion *dass* (früher *daß*).

Eine allgemein anerkannte Regelung der Rechtschreibung ist besonders für das Lesen wichtig. Wenn wir Wörter immer wieder anders schreiben würden, müssten wir beim Lesen jedes Mal geschriebene Wörter neu erlesen.

Verständliches Sprechen und einheitliches Schreiben sind für das Gelingen von Kommunikation mit anderen wichtig und hilfreich. Seit 1901 war in Deutschland Konrad Dudens Werk *Vollständiges orthographisches Wörterbuch der deutschen Sprache* (1880) gültig. Im Laufe der Zeit gab es dazu immer wieder kleinere Veränderungen und vor allem Erweiterungen; aber es gelang keine umfassende Reform der Rechtschreibung. Deshalb beschloss 1955 die Kultusministerkonferenz (KMK), dass bis zu einer Neuregelung für eine Übergangszeit der „Duden" für die Rechtschreibung an den Schulen maßgeblich sein sollte. Seit 1984 bemühte sich eine von den politisch Verantwortlichen eingesetzte Kommission intensiv um eine Neuregelung, die für alle deutschsprachigen Länder – wie etwa Deutschland, Österreich und die Schweiz – gelten sollte.

Diese Versuche führten zu einer Neuregelung in wichtigen Teilen (siehe im Folgenden die Bereiche A bis F). Diese Neuregelung galt ab dem 1. August 1998 für alle Schulen und Behörden. Nun stellte sich nachträglich heraus, dass sich insbesondere viele Schriftsteller, auch Journalisten und Wissenschaftler mit der beschlossenen Neuregelung der deutschen Orthographie nicht abfinden wollten. Vor allem die Regeln zur Zusammen- und Getrenntschreibung stießen auf Kritik. Einige Zeitungen und Verlage blieben deshalb weitgehend bei der früher geltenden Rechtschreibung. Mittlerweile ist ein neuer – um Ausgleich bemühter – Vorschlag erarbeitet worden. Dieser Vorschlag ist nun politisch beschlossen und liegt auch dem Wörterbuch „wortstark" zu Grunde. Wichtige Gesichtspunkte der Neuregelung werden deshalb auf den folgenden Seiten vorgestellt.

Wichtiges zur Rechtschreibung

Die Rechtschreibung des Deutschen lässt sich in Bereiche ordnen. Zu diesen Bereichen erfährst du auf den folgenden Seiten Wichtiges.

A Laute und Buchstaben

A 1 Die Zuordnung von Lauten und Buchstaben

Alphabetschriften zeichnen sich dadurch aus, dass Lauten bestimmte Buchstaben zugeordnet werden. Laute sind Teile der gesprochenen Sprache. Um Laute zu schreiben, benutzen wir Buchstaben. In der Regel folgt die Schreibung dem **Lautprinzip**, d.h. einem Laut entspricht ein Buchstabe: *Oma, Hut, Tür*.
Ideal wäre es, wenn jedem Laut ein Buchstabe entspräche. Dass dies nicht so ist, hat jeder schon erfahren: Es gibt Buchstaben, die verschieden gesprochen werden. Z.B. wird der Buchstabe v manchmal wie f und manchmal wie w gesprochen: *Klavier - Veilchen, Vase - Vetter*. Umgekehrt werden manche Laute durch mehrere Buchstaben wiedergegeben, z.B. der lange o-Laut durch oo oder oh: *Boot, Sohn*. Den sch-Laut schreibt man als sch oder als s: *schlau, Spur, streng*.
Zwischen den Lauten der gesprochenen Sprache und den Buchstaben der geschriebenen Sprache bestehen jedoch einige feste Zuordnungen. Das bedeutet: Bei der Schreibung von Wörtern kann man zunächst immer von diesen Zuordnungen ausgehen, es sei denn, es ist durch eine weitere Rechtschreibregel eine andere Schreibung vonnöten.
Neben der Orientierung an den Laut-Buchstaben-Beziehungen gibt es noch weitere Grundsätze der Rechtschreibung, wobei das **Stammprinzip** besonders wichtig ist. Es besagt, dass in allen Wortformen der Wortstamm beibehalten und so geschrieben wird wie im Grundwort. So schreiben wir *Lob, löblich* mit b wegen *loben* oder *Tipp* mit zwei p wegen *tippen*.

Bei der Schreibung einzelner Wörter hilft es darüber hinaus häufig, sich über den Aufbau der Wörter klar zu werden:

Die **Silbe** ist die kleinste Sprecheinheit eines Wortes, sie lässt sich durch langsames Sprechen ermitteln (*Schlos-ser, bä-ren-stark*). Wörter können einsilbig (*Knopf*) oder mehrsilbig (*Bil-der-rät-sel*) sein.
Die meisten Nomen, Verben und Adjektive in unserer Sprache sind zweisilbig oder haben eine zweisilbige Wortform (*Au-to, Bei-ne*). Jede Silbe hat einen Vokal, Umlaut oder Diphthong als Klangträger (der Silbenkern). Fast immer wird die erste Silbe betont (*Auto, Beine*). Die betonte erste Silbe kann entweder „offen" sein, d.h. sie endet mit einem Vokalbuchstaben oder einem Buchstaben für einen Zwielaut (*H**a**-se, l**e**-sen, sch**ö**-ne; L**äu**-se*), oder geschlossen sein, d.h. sie endet mit einem Konsonantbuchstaben (*Si**l**-be, schme**l**-zen, ru**n**-de; l und n* jeweils als Silbenendrand). Der Silbentrennstrich steht in der offenen Silbe nach dem Buchstaben für den Vokal oder Zwielaut, in der geschlossenen Silbe nach dem Konsonantbuchstaben.

Wichtig: Geschlossene Silben benötigen oft einen zusätzlichen Konsonantbuchstaben, damit die Silbe geschlossen wird (*Hü**t**-**t**e, re**t**-**t**en, gla**t**-**t**e*). Die Verdoppelung zeigt an, dass der Vokal in der betonten Silbe kurz gesprochen werden muss: *Hü**t**-**t**e* und nicht *Hü-te*, *re**t**-**t**en* und nicht *re-ten*, *gla**t**-**t**e* und *gla-te*.

In vielen Wörtern kommen die gleichen **Wortbausteine** vor. Der Wortstamm ist der Grundbaustein. Wortstämme bilden eine Wortfamilie, sie sind verwandt. An einen Wortstamm können mehrere Bausteine als Vorsilben (Präfixe) oder Nachsilben (Suffixe) angehängt werden. Suffixe dienen der Veränderung der Wortart: aus *Wort* wird *wörtlich*, aus *nutzen* wird *Nutzung*. Dabei können sehr lange Wörter entstehen wie *Un-ab-häng-ig-keits-er-klär-ung*.

Die Wortschreibung ist vor allem von der zweisilbigen Wortform bestimmt; man bezeichnet zweisilbige Wörter deshalb als **Schlüsselwörter**. Die Suche nach einer zweisilbigen Wortform hilft bei schwierigen Schreibentscheidungen:
rennst mit nn, weil *ren-nen*, *bremst* mit s, weil *brem-sen* ...
Zweisilbige Wörter als Schlüsselwörter findet man, indem man ...
– zu Nomen den Plural bildet: *Mann – Män-ner*,
– zu Verben die wir-Form ermittelt: *kommt – wir kom-men, kam – wir ka-men*,
– das Adjektiv mit einem Nomen verbindet, das eine flektierte Form verlangt:
glatt – die glat-te Stufe.

A 2 Die s-Schreibung

Für den s-Laut gibt es mehrere Schreibungen: s, ss oder ß.

s wird geschrieben in Wörtern, in denen man ein stimmhaftes s hört (*Rose*) oder – wegen der Stammschreibung – in jenen Wörtern, die auf ein verwandtes Wort mit stimmhaftem s zurückzuführen sind: *Gras – Gräser*, *Haus – Häuser*

ss wird geschrieben, wenn auf einen kurzen Vokal ein stimmloses s folgt:
Kuss, *nass*.

ß wird geschrieben, wenn in einem Wort auf einen langen Vokal oder auf einen Zwielaut/Diphthong ein stimmloses s folgt: *Straße*, *Gruß*.

Beachte aber: Wenn sich bei der Deklination (z. B. bei Nomen) oder der Konjugation (bei Verben) die Vokallänge ändert, ändert sich auch die s-Schreibung:
fließen – floss – Fluss – Floß, gießen – goss – Guss, beißen – bissig – biss.

A 3 **Vokallänge und Vokalkürze**

In der gesprochenen Sprache gibt es kurze und lange Vokale wie in *Tal* (lang) oder *Tank* (kurz). Doch so einfach ist die Entscheidung beim Schreiben nicht immer – es entstehen häufig Fragen. Die folgenden Antworten helfen dir weiter.

Wann schreibt man Wörter mit ie?

Das kurze i in der betonten Silbe wird mit i geschrieben.	*finden, Rinde, Rille ...*
Wenn du das Wort mit dem i-Laut in Silben zerlegst, erkennst du, dass die betonte Silbe mit einem Konsonanten endet.	*fin-den, Rin-de, Ril-le ...*
Das lange i wird in deutschen Wörtern in der betonten Silbe in der Regel mit ie geschrieben.	*Liebe, Diebe, verlieren, niemand ...*
Wenn du das Wort mit dem i-Laut in Silben zerlegst, merkst du, dass die betonte Silbe mit dem i endet. Dieses i schreibt man fast immer mit ie.	*Lie-be, Die-be, verlie-ren, nie-mand ...*
Verlängere einsilbige Wörter um eine Silbe.	*schien → schie-nen*
Trenne in zusammengesetzten Wörtern das Wort mit dem i-Laut ab und verlängere es dann.	*Diebstahl: Dieb → Die-be*

Wann wird der Vokalbuchstabe verdoppelt?

Meistens werden die langen Vokale in Wörtern nicht besonders gekennzeichnet.	*Schu-le, Na-me, re-den, Tö-ne, grü-ßen ...*
In wenigen Wörtern kennzeichnet man die Länge des Vokals durch Verdoppelung des Vokalbuchstabens.	*Aal, Aas, paar/Paar, Saal, Saat, Staat, Waage; Beere, Beet, Fee, Klee, Schnee, See, Speer, Tee, Teer; Boot, Moor, Moos, Zoo*

A 4 **Wörter mit h**

In vielen Wörtern steht nach dem Vokal ein h, z. B. in *gehen*, und *fahren*, *lahm* und *Zahn*. Bei der einen oder anderen Entscheidung hilft es, wenn du zwischen silbentrennendem h und Dehnungs-h unterscheidest (vgl. die folgenden Übersichten).

Wann steht ein silbentrennendes h?

Wenn die erste Silbe mit einem langen Vokal (auch ie) endet und die zweite mit einem Vokal beginnt, dann steht zwischen diesen Vokalen häufig ein h. Dieses h zwischen zwei Vokalen nennt man auch silbentrennendes h.

dro-hen, dre-hen, flie-hen …

Das h bleibt in anderen verwandten Formen erhalten.

droht, Drohung …

Beachte: Einige Wörter mit ei haben ein silbentrennendes h, andere nicht.

einweihen, Reihe, verzeihen …
prophezeien, schneien …

Beachte: Wörter mit au, äu und eu haben niemals ein silbentrennendes h.

sauer, freuen …

Wann schreibt man Wörter mit Dehnungs-h?

Ein h steht manchmal in Wörtern nach langem a, o, u und e, jedoch nur vor l, m, n, r. In diesen Wörtern dient dieses h dazu, lange Vokale auffällig zu machen. Man nennt es deshalb Dehnungs-h.

feh-len zäh-men, Fah-ne, fah-ren …

Beginnt ein Wort aber mit Gr/gr, P/p, Qu/qu, Kr/kr, Kl/kl, Sp/sp, Sch/sch oder T/t, steht nie ein solches Dehnungs-h – auch nicht vor l, m, n und r.

schmal, Träne Tür, Spur, quer, Kran, klar …

Nur in wenigen Wörtern steht ih.

ihm, ihn, ihr, ihnen, ihre

A 5 **b, d, g im Auslaut (am Ende von Wörtern)**

In der deutschen Sprache lässt sich in der Aussprache bei vielen Wörtern eine Abweichung zwischen Lautung und Schreibung beobachten, die man Auslautverhärtung nennt: Insbesondere am Wortende, am Silbenende sowie vor anderen Konsonanten wird p, t oder k gesprochen, jedoch b, d und g geschrieben. Du kannst die richtige Schreibung am Wortende herausfinden, wenn du die Wörter verlängerst: *Dieb → Diebe, Rad → Räder, Tag → Tage.*
Die Auslautverhärtung gilt auch für Wörter mit *s*, wenn beim Verlängern des Wortes die zweite Silbe mit stimmhaftem s beginnt (vgl. dazu A 2): *Haus → Häuser, grast → grasen*.

A 6 **Wörter mit ä, ö, ü sowie ei, ai, äu**

Wenn es im Wortstamm ein a gibt, erhalten dazu flektierte Formen oft ein **ä**. Beispiele: *Hände* wegen *Hand* und *Bändel* wegen *Band*. Das entspricht dem Stammprinzip.

Es gibt eine weitere Regel, die eigentlich diesem Prinzip widerspricht. Sie lautet: Umlautbuchstaben werden nie verdoppelt. Deshalb schreibt man *die Säle* (aber *der Saal*); *das Pärchen* (aber *das Paar*); *das Härchen* (aber *das Haar*); *das Bötchen* (aber *das Boot*).

Für den Zwielaut/Diphthong **ei** gibt es in der Schreibung drei Buchstabenverbindungen: ei – *der Schrei*, eih – *das Geweih* oder ai – *der Mai*.
In der Regel schreiben wir die entsprechenden Wörter mit ei.
Einfache heimische Wörter mit eih und ai sind dagegen selten und besonders zu merken:

– **eih:** *gedeihen, Geweih, leihen, Reihe, weihen (Weihnachten), verzeihen ...*

– **ai:** *Hai, Hainbuche, Kai, Kainsmal, Kaiser, Laib (Brot), Laichplatz, Laie, Mai, Maid, Mais, Rain, Waisenhaus ...*

e oder ä, eu oder äu: Wenn den Buchstaben e und ä ein kurzer Vokal entspricht, wird er in der Standardsprache gleich ausgesprochen. Es ist aber möglich, dass entsprechende Wörter unterschiedlich ausgesprochen werden (Beispiele: *Ende*, doch *Geländer*). Entsprechendes gilt auch für die Buchstabenverbindungen eu und äu. Du kannst dich hier an folgende Faustregel halten:

Man schreibt ä bzw. äu, wenn die Wortform auf eine Grundform oder mit a bzw. au zurückzuführen ist. Beispiele: *Bänder, Bändel* (wegen *Band*); *lästig* (wegen *Last*); *Kälte, kälter* (wegen *kalt*); *Stängel* (wegen *Stange*), *Häuser* (wegen *Haus*).

Das musst du dir besonders merken:
- Einige wenige Wörter haben ä oder äu, obwohl es im Deutschen keine verwandten Wörter mit a oder au gibt: *allmählich, ätzen, dämmern, Geländer, Lärm, März, Schärpe, spät, während, -wärts (aufwärts ...), zäh; Knäuel, sich räuspern, Säule, sich sträuben, täuschen.*
- Einige Wörter schreibt man mit e, obwohl es eine Form mit a gibt: *Eltern* mit e trotz *alt, schmecken* trotz *Geschmack, schwenken* trotz *schwanken, wecken* trotz *wach.*
- Zwei Schreibweisen gibt es bei: *aufwendig/aufwändig, Schenke/Schänke.*

B Getrennt- und Zusammenschreibung

Bei der Getrennt- und Zusammenschreibung geht es darum, zu entscheiden, ob Wörter, die im Text unmittelbar nebeneinanderstehen und aufeinander bezogen sind, zusammengeschrieben werden oder getrennt.

Wenn es sich um die Bestandteile von Wortgruppen handelt, dann schreibt man sie meist getrennt (*gar nicht*, *pünktlich sein*).

Handelt es sich um die Bestandteile von Zusammensetzungen, schreibt man sie in der Regel zusammen (*abbeißen*, *nasskalt*).

Eine wichtige Merkhilfe ist: Die Getrenntschreibung von Wörtern ist die Regel. Wenn du nicht sicher bist, schlage im Wörterverzeichnis nach. Die Unterscheidung zwischen zusammen oder getrennt ist nämlich nicht immer ganz einfach.

Es sind drei Fälle zu unterscheiden: Getrenntschreibung (B 1), Zusammenschreibung (B 2) und Getrennt- oder Zusammenschreibung (B 3).

B 1 Getrenntschreibung

Verbindungen mit *sein*
da sein (da gewesen), pünktlich sein (pünktlich gewesen) ...

Verb + Verb
lesen üben, laufen lernen, spazieren gehen, (auf dem Stuhl) sitzen bleiben, (Essen) stehen lassen ... (siehe dazu aber auch unter B 3)

Adjektive, deren erster Bestandteil erweitert oder gesteigert ist
leichter verdaulich, sehr schwer krank ...

so, wie, zu + Adjektiv, Adverb oder Pronomen
so groß, so oft, wie oft, wie viel, zu viel, zu lange ...

die folgenden Wortverbindungen:
gar nicht, gar kein, gar nichts, gar sehr, gar wohl

B 2 **Zusammenschreibung**

Adjektiv + Verb

– wenn durch die Verbindung von Adjektiv und Verb eine neue Gesamtbedeutung entsteht:
krankschreiben, heiligsprechen, kürzertreten ...

Wörter wie *an, ab, auf, auseinander* ... + Verb

– wenn Wörter wie *an, ab, zu* ...(formgleich mit Präpositionen) oder *voran, auseinander, vorwärts* ... (formgleich mit Adverbien) mit Verben verbunden sind:
abbeißen, mitlaufen, vorankommen, auseinandersetzen, vorwärtskommen ...

Adjektiv + Adjektiv

– wenn gleichrangige Adjektive miteinander verbunden sind:
blaugrau, nasskalt, dummdreist, feuchtwarm ...

Zusammengesetzte Adjektive

– wenn ein Bestandteil nicht mehr selbstständig als Wort vorkommt:
selbstständig, blauäugig, letztmalig ...
– wenn der erste Bestandteil bedeutungsverstärkend oder bedeutungsabschwächend ist: *blendendweiß, lauwarm, stocksteif ...*

Wörter + Partizip oder Adjektiv

– wenn der erste Bestandteil sich mit einer Wortgruppe umschreiben lässt:
angsterfüllt (von/mit Angst erfüllt), butterweich (weich wie Butter) ...

Wortbausteine wie *abhanden-, zurecht-* ... + Verb

– Verben in Verbindung mit unselbstständigen Wortbausteinen wie
abhanden-, anheim-, bevor-, dar-, einher-, entzwei-, fürlieb-, hintan-, inne-, überein-, überhand-, umhin-, vorlieb-, zurecht-;
ebenso mit *fehl-, feil-, heim-, irre-, kund-, preis-, wahr-, weis-, wett-*:
abhandenkommen, einhergehen ...; fehlbesetzen, feilbieten ...

(verblasstes) Nomen + Verb

– die folgenden elf Verben als feste Gruppe:
eislaufen, kopfstehen, leidtun, nottun, standhalten, stattfinden, stattgeben, statthaben, teilhaben, teilnehmen, wundernehmen.
Die ersten Wortteile haben in dieser Zusammensetzung die Eigenschaften von Nomen verloren.
Sie werden auch dann kleingeschrieben, wenn sie am Satzende stehen:
Er will eislaufen. Er läuft eis.

B 3 Getrennt- oder Zusammenschreibung

Manche Verbindungen aus Nomen + Verb

Staub saugen/staubsaugen, Brust schwimmen/brustschwimmen;
Acht geben/achtgeben, Acht haben/achthaben, Halt machen/haltmachen,
Maß halten/maßhalten

Verbindungen aus Adjektiv + Verb

- bei denen das Adjektiv das Ergebnis der Verbtätigkeit ausdrückt:
  klein schneiden/kleinschneiden, glatt hobeln/glatthobeln,
  kaputt machen/kaputtmachen ...

Verbindungen mit adjektivisch gebrauchten Partizipien

allein erziehende/alleinerziehende Mutter, selbst gebackene/selbstgebackene Kekse ...

Verbindungen (Fügungen) in adverbialer Verwendung

außerstand/außer Stand setzen; außerstande/außer Stande sein; imstande/im Stande sein; infrage/in Frage stellen; instand/in Stand setzen; zugrunde/zu Grunde gehen, zuleide/zu Leide tun; zumute/zu Mute sein; zurande/zu Rande kommen; zuschanden/zu Schanden machen, werden; zuschulden/zu Schulden kommen lassen; zustande/zu Stande bringen; zutage/zu Tage fördern, treten; zuwege/zu Wege bringen ...

Verbindungen (Fügungen) in präpositionaler Verwendung

anstelle/an Stelle; aufgrund/auf Grund; aufseiten/auf Seiten; mithilfe/mit Hilfe; vonseiten/von Seiten; zugunsten/zu Gunsten; zulasten/zu Lasten; zuungunsten/zu Ungunsten ...

Verbindungen (Fügungen) mit *bleiben* und *lassen* bei neuer Gesamtbedeutung

- bei neuer Gesamtbedeutung mit *bleiben* und *lassen* als zweitem Bestandteil ist auch Zusammenschreibung möglich:
  sitzen bleiben/sitzenbleiben (nicht versetzt werden), (jemanden) stehen lassen/stehenlassen ...
- Getrennt- oder Zusammenschreibung ist auch möglich bei:
  kennen lernen/kennenlernen.

C Schreibung mit Bindestrich

Durch Zusammensetzungen werden Wörter manchmal sehr lang. Damit man ihre einzelnen Bestandteile schnell und gut erkennen kann, kann man häufig die Grenzen der einzelnen Bestandteile durch Bindestriche sichtbar machen.

C 1 Bindestrich bei mehrgliedrigen Zusammensetzungen

Wenn in Wörtern drei gleiche Vokal- oder Konsonantbuchstaben aufeinanderfolgen, kann zwischen dem zweiten und dritten Buchstaben ein Bindestrich stehen: *Kongress-Saal* oder *Kongresssaal*.
Auch wenn unübersichtliche Zusammensetzungen deutlicher gegliedert werden sollen, kann man einen Bindestrich setzen, und zwar,
- um einen Teil des Wortes besonders hervorzuheben: *Achte auf weil-Sätze*
- um Wortungetüme aufzulösen: *die schwarz-rot-goldene Fahne, Software-Preisliste*
- und um Missverständnisse zu vermeiden: *Druckerzeugnis*: *Druck-Erzeugnis* oder *Drucker-Zeugnis*?

C 2 Bindestrich bei Wörtern mit Ziffern

In Zusammensetzungen werden Zahlen, die als Ziffern geschrieben sind, mit einem Bindestrich vom Rest des Wortes abgehoben: *4-jähriges Kind*, *100-prozentig*, *4-stündige Veranstaltung*, *6-Zylinder-Motor*, ein *3:0-Sieg* ...
Gleiches gilt auch für die Schreibung mit Buchstaben, Abkürzungen oder Initialwörtern: *C-Dur*, *S-Kurve*, *Fugen-s*, *Fußball-WM*, *UV-Strahlung* ...
Beachte aber: Wird eine Ziffer mit einer Nachsilbe verbunden, dann steht kein Bindestrich: *die Generation der 68er, 4fache Menge Wasser, 100%ig richtig* ...
Verbindungen mit *Jahr* kann man mit und ohne Bindestrich schreiben: *in den 90er Jahren*/*90er-Jahren*. Auch diese Schreibung ist hier möglich: *in den Neunzigerjahren/neunziger Jahren.*

C 3 Bindestrich bei Wörtern mit Eigennamen

Wörter, die mehr als zwei Glieder haben – z. B. zwei Namen oder einen Titel und einen Namen als Bestimmungswort – schreibt man getrennt mit Bindestrichen. Das betrifft vor allem Straßennamen: *Karl-Marx-Platz, Detlev-von-Liliencron-Straße, Von-der-Heydt-Promenade, Konrad-Adenauer-Allee.*

D Groß- und Kleinschreibung

D 1 Schreibung von Nomen

Die Großschreibung tritt in vier Bereichen auf: am Satzanfang (nach Punkt oder Doppelpunkt), bei Nomen und Nominalisierungen, bei Eigennamen und bei der distanziert-höflichen Anrede.

Somit lautet eine erste, wichtige Grundregel: Satzanfänge sowie alle Nomen schreibt man groß. Und: Wörter, die wie Nomen gebraucht werden, schreibt man ebenfalls groß.

Man schreibt deshalb: *Angst machen* und *heute Mittag*, weil *Angst* und *Mittag* Nomen sind. Wenn Wörter, die nicht zur Gruppe der Nomen gehören, wie Nomen behandelt werden, schreibt man sie groß, z. B. wenn ein Artikel vorausgeht (*des Näheren*), nach einer Präposition (*im Allgemeinen*) oder bei nominalisierten Wortpaaren (*Gleiches mit Gleichem vergelten*).

D 2 Schreibung von Eigennamen

Eigennamen wie *Anna* und *Peter*, *Müller* und *Schmidt* werden großgeschrieben. Hinzu kommt die Regelung: Wenn Wörter in Eigenamen vorkommen (*Karl der Große)* oder wie Eigennamen verwendet werden, werden sie ebenfalls großgeschrieben: *Rote Karte* (vgl. dazu auch den Kasten „Eigennamen" im Wörterteil, S. 88).

D 3 Schreibung von Wörtern, die als Nomen gebraucht werden

Wörter, die eigentlich keine Nomen sind, können im Satz wie Nomen verwendet werden. Dann werden sie auch wie Nomen großgeschrieben:
Das Schreiben fällt mir schwer.
Das Rot deiner Jacke gefällt mir.
Das ständige Hin und Her stört mich.

Wenn Nomen mit Verben ein festes Gefüge bilden, aber nicht mit dem Verb zusammengeschrieben werden, dann schreibt man sie in der Regel groß:
Auto fahren, *Rad fahren*, *Schuld haben*, *Pleite gehen*.

Bei einigen Verbindungen kann man jeweils entscheiden, ob aufeinanderfolgende Wörter als Wortgruppe oder als Zusammensetzung behandelt werden:
in Frage stellen oder *infrage stellen*, *in Stand halten* oder *instand halten*, *zu Tage fördern* oder *zutage fördern*.

In Verbindungen mit *sein* oder *werden* sind *angst, bange, ernst, gram, leid, pleite, recht, schuld* und *wert* – obwohl sie eigentlich Nomen sind – kleinzuschreiben, da sie die Eigenschaften als Nomen verloren haben:
Ich bin es leid. Es ist mir recht. Er wurde sehr ernst.

Das gilt auch für Zusammensetzungen mit Nomen als erstem Bestandteil, die die Eigenschaften selbstständiger Nomen verloren haben. Sie sind nun Teil der neuen Gesamtbedeutung und deshalb schreibt man sie klein und zusammen:
eislaufen, kopfstehen, leidtun, nottun, standhalten, stattfinden, stattgeben, statthaben, teilhaben, teilnehmen (vgl. auch B 2).

D 4 **Die Großschreibung der höflichen Anrede**

Das Anredepronomen *Sie* und das zugehörige Possessivpronomen *Ihr* schreibt man in allen Formen groß:
Würden Sie bitte kommen? Kann ich Ihnen etwas geben? Ist das Ihr Auto?

Das zugehörige Reflexivpronomen *sich* schreibt man immer klein:
Bitte setzen Sie sich. Regen Sie sich nicht auf.

Die Pronomen *du* und *ihr* (mit den Possessivpronomen *dein* und *euer*) schreibt man klein:
Würdest du mir helfen? Kann ich dir helfen? Ist das dein Heft?

In Briefen können die Anredepronomen auch großgeschrieben werden:

Liebe Eva,
was machst du/Du am Wochenende.
Ich würde mit dir/Dir gern nach Köln fahren.
Bring doch deine/Deine Kamera mit.

E Zeichensetzung

E 1 Satzzeichen

Punkt, Fragezeichen und Ausrufezeichen sind Satzschlusszeichen. Am Ende eines Satzes steht also immer entweder ein Punkt, ein Fragezeichen oder ein Ausrufezeichen.
Schwieriger ist dagegen die Kommasetzung innerhalb von Sätzen, denn durch das Komma werden zur Erleichterung des Lesens bestimmte Einheiten im Satz abgegrenzt.
Satzzeichen haben also zwei wichtige Funktionen: Sie machen erstens die grammatische Struktur eines Textes deutlich und sie heben zweitens für den Leser wichtige Textstellen hervor.

E 2 Das Komma in Aufzählungen

Eine Aufzählung besteht aus zwei oder mehreren gleichrangigen Gliedern im Satz. Diese Glieder können Einzelwörter, Wortgruppen oder Sätze sein:
- Einzelwörter: *Blau, Gelb, Rot und Grün sind Farben.*
- Wortgruppen: *Sie nahm drei Paar Socken, vier dicke Pullover, zwei warme Jacken und einen Schirm mit.*
- Sätze: *Der Sturm wird leiser, der Wind legt sich, die Sonne kommt heraus.*

Wenn gleichrangige Teilsätze, Wortgruppen oder Wörter durch Konjunktionen verbunden sind, steht kein Komma. Solche Konjunktionen sind: *und, oder, beziehungsweise, sowie, wie, entweder … oder, nicht … noch, sowohl … als auch*.
Bei der Reihung von gleichrangigen Teilsätzen kann in diesen Fällen ein Komma gesetzt werden, um die Gliederung des Gesamtsatzes deutlich zu machen:
Das T-Shirt ist gut und preiswert.
Ich möchte sowohl nach Frankreich als auch nach England reisen.
Du sollst den Briefkasten leeren oder die Blumen gießen.
Das Auto startete endlich (,) und sie fuhren los.
Hast du es behalten (,) oder soll ich deinen Bruder fragen?

Die entgegensetzenden Konjunktionen *aber, doch, jedoch* und *sondern* werden immer durch ein Komma abgetrennt:
Es regnet, aber es ist warm dabei.
Sie ist ständig im Stress, doch meist sehr freundlich.
Wir haben leider nicht gewonnen, sondern hoch verloren.

E 3 **Das Komma in Sätzen mit Nebensatz**

Sätze können selbstständig stehen oder voneinander abhängig sein. Dabei gilt:
- Ein Hauptsatz ist ein Satz, der von keinem anderen Satz abhängig ist:
  Die Ampel stand auf Rot (Hauptsatz). *Das Auto blieb stehen* (Hauptsatz).
  Die Ampel stand auf Rot (Hauptsatz), *doch das Auto fuhr weiter* (Hauptsatz).
- Ein Nebensatz ist ein Satz, der von einem anderen Satz abhängig ist. Dieser andere Satz kann ein Hauptsatz oder ein übergeordneter Nebensatz sein:
  Als die Ampel auf Rot stand (Nebensatz), *blieben alle Fußgänger stehen* (Hauptsatz).
  Als er stehen blieb (Nebensatz), *weil die Ampel auf Rot schaltete* (Nebensatz), *stießen sie zusammen* (Hauptsatz).

Nebensätze grenzt man mit Komma ab; sind sie eingeschoben, so schließt man sie am Anfang und am Ende mit paarigem Komma ein:
Die Straßen sind glatt, weil es in der Nacht geschneit hat.
Die Autofahrer wollen wissen, warum die Straße nicht geräumt wird.
Die Straßen, die nicht geräumt werden, sind glatt.
Die Straßen werden, sobald es geschneit hat, ziemlich glatt.

E 4 **Das Komma bei Infinitivgruppen**

In vielen Sätzen kommt ein einfacher Infinitiv oder ein erweiterter Infinitiv vor:
- einfacher Infinitiv: *Er versprach(,) zu kommen*.
- erweiterter Infinitiv: *Er versprach, morgen zu kommen*.

Erweiterte Infinitive müssen häufig durch ein Komma vom übrigen Satz abgetrennt werden; in anderen Fällen ist das Komma freigestellt. Du vermeidest also auf jeden Fall Fehler, wenn du bei erweiterten Infinitiven immer ein Komma setzt bzw. sie in paarige Kommas einschließt:
Ich wünsche mir, dich bald wiederzusehen.
Er hat die Absicht, morgen zu kommen.
Es macht Spaß, gemeinsam zu essen.
Das Spiel zu gewinnen, darauf hoffen sie.

Ist ein Infinitiv nicht erweitert, braucht auch kein Komma gesetzt zu werden; man kann es aber setzen, um die Gliederung des Satzes zu verdeutlichen:
Er hat die Absicht (,) zu bleiben.
Zu tanzen (,) macht vielen Leuten große Freude.

Infinitive, die mit *um*, *ohne*, *statt*, *anstatt*, *außer* oder *als* eingeleitet sind, muss man grundsätzlich mit Kommas vom Gesamtsatz abtrennen, auch wenn sie nicht erweitert sind:
Er kam, um zu helfen. Er setzte sich lieber vor den Fernseher, statt zu lesen.

E 5 **Zeichen bei der wörtlichen Rede**

Die wörtliche Rede besteht aus einem Redeteil, der zumeist mit einem Begleitsatz verbunden ist. Der Redeteil steht in Anführungszeichen. Beispiel:

Annika sagt	:	„	*Ich suche meine Turnschuhe.*	“
Begleitsatz			Redeteil	

Der Begleitsatz kann innerhalb der wörtlichen Rede an verschiedenen Stellen stehen. Die folgende Übersicht zeigt die drei häufigsten Möglichkeiten (nach Peter Gallmann/Horst Sitta: Handbuch Rechtschreiben. Zürich 1996. S. 179 f.).

1. Der Begleitsatz steht am Anfang:

	:	„		.“
	:	„		!“
	:	„		?“

Beispiel: *Marco ruft: „Da hinten liegen deine Schuhe doch schon seit gestern!“*

2. Der Begleitsatz steht am Ende:

„		“,		.
„		!“,		.
„		?“,		.

Beispiel: *„Da hinten liegen deine Schuhe doch schon seit gestern!“, ruft Marco.*

3. Der Begleitsatz ist eingeschoben:

„		“,		,	„		.“
„		“,		,	„		!“
„		“,		,	„		?“

Beispiel: *„Da hinten“, ruft Marco, „liegen deine Schuhe doch schon seit gestern!“*

F Worttrennung am Zeilenende

Die Worttrennung am Zeilenende dient dazu, den vorhandenen Platz bei einem geschriebenen Text optimal zu nutzen. Deshalb kann und soll man mehrsilbige Wörter am Ende einer Zeile trennen. Die Silbengrenzen, in die man die geschriebenen Wörter bei langsamem Vorlesen zerlegen kann, sind auch die Trennstellen. Die folgende Übersicht zeigt die wichtigsten Fälle der Worttrennung.

Mehrsilbige Wörter kann man am Ende einer Zeile trennen. Meistens findest du mögliche Trennstellen, wenn du das Wort überdeutlich, langsam und rhythmisch mitsprichst.	*Ei-er, Mu-se-um, in-di-vi-du-ell; Ru-i-ne, Fa-mi-li-en; Haus-tür ...*
Steht in einfachen Wörtern oder in Wörtern mit Nachsilben (Suffixen) ein einzelner Konsonantbuchstabe, so kommt er bei Trennung auf die neue Zeile.	*Au-ge, bei-ßen, Rei-he ... trau-rig, nei-disch ...*
Wenn du ein einfaches Wort oder ein Wort mit einer Nachsilbe an einer Stelle trennen willst, an der mehrere Konsonantbuchstaben direkt hintereinander stehen, kommt nur der letzte Konsonantbuchstabe auf die nächste Zeile.	*schimp-fen, Strümp-fe, stamp-fen, hüpf-te, hetz-te, sechs-te, fürch-ter-lich, Hoff-nung ...*
Buchstabenverbindungen, die für einen Konsonanten stehen, werden nicht getrennt. Dazu gehören: ch, sch, ph, rh, th und auch ck.	*su-chen, na-schen, Sa-phir, Myr-rhe, Zi-ther ... fli-cken, Zu-cker ...*
Zwischen Vokalbuchstaben, die zu verschiedenen Silben gehören, kann getrennt werden.	*Bau-er, Ei-er, europä-ische, Famili-en, Foli-en, freu-en, Spi-on ...*
Beachte: Einzelne Vokalbuchstaben am *Wortanfang* oder *Wortende* dürfen nicht abgetrennt werden! Ein einzelner Vokalbuchstabe soll nicht allein auf der Zeile verbleiben oder als Einzelbuchstabe in die nächste Zeile kommen.	*Abend, Oder, Ofen ... Kleie, Taue ...*

Zusammengesetzte Wörter und Wörter mit einer Vorsilbe (Präfix) trennt man zwischen den einzelnen Bestandteilen. Das gilt auch für Fremdwörter und Eigennamen.	*Trenn-übung, See-elefant, Straußen-ei, Schluss-szene; Ver-knüp-fung, Pro-gramm ...*
Wenn ein Wort nicht mehr als Zusammensetzung erkannt oder empfunden wird, kann es nach Sprechsilben oder Wortbausteinen getrennt werden. Das gilt auch für einige häufig verwendete Fremdwörter.	*hin-auf/hi-nauf; ei-nan-der/ein-an-der ... in-te-res-sant/in-ter-es-sant, Pä-da-go-gik/Päd-ago-gik ...*
Trennungen, die beim Lesen die Sinnerfassung stören oder irreführend sind, solltest du vermeiden.	*Druck-erzeugnis (nicht: Drucker-zeugnis), Sprech-erziehung (nicht: Sprecher-ziehung) ...*

Tipp: Wenn du dir bei der Trennung nicht sicher bist, versuche sie ganz zu vermeiden oder schlage im Wörterteil des Wörterbuchs nach. In manchen Wörterbüchern ist die Silbentrennung übrigens mit einem senkrechten Strich gekennzeichnet: *See|un|ge|heu|er*.

Brief und E-Mail

Beim Verfassen privater Briefe und E-Mails haben Schreiber einige Freiheit, wie sie eine Mitteilung abfassen und gestalten. Anders ist dies bei Schreiben an Ämter, Behörden, öffentliche Einrichtungen, Firmen oder Betriebe. Für solche förmlichen Briefe und E-Mails gibt es Vorschriften (Normen), die vom Deutschen Institut für Normung (DIN) entwickelt werden. Die Normen regeln, was bei solchen Briefen und E-Mails zu beachten ist und wie insbesondere der Brief zu gestalten ist; daran orientieren sich auch die folgenden Hinweise und Tipps.

Der förmliche Brief (Geschäftsbrief)

Förmliche Briefe enthalten genaue Angaben zu Absender und Empfänger sowie das Datum.

Der **Anschrift** des Empfängers folgt nach vier Leerzeilen die Betreff-Zeile, die wie in einer Überschrift das Wichtigste des ganzen Schreibens zusammenfasst. Die **Betreff-Zeile** kann durch Fettdruck hervorgehoben werden. Sie endet – wie die meisten Überschriften – nicht mit einem Satzzeichen.

In der **Anrede** wird der Empfänger mit seinem Namen angesprochen. Wenn der Empfänger nicht bekannt ist oder der Brief an eine Behörde oder Firma gerichtet wird, dann lautet die Anrede: *Sehr geehrte Damen und Herren, …*
Diese Anrede wird mit einem Komma abgetrennt; danach schreibt man in der nächsten Zeile klein weiter, wenn das erste Wort des Brieftextes nicht ein Nomen oder Eigenname ist.

Der eigentliche **Text** wird einzeilig geschrieben (Schriftgröße: 12p) und sollte auf umgangssprachliche Wendungen verzichten. Jeweils eine Leerzeile trennt mögliche Abschnitte voneinander ab.

Der Brief endet mit der **Grußformel** (*Mit freundlichen Grüßen*), die durch eine Leerzeile vom Text abgesetzt wird.

Für den förmlichen Brief wird folgende Anlage empfohlen (das Zeichen • markiert jeweils eine Leerzeile):

•
•
•
•

Anke Kaul 04.09.2006
Jägerhofstraße 231
42349 Wuppertal

•
•
•
•
•
•
•

Verlag für Jugendmedien
Postfach 3411
99079 Erfurt

•
•
•
•

August-Heft der Zeitschrift LEILA

•
•

Sehr geehrte Damen und Herren,

•

seit zwei Jahren habe ich Ihre Zeitschrift LEILA abonniert und jeweils das aktuelle Heft erhalten. Doch im letzten Monat habe ich das fällige August-Heft nicht erhalten.

•

Ich bitte Sie zu klären, wie es zu dieser Störung kommen konnte, und mir außerdem das August-Heft zuzusenden.

•

Mit freundlichen Grüßen

•

Anke Kaul

Die E-Mail

E-Mails können nur zugestellt werden, wenn sie die genaue Anschrift des Adressaten enthalten. Dafür gilt für Deutschland das Muster *Empfaengerbezeichnung@Anbieter.de.*
Der **Anschrift** folgt im entsprechenden Feld (**Betreff**) eine Angabe, die wie in einer Überschrift das Wichtigste der E-Mail zusammenfasst. Sie endet – wie die meisten Überschriften – nicht mit einem Satzzeichen.
In der **Anrede** wird der Empfänger mit seinem Namen angesprochen. Wenn der Empfänger nicht bekannt ist oder die E-Mail an eine Behörde oder Firma gerichtet wird, dann lautet die Anrede *Sehr geehrte Damen und Herren, …*
Diese Anrede wird mit einem Komma abgetrennt; danach schreibt man in der nächsten Zeile klein weiter.
Der eigentliche **Text** wird einzeilig geschrieben und sollte auch in einer E-Mail auf umgangssprachliche Wendungen verzichten. Jeweils eine Leerzeile trennt mögliche Abschnitte voneinander ab.
Die E-Mail endet mit der **Grußformel** (*Mit freundlichen Grüßen*), die durch eine Leerzeile vom Text abgesetzt wird.
Vorname und Name des Absenders können durch weitere Angaben ergänzt werden (siehe unten).

Informationsmaterial zu Ihrer Stadt - Nachricht

An... neustadt-touristeninformation@intel.de

Cc...

Betreff: Informationsmaterial zu Ihrer Stadt

Sehr geehrte Damen und Herren,

•

mit einer Jugendgruppe plane ich einen Tagesausflug nach Neustadt.
Bitte senden Sie mir zur Vorbereitung dieses Tagesausflugs Informationen über Ihre Stadt.

•

Mit freundlichen Grüßen

•

Lukas Graff
Sonnenbergstraße 25
76829 Leinsweiler

•

Telefon: 06341 64215
E-Mail: lukasgraff@t-online.de

Ablaut, der
Wechsel des Stammvokals bei verwandten Wörtern:
– *singen – sang – gesungen,*
– *binden – Band – Bund.*

Ableitung, die
Form der Wortbildung. Neue Wörter entstehen mithilfe von Suffixen und Präfixen oder durch Ablaut und Umlaut:
– *frei – Freiheit – freiheitlich*
– *Glück – Unglück – unglücklich*
– *springen – Sprung*
– *Haut – häuten*

Adjektiv, das
Eigenschaftswort. Wortart, durch die etwas oder jemand näher beschrieben wird. Adjektive kann man deklinieren und komparieren (→ Deklination, Komparation):
– *weich, breit, grün, herrlich*

Adverb, das
Umstandswort. Wortart, die Zeit, Ort, Grund oder Art und Weise näher bestimmt bzw. der Bewertung von Sachverhalten dient:
– *mittags, immer, rechts, oben, draußen, anders, gern, deshalb, darum, leider*
Adverbien kann man nicht flektieren (verändern).
Adverbien können Satzglieder sein (→ Adverbiale Bestimmung):
– *Ich bin leider zu spät gekommen.*
– *Ich habe deshalb den Anfang verpasst.*

adverbiale Bestimmung, die
Adverbial, Umstandsbestimmung. Satzglied, das die näheren Umstände einer Handlung bzw. eines Geschehens bestimmt. Man unterscheidet z. B.:
– a. B. des Grundes (→ Kausalbestimmung):
Wegen des Regens fahren wir morgen schnell nach Hause.
– a. B. des Ortes (→ Lokalbestimmung):
Wegen des Regens fahren wir morgen schnell nach Hause.
– a. B. der Art und Weise (→ Modalbestimmung):
Wegen des Regens fahren wir morgen schnell nach Hause.
– a. B. der Zeit (→ Temporalbestimmung):
Wegen des Regens fahren wir morgen schnell nach Hause.

Akkusativ, der
4. Fall (Fragen: Wen? Was? Wohin?):
– *Er fragt ihn.*
– *Sie legt das Buch auf den Tisch.*

Aktiv, das

Normalform des Verbs, in der die meisten deutschen Sätze stehen. Das Subjekt in solchen Sätzen nennt denjenigen (diejenigen), von dem (von denen) eine Handlung ausgeht:
– *Der Vater holt den Arzt.*
– *Viele Fans kauften den neuen Kalender.*
(→ Passiv)

Apostroph, der

Auslassungszeichen. Zeichen (') für ausgelassene Buchstaben:
– *Das ist 'ne wichtige Sache. Wie war's?*
Achtung! Bei Zusammenziehung aus Präposition und Artikel steht kein Apostroph:
– *aufs Dach steigen, ins Kino gehen*

Apposition, die

Beistellung. Nachgestellte nähere Bestimmung, die meist im gleichen Kasus steht wie das Bezugswort:
– *Moritz, mein Freund, half mir sehr.*
– *Der Vortrag von Max Klein, einem Schüler der städtischen Schule, wurde gelobt.*

Artikel, der

Wortart: Geschlechtswort. Artikel sind Begleiter des Nomens und geben dessen Geschlecht an. Artikel kann man deklinieren (→ Deklination). Man unterscheidet bestimmte und unbestimmte Artikel.
– *der/ein Tisch, die/eine Tasche, das/ein Spiel*

Attribut, das

Beifügung. Ein Attribut ist ein Teil eines Satzglieds, das andere Wörter des Satzes (außer Verben) näher bestimmt. Attribute erkennt man daran, dass sie nicht allein vor der finiten Verbform stehen können (→ Umstellprobe, Ersatzprobe):
– *Wir starteten bei schönem → Wetter.*
– *Wir fuhren mit dem Auto ← meines Vaters.*
– *Der See ←, in dem wir badeten, war eisig → kalt.*

Aufforderungssatz, der

Auch: Imperativsatz. Aufforderungssätze können Aufforderungen, Befehle, Wünsche, Bitten und Ausrufe ausdrücken. Das finite Verb (im Imperativ) steht an erster Stelle; am Satzende steht ein Ausrufezeichen:
– *Räum dein Zimmer auf!*
– *Aufgepasst, wir beginnen!*

[weiter auf Seite 446]

Im Sprachgebrauch können aber auch Sätze, die der Form nach anderen Satzarten angehören (Aussagesatz, Fragesatz) zu Aufforderungen und Ausrufen werden. Deutlich wird die Funktion der Sätze durch die Betonung (Intonation) und das Satzzeichen (Punkt, Fragezeichen, Ausrufezeichen).
– *Ich bin wirklich wütend . / !*
– *Wollt ihr nicht endlich aufhören ? / !*

Aussagesatz, der

Auch: Deklarativsatz. Im Aussagesatz wird eine Aussage, Feststellung oder Behauptung getroffen. Die finite Verbform steht in der Regel an zweiter Stelle, am Satzende steht ein Punkt. Aussagesätze werden mit fallender Betonung (Intonation) gesprochen:
– *Heute hat es den ganzen Tag geregnet.*
– *Morgen wird die Sonne wieder scheinen.*

Im Sprachgebrauch können Sätze, die der Form nach Aussagesätze sind, aber auch andere Funktionen haben und als Fragen oder Aufforderungen/Bitten bzw. Ausrufe verwendet werden. Deutlich wird die Funktion der Sätze durch die Betonung und das Satzzeichen (Punkt, Fragezeichen, Ausrufezeichen):
– *Du hast alles erledigt . / ?*
– *Es zieht . / !*

Begleiter, der

Als Begleiter werden Artikel und Pronomen bezeichnet, weil sie Nomen begleiten:
– *die Wiese, ein Buch*
– *mein Bruder, unsere Eltern*
(→ Artikel, Pronomen)

Begleitsatz, der

Satz, durch den die direkte (wörtliche) Rede begleitet (eingeleitet oder gekennzeichnet) wird. Der Begleitsatz kann voran-, nachgestellt oder eingeschoben werden. Er wird durch Doppelpunkt oder Komma von der wörtlichen Rede abgegrenzt:
– *Er sagte: „Wir freuen uns auf die Feier."*
– *„Kommt bitte etwas früher", bat sie uns.*
– *„Genau", riefen alle, „wir warten schon!"*

Bestimmungswort, das

→ Kompositum

Dativ, der
3. Fall (Fragen: Wem? Wo?):
– *Sie hilft ihm.*
– *Das Buch liegt auf dem Tisch.*

Deklination, die
Beugung. Formveränderung eines Wortes nach → Genus, → Kasus und → Numerus. Die Deklination ist eine spezielle Art der → Flexion. Folgende Wortarten können dekliniert werden: Nomen, Artikel, Adjektive, Pronomen.
– *das große Haus / die großen Häuser*
– *des großen Hauses / der großen Häuser*
– *dem großen Haus / den großen Häusern*
– *das große Haus / die großen Häuser*

Demonstrativpronomen, das
Hinweisendes Fürwort (→ Pronomen):
– *dieser Tag, jenes Erlebnis*
Auch Artikel können zu Demonstrativpronomen werden:
– *Sie isst immer das, was sie am liebsten mag.*

Diphthong, der
Zwielaut, Doppellaut. Besteht aus zwei Vokalen, die beim Sprechen eine Einheit bilden:
– *Maus, Mäuse, heute, Mais, Reis*

direkte Rede, die
Wörtliche (unveränderte) Wiedergabe von Gesprochenem. Die direkte Rede wird durch Anführungszeichen gekennzeichnet. Meist steht bei der direkten Rede ein Begleitsatz:
– *Sie riefen: „Lasst uns Fußball spielen!"*
– *„Zuerst muss ich noch aufräumen", antwortete Tom.*
– *„Bist du denn noch nicht fertig?", fragte Tim.*
– *„Immer", fügte Ben hinzu, „hast du einen Ausrede."*

Ersatzprobe, die
Sprachliches Verfahren zur Ermittlung von Satzgliedern. Kann eine Wortgruppe durch ein einziges Wort ersetzt werden, handelt es sich um ein Satzglied:
– *Jeden Tag stundenlang zu lernen, ist anstrengend.* → *Das/Dies ist anstrengend.*
– *Wir trafen uns in einer kleinen, sehr hübschen Stadt am Meer.* → *Wir trafen uns dort.*

Fall, der

Grammatischer Fall (Kasus). Im Deutschen gibt es vier Fälle:
→ Nominativ: *Das Tier frisst.*
→ Genitiv: *Das Fell des Tieres glänzt.*
→ Dativ: *Wir geben dem Tier Wasser.*
→ Akkusativ: *Er füttert das Tier.*

Femininum, das

Weibliches Geschlecht in der Grammatik (→ Genus):
– *die Frau, die Kanne, die Sonne*

finite Verbform, die

Gebeugte Verbform, Personalform. Gekennzeichnet durch die Personalendung (→ Konjugation):
– *ich schreibe, du schreibst, wir schreiben, ich habe geschrieben, er hat geschrieben*

Flexion, die

Beugung, Formveränderung. Oberbegriff zu Deklination und Konjugation.

Fragesatz, der

Auch: Interrogativsatz. Mit einem Fragesatz wird der Zuhörer/Leser zu einer Antwort aufgefordert. Fragesätze werden in der Regel mit steigender Betonung (Intonation) gesprochen. Man unterscheidet:
Entscheidungsfragen (Alternativfragen): Bei Entscheidungsfragen kann die Antwort „Ja" oder „Nein" lauten. Die finite Verbform steht an erster Stelle:
– *Habt ihr die Hausaufgaben gemacht?*
– *Kommst du mit ins Kino?*
Ergänzungsfragen (Bestimmungsfragen): Bei Ergänzungsfragen verlangt die Antwort eine Ergänzung oder Bestimmung.
Es kann nicht mit „Ja" oder „Nein" geantwortet werden.
Ergänzungsfragen beginnen mit einem Fragewort:
– *Warum hast du die Hausaufgaben nicht gemacht?*
– *Wann wollen wir ins Kino gehen?*
– *Mit wem gehst du ins Kino?*
– *Auf wen wartest du?*

Im Sprachgebrauch gibt es außerdem noch rhetorische Fragen, die nur der Form nach Fragen sind. Es wird keine Antwort erwartet. Man verwendet sie vor allem, um etwas besonders hervorzuheben und den Zuhörer/Leser direkt anzusprechen:
– *Haben wir nicht alle schon einmal gelogen? (!)*
– *Ist das nicht sehr interessant? (!)*

Fugenelement, das

Auch: Fugenzeichen, Fugenlaut. Eingefügte Buchstaben als Verbindungsstelle zwischen den Teilen einiger Wortzusammensetzungen (→ Kompositum):
– *Leistungsmessung, Hundesteuer, Landeshaushaltsplan, liebenswert, behelfsmäßig*

Futur, das

Zukunft. Zusammengesetzte Tempusform (Zeitform) des Verbs, mit der Zukünftiges und Vermutungen ausgedrückt werden. Man unterscheidet:

Futur I (gebildet aus einer Form von *werden* und Infinitiv):
– *Er wird die Prüfung morgen ablegen.*
– *Sie wird wohl schon fertig sein.*

Futur II (gebildet aus einer Form von *werden*, Partizip II und Infinitiv von *haben* oder *sein*):
– *Übermorgen wirst auch du die Prüfung abgelegt haben.*
– *Wir werden morgen um diese Zeit schon abgereist sein.*

Genitiv, der

2. Fall (Frage: Wessen?):
– *das Haus meines Onkels*
– *die Wärme der Sonne*
– *sie erfreut sich des Lebens*

Genus, das

Grammatisches Geschlecht: Femininum (weibliches Geschlecht), Maskulinum (männliches Geschlecht), Neutrum (sächliches Geschlecht).
Nomen gehören mindestens einem der drei Genera (Geschlechter) an, die durch den Artikel gekennzeichnet werden:
– *die Frau, die Hose*
– *der Mann, der Sommeranfang*
– *das Kind, das Leben*

Manche Nomen haben mehrere Genera:
– *der/das Gulasch, der/das Bonbon*

Genus verbi

Handlungsform des Verbs: → Aktiv und → Passiv:
– *ich trage, ich werde getragen*

Grundwort, das

→ Kompositum

Hauptsatz, der

Teilsatz eines zusammengesetzten Satzes, der von keinem anderen Teilsatz abhängig ist. Im Hauptsatz steht das finite Verb in der Regel an zweiter Stelle.

Zwei oder mehrere Hauptsätze bilden eine Satzreihe:
- *Er ging früh nach Hause, sie blieb noch eine Weile länger.*

Zusammen mit Nebensätzen bilden Hauptsätze ein Satzgefüge:
- *Sie fahren mit dem Bus, weil sie damit schneller sind.*
- *Wenn wir fertig sind, kommen wir sofort nach Hause.*
- *Manche wollten, nachdem alles geschafft war, noch etwas bleiben.*

Hilfsverb, das

Verben (*haben, sein, werden*), die mit anderen Verben Tempusformen (Zeitformen) bilden:
- *er hat geschlafen*
- *sie sind gekommen*
- *es wird regnen*

Homonym, das

Gleich lautende und gleich geschriebene Wörter, die eine unterschiedliche Bedeutung haben:
- *der Ton (Erdart, Laut)*
- *das Schloss (Schließeinrichtung, Gebäude)*

Imperativ, der

Ausrufe- oder Befehlsform. Eine der drei Modusformen des Verbs (→ Indikativ, Konjunktiv). Mit dem Imperativ werden Aufforderungen, Bitten oder Wünsche ausgedrückt:
- *Öffne bitte das Fenster! Seid endlich still!*
- *Lies vor! Gehen wir! Bitte warten!*

Imperfekt, das

→ Präteritum

Indefinitpronomen, das

Wortart: unbestimmtes Fürwort (→ Pronomen):
- *viele Fragen, in manchen Büchern, solche Probleme*

Indikativ, der

Wirklichkeitsform: eine der drei Modusformen des Verbs (→ Imperativ, Konjunktiv). Mit dem Indikativ werden vor allem wirkliche, aber auch gedachte Sachverhalte ausgedrückt. Der Indikativ ist die am häufigsten verwendete Modusform des Verbs:

– *Ich warte auf den Bus.*
– *Ich werde wahrscheinlich auf dich warten.*
– *Sie hat sich verspätet.*

indirekte Rede, die — Nichtwörtliche Rede. Besondere Form der Wiedergabe von Gesprochenem oder Geschriebenem. Dazu kann der Konjunktiv verwendet werden, vor allem dann, wenn Distanz oder Zweifel ausgedrückt werden soll:
– *Sie sagt, er ist schon da.*
– *Sie meint, er sei glücklich.*
– *Der Autor erzählt, dass das Leben schön war.*
– *Er behauptet, wir seien zu wählerisch.*

infinite Verbform, die — Ungebeugte Verbform. Form des Verbs, bei der keine Personalendung auftritt; dazu gehören der Infinitiv und die Formen des Partizips:
– *spielen, warten, singen*
– *spielend, gespielt; wartend, gewartet; singend, gesungen*

Infinitiv, der — Grundform/Nennform des Verbs. Unflektierte (unveränderte) Form, die nur dem Nennen des Verbs dient (→ infinite Verbform):
– *gehen, laufen, singen*

Interjektion, die — Ausdrucks-, Empfindungs-, Ausrufewort, das der Wiedergabe von Empfindungen und Gefühlen dient:
– *ach, ah, oh, pst, peng*

Interpunktion, die — Zeichensetzung: Lehre vom Gebrauch der Satzzeichen (Punkt, Ausrufe- und Fragezeichen, Komma, Semikolon, Doppelpunkt, Gedanken-/Bindestrich, Klammern, Anführungszeichen).

Interrogativpronomen, das — Fragepronomen (→ Pronomen):
– *wer, was, wie, warum*

Interrogativsatz, der — → Fragesatz

Kasus, der — → Fall

Kausalbestimmung, die — Adverbiale Bestimmung des Grundes. Satzglied, mit dem Gründe oder Ursachen angegeben werden (Fragen: Warum? Wieso? Weshalb?):
- *Sie schrie vor Schmerz.*
- *Wir bleiben wegen des Regens zu Hause.*

Komparation, die — Steigerung des Adjektivs (Bildung von Steigerungsstufen/Vergleichsformen). Es gibt drei Komparationsstufen: Positiv, Komparativ, Superlativ:
- *klein – kleiner – am kleinsten*
- *gut – besser – am besten*

Komparativ, der — Höherstufe/Mehrstufe/Vergleichsstufe. Erste Steigerungsstufe/Vergleichsform bei Adjektiven (→ Komparation):
- *höher, klüger, weiter*

Kompositum, das — Zusammensetzung. Wort, das aus zwei oder mehreren selbstständigen Wörtern gebildet ist. Zusammensetzungen bestehen meist aus Grundwort und Bestimmungswort.
Vom Grundwort ist die Wortart und das Genus (Geschlecht) abhängig. Manchmal gibt es ein Fugenelement (*Lebenszeit*).

Bestimmungswort	Grundwort	Kompositum
das Fenster	*der Rahmen*	*der Fensterrahmen*
das Haus	*die Tür*	*die Haustür*
das Messer	*scharf*	*messerscharf*
der Schlaf	*wandeln*	*schlafwandeln*
grau	*blau*	*graublau*

(→ Wortbildung, S. 401)

Konditionalbestimmung, die — Adverbiale Bestimmung der Bedingung. Satzglied, mit dem eine Bedingung genannt wird, die die Voraussetzung für ein Ereignis ist (Fragen: Unter welcher Bedingung? Unter welcher Voraussetzung? Unter welchen Umständen?):
- *Die Blumen blühen nur bei Sonne auf.*
- *Bei schönem Wetter gehen wir an den See.*

Konjugation, die

Beugung (Formveränderung des Verbs). Verben können auf folgende Weise verändert/gebeugt werden:
- nach ihrer Person: *ich sehe – du siehst – er sieht*
- nach ihrer Zahl (Numerus): *ich sehe – wir sehen*
- nach ihrer Zeit (Tempus): *ich sehe – ich sah*
- nach ihrer Aussageweise (Modus): *er sieht – er sähe – sieh!*
- nach ihrer Handlungsform (Genus verbi): *ich sehe – ich werde gesehen*

Man unterscheidet zwischen starker, schwacher und unregelmäßiger Konjugation (→ Verb).

Konjunktion, die

Wortart: Verbindungswort. Konjunktionen kann man nicht flektieren (verändern). Sie dienen der Verbindung von Sätzen, Teilsätzen oder Satzgliedern. Man unterscheidet
- koordinierende (nebenordnende) Konjunktionen: *und, oder, aber, denn, sowie, entweder – oder, sowohl – als auch,*
- subordinierende (unterordnende) Konjunktionen: *als, bis, da, dass, nachdem, ob, obwohl, seitdem, sodass, sofern, weil, wenn.*

Im Unterschied zu den Adverbien können Konjunktionen keine Satzglieder sein (→ Umstellprobe).

Konjunktiv, der

Möglichkeitsform. Eine der drei Modusformen des Verbs (→ Indikativ, Imperativ). Mit dem Konjunktiv werden Wünsche, Vorstellungen und Möglichkeiten ausgedrückt. Der Konjunktiv wird auch in der indirekten Rede verwendet. Man unterscheidet:

Konjunktiv I (auch Konjunktiv Präsens, weil er aus dem Indikativ Präsens abgeleitet wird):
- *Sie träumte, sie <u>bleibe</u> für immer in Spanien.*
- *Er sagt, er <u>esse</u> gern Äpfel.*

Konjunktiv II (auch Konjunktiv Präteritum, weil er aus dem Indikativ Präteritum abgeleitet wird):
- *Sie träumte, sie <u>bliebe</u> für immer in Spanien.*
- *Er sagt, er <u>äße</u> gern Äpfel.*

Möglich ist auch eine Umschreibung mit *würde*:
- *Sie träumte, sie <u>würde</u> für immer in Spanien <u>bleiben</u>.*
- *Er sagt, er <u>würde</u> gern Äpfel <u>essen</u>.*

Konsonant, der

Mitlaut
- *b, c, d, f, g, h, j, k, l, m, n, p, q, r, s, t, v, w, x, y, z*

Lokalbestimmung, die
Adverbiale Bestimmung des Ortes: Satzglied, mit dem ein Ort, eine Richtung oder eine Entfernung angegeben wird (Fragen: Wo? Wohin? Woher? Wie weit?):
- *Sie verbringt die Ferien am Meer.*
- *Wir gehen ins Kino.*
- *Er kommt aus Frankfurt.*
- *Er lief bis nach Hause.*

Maskulinum, das
Männliches Geschlecht in der Grammatik (→ Genus):
- *der Mann, der Stuhl, der Fisch*

Metapher, die
Sprachliche Wendungen (Wörter, Wortgruppen, Sätze), die in übertragener Bedeutung verwendet werden. Grundlage einer solchen Übertragung sind bildhafte Vergleiche:
- *Betonkopf, ein glasklarer Beweis, himmelblaue Träume*
- *Ein steiniger Weg führte zum Erfolg.*
- *Das Übel müssen wir an der Wurzel anpacken.*

(→ Sprachliche Wendungen und Bilder, S. 414)

Modalbestimmung, die
Adverbiale Bestimmung der Art und Weise. Satzglied, mit dem die Art und Weise eines Geschehens angegeben wird (Fragen: Wie? Wie viel? Womit? Woraus?):
- *Das Auto fährt schnell.*
- *Er fuhr ohne Rücksicht auf den Verkehr.*
- *Sie schläft zu wenig.*
- *Sie zeichnet mit Tusche.*
- *Das Hemd besteht aus Baumwolle.*

Modalverb, das
Besondere Gruppe von Verben, mit denen Wünsche, Möglichkeiten und Notwendigkeiten ausgedrückt werden:
- *brauchen, dürfen, können, mögen, müssen, sollen, wollen*

Sie stehen oft in Verbindung mit Verben und verändern deren Bedeutung:
- *ich kann kommen, ich muss kommen, ich will kommen*

Modus, der
Modusform, die
Aussageweise des Verbs. Im Deutschen unterscheidet man drei Modi:
- Indikativ: *er liest*
- Konjunktiv I und II: *er lese, er läse*
- Imperativ: *lies*

Nebensatz, der

Teilsatz eines zusammengesetzten Satzes, der nicht selbstständig (ohne Hauptsatz) stehen kann oder von einem anderen Teilsatz abhängig ist. Im Nebensatz steht das finite Verb in der Regel an letzter Stelle.
Viele Nebensätze beginnen mit einem Einleitewort.
Nebensätze bilden zusammen mit Hauptsätzen ein Satzgefüge:
– *Sie fahren mit dem Bus, weil sie damit schneller sind.*
– *Wenn wir fertig sind, kommen wir sofort nach Hause.*
– *Manche wollten, nachdem alles geschafft war, noch etwas bleiben.*
– *Wir gingen früh nach Hause, obwohl Tina, die sich gerade gut unterhielt, noch eine Weile bleiben wollte.*

Neutrum, das

Sächliches Geschlecht in der Grammatik (→ Genus):
– *das Kind, das Wetter, das Bild*

Nomen, das

Auch: Substantiv, Hauptwort, Namenwort, Dingwort, Sachwort. Wortart, mit der Lebewesen, Gegenstände, Gefühle, Gedanken, Fähigkeiten, Ereignisse u. Ä. bezeichnet werden können.
Nomen werden immer großgeschrieben.
Nomen kann man deklinieren (→ Deklination) und mit einem Artikel verbinden, an dem ihr Geschlecht (Genus) erkennbar ist:
– *die/eine Tasche, der/ein Tag, das/ein Leben*

Nominalisierung, die

Auch: Substantivierung. Ableitung eines Nomens aus einer anderen Wortart. Besonders häufig sind nominalisierte Verben und nominalisierte Adjektive:
– *lesen: das Lesen, beim Lesen*
– *schön: das Schöne, etwas Schönes*
– *ich: mein neues Ich*

Als Nominalisierung wird außerdem auch die Umwandlung von Sätzen zu Wortgruppen bezeichnet. Die Nominalisierung ist damit ein sprachliches Mittel zur Verdichtung:
– *Wenn dieses Wetter im Sommer auftritt, ist es nicht weiter schlimm. – Das Auftreten dieses Wetters im Sommer ist nicht weiter schlimm.*

Nominativ, der

1. Fall (Fragen: Wer? Was?):
– *Die Mutter sitzt im Garten.*
– *Der Stern leuchtet hell am Himmel.*

Numeral, das
Numerale, die (Pl.)
→ Zahlwort

Numerus, der
Zahl. Grammatisches Merkmal von Nomen (→ Deklination). Im Deutschen gibt es zwei Numeri: Singular (Einzahl) und Plural (Mehrzahl):
– *die Freundin – die Freundinnen*
– *der Tag – die Tage*
– *das Kind – die Kinder*

Objekt, das
Ergänzung. Satzglied, das das Prädikat ergänzt und allgemein das bezeichnet, worauf sich das Prädikatsgeschehen bezieht. Die Form des Objekts hängt vom Prädikat ab. Man unterscheidet:
– Akkusativobjekte (Objekte im 4.Fall, Frage: Wen? Was?):
Sie füttert das Kind. Sie holt das Auto.
– Dativobjekte (Objekte im 3. Fall, Frage: Wem?):
Er hilft dem Kind.
– Genitivobjekte (Objekte im 2. Fall, Frage: Wessen?):
Er ist sich seiner Sache sicher.
– Präpositionalobjekte (Objekte mit Präposition, Fragen: Woran? Worauf? Wodurch? Mit wem? Auf wen?):
Er denkt gern an seine Kindheit. Sie wartet auf ihren Bruder.

Partizip, das
Mittelwort. Infinite Verbform, die wie ein Adjektiv gesteigert und verwendet werden kann (→ Stammform). Man unterscheidet:
– Partizip I (auch Partizip Präsens): *singend, tanzend, liebend*
– Partizip II (auch Partizip Perfekt): *gesungen, getanzt, geliebt*

Passiv, das
Neben dem Aktiv weitere Form des Verbs:
– *Der Arzt wird (vom Vater) geholt.*
– *Der neue Kalender wurde (von vielen Fans) gekauft.*
(→ Aktiv)

Bei der Umformung von Aktivsätzen in entsprechende Passivsätze gibt es einige sprachliche Veränderungen:
Der Vater holt den Arzt. → Der Arzt wird (vom Vater) geholt.
– Das Vollverb (*holt*) wird zu Hilfsverb *werden* + Partizip II des Vollverbs (*wird … geholt*).

- Das Subjekt im Nominativ (*der Vater*) wird weggelassen oder zum Präpositionalobjekt (*vom Vater*).
- Das Akkusativobjekt (*den Arzt*) wird zum Subjekt (*der Arzt*).

Außerdem lassen sich unterscheiden:
- das werden-Passiv: *Die Küche wurde aufgeräumt.* (Hier wird ein Vorgang genannt.)
- das sein-Passiv: *Die Küche war aufgeräumt.* (Hier wird ein Ergebnis oder ein Zustand genannt.)

Perfekt, das
Zusammengesetzte Tempusform (Zeitform) des Verbs, mit der abgeschlossene oder als abgeschlossen gedachte Prozesse ausgedrückt werden. Im mündlichen Sprachgebrauch wird das Perfekt häufig anstelle des Präteritums verwendet.
Das Perfekt wird aus einer Form von *haben* oder *sein* und Partizip II gebildet:
- *Ich habe dich gestern gesehen.*
- *Wo bist du gewesen?*
- *Sie sind bereits angekommen.*
- *Wenn ihr angekommen seid, werden wir sofort beginnen.*

Person, die
Merkmal der finiten Verbform. Man unterscheidet die 1., 2. und 3. Person Singular und Plural:

	Singular	Plural
1. Person	*ich gehe*	*wir gehen*
2. Person	*du gehst*	*ihr geht*
3. Person	*er/sie/es geht*	*sie gehen*

Personalpronomen, das
Persönliches Fürwort (→ Pronomen):
- *ich, du, er, sie, es, wir, ihr, sie*
- *mir, dir, ihr, ihm, uns, ihnen, euch*

Plural, der
Mehrzahl. Flexionsform, die angibt, dass von mehreren Dingen, Personen, Ereignissen usw. gesprochen wird (→ Numerus):
- *die Stühle, die Tische, die Lehrerinnen, die Spiele*
- *wir singen, sie singen*

Plusquamperfekt, das
Zusammengesetzte Tempusform (Zeitform) des Verbs, mit der Prozesse ausgedrückt werden, die der Vergangenheit vorausgehen und abgeschlossen sind.

[weiter auf Seite 458]

Das Plusquamperfekt wird aus einer Vergangenheitsform von *haben (hatte)* oder *sein (war)* und Partizip II gebildet.
- *Als er gegessen hatte, legte er sich hin.*
- *Noch bevor der Wecker klingelte, war er schon aufgewacht.*
- *Wir packten sofort, nachdem wir angekommen waren, die Koffer aus.*

Positiv, der

Grundstufe bei Adjektiven (→ Komparation):
- *hoch, weit, gut*

Possessivpronomen, das

Besitzanzeigendes Fürwort (→ Pronomen):
- *mein, dein, sein, unser, euer, ihr (Garten)*

Prädikat, das

Satzaussage. Satzglied, das etwas über das Subjekt aussagt und mit ihm in Person und Numerus übereinstimmt.
Es gibt einteilige (finite Verbform) und mehrteilige Prädikate (finite Verbform + infinite Verbform/en).
- *Sie spricht mit dem Lehrer.*
- *Sie hat mit dem Lehrer gesprochen.*

Mehrteilige Prädikate und unfest zusammengesetzte Verben können auseinandertreten und bilden dann eine Prädikatsklammer (auch „prädikativer Rahmen" genannt).
- *Sie wird mit dem Lehrer gesprochen haben.*

Präfix, das

Vorsilbe. Dem Wortstamm vorangestellter Wortteil, der nicht selbstständig vorkommt:
- *abgeben, anlehnen, aufgeben, behandeln, entnehmen, erraten, umlegen, verstehen*

Präposition, die

Verhältniswort. Wortart, die man nicht flektieren (verändern) kann. Präpositionen kennzeichnen räumliche, zeitliche oder andere Beziehungen zwischen Personen, Sachen, Vorgängen.
Präpositionen fordern bestimmte Fälle, z. B.:
- den Genitiv: *während (des Essens)*
- den Dativ: *mit (dem Freund)*
- den Genitiv oder Dativ: *trotz (des Wetters / dem Wetter)*
- den Akkusativ: *für (den Vater)*
- den Akkusativ oder Dativ: *auf (den Tisch legen, dem Tisch liegen)*

Präsens, das

Gegenwart. Einfache Tempusform (Zeitform) des Verbs, mit der Prozesse in der Gegenwart, Zukunft und Vergangenheit sowie allgemein gültige Prozesse ausgedrückt werden können:
– *Er liest Zeitung.*
– *Sie wohnen in Berlin.*
– *Ich bin morgen zu Hause.*
– *Schiller zieht 1799 nach Weimar.*
– *Bei Frost bildet sich Eis.*

Präteritum, das

Auch: Imperfekt, Vergangenheit. Einfache Tempusform (Zeitform) des Verbs, mit der Prozesse in der Vergangenheit ausgedrückt werden:
– *Er las (gestern) Zeitung.*
– *Sie wohnten (früher) in Berlin.*
– *Ich war (gestern) zu Hause.*
– *Schiller zog 1799 nach Weimar.*

Pronomen, das

Fürwort. Wortart, Stellvertreter oder Begleiter von Nomen. Man unterscheidet:
→ Personalpronomen: *ich, du, er …*
→ Possessivpronomen: *mein, dein, sein …*
→ Demonstrativpronomen: *dieser, jener …*
→ Relativpronomen: *der, die, das, welcher, …*
→ Interrogativpronomen: *wer, was, wie, …*
→ Indefinitpronomen: *mancher, solche …*
→ Reflexivpronomen: *mich, dich, sich …*

Reflexivpronomen, das

Rückbezügliches Fürwort (→ Pronomen):
– *(ich wasche) mich, (du kämmst) dich, (sie begrüßen) sich*

Relativpronomen, das

Bezügliches Fürwort: Pronomen, das sich auf ein vorausgehendes Nomen bezieht. Relativpronomen leiten einen Relativsatz ein:
– *Die Leute, die/welche wir trafen, …*
– *Der Film, den/welchen wir sahen, …*
– *Das Buch, das/welches ich las, …*

Relativsatz, der

Nebensatz, der durch ein Relativpronomen eingeleitet wird und sich auf ein vorausgehendes Nomen bezieht:
– *Das Ferienhaus, das wir bezogen, war sehr schön.*
– *Wir suchten den Laden, welchen wir letztes Jahr entdeckt hatten.*

Satzart, die

Nach der jeweiligen sprachlichen Handlung, der Aussageabsicht und der grammatischen Form unterscheidet man drei Satzarten:
→ Aussagesatz: *Es schneit seit heute Morgen.*
→ Fragesatz: *Wo wohnst du? Bist du bereit?*
→ Aufforderungssatz: *Komm bitte pünktlich!*

Satzgefüge, das

Auch: Hypotaxe. Zusammengesetzter Satz, der aus einem Hauptsatz und einem oder mehreren Nebensätzen besteht. Haupt- und Nebensätze werden in der Regel durch Komma voneinander abgegrenzt:
- *Er kam uns besuchen* (HS), *weil er gerade im Ort war* (NS).
- *Wenn wir zu Hause sind* (NS), *rufen wir zuerst Lukas an* (HS), *der auf eine Nachricht von uns wartet* (NS).

Satzglied, das

Relativ selbstständige Einheit eines Satzes, die zu den anderen Einheiten in Beziehung steht. Jedes Satzglied neben dem Prädikat kann im Aussagesatz allein vor die finite Verbform gestellt werden (→ Umstellprobe).
Im folgenden Beispiel lassen sich die Satzglieder Subjekt, Prädikat, Objekt und adverbiale Bestimmung unterscheiden:
- *Mein Freund* (Subjekt) *bringt* (Prädikat) *sein Fahrrad* (Objekt) *abends in die Garage* (adverbiale Bestimmungen).

Satzreihe, die

Auch: Parataxe. Zusammengesetzter Satz, der aus zwei oder mehreren Hauptsätzen besteht. Die Hauptsätze stehen entweder unverbunden nebeneinander oder sie sind durch eine nebenordnende Konjunktion verbunden. Hauptsätze werden in der Regel durch Komma voneinander abgegrenzt:
- *Er ging ins Schwimmbad, sie blieb lieber zu Hause.*
- *Er hätte am liebsten nur gelesen, sie wäre gern in die Stadt gegangen (,) und die Kinder wollten unbedingt am Strand spielen.*

Silbe, die

Sprecherische Einheit, zusammengehörende Lautgruppe innerhalb eines Wortes, die sich durch Sprechpausen ermitteln lässt. Jede Silbe hat einen Vokal, Umlaut oder Diphthong als Klangträger. Hinzu kommt in der Regel mindestens ein Konsonant:
- *weg, Son-nen-blu-me, Le-se-zei-chen, häu-fig, kämp-fe-risch*

Singular, der

Einzahl. Flexionsform des Nomens, die angibt, dass von nur einer Sache, Person, einem Ereignis usw. gesprochen wird (→ Numerus):
– *der/ein Spieler, die/eine Besucherin, das/ein Buch*

Stammform, die

Auch: Leitform. Es gibt drei Stammformen, die für die Bildung der Konjugationsformen grundlegend sind:

Infinitiv	*leben*	*fallen*	*rennen*
1. Pers. Sing. Präteritum	*lebte*	*fiel*	*rannte*
Partizip II	*gelebt*	*gefallen*	*gerannt*

(→ Unregelmäßige Verben, S. 416–422)

Steigerung, die

→ Komparation

Subjekt, das

Satzgegenstand. Satzglied im Nominativ, das in Person und Numerus (Zahl) mit dem Prädikat übereinstimmt (Fragen: Wer? Was?):
– *Du springst ins Wasser, während ich auf die Sachen aufpasse.*
– *Schwimmen ist gesund.*
– *Tobias, Max und der kleine Ludwig schwimmen gern.*

Substantiv, das

→ Nomen

Substantivierung, die

→ Nominalisierung

Suffix, das

Nachsilbe, Endung. An den Wortstamm angehängter Wortteil, der in der Regel nicht selbstständig auftreten kann.
Man unterscheidet:
– Flexionssuffixe (→ Flexion):
(du) lachst, (wir) laufen, (die) Kinder
– Ableitungssuffixe (→ Ableitung):
Schönheit, Messung, glücklich, sonnig, freiheitlich

Superlativ, der

Höchststufe/Meiststufe. 2. Steigerungsstufe/Vergleichsform bei Adjektiven (→ Komparation):
– *am höchsten, am klügsten, am weitesten*

Synonym, das
Wörter, die in ihrer Bedeutung gleich oder ähnlich sind:
- *Sonnabend – Samstag*
- *Zimmer – Raum*
- *sagen – sprechen – reden*

(→ Wortbedeutung/Wortfelder, S. 406–413)

Temporalbestimmung, die
Adverbiale Bestimmung der Zeit. Satzglied, mit dem ein Zeitpunkt, eine Zeitdauer oder eine zeitliche Wiederholung angegeben wird (Fragen: Wann? Seit wann? Bis wann? Wie lange? Wie oft?):
- *Wir treffen uns morgen.*
- *Er ist seit 12.00 Uhr hier.*
- *Wir bleiben bis zum Essen.*
- *Wir fahren etwa zwei Stunden.*
- *Wir haben jeden Tag geübt.*

Tempus, das
Tempusform, die
Zeit, Zeitform. Konjugationsform des Verbs, mit der eine Handlung, ein Vorgang zeitlich bestimmt wird. Im Deutschen gibt es zwei einfache Tempusformen:
→ Präsens: *ich lese*
→ Präteritum: *ich las*
und vier zusammengesetzte Tempusformen:
→ Perfekt: *ich habe gelesen*
→ Plusquamperfekt: *ich hatte gelesen*
→ Futur I: *ich werde lesen*
→ Futur II: *ich werde gelesen haben*

Den grammatischen Tempusformen stehen drei natürliche Zeitstufen gegenüber: Vergangenheit, Gegenwart, Zukunft, denen sie nicht immer entsprechen. Nur Präteritum, Perfekt und Plusquamperfekt drücken immer Vergangenes aus. Präsens und Futur können verschiedenen Zeitstufen zugeordnet sein.

Umlaut, der
Besondere Art von Vokalen (ä, ö, ü, äu), die vor allem bei der Bildung des Plurals, bei der Komparation und bei der Ableitung auftreten:
- *Gast – Gäste*
- *froh – fröhlich*
- *Kuss – Küsse – küssen*
- *Haus – Häuser – Häuschen*

Umstellprobe, die
Sprachliches Verfahren, das vor allem zur Ermittlung der Satzglieder dient. Wörter, Wortgruppen und Teilsätze, die gemeinsam vor die finite Verbform gestellt werden können, sind Satzglieder:
- *Tina / füttert / den Hund der Nachbarn / jeden Tag / zuverlässig.*
- *Den Hund der Nachbarn / füttert / Tina / jeden Tag / zuverlässig.*
- *Jeden Tag / füttert / Tina / zuverlässig / den Hund der Nachbarn.*
- *Zuverlässig / füttert / Tina / jeden Tag / den Hund der Nachbarn.*

Verb, das
Tätigkeitswort, Zeitwort: Wortart, die man konjugieren kann (→ Konjugation). Mit Verben werden Tätigkeiten, Vorgänge oder Zustände ausgedrückt:
- *gehen, trinken, denken*
- *fließen, aufgehen, explodieren*
- *warten, wohnen, kosten*

Man unterscheidet nach der Konjugationsart zwischen schwachen, starken und unregelmäßigen Verben (→ Unregelmäßige Verben, S. 416–422).

Vergleichsform, die
→ Komparation

Vokal, der
Selbstlaut
- *a, e, i, o, u*

Wortart, die
Nach ihren Formen und Funktionen kann man Wörter bestimmten Wortarten zuordnen (→ Wörter und Wortarten, S. 400). Man unterscheidet meistens folgende Wortarten:

→ Verb: *laufen, regnen*
→ Nomen: *Lauf, Sonne*
→ Adjektiv: *kalt, wunderschön*
→ Artikel: *der, ein*
→ Pronomen: *ich, du*
→ Adverb: *gern, dienstags*
→ Präposition: *auf, im*
→ Konjunktion: *weil, denn*

Wortbildung, die
Als Wortbildung bezeichnet man allgemein das Entstehen neuer Wörter, mit denen etwas Neues bezeichnet oder ein Sachverhalt genauer bzw. anders ausgedrückt wird. Es gibt verschiedene Möglichkeiten, neue Wörter zu bilden, vor allem:
- die Zusammensetzung: *Lesezeichen, wunderschön*
- die Ableitung: *binden, verbinden, Verbindung*
- der Wortartenwechsel: *recht – (das) Recht*
- die Bildung von Kurzwörtern: *Kugelschreiber – Kuli*

(→ Wortbildung, S. 401/402)

Wortfamilie, die
Wörter, die aufgrund ihrer gemeinsamen Herkunft miteinander verwandt, d. h. vom gleichen Wortstamm abgeleitet sind, bilden eine Wortfamilie:
- *mal: malen, (sie) malte, (das) Mal, (der) Maler, (das) Gemälde …*

(→ Wortfamilien S. 403–405)

Wortfeld, das
Gruppen von Wörtern und Wendungen, die einen Bedeutungszusammenhang haben. Im Mittelpunkt eines Wortfeldes steht immer ein Wort oder eine Wendung, dem oder der jeweils bedeutungsverwandte Wörter zugeordnet werden:
- *schreiben: aufschreiben, abschreiben, notieren, festhalten …*
- *Wiese: Rasen, Grasfläche, Grünfläche, Gras, grüner Teppich …*

(→ Wortfelder, S. 409–413)

wörtliche Rede, die
→ direkte Rede

Zahlwort, das
Zahlwörter (Numerale) geben eine Zahl, eine Menge oder eine Größe an. Sie gehören verschiedenen Wortarten an, d. h. sie können Nomen (*die Drei*), Adjektive (*drei Kinder*) oder Adverbien (*drittens*) sein. Man unterscheidet:
- bestimmte Zahlwörter: *eins, zwei, drei …*
- unbestimmte Zahlwörter: *einige, viele, zahlreich, halb …*

Nach ihrer Funktion unterscheidet man außerdem:
- Kardinalzahlen (Grundzahlen): *null, drei, hundert …*
- Ordinalzahlen (Ordnungszahlen): *der Erste, das dritte Mal …*
- Wiederholungs-/Vervielfältigungszahlen: *dreifach, vierfach …*
- Gattungszahlen: *dreierlei, zehnerlei …*
- Bruchzahlen: *ein Drittel, zwei Zehntel …*

Zusammensetzung, die
→ Wortbildung

rk WO

R
S
T
U
V
W
X
Y